W0048410

Brun-Hagen Hennerkes / George Augustin (Hg.)

WERTE*WANDEL* MITGESTALTEN

Der Stiftung Familienunternehmen danken wir
für ihre Unterstützung.

WERTE*WANDEL* mitgestalten

Gut handeln in Gesellschaft und Wirtschaft

Herausgegeben von Brun-Hagen Hennerkes und
George Augustin
unter Mitarbeit von Thomas Hund

FREIBURG · BASEL · WIEN

MIX
Papier aus verantwortungsvollen Quellen
FSC® C106847

2. Auflage 2012

www.herder.de

Umschlaggestaltung: Christian Langohr, Freiburg

Satz: Barbara Herrmann, Freiburg
Herstellung: fgb · freiburger graphische betriebe
www.fgb.de

Printed in Germany

ISBN 978-3-451-30618-1

Inhalt

III.
Werte im Kontext des Dialogs der Religionen

IV.
Werte im Kontext gesellschaftspolitischer Fragen

V.
Werte in Bürgergesellschaft, Familie und Familienunternehmen

Vorwort der Herausgeber

Woran sollen wir uns halten? Diese Frage ist umso drängender, je mehr die Welt um uns herum sich wandelt. Mit neuen Herausforderungen in unserem Leben stellen manche die Wertschätzung unserer tradierten Grundlagen in Frage. Das war für uns als Herausgeber der Anlass, Führungspersönlichkeiten über ihren moralischen Kompass reflektieren zu lassen und damit anderen die Chance zu geben, daran ihre eigene Haltung zu schärfen. Das vorliegende Buch umfasst ein breites Spektrum von Thesen und Meinungen. Aus Religion, Politik, Wirtschaft, Wissenschaft, Medien und Sport haben sich namhafte Vertreter geäußert.

Wertewandel bedeutet allerdings nicht zwingend Veränderung. Möglicherweise ändert sich lediglich die Wahrnehmung oder der Wille, sich weiterhin an überlieferten Werten zu orientieren. Es steht jedoch fest: Keiner Generation bleibt das Ringen um die eigene ethische und geistige Orientierung erspart.

Der Weg zur Wahrheit ist mühsam. Wir müssen uns immer neu auf die Suche begeben. Erfolgreich werden wir die Suche nur dann bewältigen, wenn wir bereit sind, uns auf unsere Wurzeln zu besinnen. „Ohne Wissen um die eigene Herkunft gibt es keine Zukunft“, erklärt Kardinal Walter Kasper in seinem Beitrag. Wer nicht wisse, woher er kommt, „weiß auch nicht, wo er augenblicklich steht und wohin er gehen soll“.

Verständnis und Verwirklichung von Werten wandeln sich, eben weil wir Menschen Kinder unserer Zeit sind, und die Zeiten ändern sich ständig, bald schneller, bald langsamer. „Jede Epoche hat ihre Vorzüge und Mängel, jede ihre besondere Aufgabe, die nicht durch Ideologie verklärt oder gering gewertet werden darf", sagt der Historiker Leopold von Ranke. Diese positive Einstellung zum Wertewandel steht vielfach im Gegensatz zur allgemeinen Wahrnehmung, die jegliche Veränderung als Verlust betrachtet.

Das Phänomen „Wertewandel" hat die Menschen immer bewegt. Ende der Siebziger Jahre des vergangenen Jahrhunderts war es der amerikanische Soziologe Ronald Inglehart, der die Diskussion mit seinem Buch „Die stille Revolution" erneut entfacht hatte. Inglehart konstatierte in der westlichen Welt eine Abkehr von eher materialistischen hin zu eher idealistischen Werthaltungen. Selbstverwirklichung und Ungebundenheit seien für viele Menschen wichtiger geworden als Erfolg und Leistung.

Für Familienunternehmer bedeutet der Wertewandel eine doppelte Herausforderung: Sie müssen zwei Lebensbereiche mit unterschiedlichsten Werten miteinander vereinbaren. Da ist die Firma, die nach rationalen Kategorien geführt sein will, und da ist die Familie, in der Gefühle dominieren. Die Geschwindigkeit des Wandels in beiden Bereichen ist enorm. Wer sich bewusst ist, nach welchen Werten er entscheidet, wird sein Handeln besser steuern können.

Seit der Finanzkrise müssen sich alle Verantwortlichen in der Wirtschaft erst recht der Frage nach den Konsequenzen ihres Handelns stellen. In der Öffentlichkeit spielt nicht mehr allein der ökonomische Erfolg eine Rolle, sondern auch die Frage, was gerecht ist und welche moralischen Maßstäbe gelten sollen. Das wird eine der zentralen gesellschaftlichen und politischen Debatten der kommenden Jahre werden. Welche tiefgreifenden Auswirkungen dies auf sein Unternehmen hat, beschreibt zum Beispiel Jürgen Fitschen von der Deutschen Bank in seinem Beitrag.

Auf eine andere Frage, deren Beantwortung besonders dringlich erscheint, macht der jüngst verstorbene Präsident der Tschechischen Republik, Václav Havel, aufmerksam. Beim Nachdenken über die Probleme unserer Zivilisation sei er immer wieder auf das Thema „Verantwortung" gestoßen. Er plädiert dafür, unser Verständnis für Verantwortung radikal zu erneuern. Dorthin führe allerdings nur ein

Weg: „Wir müssen unseren Egoismus, unsere Angewohnheit, uns selbst als Meister des Universums zu sehen, ablegen."

In vielen Beiträgen ist von „Nachhaltigkeit" die Rede – bezogen nicht nur auf den Umgang mit unseren Ressourcen, sondern auch auf das von vielen als kurzatmig empfundene Agieren in Wirtschaft und Politik. „Verantwortung" wie „Nachhaltigkeit" sind nach Meinung des Frankfurter Privatbankiers Friedrich von Metzler zwei Werthaltungen, die deutlich machen, wie intensiv wir um die Grundlagen für ein intaktes Gemeinwesen ringen müssen. „Das Ideenfeld der Demokratie mag von den Vordenkern weise angelegt worden sein", sagt er in seinem Beitrag, doch „wir Bürger müssen es stetig pflegen, soll es Früchte tragen und gedeihen, damit ein Leben in Freiheit weiterhin etwas Selbstverständliches bleibt".

So versteht sich dieses Buch als Einladung zum Nachdenken darüber, wie wir die Zukunftsfähigkeit unserer Gesellschaft sichern und sie verantwortlich und gut mitgestalten können.

Stuttgart, im April 2012

Brun-Hagen Hennerkes
George Augustin

I.

Im Blickfeld: Werte und Wertewandel

Walter Kardinal Kasper

Die geistigen Grundlagen Europas

I.

Als junger Gymnasiast habe ich die Stunde Null, den totalen Zusammenbruch von 1945, erlebt. Deutschland lag physisch wie moralisch am Boden. Heutige Jugendliche können sich nicht mehr vorstellen, was es für uns in dieser Situation bedeutete, als Konrad Adenauer, Robert Schuman, Alcide De Gasperi und andere die Idee eines geeinten Europa formulierten. Sie wollten Europa aus der tiefsten Krise seiner Geschichte herausholen und auf den Ruinen des Zweiten Weltkriegs ein erneuertes geeintes Europa bauen. Sie wollten den Nationalismus, der Europa in den letzten Jahrhunderten in so viele blutige Nationalkriege verstrickt hatte, überwinden und in einem vereinten Europa eine dauerhafte Friedensordnung schaffen. Allein so konnte Deutschland nach der Schmach des Dritten Reiches wieder einen Platz in der Völkergemeinschaft finden.

Die europäische Idee wurde zu einer einzigartigen Erfolgsgeschichte. Niemals zuvor in seiner Geschichte hat Europa eine so lange Friedensepoche erlebt und niemals einen so hohen Lebensstandard für die große Mehrheit seiner Bürger erreicht. Unsere Groß- und Urgroßeltern hätten davon nicht einmal träumen mögen.

Die Europabegeisterung von damals ist inzwischen verflogen; Ernüchterung, ja Europamüdigkeit macht sich breit. Dafür gibt es vielerlei Gründe. Im Vordergrund der Diskussion steht im Augenblick die Krise der europäischen Einheitswährung, des Euro. Die Krise geht jedoch tiefer. Denn in der Krise des Euro zeigt sich, dass nicht nur die Wirtschafts- und Finanzpolitik der einzelnen Länder wenig koordiniert ist; Europa als Ganzes ist noch wenig integriert. Europa ist noch nicht voll in den Herzen der Bürger angekommen.

Wirkliche Integration setzt voraus, dass Menschen bei aller bleibenden nationalen Vielfalt eine gemeinsame Identität besitzen, wenn sie, ohne aufzuhören, Deutsche, Franzosen oder Polen zu sein, sich mit einem gewissen Stolz als Europäer verstehen. Eine florierende Wirtschaft ist dazu wichtig. Sie ist unverzichtbare Lebensgrundlage, aber sie ist nicht die Lebenserfüllung. Wir brauchen Brot zum Leben, aber wir leben nicht vom Brot allein. Um die Herzen der Menschen zu erreichen, braucht es eine begeisternde, eine zündende Idee. Europa braucht eine Vision. Europa muss seine Seele neu entdecken.

II.

Welches ist diese Seele? Wovon sprechen wir, wenn wir von Europa sprechen? Diese Frage lässt sich nicht geographisch beantworten. Geographisch ist Europa kein klar abgrenzbarer Kontinent wie Afrika, Amerika oder Australien. Geographisch ist Europa ein Anhängsel an die Landmassen Asiens, in gewissem Sinn eine Halbinsel Asiens. Europa lässt sich auch nicht ethnisch bestimmen. Ethnisch gehören zu Europa lateinisch-romanische, hellenistische, germanische, slawische, finno-ugrische und eine Reihe anderer Völkerschaften, Sprachen und Kulturen, die alle ihre eigene Geschichte und ihre eigene Identität besitzen.

Was hält sie zusammen? Oft sagt man, Europa sei eine Wertegemeinschaft. Daran ist viel Richtiges. Doch abgesehen davon, dass der Wertbegriff philosophisch ungeklärt ist, können Werte als abstrakte Größen keine emotionale europäische Identität begründen. Zudem gelten die Werte, die als europäisch angesehen werden, im Grunde in allen Ländern der westlichen Welt, etwa von den Vereinigten Staaten von Amerika und weit über den transatlantischen Raum hinaus bis nach Australien und Neuseeland. Was also ist das Spezifische Europas? Was macht die europäische Identität aus? Aus welchen Wurzeln lebt Europa und was trägt Europa?

Meine These ist: Europa ist eine geschichtlich gewachsene Größe. Europa ist bei aller Vielfalt eine Schicksals- und eine Erinnerungsgemeinschaft. Wir können auch von einer schmerzlichen gemeinsamen Lernerfahrung sprechen. Denn auch die vielen blutigen Konflikte, die sich Europa in seiner Geschichte geleistet hat, haben Europa zusammengeschweißt. Die europäische Geschichte ist ja auch eine Geschichte von Blut und Tränen. Europa hat aus diesen Erfahrungen gelernt, seine Verschiedenheit friedlich auszutragen und bei aller Verschiedenheit friedlich zusammenzuleben. Die Frage nach der Identität Europas lässt sich darum nur geschichtlich beantworten.

So hat man schon oft gesagt, Europa sei auf drei Berge gegründet: Golgota, der Areopag in Athen und das römische Kapitol. Die jüdisch-christliche Tradition und die griechisch-römische Kultur haben Europa geprägt. Als wesentliches weiteres Element des heutigen Europa muss man die neuzeitliche Aufklärung hinzunehmen.

Das sind nicht drei einander ablösende Phasen, sondern gleichsam drei sich aufeinander legende Jahresringe, die sich in ständiger gegenseitiger Durchdringung und in stets neuer Ausbalancierung befinden. Das europäische Menschenbild und die daraus entspringende europäische Kultur und Lebensart sind eine vielschichtige, dynamisch sich entwickelnde, nie abgeschlossene Synthese verschiedener Traditionen, die immer wieder miteinander ringen, immer wieder neu nach einem Ausgleich suchen und sich dabei immer wieder neu als fähig erwiesen haben, Elemente anderer – germanischer, slawischer, arabisch-islamischer – Kulturen zu integrieren. Europa ist keine fixe Idee. Die Identität Europas ist eine offene Identität.

III.

Charakteristisch für Europa ist im Unterschied zum alten Orient nicht das Kolossale, sondern die Orientierung am Maß des Menschen. Bereits Sokrates erkannte, dass der Mensch sein Maß in sich, in seinem Gewissen hat; Sokrates nannte es das *daimonion* und deutete damit an, dass es das Göttliche und Heilige in uns ist. Maßgebend für ihn waren darum nicht die Göttermythen, die Sitten und Gebräuche der Polis; wir würden sagen, maßgebend war für ihn nicht, was *man* tut und wie *man* denkt und *man* sich verhält, sondern die Stimme des Gewissens, in dem sich das, was gut und recht ist, meldet und sich sowohl anspornend wie anklagend zur Geltung bringt.

Das Christentum hat an dieses humane Erbe angeknüpft. Paulus hat die durch die Philosophie der Stoa weiter ausgebildete Lehre vom Gewissen aufgegriffen. Er benutzte also bereits den Begriff der Autonomie, indem er sagte, die Heiden seien sich selbst Gesetz, das Gesetz sei ihnen von Natur aus ins Herz geschrieben (Römer 2,14 f).

Die jüdisch-christliche Tradition hat diese grundlegende humanistische Idee durch die Lehre, alle Menschen seien nach dem Bild und Gleichnis Gottes geschaffen (Genesis 1,27), universalisiert und nochmals wesentlich vertieft. Sie sagte damit, dass jedem Menschen und allen Menschen unabhängig von ihrer ethnischen, kulturellen oder religiösen Zugehörigkeit eine einmalige unantastbare Würde zukommt. Erst damit war die Idee der unverlierbaren und unantastbaren allgemeinen Menschenwürde in der Welt.

In den Zehn Geboten hat das Alte Testament konkretisiert, was diese Würde für das zwischenmenschliche Verhalten einschließt. Jesus hat alles im Doppelgebot der Gottes- und der Nächstenliebe zusammengefasst (Markus 12,28–31). Jesus hat uns keinen ausgefeilten Tugendkodex mit vielen Paragraphen hinterlassen; seine ethische Botschaft ist einfach und fasst im Doppelgebot der Liebe alles zusammen. Sie ist nach Paulus die Erfüllung des ganzen Gesetzes (Römer 13,10).

Das Gebot der Liebe ist spezifisch christlich; es lässt sich in seinem Kern aber als durchaus vernünftig darlegen. Denn Gott über alles lieben bedeutet die Entideologisierung aller irdischen Absolutheitsansprüche. Diese Liebe ist die stärkste Gegenmedizin zu allen alten wie neuen Götzen, zu allen Ideologiebildungen, die je nachdem die Nation, das Geld, den Gewinn, die Kultur, die Kunst, den Sport, den Sex verabsolutieren. Nicht dass diese wertlos wären; wenn sie aber verabsolutiert werden, machen sie unfrei. Wenn man dagegen Gott allein

Gott sein lässt, dann wird man gegenüber allen irdischen Realitäten frei, man kann sie schätzen und gebrauchen, aber man muss sie nicht vergötzen.

Aus diesen Einsichten ist die Demut zur Grundtugend geworden. Der hl. Benedikt von Nursia hat sie in seiner Regel, die für die gesamte europäische Kultur grundlegend geworden ist, als Himmelsleiter bezeichnet. Die Demut hat nicht mit entwürdigender Verdemütigung zu tun, im Gegenteil, sie ist Ausdruck der geschöpflichen Würde, welche um die Größe wie um das Elend des Menschen weiß; sie bewahrt vor Hochmut und Hybris wie vor Kleinmut und Selbstverzweiflung. Sie ist mit der Hoffnung verbunden, weil sie weiß, dass sie sich die Erfüllung des Lebens nicht selbst machen kann, dass es auch das Paradies auf Erden nicht geben kann, dass wir aber zuversichtlich auf die volle Gerechtigkeit und den endgültigen Frieden hoffen dürfen und dass es darum immer Sinn macht, etwas Gutes zu tun und sich für Gerechtigkeit und Frieden in der Welt einzusetzen.

Den anderen lieben wie sich selbst bedeutet, ihm das zu geben und ihm das zu tun, was man selbst in einer entsprechenden Notsituation von anderen erwarten würde, sich also in den anderen hineinzuversetzen und die Welt mit den Augen des anderen zu sehen. Compassion nennt man diese Feinfühligkeit und Mitleidsfähigkeit heute oft, und man wendet sich damit nicht nur gegen Verrohung und Abstumpfung, sondern auch gegen Gleichgültigkeit, gegen Individualismus und Egoismus. Die biblische Tradition hat daraus die christliche Grundtugend der Barmherzigkeit, der *misericordia* abgeleitet, was wörtlich heißt: sein Herz bei den Armen und bei den Notleidenden haben.

Die geschichtliche Wirkung dieser Ideen kann kaum überschätzt werden. Die Antike kannte keine öffentliche Armenfürsorge; Wohltun war nicht Almosengeben, sondern Dienst an der Gemeinschaft. Bei der Waisen-Fürsorge ging es nicht um Hilfe für Verarmte, sondern um den Schutz des Erbvermögens. Die Philanthropie hatte nicht die Armen zum Objekt, sondern Bürger, die durch Unglück verarmt waren. Demgegenüber hat das Christentum bereits früh zur institutionellen Armen- und Krankenpflege geführt. Schon ab dem 4. Jahrhundert entstanden

Kranken- und Pilgerhäuser, die dann Vorbilder für die mittelalterlichen Spitäler für Armen- und Krankenpflege wurden. Damit hat das Christentum einen bleibenden Einfluss auf die europäische Kultur und die gesamte Kultur der Menschheit ausgeübt. Ohne diesen christlichen Impuls ist weder die Kultur- und Sozialgeschichte Europas noch die der Menschheit zu verstehen.

So ist die christliche Moral keine Sondermoral; sie lässt sich in ihrem Kern vernünftig erschließen und in ihrer Bedeutung für die gesamte Menschheit darlegen. Jürgen Habermas, der selbst nicht aus der christlichen Tradition kommt, hat in seinen jüngeren Schriften gezeigt, wie wir gerade angesichts heutiger enormer Herausforderungen auf das Motivationspotential dieser Tradition angewiesen sind.

IV.

Die Neuzeit bildet zweifellos einen tiefen Einschnitt, aber sie hat nicht, wie viele anzunehmen scheinen, am Nullpunkt begonnen; sie setzt vielmehr das christliche Verständnis von der in der Gottebenbildlichkeit begründeten Würde jeder einzelnen Person voraus. So haben schon vor der Aufklärung Theologen wie der spanische Dominikaner Franz von Vitoria (1492–1546) die Idee der Menschenrechte entwickelt. Von ihm abhängig hat Bartolomé de las Casas (1484–1566) die Rechte der Indios gegen Auswüchse spanischer Kolonisationspolitik verteidigt. So konnte die Idee der Menschenrechte schon vor der Erklärung der Menschen- und Bürgerrechte durch die Französische Revolution (1789) in der amerikanischen Unabhängigkeitserklärung (1776) unter spezifisch christlichem Vorzeichen proklamiert werden. Dort ist von den durch den Schöpfer gegebenen „unveräußerlichen Rechten" auf „Leben, Freiheit und Streben nach Glück" die Rede.

Verhängnisvoll war, dass das neuzeitliche Europa diese Ideen zunächst gegen die etablierten Kirchen entwickeln musste und die Kirchen unter diesen Voraussetzungen das darin enthaltene christliche Erbe lange Zeit nicht erkannt und teilweise bis ins 20. Jahrhundert gegen die moderne Freiheitsgeschichte und die aufkommenden Naturwissenschaften gekämpft haben.

In den auf die Reformation folgenden Religionskriegen war das Christentum nicht mehr Band der Einheit, sondern Ursache von Konflikten, die Europa an den Rand des Ruins brachten. So musste man die Religion zur Privatsache erklären und die Gesellschaft um des Überlebens willen auf der allen gemeinsamen Vernunft aufbauen. Die Folge war die Marginalisierung der Religion und die Säkularisierung, mit der Europa menschheits- und kulturgeschichtlich einen Sonderweg eingeschlagen hat, wie ihn keine uns sonst bekannte Kultur kennt.

Der Versuch eines Humanismus ohne Gott hat böse geendet in den beiden menschenverachtenden totalitären Systemen des 20. Jahrhunderts, in den beiden von Europa ausgehenden Weltkriegen, in der Schoah, der staatlich geplanten und ins Werk gesetzten Ermordung von etwa 6 Millionen Juden mitten in Europa. Man kann und muss fragen: Hat nicht Europa durch diese Barbarei am Ende sich selbst abgeschafft?

Inzwischen mündet die Säkularisierung immer mehr in einen Skeptizismus, Relativismus und Indifferentismus hinsichtlich unbedingter Maßstäbe, letztlich in einen Nihilismus, der nach Nietzsche nicht nur darin besteht, dass Gott tot ist, sondern dass die obersten Werte nicht mehr gelten und dass es keine Wahrheit gibt. Die Idee der Toleranz dreht sich um und wird intolerant gegen jeden, der eine feste Position bezieht. Marx ist in unserer Postmoderne tot, aber Nietzsche ist zu einem ungemütlichen Zeit- und Hausgenossen geworden. Europa stellt sich damit selbst in Frage und zerstört sich selbst. Die Herausforderung, vor der wir stehen, lautet: Wie kann man Europa vor der Zerstörung seiner selbst durch sich selbst retten?

V.

Nach dem großen Historiker Arnold J. Toynbee bewegt sich die Geschichte nach dem Schema *challenge and response,* Herausforderung und Antwort. Jede Herausforderung und damit jede Krise ist zugleich eine Chance, biblisch ein Kairos. Damit setzt sich Toynbee ab von Oswald Spenglers These vom Untergang des Abendlandes. Ich möchte mich im Folgenden auf drei Herausforderungen beschränken, an denen sich Europa heute bewähren muss, um so seine künftige Gestalt und Sendung neu zu finden.

Die erste Herausforderung: Europa muss neu zu sich selbst finden und zu sich selbst stehen. Europa darf darum seine Geschichte nicht vergessen; Europa muss seine Geschichte wach halten; Europa braucht eine neue Erinnerungskultur.

Die gegenwärtige Malaise Europas ist seine Geschichtsvergessenheit, die oft nur partielle, oft auch ideologisch gesteuerte negative Wahrnehmung seiner Geschichte oder gar die bare Unkenntnis seiner Geschichte. Wir leiden an Amnesie und deshalb auch an einem Mangel an Prophetie, an Zukunftsvision und an Hoffnung. Denn Erinnerung ist – wie man aus der Bibel, aber seit Platon und Augustinus und dann wieder seit Hegel auch aus der Philosophie weiß – das Vehikel und Organ aller Welterkenntnis und Weltorientierung. Ohne Wissen um die eigene Herkunft gibt es keine Zukunft. Wer nicht weiß, woher er kommt, weiß auch nicht, wo er augenblicklich steht und wohin er gehen soll. Ohne Erinnerung sind wir nach Friedrich Nietzsche wie das Vieh an den Pflock des Augenblicks gebunden.

Wir müssen die europäische Geschichte neu entdecken. Wir müssen uns die Geschichte und die Geschichten Europas immer wieder erzählen. Dabei geht es nicht um eine nostalgische, die Kinder- und Jugendzeit romantisch verklärende Alterserinnerung. Wir dürfen die negativen Aspekte und die Schuldgeschichte nicht verdrängen; sie muss uns eine bleibende Warnung sein. In der Erinnerung an die Leidens- und Unrechtsgeschichte entdeckt man unabgegoltene, oft auch unterdrückte Möglichkeiten, Potentiale und Ideale, welche uns vom Bann augenblicklicher modischer Plausibilitäten befreien und die uns einen kritischen wie produktiven Blick auf die Gegenwart erlauben. Statt von den geschichtlichen Wurzeln Europas möchte ich darum lieber von den Flügeln Europas sprechen, von den Flügeln, die Europa hochgebracht und groß gemacht haben und die es heute erneut in eine gute Zukunft tragen können.

Etwas einfacher gesagt: Wir brauchen Vorbilder. In meiner Jugend waren dies biblische Geschichten und die Heiligengeschichten. Wer kennt sie noch? Martin, Benedikt, Franz von Assisi, für evangelische Christen: Luther, Dietrich Bonhoeffer, dann die großen Zeugen und Märtyrer des 20. Jahrhunderts. Sie standen für europäische Werte; sie können uns Wegweiser für die Zukunft Europas im 21. Jahrhundert sein. An solchen Gestalten können wir uns orientieren und aufrichten.

Die zweite Herausforderung: Der Eurozentrismus ist seit der von Europa ausgehenden Katastrophe des Zweiten Weltkriegs endgültig vorbei. Nach dem Hochmut überkommt uns heute manchmal der Kleinmut. Doch Europa kann sich nicht in eine bequeme weltgeschichtliche Kuschelecke zurückziehen. Das europäische Menschenbild, das auf der Grundlage des antiken Humanismus, des Christentums und der neuzeitlichen Aufklärung erwachsen ist, und die daraus folgenden allgemeinen Menschenrechte haben eine universale Bedeutung. Sie gelten unabhängig von ihrer europäischen Entstehungsgeschichte universal. Sie sind ein Fortschritt im Menschheitsbewusstsein, der nicht verloren gehen darf.

Europa kann darum keine Insel der Seligen sein. Europa trägt universale Verantwortung. Es könnte die neue Herausforderung und die Aufgabe Europas sein, sein Erbe als Grundlage einer universalen Friedensordnung weiter zu tradieren und es gegen Hegemonie-Ansprüche aller Art zu verteidigen. Wir brauchen nicht nur eine Globalisierung der Wirtschafts- und Finanzmärkte, sondern ebenso und vor allem eine Globalisierung der Menschenrechte. Aufgrund seines Menschenbildes kann und muss Europa eintreten für eine neue Kultur des Teilens und der Solidarität.

Universale Menschenrechte implizieren eine universale Verantwortung für Gerechtigkeit und Frieden in der Welt. Ich kann in diesem Zusammenhang nur auf einen einzigen Aspekt etwas eingehen, der mir besonders am Herzen liegt: der Dialog der Kulturen und der Religionen. Er ist die einzig mögliche Alternative zu einem „Zusammenstoß der Kulturen" (S. Huntington). Das Zweite Vatikanische Konzil mahnt zu diesem Dialog und damit zur Überwindung alter Feindschaften und alter Missverständnisse wie zum gegenseitigen Verstehen und zu gemeinsamer Anstrengung für Gerechtigkeit und Frieden in der Welt.

Dieser Dialog hat nichts mit Appeasement und mit der Aufgabe eigener Überzeugungen und unserer Lebenskultur zu tun. Natürlich bestehen grundlegende Unterschiede, die man nicht einfach übergehen darf, sondern respektieren muss. Der Dialog setzt also Partner voraus, die ihre jeweilige Identität und ihr jeweils eigenes Profil haben und die zugleich das des Anderen achten. Nur wenn Respekt und Toleranz von beiden Seiten gegeben ist, kann man sich wirklich respektieren, im Dialog voneinander lernen und sich gegenseitig bereichern. Gegenüber Intoleranz kann es dagegen keine Toleranz geben. Schließlich setzt jede Gesellschaft ein gewisses Maß gemeinsamer Werte und Regeln voraus, wie sie bei uns als reife Frucht unserer Geschichte in den Grundrechten in unserer Verfassung festgeschrieben sind. Nur auf dieser Basis ist ein friedliches Zusammenleben möglich.

Das Thema Dialog führt mich abschließend zur dritten Herausforderung: Europa und Ökumene. Ökumene ist nicht nur von kirchlicher, sondern auch von eminent politischer europäischer Bedeutung.

Die östliche Kirchenspaltung im 11. Jahrhundert hat ihre Wurzel in einem Prozess der Entfremdung mit dem Osten, der schon im ersten Jahrtausend begann, sich im zweiten Jahrtausend verfestigte, eine Verfestigung, die durch 500 Jahre Türkenherrschaft und dann durch jahrzehntelange kommunistische Unterjochung unüberwindlich schien. In dieser langen Geschichte haben sich auf beiden Seiten Vorurteile und Missverständnisse in den Herzen eingegraben. Seit dem Fall der Berliner Mauer haben wir die einmalige geschichtliche Chance, dass in Ost- und Westeuropa wieder zusammenwächst, was zusammengehört. Anders als durch ein Zusammenrücken mit den Kirchen in Osteuropa, welche die Kultur dieser Völker über Jahrhunderte geprägt haben, ist die Integration von West- und Osteuropa gar nicht denkbar. In diesem Zusammenhang muss man die bei uns oft unterschätzten ökumenischen Bemühungen um die Ostkirchen würdigen. Sie sind ein Beitrag dazu, dass Europa wieder mit beiden Lungenflügeln atmen lernt.

Diese Ökumene mit dem Osten ist nicht, wie hierzulande manche befürchten, eine Alternative zur westlichen Ökumene mit den evangelischen Kirchen. Es ließe sich leicht aufzeigen, wie beide innerlich unlösbar zusammenhängen. Die Bemühungen um Annäherung sind umso dringender, als seit der Auflösung der konfessionellen Milieus die Trennungen durch die Familien und die Freundeskreise gehen und beide Kirchen heute vor denselben oder ähnlichen Herausforderungen stehen. Sie müssen heute gemeinsam Zeugnis geben von dem Erbe, bei dem die Gemeinsamkeiten größer sind als die bestehenden Unterschiede.

Auf diesem Weg haben wir in den letzten Jahrzehnten mehr erreicht als in Jahrhunderten zuvor. Wir haben zwar das Ziel, die Einheit in Vielfalt, noch nicht erreicht. Aber es ist so etwas wie die Einheit der Christenheit entstanden, ein neues Zusammengehörigkeitsgefühl, das Bewusstsein einer Schicksalsgemeinschaft und eine neue Zusammenarbeit. Die Christenheit, die wesentlich am Aufbau des europäischen Hauses beteiligt war, ist heute geistiger Kitt und Friedensstifter zwischen den europäischen Völkern. Das geschieht auf der Gemeindeebene, der regionalen, der nationalen und der internationalen universalen Ebene. Gelingen kann Ökumene in Ost und West nicht allein durch noch so gescheite Dokumente, sondern nur wenn es gelingt, Bande des Vertrauens und der Freundschaft zu knüpfen.

So ist die Ökumene auch ein Beitrag zur Einheit Europas. Unsere ökumenischen Versöhnungsprozesse können ein ermutigendes und ansteckendes Beispiel dafür sein, dass auch nach einer langen, wahrlich nicht immer vom Geist christlicher Nächstenliebe geprägten Geschichte Versöhnung möglich ist. Ein Scheitern der Ökumene könnten wir darum weder vor Gott noch vor der Geschichte verantworten. Zur Ökumene gibt es keine verantwortbare Alternative. Sie ist für die katholische Kirche eine unwiderrufliche Option und ein irreversibler Weg.

VI.

Die europäische Erfolgsgeschichte ist noch nicht zu Ende. Sie steht gegenwärtig neu auf dem Prüfstand. Europa muss aufwachen, vielleicht sogar aufschrecken. Europa muss zu sich selber finden; es muss im guten Sinn des Wortes wieder selbstbewusst werden, zu sich, zu seiner Geschichte und seiner Kultur und zu der darin begründeten Lebensart stehen. Es muss seine Seele wieder entdecken. Wenn dies geschieht, dann hat, wie der bekannte amerikanische Weltökonom Jeremy Rifkin zeigte, der europäische Traum nach wie vor eine reale Zukunftschance. Zu Defätismus ist dann kein Grund. Im Gegenteil, Europa hat, wenn es sich seiner selbst bewusst ist, seine Zukunft ganz neu vor sich.

In diesem Sinn möchte ich die Europa-Begeisterung, die mich als junger Gymnasiast erfasst hat, nicht begraben. Ich möchte sie als Herausforderung begreifen und an die Großmut, das heißt an den Mut zu Großem, appellieren. Wir brauchen neues Selbstvertrauen in die europäische Idee, welche menschliche Größe mit menschlichem Maß, Freiheit mit Verantwortung und mit Solidarität, Identität mit universaler Offenheit verbindet. Diese Idee hat Europa groß gemacht; sie hat noch längst nicht ausgedient. Sie ist Europas Beitrag zur Kultur und zum Frieden in der Welt. Damit hat Europa auch heute noch eine Sendung.

Hermann Lübbe

Werte – ihr Begriff, ihr Wandel und ihr moralistischer Missbrauch

Im modernen politischen Lebenszusammenhang wird der Begriff der Werte vor allem in Feierreden in Anspruch genommen. Im europapolitischen Kontext soll damit gesagt sein, das geeinte Europa sei mehr als eine Freihandelszone und mehr als ein gemeinsamer Markt von förmlich konstituierter kontinentaler Weite. In der Tat: Alle Länder, die in die Europäische Union aufgenommen sind und ihr Vertragswerk unterschrieben haben, bekennen sich damit zugleich zu den Grundwerten freiheitlicher demokratischer Ordnung, und auch materiell erstrecken sich die Zwecke der Union weit über die Ökonomie hinaus bis hin zu einer gemeinsamen Außen- und Sicherheitspolitik. Überdies ist auch eine gemeinsame Währung, durch die heute wichtige europäische Länder miteinander verbunden sind, mit ihren Verbindlichkeiten und Verpflichtungen weitaus mehr als alles, worauf man in Freihandelspartnerschaften angewiesen wäre.

Die moderne Inanspruchnahme des Begriffsnamens „Wert" zur Kennzeichnung dessen, was uns in der Politik noch wichtiger als die Vorzüge freier Märkte zu sein hat, wird freilich erklärungsbedürftig, wenn man sich an das bekannte begriffsgeschichtliche Faktum erinnert, dass in den kanonischen Texten alteuropäischer Überlieferung der Begriff des Wertes doch seinen Ort just in der Wirtschaftsphilosophie hatte. In der Ethik hingegen spielte er gar keine Rolle und späterhin in der christlichen Katechetik ohnehin nicht. Der Begriff des Wertes dient traditionellerweise zur Kennzeichnung dessen, was uns haushälterisch, ökonomisch also, Güter und Dienstleistungen nach Graden unserer Angewiesenheit auf sie, nach ihrem Nutzen also schätzen lässt und damit zugleich die Kosten ihrer Beschaffung einschätzbar macht – ihren Preis nämlich, den wir in Quanten eines teilbaren Tauschmittels („Geld“) fordern oder entrichten müssen. Bewährter Nutzen, nötiges, gar notwendiges Lebensmittel – das ist die Bedeutung des Wortes „Wert“ in seiner traditionellen europäischen Prägung. Seine Herkunft aus der Ökonomie ist diesem Wort „an die Stirn geschrieben“ – so hat das ein kompetenter Begriffshistoriker zusammengefasst.

Trivialerweise gibt es wichtigere Güter als diejenigen, die auf Märkten handelbar und bei gegebener Preisäquivalenz ihres Wertes gegeneinander austauschbar sind. Nichtsdestoweniger sind die Werte sehr wichtig. Immerhin ist im Ensemble der drei Hauptwerke der klassischen praktischen Philosophie der Ökonomie, die für die Werte zuständig ist, nach der Ethik und nach der Politik der gewichtige dritte Platz eingeräumt. Überdies bleiben Ethik, Politik und Ökonomie nicht unverbunden. Die Gerechtigkeit zum Beispiel, von der als einer der vier Kardinaltugenden in der Ethik die Rede ist, bleibt als Tauschgerechtigkeit auch in der Ökonomie beachtlich, und die Politik verlangt kluge Einschätzung wirtschaftlicher Güter. Entsprechend rekurriert die alteuropäische Politik auch ihrerseits gelegentlich auf die Werte – so prominent bei Aristoteles.

Die ökonomische Herkunft des Wertbegriffs, an die wir uns insoweit erinnern, ist auch heute noch wirksam. Vor allem im Alltagsgebrauch des Wortes „Wert“ ist das unüberhörbar. Für die Verwahrung von „Wertsachen“ stünde ein Safe zur Verfügung, so lesen wir in den Hotelinformationen. Über „Wertberichtigungen“, die in Unternehmensbilanzen unvermeidbar geworden seien, berichtet die Tageszeitung im Wirtschaftsteil, und die Flucht in die „Sachwerte“ lässt unbeschadet konjunkturfördernder Niedrigzinspolitik der Zentralbanken die Goldpreise steigen. Überdies hat sich heute die Quantifizierbarkeit der Werte, wie sie ja schon in der antiken Preis-Theorie vorausgesetzt war, weit über den ökonomischen Geltungsbereich des Begriffs der Werte hinaus ausgedehnt. Die Gesundheitsseiten der Wochenendpresse ermahnen das Publikum zur Routineüberprüfung ihrer physiologischen „Werte“. Blutdruckmesser gehören heute, wie seit eh und je schon das Thermometer, zum obligaten Set medizinischer Hausgeräte. Von der Heizung im Keller bis zu den motorisierten Gerätschaften in der Garage oder im Gartenhaus sind auf den Anzeigetafeln der Steuerungsgeräte in Warnfarben die „Höchstwerte" notiert, die betrieblich nicht überschritten werden dürfen.

Dieser vertraute Alltagsgebrauch des Wortes „Wert" verbleibt also auch in seiner Anwendung auf neue kulturelle und technische Gegebenheiten traditionell. Für die Nutzung des Wertbegriffs auf Entitäten, die weder handelbar noch quantifizierbar sind und entsprechend auch keinen Preis haben, gilt das nicht mehr. Die jakobinische Trias „Freiheit, Gleichheit, Brüderlichkeit" als Ensemble von Höchstwerten zu kennzeichnen – das also ist neu, und so auch die deutsche verfassungsrichterliche Anwendung des Begriffsnamens „Höchstwert" auf „menschliches Leben" in jenem Urteil, das fortdauernd das geltende deutsche Schwangerschaftsabbruchsrecht prägt.

Diese Ausweitung des Umfangs des Wertebegriffs auf Lebenstatbestände, Rechte und Pflichten weit jenseits der Ökonomie ist erklärungsbedürftig. Dabei handelt es sich nicht um eine begriffshistorische Spezialität, die man den Experten für die Abfassung von Artikeln in historischen Fachwörterbüchern überlassen könnte. Die Erklärung der außerordentlichen Karriere, die der Begriff des Wertes seit knapp zweihundert Jahren gemacht hat, ist für das Verständnis der modernen Zivilisation aufschlussreich und von allgemeinem Interesse. Exemplarisch lassen sich die Bedingungen, die den Gebrauch des Wertebegriffs weit über die Sphäre der Ökonomie und der Technik hinaus sich haben ausdehnen lassen, am Vorgang des so genannten Wertewandels erkennen, der die Öffentlichkeit hochentwickelter Länder, zuerst in den USA, in den sechziger Jahren zu beschäftigen begann. Die dominante Diagnose lautete: Selbstverwirklichungsansprüche lösen kommunitäre Bindungen auf, und Lebensformen, die moralisch als selbstverständlich erschienen, sind unter dem Druck emanzipatorischer Selbstbestimmung zerfallen. So hat man das kommentiert, und tatsächlich wissen wir ja auch heute noch nicht, ob sich und wie sich, zum Beispiel, die gravierenden ökonomischen und sozialen Folgen der damals drastisch absinkenden Geburtenrate politisch bewältigen lassen. Als realistisch sollte sich auch die Befürchtung erweisen, dass ineins mit dem Anstieg des Niveaus unserer Selbstbestimmungsansprüche zugleich auch die Schadensfolgen überforderter Selbstbestimmungsfähigkeiten anwachsen müssen.

Das sind Besorgnisse der Kulturkritik, und sie sind nicht unbegründet. Kern der Sache sind freilich nicht moralische Dekadenzen, vielmehr Sachzwänge mit Konsequenzen für unsere moderne Lebenskultur – individuell und kollektiv, privat und öffentlich. Die moderne Zivilisation setzt wie nie zuvor große Spielräume für die Lebensführung frei und verlangt Optionen und Entscheidungen, die in der Regel nicht vorgegeben sind. Je freier wir leben, desto selbstbestimmungsabhängiger werden unsere Lebensverläufe. „Selbstverwirklichung", gewiss, ist ein hyperbolischer, selbsttäuschungsträchtiger Ausdruck. Aber es hat seine Plausibilität, dass man ihn sich hat einfallen lassen, und überdies dementiert ja der Ausdruck gar nicht, dass Selbstverwirklichungsambitionen auch scheitern können.

Noch einmal also: Je freier wir leben, desto nötiger wird die Moral, das heißt Kenntnis und Kunst der Beherrschung der Regeln guten Lebens. Die allerwichtigsten dieser Regeln sind wohlbekannt. Sie haben die temporale Charakteristik, alt zu sein und nichtsdestoweniger nicht veraltet. Sie verändern aber modernisierungsabhängig oft ihren Stellenwert. In einem Beispiel von eminenter praktischer Bedeutung heißt das: Die Mäßigkeit – eine der vier Kardinaltugenden klassischer ethischer Tradition – war nie wichtiger als heute, und alltäglich finden wir uns zu ihr in massenmedialer Lebensberatung streng ermahnt. Der Armut braucht man die Mäßigkeit nicht zu predigen, wohl aber einer Wohlstandsgesellschaft, in der sogar noch Mindestlöhne ausreichen, seine Gesundheit durch maßlose Ernährung zugrunde zu richten. Allein schon aus diesem Grund ist der Unterschied, den es macht, gesund oder weniger gesund zu sein, ein diesseits verbliebener Unverfügbarkeiten einerseits und ärztlicher Könnerschaft andererseits, von moralischen Faktoren mitbestimmter Tatbestand. Wahr ist, dass Selbstbesorgnis, unmäßig kultiviert, ihrerseits selbstschädigend wirken kann.

Davon bleibt unberührt, dass das klug gelebte Eigeninteresse eo ipso dem Gemeinwohl, nämlich der Funktionstüchtigkeit der Pflichtversicherung, dient. Je mehr wir modernisierungsabhängig von Leistungen des Sozialstaats tatsächlich abhängig werden, desto rigoroser gilt die individuelle Verpflichtung, sich lebensführungspraktisch maximal zuwendungsunbedürftig zu halten.

Der Stellenwert der Kardinaltugend der Mäßigkeit also steigt, der Stellenwert der Kardinaltugend der Tapferkeit hingegen verschiebt sich in Abhängigkeit vom Wandel der Bedrohungen, denen wir uns in der modernen Welt ausgesetzt finden. Anlässe für militärische Auszeichnungen wegen erwiesener „Tapferkeit vor dem Feind" gibt es auch heute, sie sind aber zum Glück seltener geworden. Andererseits hat man sich zu erinnern, dass ohne die Tugend der Tapferkeit kein Polizist, ja kein Feuerwehrmann dienstfähig wäre, und selbst die Kraft zum Widerstand gegen massenmedialen Meinungsdruck sollte man dann und wann tapfer nennen.

Alte Tugenden also verändern ihren Stellenwert und spezifisch neue Tugenden, die in vormodernen Lebenswelten nur eine marginale Rolle spielten, gibt es vielfältig auch noch – die Pünktlichkeit zum Beispiel, die ein Prominenter unbedacht eine repressiv wirkende Sekundärtugend böser totalitärer Erinnerung nannte. In Wahrheit ist sie ein zwingendes Erfordernis modernisierungsabhängig wachsender sozialer und räumlicher Mobilität und Kooperation. Unpünktlich zu sein heißt doch, andere warten zu lassen. Wo läge hier der Emanzipationsgewinn, der sich aus Zeitunordnung ziehen ließe, die man sich selbst moralisch gestattet?

So könnte man mit Schilderungen der Moralisierungsfolgen modernisierungsabhängig expandierender Selbstbestimmungsansprüche lange fortfahren und mit Markierungen des veränderten Stellenwerts gleichfalls, der in diesem Kontext traditionellen Tugenden zufällt. Das Wort „Stellenwert" zeigt an, worum es sich dabei wertbegriffsgeschichtlich handelt: Im beschleunigten Wandel *unserer* zivilisatorischen Lebenswelten wandelt sich auch die Moral, auf die wir uns für ein gutes Leben angewiesen wissen. Die Kardinaltugenden antiker Tradition brauchen nicht neu erfunden, beiseitegeräumt oder ersetzt zu werden. Aber ihre Schätzung ändert sich mit der Intensität der Erfahrung unserer Angewiesenheit auf sie und mit dem Wandel der lebensweltlichen Orte, wo sie uns in ihrer Unentbehrlichkeit primär aufdringlich werden.

Schätzung – sie war es ja nun, die in der antiken Ökonomie, bezogen auf handelbare Güter, uns deren Wert einsichtig macht und damit zugleich über Preisgerechtigkeit urteilsfähig. Spezifisch modern ist die Erfahrung, dass im aufdringlich gewordenen Wandel unserer zivilisatorischen Lebensvoraussetzungen sich über Marktwerte hinaus auch die Schätzung und damit der Wert von Gütern ändert, die schlechterdings marktunfähig sind. Zusammengefasst heißt das: Mit der Dynamik in der Änderung unserer zivilisatorischen Lebensvoraussetzungen erfahren wir zugleich unsere wachsende Abhängigkeit von Lebensgütern und Tugenden, die im Gegensatz zu Marktwerten keinen Preis haben, aber eben wohl einen Wert, der sich in der Intensität seiner Schätzung seinerseits ändert und nach den Örtern unserer Angewiesenheit auf ihn gleichfalls. Kurz: Die kulturelle Universalisierung des ursprünglich spezifisch ökonomisch konnotierten Wertbegriffs ist eine Konsequenz von Erfahrungen moderner Zivilisationsdynamik, die den Industrialisierungsprozess seit seinem Beginn begleiten.

Es sollte evident geworden sein: Im Kern der Sache hat der Wertewandel mit Werteverfall nichts zu tun. Davon bleibt selbstverständlich unberührt, dass es zu Klagen über Missachtung wohlbekannter moralischer Regeln niemals an Anlässen fehlt. Aber so oft solche Klagen sich erheben, meldet sich doch Moral zu Wort, und sie tut es heute sehr lautstark. Das reicht bis in die politischen Lebenszusammenhänge hinein. Längst hat auch der gute Wille zu demonstrieren gelernt. Er engagiert sich für den Frieden, entzündet Kerzen gegen den Krieg und ruft auf zur Bewahrung der Schöpfung. Statt Moralverfall prägt insoweit fortschreitende Moralisierung das öffentliche Leben.

Das hört sich gut an. In der Tat: Als Folge der Modernisierung wachsen unsere wechselseitigen Abhängigkeiten – sozial und politisch, ökonomisch und ökologisch. Das macht uns in zunehmendem Maße auf Regeln wechselseitiger Anerkennung und Kooperation, auf Moral also, angewiesen, und öffentlich bekundeter guter Wille bekennt sich dazu.

Leider ist gute Absicht mit Könnerschaft nicht identisch. Je komplizierter unsere zivilisatorischen Lebensverhältnisse werden, desto weniger leicht ist die Antwort auf die Frage zu haben, was wir denn nun tun müssen, damit unsere hohen moralischen Zwecke erreichbar werden. Als einen dieser großen Zwecke nennt beispielsweise die gute Öko-Moral die Erhaltung der Regenwälder des Tropengürtels zu Gunsten der Menschheit der Zukunft. Aber was lässt sich nun hier und heute, sagen wir: in unserer Kirchengemeinde, dafür tun? Die gut Gesinnten wissen es schon: konsequenter Verzicht auf Tropenholz bei der Neumöblierung. Indessen: Der Widerspruch eines anwesenden Forstexperten lässt nicht auf sich warten. Einzig die Transformation der Urwälder zu nachhaltig holzwirtschaftlich genutzten Forsten könnte den Regenwald retten, nämlich durch Schaffung von qualifizierter Arbeit für die Ureinwohner daselbst, die sonst unter dem Druck des Bevölkerungswachstums zur Brandrodung greifen müssten.

Das mag nun so sein oder auch nicht: Wer recht hat – das lässt sich über eine bloße Gewissensanspannung gar nicht ermitteln. Die gute Gesinnung allein gibt auf die Frage, was zu tun oder zu lassen sei, gar keine Antwort. Man muss schon, über das Gewissen hinaus, auch den Verstand bemühen und sich sachkundig machen.

Die Mühseligkeit eben dieser Bemühung wächst aber mit dem Komplexitätsgrad der naturalen und sozialen Sachzusammenhänge, auf die wir uns in hochentwickelten Zivilisationen einzustellen haben.

Das bedeutet: Immer häufiger hocken wir in den Startlöchern unserer Bereitschaft, Gutes zu tun – zumeist jedoch in Ungewissheit des richtigen Wegs zum guten Endzweck. Wer diese Desorientiertheit nicht erträgt, neigt dazu, den verhedderten Knoten moderner Lebensrealität mit dem scharfen Schwert seiner guten Gesinnung zu durchhauen, das heißt, er handelt, statt die Wirklichkeit in nützlicher und technisch geeigneter Weise Schritt für Schritt zu verändern, durch bloße Demonstration seines Bekenntnisses zum guten Endzweck solcher Veränderung. Als praktisches Resultat ergibt sich nicht selten Unfriedensstiftung an den Frontlinien zwischen Gesinnungsdemonstranten einerseits und Pragmatikern andererseits.

Nichts hat in der modernen Welt die Vergegenwärtigung der Werte, auf die wir heute angewiesen sind, nötiger und unwidersprechlicher gemacht als die bleibende Erinnerung an die Schrecken totalitärer Herrschaft. Nach den Berechnungen französischer Historiker dürften im jüngstvergangenen 20. Jahrhundert über einhundert Millionen Menschen dem totalitären Terror zum Opfer gefallen sein. Was erklärt diesen Terror? Auch die Beantwortung dieser Frage gehört in die Geschichte der Moralphilosophie und damit in die Geschichte der Werte und ihres Missbrauchs. Handelt es sich um einen „Rückfall in die Barbarei"?

Diese Erklärung täte den Völkern, die in früheren Epochen unserer Geschichte Barbaren genannt wurden, Unrecht. Demgegenüber muss man sagen: Der Massenterror der totalitären Regime ist ganz modern. Das gilt nicht nur in organisations- und vollzugstechnischer Hinsicht. Es gilt vor allem auch für die ideologische Rechtfertigung ihres Tuns, auf die sich die Terroristen stets berufen haben und auch heute berufen.

Dass der Terror massiv die Regeln herkömmlicher Moral und überlieferten geltenden Rechts verletze – das wussten nämlich die Anordner und Vollstrecker der politischen Großreinigungen sehr genau. Um so größer war der Rechtfertigungsbedarf, der ineins mit den schlimmen terroristischen Vollzügen bedient sein wollte. Dies geschah unter Berufung auf säkularisierte und politisierte Heilserwartungen.

„Wir hatten das moralische Recht" dazu – so kommentierte Himmler die ersten Exekutionen im Rahmen seines Volksliquidationsprogramms. Sich die Hände blutig machen, aber für höhere Zwecke – so verständigt sich über sein mörderisches Tun nicht ein Zyniker, vielmehr der Gläubige einer politischen Heilslehre, dessen moralischer Common Sense ideologisch zertrümmert und dann in säkularer Heilserwartung neu formiert ist.

„Uns ist alles erlaubt" – so heißt das in der Sprache des internationalsozialistischen Leninismus. Wer darf so reden und entsprechend handeln? Im leninistischen Fall lautet die Antwort: „Uns ist alles erlaubt“, weil „unsere Humanität ... absolut“ ist. So redet, noch einmal, nicht ein Zyniker, vielmehr ein Subjekt absoluter ideologisch-politischer Heilsgewissheit.

Das Ausmaß des totalitären Terrors entspricht dieser Gewissheit. „Heilsgewissheit“ – das ist nach Herkunft und fortdauernder Bedeutung ein Wort religiöser Sprache, und die Frage hat sich entsprechend aufgedrängt, ob in letzter Instanz die Selbstlegitimation totalitärer Gewalt nicht religiösen Charakter habe.

In der Tat: Die religionsähnlichen Züge der totalitären Regime sind von anschaulicher Aufdringlichkeit. Sie sind oft beschrieben worden: die politische Erlöserrolle der totalitären Führer, die Zuweisung von Propheten- und Apostelfunktionen an Vorläufer und Propagandisten der politischen frohen Botschaft, die Erhebung der Revolutionen zu eschatologischer Bedeutsamkeit, die Ketzergerichte, die Märtyrer- und Reliquienkulte, die rituelle Wiederholung der heilsgeschichtlichen Ereignisse im totalitären Festkalender, die Steigerung der Leidensfähigkeit durch Naherwartung und die Techniken ideologisch-glaubensmäßiger und emotionaler Bewältigung der Erfahrungen ihrer vorerst ausbleibenden Erfüllung.

Im Blick auf solche Bestände sprach Eric Voegelin von „Politischen Religionen“, und es ist zugleich der Titelbegriff seines berühmten Buches aus dem Jahre 1938. Einerseits ist also die Religions- und Kirchenähnlichkeit der totalitären Regime, ihrer ideologischen Glaubensverfassung und ihrer politischen Rituale und Kulte unübersehbar. Andererseits war die Politik dieser Regime massiv kirchenfeindlich. Im bolschewistischen Falle hatte das seine ideologischen Grundlagen in der aggressiven Religionskritik marxistischer Tradition. Aber auch der Nationalsozialismus war zu einem dauerhaften Koexistenzfrieden mit gleichschaltungsresistenter, kirchlich verfasster religiöser Kultur nicht bereit. Christlicher Glaube galt als Hindernis für die Hinführung der Menschen zu bedingungsloser ideologisch-politischer Heilsgewissheit.

Kurz: Die totalitäre Rechtgläubigkeit ist Anti-Religion – nicht Religion. Während des „Dritten Reiches“ gab es nationalsozialistische

Deutsche Christen, die in Tischgebeten Hitler als Brotbringer dankten. Sie mochten dabei an Arbeitsbeschaffungsmaßnahmen in Straßenbau oder Rüstung gedacht haben, oder auch an Winterhilfsküchen und Eintopfsolidaritäten. War dieses Tischgebet nun ein Akt „politischer Religion“ oder wurde es nicht vielmehr zu einem Akt politischer Anti-Religion? Die Frage stellen heißt sie beantworten. Elementare christliche Glaubensbildung genügt doch, um zu erkennen, dass den Sinn des religiösen Erntedankes zerstört, wer Führerpreis oder auch Bauernlob mit dem Lob Gottes gleichsetzt.

Anders gesagt: Ideologische Heilslehren haben sich als ungeeignet erwiesen, die Religion zu ersetzen, und gerade die Anmutungsqualität des Religiösen, mit der sich die totalitären Anti-Religionen auszustatten wussten, hat bei den bekennenden Christen den Sinn für den antireligiösen Charakter des Totalitarismus besonders geschärft.

Soweit ein kleiner Rückblick auf die große Geschichte des Wertbegriffs vom antiken Aristotelismus bis zum modernen Totalitarismus. Was lehrt diese Geschichte uns praktisch? Sie empfiehlt uns, den Begriff der Werte ineins seltener und genauer zu gebrauchen. Im aktuellen Beispiel heißt das: Auch die Europäische Union, gewiss, ist in letzter Instanz eine Wertegemeinschaft. Aber die Werte, die die Union eint, gelten doch auch – von den Menschenrechten bis zu den Bürgerfreiheiten – in anderen Teilen der Welt und in einigen europäischen Ländern gleichfalls, die, wie Norwegen oder die Schweiz, der Union nie beigetreten sind.

Somit genügt es, sich auf die Höchstwerte, deren Geltung wir politisch zu schützen haben, gelegentlich bei großen Anlässen zu beziehen – bei der feierlichen Begrüßung eines neuen EU-Mitglieds, beim Neuzusammentritt des Parlaments nach Wahlen, bei Jubiläen. Die Frage hingegen, wie sich im Euro-Währungsverbund die durch eben diesen Verbund zusätzlich eröffneten Gelegenheiten katastrophaler Staatsverschuldung einschließlich ihrer dramatischen Schadenfolgen bekämpfen ließen –: Diese Frage verlangt, statt einer Wertepredigt, Erfahrung, Vertrautheit mit der Funktionsweise nationaler und internationaler Institutionen, Marktkenntnis, ökonomisches und juridisches Fachwissen, Urteilskraft schließlich, die zu berücksichtigen weiß, was auch der Common Sense weiß und somit jedermann in Orientierung an gemeinen Alltagswerten, ohne die wir nicht einmal unseren Privathaushalt in Ordnung halten könnten.

Wer stattdessen, was er in Reaktion auf die aktuelle Überschuldungskrise für richtig hält, sogleich mit Rekurs auf unsere Höchstwertverpflichtung zur Erhaltung des Friedens und des Glücks der Völker begründet, weckt Misstrauen und beschädigt die Geltung der Trivialwerte solider Hauswirtschaft.

Robert Spaemann

Gibt es einen Wertewandel?

In welchem Europa wollen wir künftig leben? Und was definiert die europäische Identität? Eine gemeinsame Geschichte? Die Prägung der Weltsicht und der Sitten durch die christliche Religion? Die mathematische Naturwissenschaft? Die permanente wissenschaftliche Selbstreflexion der Gesellschaft? Die häufigste Antwort lautet: „Unsere Werte". Europa, so heißt es, solle sich als Wertegemeinschaft verstehen. Wer Europäer sein will, muss sich zu „unseren Werten" bekennen. Es nimmt wunder, dass diese Sicht sich so ungehindert ausbreiten konnte. Das Beispiel des Nationalsozialismus sollte hier eigentlich abschreckend wirken. Denn der Nationalsozialismus wollte in der Tat die Volksgemeinschaft als Wertegemeinschaft verstehen. Im Namen der höchsten Werte gestatteten sich die Nationalsozialisten immer wieder, geltendes Recht zu ignorieren und den Staat nicht als Schützer des Rechts, sondern als Instrument zur Durchsetzung der herrschenden Werte zu verstehen. Gewiss, es waren andere Werte als die, die man heute meint, wenn von „unseren Werten" die Rede ist.

Werte liegen unseren Handlungen zugrunde. Man wählt nicht die eigenen Werte, sondern Werte und Wertungen liegen allem Wählen voraus und entscheiden darüber, was wir wählen. Gegeben sind uns Werte nicht primär in Akten theoretischer, verstandesmäßiger Erkenntnis, sondern, wie zum Beispiel Farben, in Akten des wahrnehmenden Fühlens. Wer also zu einer Wertegemeinschaft gehört, muss auf eine durch diese Gemeinschaft geprägte Weise fühlen und einen bestimmten Wertekanon gefühlsmäßig bejahen. Peinlich wurde das bemerkbar, als vor Jahren die rechts stehende FPÖ in die österreichische Regierung eintrat und daraufhin Österreich von den europäischen Ländern, insbesondere von Deutschland und Frankreich, in Quarantäne gesetzt wurde. Alle Beziehungen wurden abgebrochen. Niemand hatte in Österreich gegen geltendes Recht verstoßen. Es waren lediglich zwei oder drei Reden, die der Vorsitzende dieser Partei damals gehalten hatte und die genügen sollten, Österreich zum Paria zu erklären. Das Peinlichste war, dass die Bundesrepublik Deutschland, insbesondere unter Betreiben des damaligen Außenministers, die Quarantäne noch fortsetzte, nachdem eine internationale Kommission zu dem Schluss gekommen war, dass der Abbruch der Beziehungen durch nichts gerechtfertigt war, während ausgerechnet Deutschland hartnäckig an der Ächtung des Nachbarlandes festhielt. Das alles hatte mit Rechtsstaatlichkeit nichts zu tun. Es war reine Gesinnungspolitik. Im Übrigen war die Aufnahme der FPÖ in die Regierung ein kluger Schachzug des damaligen österreichischen Bundeskanzlers, der dazu führte, dass die ungewöhnlich hohe Wählerzahl der Partei sofort abhanden kam, als sie aufhörte, Radikal-Opposition zu betreiben und in die Regierungsverantwortung eingetreten war.

Europa in diesem Sinne als Wertegemeinschaft zu verstehen, führt zu großen Schwierigkeiten. Tatsächlich fühlen Menschen in Europa nämlich hinsichtlich dessen, was sie als wertvoll schätzen, sehr unterschiedlich. Es können also nicht die fundamentalen Wertschätzungen die Basis einer europäischen Wertegemeinschaft sein. Dem Dilemma scheint man zu entgehen, wenn man, wie der französische Staatspräsident und wie die deutsche Bundeskanzlerin, als höchsten Wert die Toleranz anderer Überzeugungen bezeichnet, die zu tolerierenden Wertschätzungen aber als Privatsache behandelt. Aber auch hierin verfährt man wiederum nicht konsequent und kann es auch gar nicht. Warum Toleranz? Toleranz gründet in der Überzeugung von der Würde jedes Menschen. Aufgrund dieser Würde müssen die Überzeugungen geachtet werden, mit denen sich jemand identifiziert. Der hohe Wert der Toleranz kann sich deshalb nur so lange behaupten, wie er nicht als grundlegender Wert betrachtet wird, da er vielmehr selbst in einer Überzeugung gründet, einer Überzeugung, die in manchen Kulturen bestritten wird, aber die vor allem bestritten wird von dem naturalistischen Szientismus in Europa selbst. Das heißt in der Auffassung, dass der Mensch weder Freiheit noch Würde besitzt, sondern eine Maschine zur Multiplikation seiner Gene ist. Schon vor Jahrzehnten schrieb der bekannte amerikanische Psychologe Burrhus Frederic Skinner ein Buch mit dem Titel: „Beyond Freedom and Dignity", in dem er die Überzeugung von Freiheit und Menschenwürde als lästiges Hindernis bei der Herstellung einer reibungslos funktionierenden Organisation einer Gesellschaft bezeichnet, die als optimale Bedürfnisbefriedigungsanstalt verstanden wird.

Es gibt die verbreitete Meinung, nur die Selbstrelativierung, also der Verzicht auf nicht verhandelbare Überzeugungen, garantiere so etwas wie Toleranz. Wer eine Wahrheitsüberzeugung habe und also die gegenteilige Überzeugung für falsch hält, sei eo ipso intolerant. Damit aber kehrt sich der ursprüngliche Sinn von Toleranz um. Es sollten ja Überzeugungen toleriert werden, aber nun wird im Namen der Toleranz verlangt, keine Überzeugungen zu haben. Damit aber hebt die Toleranzforderung sich selbst auf. Der Relativismus zerstört die Grundlage der Toleranz, nämlich die Überzeugung von der unantastbaren Würde des Menschen, die sich bekanntlich in unserer Verfassung formuliert findet und die ja ihrerseits ein bestimmtes Bild vom Menschen voraussetzt. Zwar muss die staatliche Tolerierung auch die Ablehnung dieses Menschenbildes tolerieren. Aber das muss doch geschehen in dem Bewusstsein, dass das, was hier toleriert werden muss, der Zweifel an der Grundlage der Toleranzforderung ist. Toleranz ist immer Tolerierung von Überzeugungen, die der Tolerierende für falsch hält. Der Wert der Toleranz kann deshalb nicht der höchste Wert sein. Nur als abgeleiteter, in bestimmten Überzeugungen fundierter Wert hat die Toleranzforderung ein verlässliches Fundament und hängt nicht in der Luft. Wenn dies so ist, dann kann Europa sich nicht als Wertegemeinschaft definieren wollen. Man könnte es eine Toleranzgemeinschaft nennen oder, was dasselbe bedeutet, als Rechtsordnung. Diese Rechtsordnung ist fundiert in Wertschätzungen. Aber sie verlangt gerade nicht, dass jedermann diese Wertschätzungen teilt. Was von ihm verlangt werden muss, ist Gehorsam gegen die geltenden Gesetze, und zwar auch dann, wenn diese Gesetze den Wertschätzungen von Menschen anderer Kulturen widersprechen. Den Grund des Rechts zu bejahen ist selbst keine Rechtspflicht, obwohl mit dem Verdunsten der Wertschätzungen, die dem Recht zugrunde liegen, auch das Recht selbst auf die Dauer uneinsichtig wird.

Allerdings muss der Rechtsstaat zwar fast alle Überzeugungen tolerieren. Aber das heißt nicht, dass er sich diesen Überzeugungen gegenüber indifferent verhalten muss und keine privilegieren darf. Der Staat darf in den öffentlichen Einrichtungen, wie vor allen Dingen in Schulen, nicht die Propagierung aller sexuellen Orientierungen wie beispielsweise der Pädophilie erlauben, und er darf nicht die Ansicht diskriminieren, es handle sich hier um einen Defekt, der möglicherweise therapierbar ist. Die Verbannung aller Überzeugungen in „Privatangelegenheiten" wird allerdings in den heutigen europäischen Ländern keineswegs durchgehalten. So ist es nicht erlaubt, im naturwissenschaftlichen Unterricht Kreationismus zu lehren, obgleich diese Überzeugung politisch vollkommen unschädlich ist. Auch in der Praxis der Zulassung von Medikamenten lässt sich der Staat leiten von bestimmten medizinischen Überzeugungen, die außerhalb der sogenannten Schulmedizin bestritten werden. Im Sexualkundeunterricht werden heute in staatlichen Schulen den Kindern Lebensweisen nahegebracht, die zum Beispiel von katholischen Eltern abgelehnt werden, womit das verfassungsmäßige Erziehungsrecht der Eltern eindeutig unterlaufen wird. Der Staat geht davon aus, dass er die Kompetenz besitzt, Fragen der Wahrheit zu entscheiden.

Sind Wertungen, Wertschätzungen wahrheitsfähig? Gründen Wertschätzungen in Werten oder sind Werte nur die Produkte von Wertschätzungen? Man muss sich klarmachen, dass von der Beantwortung dieser Frage viel abhängt. Wenn nämlich das Letztere gilt, dann entspringt auch die Toleranzforderung nur einer subjektiven Wertschätzung, zu der es auch die gegenteilige gibt. Werte sind dann nur „unsere Werte", aber nicht selbst noch einmal bewertbar. Sie gelten, weil sie in einer bestimmten Gesellschaft und in einer bestimmten Epoche anerkannt sind. Sie bewerten zu wollen, hieße wieder die eigenen Maßstäbe zu verabsolutieren. Die chinesischen Machthaber haben die relativistische Logik sehr wohl verstanden. Wenn Vertreter westlicher Staaten bei ihnen Menschenrechte anmahnen, erwidern sie ungerührt, dass die chinesische Gesellschaft eben einen anderen Wertekanon habe als die Europäer. Was kann der Westen dem entgegenhalten, solange er selbst von „unseren Werten" spricht und auf den Anspruch dieser Werte auf universelle Geltung verzichtet?

Ein ähnliches Dilemma ergibt sich, wenn wir nach der Begründung der Grundrechte in unserer Verfassung fragen. Sie gelten als unveränderlich. Wenn sie nur die Wertschätzung der Verfassungsväter ausdrücken, wieso sollen die Nachgeborenen die Pflicht haben, sich diesen Wertschätzungen zu unterwerfen, dem also, was für die Väter des Grundgesetzes „unsere Werte" waren? Vielleicht haben wir ja inzwischen andere. Eine Loyalitätspflicht kann nur begründet werden, wenn die Väter des Grundgesetzes recht hatten mit ihrer Überzeugung, dass Menschenrechte sich nicht den wandelbaren Wertschätzungen von Menschen verdanken, sondern dem Menschen als Menschen zukommen und er auf diese nicht einmal selbst verzichten kann. Der Kannibale von Rotenburg ist ein Verbrecher und als Mörder verurteilt worden, obgleich sein Opfer dem teuflischen Ritual zustimmte, das seinem eigenen perversen Wunsch entsprach, getötet und gegessen zu werden.

Was nun den sogenannten Wertewandel betrifft, so kann sinnvollerweise nicht gemeint sein, dass Werte sich verändern, sondern nur, dass menschliche Wertschätzungen dem Wandel unterliegen. Dabei gibt es nun Wandlungen, die moralisch indifferent sind, Angelegenheiten der Mode oder auch des technologischen Fortschritts. Solche Wandlungen können Wandel zum Besseren oder zum Schlechteren sein. Der Wandel der Wertschätzungen im Dritten Reich war damals ein Wandel zum Schlechteren. Aber das kann nur der sagen, der einen überzeitlichen Maßstab an diesen „Wertewandel" anlegt. Werte wandeln sich so wenig wie Zahlen. Die Zahl 124 bleibt immer, was sie ist, welchen Operationen wir sie auch unterwerfen. Die Tat des Paters Maximilian Kolbe, der sein Leben opferte, um sich austauschen zu lassen gegen einen zum Tod durch Verhungern verurteilten Häftling, ist und bleibt rühmenswert, wo und wann immer auf der Welt sie erinnert wird, und obwohl es Menschen gibt, die es unsinnig finden, wenn einer sein Leben hingibt für einen anderen. Aus jeder Wertwahrnehmung folgen bestimmte Vorzugsregeln. Philosophisches Nachdenken kann zur Einsicht solcher absolut geltender Vorzugsregeln führen. Gesellschaftlich geltende Vorzugsregeln decken sich oft nur partiell mit den an sich geltenden Werten. Kriegertugenden, also vor allem Tapferkeit vor dem Feind, können in Vergessenheit geraten, weil kein Bedarf nach ihnen zu bestehen scheint. Aber das heißt nicht, dass sie aufhören Tugenden zu sein. Und sie können auch plötzlich wieder aktuell werden, so zum Beispiel, wenn jemand unter Gefahr für sein Leben einen Schwachen beschützt, der auf einem U-Bahnhof von jugendlichen Schlägern zusammengeschlagen wird. Ein weiteres Beispiel: Das ärztliche Berufsethos gebietet dem Arzt, den Tod des Patienten so lange wie möglich hinauszuschieben. Wenn die lebensverlängernden Maßnahmen dazu führen, nur den Sterbeprozess zu verlängern, der doch zum Leben gehört, dann gehört es zum neuen Ethos, diesen Prozess einerseits niemals von außen zu beenden, andererseits aber ihn nicht endlos hinauszuzögern. Beenden der Behandlung ist das Gegenteil von aktiver Sterbehilfe, das heißt Tötung, also Beenden des Lebens. Das Leben geht von selbst zu Ende.

Die Rede von Werten ist heute in aller Munde, auch und gerade bei Menschen, die so etwas wie unbedingte Geltungsansprüche und absolute Wahrheitsüberzeugungen ablehnen. (Als ob es Wahrheit geben könnte, die nicht absolute Wahrheit ist!) Aber wer solche Ansprüche geltend macht, ist oft schlecht beraten, für das, worum es ihm geht, den schillernden Begriff von „Werten“ in Anspruch zu nehmen. Er leistet nämlich weniger, als er es oft soll. In der Debatte um Abtreibung und Embryonenforschung zum Beispiel berufen sich beide Parteien auf den Wert des Lebens, der angeblich der höchste sein soll. Aber was lässt sich aus ihm praktisch ableiten? Die Gegner der Embryonenforschung weisen auf den Wert des embryonalen Lebens hin, die Befürworter auf den Wert des Lebens anderer, das durch die Forschungsergebnisse gerettet wird. KZ-Ärzte ließen ihre Opfer erfrieren und rechtfertigten das mit dem Gewinn an Einsicht, der vom Erfrieren bedrohten Frontsoldaten zugute kommen sollte. Wo Leben gegen Leben steht, hilft die Berufung auf den Wert des Lebens nicht weiter, sondern nur der Gedanke des Rechts. Das Recht ist es, das eine Güterabwägung aufgrund einer Bewertung von Leben verbietet. Europa kann, wenn es eine Rechtsordnung sein soll, nicht eine Wertegemeinschaft sein wollen.

Zugunsten des Wertrelativismus wird oft die Tatsache geltend gemacht, dass in verschiedenen Kulturen verschiedene Handlungsweisen gebilligt oder missbilligt werden. Dabei unterliegen wir häufig einfach einer optischen Täuschung. Die Unterschiede fallen uns einfach stärker auf, weil uns die Gemeinsamkeiten selbstverständlich sind. In allen Kulturen gibt es Pflichten der Eltern gegen ihre Kinder, der Kinder gegen die Eltern, überall gilt Dankbarkeit als „gut", überall ist der Geizige verächtlich und der Großherzige geachtet, fast überall gilt Unparteilichkeit als Tugend des Richters und Tapferkeit als Tugend des Kämpfers. Erst die Ideologien des 20. Jahrhunderts haben die Einsichten zu eliminieren versucht, die Selbstverständlichkeiten, von denen es im Neuen Testament heißt, dass Gott sie jedem Menschen ins Herz gegeben hat. Der Einwand, es handle sich hier um triviale Normen, Normen, die zudem leicht aus biologischer und sozialer Nützlichkeit ableitbar sind, ist kein Einwand. Für den, der eine Einsicht besitzt in das, was der Mensch ist, werden zum Menschen gehörige allgemeine moralische Gesetze natürlich trivial sein. Und dass ihre Befolgung für die menschliche Gattung nützlich ist, das ist ebenso trivial. Wie sollte denn für den Menschen eine Norm einsichtig sein, deren Befolgung allgemeinen Schaden herbeiführen würde? Was sollte denn für den Menschen nützlicher sein als das, was seinem Wesen entspricht? Entscheidend aber ist, dass die biologische oder soziale Nützlichkeit für uns nicht der Grund der Wertschätzung ist, dass die Sittlichkeit, also das sittlich Gute, dadurch nicht definiert wird. Die Tat einer heroischen Liebe werden wir auch dann schätzen, wenn der Handelnde dabei ums Leben kommt und vielleicht die gewünschte Wirkung gar nicht eintritt. Eine Geste der Freundschaft oder der Dankbarkeit wäre etwas Gutes auch dann, wenn morgen die

Welt unterginge. Diese Erfahrung der überwältigenden moralischen Gemeinsamkeiten in den verschiedenen Kulturen einerseits und die Unmittelbarkeit unserer eigenen absoluten Wertschätzung bestimmter Handlungsweisen andererseits ist es, was die theoretische Bemühung rechtfertigt, sich von diesem gemeinsamen Unbedingten, diesem Maßstab des richtigen Lebens Rechenschaft zu geben.

Gerade die kulturellen Verschiedenheiten sind es, die uns dazu herausfordern, nach einem Maßstab der Beurteilung zu fragen. Das vernünftige Nachdenken über die Frage nach einem allgemeingültigen Guten begann überhaupt erst aufgrund der Entdeckung dieser Tatsache. Im 5. Jahrhundert v. Chr. war sie nämlich bereits hinreichend bekannt. Es häuften sich damals in Griechenland die Reiseberichte, die von den Sitten der umliegenden Völker Phantastisches zu erzählen wussten. Die Griechen aber begnügten sich nun nicht einfach damit, fremde Sitten schlicht absurd, verächtlich oder primitiv zu finden, sondern einige unter ihnen, die Philosophen, begannen nach einem Maßstab zu suchen, an dem man verschiedene Lebensweisen und verschiedene Normensysteme messen kann. Vielleicht mit dem Ergebnis, das eine besser als das andere zu finden. Diesen Maßstab nannten sie „Physis", Natur. An diesem Maßstab gemessen war zum Beispiel die Norm der Skythenmädchen, sich eine Brust abzuschneiden, schlechter als die entgegengesetzte Norm, dies nicht zu tun. Ähnliches gilt für die Beurteilung der chinesischen Sitte im 19. und noch im 20. Jahrhundert, die Füße von Mädchen durch enge Einschnürung so zu verkrüppeln, dass die Frauen nur noch trippeln können auf eine Weise, die offenbar den Männern gefiel. Es war dies eine gesellschaftliche Norm, die aber mit der grundlegenden Norm des Natürlichen nicht kompatibel war. Nun war der Begriff der Natur keineswegs geeignet, alle Fragen nach dem richtigen Leben zweifelsfrei zu entscheiden. Für den Augenblick genügt uns die Feststellung, dass die Suche nach einem allgemein gültigen Maßstab für ein gutes und schlechtes Leben, für gute und schlechte Handlungen aus der Beobachtung der Verschiedenheit moralischer Normensysteme hervorgeht und dass deshalb der Hinweis auf die Verschiedenheit nicht schon ein Argument gegen die Suche nach einem allgemein Gültigen ist.

Bei der Prüfung der Argumente zur Beantwortung der Frage mag es nützlich sein, zwei extrem entgegengesetzte Standpunkte zu prüfen, die nur in einem Punkt übereinstimmen, dass sie nämlich jede inhaltliche Allgemeingültigkeit leugnen, also zwei Arten des ethischen Relativismus. Die erste These lautet etwa: Jeder Mensch sollte der in seiner Gesellschaft herrschenden Moral folgen. Die zweite lautet: Jeder sollte seinem Belieben folgen und tun, wozu er Lust hat. Beide Thesen halten einer vernünftigen Prüfung nicht stand. Betrachten wir zunächst die These: „Jeder sollte der in seiner Gesellschaft herrschenden Moral folgen.“ Diese Forderung verwickelt sich in drei Widersprüche.

Erstens widerspricht sie sich schon insofern, als der, der sie aufstellt, damit ja gerade wenigstens *eine* allgemeingültige Norm aufstellen will, nämlich die, dass man immer der herrschenden Moral folgen sollte. Nun könnte man einwenden, dabei handle es sich ja nicht um eine inhaltliche Norm, sondern sozusagen um eine Art Über- oder Meta-Norm, die mit den Normen der Moral selbst gar nicht in Konkurrenz treten könne. Aber so einfach ist die Sache nicht. Es kann zum Beispiel ein Bestandteil der herrschenden Moral sein, über die Moral anderer Gesellschaften schlecht zu denken und die Menschen zu verurteilen, die dieser anderen Moral folgen. Wenn ich nun einer solchen in meinem Kulturkreis herrschenden Moral folge, dann muss ich mich an dieser Verurteilung anderer Moralvorstellungen beteiligen. Vielleicht gehört sogar zur herrschenden Moral einer bestimmten Kultur gerade ein missionarischer Elan, der die Menschen dazu anhält, in andere Kulturen einzudringen und deren Normen zu verändern. In diesem Fall ist es unmöglich, der genannten Regel zu folgen, also zu sagen, alle Menschen sollen der bei ihnen herrschenden Moral folgen. Wenn ich der bei *mir* herrschenden Moral folge, muss ich gerade versuchen, andere Menschen davon abzubringen, nach *ihrer* Moral zu leben. In einer solchen Kultur lässt sich also nach dieser Regel überhaupt nicht leben.

Zweitens: Es gibt gar nicht immer *die* herrschende Moral. Gerade in unserer pluralistischen Gesellschaft konkurrieren verschiedene Moralauffassungen miteinander. Ein Teil der Gesellschaft zum Beispiel verurteilt die Abtreibung als Verbrechen. Ein anderer Teil akzeptiert sie und kämpft sogar gegen Schuldgefühle in diesem Zusammenhang. Das Prinzip, sich der jeweils geltenden Moral anzuschließen, belehrt uns also gar nicht darüber, für welche geltende Moral wir denn optieren sollen.

Drittens: Es gibt Gesellschaften, in denen das Verhalten eines Stifters, eines Propheten, Reformers oder Revolutionärs als vorbildlich gilt – eines Mannes, der sich seinerseits keineswegs der Moral seiner Zeit angepasst, sondern der diese verändert hat. Nun kann es zwar sein, dass wir seine Maßstäbe für gültig und eine erneute grundsätzliche Änderung nicht für erforderlich halten. Aber dann eben deshalb, weil wir von der inhaltlichen Richtigkeit seiner Weisungen überzeugt sind, und nicht deshalb, weil wir schlechthin Anpassung für das Richtige halten. Denn als vorbildlich gilt uns hier gerade jemand, der sich seinerseits nicht angepasst hat. Wem also soll sich hier der prinzipielle Anpasser anpassen?

So viel zur ersten These. Sie verabsolutierte die jeweils herrschende Moral, definierte also die Worte „gut“ und „böse“ einfach durch diese und verwickelt sich dabei in die genannten Widersprüche.

Die zweite These verurteilt im Gegenteil jede geltende Moral als Repression, als Unterdrückung und verlangt, es solle jeder nach seinem Belieben handeln und nach seiner Façon selig werden. Es ist danach allenfalls Sache des Strafgesetzbuches und der Polizei, gemeinschädliches Verhalten im Interesse der Betroffenen für den Handelnden so nachteilig zu machen, dass er es im eigenen Interesse unterlässt. Die erste These könnte man die autoritäre nennen, diese die anarchistische oder individualistische. Prüfen wir auch sie. Sie erscheint uns auf den ersten Blick unsinniger als die erste, sie steht im unmittelbareren Gegensatz zu unserem moralischen Empfinden. Aber theoretisch ist sie eher schwerer zu widerlegen, und zwar deshalb, weil sie häufig den Charakter des konsequenten Amoralismus hat, für den es „gut“ und „böse“ in einem anderen Sinne als „gut für mich in bestimmter Hinsicht“ gar nicht gibt. Einem Menschen dieser Art, der zwischen der Treue einer Mutter zu ihrem Kind, der Tat Maximilian Kolbes, der Tat seiner Henker, der

Skrupellosigkeit eines Dealers oder der Geschicklichkeit eines Börsenspekulanten gar keine Wertunterschiede wahrzunehmen vermag, fehlen gewisse fundamentale Erfahrungen und Erfahrungsmöglichkeiten, die durch Argumente nicht ersetzbar sind. Aristoteles schreibt: Leute, die sagen, man dürfe die eigene Mutter töten, haben nicht Argumente, sondern Schläge verdient. Vielleicht könnte man auch sagen, sie hätten einen Freund nötig. Aber die Frage ist, ob sie der Freundschaft fähig wären. Die Tatsache, dass sie vielleicht auf Argumente nicht hören mögen, heißt nicht, dass es keine Argumente gegen sie gibt.

Genau genommen ist allerdings die These, jeder solle tun, was ihm beliebt, eine Trivialität. Jeder tut sowieso, was ihm beliebt. Wer nach seinem Gewissen handelt, dem beliebt es, nach seinem Gewissen zu handeln. Und wer irgendwelchen moralischen Normen gehorcht, dem beliebt es, eben dies zu tun. Was meint also eigentlich der, der die These „jeder soll tun, was ihm beliebt" in moralisch-kritischer Absicht aufstellt? Er geht offenbar davon aus, dass es im Menschen verschiedenartige Antriebe gibt, und er plädiert für die einen und gegen die anderen. Dahinter steht irgendwie die Vorstellung, die einen seien dem Menschen innerlicher, natürlicher als die anderen, die sogenannten moralischen Antriebe. Diese werden dagegen als eine Art Fremdbestimmung, als verinnerlichte Herrschaft verstanden, von der man sich befreien müsse. Aber mit diesem Plädoyer für Selbstbestimmung, also für das Natürliche gegen das Oktroyierte, mündet der antimoralische Protest geradewegs in die Tradition der philosophischen Moral zurück. Denn diese hatte damit begonnen, den verschiedenen gesellschaftlichen Bräuchen gegenüber danach zu fragen, was denn eigentlich das dem Menschen Natürliche sei. Und sie hatte gemeint, frei könne eigentlich nur derjenige heißen, der das tut, was ihm natürlich ist. Aber was ist das?

Wer sagt: „Jeder soll tun, was ihm beliebt", dreht sich im Kreis. Er verkennt die Tatsache, dass der Mensch nicht ein durch Instinkt vorgeprägtes Wesen ist, sondern ein Wesen, das die Maßstäbe seines Handelns erst suchen und finden muss. Schon die Sprache besitzen wir nicht von Natur aus, wir müssen sie lernen. Das Menschsein macht sich nicht wie das Tiersein von selbst. Das menschliche Leben lebt sich nicht von selbst. Wir müssen, wie die Sprache sagt, unser „Leben führen“. Wir haben nämlich konkurrierende Antriebe und Wünsche. Und die Auskunft „Tu, was du willst“ setzt voraus, dass jemand schon weiß, was er will.

Aber wir kommen gar nicht dazu, einen mit sich selbst übereinstimmenden Willen auszubilden ohne Hinblick auf das, was das Wort „gut“ meint. Dieses Wort bezeichnet den Gesichtspunkt, unter dem sich alle anderen Hinsichten ordnen, die uns veranlassen, dieses oder jenes zu wollen. Ohne hier schon zu sagen, worin dieser Gesichtspunkt besteht, können wir doch sagen, worin er nicht besteht. Nicht in der Gesundheit – denn es kann ja gelegentlich gut sein, dass jemand krank ist. Nicht im beruflichen Erfolg – denn es kann manchmal gut sein, dass jemand etwas weniger erfolgreich ist. Nicht im Altruismus – denn es kann manchmal gut sein, auch an sich selbst zu denken. Der englische Philosoph George Edward Moore nannte es den „naturalistischen Fehlschluss“, das Wort „gut“ durch irgendein anderes Wort zu ersetzen, das heißt durch irgendeinen speziellen Gesichtspunkt. Hieße nämlich „gut“ zum Beispiel einfach „gesund“, dann könnte man gar nicht mehr sagen, dass Gesundheit meistens etwas Gutes ist, weil man damit ja nur sagen würde, dass Gesundheit gesund ist.

Richtig leben, gut leben heißt zunächst einmal, seine Vorlieben in eine richtige Rangordnung bringen. Die antiken Philosophen glaubten nun, ein Kriterium für die richtige Rangordnung angeben zu können. Richtig ist danach diejenige Rangordnung, bei der der Mensch glücklich und mit sich selbst in Freundschaft lebt. Gerade das nämlich kann er nicht bei jeder beliebigen Rangordnung, so dass der Rat „Tu, was dir beliebt“ nicht ausreicht zur Beantwortung der Frage, was mir denn belieben sollte. Sie reicht aber noch aus einem anderen Grunde nicht aus. Es gibt nämlich nicht nur *mein* Belieben, es gibt auch das Belieben der anderen. Jeder sollte tun, was ihm beliebt, ist daher eine zweideutige Regel. Sie kann meinen: Jeder soll mit dem Belieben der anderen umgehen, wie es ihm selbst beliebt, friedlich und tolerant oder gewalttätig und intolerant. Sie kann auch meinen, jeder soll das Belieben der anderen respektieren. Eine solche allgemeine Toleranzforderung schränkt aber das eigene Belieben gerade ein. Man muss sich klarmachen, dass Toleranz keineswegs die selbstverständliche Konsequenz des moralischen Relativismus ist, wie es oft behauptet wird. Toleranz gründet vielmehr in einer sehr bestimmten moralischen Überzeugung, und zwar einer Überzeugung, für die Allgemeingültigkeit verlangt wird. Der moralische Relativist kann demgegenüber sagen: „Warum soll ich tolerant sein? Jeder soll nach seiner Moral leben. Meine Moral erlaubt mir Gewalttätigkeit und Intoleranz."

Man muss also schon eine bestimmte Idee von der Würde jedes Menschen haben, um die Forderung der Toleranz einleuchtend zu finden. Im Übrigen aber genügt die Toleranzforderung keineswegs, um die Konflikte zwischen den Wünschen des einen und denen des anderen zu lösen. Manche Wünsche sind einfach miteinander unverträglich. So wie es in mir selbst widerstreitende Wünsche von verschiedenem Rang gibt, so können auch die Wünsche verschiedener Personen von verschiedenem Rang sein. Es ist weder immer gut, den eigenen Wünschen den Vorzug zugeben noch denen des anderen. Auch hier muss man wissen, welche Wünsche des einen mit welchen Wünschen des anderen konkurrieren. Eine zumutbare Lösung für beide freilich gibt es nur, wenn es einen möglichen gemeinsamen, und das heißt, einen wahrheitsfähigen Maßstab für die Beurteilung von Wünschen gibt. Der ethische Relativismus geht von der Beobachtung aus, dass gerade diese Maßstäbe strittig sind. Aber dieses Argument beweist das Gegenteil von dem, was es beweisen will. Denn jedem theoretischen Streit liegt bereits die Idee einer gemeinsamen Wahrheit zugrunde. Wenn jeder seine eigene Wahrheit hätte, gäbe es keinen Streit, es gäbe nur das gegenseitige Sichgeltenlassen bis zum Konfliktfall. Der Konfliktfall aber ließe sich gar nicht durch vernünftiges Nachdenken und vielleicht auch durch Streiten um den richtigen Maßstab lösen, sondern nur durch das physische Recht des Stärkeren, der kurzerhand seinen Willen durchsetzt. Der Fuchs und der Hase streiten nicht miteinander um das richtige Leben. Entweder jeder geht seiner Wege, oder der eine frisst den anderen auf.

Der Streit um „gut“ und „böse“ beweist, dass die Ethik strittig ist. Er beweist aber eben deshalb auch, dass sie nicht bloß relativ ist, worin auch immer das Gute im einzelnen Falle bestehen mag und wie schwer auch Grenzfälle zu entscheiden sein mögen. Er beweist, dass bestimmte Handlungsweisen besser sind als andere – schlechthin besser, nicht nur besser für irgendjemanden oder besser im Verhältnis zu bestimmten kulturellen Normen. Wir wissen das alle: Die philosophische Ethik hat den Sinn, dieses Wissen zu größerer Klarheit über sich selbst zu bringen und es gegen sophistische Einwände zu verteidigen. Sie kann das mit mehr Aussicht auf Erfolg, wenn sie den zweideutigen Wertbegriff bei dieser Verteidigung tunlichst vermeidet.

Jens Reich

Die Zukunft der biowissenschaftlichen Erforschung und Neukonstruktion der menschlichen Natur

Die Denkfigur des Fortschritts als einer schrittweisen Annäherung an die universale Wahrheit ist der modernen naturwissenschaftlichen Forschung inhärent. Für die Mathematik kann man dieses Bestreben schon seit der Antike feststellen: Die „Elemente" des Euklid bemühen sich um Aussagen, die bei gegebenen Voraussetzungen absolut zutreffen, und alles, was an mathematischer Erkenntnis nach ihm folgte, fügt Neues hinzu, macht das Alte aber nicht vergessen. Die Gültigkeit bezieht sich allerdings nur auf eine gedachte Welt von Axiomen und logischen Beziehungen und ist in der Lebenswelt allenfalls näherungsweise zutreffend. Auch die Physik hat sich seit der Grundlegung durch Isaac Newton und andere in dieser Doppelwelt aufgehalten. Sie geht aber, anders als die Mathematik vorgibt, von den beobachtbaren Gegebenheiten der unbelebten Natur aus und konstruiert eine gedachte Welt von mathematisch formulierten Relationen, Invarianten und Gesetzen. Die meisten Physiker glauben, dass die unbelebte Materie diesen Regeln und Gesetzen unterliegt und wir uns ihrer Kenntnis schrittweise nähern. Es ist das Experiment, als eine Frage an die Natur, deren Beantwortung sich diese wegen der Raffinesse des Versuchsansatzes nicht entziehen kann, welches die Wahrheit oder Falschheit der in der gedachten Welt entstandenen Hypothese aufdeckt.

Mit der Erforschung des Lebendigen verhielt es sich lange Zeit anders. Damals dominierte die beobachtende Beschreibung der Schönheit und Wohlordnung der Natur. Hinter den Hervorbringungen der Natur suchte man nicht eherne Gesetze, sondern vermutete eine Lebenskraft, die alles Regelmäßige und ebenso alles Kontingente schöpferisch produzierend hervorbrachte. Liebevoll angelegte Sammlungen von skurrilen Käfern und farbenprächtigen Schmetterlingen ebenso wie kunstvolle Holzschnitte von exotischen Vögeln sind eindrucksvolle Beispiele solcher anschaulichen Erforschung der Natur. Das gezielte Experiment hat solche Forschung erst seit dem 19. Jahrhundert langsam verdrängt. Den Scheitelpunkt des Umschlags markieren vielleicht die Versuche des Mönches Gregor Mendel, der einerseits in klösterlicher Abgeschiedenheit Erbsen und andere Pflanzen pflegte und beobachtete, andererseits den Erbgang ihrer verschiedenen Formen jedoch mit genau ausgedachten, gezielten Kreuzungsversuchen aufzuklären versuchte.

I. Die Machbarkeit des Lebendigen

Die heutige Biologie und mit ihr große Teilfelder der Schulmedizin sind eindeutig von der experimentellen Methode dominiert, die das Wirken von Zufall und festem Gesetz aufzuklären versucht und immer neue Fakten, Beziehungen und Gesetze hinter den Phänomenen sucht. Sie setzt dabei ganz ausdrücklich voraus, dass es um stetigen Fortschritt der Erkenntnis geht und nicht nur um ephemere Beobachtungsprotokolle. So kam es, dass die materiellen Erbanlagen, die im Organismus vorhanden sind und von deren Natur selbst der große Darwin nur sehr spekulative Vorstellungen hatte, heute als Desoxyribonukleinsäure (DNA) und Ribonukleinsäure (RNA) verdinglicht sind. Sie wurden zu chemischen Molekülen, in denen der unendliche Reichtum der Potenz des Lebendigen in einer linear angeordneten textähnlichen Informationskette eingeschlossen ist. Mit der zupackenden experimentellen Zurichtung hat sich die Biologie der konstruktiven Methode, und damit der Machbarkeit des Lebendigen verschrieben. Die Spitze der Forschung ist heute nicht mehr das vergleichsweise naive Experiment, bei dem etwa im Labor eine Maus in einen Irrgarten gesetzt wird und man genau protokolliert, auf welche Weise und wie schnell sie dort unter gewissen äußerlich gesetzten Bedingungen wieder herausfindet. An der Spitze des Fortschritts steht vielmehr der Typus eines Experiments der synthetischen Biologie, mit dem angestrebt wird, eine völlig neue Welt des Lebendigen in der Retorte herzustellen und damit die naturgegebene Lebenswelt zu transzendieren, um sie gewissen Nutzungsansprüchen zu unterwerfen.

Mit diesem Strategiewechsel hat der Mensch jedoch eine prinzipiell neue Situation geschaffen. Er kann sein biologisches Sein gezielt konstruieren. Das Instrumentarium dafür liegt im Prinzip zur Hand, auch wenn die Durchführung in ihren technischen Details so schwierig ist, dass sie noch in weiter Ferne liegt. Im Prinzip erfunden und im Tierversuch bereits umfangreich geprüft ist die Methode, in den Erbanlagen von Keimzellen (Samenzellen, Eizellen) oder in den aus ihrer Verschmelzung daraus gewinnbaren embryonalen Stammzellen gezielte Veränderungen vorzunehmen und zur Entwicklung in einem neuen Organismus zu verbringen, in dessen Erbanlagen dann die angestrebte neue Ausstattung vorhanden ist.

Man wird vielleicht einwenden, dass Menschen schon immer bestrebt waren, ihre körperliche Leistungskraft durch Training, Doping oder technische Hilfsmittel zu verbessern. So konnte der südafrikanische Sportler Oscar Pistorius, der ohne Unterschenkel geboren wurde, mit einer eleganten Carbonprothese an der Olympiade sowie der Leichtathletik-Weltmeisterschaft teilnehmen und erzielte im 400-m-Lauf Zeiten, die noch um 1960 Weltrekord gewesen wären. Und auch eine banale Brille (nicht zu reden von dem geschliffenen Smaragd, durch den Kaiser Nero die Gladiatorenspiele betrachtete) verbessert den Brechkraftfehler des Auges und kompensiert damit einen körperlichen Mangel. Selbst Menschenzüchtung ist in der Geschichte immer wieder versucht worden, allerdings mit geringem objektiven Erfolg, wie zum Beispiel die Lebensborn-Zuchtversuche im Dritten Reich, aus denen offensichtlich ganz normale Menschen ohne die von der SS angestrebten verschärften nordischen Eigenschaften hervorgingen.

II. „Gott ins Handwerk pfuschen?"

Der Einwand trifft zu. Er ändert aber nichts an dem Urteil, dass die technische Konstruktion der Erbanlagen eines ganzen menschlichen Organismus nun doch ein Schritt über eine sehr viel höhere ethische Barriere sein würde. Es würde erreichbar werden, durch Veränderung von Entwicklungsgenen ganz gezielt auch entscheidende Merkmale des Körperbaus und der Persönlichkeitsbildung genetisch zu beeinflussen, zum Beispiel Charakter und Temperament über die genetisch bestimmten zentralen Neurotransmitter, die das Seelenleben und die Struktur des Selbstbewusstseins materiell umsetzen. Ein solcher Mensch wäre in seiner grundlegenden Konstitution ein Produkt eines künstlichen Entwurfes und nicht natürlich entstanden.

Zu einer ethischen Diskussion gehört auch die Untersuchung der konkreten Machbarkeit. Heute ist es möglich, ganze Kaskaden von Steuerungsgenen zu verändern, ja sogar im Labor ganze menschliche Chromosomen (= Bündel von Erbanlagen) in die Maus einzubringen – konkret etwa, um die Entstehung des Down-Syndroms in einer frühen Entwicklungsphase im lebenden Mausembryo zu studieren. Doch garantieren solche fundamentalen Eingriffe ja nicht, dass man die hochgesteckten Ziele erreichen kann, die man im Auge hat, wenn man in die genetische Steuerung der Ausbildung von Merkmalskomplexen wie Intelligenz, stabile Selbstkontrolle und psychisches Gleichgewicht, Musikalität, mathematisches Talent, originelle Assoziationsfähigkeit, kreativen Eigensinn eingreifen will. Im Gegensatz zur herrschenden Theorie der zweiten Hälfte des 20. Jahrhunderts ist es schon so, dass nicht allein die Umwelt- und Lebensbedingungen solche Eigenschaften bestimmen, sondern ganz stark in den Grundanlagen auch der genetische Faktor. Der Verwirklichung gezielter und dazu noch nebenwirkungs- und entartungsfreier Beeinflussung steht die enorme Komplexität der Gehirnfunktion des Menschen entgegen. Nicht umsonst hat man das Nervenkonglomerat des Gehirns als die komplexeste integrierte Struktur des gesamten Universums gekennzeichnet. So muss man schon darauf aufmerksam machen, dass hier „Gott ins Handwerk pfuschen“, wie es so schön plakativ heißt, möglicherweise an nicht überwindbaren, fundamentalen Design-Schwierigkeiten scheitern könnte. Stattdessen hätte man umso monströsere Fehlbildungen zu gewärtigen, wenn man doch dem Wahn der Machbarkeit ohne klares Ziel freien Lauf ließe. Eben pfuschen, anstatt zu schaffen.

III. Suche nach einem moralischen Gerüst

Trotz solcher Einschränkungen und gerade auch wegen der strukturellen Fehleranfälligkeit solchen demiurgischen Handwerks ist es angebracht, an einem moralischen Gerüst zu arbeiten, das den Aufbruch entlang völlig neuartiger Bahnen des technischen Fortschritts begleitet und mit klaren Grenzen versieht. Dieses Gerüst kann nicht aus der Berufung auf die „Würde des Menschen“ und das davon abgeleitete Verbot einer Instrumentalisierung bestehen. Der Würdebegriff liefert zwar rechtliche Bezugspunkte in Gestalt des ersten Grundgesetzartikels, aber sein genauer Inhalt ist ziemlich verschwommen und kann nicht einfach für jeden neu eintretenden Fall von Forschungsfortschritt mit ethischen Bedenken angewendet werden. Das Verbot der Instrumentalisierung eines Menschen, auf den sich die Ausdeutung des Artikels bezieht, wenn es sich nicht um Verletzung der Menschlichkeit handelt, dieses Verbot greift nicht recht im Fall der genetischen Verbesserung des Menschen. Alle Ableitungen des Instrumentalisierungsverbots (der sog. Objektformel in der Auslegung des Grundgesetzartikels) gehen mehr oder weniger direkt auf Immanuel Kant zurück. Der entsprechende Satz aus dessen „Grundlegung der Metaphysik der Sitten“ lautet: „Handle so, dass du die Menschheit, sowohl in deiner Person, als auch in der Person jedes andern, jederzeit zugleich als Zweck, niemals bloß als Mittel brauchest“. Das „zugleich“ und das „bloß“ klingen identisch oder gleichbedeutend in jeder der zahlreichen Formeln des kategorischen Imperativs in Kants „Grundlegung“ und in seiner „Kritik der praktischen Vernunft“, und sie machen die Schwierigkeit seiner konkreten Anwendung aus. Er schließt nicht aus, dass man eine andere Person zum Objekt macht, sondern nur, dass man sie bloß, allein, lediglich, ausschließlich, nur zum Mittel macht. Und er verlangt dabei, dass man zugleich einen in der Person liegenden Zweck anstrebe, also zum Beispiel ihr wohlverstandenes Wohl, das Vermeiden von Defekten, ihre Ausstattung mit höheren Fähigkeiten und wie die Begründungen für eine konstruktive Verbesserung der menschlichen Konstitution auch immer lauten mögen. Es besteht also das doppelte Problem, dass die Person, von der Kant wie im Präsens spricht, zum Zeitpunkt der Handlung noch gar nicht existiert, und weiterhin, dass sie zwar zum Objekt eines Entwurfs gemacht wird, aber nicht ausschließlich, sondern zugleich zu einem für sie selbst guten Zweck. Dieses Argument soll keine Spitzfindigkeit einbringen, sondern darauf hinweisen, dass die in Zukunft denkbare „Verbesserung" des Menschen, wenn sie keine „Verschlimmbesserung" sein sollte, als Menschenrecht zum Beispiel von den fürsorglichen zukünftigen Eltern vehement eingeklagt werden wird. Gesellschaften, die weniger individualistisch geprägt sind, werden die Verbesserung zudem für das allgemeine Wohl in Ansatz bringen.

IV. Gewissensentscheidung und individuelle Verantwortung

Wie immer man die Intention Kants bei der Formulierung seiner Imperative aufzuklären hat, mögen die Fachphilosophen entscheiden. Wenn es um die Konstruktion der zukünftigen Menschen ginge, dann würde ich ein allgemeines Instrumentalisierungsverbot eines noch nicht existierenden Wesens nicht für angebracht halten. Ich würde vielmehr empfehlen, die Entscheidung an ein individuelles Handeln zu binden, das aus einer begründeten Verantwortung der handelnden Individuen erfolgt. Das ist ein Unterschied zur anders gelagerten ethischen Diskussion um Segen und Fluch des Fortschritts, den die instrumentelle Vernunft hervorbringt. Die Entscheidung über die Nutzung etwa der Kernkraft für die Energieversorgung einer Gesellschaft oder den Verzicht darauf kann nicht individuell sein. Sie muss kollektiv erfolgen, und der Einzelne kann allenfalls durch seine Befürwortung oder seinen

Protest auf diese gemeinsame Entscheidungsbildung Einfluss nehmen. Die Entscheidung, ob etwas Wirksames gegen die Klimaerwärmung unternommen werden soll, ist noch weniger individuell, da sie letztlich von der gesamten Menschheit getroffen werden muss. Die Entscheidung, ob man einen noch nicht existierenden Menschen konstruiert oder seine Entwicklung der Unverfügbarkeit überlässt, wird hingegen immer individuell zu treffen sein, nämlich von den Personen, die seine Entstehung „bewerkstelligen“ können und verantworten müssen. Das sind zuerst die Eltern, vor allem die zukünftige Mutter, dann der zukünftige Vater. Allenfalls in der Peripherie können es weitere helfende Personen sein, sofern sie als Verwandte oder Freunde mit Rat und Tat zur Seite stehen und Einfluss auf die Entscheidung der Eltern haben.

Gegen das Postulat, den Eltern die Verantwortung für ihre Nachkommen in freier Wahl zu überlassen, regt sich sofort Widerspruch, der sich darauf gründet, dass es zahlreiche Eltern gibt, die völlig verantwortungslos Kinder zeugen und in die Welt entlassen. Es regt sich der Impuls, dies gerade nicht den Individuen zu überlassen, sondern der kollektiven Vernunft, die mittels wohlbegründeter Gesetze zu wirken hat. Dieser Impuls zeigt sich zum Beispiel darin, dass bei uns die Präimplantationsdiagnostik, die zur Auswahl (vorläufig allerdings noch nicht zur Konstruktion!) eines „gesunden“ Embryos und der Verwerfung eines genetisch belasteten Embryos führt, durch straffe Gesetze auf nachweispflichtige Sondersituationen eingeengt wird. Solche Gesetze begründen sich entweder aus kategorischen Prinzipien, dass die Individuen überhaupt kein Recht haben, solche Entscheidungen zu treffen, oder darauf, dass man ihnen die vernünftige Entscheidung nicht zutraut oder nicht zumuten will. Ich sehe die Handlung jedoch gerade bei der aufgeklärten, verantwortungsgeleiteten Entscheidung der Eltern. Die Situation wird nämlich stets so sein, dass der konstruktive technische Eingriff nur durch eine aktive Handlung in Gang gesetzt werden wird. Die „verantwortungslos“ Zeugenden kommen nicht in die Situation – bei ihnen bleibt es hinsichtlich der „Schönen Neuen Welt“ beim Alten.

Selbstverständlich muss es vernünftige Aufklärung darüber geben, was eine Entscheidung über die eigenen Nachkommen bedeutet. Die

Aufklärung muss auch angenommen werden. Es muss volle Transparenz herrschen, um was es geht und warum eine Entscheidung gefällt wird. Insofern ist auch ein normatives Gerüst, unter Umständen eine gesetzliche Regelung vonnöten. Sind diese Voraussetzungen gewährleistet, dann sehe ich kein Hindernis, die Entscheidung über den zukünftigen Menschen in die Hände seiner Eltern zu legen, also zur Gewissensentscheidung zu machen. Die Gesellschaft im Großen und speziell der Staat sollten solche Entscheidungen nicht vorschreiben.

Ob das gut ausgeht, wenn die Entscheidung über den Menschen der Zukunft nicht den Gesetzen, sondern der Tugend überlassen wird, das vermag ich nicht vorherzusehen. Mein empirischer Hintergrund sind meine Kinder und Enkelkinder und eine überschaubare Anzahl von Menschen, die mir hinreichend nahe sind, dass ich sie beobachten und für eine Prognose in Ansatz bringen kann. Das Ergebnis meiner Beobachtungen ist ein gewisser Optimismus, der erwartet, dass sie es in (vermutlich etwa) fünfzig Jahren, wenn es möglich sein wird, Menschen zu „machen", gut machen werden, jedenfalls nicht verantwortungslos.

II.

Werte im Kontext der Globalisierung

Heinrich August Winkler

Europäische oder westliche Werte?

Gedanken über ein unvollendetes Projekt

Die Europäische Union sei, so hören und lesen wir immer wieder, nicht nur eine Interessen-, sondern mehr, nämlich eine Wertegemeinschaft. Mitunter ist auch von europäischen Werten die Rede, die es in der EU zu bewahren gelte. Doch sind die Werte, auf die wir uns berufen, wirklich europäische Werte? Die Frage stellt sich schon deshalb, weil Europa, geographisch gesehen, niemals eine Wertegemeinschaft gebildet hat.

Die großen Errungenschaften unserer politischen Kultur – die Gewaltenteilung, die Herrschaft des Rechts, die unveräußerlichen Menschenrechte und die repräsentative Demokratie – haben sich über viele Jahrhunderte hinweg nur im alten Okzident, dem einstigen lateinischen Europa, durchgesetzt. Der byzantinisch geprägte Osten und Südosten Europas hatte an den Emanzipationsprozessen, aus denen diese Ideen hervorgingen, keinen Anteil. Nur im lateinischen Westen ist es im Mittelalter zu Gewaltenteilungen gekommen, die für die politische Entwicklung konstitutiv wurden: der ansatzweisen Trennung von geistlicher und weltlicher Gewalt („sacerdotium" versus „imperium" oder „regnum") und von fürstlicher und ständischer Gewalt (mit der englischen Magna Charta von 1215 als dem klassischen Dokument).

Der Historiker Otto Hintze hat 1931 vom „dualistischem Geist"[1] gesprochen, der die ständischen Verfassungen hervorgebracht habe. Dieser mittelalterliche Dualismus ließ Freiheitsräume entstehen, die es dort nicht gab, wo, wie im orthodoxen Europa, die geistliche Gewalt

---

[1] Otto Hintze, Weltgeschichtliche Bedingungen der Repräsentativverfassung, in: ders., Staat und Verfassung. Gesammelte Abhandlungen zur allgemeinen Verfassungsgeschichte (Gesammelte Abhandlungen, Band 1), Göttingen 1970, S. 140–185 (176).

der weltlichen Gewalt untergeordnet blieb. Es ist in der Tat kein Zufall, dass die moderne (oder aufgeklärte) Gewaltenteilung, die Trennung von gesetzgebender, vollziehender und rechtsprechender Gewalt zunächst nur in dem Teil Europas eine Heimstatt fand, der zuvor die beiden vormodernen Gewaltenteilungen erlebt hatte.

„Europa ist nicht (allein) der Westen. Der Westen geht über Europa hinaus. Aber Europa geht auch über den Westen hinaus“: Dieses Verdikt des Wiener Historikers Gerald Stourzh trifft ins Schwarze.[2] An den sogenannten „europäischen Werten“ hat einerseits nicht ganz Europa und andererseits nicht nur der alte europäische Okzident mitgewirkt. Diese Werte sind das Ergebnis einer transatlantischen Zusammenarbeit zwischen dem alten, europäischen und dem neuen, nordamerikanischen Westen in der zweiten Hälfte des 18. Jahrhunderts: Sie sind die Quintessenz der Ideen der Amerikanischen Revolution von 1776 und der Französischen Revolution von 1789.

Die erste Menschenrechtserklärung war die Virginia Declaration of Rights vom 12. Juni 1776, in deren erstem Artikel es heißt: „Alle Menschen sind von Natur gleichermaßen frei und unabhängig und besitzen gewisse angeborene Rechte (certain inherent rights), die sie bei Begründung einer politischen Gemeinschaft ihren Nachkommen durch keinerlei Abmachung wegnehmen oder entziehen können, nämlich das Recht auf Leben und Freiheit und dazu die Möglichkeit, Eigentum zu erwerben und zu behalten und Glück und Freiheit zu erwerben und zu erlangen.“[3] Es folgen die Verkündung der Prinzipien der Volkssouveränität und der Trennung von gesetzgebender, vollziehender und rechtsprechender Gewalt sowie die Garantie der Freiheit der Wahl, des Schutzes vor ungesetzlicher Freiheitsberaubung, der Presse- und Religionsfreiheit.

Von Nordamerika wanderte die Idee der unveräußerlichen Menschenrechte über den Atlantik nach Frankreich, wo sie am 26. August 1789 Eingang fand in die von der französischen Nationalversammlung

[2] Gerald Stourzh (Hg.), Annäherungen an eine europäische Geschichtsschreibung, Wien 2002, S. XI.

[3] The Annals of America, vol. 2: 1755–1783. Resistance and Revolution, Chicago 1976, S. 432 f.

beschlossene Erklärung der Menschen- und Bürgerrechte. Die Vorgeschichte des normativen Projekts des Westens, das zwischen 1776 und 1789 seine klassische Ausformung erhielt, ist lang. Zu ihr gehören das Axiom der Gottesebenbildlichkeit des Menschen und der Gedanke der Gleichheit aller Menschen vor Gott – Ideen, die im jüdischen Monotheismus ihren Ursprung haben und die in säkularisierter Form in den Maximen der Menschenwürde und der Gleichheit aller Menschen vor dem Gesetz fortwirken.

Die christliche Unterscheidung zwischen den Sphären von Gott und Kaiser – „Gebt dem Kaiser, was des Kaisers ist, und Gott, was Gottes ist“[4] – ist ein anderer Teil der Vorgeschichte. Diese Differenzierung Jesu bedeutete eine Begrenzung und Bestätigung der irdischen Gewalt: eine Begrenzung, da ihr keine Verfügung über die Sphäre des Religiösen zugestanden wird, eine Bestätigung, da der weltlichen Gewalt Eigenständigkeit zukommt. In der Logik dieser Trennung lag als Möglichkeit bereits die Säkularisierung der Welt und die Emanzipation des Menschen beschlossen. Das Christentum übernahm vom klassischen Hellas Platons Lehre von der göttlichen Vernunft und die Idee der ungeschriebenen Gesetze *(nomoi ágraphoi)*, die über allem geschriebenen Recht stehen, mithin naturrechtliches Denken, und von der griechisch-römischen Stoa den Gedanken der *einen* Menschheit.[5]

Hingegen ist es eine (vor allem bei erklärten Laizisten beliebte) Legende, dass auch die westliche Demokratie aus Griechenland stamme. Anhänger dieser Geschichtsdeutung berufen sich gern auf die kurze Blütezeit der athenischen Demokratie, in der freilich immer nur ein Teil der erwachsenen Männer das Bürgerrecht besaß; die Sklaven, die größte Bevölkerungsgruppe, waren davon ebenso ausgeschlossen wie die Metöken (Mitbewohner). Häufig zitieren die modernen „Hellenisten“ das Lob der attischen Demokratie in der berühmten Gefallenenrede des Perikles, wie Thukydides sie in seiner Geschichte des Pelopon-

[4] Matthäus 22,21; Markus 12,17; Lukas 20,25.

[5] Heinrich August Winkler, Geschichte des Westens. Von den Anfängen in der Antike bis zum 20. Jahrhundert, 2. Aufl., München 2010, S. 25 ff.

nesischen Krieges nachempfunden hat, versäumen es aber, darauf hinzuweisen, was dieser große Historiker über Perikles, und zwar durchaus nicht abschätzig, gesagt hat: Sein Regime sei „zwar angeblich eine Demokratie gewesen, in Wirklichkeit aber zur Herrschaft durch den ersten Mann geworden“[6].

Die amerikanischen Gründerväter, die gute Kenner der klassischen Antike waren, sahen in der attischen Versammlungsdemokratie geradezu ein abschreckendes Beispiel. „Wäre auch jeder athenische Bürger ein Sokrates gewesen, so wäre doch immer noch jede Versammlung der Athener eine des Pöbels gewesen“, schrieb James Madison in den „Federalist Papers“, einem der großen Texte zur Rechtfertigung der amerikanischen Verfassung von 1787.[7] Um der Gefahr der Verführung durch Demagogen, einem Wesensmerkmal plebiszitärer Herrschaft, vorzubeugen, schufen die Gründerväter der Vereinigten Staaten eine repräsentative und gewaltenteilige Demokratie, die auf den Erfahrungen der englischen Verfassungsgeschichte, darunter dem Gedanken der „checks and balances“, der sich gegenseitig ausbalancierenden Gewalten, beruhte. Sie berücksichtigten dabei, was Autoren der klassischen Antike, darunter Platon, Aristoteles und Polybios, und neuere Theoretiker von Locke bis Montesquieu, über die Vorzüge einer Mischverfassung gegenüber reinen Formen von Monarchie, Aristokratie oder Demokratie geschrieben hatten.[8]

Das Ergebnis intensiven Nachdenkens war ein neuartiges politisches System, das dem Prinzip der Volkssouveränität Rechnung trug und gleichzeitig innen- und außenpolitische Handlungsfähigkeit ermöglichte. Auch in Sachen Menschenrechte waren die Gründerväter Pioniere: Dem perikleischen Athen war dieser Gedanke noch ganz fremd gewesen. Es gab dort, wie der Althistoriker Wilfried Nippel schreibt, „keine

---

6 Thukydides, Der Peloponnesische Krieg. Hg. u. übersetzt von Georg Peter Landmann, Düsseldorf 2002, S. 130.

7 Alexander Hamilton, John Jay, James Madison, The Federalist. A Commentary on the Constitution of the United States. With an Introduction by Edward Mead Earle, New York o. J. (ca. 1975), S. 361.

8 Winkler, Geschichte (Anm. 5), S. 291 ff.

Vorstellungen von unveräußerlichen Menschenrechten, auf die sich eine Forderung nach Aufhebung der Sklaverei hätte gründen lassen".[9]

Für einen Teil der amerikanischen Gründerväter, unter ihnen George Washington und Thomas Jefferson, war die Sklaverei kein Skandal: Sie waren selbst Sklavenbesitzer. Um diesen Zustand mit den unveräußerlichen Menschenrechten zumindest scheinbar kompatibel zu machen, bestritten sie, dass Sklaven Menschen im Sinne der Unabhängigkeitserklärung vom 4. Juli 1776 seien. Die nordstaatlichen Gegner der Sklaverei nahmen diesen Widerspruch zwischen normativem Projekt und politischer Praxis hin, weil sie andernfalls die Unabhängigkeit von England gar nicht hätten erkämpfen können. Die Lösung des Widerspruchs erfolgte in einem langen Prozess, der mit dem amerikanischen Bürgerkrieg der Jahre 1861 bis 1865 noch längst nicht abgeschlossen war, vielmehr bis in die zweite Hälfte des 20. Jahrhunderts andauerte.

Wer gegen Sklaverei und Sklavenhandel auftrat, konnte sich auf die frühen Menschenrechtserklärungen berufen, auch wenn viele ihrer Schöpfer und Interpreten sie sehr viel restriktiver auslegten. Desgleichen konnten andere Gruppen, denen Menschen- oder Bürgerrechte vorenthalten wurden, an den „objektiven Geist" der Ideen von 1776 und 1789 appellieren: die amerikanischen Ureinwohner, die Frauen, die Arbeiter. Das normative Projekt des Westens wurde im Lauf der Zeit zum Korrektiv einer politischen Praxis, die diesem Projekt zuwiderlief, und es erwies sich als klüger als seine Väter: In harten Auseinandersetzungen gelang es, die Rechte auszuweiten, die in den humanitären Manifesten des späten 18. Jahrhunderts angelegt waren.

Bis die westlichen Werte im gesamten europäischen Okzident zur Geltung gelangten, sollten zwei Jahrhunderte vergehen. Zu den Ländern, deren traditionelle Eliten sich gegen die politischen Konsequenzen der Aufklärung in Gestalt der Ideen von 1776 und 1789 beharrlich zur Wehr setzten, gehörte Deutschland. Der Erste Weltkrieg wurde von maßgeblichen deutschen Intellektuellen als Kampf der Ideen von 1914

[9] Wilfried Nippel, Antike oder moderne Freiheit? Die Begründung der Demokratie in Athen und in der Neuzeit, Frankfurt a.M. 2008, S. 41.

gegen die Ideen von 1789 geführt: Ordnung, Zucht und Innerlichkeit gegen Freiheit, Gleichheit, Brüderlichkeit, deutsche Kultur gegen westliche Zivilisation. Der Höhepunkt der deutschen Auflehnung gegen das normative Projekt des Westens war die Herrschaft des Nationalsozialismus. Erst nach 1945 vollzog ein Teil Deutschlands, der westliche, konsequent jene „vorbehaltlose Öffnung ... gegenüber der politischen Kultur des Westens", die Jürgen Habermas 1986 als die größte intellektuelle Errungenschaft der westdeutschen Nachkriegszeit bezeichnet hat.[10]

Das normative Projekt des Westens ist die Philosophie hinter den Kopenhagener Beitrittskriterien der Europäischen Union von 1993. Im Zuge des Erweiterungsprozesses scheinen die Festlegungen des damaligen Gipfels manchen Akteuren aus dem Bewusstsein entschwunden zu sein. Bei der Frage, ob ein Land reif ist für die Vollmitgliedschaft in der Europäischen Union, dürfen nicht (wirkliche oder vermeintliche) geostrategische Interessen den Ausschlag geben. Maßgeblich ist vielmehr die Bereitschaft des Bewerberlandes, sich vorbehaltlos gegenüber der politischen Kultur des Westens zu öffnen und am Projekt der Politischen Union mitzuarbeiten – das heißt, Hoheitsrechte mit anderen Mitgliedstaaten zu teilen oder auf supranationale Einrichtungen zu übertragen.

Die westlichen Werte sind so lange ein unvollendetes Projekt, als die unveräußerlichen Menschenrechte nicht weltweit gelten. Der transnationale Westen hat längst aufgehört, die Welt zu beherrschen. Nur eine Minderheit der Staaten fühlt sich, ungeachtet der Verabschiedung der Allgemeinen Erklärung der Menschenrechte durch die Vollversammlung der Vereinten Nationen am 10. Dezember 1948, an die Ideen von 1776 und 1789 gebunden. Der alte und der neue Westen können nichts Besseres für diese Ideen tun, als sich selbst an sie zu halten und selbstkritisch mit ihrer Geschichte ins Gericht zu gehen, die weithin eine Geschichte der Abweichungen von diesem normativen Projekt war.

---

[10] Jürgen Habermas, Eine Art Schadensabwicklung. Die apologetischen Tendenzen in der deutschen Zeitgeschichtsschreibung, in: „Historikerstreit". Die Dokumentation der Kontroverse um die Einzigartigkeit der nationalsozialistischen Judenvernichtung, München 1987, S. 62–76 (75).

Gegenüber denen, die die Menschenrechte in ihren Ländern oder anderswo unterdrücken, gilt es Flagge zu zeigen. Dem Gebot der „responsibility to protect“ im Sinne einer humanitären Intervention zu folgen, ist sicher nur in wenigen Fällen möglich. (Die Intervention der NATO in Libyen im Jahr 2011 *war* ein solcher Fall.) Aber es wäre ein fataler Irrtum zu meinen, der Westen könne sich nur mit Hilfe von „Realpolitik“ behaupten und dürfe sich daran nicht durch sein normatives Selbstverständnis hindern lassen. Der Westen würde sich selbst aufgeben, wenn er dieser Maxime folgte und darüber vergäße, was ihn, bei allem transatlantischen Auslegungsstreit im Einzelnen, im Innersten zusammenhält: die Ideen von 1776 und 1789.

Werner Weidenfeld

Europäische Selbstverständigung und Integration – auf dem Weg zu einer Gemeinschaftsidentität

Europa liefert praktisch täglich neue Krisenmeldungen. Bald ist es die Währungskrise oder der Versuch, das Schengen-Abkommen zu brechen. Bald spricht man über eine Solidaritätskrise oder über eine Legitimationskrise. So kann es nicht überraschen, dass dann die existentielle Grundsatzfrage unvermeidlich wird: Was hält Europa eigentlich zusammen?

Die Antwort auf diese Frage ist schwer zu finden. Die Politik erschöpft sich in situativer Hektik. Das intellektuelle Leben kritisiert die Defizite, die Massenmedien bringen spektakuläre Details. Gesellschaftlich bindende Orientierungen? Fehlanzeige.

Die Forderung nach begreifbarer Identität ist aber keine Banalität. Jedes politische System bedarf zur Gewährleistung seiner Handlungsfähigkeit eines Rahmens, auf den sich die Begründungen für Prioritäten und Positionen beziehen. Es bedarf der Filter zum Ordnen aller eingehenden Informationen.

Halten wir uns vor Augen, wie Europa die diversen Schichten der Identität abgelagert hat: Europa war immer zugleich ein geographischer Begriff und eine normative Herausforderung. Europas Bedeutung wurde vor mehr als 2500 Jahren im antiken Griechenland geprägt. Das Wort stammt aus der alten griechischen Mythologie: Europa war die schöne Braut des mächtigen Gottes Zeus. Wenn griechische Denker von Europa sprachen, dann dachten sie an ihre Zivilisation, ihr von „barbarischen“, nicht kultivierten Völkern eingeschlossenes Land. Griechische Kultur wurde als das Herzstück dessen betrachtet, was die Idee von Europa repräsentierte. In dieser Zivilisation voll philosophischen Geistes begründeten die Griechen eine Definition öffentlicher

Angelegenheiten als Verantwortung, die vollständig auf der Verantwortung des Bürgers beruhte. Jeder freie Bürger sollte freiwillig zur öffentlichen Ordnung der Polis beitragen. Für mehr als 2500 Jahre war dies der Dreh- und Angelpunkt demokratischen Denkens.

Daran anschließend gilt es mehrere miteinander verknüpfte Gründe vorzustellen, um zu erläutern, warum Geschichte die Ausformung einer europäischen Identität entscheidend bestimmt:

1. Europa war von Anfang an nicht nur ein geographisches Gebilde, sondern eine Kombination aus territorialer Expansion und kulturellen Werten, aus Auffassungen und normativen Elementen. Mit jeder neuen Entdeckung, Kolonisierung und Eroberung erweiterten sich Europas Grenzen über die kleine griechische Halbinsel mit ihrer fortgeschrittenen Kultur hinaus nach Norden, Süden und Westen des Kontinents.
2. Europäer haben immer die politischen Grenzen des Kontinents hinterfragt. Europa ist durch natürliche Grenzen im Norden, im Westen und im Süden begrenzt, nicht aber im Osten. Auch heute noch, angesichts der Erweiterung der Europäischen Union, ist der Kontinent mit dem elementaren Problem seiner unbestimmten Grenze konfrontiert.
   Im Altertum wurde der Begriff „Europa“ mit dem Territorium des mächtigen Römischen Reiches assoziiert, das beinahe ganz Europa mit einer effektiven Bürokratie und der Idee einer Rechtsordnung versah: Der Staat beruhte auf Recht und Gesetz. Unser heutiges Erbe in Europa wird bestimmt von einer Rechtsstaatlichkeit, die dieser langen kulturellen Geschichte entstammt. Von zentraler Bedeutung war zudem die Bekehrung des römischen Kaisers Konstantin zum Christentum um das Jahr 330 A.D. Es wurde erwartet, dass das Bild und die territoriale Ausdehnung Europas von der Expansion des (westlichen) Christentums abhängig wurde. Europa konnte überall dort gefunden werden, wo Gottesdienste in lateinischer Sprache gehalten wurden.
3. Europa wurde viele Jahrhunderte lang durch seine religiösen Fundamente getragen. Heute sind ungefähr 200 Millionen von knapp

500 Millionen Einwohnern der Europäischen Union römisch-katholisch, weniger als 100 Millionen sind protestantisch, 12 Millionen sind moslemisch und eine Million Hindu. Die religiöse Fundierung brachte auch religiöse Konflikte mit sich. Territoriale Grenzen veränderten sich in Folge religiöser Machtpolitik. Die Konsequenz war Migration. Dies geschah nicht nur, weil die Grenzen sich oft verschoben haben, sondern auch, weil Menschen wegen religiöser Verfolgung ihre Heimat verlassen mussten. Trotz dieser Migrationsbewegungen verblieben Minderheiten in vielen Ländern und wurden als Quelle von Spannungen betrachtet. Wenn man eine Karte zeichnen würde, die alle diese verschiedenen Grenzen durch die Geschichte hindurch umfasst, so würde man ein sehr dichtes und enges Raster voller Grenzlinien erhalten. Nur drei moderne Nationen erlebten in ihrer jeweiligen Geschichte eine Art Überlappung von religiösen und territorialen Grenzziehungen. Dies waren England und die Kerngebiete Frankreichs und Spaniens. In allen anderen Regionen Europas haben sich die Grenzen mehr oder weniger häufig verändert.

4. Vor diesem Hintergrund von Migration und Grenzverschiebungen haben Minderheitskonflikte die politische Landkarte Europas bestimmt. So leben beispielsweise heute in Osteuropa mehr als 25 Prozent der Bevölkerung als nationale Minderheiten in ihren Gesellschaften. Alle diese Länder entwickelten sich vom 17. bis zum 19. Jahrhundert schrittweise zu modernen Nationalstaaten. Damit wurde der Nationalstaat zur normalen und regulären politischen Ordnung. Die Bildung von Nationen – idealerweise betrachtet als Gesellschaften mit einem gemeinsamen politischen Willen und gemeinsamen Perspektiven – garantierte jedoch nicht die friedliche Koexistenz der Nationalstaaten. Im Gegenteil, die Kriegserfahrung wurde ein höchst emotionaler Teil des kollektiven Gedächtnisses, die bis heute zutiefst verwurzelt geblieben ist. Demzufolge ist Nationalismus ein ausgeprägtes Element des europäischen Selbstverständnisses.
5. Europa hat eine mehr als 2000 Jahre alte, von Kriegen geprägte Geschichte. Gleichzeitig gab es jedoch auch europaweite Epochen der Kunst, Dichtung, Architektur, des Theaters, der Musik und anderer

gemeinsamer intellektueller Erfahrungen mit Philosophie und politischen Ideen. Die gemeinsame Idee der Aufklärung ging daraus hervor. Diese wurde seit dem Ende des 18. Jahrhunderts das Schlüsselerlebnis für Europa. Der beherzte Gebrauch des eigenen Intellekts ist die zentrale Lehre der Aufklärung. Der Verstand wird als Grundlage des Menschseins betrachtet. Religiöser Glaube wird als individuelle Beziehung zu Gott gesehen und definiert nicht länger die Ordnung des politischen Lebens.

6. Die Kräfte der Aufklärung trennten Kirche und Staat. Der säkulare Staat wurde zum Standard der politischen Ordnung in Europa. In diesem Konzept muss der ideale Staat gegenüber jeglicher Religion neutral sein. Alle Menschen haben das gleiche Recht auf Würde, unabhängig von der individuellen Zugehörigkeit zu einer bestimmten Religion oder Ethnie.

Keine dieser Entwicklungen ist vollständig aus unserem europäischen Selbstverständnis verschwunden: die Kombination aus territorialer Expansion und kulturellen Werten, die Frage der Grenzen, das Erbe der Religion in einer säkularen Welt, Migration und Minderheitenkonflikte sowie Europas Geschichte als eine Geschichte von Kriegen auch zwischen säkularen Nationalstaaten. All diese divergierenden, facettenreichen Faktoren sind wesentliche Teile unseres kollektiven Verständnisses von Europa. Sie definieren die Gegenwart und das Selbstverständnis von Europas Zukunft und der europäischen Identität.

Nach dem Zweiten Weltkrieg gelang es den Europäern, ihre scheinbar schicksalhaften kriegerischen Auseinandersetzungen zu überwinden. Sie änderten ihr gesamtes System der politischen Zusammenarbeit und der politischen Kultur. Der neue Schlüsselbegriff dieses neuen Systems der Koordination politischen und kulturellen Lebens war „Integration“.

Diesen historischen Erfahrungshorizont müssen wir nun auf die gegenwärtige Lage Europas projizieren:

In keinem politischen System existiert eine politische Ratio gleichsam als Ding an sich, ohne Bezugnahme auf einen elementaren Konsens, auf gemeinsame historische Erfahrungen und Interessen. Man mag es politische Kultur, mag es kollektives Selbstverständnis, man mag es Identität nennen. Europa kann auf diese Ressource gemeinsamer Selbstwahrnehmung aber nur sehr begrenzt zurückgreifen. Natürlich existieren auch hier gemeinsame Erfahrungen, die Ablagerungen einer konfliktreichen Geschichte und die Erlebnisse gemeinsamer Erfolge.

Aber diese Schicht europaweiter Gemeinsamkeit bleibt vergleichsweise dünn. Sie reicht, um einen gemeinsamen Markt zu begründen. Aber sie offenbart ihre Schwäche bei jedem Schritt, der darüber hinausgeht. Die Europäer erzählen sich nicht eine gemeinsame Geschichte. Selbst die traumatische Erfahrung der Rückkehr des Krieges auf dem Balkan wurde nicht gemeinsam verarbeitet, sondern national gleichsam getrennt erlebt. In Großbritannien anders als in Deutschland, in Frankreich anders als in Italien. Das gilt auch für andere große Themen – von der Wirtschafts- und Währungsunion bis zur Verfassungsfrage. Ohne einen solchen Kontext der europäischen Selbstverständigung fehlen für den europapolitischen Kurs der Kompass und das stützende Geländer. Dann wird alles zum situationsorientierten Basarhandel, wie wir es von den Gipfelkonferenzen kennen.

Dies ist jedoch nicht wie eine naturgesetzliche Zwangsläufigkeit über uns gekommen, sondern auch der Reflex einer jahrzehntelangen Vernachlässigung europäischer Orientierungsdebatten. Ein Walter Hallstein konnte noch vom „unvollendeten Bundesstaat", ein Leo Tindemans von der vorhandenen europäischen Identität sprechen, ein Joschka Fischer von der „vorhandenen Finalität Europas". Solche Aussagen erscheinen uns heute wie ein Echo aus einer weit entfernten Epoche.

Die Konsequenz:

Wer europäische Handlungsfähigkeit optimieren will, muss sich nicht nur institutionellen Reformen, er muss sich auch den Mühen europäischer Selbstverständigung unterziehen. Die politischen und kulturellen Eliten müssen ihr Verständnis der Risiken und Chancen ineinander verweben. Es geht also bei näherem Hinsehen nicht nur um Potentiale und

Institutionen, sondern um die Grundlagen der politischen Kultur. Auch diese Dimension kann und muss man pflegen und organisieren. Diese Mühe der Konsensbildung müssen wir in Europa auf uns nehmen, wollen wir weltpolitisch verantwortlich handeln und wollen wir nicht immer wieder die alten Fehler wiederholen.

Die Europapolitik hat vieles eingebüßt: Zuverlässigkeit, Kalkulierbarkeit, Standfestigkeit, Gewissheit. Stattdessen dominieren Hektik und strategische Konfusion die Szene. Die Folgen sind sofort handfest greifbar: Europa ist machtpolitisch durchgeschüttelt. Wahlabende erhalten den Stempel des „Historischen". Die Seelenlage der Gesellschaften erscheint tief erschüttert. Dramatische Wählerbewegungen sind die Konsequenz – ebenso die sprunghaften Positionsveränderungen in der Politik. Europa sind die Haltegriffe der politischen Kultur abhandengekommen.

Die Schlüsselfrage jeder Gesellschaft: „Wie ist der Zusammenhang zu verstehen?" bleibt unbeantwortet. Die europäische Gesellschaft in ihrer Gesamtlage zu erklären, dies fällt in das tiefe Loch der Politik, das von Ratlosigkeit gefüllt wird. Die direkten Konsequenzen sind konkret: Die Bindekräfte erlahmen. Die alten Parteien verlieren ihre Fundamente. Dem politischen Detail-Fetischismus ohne Denken in größeren Zusammenhängen ist nicht zu vertrauen. Die moderne Gesellschaft mit hoher Arbeitsteiligkeit lebt aber vom permanenten Vertrauensvorschuss. Europa hat sich zur Misstrauens-Gesellschaft verändert. Die Mehrheit artikuliert sich in den demoskopischen Befragungen: Sie vertraue inzwischen niemandem mehr. Politiker und Parteien sind geradezu zu Magneten des Misstrauens degeneriert.

Es gab Zeiten, da wurde der Orientierungsbedarf weitgehend durch das Angebot großer Ideen und Perspektiven erfüllt. Nach dem Zweiten Weltkrieg bot „Europa" mit seiner großen, historischen Einigungsperspektive einen solchen Anker. Diese Strahlkraft hat die Einigung Europas heute eingebüßt. Die üblichen bürokratischen Ausbremsungen und die alltäglichen Konflikte dominieren das Bild.

Bezeichnenderweise wird die Frage nach der europäischen Identität wieder nachdrücklicher in einer Zeit gestellt, in der die Probleme der

Nachkriegszeit weitgehend aufgearbeitet worden sind. Wenn wir davon ausgehen, dass es in Europa einen hohen Bedarf an Gemeinschaftsbewusstsein gibt, der nicht voll befriedigt wird, wenn wir also davon ausgehen, dass es ein vagabundierendes Identitätsbedürfnis gibt, von dem man noch nicht weiß, wo es sich festmachen wird, dann wird die Zukunft Europas wesentlich davon abhängen, ob und wie es gelingt, die kulturellen Muster der neuen Epoche zu entwerfen. Ohne diese Leistungen gerät die moderne Gesellschaft aus den Fugen.

Gibt es eine Lösung des Problems? Die Geschichte bietet dazu ein Beispiel. Als sich Anfang der achtziger Jahre Europa bereits einmal im mentalen und ökonomischen Verfall befand, den man als „Eurosklerose" beschrieben hat, gelang ihm der Aufbruch. Man verständigte sich auf eine große Strategie der Zukunft. Mit einer klaren Zeit-Perspektive wurde die Identitätsstiftung durch eine Vollendung des Binnenmarkts entdeckt. Die Eurosklerose wurde überwunden. So könnte es heute auch gelingen, die Sklerose hinter sich zu lassen – mit einem großen strategischen Entwurf.

Eine vitale transnationale Demokratie setzt allerdings voraus, dass sich die EU-Bürger mit dem politischen System identifizieren und europäische Politik demokratisch legitimieren – etwa durch den Wahlakt zum Europäischen Parlament, durch Zustimmung zur jeweiligen nationalen Europapolitik, vor allem aber in einer lebhaften öffentlichen Auseinandersetzung zu Fragen europäischer Politik. Europapolitik wirkt nach innen in die Mitgliedsstaaten hinein – und trotzdem ist sie noch immer kein selbstverständlicher Bestandteil nationaler, geschweige denn transnationaler Debatten. Europa ist nach wie vor ein artifizieller Nebenschauplatz. Obwohl die daraus resultierende Akzeptanz- und Legitimationskrise der Europäischen Union bereits seit langer Zeit schwelt, wurden die politischen Entscheidungsträger erst dann alarmiert, als die Nachricht vom Scheitern der Referenden in Frankreich und den Niederlanden kam und ein substanzieller und notwendiger Reformschritt in der Systementwicklung der Europäischen Union über Nacht blockiert wurde. Es liegt aus diesem Grund im wohlverstandenen Eigeninteresse der Union, die Unterstützung des Bürgers für die europäische Politik durch geeignete politische Kommunikation wiederzugewinnen.

Das Thema europäische Integration muss zum integralen und selbstverständlichen Bestandteil politischer Debatten in den Mitgliedsstaaten werden. Die Abschottung der nationalen von der europäischen Ebene im politischen Diskurs muss aufgehoben werden, denn sie entspricht im Mehrebenensystem nicht mehr der Realität. Dazu ist Lernen und Umdenken erforderlich, nicht nur bei den Bürgern, sondern auch bei den nationalen politischen Entscheidungsträgern. Gelingt dies nicht, so besteht die Gefahr, dass Politik zwar zunehmend auf europäischer Ebene gemacht wird, aber dabei abgekoppelt bleibt von der Legitimation durch den Bürger. Anders formuliert: Der Bürger muss den politischen Entscheidungsträgern auch ein Mandat für ihre Politik in der Europäischen Union geben. Und dies vermag er nur, wenn der Europapolitik ein größerer Raum in den tagespolitischen Debatten eingeräumt wird und eine Rückkopplung zur täglichen Lebenswelt der Bürger stattfindet. Erst dann können die Bürger Europa als Teil ihrer eigenen Umwelt begreifen und zum Bezugspunkt ihrer eigenen Standortbestimmung machen.

Um die Symptome der Akzeptanz- und Legitimationskrise der Europäischen Union zu beseitigen, gibt es keinen Königsweg. Vielmehr ist ein Bündel von Maßnahmen erforderlich, das seine Wirkung erst mittel- und langfristig zeigt. Im Kern fehlt Europa dafür nicht nur das operative Zentrum, es fehlt vor allem ein strategisches Denken. Die großen Mächte Europas haben allesamt ihre weltpolitische Komponente eingebüßt. Keiner dieser Staaten hat den Führungswillen entwickelt, den nationalen Verlust seines weltpolitischen Horizonts nun europäisch komplett zu kompensieren. Das Defizit an strategischem Denken erweist sich so als eigentliche Achillesferse Europas. Es existiert keine Agenda, die Europa in Krisen und Konflikten Orientierung geben könnte. Erst wenn es Europa gelingt, eine Kultur strategischen Denkens zu entwickeln, wird es eine markante gestalterische Relevanz nach innen und außen erhalten und damit auch für die Bürger ein selbstverständlicher Fixpunkt seiner Argumentation und seiner eigenen Identitätsarchitektur werden.

Dazu bedarf es einer Neubegründung des europäischen Integrationsprojekts. Europa ist mehr als die gefestigten Nationalstaaten gefragt, zur Sicherung seiner künftigen Daseinslegitimation eine eigenständige Orientierungsleistung zu erbringen. Doch bisher gilt das Projekt Europa vielen Menschen nicht als Antwort auf die vielschichtigen Herausforderungen der Globalisierung. Europa als Teil der Antwort auf eine neue weltweite Dynamik – dies müssen die Europäische Union und die Mitgliedsstaaten in einem offenen und transparenten Kommunikationsprozess ihren Bürgern vermitteln. Hierzu muss die Europäische Union nicht neu erfunden werden. Sie wurde in der Gründerzeit auf ein solides Fundament gebaut: Die friedliche Einigung des Kontinents sowie wirtschaftliche Prosperität in einem Binnenmarkt mit einer gemeinsamen Währung bleiben relevante Motive. Die alten Begründungen sind aber nicht länger ausreichend, um dem Bürger den künftigen Mehrwert des Integrationsprojekts zu vermitteln. Die Europäische Union sollte unter Bezugnahme auf aktuelle Herausforderungen neu interpretiert werden. Ein innovativer, zukunftsfähiger Zugriff auf den Europagedanken, der Vergangenheit und Zukunft, Stabilität und Wandel, Altes und Neues gleichermaßen einbezieht: Diese intellektuelle Leistung gilt es unter den europäischen Eliten zu organisieren und in eine neue Bildungspolitik zu integrieren.

Europa als kulturelles und wirtschaftliches, politisches und sicherheitspolitisches Projekt, das in einem dynamischen Umfeld gleichermaßen nach innen und außen mitgestaltend wirkt: Diesen Begründungszusammenhang zu konkretisieren, ist entscheidend für die Vermittlung künftiger Integrationsschritte. Viele Beispiele untermauern schon heute die globale Rolle Europas: die Gestaltung der Weltwirtschaftsordnung, die globale Finanzwelt, die Bedeutung der erweiterten Union im globalen Handel, die Rolle Europas als Stabilisierungsanker und Unterstützer von friedlichen Transformationsprozessen, die Vorbildfunktion der EU-Integration für die ökonomische und politische Zusammenarbeit in anderen Regionen der Welt – und schließlich: das Erfolgsmodell der pluralistischen Europäischen Union, die Vielfalt nicht nur zulässt, sondern von ihr sogar profitiert und damit ein gelebtes Gegenmodell zum

„Clash of Cultures“ bietet. Gleichzeitig müssen geeignete Wege geschaffen werden, die eine dialogische Rückkoppelung der öffentlichen Meinung an das strategische Entscheidungszentrum der Europäischen Union erlauben. So ist die Zukunftsfähigkeit Europas zu sichern.

Frank-Walter Steinmeier

Realismus und Prinzipientreue – Außenpolitik im Zeichen neuer globaler Balancen

> *„Meine Meinung war und ist: Es soll sich die Politik zum Teufel scheren, die – um welcher Prinzipien auch immer – den Menschen das Leben nicht leichter zu machen sucht. Wo eine Wahl unausweichlich ist, muss das menschliche Wohl den Vorrang haben."* Willy Brandt

So alt wie die Bundesrepublik selbst ist das Bekenntnis zu einer „wertegebundenen Außenpolitik". Die Abkehr von allen Großmachtphantasien und Sonderwegen, die enge Einbindung in die westlichen Strukturen und die unbedingte Achtung des Völkerrechts waren zentrale Gründungsversprechen der zweiten deutschen Republik. Es war die zwingende Konsequenz aus den Verheerungen, die die Nationalsozialisten im Namen einer aggressiven, völkisch motivierten Außenpolitik über Europa gebracht hatten, und zugleich die Eintrittskarte in den Club der westlichen Demokratien.

Was den Weg zurück zu Ansehen und Akzeptanz in der Welt gebahnt hatte, blieb in den kommenden Jahrzehnten festes Grundgerüst der internationalen Politik der Bundesrepublik. Doch auch schon zu Zeiten der alten Bundesrepublik hat dies die deutschen Außenminister nicht von dem wiederkehrenden Verdacht befreit, es mit diesem Versprechen nicht ganz so ernst zu nehmen, wenn es drauf ankommt.

Der Vorwurf, zu wenig Nachdruck bei der Verurteilung und Sanktionierung von Menschenrechtsverletzungen zu üben, nicht hinreichend Distanz zu Diktatoren und Gewaltherrschern zu wahren und in der Wahl der Partner nicht sorgfältig genug hinzuschauen, begleitet die außenpolitischen Debatten in Deutschland seit vielen Jahrzehnten.

I. Wandel durch Anbiederung?

Selbst Willy Brandt, für viele heute der Prototyp eines „werteorientierten“ Außenpolitikers, blieben solche Vorwürfe nicht erspart. Seine Ostpolitik galt manchem zeitgenössischen Kritiker nicht nur als Verrat an deutschen Interessen, sondern eben auch an grundlegenden westlichen Werten und Prinzipien. Mit dem Bolschewismus zu paktieren war für viele außenpolitische Sittenwächter auf konservativer Seite damals der Sündenfall schlechthin, der nicht nur politische, sondern auch moralische Empörung hervorrief.

Die Geschichte hat über diese Politik inzwischen ein gerechtes Urteil gefällt. Die Formel vom „Wandel durch Annäherung“ ist nie Garantie für erhoffte Veränderung, aber heute eher ein Synonym für eine kluge Außenpolitik, die Brücken über ideologische Gräben schlägt, Dialog auch in kritischen Phasen ermöglicht und den Boden für Konfliktlösungen auf diplomatischem Weg bereitet.

Unumstritten ist dies bis heute dennoch nicht. Die Frage, ob der Wandel durch Annäherung nicht über kurz oder lang in einen Wandel durch Anbiederung umschlägt, ob er nicht am Ende gar als Alibi dafür dient, allzu große Nähe zu Diktatoren und Gewaltherrschern zu pflegen und damit die Chancen auf einen Wandel der Verhältnisse aus dem Inneren dieser Staaten zu untergraben, beschäftigt nicht nur Historiker mit Blick etwa auf den Zusammenbruch des Warschauer Paktes, sondern auch die zeitgenössischen Beobachter und Experten.

Die Kontroversen darüber haben an Zahl und Intensität zugenommen, seit Deutschland mit dem Ende des Kalten Krieges unweigerlich aus dem Schatten der Supermächte herausgetreten ist und den über vier Jahrzehnte währenden Zustand relativer außenpolitischer Unschuld verlassen hat. Der Umgang mit gewichtigen und schwierigen Partnern wie Russland und China, die Entscheidungen über Auslandseinsätze der Bundeswehr, umstrittene Waffengeschäfte, Pipelineprojekte: Es mangelt nicht an Anlässen für immer neue Grundsatzdebatten, die gerade hierzulande mit großer moralischer Strenge und Ernsthaftigkeit geführt werden. Dafür gibt es gute Gründe. Denn natürlich wirken historische Belastungen fort, die das Handeln Deutschlands auf internationaler Bühne nach wie vor und zu Recht unter besondere Beobachtung stellen.

Jeden Politiker mit historischem Bewusstsein, Verantwortungsgefühl und moralischem Anspruch muss der Vorwurf mangelnder Prinzipienfestigkeit umtreiben. Wer dies mit einem Schulterzucken quittiert, nach dem Motto: „Wer handelt, macht sich manchmal auch die Hände schmutzig", nimmt die Sache etwas zu leicht.

Und in der Tat ist die Frage ja legitim, ob etwa mit Blick auf die Entwicklungen in der arabischen Welt zu lange Regime gestützt wurden, die in ihrem Kern längst marode geworden waren, und wie es passieren konnte, dass niemand – weder Politiker noch Diplomaten, weder Korrespondenten noch die Experten der außenpolitischen Think-Tanks, noch nicht einmal die Nachrichtendienste – die Chancen auf Veränderung wahrgenommen hat, die sich mit der Selbstverbrennung eines tunesischen Jugendlichen zu Beginn des Jahres 2011 Bahn gebrochen haben.

Zu leicht machen es sich aber auch die, für die die Antwort auf solche Fragen allzu schnell auf der Hand liegt. Der wiederkehrende Generalverdacht: Die Verpflichtung auf moralische Grundsätze reicht in der Außenpolitik immer nur gerade so weit, wie es mit der Durchsetzung elementarer Wirtschafts- und Sicherheitsinteressen vereinbar ist.

Ob es diesen Gegensatz zwischen den ethischen Grundsätzen der Außenpolitik und den grundlegenden nationalen Interessen in dieser Schärfe überhaupt gibt, sei vorläufig dahin gestellt. Aber im Grunde führt schon der laue Topos von der „wertegebundenen Außenpolitik" auf diese falsche Fährte.

II. „Aufgeklärter" Realismus

Schon als politischer Kampfbegriff, der sich abgrenzen will gegen einen prinzipienlosen außenpolitischen Hyper-Realismus (der in der Realität bei genauerem Hinsehen selten genug anzutreffen ist), taugt die Formel wenig. Um das Verhältnis zwischen ethischen Grundsätzen und konkretem außenpolitischen Handeln zu beschreiben, bleibt er vollends zu oberflächlich und unspezifisch. Um welche Werte geht es denn genau? Und was heißt eigentlich Bindung?

Wer die Frage nach dem Verhältnis von Moral und Politik ernst nimmt, wird sich um etwas mehr Präzision bemühen müssen. Als Europäer blicken wir mit Stolz auf die ideengeschichtlichen Grundlagen unseres Gesellschaftsmodells, auf die Tradition der europäischen Aufklärung, auf deren Fundamenten die westlichen Demokratien errichtet wurden. Die Freiheit des Individuums, die Garantie seiner unveräußerlichen Rechte, Demokratie als die daraus abgeleitete ideale Regierungsform, Gewaltenteilung und Rechtsstaatlichkeit als Garanten eines geordneten Nebeneinanders freier Individuen, die freie und soziale Marktwirtschaft als die Form des wirtschaftlichen Austauschs, die als einzige mit den Freiheitsrechten des Einzelnen kompatibel ist – das alles begründet im ideengeschichtlichen Kosmos der Aufklärung die ideale Staatsform der freien Bürger, die Republik.

Es liegt in der Logik dieser universell gültigen Grundprinzipien, dass ihre Geltung und Wirkkraft nicht an nationalen Grenzen enden kann. Individuelle Freiheit ist nichts, was der Gnade der geographischen Herkunft gedankt ist. Nicht von ungefähr hat Immanuel Kant, der Doyen der deutschen Aufklärung, sein Werk mit der Veröffentlichung der Spätschrift „Zum ewigen Frieden“ vollendet, die nichts anderes ist als der Versuch, die Konstruktionsprinzipien der Republik auf die Sphäre der internationalen Beziehungen zu übertragen.

Vieles, was Kant Ende des 18. Jahrhunderts aufgeschrieben hat, klingt in unseren westlichen Ohren nicht zufällig bis heute sehr modern: die universelle Geltung der Menschenrechte, die Verrechtlichung der internationalen Beziehungen, ein auf der Anerkennung des Völkerrechts beruhender internationaler Frieden, freier Welthandel, vertraglich vereinbarte Abrüstung – allesamt Vorstellungen und Ideen, die die außenpolitische Agenda bis heute prägen.

Es geht offenbar um mehr als eine eher zufällige und voluntaristische Verbindung von Werten und internationalem Handeln. Wer die Tradition der Aufklärung ernst nimmt, wird zwischen ethischen

Grundsätzen des politischen Handelns im Inneren und nach außen keinen Unterschied machen können. Wenn es eines Etiketts bedarf, um diesen Zusammenhang deutlich werden zu lassen, wäre es klarer, von aufgeklärter Außenpolitik zu sprechen.

Aus einer solchen Perspektive ist der Gegensatz von ethischen Grundsätzen und elementaren Interessen ein konstruierter. Ziel einer an den Prinzipien der Aufklärung orientierten Außenpolitik ist es, Frieden und Sicherheit zu erhalten, wirtschaftlichen und gesellschaftlichen Austausch über Grenzen zu organisieren und Konflikte auf Grundlage internationalen Rechts beizulegen. Für die Durchsetzung der allgemeinen Menschen- und Bürgerrechte und die fortschreitende Verrechtlichung der internationalen Beziehungen einzutreten und die Stärkung der Vereinten Nationen voranzutreiben, ist für eine so verstandene Außenpolitik deshalb dauernde Aufgabe.

Ein prinzipieller, gewissermaßen in der Natur der Sache liegender Gegensatz zwischen moralischen Werten und außenpolitischen Interessen besteht nicht. Aber natürlich bricht sich eine Außenpolitik seit jeher an den Realitäten und muss mit einer tiefen Kluft zwischen Anspruch und Wirklichkeit leben. Wir sind weit entfernt davon, das kantische Ideal vom „ewigen Frieden“ erreicht zu haben.

III. Konkurrenz der großen Erzählungen

Für einen kurzen Moment – unmittelbar nach dem Fall der Mauer und dem Ende des Kalten Krieges – schienen sich die Chancen für die Verwirklichung des kantischen Ideals schlagartig verbessert zu haben. In der Euphorie über die Überwindung der Jahrzehnte währenden Blockkonfrontation sprachen manche westlichen Analytiker schon vom „Ende der Geschichte“, vom weltweiten, unaufhaltsamen Siegeszug von Demokratie und Marktwirtschaft. Sie sind schnell eines Besseren belehrt worden.

Von Anfang an lag in der Vorstellung einer westlich dominierten neuen Weltordnung ein reichliches Maß an Hybris. Die Entwicklungen der folgenden Jahre haben ein ganz anderes Bild ergeben. An die Stelle der alten bipolaren Weltordnung ist eine neue Welt-Unordnung getreten. Oder besser: Die alte Ordnung gilt nicht mehr – eine neue ist nicht an ihre Stelle getreten. Wir sind Zeugen des unaufhaltsamen Aufstiegs neuer Mächte wie China, Indien, Brasilien, die die Geschicke der Welt aus ihrer schieren Größe und wachsenden wirtschaftlichen Leistungsfähigkeit heraus unweigerlich mitbestimmen. Wir sind Zeugen sich wandelnder Bedrohungen, vom internationalen Terrorismus über die Proliferation von Massenvernichtungswaffen an Staaten, die sich nicht an internationale Abkommen halten, bis hin zu ethnischen und religiösen Konflikten, die zum Teil neu entstanden, zum Teil unter der Macht der alles dominierenden Blockkonfrontation des Kalten Krieges konserviert, aber nie gelöst worden waren.

Zugleich deutet manches darauf hin, dass die Vereinigten Staaten und Europa den Zenit von Macht und Einfluss auf internationaler Ebene überschritten haben. Das große Versprechen der Aufklärung, die Verbindung von individueller Freiheit, Demokratie und wirtschaftlichem Erfolg erhält wachsende Konkurrenz. Bestenfalls die Hälfte der inzwischen 193 Staaten innerhalb der Vereinten Nationen kann mit einigem Recht ins Lager der rechtsstaatlichen Demokratien gerechnet werden. Und die Ideen der Aufklärung, die westliche Philosophie, die über Jahrzehnte der Orientierungs- und auch Zielpunkt für die sich entwickelnden Gesellschaften auf der Welt war, sind nach wie vor wirkungsmächtig, müssen sich aber stärker in Konkurrenz bewähren. Die aufstrebenden Mächte besinnen sich mit zunehmender eigener Stärke auf eigene Traditionen und historische Wurzeln. Ob sich hieraus ein neuer Wettbewerb der Systeme entwickelt und welchen Ausgang er nehmen könnte, wird nicht nur in der politischen Wissenschaft und im politischen Feuilleton schon seit einiger Zeit diskutiert.

Wenn es unsere tiefe Überzeugung ist, dass das auf den Prinzipien der Aufklärung basierende Gesellschaftsmodell dasjenige ist, das ein Höchstmaß an individueller Freiheit und Gerechtigkeit garantiert und zugleich die besten Voraussetzungen für wirtschaftlichen Erfolg und gesellschaftlichen Wohlstand schafft, dann muss uns die neue Konkurrenz nicht aus der Bahn werfen.

Aber wir tun gut daran, diese Herausforderung sehr ernst zu nehmen und uns zu wappnen für einen möglichen Wettbewerb der Lebens- und Politikentwürfe. Die Erkenntnis muss uns nicht in Panik versetzen. Wir müssen nur lernen, dass sich unsere Vorstellung von Freiheit, Demokratie und Gerechtigkeit nicht von selbst Bahn bricht. Dass auch wirtschaftliche Stärke, wenn wir sie in Europa denn dauerhaft halten, nicht ausreichen wird. Wir müssen lernen, uns der Welt neu zu öffnen, mehr investieren, „uns" zu erklären. Die – allerdings etwas ritualisierte – Unterzeichnung von Wirtschaftsabkommen im Rahmen von Staatsbesuchen ist nicht zu kritisieren. Es sollte uns nur bewusst sein, dass auswärtige Kulturpolitik im weitesten Sinne, einschließlich der Präsenz deutscher Bildungsinstitutionen im Ausland, in einer multipolaren Welt eine immer weiter wachsende Bedeutung haben muss. Sie hilft Verständnis zu wecken und Brücken zu bauen, über die hinweg Dialog auch in schwierigen Situationen möglich ist.

Am Ende aber wird über die globale Attraktivität unseres Lebens- und Wirtschaftsmodells vor allem entscheiden, ob es uns auch zukünftig gelingt, die Leistungsfähigkeit und legitimatorische Kraft unseres politischen Systems unter Beweis zu stellen. Deshalb gilt es zunächst und zuerst, die Reihen zu schließen, uns der gemeinsamen Wurzeln zu vergewissern und den Zusammenhalt der westlichen Demokratien zu stärken.

IV. Ein neuer Geist europäischer Gemeinsamkeit

Wer einen nüchternen Blick auf den Zustand der Europäischen Union und die transatlantischen Beziehungen wirft, wird zu dem Ergebnis kommen müssen, dass die Zeichen derzeit eher in eine andere Richtung deuten.

Für die Generation der heute 50- bis 60-Jährigen stand Europa nie in Frage. Der Europäische Einigungsprozess war die Garantie für die längste Phase des Friedens, die der Kontinent seit dem Dreißigjährigen Krieg erlebt hat, und zugleich die Grundlage für das wirtschaftliche Wiedererstarken Deutschlands und den Wohlstand des gesamten Kontinents.

Bis vor kurzem war es außerhalb jeder realistischen Vorstellung, dass das Projekt Europa als Ganzes in Frage gestellt werden könnte. Dass die Zweifel über die Irreversibilität der europäischen Einigung wachsen, dass das bislang Undenkbare mancherorts schon gedacht wird, ist alarmierend. Man muss sich die kursierenden Untergangsprophetien nicht zu eigen machen, um zu dem Ergebnis zu kommen, dass die Lage der Europäischen Union so ernst ist wie vermutlich noch nie in den vergangenen 60 Jahren.

Die seit 2008 jetzt in der zweiten Welle tosende Wirtschafts- und Finanzkrise stellt die europäische Solidarität, den inneren Zusammenhalt der Gemeinschaft und damit letztlich ihren Bestand auf eine harte Bewährungsprobe. Die Schwierigkeiten bei der Stabilisierung Griechenlands, eines Landes, das nicht mehr als 2,7 Prozent des gesamteuropäischen Bruttosozialprodukts erwirtschaftet, hat tiefe Zweifel an der grundsätzlichen Funktionsfähigkeit der EU geweckt. Das Versagen in der Wirtschafts- und Finanzkrise hat die Union mitten hinein in eine politische Krise der europäischen Integration geführt.

Schuld daran sind nicht alleine Fehleinschätzungen und eine zu große Zögerlichkeit bei der Lösung der Krise. Zu einer ehrlichen Bestandsaufnahme gehört es auch zu konstatieren, dass kaum ein Mitgliedsland, kaum ein Politiker sich heute noch die europäische Sache wirklich und persönlich zu eigen macht. Stattdessen ist zu beobachten, wie Kernthemen der europäischen Einigung plötzlich wieder zur Disposition stehen. Eigentlich skandalöse Vorgänge, wie die Wieder-Einführung von Grenzkontrollen durch die dänische Regierung oder der Umgang der ungarischen Regierung mit demokratischen Freiheiten, werden mit allenfalls lauen Protesten begleitet. Entschiedenen Widerspruch sucht man vergebens.

Statt einer entschiedenen Gegenreaktion der überzeugten Europäer beobachten wir vielerorts in der EU das genaue Gegenteil: In Ungarn, den Niederlanden, in Österreich, sogar in den skandinavischen Musterdemokratien steht ein Nationalpopulismus hoch im Kurs, der sich zum einen aus dem politischen Versagen angesichts der Wirtschafts- und Finanzkrise, zum anderen aus Verlustängsten angesichts des offenkundigen Erstarkens neuer Mächte speist und sich im Kampf gegen eine vermeintliche Unterwanderung durch einen aggressiven Islamismus profiliert. Dass es ausgerechnet auf ausländerfeindliche Ressentiments setzende Rechtspopulisten sind, die sich mit einigem Erfolg bei den Wählern zu Verteidigern westlicher Werte aufschwingen, ist eine besonders perfide Spielart der Dialektik der Aufklärung, die eine entschiedene Erwiderung verlangt.

Wir müssen verhindern, dass diese gefährliche Saat aufgeht. Sie widerspricht nicht nur den europäischen Grundwerten. Sie birgt auch die Gefahr, über den radikalen Rand hinaus Wirkung zu entfalten und die „nationale Lebenslüge" (Ulrich Beck) zu nähren, die illusionäre Vorstellung, der Rekurs auf den Nationalstaat biete besseren Halt und Sicherheit als die von Streit und Uneinigkeit geprägte Europäische Union.

Es reicht ein klarer Blick auf die Realitäten, um diese Vorstellung ad absurdum zu führen: Schon zur Mitte dieses Jahrhunderts wird Europa nur noch rund sechs Prozent der Weltbevölkerung stellen, unser Anteil am Weltsozialprodukt wird sich deutlich reduzieren. Wenn Europa auch in Zukunft die Interessen seiner Bürger auf der Welt wirksam vertreten will, wenn wir nicht zu einer vernachlässigbaren Größe werden wollen, dann können wir dies nur vereint schaffen.

Deshalb ist es dringend notwendig, das Vertrauen der Menschen in die Handlungsfähigkeit und die Lösungskompetenz der EU zurückzugewinnen. Durch eine Politik, die sich von Mal zu Mal als Getriebene der Märkte zeigt und in immer kürzeren Abständen und mit immer kürzerem Atem auf Entwicklungen reagiert, statt frühzeitig zu antizipieren und proaktiv zu agieren, ist dieses Vertrauen verloren gegangen. Eine nachhaltige Überwindung der Krise wird deshalb nur dann gelingen, wenn Europa am Ende anders aussieht als vor der Krise. Es führt kein Weg an einer besseren Koordinierung der Wirtschafts- und Finanzpolitik, an engerer Abstimmung und Zusammenarbeit – mit anderen Worten: an einem Quantensprung in der Europäischen Integration – vorbei.

Die Widerstände dagegen sind erheblich, das Projekt der Integration ist beileibe kein Selbstläufer mehr. Gleichzeitig erhöht die Krise die Einsicht in die Notwendigkeit. Die EU steht an einer historischen Wegscheide. Ob sie vor der Geschichte versagt oder einmal mehr zum historischen Gewinner wird, entscheidet sich an der Frage, ob es gelingt, den gefährlichen Fliehkräften, die die Union zu zerreißen drohen, entgegenzuwirken.

Die vordringlichste und wichtigste Aufgabe besteht deshalb darin, Führung zu zeigen und einen neuen „Geist der Gemeinsamkeit“ zu stiften. Gesucht sind Persönlichkeiten, die Verantwortung für Europa übernehmen und Farbe bekennen. Dieser Geist der Gemeinsamkeit kann nicht an europäische Institutionen delegiert werden. Er muss aus der Mitte der Gemeinschaft kommen und er braucht ein politisches Kraftfeld, das die Gemeinsamkeit fördert und garantiert. Ein solches Kraftfeld könnte das Weimarer Dreieck sein, wenn es denn gelänge, über die unverbindlichen Routinen hinauszugelangen, in denen die trilaterale Zusammenarbeit aus unterschiedlichen Gründen in den letzten Jahren erstarrt ist.

Ein deutscher Journalist hat in diesem Zusammenhang einmal von einem „Europäischen Trizeps“ geschrieben, ein Bild, das gut beschreibt, was möglich und wünschenswert wäre: Eine polnisch-französisch-deutsche Partnerschaft, die als Muskel und Impulsgeber wirkt, die Europa zusammen- und in Bewegung hält. Es geht nicht um das Modell eines Kerneuropas, das andere ausschließt und auf der Strecke lässt. Wohl aber um einen Kern Europas, der Anziehungskraft auf andere ausübt.

V. Transatlantische und transpazifische Perspektiven

Während die Europäische Union um ihren Bestand ringt und sich Gipfel an Gipfel reiht, ist es um die transatlantischen Beziehungen in den vergangenen Monaten und Jahren seltsam still geworden. Von einer Krise kann man kaum sprechen – noch nicht einmal, möchte man fast sagen. Es ist eher Lethargie, die vorherrscht. Es fällt schwer, auch nur ein gemeinsames Projekt zu benennen, das für eine engagierte, kreative, kraftvolle und aktive Zusammenarbeit zwischen Deutschland, Europa und den USA stünde.

Die Gründe dafür sind vielfältig. Die Europäer sind aus bekannten Gründen auf die eigenen Probleme konzentriert. Gleiches gilt für die USA. So wie es auf europäischer Ebene an Führungspersönlichkeiten fehlt, die sich mit vollem Herzen dem europäischen Projekt verschreiben, so fehlt es heute gleichermaßen an überzeugten Transatlantikern mit Gewicht, und zwar diesseits wie jenseits des Atlantiks.

Auch die USA nehmen die Verschiebungen der globalen Balancen wahr. Der Blick richtet sich nicht mehr automatisch über den Atlantik, sondern westwärts, über den Pazifik. Auch und gerade in den USA blicken viele gebannt auf die Entwicklung Chinas und des asiatischen Kontinents, fasziniert und besorgt zugleich. Wie in Europa, so erwachsen auch jenseits des Atlantiks aus den vagen Aussichten auf eine grundlegend veränderte Zukunft nicht nur Optimismus und Aufbruchstimmung, sondern auch Unbehagen und Abstiegsangst.

Hier wie dort suchen sich diese Ängste ihre politischen Kanäle. Der Erfolg der Tea-Party-Bewegung hat hier eine seiner tieferen Ursachen. Er ist zugleich aber auch der extreme Ausdruck einer nicht zuletzt durch die Verwerfungen der Wirtschafts- und Finanzkrise verstärkten und auch in gemäßigten politischen Kreisen der Vereinigten Staaten zunehmend erkennbaren Tendenz, sich auf sich selbst zurückzuziehen und die eigene globale Rolle zu überprüfen und neu zu denken.

Es geht also um mehr als nur eine vorübergehende atmosphärische Abkühlung in den transatlantischen Beziehungen. Zur Disposition stehen die überkommenen Loyalitäten und Bündniskonstellationen, deren Wurzeln in den Kalten Krieg zurückreichen und deren Bestand im Zeichen neuer globaler Balancen nicht naturgegeben ist.

Niemand hat dies bislang so deutlich ausgesprochen wie der kürzlich aus dem Amt geschiedene US-Verteidigungsminister Robert Gates in seiner letzten Rede vor der NATO. Über sechs Jahrzehnte, so Gates, habe es so gut wie keinen Zweifel und keine Debatten über den Wert und die Notwendigkeit der transatlantischen Allianz gegeben. Zwei Jahrzehnte nach Ende des Kalten Krieges aber werde die Neigung des US-Kongresses und der politischen Klasse der USA insgesamt schwinden, immer weiter steigende Mittel für Partner aufzuwenden, die offensichtlich nicht willig und in der Lage sind, ihrerseits die notwendigen Mittel für die Gewährleistung gemeinsamer Sicherheit aufzuwenden.

Gates war nicht der erste amerikanische Verteidigungsminister, der das mangelnde finanzielle Engagement der NATO-Partner diesseits des Atlantiks beklagt und vor einer Spaltung des Bündnisses in Mitglieder, die die militärischen Lasten tragen, und solche, die sich auf sicherheitspolitische „soft skills“ verlegen, gewarnt hat. Aber nie zuvor hat ein amerikanisches Regierungsmitglied in herausgehobener Stellung so offen die Zukunft des Bündnisses in Frage gestellt.

Dass Gates seine nüchterne und zugleich provokative Analyse verband mit dem Hinweis auf eine Ausweitung des sicherheitspolitischen Engagements der USA in Asien, fügt sich ins Bild. In den politisch-intellektuellen Zirkeln der USA, in den Universitäten und Think-Tanks hat die transpazifische Perspektive längst der transatlantischen den Rang abgelaufen. Europa scheint aus dem Fokus zu geraten. Die Rede von Gates ist ebenso wenig wie Präsident Obamas transpazifische Rede in Canberra ein lapidarer Abgesang auf die „special relationship“, die Deutschland und Europa über Jahrzehnte mit den Vereinigten Staaten verbunden hat. Wohl aber Mahnung und Warnung, dass die engen Bindungen der Vergangenheit in einer ungewissen und durch neue globale Balancen gekennzeichneten Welt immer wieder neu begründet werden müssen.

Die Antwort auf diese Mahnung kann nicht nur eine im engeren Sinne sicherheits- und verteidigungspolitische sein. So wichtig eine angemessene Lastenverteilung zwischen den Partnern, eine Stärkung der verteidigungspolitischen Ressourcen, mehr Effizienz und mehr transnationale Kooperation, kurz gesagt: die innere Festigung der NATO, auch ist: Es geht um weitaus mehr, nämlich um die Frage, ob Deutschland und Europa in der Lage sind, sich dem nach wie vor und auf lange Sicht wichtigsten Verbündeten als unverzichtbarer und interessanter Partner zu präsentieren.

Am Anfang muss die wechselseitige Einsicht stehen, dass wir in einer komplexeren Welt, mit einer wachsenden Zahl von Mitspielern in der obersten Gewichtsklasse, einander mehr denn je brauchen. Anknüpfungspunkte für eine neue transatlantische Agenda gibt es genügend. Gemeinsame Antworten des Westens zu suchen auf die großen globalen Herausforderungen – vom Klimawandel über Energie- und Rohstofffragen bis hin zur Ernährungssicherung für eine immer weiter wachsende Weltbevölkerung – ist aller Anstrengungen wert.

Dazu braucht es aber weit mehr als die gegenwärtig zu beobachtende diplomatische und politische Routine in den transatlantischen Beziehungen – erst recht nicht nostalgische Rückschau in die goldenen Zeiten deutsch-amerikanischer Partnerschaft. Die Welt ist eine andere. Und das Ende des Ost-West-Konflikts war eine der Ursachen dafür. Für uns die Perspektive zu einer – von vielen schon nicht mehr für möglich gehaltenen – Wiedervereinigung Deutschlands und Europas. Deshalb haben wir nichts verloren, sondern viel bekommen. Und dennoch: Es wird höchste Zeit, die Beziehungen zwischen Deutschland, der EU und den USA mit neuem Leben zu erfüllen.

VI. Ein neuer Blick auf die islamische Welt

Eines der großen neuen Aktionsfelder für gemeinsames transatlantisches Handeln liegt direkt vor der europäischen Haustür. Wir sind Zeugen von Veränderungen dramatischen Ausmaßes an der Südflanke der Europäischen Union. Der arabische Frühling ist eine große Chance für den Westen, aber auch eine große Gefahr, wenn wir diese Chance verpassen.

Man muss kein Prophet sein, um vorauszusagen, dass die anfänglichen Hoffnungen auf einen geraden und ungebrochenen Pfad der arabischen Welt in Richtung Demokratie sich so nicht erfüllen werden. Aber auch wenn wir damit rechnen müssen, mit einer großen Bandbreite an Veränderungen konfrontiert zu sein, mit unterschiedlichen Modellen neuer staatlicher Ordnung, mit unterschiedlicher Gewichtung des religiösen Moments, mit mehr oder weniger demokratischer Kultur, so bietet sich doch eine historische Chance, die Beziehungen zur arabischen Welt auf eine neue Grundlage zu stellen, Belastungen der Vergangenheit hinter uns zu lassen und eine Partnerschaft neuer Qualität zu entwickeln.

Das ist eine gewaltige Aufgabe, die allenfalls vergleichbar ist mit dem demokratischen Aufbruch in Mittel- und Osteuropa nach dem Fall der Mauer. Weder die USA noch Europa werden diese Aufgabe alleine bewältigen können. Ein nachhaltiger Erfolg bei der Unterstützung der arabischen Welt auf ihrem Weg in Richtung Demokratie und Selbstbestimmung und der Entwicklung einer neuen Partnerschaft hängt am Ende von zwei Dingen ab: erstens von einer Lösung des Nahostkonfliktes, den die Europäische Union – auch wenn viele sich mit einigem Recht eine proaktivere Rolle Deutschlands und Europas wünschen würden – nicht ohne das wirtschaftliche, politische und am Ende auch das militärische Gewicht der USA in der Region wird bewerkstelligen können. Zweitens aber brauchen die arabischen Staaten eine politische und wirtschaftliche Perspektive an der Seite Europas; eine Perspektive, die mehr verheißt als die schon im Ansatz gescheiterte Mittelmeerunion.

Dies beides muss flankiert werden von einer massiven Unterstützung bei der wirtschaftlichen Ertüchtigung der arabischen Staaten. Man kann den Vergleich für schief halten, man kann die Bezeichnung für historisch belastet halten. Aber natürlich braucht es nicht weniger als einen auf die Besonderheiten der Region zugeschnittenen Marshallplan für die arabische Welt. Für die transatlantische Partnerschaft bietet sich hier eines der bedeutendsten außenpolitischen Handlungsfelder der kommenden Jahre.

VII. Dialog und Belehrung

Die nüchterne Analyse des Zustands der Europäischen Union und der transatlantischen Beziehungen zeigt: Es gibt reichlich zu tun, um den Begriff der „westlichen Wertegemeinschaft“ von jenem Mehltau zu befreien, der sich in den vergangenen Jahren darübergelegt hat. Wir werden unseren Standort „mit beiden Füßen im Westen" nicht verändern. Aber wer sich die erkennbare Verlagerung der globalen Gewichte vor Augen führt, wer ahnt, wie sich die neuen multipolaren Strukturen weiter auffächern werden, wird eingestehen müssen, dass wir den bestehenden und aufstrebenden Mächten im Osten den Rücken zukehren können, ja nicht einmal mit Desinteresse begegnen dürfen!

Es ist dies gewissermaßen die Gretchenfrage eines aufgeklärten Realismus. Kaum ein anderer Bereich der internationalen Beziehungen steht unter so sorgfältiger und argwöhnischer Beobachtung wie die Politik gegenüber China und Russland. Und in kaum einem anderen Feld steigern sich die Diskussionen über den richtigen Umgang mit diesen Mächten hierzulande so entschieden ins Grundsätzliche, nirgends sonst gerät Außenpolitik so oft in den Verdacht der Wertevergessenheit und des Opportunismus.

Niemand, der es mit diesen beiden Ländern zu tun hat, wird die Augen verschließen können vor den politischen Defiziten, dem Mangel an Demokratie, Rechtsstaatlichkeit und politischer Teilhabe, auch den Einschränkungen von Pressefreiheit und richterlicher Unabhängigkeit. Sowohl China als auch Russland changieren zwischen wirtschaftlicher und – mit erkennbar weniger Enthusiasmus – politischer Modernisierung auf der einen und fortgesetzter Repression auf der anderen Seite. Beide Staaten sind auf je eigene Weise auf der Suche nach ihrem Platz und ihrer Rolle in einem sich verändernden globalen Kraftfeld. Welchen Weg sie am Ende strategisch und im Inneren nehmen werden, ist offen.

Zugleich müssen wir nüchtern feststellen: Schon heute brauchen wir beide Mächte zur Lösung praktisch aller globalen Konflikte und Probleme. Eine auch weit in die Zukunft hinein tragfähige europäische Sicherheitsarchitektur ist ohne Russland kaum vorstellbar. Energiesicherheit werden wir in Deutschland und Europa ohne russische Beteiligung auf lange Sicht nicht gewährleisten können. Wir brauchen Russland zur Lösung der „frozen conflicts" an der europäischen Peripherie ebenso wie für eine langfristige Stabilisierung Afghanistans oder die Lösung des Konflikts um das iranische Atomprogramm. Darüber, dass China in einer neuen globalen Balance wirtschaftlich, politisch, militärisch ein zentraler Pol sein wird, braucht man nicht mehr viel zu sagen. Probleme wie der Klimawandel, die sichere Versorgung mit Energie und Rohstoffen oder die Stabilisierung der Weltfinanzmärkte werden ohne maßgebliche Beteiligung Chinas nicht dauerhaft zu lösen sein.

Das führt zurück zur außenpolitischen Gretchenfrage: Wie lässt sich der Zwang zur Kooperation verbinden mit dem Interesse und dem ethischen Postulat, eine den Prinzipien der Aufklärung verpflichtete Politik auch international zu betreiben und offensiv für Demokratie, Marktwirtschaft, Geltung des Völkerrechts sowie die Anerkennung und Durchsetzung universeller Menschenrechte einzutreten?

Am Ende bleibt nur eins: den schmalen Grat zu beschreiten, der zwischen Anklage und Dialogverweigerung und prinzipienloser Anbiederung verläuft. Diesem Leitmotiv folgt etwa das Angebot einer Modernisierungspartnerschaft mit Russland, die auf wirtschaftliche Kooperation zum wechselseitigen Nutzen, politischen Dialog und Unterstützung bei der Entwicklung demokratischer und rechtsstaatlicher Strukturen setzt.

Eine solche Strategie erfordert Geduld und ist vor Rückschlägen nicht gefeit. Dass aus Sicht Russlands der wirtschaftliche Aspekt im Vordergrund steht, aus deutscher und europäischer Sicht dies von der politischen Dimension der Modernisierung nicht zu trennen ist, gibt immer wieder Anlass zu Debatten.

Der Verdacht, dass die Bereitschaft zum politischen Dialog am Ende nur taktischer Natur ist, wird sich kaum völlig ausräumen lassen. Wer daraus die Konsequenz ziehen möchte, alle Versuche in diese Richtung zu unterlassen, der zeigt reichlich wenig Vertrauen in die eigene Überzeugung, in die universelle Wirkkraft der Ideen von Rechtsstaatlichkeit und Demokratie. Und er wird die Frage beantworten müssen, wie sonst den Prinzipien der Aufklärung zum Durchbruch verholfen werden soll.

Empörung allein jedenfalls bleibt allzu häufig folgenlos, in manchen Fällen kann sie sogar bösen Schaden anrichten. Es kann und darf nicht darum gehen, die eigenen Überzeugungen zu verleugnen. Aber die praktische Erfahrung lehrt, dass der Teufelskreis aus Belehrung und Isolation des Gegenübers allzu häufig nicht weiterführt.

VIII. Politische Moralisten und moralische Politiker

Wer als Außenpolitiker derlei Wahrheiten ausspricht, dem ist Widerspruch gewiss, von engagierten Aktivisten wie von kritischen Journalisten. Und doch sei noch einmal betont: Zwischen politischen Moralisten, die es sich zur Aufgabe gemacht haben, als Beobachter und Aktivisten über die Einhaltung zivilisatorischer Standards weltweit zu wachen und kritische Öffentlichkeit herzustellen, und moralischen Politikern, die sich den Prinzipien der Aufklärung in ihrem praktischen Handeln verpflichtet fühlen, verläuft kein unüberbrückbarer Graben. Das Repertoire der Überzeugungen und Werte ist gleich, der Unterschied ist eher einer der Perspektive.

Wer praktische Fortschritte erreichen will, dem kann der Blick auf die Gesinnung seines Gegenübers alleine nicht genügen. Die moralische Empörung über Menschenrechtsverletzungen, Kriegsverbrechen, ungerechte Verteilung von Gütern und Lebenschancen hat ihr eigenes Recht und sie ist nicht die exklusive Domäne von Menschenrechtsaktivisten und Pazifisten. Die „Befürworter der raschen öffentlichen Anklagegebärde“, wie der über jeden Zynismus erhabene Präsident des Internationalen Roten Kreuzes Jakob Kellenberger sie einmal genannt hat, tun das ihre, um auf Ungerechtigkeit, Gewalt und Unterdrückung hinzuweisen. Als Leitlinie für praktisches politisches Handeln aber wird ein moralischer Rigorismus in den seltensten Fällen die Durchsetzung der eigenen Werte und Interessen fördern.

Mehr noch: Dialogverweigerung steht immer in der Gefahr, politische Widerstände zu verhärten und damit in direkten Widerspruch zu den eigenen Zielen zu geraten. Wenn Politik die Sphären verwischt und sich auf lautstarke Statements zur öffentlichen Vergewisserung der eigenen moralischen Lauterkeit statt auf praktisches Handeln verlegt, wird ihre Schwäche sofort mit Händen greifbar. Die verbreitete Unzufriedenheit mit der gemeinsamen Außen- und Sicherheitspolitik der Europäischen Union, die sich leider allzu oft in kraftvollen Erklärungen erschöpft, ohne auf der Handlungsebene sinnvolle Gegenvorschläge liefern zu können, erklärt sich so zu einem guten Teil.

Der spätestens seit Max Weber geläufige Widerstreit zwischen Gesinnungs- und Verantwortungsethik wird sich nicht völlig auflösen lassen. Wie alle Kritik in der Demokratie hat auch der streng moralische Blick von außen auf außenpolitisches Handeln eine wichtige und unverzichtbare Funktion, als Korrektiv und Kompass für die politisch Handelnden. Der moralische Wert praktischer Außenpolitik aber bemisst sich nicht alleine und noch nicht einmal in erster Linie an ihrer Bekenntnishaftigkeit, sondern an den sichtbaren und konkreten Ergebnissen, die für die um ihre Rechte und Chancen kämpfenden Menschen weltweit erzielt werden.

John C. Kornblum

Die Rolle der Werte in einer globalisierten Welt

Wir sind in den letzten zehn Jahren sehr schnell, fast lautlos in ein neues Zeitalter eingetreten. Die Welt der festen Strukturen, die Welt der hierarchischen Führungsmethoden, die Welt der wirtschaftlichen Grenzen ist verschwunden, ohne dass es die meisten von uns überhaupt gemerkt haben.

Die Welt hat sich so gewaltig verändert, dass alte Kategorien von Recht und Unrecht manchmal schon an Bedeutung zu verlieren beginnen. Um weiterhin verantwortlich und erfolgreich handeln zu können, brauchen wir ein neues Verständnis unserer Werte und ihrer Rolle in Gesellschaft und Politik. Wir brauchen also eine aktive Wertediskussion, die auf den Gegebenheiten der Zukunft basiert.

I. Wie relevant sind unsere Werte?

Diese Frage wird öfters gestellt. Manche meinen, neue Technologien und neue Mächte hätten die herkömmlichen westlichen Werte überholt. Aber eine philosophische Basis ist nicht nur unersetzlich, sie wird immer wichtiger. Ohne einen Wegweiser werden wir uns im Wirrwarr der neuen Herausforderungen nie zurechtfinden können.

Aber gerade weil sich so viel ändert, wird es besonders wichtig sein, die Rolle der Werte besser zu verstehen. Sie sind, zum Beispiel, nicht immer Quelle automatischer Übereinstimmung. Zu oft wird behauptet, wenn ein Partner meine Meinung nicht teile, dann hätten wir keine Wertegemeinschaft mehr. Im Gegenteil: Werte sind das Fundament, das hilft, gemeinsam Differenzen auf der Grundlage des Konsenses zu überwinden. Die Europäische Union bietet ein solches Beispiel. Gerade jetzt befindet sie sich in einer Krise. Die Mitgliedsländer sind aufgerufen, die Konsensfähigkeit ihrer Gemeinschaft zu erhalten, wenn nicht sogar zu verstärken.

Dies zu verstehen, ist für Deutschland besonders wichtig. Es ist etwas später zur Demokratie gekommen als andere atlantische Partner. Wenn andere, besonders Amerikaner, die Deutschen nicht verstehen, ist man schnell geneigt, die ganze Freundschaft in Frage zu stellen.

So einfach ist es nicht. Werte sind Fundamente für eine ständige Auseinandersetzung mit Problemen und Zielen einer Gesellschaft. Sie sind nicht eine Treuepflicht, die eine ständige Übereinstimmung braucht.

Viel wichtiger ist es, dass die Werte verwirklicht werden. Werte stellen nicht nur philosophische Kategorien dar. Sie sind in jeder Gesellschaft auch eine Legitimation und zugleich ein Kontrollmechanismus, um das enorme Machtpotential des Staates zu begrenzen.

Unsere westliche Form demokratischer Macht-Legitimation ist einmalig. Sie sichert das Recht des Einzelnen auf Wohlstand und Gerechtigkeit. Sie schützt den Einzelnen vor einem übermächtigen Staat. Und vor allem – sie ist flexibel und ständig erneuerbar. Und, wie wir wissen, musste sie über Jahrhunderte erkämpft werden, leider oft mit Krieg, in jedem Fall mit viel Leid.

Das Ergebnis dieser Bestrebungen und Auseinandersetzungen: Wir haben heute das beste System zum Schutz der Rechte des Einzelnen den Mächtigen gegenüber, das es je in der Geschichte gegeben hat. Es bietet ein demokratisches Fundament für die polizeilichen und militärischen Aufgaben des Staates und es ist die beste Grundlage für Wohlstand und Fortschritt, die sich die Menschen je haben vorstellen können.

Die pragmatische Anwendung unserer Werte bildet das Fundament für verantwortungsvolles Handeln in Zeiten wie der unsrigen, in der sich so schnell so viel zu ändern scheint. Nur mit einem sicheren Kompass können wir einen demokratischen Weg durch die vielen Verwirrungen der Gegenwart und Zukunft finden.

II. Wo stehen wir in der Geschichte?

Wir wissen sehr wohl, dass Werte zu allen Zeiten unterschiedlich ausgelegt worden sind. Erst mit der Wende des Jahres 1989 ist die Epoche des „Kalten Krieges“ zu Ende gegangen. Davor war das Europäische Haus fast zerstört und Europa dann über mehr als vier Jahrzehnte geteilt. Aber allmählich haben wir eine neue Welt, die auf demokratischen Werten basiert, aufgebaut. Die beiden Ufer des Atlantiks wurden wiedervereinigt, auf der Basis eines liberalen Wertesystems.

Aber jetzt, zwanzig Jahre nach der Wende, werden einige Konzepte der Nachkriegszeit in Frage gestellt. Innerhalb des Westens treten die nationalen Interessen wieder in den Vordergrund: Die Geschichte scheint sich zu wiederholen.

Allmählich verstehen wir, dass die Nachkriegszeit keine ganz neue Welt dargestellt hat. Die Geschichte ist 1945 nicht neu erfunden worden. Die 45 Jahre des Kalten Kriegs waren eher eine wichtige Verschnaufpause, gleichsam eine Erholungsphase zwischen zwei Epochen des radikalen Wandels. Eine einfache Übereinstimmung wird manchmal nicht mehr so leicht zu finden sein. Das sollte uns nicht ratlos machen. Die nun auftretenden Probleme gilt es mit Ruhe und mit gehörigem Abstand zu lösen.

III. Braucht die Wirtschaft Werte?

Der technische und wirtschaftliche Wandel im 19. Jahrhundert änderte die Welt auf revolutionäre Weise. Das Ergebnis: das Ende der alten Ordnung, zwei Weltkriege und zahllose ebenso grausame wie verlustreiche regionale Kriege.

Nach sechs Jahrzehnten Erholung beginnt eine Revolution neuer Art. Die neuen Kommunikationsmittel sind das Äquivalent für Eisenbahn, Telefon und Telegraph im 19. Jahrhundert. Wir können sicher sein: Unsere Welt wird sich in den nächsten Jahrzehnten dramatisch verändern. Nichts wird bleiben wie es war.

Die Vernetzung der Welt durch neue Informationstechnologie wird diese grundlegend umwandeln. Dies wird auch die bisherigen Werte, die Einstellung der Menschen und das Zusammenleben der Menschen in allen Teilen der Welt nicht unberührt lassen. Denn die neuen Hochgeschwindigkeitsnetzwerke haben Kommunikation und Wissensverwertung gleichsam demokratisiert.

Der schnelle Transport von Information und deren Auswertung in Bruchteilen von Sekunden lassen – wie sich jetzt in der arabischen Welt zeigt – alte Machtmonopole zerbröckeln. Der schnelle Zugang zu Informationen, und das gleichsam für jedermann und ganz einfach, das schien noch vor einem Jahrzehnt undenkbar.

Diese neu gewonnene Freiheit stimuliert neue Denkweisen und neue Verbindungen. Denken wir nur an die Aufregung, die die Veröffentlichungen bei „Wikileaks" ausgelöst hatten. Neuartige Formen des „Netzwerk-Verhaltens" sind bereits heute in vielen Konzernen die Grundlage veränderter Managementstrukturen. Der Schutz von Information wird immer schwieriger. Dies wird auch einen dramatischen Effekt auf Politik und Gesellschaft haben.

IV. Wie werden Werte verwirklicht?

Viele Politiker haben noch immer nicht verstanden, dass Google, Facebook, Twitter und andere soziale Netze eine wesentlich größere Bedrohung für ihre Welt darstellen als aufstrebende Machtzentren wie China. Die technologische Revolution der Medienwelt im 21. Jahrhundert wird eine ebenso destabilisierende Wirkung haben wie die rauchenden Schlote des 19. Jahrhunderts. Um diesen Prozess so gut wie möglich zu steuern, brauchen wir Vorbilder und damit Werte, an die wir uns halten, nach denen wir uns ausrichten. In die Computersprache übersetzt heißt das: Wir brauchen ein neues Betriebssystem.

Die Grundlage dieses Betriebssystems kann eigentlich nur der westliche Wertekanon sein. Nur dieser ist flexibel genug, um sowohl Freiheit wie Effizienz zu bieten. Aber dafür brauchen wir eine andere Politik und ein neues Verhaltensmuster in Fragen der Wirtschaft. Regierungen und private Unternehmen sind aufgefordert, gemeinsam einen neuen Wertekanon zu formulieren, der sowohl den Zielen einer sich mit rasender Geschwindigkeit verändernden Gesellschaft als auch denen des Einzelnen gerecht wird.

Die gesellschaftlichen Werte an die technologischen Entwicklungen anzupassen, das ist eine der wichtigsten Herausforderungen, vor der wir nun stehen, obwohl wir aus der Geschichte wissen, dass der gesellschaftliche Wandel in den letzten beiden Jahrhunderten kaum mit der technischen Entwicklung Schritt gehalten hat.

V. Welche Strategie brauchen wir?

Statisches Denken hilft uns nun nicht mehr weiter, wir müssen unsere Strategie ändern. Man muss strategisch und nicht strukturell denken. Das heißt: Das Ziel kann nicht wie bis jetzt auf statische Interessen oder Verhaltensmuster gerichtet sein. Neue, flexible Kriterien müssen entwickelt werden. Aus diesem Grund habe ich die Nachkriegszeit als eine Art Verschnaufpause bezeichnet.

Gerade in Deutschland müssen Vorstellungen, wie sie bisher über „Frieden", „Europa", „Wirtschaft" oder „Integration" gehegt wurden, neu überdacht werden. Es wird nicht mehr genug sein, „Europa zu bauen". Vielmehr gilt es, Strategie und Inhalte zu kombinieren. Die jetzige Eurodebatte ist ein Beispiel für die Verwirrung, die dadurch entsteht, dass langfristige Ziele (Europa) nicht mit einer konkreten Strategie in Einklang gebracht wurden.

War beispielsweise die Entscheidung in Libyen richtig? Ist die Nutzung von Kernkraft eine ethische, eine gesellschaftlich-ökologische oder eine wirtschaftliche Frage? Soll man Staaten, die ständig über ihre Verhältnisse leben, ad infinitum unterstützen? Ohne Kompass kommt man nicht weiter. Die Welt muss also neu vermessen werden.

Das von der übrigen Welt ein wenig isolierte europäische Weltbild der letzten 60 Jahre war auch eine Folge der Weltkriege und der Teilung. Jetzt leben wir in einer global integrierten Welt-Gemeinschaft, in der andere Kategorien herrschen. Das spürt vor allem ein Land wie Deutschland. Statt ein Land der Mitte zu sein, wird Deutschland sich allmählich zu einem Zentrum einer integrierten Welt entwickeln. Dies bedeutet: mehr Verantwortung übernehmen. So gesehen ist es mehr als fraglich, ob es sich Deutschland noch erlauben kann, in weltpolitischen Fragen mit dem Hinweis auf seine Vergangenheit oder seine geographische Lage Zurückhaltung zu üben.

Unser neues Betriebssystem wird sich also viel mehr mit kulturellen und gesellschaftlichen Werten befassen müssen als in der Vergangenheit. Wir brauchen dringend eine ethisch-kulturelle Antwort auf die Globalisierung. In der Zukunft müssen Werte in das Betriebssystem eingebettet sein. Die Geschwindigkeit der Netzwerke wird dazu führen, dass Werte gleichsam automatisch eingefordert werden, also ihre Verwirklichung nicht mehr wie bisher von menschlichen Entscheidungsprozessen abhängig sind. Wichtig ist, dass die Prozesse von Anfang an auf den richtigen Wertvorstellungen basieren.

Daher benötigen wir auch einen neuen „Atlantizismus“. Warum? Weil die Atlantischen Staaten eine demokratische Gemeinschaft bilden, müssen sie die neue Vernetzung entscheidend vorantreiben. Uns ist eine wichtige Verantwortung übertragen – wir müssen das Betriebssystem überwachen, um sicher zu sein, dass es offen und gerecht bleibt. Diese Entwicklung wird zwangsläufig zu neuen Konzepten in Europa und der atlantischen Welt führen. Die Stärken beider Seiten des Atlantiks könnten zusammenkommen, um eine solide intellektuelle Führung zu ermöglichen. Damit meine ich keine abstrakten Ideen, sondern die Fähigkeit, Lösungen für das neue globale Zusammenwirken zu entwerfen. Ohne einen Kompass, der auf westlichen Werten beruht, kann die neue Vernetzung missbraucht werden. Mit der Entwicklung dieses Kompasses sind wir aber noch nicht weit gekommen.

Alle diese Themen werden gegenwärtig in Amerika ausgetragen. Man sieht sie auch sehr genau in der deutschen und europäischen Politik reflektiert. Die Zukunft wird daher alles andere als einfach sein. Um sie zu meistern, müssen wir uns engagieren, müssen Wege und Mittel finden, mit denen wir die „Neuvermessung der Welt“ begreifen lernen, um sie auch unterstützend vorantreiben zu können.

Deshalb wird es zunehmend wichtig sein, Politik und Wirtschaft auf solide Werte zu gründen. Nicht auf moralisierendes Verhalten kommt es an, sondern auf klare Zielvorgaben, um die Versuchungen, die das grenzenlose Informationsangebot nun einmal darstellt, für einen neuen, dieser Zeit gemäßen Werte-Kanon positiv zu nutzen.

Theo Müller

Neoliberalismus und Globalisierung – eine Kulturrevolution für Europa*

Als ich im Jahr 1971 die 1896 von meinem Großvater gegründete Molkerei im bayerischen Aretsried von meinem Vater übernahm, zählte sie nur vier Angestellte. Heute arbeiten unter dem Dach der Unternehmensgruppe Theo Müller international rund 14.000 Mitarbeiter und erzielen einen Jahresumsatz von rund 3,3 Milliarden Euro. Auf diesem Weg der Expansion haben sich für mich zwei Überzeugungen bestätigt. Erstens ist dies die Einsicht, dass die persönliche Freiheit an der Spitze unserer Werteskala stehen sollte – und das nicht nur im Interesse der unternehmerischen Initiative, sondern auch schon deshalb, um jedem Menschen Entfaltungsmöglichkeiten zuzubilligen. Und zweitens ist dies die Erkenntnis, dass wir – nicht nur als Unternehmer, sondern als Gesellschaft insgesamt – keineswegs auf die Vorteile aus Spezialisierung und Arbeitsteilung, die im Zeitalter der Globalisierung üblich sind, verzichten dürfen. Diese Überzeugungen teile ich mit vielen Liberalen, mit vielen Ökonomen – aber Umfragen zeigen immer wieder, dass ein Großteil der Öffentlichkeit anders denkt. Das Streben nach Sicherheit ist allgegenwärtig und droht allmählich die Quellen der Dynamik zu überdecken. Das ist eine Gefahr, der es sich mit einem klaren Bekenntnis und einem nachdrücklichen Werben für Freiheit und Offenheit entgegenzustemmen gilt.

Wie dringend angezeigt ein Bewusstseinswandel ist, zeigt die Lage in Europa: Europa steckt in großen Schwierigkeiten. Verschiedene europäische Länder haben heute erheblich mit den Kollateralschäden der Finanz- und Wirtschaftskrise zu kämpfen, die bekanntlich im Jahr

* unter Mitwirkung von Karen Horn

2008 mit dem Zusammenbruch der Bank Lehman Brothers in den Vereinigten Staaten ihren Ausgang nahm. Die einen Länder retteten ihre in Schieflage geratenen Banken, die anderen suchten zusätzlich den Einbruch der Konjunktur mit umfangreichen staatlichen Ausgabenprogrammen zu verhindern. Noch andere hatten einfach noch nie vernünftig gewirtschaftet und waren nun dem eigentlich längst verdienten Misstrauen der Akteure auf den Finanzmärkten ausgesetzt. Wie auch immer, das Ergebnis ist eine tiefe Schuldenkrise in Europa. Die öffentlichen Haushalte sind aus dem Ruder gelaufen.

Betroffen ist beileibe nicht nur Griechenland, die Wiege der abendländischen Kultur. Auch Deutschland, das jetzt verstärkt zur Kasse gebeten wird, steht selbst nicht gerade vorbildlich da, mit einer derzeitigen Gesamtverschuldung von mehr als 80 Prozent des jährlichen Bruttoinlandsprodukts. Man erinnere sich: Die Partner im Euro-Raum hatten sich einmal auf einen Grenzwert des jeweiligen Schuldenstandes von nicht mehr als 60 Prozent verständigt. Auch wenn diese Schwelle willkürlich gegriffen schien – sie diente dem Ziel, Zuspitzungen zu unterbinden. Gelungen ist das freilich ganz und gar nicht. Stattdessen nimmt Europa nun allmählich als Transferunion Konturen an – und steht damit selbst zunehmend auf dem Spiel.

Damit Europa wieder in die Spur kommt, braucht es offenbar so etwas wie eine umfassende Kulturrevolution. Gemeint ist natürlich keine von oben verordnete, ideologische und dennoch letztlich unbestimmte, sich ewig hinziehende Kampagne wie seinerzeit in der Volksrepublik China. Gemeint ist ein Erwachen, ein Bewusstseinswandel. Um ihre Zukunftschancen zu wahren, müssen sich die Menschen in Europa endlich klarmachen, welche politischen Fehlentscheidungen in die Krise geführt haben und welche Vorkehrungen zu treffen sind, damit dies nicht wieder geschieht. Der größte Fehler war ganz sicher das politische Abrücken vom Prinzip der Haftung – von einem Prinzip also, das freilich jedem Unternehmer im Blut steckt, das seinen Alltag begleitet und sein Geschäftsgebaren diszipliniert. Das Herauspauken (der „*bail out*“) von gescheiterten Banken, Unternehmen und Staaten durch Dritte, wie es in der Politik mittlerweile gang und gäbe ist, begründet demgegenüber eine systemgefährdende, dauerhafte Verrohung der Sitten.

Ein Bewusstseinswandel, der hilft, dies künftig zu unterbinden, ist nur möglich, wenn man sich auf ein paar wenige grundlegende Wahrheiten und Werte besinnt. In diesem Aufsatz möchte ich deshalb zweierlei beschreiben und in Erinnerung rufen, was mir besonders am Herzen liegt: den großen Nutzen der Globalisierung und den Wertekanon des ganz zu Unrecht geschmähten Neoliberalismus. In Bezug auf beide wünsche ich mir eine „Kulturrevolution".

I. Vom Nutzen der Globalisierung

Ein Sympathieträger war die wirtschaftliche Globalisierung – die arbeitsteilige Verflechtung der Welt – wohl noch nie. Die meisten Menschen scheinen schlicht Angst zu bekommen, wenn sich ihr Lebenskontext über das Vertraute hinaus weitet. Erst recht greifen solche irrationalen Vorbehalte, wenn sich das Geschehen – vor allem in der Wirtschaft – im internationalen Kontext nicht mehr nachvollziehen lässt. Die Globalisierung hat eine enorme Komplexität geschaffen, der gerade ökonomische Laien zutiefst misstrauen. Wie man überhaupt mit Fremden halbwegs sicher Handel treiben kann, ohne dass die Moral vor die Hunde geht, ist vielen unklar. Und deshalb kommen dann rufschädigende Thesen auf wie jene, dass die Globalisierung die Reichen auf Kosten der Armen immer reicher mache. Dass solche Länder, die sich für den Welthandel geöffnet haben, viel besser daran getan hätten, sich erst abzuschotten. Dass vor allem die Globalisierung die Ursache der Arbeitslosigkeit hierzulande ist – schließlich kann man ja vor allem in Entwicklungsländern viel billiger produzieren als in Deutschland. All diese Behauptungen sind falsch.

Die Globalisierung an sich ist nicht neu. Sie hat ihre Ursprünge schon in den Jahrhunderten der europäischen Seefahrer, und gerade die Griechen waren seinerzeit an ihr maßgeblich beteiligt. Über die Jahrhunderte und Jahrtausende wurde die wirtschaftliche Verflechtung der Welt im Zuge des technischen Fortschritts in Verkehr und Kommunikation immer intensiver. Dabei ist die zunehmende wirtschaftliche Verflechtung nicht einfach so über die Welt gekommen, gleichsam als unkontrollierbare Naturgewalt, sondern man hat sie im Interesse von Freiheit und Wohlstand bewusst ermöglicht. Nach den beiden Weltkriegen stand neben dem Vorteil der Arbeitsteilung auch der Gedanke Pate, dass es zur Friedensstiftung keinen verlässlicheren Weg gibt, als Länder durch Handel zu einen. Gerade auch hinter der Europäischen Union, die sich um ihre Gemeinschaftswährung soeben zu zerstreiten droht, stand einst diese Hoffnung.

Als politischer Startschuss für den globalen Verflechtungstrend kann die Bretton-Woods-Konferenz von 1944 gesehen werden. Hier wurden die Weltbank und der IWF gegründet. Der Abbau von Handelsschranken und Zöllen im Rahmen des GATT und später unter der Aufsicht der WTO setzten diese Entwicklung fort. Die globalen Warenexporte haben seit dem Zweiten Weltkrieg jährlich um fast 6 % zugenommen, wenn man einmal von dem krisenbedingten Einbruch in den vergangenen Jahren absieht. Aber auch dies ist mittlerweile überwunden. Der durchschnittliche Zuwachs des Welthandels über die Jahre ist insgesamt größer als das Wachstum der nationalen Sozialprodukte. Auch die traditionell exportorientierte deutsche Wirtschaft profitiert seit jeher stark vom wachsenden globalen Warenhandel. Deutschland ist bekanntlich viele Jahre stolzer Exportweltmeister gewesen. Das ist natürlich kein Ziel an sich. Was zählt, ist lediglich, dass die internationale Arbeitsteilung optimale, effiziente Strukturen aufweist. Dass also jede Volkswirtschaft das macht, was ihre Unternehmen am besten können, und dass sie von außen einkauft, was andere besser oder zumindest relativ kostengünstiger können. Der Ökonom David Ricardo sprach in diesem Zusammenhang von der Ausnutzung komparativer Vorteile. Es ist eine Tragödie, dass die WTO-Verhandlungen im Rahmen der vor nunmehr zehn Jahren lancierten Doha-Runde offenbar gescheitert sind. Mit einer Liberalisierung des Agrarhandels hätten sie eigentlich dazu dienen sollen, den Entwicklungsländern den Zugang zu den Weltmärkten zu erleichtern. Doch die Versuchung des Protektionismus ist groß, auch bei den Ländern, die schon in der Vergangenheit vom Welthandel am meisten profitiert haben.

Auf Kritik trifft in der Öffentlichkeit aktuell am meisten die Globalisierung der liberalisierten Finanzmärkte. Dass an den Finanzmärkten der Welt größere Volumina gehandelt werden als in der Realwirtschaft, verstört seit jeher den ökonomischen Laien. Man vergisst dabei, dass die komplizierten Transaktionen auf den Finanzmärkten trotz aller Umwege letztlich zumeist immer noch der Absicherung realwirtschaftlicher Geschäfte gelten. Ein Kritikpunkt indes ist nicht von der Hand zu weisen: Die enge Verflechtung auf den Finanzmärkten ist nicht ungefährlich, wenn etwas schiefgeht. Wenn ein wichtiger Dominostein umfällt, kommt unter Umständen die ganze Kette ins Straucheln. Wir haben das seit 2008 erlebt. Und da sitzen dann alle im selben Boot. Wir sprechen heute von Systemrelevanz und systemischem Risiko. Hiermit umzugehen, ist eine große Herausforderung für die Zukunft.

Auf der Habenseite der Globalisierung stehen dennoch Chancen, Fortschritt und Wohlstand. Die Globalisierung lässt die Kommunikation (Stichwort: Internet!), den Handel, die Investitionen, Demokratie, Freiheit, Marktwirtschaft und Menschenrechte über nationale Grenzen hinaus wachsen – mit dem Ergebnis, dass die Bürger von mehr Möglichkeiten im Alltagsleben profitieren, von mehr greifbaren Freiheiten. Die Integration der Welt, die Globalisierung, macht es Diktatoren zunehmend schwer, wie zuletzt die so genannte „Arabellion“ nachdrücklich gezeigt hat. Aber auch wirtschaftlich zahlt sich die Globalisierung aus. Ihre Vorteile beginnen mit einer größeren Vielfalt im Waren- und Dienstleistungsangebot und setzt sich fort mit einer breiteren Auswahl bei der Suche nach einem Arbeitgeber oder nach kulturellen Angeboten.

Die Globalisierung vergrößert auf allen Feldern die Auswahl an Möglichkeiten. Und sie stärkt den Wettbewerb als Antriebsmotor für Effizienz und Innovation, zum Nutzen für jedermann. Global treffen Unternehmen mit unterschiedlichen Produktionstechnologien und Kostenstrukturen aufeinander, die sich bewähren müssen. Das motiviert zu größeren unternehmerischen Anstrengungen und löst einen fortdauernden Modernisierungsschub aus. In weltumspannender Ausdehnung kann der Markt somit seine wohlfahrtsfördernde Kraft voll entwickeln. Durch den Freihandel gelangen die mobilen Faktoren in die produktivsten Verwendungen, das Kapital wandert zum besten Wirt. Die Produktionsfaktoren werden gemäß dem Prinzip der komparativen Vorteile geleitet.

Die Globalisierung ist dabei kein Nullsummenspiel, wie viele Leute offenbar denken, die fürchten, die Reichen würden auf Kosten der Armen immer reicher. Im Gegenteil, die Globalisierung vergrößert vielmehr den Kuchen, der am Ende verteilt werden kann. Zeitweilige Rückschläge sind dabei zwar leider nicht ausgeschlossen. Aber im Rückblick kann man guten Gewissens sagen: Dank der Globalisierung geht es sowohl den Reichen als auch den Ärmsten besser. Zumindest im – statistisch unvermeidlichen – Aggregat haben alle profitiert. Während 1970 noch 40 % der Weltbevölkerung mit einem Pro-Kopf-Einkommen von 2 Dollar am Tag auskommen mussten, sind es heute nur noch etwa 20 %. Es müssen noch weniger werden, das ist klar. Aber deshalb kann man doch nicht behaupten, es habe hier keine Fortschritte gegeben! Niemals zuvor in der Geschichte hat sich die Lebenssituation so vieler Menschen auf der Welt so rasch und so deutlich verbessert wie in der zweiten Hälfte des 20. Jahrhunderts vor dem Hintergrund der voranschreitenden Globalisierung. Die Menschen in den ärmeren Ländern profitieren gerade von den wohlhabenden Abnehmern ihrer Exporte in den reicheren Staaten.

Die Globalisierung ist nicht der Feind der Armutsbekämpfung, sondern deren größte Chance. In der Tabelle des Wohlstandes stehen jene Länder ganz oben, die sich dem globalen Wettbewerb stellen. Gerade eine ganze Reihe ehemals extrem armer Länder hat durch Öffnung für den Welthandel große Fortschritte erzielt. Ganz unten jedoch stehen die, die sich abschotten – beispielsweise das totalitäre Nordkorea. Dort hungern die Menschen. Wirtschaftliche Freiheit und Wohlstand hängen zusammen, wie zwei Indizes regelmäßig zeigen, in die unter anderem die Außenhandelsfreiheit einfließt: der „Index of Economic Freedom" der Heritage Foundation in Washington und der Index „Economic Freedom of the World" vom Fraser Institute in Vancouver.

Natürlich peitscht die Globalisierung den Standortwettbewerb an. Das ist ungemütlich – aber trotzdem gut so: Wenn Waren und Dienstleistungen, Rohstoffe, Arbeitskräfte und Geldmittel nicht künstlich an einer Ortsveränderung gehindert werden, dann wandern sie in einer offenen internationalen Wirtschaft stets „zum besten Wirt“, also dorthin, wo sie am besten arbeiten können. Wo genau das ist, hängt von den Rahmenbedingungen ab, zum Beispiel von der Sicherheit des Rechtssystems, aber auch von der Steuerbelastung oder der Regulierung. Für Deutschland ist der Druck des Standortwettbewerbs eine nützliche stete Mahnung. Und das Ergebnis kann sich sehen lassen – zum Beispiel auf dem Arbeitsmarkt. Deutschland hat derzeit eine Arbeitslosenquote von weniger als 7 %. Schon seit Jahren geht die Beschäftigungslosigkeit zurück. Ursache sind die Arbeitsmarktreformen des Jahres 2003, aber auch die gute gesamtwirtschaftliche Entwicklung und der beginnende demographische Wandel. Man kann also ganz bestimmt nicht behaupten, Deutschland gehe in der globalen Arbeitsteilung und unter dem Druck der Globalisierung die Arbeit aus.

Es wird Zeit, dass die Menschen in Europa die Globalisierung als das annehmen, was sie ist: eine positive Kraft. Für Europa hängt davon eine Menge ab. Gegenüber den aufstrebenden Staaten Asiens wie China und Indien wird sich eine sich ängstlich abschottende Festung Europa ganz sicher nicht behaupten können. Ein liberales Europa, das auf Innovation, freies Unternehmertum und globalen Wettbewerb setzt, das seine Finanzen in Ordnung bringt und seine traditionellen Stärken pflegt, hat da viel bessere – ja große! – Chancen.

II. Der Wertekanon des Neoliberalismus

Zum notwendigen Bewusstseinswandel gehört aber auch eine Wiederentdeckung der freiheitlichen Werte allgemein und der Prinzipien einer Ordnung freien Wettbewerbs insbesondere. Wer freilich schon den Nutzen der Globalisierung leugnet, der hat in der Regel auch mit dem Neoliberalismus nicht viel am Hut. Aber das ist genauso verkehrt – und höchst bedauerlich. Es ist einfach ein Irrtum, wenn zum Beispiel viele Leute glauben, Neoliberalismus bedeute freie Märkte ohne alle Regeln. Das stimmt nicht. Seit seiner Entstehung ist das Wort „Neoliberalismus“ unter dem Einfluss der politischen Linken in aller Welt regelrecht entfremdet worden. Im heutigen Sprachgebrauch wird er für das Gegenteil des ursprünglich Gemeinten benutzt, für Materialismus, Ungerechtigkeit, Ausbeutung und „ungezügelte“ Märkte. Dieses Begriffsverwirrungsspiel sollten wir nicht mitspielen. Denn mit den Absichten und Inhalten, die sich mit dem ursprünglichen Neoliberalismus verbinden, hat all dies rein gar nichts zu tun.

Der Begriff „Neoliberalismus“ im ursprünglichen und somit korrekten Wortsinne beschreibt vielmehr das Bestreben, einen Ordnungsrahmen für eine „gute Gesellschaft“ zu entwickeln, der die Grundwerte der Freiheit und Gerechtigkeit, der Verantwortung und Solidarität auch in der Wirtschaft als Teilbereich des gesellschaftlichen Miteinanders harmonisch zu verbinden erlaubt. Im Gegensatz zum früheren Laissez-faire, Laissez-aller des 18. und 19. Jahrhunderts setzt der Neoliberalismus nicht nur auf die Selbstkoordination der Märkte, sondern hebt ganz wesentlich auf die Notwendigkeit einer Ordnung, eines Überbaus von geeigneten Regeln ab – und zu diesen Regeln gehört nicht zuletzt die Gültigkeit des derzeit zu unser aller Schaden zunehmend aus dem Blick geratenen Haftungsprinzips.

Als wissenschaftliche und politische Denkrichtung ist der Neoliberalismus in den dreißiger Jahren entstanden. Unter dem Schock der Weltwirtschaftskrise war 1938 eine Gruppe Wissenschaftler und Unternehmer zu einem internationalen Kolloquium in Paris zusammengekommen. Den Anstoß dafür hatte indirekt Walter Lippmann gegeben, ein amerikanischer Publizist: In seinem Buch „The Good Society“ forderte er eine Erneuerung des Liberalismus – daher der Name „Neoliberalismus“. Die in Paris vereinten Denker verband das Anliegen, dem Spiel der marktwirtschaftlichen Kräfte einen belastbaren Rechtsrahmen zu geben, der wirtschaftliche Machtkonzentrationen verhindert und die anspornenden, den Wohlstand mehrenden Eigenschaften des Wettbewerbs auch dauerhaft zu nutzen erlaubt. Es ging ihnen um eine Rahmenordnung, die in ihrer Rechtsstaatlichkeit die individuellen Freiheitsrechte schützt und die Kraft des Wettbewerbs nutzt – und die darüber hinaus auch übergeordneten moralischen Kriterien entspricht. In der Folge des Pariser Kolloquiums entwickelten sich London, Chicago, Wien sowie Freiburg zu Zentren des Neoliberalismus, wenn auch mit unterschiedlichen Akzenten. Die wichtigsten Ausprägungen in Deutschland sind die Freiburger Schule und der Ordoliberalismus. Diesem Liberalismus geht es mitnichten um die Abschaffung des Staates. Ziel ist nicht grenzenlose Freiheit, die sich am Ende selbst zerstören würde – sondern eine verfasste Ordnung.

Zu den essentiellen Merkmalen einer solchen freien und marktwirtschaftlichen Ordnung im Geiste des wohlverstandenen Neoliberalismus zählen vor allem das Privateigentum an den Produktionsmitteln, eine freie Preisbildung, eine stabile Währung, offen zugängliche Märkte, Wettbewerbs- und Gewerbefreiheit, private Haftung (!) sowie Abwesenheit von Privilegien und Diskriminierungen durch den Staat. Im Kern des neoliberalen Konzepts für die Wirtschaft steht der Wettbewerb, der für Leistung sorgt. Staatliche Eingriffe in die Wirtschaft gelten als grundsätzlich systemwidrig. Zwischen (der stets dringend erforderlichen) Ordnungspolitik und (der zumeist schädlichen) Prozesspolitik wird streng unterschieden.

Als Rechtsstaat ist der Staat der Neoliberalen vorrangig für die Sicherung des Ordnungsrahmens zuständig; er ist ein „starker Staat" oberhalb der Partikularinteressen in Wirtschaft und Gesellschaft (Alexander Rüstow). Man wünschte, diese Vorgabe würde in unserem Alltag mehr respektiert! Selbst als Unternehmer aufzutreten, steht dem Staat im Gedankengebäude des Neoliberalismus nicht zu. Indes können gelegentlich prozesspolitische Eingriffe geboten sein – aber nur dann, wenn sie die Funktionsfähigkeit der Märkte fördern, wenn sie die Bildung von Monopolen oder Kartellen verhindern (Wettbewerbspolitik), wenn sie dem übergeordneten Ziel des sozialen Ausgleichs (nur) insoweit dienen, dass sie die Funktionsfähigkeit des Markts verbessern, keinesfalls aber schwächen (Sozialpolitik). Die konkrete Grenzziehung, wann ein wirtschaftspolitischer Eingriff noch als marktkonform zu bewerten ist, fällt freilich niemals ganz leicht. Gerade deshalb ist es grundsätzlich angeraten, sich vor der mit Eingriffen verbundenen „Anmaßung von Wissen“ und den unvermeidlichen Nebenwirkungen des politischen Handelns möglichst weitgehend zu hüten.

Sich bewusst an diese Prinzipien zu erinnern, denen Deutschland schließlich nach dem Zweiten Weltkrieg mit der Sozialen Marktwirtschaft sein Wiederauferstehen aus Ruinen verdankt hat, wäre gerade in der derzeitigen schweren Krisensituation Europas angebracht. Die Globalisierung ist ein Geschenk des Friedens, den sie zugleich sichern hilft. Sie ist Motor und Träger der Zukunft. Und der Neoliberalismus im wohlverstandenen Sinne lehrt uns, worauf wir politisch achten müssen, wenn es um die Sicherung von Freiheit und Wohlstand für alle Völker geht. Ich hoffe und baue auf eine Kulturrevolution in diesem Sinne – im Interesse der abendländischen Kultur, im Interesse Europas.

III.

Werte im Kontext des Dialogs der Religionen

Kurt Kardinal Koch

„Ihr seid mehr wert als viele Spatzen" (Mt. 10, 31)
Zum Beitrag der christlichen Ökumene bei der Revitalisierung menschlicher Werte

Wer nach dem Sendungsauftrag des Christentums in den europäischen Gesellschaften heute fragt, muss sich nicht nur darüber Rechenschaft ablegen, wie es sich selbst heute vor allem in seinem Verhältnis zur säkularen Welt versteht, sondern muss zunächst auch einen nüchternen Blick in die jüngere Geschichte Europas werfen, um seine heutige Situation verstehen zu lernen. Dazu liegt es nahe, sich jene grundlegenden Einbrüche vor Augen zu führen, die in den vergangenen hundert Jahren stattgefunden und das Gesicht Europas maßgeblich verändert haben, was am deutlichsten wohl an jenem Phänomen abgelesen werden kann, das – in einer eher neutralen Optik – als „Wertewandel" und – in einer kritischen Diagnostik – als „Werteverlust" bezeichnet zu werden pflegt.

I. Gravierende Einbrüche in der neueren Geschichte Europas

„Europa kann nur bestehen, wenn es klar um seine geistigen Fundamente weiß. Ein Europa ohne geistige Ordnung wird zum Spielball der Mächte." Mit diesen unmissverständlichen Worten hat der ehemalige Wiener Kardinal Franz König jene Grundüberzeugung zum Ausdruck gebracht, von der sich die Gründungsväter eines neuen Europa wie Konrad Adenauer, Robert Schumann, Alcide de Gasperi und Jean Monnet haben leiten lassen,[1] dass nämlich nach den Verwüstungen der europäischen Landschaft durch die schrecklichen Terrorherrschaften

[1] Vgl. Pontificio Comitato di Scienze Storiche (Ed.), I Padri dell'Europa. Alle radici dell' Unione Europea (Città del Vaticano 2010).

des Faschismus in Italien, des Nationalsozialismus in Deutschland und des Leninismus-Stalinismus in Russland, die sich alle als antichristliche und neuheidnische Ideologien entlarvt haben,[2] der Wiederaufbau Europas nur gelingen würde, wenn sich Europa in frischer Weise auf seine eigenen Ursprünge und damit auch auf seine christlichen Wurzeln zurückbesinnen würde. Im Blick auf diese großen Ideale waren die Gründungsväter des neuen Europa überzeugt, dass die Schrecknisse des Weltkrieges, die furchtbaren Zerstörungen und das Drama der großen Ideologien, die die Menschen und die Völker in das Inferno des Krieges gestürzt hatten, in einem konstruktiven Geist aufgearbeitet werden müssen. Die unmittelbare Nachkriegszeit zeichnete sich deshalb durch eine gesellschaftliche und politische Atmosphäre des Aufbruchs und des Neubeginns aus. In den vergangenen sechzig Jahren sind diese Grundüberzeugungen aber weitgehend ins Wanken geraten.

1. Das Jahr 1968 als kulturelle Wasserscheide

Erste Anzeichen dafür waren bereits zu verspüren, als die unmittelbare Nachkriegszeit zu Ende gegangen war und das Versagen der Menschheit und der Menschlichkeit im Zweiten Weltkrieg, die Schwächen beim Wiederaufbau Europas und das himmelschreiende Elend in der Welt erneut und erst recht zu Bewusstsein gekommen waren. Diese Grundstimmung provozierte den ersten großen Einbruch, den man mit der Symbolzahl 1968 zu verbinden pflegt und als Explosion einer radikalen Krise der Kultur Europas, gleichsam als „Wasserscheide zwischen der unmittelbaren, nun zu Unrecht als reaktionär verschrienen Nachkriegszeit und einer neuen geschichtlichen Phase“ beurteilen muss, „die von einem neuen Schub der Aufklärung, Säkularisierung und Emanzipation von überlieferten allgemein-menschlichen und von christlichen Werten und Verhaltensweisen bestimmt war“[3].

---

[2] Vgl. A. Besancon, Le malheur du siècle. Sur le communisme, le nazisme et l’unicité de la Shoah (Paris 1998).

[3] W. Kardinal Kasper, Katholische Kirche. Wesen – Wirklichkeit – Sendung (Freiburg i. Br. 2011) 41.

Dementsprechend setzte man die großen Hoffnungen weithin nicht mehr, wie es die Gründungsväter eines neuen Europa getan hatten, auf das Christentum. Weil man dieses in seiner zweitausendjährigen Geschichte vor allem in seinem Versagen wahrnahm, konnte der starke Eindruck entstehen, man müsse ganz von neuem beginnen. Im Sinne einer, wie man wähnte, wissenschaftlichen Lösung der vorhandenen Probleme nahm man vielmehr Zuflucht zum Marxismus mit seiner trügerischen Verheißung, mit ihm endlich könnte jene neue Welt geschaffen werden, die die Menschen zweifellos mit Recht ersehnt hatten. Der christliche Hoffnungsglaube wurde damit weitestgehend säkularisiert und in eine innerweltliche Ideologie umgewandelt,[4] die der marxistische Philosoph Ernst Bloch mit den verlockenden Verheißungen ausgesprochen hat, in der neu zu errichtenden Welt werde es keinen Unterschied zwischen Sonntag und Werktag mehr geben, der Mensch bedürfe keines Sabbats mehr, da er sein eigener Schöpfer sei, und deshalb sei das technologische Laboratorium die Kathedrale der Zukunft und die Elektrizitätswerke seien die Markuskirchen der neuen Zeit.[5] Da sich solche innerweltliche Ideologien und Utopien auch innerhalb der Kirchen bemerkbar machten und wirksam wurden, führten sie auch einen schwerwiegenden Wandel im kirchlichen Leben herbei, den Walter Kardinal Kasper in dieser präzisen Diagnose festgemacht hat: „Nach 1968 kam es statt zu dem erwarteten Frühling zu einer Erosion des kirchlichen Lebens."[6]

---

[4] Diese „Umwandlung des Hoffnungsglaubens" hat Papst Benedikt XVI. in seiner Enzyklika über die christliche Hoffnung „Spe salvi" in einem gerafften Überblick hellsichtig analysiert.

[5] E. Bloch, Prinzip Hoffnung (Frankfurt a. M. 1959).

[6] W. Kardinal Kasper, Kirche – wohin gehst du? in: Ders. / A. Biesinger / A. Kothgasser (Hrsg.), Weil Sakramente Zukunft haben. Neue Wege der Initiation in Gemeinden (Mainz 2008) 158–175, zit. 158–159.

2. Die Wende von 1989

Der zweite große Einbruch in der neueren Geschichte Europas ist durch das Jahr 1989 und damit durch den Zusammenbruch der kommunistischen Regime und die mit ihm unlösbar verbundene Wende in Europa markiert.[7] Die bestechende Eigenart dieser Wende besteht zunächst vor allem darin, dass sie ohne Krieg und beinahe ohne Blutvergießen erfolgen konnte, weshalb der damalige Kardinal Joseph Ratzinger mit Recht von einem Sieg der Wahrheit des Geistes und der Religion sprechen konnte: „Der Geist hat seine Kraft bewiesen; der Posaunenstoss der Freiheit war stärker als die Mauer, die sie in Grenzen halten wollte."[8] Das äußere und innere Zerfallen der marxistischen Ideologie führte allerdings nicht, wie man zunächst erwarten durfte, zu einer Stärkung der gesellschaftlichen Hoffnungspotentiale, sondern eher zu ihrer nochmaligen Schwächung. Denn an die Stelle der verheißungsvollen Eutopien von Machbarkeit und Fortschritt traten nicht nur neue Dystopien; das Scheitern des dogmatischen Marxismus und der Zusammenbruch des bisherigen Ostblocks stürzten vielmehr auch das utopische Denken marxistischer Prägung und letztlich die Zukunftsvisionen überhaupt in eine tiefe Krise, die ins Mark der neuzeitlichen Zivilisation und ihres Zweckoptimismus gehen musste. Die Überforderung des so genannten wissenschaftlichen Marxismus als der großen Lösung der menschheitlichen Probleme provozierte eine weitgehende Ernüchterung, die ein unverdächtiger Zeitzeuge wie der deutsche Philosoph Jürgen Habermas treffend auf den Punkt brachte: „Wenn die utopischen Oasen austrocknen, breitet sich eine Wüste von Banalität und Ratlosigkeit aus."[9]

Diese Situation wurde noch dadurch verschärft, dass sich die mit der Wende von 1989 verbundene Hoffnung nicht bewahrheitete, es würde zu einer neuen Zuwendung zum Christentum und vor allem zu

[7] Vgl. W. Fürst u. a. (Hrsg.), Ideen für Europa. Christliche Perspektiven der Europapolitik (Münster 2004).

[8] J. Kardinal Ratzinger, Wendezeit für Europa? Diagnosen und Prognosen zur Lage von Kirche und Welt (Einsiedeln 1991) 105–106.

[9] J. Habermas, Zeitdiagnosen (Frankfurt a. M. 2003) 47.

einer neuen Attraktivität des christlichen Glaubens in den ideologisch ausgedörrten Ländern des ehemaligen Ostblocks kommen. Der Sturz der großen Hoffnungen brachte vielmehr jenes schillernde Phänomen hervor, das man als Postmoderne zu bezeichnen pflegt[10] und in einem neuen Relativismus und Nihilismus bis hin zum Aufkommen von neuen aggressiven und fundamentalistischen Atheismen in der Gegenwart besteht.[11] Die Erschöpfung von utopischen Energien bildet jedenfalls den innersten Kern einer nicht nur ökonomischen, sondern vor allem geistigen Krise. Wir stehen in der Gegenwart damit vor einem grundlegenden Wandel einer ohne jeden Zweifel großen Epoche und sind in neuer Weise mit den tiefsten Fragen des Menschen nach seinem Menschsein und der rechten Gestaltung des gesellschaftlichen und politischen Lebens konfrontiert.

3. Kulturgeschichtlicher Sonderweg

Von daher ist auch der dritte große Einbruch sichtbar geworden, in dessen Einflussbereich wir heute stehen. Ohne jeden Zweifel durchlebt Europa heute eine Fülle von atemberaubenden Entwicklungen, es befindet sich aber auch in tief greifenden Umbrüchen. Auf der einen Seite sind zwar die kommunistischen Systeme zusammengebrochen und ist die Mauer aus Steinen entsorgt worden, während freilich die Mauer im Bewusstsein und im Herzen von nicht wenigen Menschen weiterhin existiert und sich als ungemein hartnäckig erweist, wie die blutigen Nationalitätenkonflikte und Bürgerkriege vor allem auf dem Balkan zeigen, die nach der Wende ausgebrochen sind und bis heute nachwirken.[12] Auf der anderen Seite hat sich die europäische Gemeinschaft in einem solchen Ausmaß konsolidieren können, dass sich die Frage erhebt, ob

---

[10] Vgl. W. Welsch, Unsere postmoderne Moderne (Weinheim 1987).

[11] Vgl. K. Koch, Die Gottesfrage in Gesellschaft und Kirche, in: G. Augustin / K. Krämer (Hrsg.), Gott denken und bezeugen. Festschrift für Kardinal Walter Kasper zum 75. Geburtstag (Freiburg i. Br. 2008) 481–503.

[12] Vgl. U. Altermatt, Das Fanal von Sarajevo. Ethnonationalismus in Europa (Zürich 1996).

Europa wirklich mehr geworden ist als eine ökonomische Interessengemeinschaft und ob ein Europa, das sich bloß auf einer gemeinsamen Wirtschaft und auf vereinheitlichen Finanzen aufbaut, wirklich Bestand haben kann: Wird ein Europa mit dem Euro als der gemeinsamen Währung allein lebensfähig sein, oder braucht es nicht auch eine geistige und geistliche Leitwährung, die es in der biblischen Gottestradition als jener Wurzel suchen und finden könnte, von der die europäische Kultur maßgeblich geprägt worden ist?[13]

Dass diese Wurzel im heutigen offiziellen Europa aber weithin kaum mehr lebendig ist oder gar abgeschnitten zu werden droht, hat seinen deutlichsten Ausdruck darin gefunden, dass in der Präambel des Reformvertrags der Europäischen Union sowohl ein Gottesbezug als auch eine anerkennende Nennung des christlichen Erbes unterbleiben mussten, allerdings trotz vieler Bemühungen einiger Regierungen, aber wegen des Einspruchs Frankreichs, wo allerdings die hoch gepriesene Laicité in Gefahr steht, ihrerseits zu einer neuen Religion, gleichsam einer französischen Nationalreligion zu werden. Bereits die Diskussionen über die so genannte Charta der Europäischen Union haben es an den Tag gebracht, dass die öffentliche Erwähnung Gottes in Europa, wo immerhin achtzig Prozent der Menschen christlich getauft sind, nicht mehr mehrheitsfähig ist. Muss man daraus den Schluss ziehen, dass das neue Europa auf einer atheistischen Basis errichtet werden soll, mit der die Rede von Gott aus der gesellschaftlichen Öffentlichkeit in die Privatsphäre oder gar Tabuzone verbannt werden soll? Europa unternimmt jedenfalls seit einiger Zeit ein ebenso einmaliges wie schwieriges historisches Experiment, hinsichtlich dessen niemand voraussagen kann, wie es ausgehen wird. Denn Europas Versuch, Gesellschaften oder eine Gemeinschaft von Staaten zu bauen, die von einem religiösen Fundament prinzipiell absehen, stellt so sehr ein kulturgeschichtliches Novum dar, dass sich einem das Urteil aufdrängt, Europa sei der einzig wirklich säkularisierte Kontinent.

---

[13] Vgl. M. Pera, Warum wir uns Christen nennen müssen. Plädoyer eines Liberalen (Augsburg 2009).

Die heutige Situation der europäischen Gesellschaften lässt sich zweifellos am adäquatesten mit dem Stichwort der Säkularisierung charakterisieren.[14] Darunter ist der unwiderstehliche Trend zu einem von der Religion überhaupt und vom Christentum im Speziellen emanzipierten und in diesem Sinn säkularistischen Lebensgefühl zu verstehen, das sich unter den europäischen Menschen immer mehr ausbreitet und im Osten Europas offener, gleichsam „unverkleidet, nackt"[15], zu Tage tritt als im Westen, so dass wir seit der Wende von 1989 nochmals eine rasante Welle der Säkularisierung aller Lebensbereiche und eine weitgehende Erosion des Christlichen in Europa erleben. Nicht nur der Staat, sondern auch die ganze moderne Kultur sind stets mehr von einer durchgehenden Pluralisierung der Lebensformen, besonders im Bereich von Ehe und Familie, der Weltanschauungen, Wertüberzeugungen und ethischen Normen gekennzeichnet, so dass sich der gesellschaftliche Pluralismus als die deutlichste Konstante in den postmodernen Gesellschaften herausstellt, dem sich auch das Christentum stellen muss.

II. Gesellschaftliche Folgelasten der Säkularisierung

Es ist zudem eine wesentliche Errungenschaft der neuzeitlichen Gesellschaft, dass das adäquate Verhältnis zwischen Kirche und Staat immer deutlicher mit dem Vorzeichen einer weitgehenden Trennung gesehen und gestaltet worden ist, die freilich eine loyale Partnerschaft und Zusammenarbeit zwischen beiden nicht ausschließt, sondern ermöglicht. Auch der Christ kann deshalb von seinem Glaubensverständnis her ein positives Verhältnis zu einer gesunden Laizität des Staates haben, wie

---

[14] Vgl. K. Koch, Hat das Christentum noch Zukunft? Zur Präsenz der Kirche in den säkularisierten Gesellschaften Europas, in: Communio. Internationale katholische Zeitschrift 32 (2003) 116–136.

[15] J. Wanke, „Vom Erbe zum Angebot". Pastorale Herausforderungen im Osten Deutschlands. Perspektiven einer Antwort, in: Ders. (Hrsg.), Wiedervereinigte Seelsorge. Die Herausforderung der katholischen Kirche in Deutschland (Leipzig 2000) 110–131, zit. 112.

dies Papst Benedikt XVI. in der Begrüßungsansprache zu Beginn seiner Apostolischen Reise nach Frankreich in einer sehr prinzipiellen Weise ausgesprochen hat. In seiner Sicht ist es grundlegend, einerseits auf die „Unterscheidung zwischen politischem und religiösem Bereich" zu bestehen, um sowohl die Religionsfreiheit der Bürger als auch die Verantwortung des Staates ihnen gegenüber zu garantieren, und andererseits sich deutlicher der „unersetzlichen Funktion der Religion für die Gewissensbildung" und des Beitrags bewusst zu werden, „den die Religion gemeinsam mit anderen zur Bildung eines ethischen Grundkonsenses innerhalb der Gesellschaft erbringen kann"[16]. Wer in einer so grundsätzlichen Weise in der heutigen Situation, in der sich die Kulturen immer mehr verflechten, seine Bereitschaft zu einem neuen Nachdenken über den wahren Sinn der Laizität des Staates erklärt, ist dann freilich auch berechtigt, seinen Finger auch auf die gesellschaftlichen Folgelasten einer durchgehenden Säkularisierung der heutigen Gesellschaft zu legen.

1. Abdrängung der Religion ins Subkulturelle

Eine erste schwerwiegende Folgewirkung der Säkularisierung zeigt sich in einem gebrochenen oder zumindest ungeklärten Verhältnis der heutigen Gesellschaft zum Phänomen des Religiösen überhaupt. In der heutigen Gesellschaft sind starke Tendenzen zu diagnostizieren, die Religion als einen gesellschaftlich irrelevanten oder vielleicht sogar lästigen Faktor zu betrachten und sie an den Rand des gesellschaftlichen Lebens abzudrängen. Solchen Tendenzen muss das Christentum widerstehen, und zwar vornehmlich aus einem zweifachen Grund. Das Christentum ist dazu erstens aufgrund seines eigenen Glaubensverständnisses verpflichtet, weil es in ihm für eine rein private Religion prinzipiell keinen Platz gibt und weil das Christentum selbst umso mehr seine eigene Seele zu verlieren droht, je mehr es sich zu einer rein privaten Angelegenheit degenerieren lässt.

---

[16] Benedetto XVI, Tra Chiesa e Stato un dialogo più aperto e positivo. La ceremonia di benvenuto nel Palazzo Presidentiale dell'Eliseo il 11 settembre 2008, in: Insegnamenti di Benedetto XVI IV, 2 2008 (Città del Vaticano 2009) 265–269, cit. 267.

Der Abdrängung der Religion in den Bereich des Subkulturellen muss zweitens auch angesichts der sich stets weiter pluralisierenden und dynamisierenden Gesellschaft widerstanden werden, in der immer mehr Menschen anderer Religionen zusammen leben. Die bisherigen Erfahrungen haben zur Genüge gezeigt, dass Menschen anderer Religionen, die bei uns leben, die eigentliche Bedrohung ihrer religiösen Identität nicht im christlichen Glauben wahrnehmen, sondern in der weitgehenden Verdrängung Gottes aus dem gesellschaftlichen Bewusstsein. Denn die absolute Säkularität und Profanität, die sich in Europa herausgebildet hat, ist den religiösen Kulturen außerhalb Europas von Grund auf fremd; sie sind vielmehr überzeugt, dass eine Welt ohne Gott keine Zukunft haben wird. Aus dieser Beobachtung muss man den Schluss ziehen, dass eine Gesellschaft, die sich dem Phänomen des Religiösen gegenüber verschließt und seine Öffentlichkeit verbietet, interreligiös nicht dialogfähig sein kann, wie Papst Benedikt XVI. in seiner berühmten Regensburger Vorlesung mit Recht betont hat: „Eine Vernunft, die dem Göttlichen gegenüber taub ist und Religion in den Bereich der Subkulturen abdrängt, ist unfähig zum Dialog der Kulturen.“[17] Und eine multireligiös gewordene Gesellschaft wird ohne öffentliche Ehrfurcht vor dem Heiligen, auch vor dem, was den Anderen heilig ist, keinen Bestand haben können. Um des friedlichen Zusammenlebens der Menschen verschiedener Religionen in unserer Gesellschaft willen erweist sich der interreligiöse Dialog als lebensnotwendig; gelingen kann er aber nur, wenn die Religion in der heutigen Gesellschaft ein öffentliches Thema ist oder wieder wird.

2. Veränderungen der Menschenrechtsidee

Die Verdrängung des Religiösen aus dem öffentlichen Diskurs der Gesellschaft zeigt heute unmittelbare Auswirkungen auf Verständnis und Praxis der Menschenrechte, die eine tiefe Verankerung im christlichen

[17] Benedetto XVI, Fede, ragione e università. Ricordi e riflessioni. Ai rappresentanti del mondo scientifico in Regensburg il 12 settembre 2006, in: Insegnamenti di Benedetto XVI II, 2 2006 (Città del Vaticano 2007) 257–267, cit. 266.

Glauben aufweisen.[18] Es ist als weitere verhängnisvolle Konsequenz der verweltlichten Mentalität heute zu beurteilen, dass in aller Unbefangenheit die Frage, ob die Menschenrechte wirklich universal sind und allen Menschen zukommen, verhandelt wird. Eng damit zusammen hängt, dass der bisherige Konsens über den Inhalt der Menschenrechte weithin brüchig geworden ist. Dies zeigt sich vor allem daran, dass heute zwar alle Menschen von Menschenrechten reden, jedoch unter ihnen keineswegs dasselbe verstehen. Ein kurzer Blick in die europäische Menschenrechtsgeschichte zeigt, dass bereits von Beginn an zwei unterschiedliche Hauptformen festgestellt werden müssen[19]: Der angelsächsische Typus der Menschenrechte, dem eine explizite christliche Begründung eigen ist, verwurzelt den Begriff der Menschenrechte im christlichen Schöpfungsgedanken. Insofern letztlich nur die Schöpfung Ansprüche begründen kann, die jeder geschichtlichen Institution verbindlich vorausliegen, sind die Menschenrechte als Schöpfungsrechte zu verstehen. Die Menschenrechtserklärung, die in der Französischen Revolution gründet, geht demgegenüber davon aus, dass solche Rechte auf der Setzung durch die Menschen selbst beruhen. Da sie die Einsicht in die zweckmäßige Gestaltung des menschlichen Zusammenlebens voraussetzen, sind es die Menschen selbst, die darüber befinden, was als „Menschenrecht" zu gelten hat.

Es versteht sich leicht, dass die französische Tradition für die Relativierung der Menschenrechte eher anfällig ist. Am meisten einem Relativierungssog ausgesetzt ist heute zweifellos das ebenso fundamentale wie elementare Recht auf Leben. Bei diesem hat sich – in der Öffentlichkeit weithin unbemerkt – eine grundlegende Verschiebung bereits in der Begrifflichkeit eingeschlichen. Während dem traditionellen Menschenrecht auf Leben der Gedanke der procreatio zugrunde liegt, mit dem das menschliche Leben von seinem Beginn an bis zu seinem natürlichen Tod für schützenswert betrachtet wird, gehen die so genannten

[18] Vgl. E. Jüngel, Zur Verankerung der Menschenrechte im christlichen Glauben, in: Ders., Außer sich. Theologische Texte (Stuttgart 2011) 124–138.

[19] Vgl. W. Wertenbruch, Art. Menschenrechte, in: Die Religion in Geschichte und Gesellschaft (3. Auflage, Tübingen 1960) 869–872.

neuen Menschenrechte vom Gedanken der reproductio und damit vom Prinzip der Mach- und Selbstproduzierbarkeit des menschlichen Lebens aus. Hier liegt der Grund, dass nun neue so genannte Menschenrechte formuliert und propagiert werden,[20] vor allem das Menschenrecht auf den frei gewählten Tod und das Menschenrecht auf Abtreibung im angeblichen Interesse der reproduktiven Gesundheit der Frau unter völliger Missachtung des Menschenrechts des Kindes auf Leben. In denselben Kontext gehören auch das propagierte Recht auf grenzenlose Forschungsfreiheit mit dem menschlichen Leben und das Recht von homosexuellen Partnerschaften auf Nachkommenschaft und damit auf Adoption von Kindern und folglich das Recht, selbst definieren zu dürfen, was man unter Ehe und Familie verstehen will – bis dahin, dass jedem Menschen das Recht zukommt, selbst darüber zu entscheiden, ob sich jemand als Mann oder als Frau verstehen will. Denn gemäß dieser von maßgeblichen politischen Kreisen in Europa forcierten Gender-Ideologie haben die biologischen Vorgaben für die menschliche Geschlechtsidentität nichts mehr zu bedeuten und wird alle Biologie restlos in Kultur aufgelöst,[21] ohne freilich zu merken, dass damit eine gnostische Leibfeindlichkeit propagiert wird, wie sie das Christentum nie gekannt hat.[22] Da in dieser Sinnrichtung heute alle von Menschenrechten reden, unter ihnen aber etwas Grundverschiedenes verstehen, kommt es an den Tag, dass heute in Europa ein leidenschaftlicher Kampf um den Menschen und das adäquate Menschenbild ausgetragen wird, bei dem gerade Christen nicht gleichgültig abseits stehen dürfen.

---

[20] Vgl. M. A. Peeters, The globalization of the western cultural revolution. Key concepts, operational mechanisms (Brussels 2007).

[21] Vgl. beispielsweise J. Butler, Das Unbehagen der Geschlechter (Frankfurt a. M. 1991).

[22] Zur kritischen Auseinandersetzung mit der Gender-Ideologie vgl. H.-B. Gerl-Falkovitz, Frau – Männin – Menschin. Zwischen Feminismus und Gender (Kevelaer 2009).

3. Relativierung des Normenbewusstseins

Die gravierenden Veränderungen in Verständnis und Praxis der Menschenrechte haben ihren wesentlichen Grund darin, dass unter ihnen das Recht auf die freie Entfaltung der eigenen Persönlichkeit immer mehr an die erste Stelle gerückt worden ist. Zwar gilt auch in den heutigen Rechtsordnungen die Menschenwürde wenigstens prinzipiell noch als übergeordnete Norm an der Spitze der Menschenrechte; und das Recht auf freie Entfaltung der Persönlichkeit wird – beispielsweise im deutschen Grundgesetz – als eingeschränkt durch die Rechte anderer, durch das Moralgesetz und durch die verfassungsmäßige Ordnung der für alle geltenden Gesetze verstanden. Von diesen Einschränkungen ist jedoch in der konkreten Rechtswirklichkeit eigentlich nur die Schranke der individuellen Willkür geblieben. Der evangelische Theologe Wolfhart Pannenberg hat mit Recht geurteilt, dass die Fokussierung der Menschenrechte auf das individuelle Recht der freien Entfaltung der Persönlichkeit selbst „Ausdruck eines Verfalls der Menschenrechtsidee“ ist, „wenn die Entfaltung der Persönlichkeit nicht auf die Idee des Guten bezogen und ihr untergeordnet wird, sondern selber zu einer Art letzter Entscheidungsinstanz über Gut und Böse zu werden tendiert“. Eng damit zusammen hängt, dass das ethische Normenbewusstsein immer entschiedener auf den „Akt nur noch emotional begründeter Wertungen“ reduziert wird: „Die Unterschiedlichkeit moralischer Wertungen wird selber zu einer Sache der freien Entfaltung der Persönlichkeit.“[23]

Damit manifestiert sich eine weitere Folgewirkung der säkularisierten Grundstimmung in der heutigen Gesellschaft. Wenn nämlich die Realität Gottes aus dem öffentlichen Bewusstsein ausgeschlossen wird, dann wird der ganze sittliche Bereich notwendigerweise auf das subjektive Umfeld des einzelnen Menschen eingegrenzt. Dabei darf freilich nicht verschwiegen werden, dass teilweise auch die Moraltheologie innerhalb der katholischen Kirche in diese Richtung tendiert.

[23] W. Pannenberg, Die moralischen Grundlagen der modernen Gesellschaft und die Kirche, in: Ders., Beiträge zur Ethik (Göttingen 2004) 173–184, zit. 177.

Während das Zweite Vatikanische Konzil eine biblisch orientierte und christozentrisch angelegte Moraltheologie erneuert hat, wurde bald nach dem Konzil innerhalb der Moraltheologie betont, die Bedeutung der Heiligen Schrift liege nicht auf der Ebene der Inhalte, sondern allein auf derjenigen der Motivation, weshalb der christliche Glaube keine inhaltlichen Grundentscheide in Sachen Moral einschließe, die Inhalte der Moral vielmehr rein rational ermittelt werden müssten. In einem zweiten Schritt wurde auch das für die bisherige Moraltheologie konstitutive Verhältnis von Sein und Vernunft in Frage gestellt und auf die Schöpfungstheologie und damit auch auf das natürliche Sittengesetz als Fundament der Moraltheologie verzichtet; stattdessen wurde das Prinzip der Güterabwägung auf das Gesamt des sittlichen Handelns angewendet und dieses nach seinen vermutbaren Wirkungen beurteilt. Dieses Modell einer gleichsam kalkulatorischen Moral hat seine letzte Zuspitzung in der Behauptung gefunden, dass es keine in sich schlechten Handlungen gebe. Mit dem Bekanntwerden der schrecklichen Missbrauchsskandale in der katholischen Kirche ist hier freilich eine elementare Wende eingetreten, insofern sich ein neuer Konsens eingestellt hat, dass sexueller Missbrauch und insbesondere Pädophilie in jedem Fall schlechte Handlungen seien.[24] Dem ist selbstverständlich zuzustimmen; zugleich ist daraus aber zu folgern, dass Pädophilie wohl kaum die einzige in sich schlechte Handlung sein kann, dass vielmehr die bisherige Annahme kritisch revidiert werden muss, indem in neuer Weise an die Bereitschaft appelliert wird, künftig entschiedener auf die Sprache der Schöpfung, die eben nicht stumm ist, zu hören.

4. Subjektivierung des Gewissens

In diesem Gesamtzusammenhang kann es nicht erstaunen, dass die säkularistische Grundstimmung in der heutigen Gesellschaft vor allem auch zu einer radikalen Subjektivierung des Gewissensverständnisses

---

[24] Vgl. G. Erlandson and M. Bunson (Ed.), Pope Benedict XVI and the sexual abuse crisis. Working for reform and renewal (Indiana 2010).

in dem Sinne geführt hat, dass das äußerst komplexe Phänomen des Gewissens auf die subjektive Gewissheit des einzelnen Menschen reduziert zu werden pflegt. Indem das Gewissen als die zum letzten Maßstab hochstilisierte Subjektivität behauptet wird, gegen den keine Instanz mehr angerufen werden kann, gilt das Gewissen als „eine Art Apotheose der Subjektivität“, gleichsam als „rocher de bronce“, an dem sich auch alle anderen Instanzen brechen.[25] Dieses weit verbreitete Verständnis birgt freilich die große Gefahr in sich, dass das mit der subjektiven Gewissheit des einzelnen Menschen identifizierte Gewissen kaum mehr von dessen persönlichen Meinungen unterschieden werden kann und der Einzelne von den herrschenden Meinungen noch vermehrt abhängig wird, so dass die Reduktion des Gewissens des Menschen auf seine Subjektivität ihn gerade nicht befreit, sondern versklavt. Darin muss man zweifellos die tiefste Dekadenz der heute inflationär gewordenen Berufung auf das Gewissen erblicken, das doch gerade, tiefer gesehen, die Transparenz des Subjekts für das Göttliche und damit die eigentliche Größe und Würde des Menschen darstellt.

Die weithin festzustellende Subjektivierung des Gewissensverständnisses hat ihren eigentlichen Grund darin, dass von den zwei wesentlichen Ebenen des Gewissensbegriffs die eine ausgeblendet und die andere überbetont wird. Diese beiden Ebenen hat die christliche Tradition mit den Begriffen *anamnesis* und *conscientia* zum Ausdruck gebracht: Während *conscientia* den Gewissensakt auf der Ebene des konkreten Urteilens meint, bezeichnet die *anamnesis* die ontologische Schicht des Gewissensphänomens im Sinne der Ur-Erinnerung des Menschen an das Gute und Wahre, wie dies Augustinus mit den Worten ausgedrückt hat: „Wir können nicht urteilend sagen, dass das eine besser sei als das andere, wenn uns nicht ein Grundverständnis des Guten eingeprägt wäre.“[26] Wenn man beide Ebenen zusammen sieht, dann geht es im Gewissensakt der *conscientia* um die Anwendung der

[25] J. Kardinal Ratzinger, Der Auftrag des Bischofs und des Theologen angesichts der Probleme der Moral in unserer Zeit, in: Communio. Internationale katholische Zeitschrift 13 (1984) 524–538, zit. 527.

[26] Augustinus, De trinitate VIII 3, 4.

Ur-Erinnerung an das Gute und Wahre im Sinne der *anamnesis* in den einzelnen Lebenssituationen des Menschen. Immer dann hingegen, wenn die ontologische Ebene der *anamnesis,* also der sich vernehmbar machenden und gebieterischen Stimme des Wahren und Guten im Menschen ausgeblendet wird, bleibt vom Gewissen nur noch der Gewissensakt, das Gewissen als Geschehen im Vollzug, das die *anamnesis* nicht mehr wirken und das Gewissen mit der subjektiven Gewissheit des Einzelnen gleichsetzen lässt. In dieser dem modernen Denken entsprechenden Reduktion des Gewissens auf den Bereich der Subjektivität, in den auch Religion und Moral verbannt werden, liegt der Tiefpunkt der kulturellen Krise in der heutigen Zeit. Für die Bewältigung dieser Krise kann es deshalb nur ein Heilmittel geben, wenn, wie Papst Benedikt XVI. während seiner Pastoralreise in Kroatien hellsichtig hervorgehoben hat, „das Gewissen wiederentdeckt wird als Ort des Hörens auf die Wahrheit und das Gute, als Ort der Verantwortung gegenüber Gott und den Mitmenschen – welche die Kraft gegen jede Diktatur ist".[27]

III. Von der Christenheit mitverschuldete Säkularisierung

Führt man sich diese schwerwiegenden Konsequenzen der neuzeitlichen Säkularisierung und der damit einhergehenden Abdrängung von Religion und Moral in den Bereich der Subjektivität vor Augen, stellt sich die entscheidende Frage, wie das Christentum in diesem Europa seine Sendung wahrnehmen und seinen Beitrag für die Revitalisierung der grundlegenden Werte und damit für die Zukunft dieses Kontinentes einbringen kann. Damit solche Wege in glaubwürdiger Weise erkundet werden können, erweist es sich nicht nur als angebracht, sondern auch

---

[27] Benedikt XVI., Ansprache bei der Begegnung mit Vertretern aus Politik, Gesellschaft, Wirtschaft und Kultur, mit dem Diplomatischen Korps und mit den Religionsführern in Zagreb am 4. Juni 2011. Zur grundlegenden Bedeutung der Gewissensthematik im Denken des Papstes vgl. J. Ratzinger / Benedetto XVI, L'elogio della coscienza. La verità interroga il cuore (Siena 2009).

als indispensabel, dass wir Christen unsere eigene Mitschuld an diesen neuzeitlichen Entwicklungen eingestehen. Denn die in den neuzeitlichen Gesellschaften dominant gewordene Privatisierung der Religion, also genauerhin der Prozess der Entkleidung des christlichen Glaubens von seiner Sendung für den gesellschaftlichen Frieden im Sinne der Grundlegung, Erhaltung und Erneuerung der gesellschaftlichen Lebensordnung, ist als eine zwar ungewollte wie unbeabsichtigte, aber tragische Folgewirkung der abendländischen Kirchenspaltung im 16. Jahrhundert zu verstehen. Die Emanzipation der neuzeitlichen Kulturwelt zunächst von den Gegensätzen der unter sich zerstrittenen Konfessionskirchen und letztlich vom Christentum überhaupt muss als Ergebnis und Erschöpfungsende der Kirchenspaltung und der anschließenden blutigen Konfessionskriege des 16. und 17. Jahrhunderts beurteilt werden. Weil in deren tragischen Folge das Christentum historisch nur noch greifbar war in der Gestalt der verschiedenen Konfessionen, die einander bis aufs Blut bekämpften, musste diese geschichtliche Konstellation zur unvermeidlichen Konsequenz haben, dass der konfessionelle Friede um den für das Christentum teuren Preis erkauft werden musste, dass von den konfessionellen Differenzen und, in Fernwirkung, vom Christentum überhaupt abgesehen wurde, um dem gesellschaftlichen Frieden eine neue Basis geben zu können.

Entstehung und Wesen des neuzeitlichen Säkularismus stehen somit in einem direkten Zusammenhang mit der abendländischen Kirchenspaltung und den anschließenden zerstörerischen Kriegen. Die Ausklammerung der konfessionell strittigen Religionsfragen bei der Neubegründung des gesellschaftlichen Lebens ist schließlich zur historischen Legitimation für die Propagierung der religiösen Neutralität der modernen Staaten geworden, wie der evangelische Ökumeniker Wolfhart Pannenberg mit Recht diagnostiziert hat: „Wo die Säkularisierung der Neuzeit die Form einer Entfremdung vom Christentum angenommen hat, da ist das nicht als ein äußerliches Schicksal über die Kirchen gekommen, sondern als die Folgen ihrer eigenen Sünden gegen die Einheit, als Folge der Kirchenspaltung des 16. Jahrhunderts und der unentschiedenen Religionskriege des 16. und 17. Jahrhunderts, die den Menschen in konfessionell gemischten Territorien keine andere Wahl ließen, als ihr Zusammenleben auf einer von den konfessionellen Gegensätzen unberührten gemeinsamen Grundlage neu aufzubauen."[28]

Als Christen in Europa dürfen wir aus unserem historischen Gedächtnis die Tatsache nicht verdrängen, dass die neuzeitliche Erklärung des christlichen Glaubens zur reinen Privatsache des einzelnen Menschen in einer tragischen Weise vom Christentum selbst verschuldet worden ist, dass es sich also, wie der katholische Theologe Johann B. Metz sagt, um eine „sozusagen ‚hausgemachte' Privatisierung des Christentums" handelt.[29] Dies gilt zumal, wenn wir bedenken, dass das eigentliche Ziel der Reformation im 16. Jahrhundert nicht erreicht worden ist. Denn das entscheidende Anliegen der Reformatoren lag in einer durchgreifenden Reform der ganzen Kirche und nicht in der Reformation im Sinne der mit ihr schließlich zerbrochenen Einheit der Kirche und des Entstehens von neuen reformatorischen Kirchen. Den Reformatoren ging es um die umfassende Erneuerung der ganzen Kirche und nicht um die Gründung von neuen Kirchen. In diesem Sinne hat sich beispielsweise der Reformator Martin Luther energisch dagegen verwahrt, dass sich seine Anhänger nach seinem Namen nennen; und er hat sie mit der sarkastischen Frage konfrontiert, ob denn er für sie ans Kreuz gegangen sei. Die wahren Intentionen der Reformatoren konnten aber im Laufe der geschichtlichen Entwicklung nicht realisiert werden; es ist vielmehr das Gegenteil dessen realisiert worden, was sie intendiert hatten, wie wiederum Wolfhart Pannenberg betont: Den Reformatoren lag nichts ferner „als die Abtrennung evangelischer Sonderkirchen von der einen katholischen Kirche. Das Entstehen eines besonderen evangelischen Kirchentums war eine Notlösung; denn das ursprüngliche Ziel der Reformation war die Reform der ganzen Kirche. Daran gemessen bringt die Entstehung besonderer evan-

---

28 W. Pannenberg, Einheit der Kirche als Glaubenswirklichkeit und als ökumenisches Ziel, in: Ders., Ethik und Ekklesiologie. Gesammelte Aufsätze (Göttingen 1977) 200–210, zit. 201. Zum Ganzen vgl. Ders., Christentum in einer säkularisierten Welt (Freiburg i. Br. 1988).

29 J. B. Metz, Glaube in Geschichte und Gesellschaft (Mainz 1977) 31.

gelischer und reformierter Kirchen nicht das Gelingen, sondern das Scheitern der Reformation zum Ausdruck."[30]

Dieses Urteil impliziert umgekehrt, dass man das wirkliche Gelingen der Reformation erst von der Überwindung der ererbten Spaltungen in der wieder gefundenen Einheit der Christen wird erwarten können, dass die Reformation im 16. Jahrhundert zumindest unvollendet geblieben ist und weiter bleiben muss, bis die Einheit einer im Geist des Evangeliums erneuerten katholischen Kirche wiederhergestellt sein wird. Weil es bei der Ökumenischen Bewegung um das – freilich arg verspätete – Gelingen der Reformation selbst geht, wird unübersehbar deutlich, was alles mit der Ökumene heute auf dem Spiel steht, und zwar nicht nur für die einzelnen Kirchen, sondern auch und vor allem für das Christentum insgesamt.

Wenn nämlich die neuzeitliche Privatisierung der Religion im Scheitern der Reformation wesentlich begründet ist, dann wird das Christentum in Europa nur dann wieder eine gesamtgesellschaftliche Bedeutung erlangen können, wenn das Scheitern der Reformation überwunden sein wird. Der ökumenische Prozess der Überwindung der Kirchenspaltung kann deshalb nicht ohne Konsequenzen für das Verhältnis der säkularen Kultur der Moderne zum Thema der Religion überhaupt und des Christentums im Besonderen sein. Die Gründe, die in historischer Sicht zur Abwendung der modernen Kultur von der Religion und der christlichen Kirche geführt haben, können jedenfalls gegenüber einer Gestalt des Christentums, das die Spaltungen überwunden haben wird, nicht mehr geltend gemacht werden.

Für das europäische Christentum muss diese historische Einsicht bedeuten, dass es erst durch die Überwindung seiner Spaltungen befähigt sein wird, „dem Säkularismus gegenüber glaubwürdig die Wahrheit der Religion geltend zu machen",[31] und zwar in der gesellschaftlichen

30 W. Pannenberg, Reformation und Einheit der Kirche, in: Ders., Ethik und Ekklesiologie. Gesammelte Aufsätze (Göttingen 1977) 254–267, zit. 255.

31 W. Pannenberg, Die zukünftige Rolle von „Glauben und Kirchenverfassung" in einer säkularisierten Welt, in: Ders., Beiträge zur Systematischen Theologie. Band 3: Kirche und Ökumene (Göttingen 2000) 234–244, zit. 243.

Öffentlichkeit von heute. Dieser Öffentlichkeitsanspruch ergibt sich dabei aus dem Evangelium von selbst, weil in seinem Mittelpunkt die Botschaft von Gott steht, die kein Privatbesitz der Kirchen ist, sondern alle Menschen angeht. Christen sind deshalb überzeugt, dass ihnen mit dem Evangelium ein großartiges Geschenk anvertraut ist, das sie nicht für sich behalten können, aber auch anderen Menschen nicht aufdrängen dürfen, das sie vielmehr nur weiterschenken und dazu einladen können, wie Papst Benedikt XVI. die Grundsendung der Kirche umschrieben hat: „Wir drängen unseren Glauben niemandem auf: Diese Art von Proselytismus ist dem Christlichen zuwider. Der Glaube kann nur in Freiheit geschehen. Aber die Freiheit der Menschen, die rufen wir an, sich für Gott aufzutun; ihn zu suchen; ihm Gehör zu schenken."[32] Darin besteht das im Grunde kleine Geheimnis des großen Wortes „Evangelisierung", mit dem der Grundauftrag des Christentums in Europa umschrieben ist, der heute freilich nur in ökumenischer Gemeinschaft wahrgenommen werden kann.

IV. Revitalisierung der fundamentalen Werte

Die Kirche verlangt insofern vom Staat keine Privilegien, wohl aber das Recht, in Freiheit ihre Sendung in der gesellschaftlichen Öffentlichkeit erfüllen zu können. Auf die Wahrnehmung dieses Öffentlichkeitsauftrags ist die Gesellschaft sogar selbst angewiesen, weil er sich aus ihrer inhärenten Problematik von selbst ergibt. Denn das wohl tiefste Dilemma der heutigen pluralen, säkularen und weltanschauungsneutralen Gesellschaften in Europa besteht darin, dass sie auf der einen Seite trotz oder gerade wegen ihrer weltanschaulichen Neutralität von weltanschaulichen, ethischen und religiösen Voraussetzungen leben können müssen, die sie selbst aber auf der anderen Seite nicht mehr zu garan-

---

[32] Benedetto XVI, La „vendetta" di Dio e la croce. Il „no" alla violenza. La solenne concelebrazione eucaristica sulla spianata della „Neue Messe" in München il 10 settembre 2006, in: Insegnamenti di Benedetto XVI II, 2 2006 (Città del Vaticano 2007) 230–235, zit. 234.

tieren vermögen.[33] Diese äußerst prekäre Situation ist vom Rechtsphilosophen Ernst-Wolfgang Böckenförde eindringlich herausgestellt und dahingehend fokussiert worden, dass der säkulare und weltanschauungsneutrale Staat selbst nicht mehr über seine eigenen Grundlagen verfügt, dass er aber gerade deshalb auf die öffentliche Erneuerung von religiösen und ethischen Orientierungen dringend angewiesen bleibt, die er freilich nicht selbst hervorzubringen vermag, und dass er „aus jenen inneren Antrieben und Bildungskräften" lebt, „die der religiöse Glaube seiner Bürger vermittelt"[34]. Um ihrer eigenen Existenz und Zukunft willen sind deshalb die modernen Gesellschaften auf religiöse Gruppierungen wie die christlichen Kirchen angewiesen, die die fundamentalen Werte, Normen und Rechte, die sich in der gesellschaftlichen Öffentlichkeit in einem verhängnisvollen Prozess der Erosion befinden, aus ihrer letzten Verankerung im transzendenten Bereich schützen und das religiös-kulturelle Erbe wachhalten, aus dem auch und gerade die säkularen und weltanschauungsneutralen Gesellschaften leben können müssen. Nimmt man dieses Paradox in seiner ganzen Tragweite ernst, dann können die heutigen Gesellschaften nur zu ihrem eigenen Schaden den Öffentlichkeitsauftrag der christlichen Kirchen negieren wollen. Damit wird die Frage unaufschiebbar, welche Werte aus Sicht des christlichen Glaubens in den heutigen europäischen Gesellschaften um deren selbst willen revitalisiert werden müssen.

1. Prinzip der Divinität gegen neue Götterdämmerungen

Vor dem Hintergrund dieser Überlegungen wird es nicht erstaunen, dass an erster Stelle das Prinzip der Divinität genannt wird. Dieses hat seinen deutlichsten Ausdruck im Ersten Gebot des Dekalogs gefunden,

---

[33] Vgl. K Lehmann, Säkularer Staat: Woher kommen das Ethos und die Grundwerte? Zur Interpretation einer bekannten These von Ernst-Wolfgang Böckenförde, in: S. Schmidt und M. Wedell (Hrsg.), „Um der Freiheit willen ..." Kirche und Staat im 21. Jahrhundert (Freiburg i. Br. 2002) 24–30.

[34] E.-W. Böckenförde, Die Entstehung des Staates als Vorgang der Säkularisierung, in: Ders., Recht, Staat, Freiheit. Studien zur Rechtsphilosophie, Staatstheorie und Verfassungsgeschichte (Frankfurt a. M. 1991) 92–114, zit. 113.

nämlich im Gebot der Ehrfurcht gegenüber Gott als dem Schöpfer der Welt. Denn wer das Gottsein Gottes anerkennt und sich vor ihm zur Rechenschaft verpflichtet weiß, der ist am ehesten davor geschützt, den heimlichen und unheimlichen Götterdämmerungen zu verfallen, die im persönlichen, gesellschaftlichen und politischen Leben immer dann auftreten können, wenn irdische und weltliche Wirklichkeiten an die Stelle Gottes gesetzt und damit vergöttert werden. Ein Blick in die Geschichte zeigt, dass die schlimmsten Untaten immer dann geschehen sind, wenn irdische Wirklichkeiten wie Blut und Boden, Nation und Parteidoktrin die Stelle Gottes einnehmen und damit furchtbar vergötzt werden. Es muss bleibend zu denken geben, dass die schrecklichsten Massenmorde in der so genannten aufgeklärten europäischen Neuzeit im Namen von antichristlichen und neuheidnischen Ideologien wie des Nationalsozialismus und des Stalinismus verübt worden sind. Das zwanzigste Jahrhundert hat jedenfalls den Basalsatz des christlichen Glaubens mehr als bestätigt, dass Humanität, die nicht in der Divinität begründet ist, nur allzu schnell in Bestialität umschlägt. Denn dort, wo Gott aus dem Bewusstsein entschwindet, wird der Mensch keineswegs frei, sondern gerät erst recht in die Sklaverei von Götzendiensten.

Mit dem Prinzip der Divinität wird im Namen des christlichen Glaubens gegen durchaus wichtige Werte wie Nationalität und staatliche Ordnung kein Widerspruch erhoben; wohl aber wird unmissverständlich daran erinnert, dass sie nur dann menschliche Werte sind und bleiben, wenn sie nicht verabsolutiert und damit vergötzt werden. Die Abwehr solch bedrohlicher Vergötzungen setzt deshalb die öffentliche Erwähnung Gottes und das Bewusstsein von der Verantwortung aller, und zwar im persönlichen, gesellschaftlichen und politischen Leben, vor Gott voraus, wie Papst Benedikt XVI. immer wieder in Erinnerung ruft: „Ohne ein transzendentes Fundament, ohne eine Beziehung zum Schöpfergott, ohne die Betrachtung unseres ewigen Schicksals laufen wir Gefahr, zur Beute schädlicher Ideologen zu werden."[35]

---

[35] Benedikt XVI., Ansprache bei der Audienz für die Teilnehmer an der Vollversammlung der Caritas Internationalis in Rom am 27. Mai 2011.

2. Prinzip der Humanität gegen Relativierungen der Menschenwürde

Damit ist bereits sichtbar geworden, dass das Prinzip der Divinität dem Menschen, seiner Würde und seinem Leben zugute kommt und dass aus dem Prinzip der Divinität von selbst das Prinzip der Humanität folgt, wie es dem Doppelgebot der Gottes- und Nächstenliebe als Summe des biblischen Glaubens entspricht. Der Zusammenhang zwischen beiden Prinzipien zeigt sich bereits am Sachverhalt, dass der radikalen Gotteskrise, von der unsere europäischen Gesellschaften befallen sind, mit einer inhärenten Logik eine ebenso gefährliche Menschenkrise auf dem Fuß folgt. Wenn gemäß biblischer Überzeugung der Mensch das Ebenbild Gottes ist, das Gott hütet wie seinen eigenen Augapfel, dann nagt das Verdunsten des Gottesbewusstseins in der heutigen gesellschaftlichen Öffentlichkeit in einer gefährlichen Weise auch an der Würde des menschlichen Lebens: Wo Gott aus dem gesellschaftlichen Leben verabschiedet wird, besteht höchste Gefahr, dass auch die Würde des Menschen mit Füßen getreten wird. Der katholische Theologe Johann B. Metz hat mit Recht seinen warnenden Finger auf diesen Schicksalszusammenhang gelegt: „War es nicht dieses späte Europa, in dem erstmals in der Welt der ‚Tod Gottes' öffentlich verkündet wurde? Und ist es nicht dieses Europa, in dem wir seit geraumer Zeit auch auf den ‚Tod des Menschen', so wie wir ihn aus unserer bisherigen Geschichte kennen, vorbereitet werden?"[36].

Dass das Verschweigen Gottes in der gesellschaftlichen Öffentlichkeit dem Menschen keineswegs zugute kommt, bringt es an den Tag, dass die tragenden Prozesse der europäischen Neuzeit Säkularisierungsprozesse nicht nur im Sinne von Prozessen der Entmächtigung und Auflösung der Religion sind, sondern immer mehr auch „Prozesse der Entmächtigung und Auflösung des Menschen, wie er uns bisher vertraut und anvertraut war"[37]. Die Symptome dieser Gefährdung des Menschen sind in der heutigen Gesellschaft mit Händen zu greifen. Das

---

[36] F.-X. Kaufmann / J. B. Metz, Zukunftsfähigkeit. Suchbewegungen im Christentum (Freiburg i. Br. 1987) 130.
[37] Ebda.

deutlichste Symptom muss man dabei im Ungleichgewicht zwischen dem moralisch-rechtlichen Schutz von Sachen und demjenigen des menschlichen Lebens diagnostizieren. Der Schutz von Sachen ist in der heutigen Gesellschaft erheblich eindeutiger geregelt als der Schutz des menschlichen Lebens in seinen verschiedenen Phasen und vielfältigen Variationen. Autos sind beispielsweise besser geschützt als die Ungeborenen und Sterbenden, so dass man dem Urteil des Wiener Pastoraltheologen Paul M. Zulehner zustimmen muss, wenn er zu bedenken gibt, man müsste in der heutigen Gesellschaft das Glück haben, „als Auto zur Welt zu kommen"[38].

Oder wenn wir uns die anthropologische Revolution vor Augen führen, die bei den rasanten Entwicklungen der medizinischen Biowissenschaften festzustellen ist, kommt man schnell zur Überzeugung, dass diese Herausforderungen nicht einmal mehr allein ethisch bewältigt werden können, sondern strikt Theo-logisch und damit vom Gottesgeheimnis her. Die heutigen bioethischen Fragestellungen und die damit zusammenhängenden Diskussionen über Beginn und Ende des menschlichen Lebens zeigen überdeutlich, dass die Würde des menschlichen Lebens von seinem Beginn an bis zu seinem natürlichen Ende ohne Transzendenzbezug kaum mehr erkannt, geschweige denn geschützt werden kann. Die einzig wirklich tragfähige Fundierung für die Personwürde des Menschen und für die sie charakterisierende Unantastbarkeit liegt insofern allein in der transzendenten Begründung, wie Wolfhart Pannenberg entschieden betont: Die Personwürde „gilt dann, weil in der Bestimmung des Menschen begründet und nicht in irgendwelchen vorfindlichen Merkmalen auch für die Menschen, die den Gebrauch ihrer Vernunft noch nicht oder nicht mehr haben. Die Ausstattung des Menschen mit Vernunft hat in der Geschichte leider nie gehindert, dass Menschen einander zu Tode brachten."[39]

---

[38] P. M. Zulehner, Ein Obdach der Seele. Geistliche Übungen – nicht nur für fromme Zeitgenossen (Düsseldorf 1994) 54.

[39] W. Pannenberg, Christliche Rechtsüberzeugungen im Kontext einer pluralistischen Gesellschaft, in: Ders., Beiträge zur Ethik (Göttingen 2004) 55–68, zit. 60. Vgl. zum Gan-

V. Wert oder Würde als moderne Gretchenfrage

Die christlichen Kirchen haben von daher in der heutigen Gesellschaft nichts Wichtigeres zu tun, als das Gottesgeheimnis als bergendes Obdach für den Menschen zu verkündigen. Damit stellt sich freilich die sehr ernste Frage, ob es dazu bereits genügen kann, wenn sie ihren Beitrag zur Revitalisierung von grundlegenden Werten leisten, selbst wenn sie diese als unverhandelbare Werte in den gesellschaftlichen Diskurs einbringen. Diese Frage stellt sich vor allem deshalb, weil der Begriff des Wertes heute vor allem ökonomische Konnotationen aufweist und damit im Zusammenhang jener Kosten-Nutzen-Kalkulation steht, die im Vordergrund des ökonomistischen Wertdenkens steht.

Die gefährliche Logik dieses Wertdenkens hat der Schweizer Schriftsteller Friedrich Dürrenmatt in seinem Drama „Der Besuch der alten Dame" in äußerst anschaulicher Weise vor Augen geführt. In diesem Drama steht jene Dame im Mittelpunkt, die im Laufe ihres Lebens zu einer Milliardärin geworden ist und mit einem Freund aus ihrer Jugendzeit noch eine offene Rechnung zu begleichen hat. Sie stattet deshalb ihrem Heimatstädtchen einen Besuch ab, um den Mitbürgern ihres Jugendfreundes das tollkühne Angebot einer Milliarde zu machen – unter der Bedingung, dass sie ihren alten Freund umbringen. Die Menschen in diesem kleinen und heruntergekommenen Städtchen entrüsten sich natürlich zunächst über dieses irrsinnige und mörderische Angebot. Kaum jedoch ist das Angebot ausgesprochen, beginnen sie zu rechnen, was ihnen denn ihr Mitbürger eigentlich „wert" sei und was alles sie mit der zugesagten Milliarde machen könnten. Sobald sie sein Leben einer Kosten-Nutzen-Kalkulation unterziehen, finden sie vieles, was an ihrem Mitbürger auszusetzen ist. Dabei sind sie bereits Opfer der giftigen und tödlichen Frage geworden, was denn das Leben ihres Mitbürgers eigentlich „wert" sei. Mit dieser Frage ist der arme Mann eigentlich bereits verloren. Als sie ihn dann leibhaftig umbringen, ist

---

zen: K. Koch. Wähle das Leben! Herausforderungen der Biowissenschaften im Licht des christlichen Glaubens = Memorandum 1 (Solothurn 2007).

dies nur die verhängnisvolle Konsequenz daraus, dass sie ihn in ihren abwertenden und verwertenden Gedanken bereits umgebracht hatten.

Das Drama Dürrenmatts erzählt gewiss eine ganz extreme Geschichte. In überpointierter Weise bringt sie aber genau jene verhängnisvolle Kosten-Nutzen-Kalkulation zum Ausdruck, von der ein solches ökonomistisches Wertedenken imprägniert ist und die der Staats- und Völkerrechtler Carl Schmitt auf die lapidare Kurzformel gebracht hat, dass niemand werten könne, „ohne abzuwerten, aufzuwerten und zu verwerten". Denn wer Werte setze, habe sich damit gegen Unwerte abgesetzt, und der Geltungsdrang des Wertes sei unwiderstehlich, so dass der „Streit der Werter, Aufwerter und Verwerter" unvermeidlich sei.[40] In dieser klassisch gewordenen Definition wird sichtbar, dass das pure Wertedenken eindimensional ökonomisch geprägt ist und in den Geltungsbereich der Tauschgerechtigkeit gehört: Wie beispielsweise die menschliche Arbeit in ihrer total entfremdeten Gestalt als Ware Tausch-Wert für den Arbeiter und Gebrauchs-Wert für den Besitzer der Produktionsmittel hat, der mit ihr einen Mehr-Wert erzeugt und Profit erzielt, so besteht auch in der heutigen Gesellschaft die Gefahr, dass die verschiedenen postulierten Werte einer Kosten-Nutzen-Kalkulation unterzogen und damit ökonomisch verwertet werden. Weil in dieser Weise die menschlichen Werte gerade nicht verteidigt werden können, versteht es sich von selbst, dass sich der Beitrag der christlichen Kirchen zur Revitalisierung wichtiger Werte in der heutigen Gesellschaft von dieser ökonomischen Logik der Verwertung grundlegend unterscheiden muss.

Wie aber lassen sich dann die fundamentalen Werte in der heutigen Gesellschaft bewahren und retten? Ein wichtiger Hinweis lässt sich zunächst jener Wegweisung entnehmen, die der große Philosoph Immanuel Kant in seiner „Grundlegung der Metaphysik der Sitten" gegeben hat: „Im Reiche der Zwecke hat alles entweder einen *Preis* oder eine *Würde*. Was einen Preis hat, an dessen Stelle kann auch etwas anderes,

[40] C. Schmitt, Die Tyrannei der Werte, in: S. Schelz (Hrsg.), Die Tyrannei der Werte (Hamburg 1979) 9–43, zit. 35 f.

als Äquivalent gesetzt werden; was dagegen über allen Preis erhaben ist, mithin kein Äquivalent gestattet, das hat eine Würde."[41] Diese fundamentale Unterscheidung zwischen Wert und Würde gilt zunächst im Blick auf das Leben des Menschen, das im tiefsten Sinn keinen Wert, wohl aber Würde hat, die sich nicht auf-, ab- und verwerten lässt, wie Jesus seinen Jüngern angesichts ihrer Verwurzelung in der grenzenlosen Liebe seines Vaters zuspricht: „Ihr seid mehr wert als viele Spatzen" (Matthäus 10, 31). Diese für den christlichen Glauben, der „nicht für Werte", sondern „für Wahrheit" steht,[42] charakteristische Unterscheidung gilt auch und sogar in erster Linie im Blick auf jene wertloseste und prinzipiell nicht verwertbare Wahrheit, die Gott selbst ist. Denn Gott hat letztlich keinen Wert; er ist weder brauchbar noch verwertbar. Er wird vielmehr allein dadurch geehrt, dass Menschen seine Würde anerkennen und ihn wirklich Gott sein lassen.

Die absolut wertlose Wahrheit Gottes zu verkünden, macht die grundlegende Sendung der christlichen Kirchen in der heutigen gesellschaftlichen Öffentlichkeit aus, und darin muss man ihren wichtigsten Beitrag zur Rettung und Revitalisierung der menschlichen Werte erblicken. Diesen Beitrag können die christlichen Kirchen aber nur erbringen, wenn sie sich nicht selbst den säkularistischen Megatrends in der heutigen Gesellschaft anpassen und damit selbst zur Verwertung der menschlichen Werte beitragen. Nicht ohne Grund hat der evangelische Bischof Wolfgang Huber als eine der größten Wunden im heutigen Christentum die Tatsache diagnostiziert, dass die christlichen Kirchen mit ihrer starken Fokussierung auf Ethik und Diakonie in der Versuchung stehen, auf den gesellschaftlichen Säkularisierungsschub mit einem Prozess der Selbstsäkularisierung, genauerhin mit einer durchgehenden Ethisierung der Religion zu antworten: „Die moralischen Forderungen der Religion wurden zum dominierenden Thema; die

---

[41] I. Kant, Grundlegung zur Metaphysik der Sitten BA 77, in: W. Weischedel (Hrsg.), Werke in sechs Bänden. Band IV: Schriften zur Ethik und Religionsphilosophie (Darmstadt 1966) 9–102, zit. 68.

[42] E. Jüngel, Wertlose Wahrheit. Zur Identität und Relevanz des christlichen Glaubens. Theologische Erörterungen III (München 1990) XI.

transmoralischen Gehalte der Religion, die Begegnung mit dem Heiligen, die Erfahrung der Transzendenz traten in den Hintergrund."[43] Demgegenüber muss das Christentum in Europa in frischer Weise wieder entdecken, dass seine Hauptsendung darin besteht, „den alle Moral überschreitenden Gehalt des christlichen Glaubens in seiner Bedeutung für die Orientierungsprobleme der Gegenwart zu verdeutlichen"[44] und die spezifisch religiöse Kompetenz der Kirchen entschieden zur Geltung zu bringen, mit der allein sie durch keine andere gesellschaftliche Instanz ersetzbar sind.

VI. Ökumenische Orientierung an der Zentralität des Heiligen

Man darf es als sehr erfreuliche Erscheinung wahrnehmen, dass diese Überzeugung von modernen Denkern, von denen wir es zunächst nicht erwarten würden, geteilt wird. Angesichts der uns Menschen heute besonders in Wissenschaft und Technik zugewachsenen Möglichkeiten und dementsprechend auch des gestiegenen Maßes an Verantwortung stellt der aus dem Judentum stammende Philosoph Hans Jonas fest: „Es ist die Frage, ob wir ohne die Wiederherstellung der Kategorie des Heiligen, die ... zerstört wurde, eine Ethik haben können, die die extremen Kräfte zügeln kann, die wir heute besitzen und dauernd hinzuzuerwerben und auszuüben beinahe gezwungen sind." Der Philosoph erblickt das größte Problem der heutigen Zeit in der Zerstörung des Heiligen. Denn wenn es zu den Zeichen der Zeit gehört, dass der Mensch meint, aus eigener Kraft leben, alles selbst gestalten und sogar den Menschen selbst herstellen zu können, dann wird der Mensch selbst zum Produkt. Der Mensch ist dann nicht mehr ein Geschenk der Natur oder des Schöpfergottes, sondern sein eigenes Produkt, bei dem das Heilige keinen Ort mehr hat. Wer es dennoch wagt, auf die

---

[43] W. Huber, Kirche in der Zeitenwende. Gesellschaftlicher Wandel und Erneuerung der Kirche (Gütersloh 1998) 31.
[44] Ebda. 9–10.

in Gott gründende Unantastbarkeit und Heiligkeit des Lebens hinzuweisen, wird bald als Feind der modernen Kultur, als Feind von Wissenschaft und Forschung und als Feind des grenzenlosen Marktes stigmatisiert. Demgegenüber muss es zu denken geben, dass Hans Jonas neue Ehrfurcht vor dem Heiligen und damit Unverfügbaren und Unverletzlichen einklagt und von ihr eine Kurskorrektur in der heutigen Gesellschaft erwartet: „Die Ehrfurcht allein, indem sie uns ein Heiliges, das heißt unter keinen Umständen zu Verletzendes enthüllt, wird uns auch davor schützen, um der Zukunft willen die Gegenwart zu schänden, jene um den Preis dieser verkaufen zu wollen."[45]

Zumal in der heutigen Zeit, in der das Heilige immer mehr verloren zu gehen droht, brauchen wir neue Ehrfurcht, die dem Heiligen Raum gibt. Mit ihr öffnet sich der Raum des Heiligen, um das Heilige in das alltägliche Leben hineinströmen zu lassen und zu einer neuen Achtsamkeit dem Leben und der Schöpfung gegenüber anzuleiten. Dass darin die besondere und indispensable Sendung der christlichen Ökumene in der heutigen Gesellschaft liegt, darauf hat ausgerechnet Eugène Ionesco, der Begründer des absurden Theaters und zugleich ein leidenschaftlich suchender Zeitgenosse, hingewiesen, indem er dem heutigen Christentum nichts weniger vorgeworfen hat als die Versuchung zur Verweltlichung und Anbiederung an die Welt, die seine irdische Wanderschaft verdrängt und die Ionesco als jammervoll, mittelmäßig, geistlos und dumm bezeichnet hat. Demgegenüber hat er in der Leidenschaft eines sinndurstigen Menschen betont: „Wir brauchen das Außerzeitliche, denn was ist Religion ohne das Heilige? Es bleibt uns Nichts, nichts Solides, alles ist in Bewegung. Wir indessen brauchen einen Felsen."[46]

Diesen „Felsen" kann das Christentum nur im Wachhalten des Gottesbewusstseins in der heutigen Gesellschaft erblicken. Es muss sich deshalb mit neuer Leidenschaft der Gottesfrage stellen und ihr die erste Priorität in den kirchlichen und ökumenischen Agenden einräumen.

---

[45] H. Jonas, Das Prinzip Verantwortung. Versuch einer Ethik für die technologische Zivilisation (Frankfurt a. M. 1979) 393.

[46] E. Ionesco, Gegengifte (München – Wien 1979) 158–159.

Denn die Verantwortung des Gottesgedankens in der heutigen Gesellschaft kann nur in einer ökumenischen Gemeinschaft wahrgenommen werden.[47] Dies gilt zumal, wenn wir die mit großem Gottvertrauen ausgesprochene Hoffnung von Papst Johannes Paul II. wachhalten, dass das zweite Jahrtausend im Gegensatz zum ersten, das die Zeit der ungeteilten Kirche gewesen ist, im Osten und Westen zu tiefen Spaltungen geführt hat, die heute überwunden werden müssen, damit das dritte Jahrtausend wieder im Zeichen der Einheit stehen kann, und dass wir alle in noch höherem Maße bereit sein müssen, „den Weg jener Einheit einzuschlagen, für die Christus am Vorabend seines Leidens gebetet hat. Der Wert dieser Einheit ist enorm. Es geht gewissermaßen um die Zukunft der Welt, es geht um die Zukunft des Gottesreiches in der Welt."[48]

In diesem elementaren Sinn ist das Christentum in die Pflicht genommen, in frischer Weise nach seiner ökumenischen Verantwortung in den säkularisierten Gesellschaften Europas zu fragen und sie mit verheißungsvollen Perspektiven wahrzunehmen. Denn nur ein ökumenisch wiedervereinigtes Christentum vermag sich für das gesellschaftliche Zusammenleben der Menschen in Frieden und Gerechtigkeit, in Einheit und Toleranz als exemplarisch zu erweisen; und nur ein ökumenisch versöhntes Christentum kann seine Sendung glaubwürdig wahrnehmen, die das Zweite Vatikanische Konzil dahingehend profiliert hat, dass es mitten in der von Spaltungen, Feindschaften und unversöhnlichen Interessengegensätzen so sehr zerrissenen Welt berufen ist, als Zeichen und Werkzeug für die Einheit der Menschen mit Gott wie untereinander zu leben und zu wirken. Zeichen und Werkzeug für diese Einheit kann das Christentum in unserer Welt aber nur sein, wenn es vor dieser Welt nicht weiterhin das peinliche Schauspiel seiner eigenen Zerrissenheit bietet. Im Prozess der ökumenischen Wiedervereinigung der Christen und in der gemeinsamen Verkündigung des biblisch offenbaren Gottes darf und muss man insofern den am weitesten

---

[47] Vgl. Kardinal W. Kasper, Ökumenisch von Gott sprechen? in: I. U. Dalferth u. a. (Hrsg.), Denkwürdiges Geheimnis. Festschrift für Eberhard Jüngel zum 70. Geburtstag (Tübingen 2004) 291–302.

[48] Johannes Paul II., Die Schwelle der Hoffnung überschreiten (Hamburg 1994) 178.

reichenden Beitrag des Christentums zur politischen Zukunft der Menschheit im Allgemeinen und zu der westlichen Welt im Speziellen erblicken. „Wo Gott ist, da ist Zukunft“: Unter diesem Leitwort stand nicht nur der Pastoralbesuch von Papst Benedikt XVI. in Deutschland im September 2011, mit dieser Überzeugung steht und fällt vielmehr auch der Beitrag des europäischen Christentums zur notwendigen Revitalisierung der grundlegenden menschlichen Werte in der heutigen Lebenswelt Europas.

Nikolaus Schneider

Von der Zweitrangigkeit aller Werte

Anmerkungen zur Wertedebatte aus der Perspektive eines Leitenden Geistlichen der evangelischen Kirche

I. Die Kirche ist im Kern keine Werte-Instanz

Die Kirche ist nach meinem Verständnis und nach meiner Überzeugung keine „Werte-Instanz", die aus sich selbst heraus „Werte" produzieren kann und will. Denn der Begriff „Werte-Instanz" vermag meines Erachtens weder das Wirken des lebendigen Gotteswortes noch den Auftrag und das Ziel der Kirche Jesu Christi im Kern zu beschreiben.

Ich verstehe die evangelische Kirche als Gemeinschaft der Menschen, die ihr Fühlen, Denken und Handeln an Gottes lebendiges Wort Jesus Christus binden und die ihr Denken, Reden, Entscheiden und Handeln an ihm ausrichten. Und eben weil wir das Wort Gottes als „lebendiges und gegenwärtiges Wort" – und nicht als festgeschriebenes Buchstabenwort – glauben, ist die Kirche nach meinem Verständnis nicht im Besitz von absolut und zeitlos gültigen Werten.

„Ecclesia semper est reformanda" – „Die Kirche muss immer reformiert werden" – das hat uns unser Reformator Martin Luther ins Stammbuch geschrieben. Wenn wir glauben und bekennen, dass der Heilige Geist als „rechter Zeitgeist" (Dietrich Bonhoeffer) Christenmenschen bewegt und die Kirche Jesu Christi führt und leitet, dann identifizieren wir unsere Kirche nicht mit festgeschriebenen, abstrakten „Werten". Wir identifizieren sie vielmehr mit Christus. „Kirche ist Christus als Gemeinde existierend", so hat es Bonhoeffer auf den Punkt gebracht.

Deshalb können wir auch nicht danach rufen, dass unsere Kirche sich – endlich wieder?! – zuförderst und mit aller Kraft als Hüterin und Bewahrerin tradierter moralischer Wertmaßstäbe erweisen solle.

Die Heilige Schrift, Maßstab unserer Theologie, unserer persönlichen Gottesbeziehung und auch unseres Verständnisses von Kirche, enthält zwar dogmatische Aussagen, ist aber kein dogmatisches Regelwerk; sie enthält zwar Gebote und Weisungen, Tugend- und Lasterkataloge, aber sie ist kein zeitloser moralischer Tugend- und Lasterkatalog und so auch keine letztgültige Wertesammlung. Die Bibel gibt uns vielmehr Zeugnis von der vielfältigen, der oft so überraschenden und der immer wieder neu wunderbaren Wirkmächtigkeit Gottes in der Geschichte seines Volkes Israel und im Glauben und Handeln der christlichen Gemeinden im ersten Jahrhundert nach der Geburt Christi.

Die Sehnsucht nach einem von Gott begleiteten und gesegneten Leben, das Ringen von Menschen um das rechte Verständnis von Gottes Wort und Willen in guten und schweren Zeiten des Lebens, das Fragen und Suchen nach Wahrheit und Gerechtigkeit und die Hoffnung auf unzerstörbares Leben im ewigen Reich Gottes – das alles verbindet uns durch die Jahrhunderte mit den Menschen, die uns in der Bibel begegnen und mit den biblischen Texten selbst, in denen uns Gottes Wort und Weisungen begegnen. Die Bibel gehörte und gehört zu den substantiellen Widerstandskräften gegen die Reduzierung des menschlichen Lebens auf seinen Gebrauchswert und auf die Gegenwart. Denn alles, was in der Bibel von Israel und seinen Menschen, von Jesus und seinen Jüngern erzählt wird, wird gleichsam „vor Gott" erzählt, wird also in eine theologische, geistliche Perspektive gerückt, wird geöffnet für die Transzendenz und in das unvergängliche Licht Gottes getaucht. Und eben dieses Deuten des vergänglichen irdischen Daseins vor Gott und von Gott her – und nicht die Beschwörung bestimmter Werte – gibt jedem menschlichen Leben seinen einzigartigen Sinn und eine unzerstörbare Würde.

Ferner gilt jenseits menschlicher und auch kirchlicher Deutungskunst und Deutungskompetenz: Dem Wort Gottes in der Heiligen Schrift wohnt eine eigene Kraft inne, die in, mit und unter unserem gläubigen Lesen, Verstehen und Interpretieren ihre eigene Wirkung entfaltet. Darin sind und werden dem Menschen dann auch „Werte" und „Wertmaßstäbe" offenbart, mit denen sie ihr Leben bestehen können, mit denen sie entscheiden und handeln können – in ihrem privaten Alltag, in ihren kirchlichen Gemeinschaften und auch in allen Bereichen von Wirtschaft, Politik und Gesellschaft. Aber diese Werte und Wertmaßstäbe sind eben nicht das „Eigentliche". Sie sind wesentlich und notwendig für das menschliche Leben, aber hinsichtlich des kirchlichen Auftrages zur Verkündigung des Evangeliums sind sie zweitrangig.

Erstrangig war und ist und bleibt für die Kirche, dass Menschen ihr Leben an Gott und Jesus Christus binden – und nicht an abstrakte Werte. Dass Menschen auf Gottes Wirken in der Welt trauen und vertrauen, damit sie getrost leben und hoffnungsvoll sterben können. Dass sie versuchen, seinem Wort und seinen Weisungen zu folgen, damit Gottes Reich „schon hier und jetzt" in dieser Welt erfahrbar wird. Dass sie ihr Entscheiden, Reden und Handeln als Antwort auf Gottes Wort verstehen – und nicht als Verpflichtung gegenüber bestimmten abstrakt (theologisch-)philosophischen Werten. So wie Dietrich Bonhoeffer es an der Wende zum Jahr 1943 im Gefängnis erkannte:

„Wer hält stand?

Allein der, dem nicht seine Vernunft, sein Prinzip, sein Gewissen, seine Freiheit, seine Tugend der letzte Maßstab ist, sondern der dies alles zu opfern bereit ist, wenn er im Glauben und in alleiniger Bindung an Gott zu gehorsamer und verantwortlicher Tat gerufen ist, der Verantwortliche, dessen Leben nichts sein will als eine Antwort auf Gottes Frage und Ruf." (Dietrich Bonhoeffer, Widerstand und Ergebung, Gütersloh 1998, S. 23)

II. Kern aller christlichen Werte ist der unauflösliche Zusammenhang von Gottesliebe und Nächstenliebe

Es war und es ist nicht die Kernaufgabe der Kirche, als „Werte-Instanz" zu gelten. Aber es ist ein durchaus wichtiger Teil ihres Redens und Handelns, alle Werte zu reflektieren, zu verkündigen und zu praktizieren, die ihr im Hören auf Gottes Wort offenbart werden.

Für Christen und für unsere Kirche sind es vor allem die im Neuen Testament überlieferten Reden, Predigten, Wundergeschichten, Streitgespräche und Gleichnisse Jesu, die ihr Gottesbild, ihren Gottesglauben und damit auch ihre Werte prägen. Dabei ist vorausgesetzt, dass Jesus fest in der Tradition seines Volkes Israel verwurzelt war und dessen Wertekanon nicht aufhob, sondern interpretierte, im Glauben gründete und durch sein Lebenszeugnis erfüllte.

„Meister, was muss ich tun, damit ich das ewige Leben ererbe?" – das fragte vor fast 2000 Jahren ein Schriftgelehrter Jesus Christus (vgl. Lukas 10, 25ff.). Jesus Christus verwies den Fragenden an das alte, dem Schriftgelehrten aus der Tora wohlbekannte „Doppelgebot der Liebe": „Du sollst Gott lieben, mit deinem ganzen Fühlen, Denken und Handeln, und du sollst deinen Nächsten lieben wie dich selbst!"

Der Schriftgelehrte fragte nach – übrigens nicht nach der Gottesliebe, sondern nach der Nächstenliebe! – und bekommt als Antwort keinen abstrakten theologischen Vortrag über moralisch-ethische Maßstäbe christlicher Nächstenliebe. Vielmehr erzählt Jesus ihm eine uns sicher allen vertraute Geschichte: die „Geschichte vom barmherzigen Samariter".

Ein Priester und ein Levit – ein dem Priester nachgeordneter Tempeldiener – gehen von der Höhe ihrer spirituellen Erbauung in Gottes Tempel in Jerusalem hinab nach Jericho, in die Niederung ihres Alltages. Ganz offensichtlich hatten beide nicht damit gerechnet, dass ihnen so schnell nach ihrem Dienst an Gott der Dienst an einem Nächsten zugemutet wird. Ihr Fühlen, Denken und Handeln ist offensichtlich gefangen in einer Frömmigkeit, die eine „Sonntagsspiritualität" in Ehren hält, die ihre Herzen und Hände aber nicht frei macht und ertüchtigt für den „Gottesdienst im Alltag".

In Jesu Namen hatte und hat die Kirche jede Frömmigkeit als „wertlos" zu demaskieren, die es sich damit genug sein lässt, ästhetisch anspruchsvolle und erhebende Liturgien zu gestalten und zu genießen und die dabei die Not von Mitmenschen außer Acht lässt. In Jesu Namen hat die Kirche an den Wert der tätigen Barmherzigkeit zu erinnern, der die „Alltagsfrömmigkeit" unlösbar an eine liturgisch geprägte

„Sonntagsspiritualität" bindet. Dafür brauchen wir die Kirche in unserer Gesellschaft, dass Menschen den Wert dieses unlösbaren Zusammenhanges in ihrem Leben erfahren. Und dafür, dass Menschen mit ihrem eigenen Leben – durch ihr Reden, Entscheiden und Handeln – andere Menschen diesen Zusammenhang erfahren lassen.

Diesen „Wert" hat die Kirche als Gemeinschaft der Glaubenden und als Institution in Wort und Tat zu bezeugen: Gottes Barmherzigkeit erweist sich im Leben der Menschen, die Barmherzigkeit untereinander üben. Gottes Barmherzigkeit schenkt den Barmherzigen ewiges Leben im Gottesreich. Menschen sollen nicht fragen und suchen, wer wohl der Nächste ist, der Hilfe braucht und den sie um Gottes Willen lieben sollen. Sie sollen dem Menschen, der Hilfe braucht, zu liebenden und barmherzigen Nächsten werden! Als Antwort auf Gottes Liebe zu uns und als Ausweis unserer Liebe zu Gott.

Dieser unauflösliche Zusammenhang von Gottesliebe und Nächstenliebe sowie der Zusammenhang von Liebe und barmherzigem Tun sind die Quelle aller christlichen Werte.

III. Frieden, Gerechtigkeit und die Bewahrung der Schöpfung als Werterahmen

Als Werterahmen für alles kirchliche Reden und Handeln in der Welt sind uns in der Heiligen Schrift Frieden, Gerechtigkeit und die Bewahrung der Schöpfung aufgegeben. Das Wort der Heiligen Schrift bezeugt uns: Gott erschuf die Menschen nach seinem Bilde.

Er, der Schöpfer und Herr der Welt und allen Lebens, macht uns Menschen zu seinen Partnerinnen und Partnern, macht den Menschen zu seinem Gegenüber. Er gab den Menschen die Aufgabe zur Gestaltung der Welt und gleichzeitig das Mandat, Gottes Schöpfung zu bewahren. Bewahren durch Gestalten, Gestalten um zu bewahren – das ist die Aufgabe der Menschen! Gott schenkte und schenkt Menschen Möglichkeiten und Fähigkeiten, verantwortlich zu denken und zu reden, zu entscheiden und zu handeln. Menschen sind keine willenlosen

Marionetten. Und Menschen sind den Mächten nicht willenlos ausgeliefert. Nicht den Mächten der Zerstörung, und auch nicht den vermeintlichen „Sachzwängen“ menschlicher Systeme und Ordnungen.

Die Kirche glaubt und bekennt, dass in Jesus Christus das Gottesreich auf unserer Erde schon angebrochen ist, dass wir Frieden und Gerechtigkeit schon im „Hier und Jetzt“ fragmentarisch erfahren und „schmecken“ können. Zugleich aber wartet die Kirche und warten Christenmenschen darauf, dass Gott sein Reich vollenden wird und dass dann Unterdrückung, Unrecht und Gewalt endgültig und vollkommen besiegt sein werden. Bis dahin – in dieser Zwischenzeit – lebt und handelt die Kirche in Solidarität mit der Welt. Sie ist Teil dieser Welt und leidet mit ihr – auch an Werteverlust und Werteverfall. Deshalb sucht die Kirche auch mit Menschen ganz unterschiedlicher Weltanschauungen und Glaubenshaltungen nach „gemeinsamen Werten“, um sich mit ihnen für das Wohl unserer Gesellschaft und unserer Welt einzusetzen. Kirche hat dabei einen langen Atem und ist nicht angewiesen auf kurzfristige Erfolge und den Beifall der Massen.

Denn: Kirche „vertraut und gehorcht der Kraft des Wortes, durch das Gott alle Dinge trägt“, wie es die 5. These der Barmer Theologischen Erklärung sagt. In dieser Kraft und in ihrer Bindung an Gottes Verheißungen kann die Kirche in Demut und mit Zuversicht immer wieder neu nach Perspektiven der Veränderung und der Versöhnung suchen – nach mehr Frieden, nach mehr Gerechtigkeit und nach wirksamen Wegen, Gottes Schöpfung zu bewahren.

IV. Der Beitrag christlicher Werte zur Versöhnung von Ökonomie und Ethik

Auf welche „Werte“ des Christentums sollten wir uns in der gegenwärtigen Krise unserer ökonomischen Strukturen besinnen, und wie können diese ganz aktuell als Inspiration zur Versöhnung von Ökonomie und Ethik erschlossen werden? – Diese Frage soll hier zum Abschluss in drei kurz ausgeführten Thesen bedacht werden.

1. Das „christliche Menschenbild“ ist auch für die aktuellen ökonomischen Strukturen ein kritisches Korrektiv

Das christliche Menschenbild achtet und respektiert den grundsätzlichen und von Menschen nicht zu überwindenden Unterschied zwischen Gott und Mensch, zwischen Schöpfer und Geschöpf.

Gott ist der Schöpfer von Zeit und Raum und allem Lebendigen, auch von uns Menschen. Wir Menschen sind Geschöpfe, von Gott zur Verantwortung befähigt und gerufen, aber in der Übernahme von Verantwortung immer begrenzt und fehlbar – das gilt für die Entscheidungstragenden in der Ökonomie ebenso wie für die leitenden Geistlichen in den Kirchen.

Wir Menschen sind nicht die Herren über Leben und Tod. Und unsere ökonomische Einsicht und vermeintliche „ökonomische Sachzwänge“ sind nicht das Maß aller Dinge! Wenn Menschen sich als „master of the universe“ aufspielen, werden sie zu Verführern und Zerstörern. Und das ist so gefährlich für das Leben der Menschen, dass alle gesellschaftlichen Kräfte und darin auch die Politik dringend, energisch und nachhaltig gefordert sind, solche Menschen zur Umkehr zu bewegen oder sie in die Schranken zu weisen und zu stoppen.

2. Gott will, dass der Wert von Geld und Besitz für Menschen nicht an erster Stelle steht

Jesus machte nach dem Zeugnis der Evangelien unmissverständlich deutlich: Menschen, für die ihr Geld und die Vermehrung ihres Besitzes an erster Stelle stehen, werden das Reich Gottes nicht ererben. Wir sollen uns berühren und bewegen lassen von unverschuldeter und auch von selbstverschuldeter Not unserer Mitmenschen. Es darf also auch Unternehmern nicht allein um die Pflege und die Vermehrung von Besitz und Gewinn gehen. Vermögen und Besitz müssen auch im Dienst der gesamten Gesellschaft stehen. Um es mit Martin Luther zu sagen: „Was nicht im Dienst steht, steht im Raub“. Geld und Besitz dürfen niemals höher geschätzt werden als das menschliche Individuum.

Weil der Bibel die Verführbarkeit des Menschen nur zu bewusst ist, formuliert sie reichtumsskeptisch, um bewusst zu machen: Wenn es um Tod und Leben geht, dann tragen die Beziehungen zu Gott und zu anderen Menschen – und nicht materielle Güter. Der reiche Kornbauer ist deshalb ein Tor!

3. Um der Gerechtigkeit Gottes willen haben wir nach Recht und Gerechtigkeit auch in unseren ökonomischen Strukturen zu fragen

Im Blick auf „christliche Werte" darf sich das Eintreten für die Belange der Armen nicht nur in großzügiger Mildtätigkeit, in individueller Fürsorge und in Spendengalas erschöpfen. Es geht vorrangig um gerechte Strukturen. Die Gerechtigkeit, die in der Bibel von uns Menschen gefordert wird, bezieht sich ganz wesentlich auf die solidarische Integration der wirtschaftlich und sozial Schwachen in der Gesellschaft, auf systematische Korrekturen an den Disparitäten von Einkommen und Besitz. Teilhabegerechtigkeit muss auch im Bereich der Wirtschaft gefördert und gesichert werden.

Ich sehe Christen, unsere Kirchen und im Besonderen auch alle christlichen Unternehmer aufgerufen, durch ein gerechtes und faires Wirtschaften und eine sozialstaatliche Systematik den sozialen Spannungen in unserer Welt und in unserer Gesellschaft entgegenzuwirken. Es kann und darf nicht so sein, dass Menschen den Märkten oder der Wirtschaft dienen müssen, sondern es soll – auch um Gottes Willen – so sein, dass die Märkte und die Wirtschaft für den Menschen da sind. Eine Ökonomie, die nicht nach Strukturen dieser Gerechtigkeit fragt, darf christliche Werte nicht für sich beanspruchen. Sie wirkt auf Dauer zerstörerisch.

V. Perspektive der evangelischen Kirche

In der Perspektive der evangelischen Kirche gilt es grundsätzlich an der Zweitrangigkeit aller Werte festzuhalten. „Zweitrangig" ist aber keineswegs gleichbedeutend mit „überflüssig". Es entspricht dem Auftrag und dem Ziel der Kirche durchaus, Zeugnis zu geben von „christlichen Werten“ in ihrem Reden und Handeln. „Christliche Werte“ im Blick auf ökonomisches Handeln haben die EKD in den letzten Jahren zu zwei Stellungnahmen inspiriert. In der Stellungnahme „Wie ein Riss in einer hohen Mauer“ hat der Rat der EKD deutlich gemacht, dass in der Perspektive „christlicher Werte“ eine grundlegende Umkehr für unser Wirtschaften notwendig ist – eine Umkehr zu Nachhaltigkeit, Gerechtigkeit und Schöpfungsverantwortung.

Die Stellungnahme der EKD bezieht sich dabei auf ein Wort des Propheten Jesaja, der seine Botschaft vom Verhängnis des Volkes in das Bild eines Risses in einer Mauer gekleidet hat. Dieser Riss, zunächst nur wenig sichtbar, breitet sich unspektakulär immer weiter aus, bis schließlich die gesamte Mauer einstürzt. Wir befürchten, dass wir uns mitten in einem solchen Prozess befinden und Umkehr dringend geboten ist. Eine solche kritische Situation ist deshalb gegeben, weil die gegenwärtig organisierte Stabilisierung der Märkte „um den Preis weiter zunehmender Armut, auf Kosten nachfolgender Generationen oder verbunden mit weiteren Umweltbelastungen“ erfolgt. Deshalb haben wir in unserer Schrift gefordert: „Die Kosten der Krise müssen vor allem von den Stärkeren getragen und dürfen nicht nur nachfolgenden Generationen aufgebürdet werden.“ (S. 8)

Und: „Die sozialstaatlichen Sicherungssysteme müssen so gestaltet werden, dass sie gerade in der Krise ihrer Aufgabe gerecht werden, Solidarität zu stabilisieren und Existenzängste zu reduzieren.“ (S. 20)

Die EKD-Denkschrift „Unternehmerisches Handeln in evangelischer Perspektive“ appelliert deshalb an die Verantwortung des Unternehmers. Wir haben dies für ihr Führungshandeln so ausformuliert:

„Führungshandeln in der Perspektive des christlichen Glaubens hütet sich deswegen vor der Verabsolutierung der eigenen Interessen und versteht seine Rolle im Sinne eines Treuhänders aller von seinem Tun Betroffenen – vor allem im Interesse der Verbesserung der Situation der Schwächeren.“ (Ziffer 27) Unternehmerisches Handeln lässt sich als „Beruf“ im Sinn der Reformation deuten, indem das weltliche Handeln als Dienst in Verantwortung vor Gott zu verstehen ist. Neben dem

Selbstbezug, der unternehmerisches Handeln legitimerweise auszeichnet, wird durch die Kategorie des Berufs die Orientierung an den Interessen des Nächsten sowie am Gemeinwohl und schließlich die Verantwortung vor Gott thematisiert.

Wechselseitige Angewiesenheit, gemeinsame Bindung an lebensdienliche Werte und Kooperation auch mit Menschen anderen Glaubens und anderer Weltanschauung sind auch in der Perspektive der evangelischen Kirche eine unverzichtbare Grundlage für jede menschenfreundliche Politik und Gesellschaft. Über lebensdienliche Werte ins Gespräch zu kommen, ist ein notwendiger Teil des Zusammenwachsens und Zusammenhaltens gerade für Menschen mit „multikulturellen“ Biographien und für krisengeschüttelte Zeiten.

Die evangelische Kirche will und wird ihren Beitrag zu diesem Werte-Diskurs leisten.

Alfred Bodenheimer

Das Judentum im Wertewandel – Innen- und Außenperspektiven

I. Innenperspektiven

Ist Religion ein Bollwerk gegen den Werteverfall der Moderne? Ist sie eine Klammer, die Menschen zusammenhält, die sich dem Wertewandel zu stellen haben und nach verbindlichen gemeinsamen Regeln suchen? Ist sie eine variable, im dauernden Fluss befindliche Konvention, der von Anfang an eingeschrieben ist, dass sie den jeweiligen Anforderungen ihrer Zeit zu entsprechen hat, weil sie sonst redundant würde?

Alle diese Zugänge zur Religion haben Befürworter. Gerade im Judentum, wo das Religionsgesetz in seiner Verbindlichkeit gottgegeben, in seiner Praxis seit jeher von Menschen interpretiert worden ist, besitzen diese unterschiedlichen Meinungen besondere Brisanz – nicht zu reden von der großen Masse von Jüdinnen und Juden, die ihr Bekenntnis zum Judentum als rein herkunftsmäßiges oder nationales ohne jeden Bezug zu religiösen Orientierungen versteht.

Um vor diesem Hintergrund die Innenperspektiven des Judentums angesichts gesellschaftlicher Veränderungen zu beleuchten, möchte ich exemplarisch den Umgang mit Gender-Fragen wählen.

Die Veränderung der Position der Frau in den vergangenen hundert Jahren hat das Judentum vor gewaltige Herausforderungen gestellt. Geht man von der rabbinischen Position aus, sollte zum Beispiel ein Mann nicht auf der Straße hinter einer Frau gehen, nicht ihr unbedecktes Haar sehen, wenn sie die Ehefrau eines anderen Mannes ist, Frauen sollten nicht öffentlich singen, um durch ihre Stimme nicht Männer sexuell zu reizen, sie sollten auch sonst keine führenden öffentlichen

Funktionen innehaben, die ihrer Züchtigkeit und der Konzentration ihrer Rolle auf die häusliche Tätigkeit abträglich sind.

Das sind nur einige Beispiele über Rollenverständnisse, die mit der heutigen Realität gerade deshalb kollidieren, weil das 21. Jahrhundert ein sexualisiertes Bild der Frau und die Zuschreibung geschlechtlich bedingter Schranken ausdrücklich ablehnt. Der Wert individueller Selbstbestimmung in Beruf, Lebensgestaltung und Auftreten für alle Menschen ist so stark geworden, dass selbst der explizite Feminismus mit seiner auf Frauen als Gruppe fokussierten Gesellschaftskritik sich oft in die Ecke antiquierter Gesellschaftsvorstellungen gedrängt sieht.

Das Reformjudentum hat im Grunde die Kompatibilität des Judentums mit den ethischen und humanistischen Werten einer fortschrittlichen Gesellschaft zum Ziel. Egalitäre Gottesdienste, die Berufung von Frauen zum Rabbineramt oder als Kantorinnen, aber auch eine affirmative Haltung zur Homosexualität stellen für das Reformjudentum eine Selbstverständlichkeit dar. Diese Haltung ist im Grunde getragen von einem unerschütterlichen ethischen Optimismus, der Haltung, dass die westliche Gesellschaft sich mit der zunehmend stärkeren Gewichtung des individuellen Wohlergehens in einer humanen Aufwärtsbewegung befindet, der gegenüber ältere jüdische Grundsätze ebenso wenig Bestand haben wie gesellschaftliche Konventionen, die im 19. Jahrhundert die Rolle der Frau klar auf das Haus fixierten und ihr nur in Ausnahmefällen andere Spielräume einräumten.

Je traditioneller beziehungsweise orthodoxer jüdische Gemeinschaften sind, desto behutsamer ist ihr Umgang mit dem Wertewandel. In der Orthodoxie wird nicht im Sinne einer Bevorzugung individueller Freiheit argumentiert. Gerade die *Halacha,* das jüdische Religionsgesetz, wird von der Orthodoxie als bewusste Einschränkung individueller Entfaltungsmöglichkeiten verstanden und gepflegt. Zugleich ist jedoch unübersehbar, dass auch orthodoxe Frauen heute über Bildung, politische Rechte und Einkommensmöglichkeiten verfügen, die denen der Männer grundsätzlich ebenbürtig sind. Somit geht es im orthodoxen Judentum, das seinerseits beträchtliche Schattierungen zwischen moderner Orthodoxie und sogenannter Ultra-Orthodoxie aufweist, um den komplexen Prozess, halachische Einschränkungen mit dem gesellschaftlichen Druck zu versöhnen, den die neue gesellschaftliche Stellung von Frauen erzeugt. Selbst in der äußerst patriarchalisch organisierten Welt der Ultra-Orthodoxie bilden sich Netzwerke und Bildungseinrichtungen für Frauen, die auf Gleichberechtigung innerhalb der Gemeinschaft hinarbeiten.

Dennoch bleiben die Geschlechter in der Orthodoxie klar in ihrer Differenz gekennzeichnet. Auch eine modern-orthodoxe Frau, sei sie Ärztin oder Parlamentsabgeordnete, wird sich den rituellen Reinheitsgesetzen unterwerfen, und sie wird im öffentlichen Gebet keine oder im Falle der feministisch progressiven Orthodoxie eine begrenzte Funktion wahrnehmen. Zwar werden zuweilen gerade die Reinheitsgesetze, die den Sexualverkehr zwischen Partnern für eine bestimmte Zeit im Monat untersagen, auch als Schutzmaßnahme für Frauen vor potentiellen Übergriffen von Ehemännern interpretiert, doch auch wenn es so ist, sind diese Auflagen religionsgesetzlich diktiert und nicht von der Frau selbst gewählt.

Progressivität ist, um dies zusammenzufassen, im Reformjudentum ein aktiv gesuchter Zustand. Im konservativen Judentum, das – ursprünglich aus den Vereinigten Staaten kommend – die Tradition als bindend erachtet, werden aber markante Anpassungen an die Moderne als zwingend angesehen, ein Zugeständnis an unverrückbare Entwicklungen und im orthodoxen Judentum ein Prozess, der letztlich ohne die Absegnung prominenter Torah-Gelehrter (wobei die Akzeptanz der maßgeblichen Gelehrten zwischen Segmenten der Orthodoxie sich unterscheiden kann, aber nicht muss) nicht möglich ist. Gerade hier zeigt sich auch, dass Frauen, vor allem wiederum in der modern orthodoxen Welt, im Torah-Studium gefördert werden, ihnen letztlich aber bislang keine über begrenzte Bereiche hinausgehende rabbinische Entscheidungskompetenz übertragen wird. In der Ultra-Orthodoxie wird die Torah-Gelehrsamkeit der Männer als qualitatives Unterscheidungsmerkmal zwischen den Geschlechtern gezielt beibehalten, was vielen Männern gerade deshalb die familiäre Vorrangstellung einräumt, weil sie nicht die Verdienenden, sondern die Torah-Lernenden sind – im Wertekompass dieser Gesellschaft die höchste erreichbare Stufe.

Auch mit einem anderen Aspekt der Genderfrage, der Homosexualität, gehen die unterschiedlichen Strömungen im Judentum jeweils anders um. Während keine der offiziellen jüdischen Ausrichtungen religiöse Trauungszeremonien für gleichgeschlechtliche Paare ausdrücklich fordert, werden solche in der rekonstruktionistischen Gemeinschaft, die Mitte des 20. Jahrhunderts in den Vereinigten Staaten entstanden ist und in halachischen Traditionen steht – die eher gruppenfördernd als normativ zu verstehen und der modernen säkularen Ethik jedenfalls nachgeordnet sind –, bei vielen Rabbinern in der Praxis vollzogen und auch anerkannt. Die Reformbewegung unterstützt ihre Rabbiner tendenziell beim Vollziehen solcher Ehen, schreckt jedoch davor zurück, dieselbe Terminologie wie für heterosexuelle Ehen auch für gleichgeschlechtliche zu nutzen, was folglich auch Differenzen in der Zeremonie beinhaltet. Die konservative Richtung befürwortet zwar ausdrücklich bürgerliche Rechte (allerdings nicht ausdrücklich die Zivilehe) für Homosexuelle, lehnt religiöse Trauungen in jeder Form jedoch ab, während die Orthodoxie den unumstößlichen Respekt vor dem homosexuellen Menschen von der Verurteilung des homosexuellen Akts zu trennen versucht. Vertreter ultra-orthodoxer Richtungen haben sich auch in den letzten Jahren oft vehement gegen die Homosexualität ausgesprochen und in ihr einen Akt der Rebellion gegen Gott oder im besseren Falle ein Krankheitssymptom gesehen, weshalb eine Therapie empfohlen wird. Grundsätzlich haben sie vorausgesetzt, dass viele Homosexuelle nach einer Therapie oder mit gutem Willen, Gott zu dienen, auch mit einem andersgeschlechtlichen Partner leben könnten. Im Jahr 2010 allerdings hat sich eine Gruppe von über 100 orthodoxen Rabbinern, ohne institutionellen Hintergrund, in einer Erklärung dagegen ausgesprochen, Homosexuelle gegen ihren Willen in Therapien oder zur Ehe mit dem anderen Geschlecht zu drängen, und dazu aufgerufen, es den Menschen selbst zu überlassen, ob sie sich als Homosexuelle outen oder ihre Neigungen geheim halten wollen. Auch der britische Oberrabbiner Jonathan Sacks hat sich in diesem Sinne für

Mitgefühl und Verständnis gegenüber Homosexuellen ausgesprochen. Hier wird deutlich, dass der Respekt vor dem Individuum und seiner Lebensweise sich ebenfalls durchsetzt, allerdings nur zum Schutz der Integrität seiner Persönlichkeit und nicht in Affirmation seiner sexuellen Ausrichtung. Hier sind die Grenzen der halachischen Bindung nicht überwindbar, und die Bindung durch das für die Orthodoxie von Gott verfügte Gesetz ist durch eine andere Wertewelt nicht auszuhebeln. In jedem Falle wird deutlich, dass die nicht-orthodoxen Richtungen Homosexualität als Lebensform von Individuen anerkennen, unabhängig davon, ob sie ihnen den religiösen Segen geben oder nicht, während die Homosexualität als solche vor dem in dieser Richtung unumstößlichen Religionsgesetz und für das daran gebundene orthodoxe Judentum ein prinzipielles Problem darstellt.

Alle Richtungen haben den Wertewandel hin zur Individualisierung des Menschen vollzogen, doch die unterschiedlichen Auffassungen von authentischem Judentum (die in sich Spiegelung eines unterschiedlich vollzogenen Wertewandels im 19. und 20. Jahrhundert sind) führen zu ganz unterschiedlichen Schlüssen.

II. Außenperspektiven

Der Wertewandel hin zu einer humanistischen Ethik hat der Anerkennung ausschließlich religiös begründeter Werte in den letzten Jahren zugesetzt. Das Recht der Religionsausübung, das zweifellos auch ein Menschenrecht ist, wird zwar anerkannt, doch wird es dadurch relativiert, dass die humane Ausrichtung der Religionen an sich in Zweifel gezogen wird und über der humanistischen Ethik stehende Regeln nicht akzeptiert werden. Der Schutz von Tieren etwa, der in der Schweiz seit Ende des 19. Jahrhunderts als Grund für das Schächtverbot angeführt wird, oft aber schon als eigentlich antisemitischer Vorwand demaskiert wurde, stand auch zu Beginn des 21. Jahrhunderts im Wege, als das Schächtverbot im Rahmen einer Revision des Tierschutzgesetzes hätte fallen sollen. Die (umstrittene) Behauptung, ein Tier leide beim betäubungslosen Schächten einige Sekunden länger als im Falle einer Betäubung durch den Bolzenschuss, reichte, um eine Praxis, auf die faktisch alle praktizierenden Juden angewiesen sind, wenn sie zu koscherem Fleisch kommen wollen, zu diskreditieren.

Insgesamt scheint das Schächtverbot eher auf dem Vormarsch zu sein als der Priorität der freien Religionsausübung zu weichen, haben doch seit einiger Zeit auch andere europäische Länder wie Schweden, Norwegen oder Luxemburg das Schächtverbot eingeführt. In den Niederlanden fand im Juli 2011 eine Parlamentsabstimmung statt, in der eine Allianz der Tierschützer mit den rechtsnationalen Kämpfern gegen einen angeblichen Vormarsch des Islam eine Mehrheit für ein Schächtverbot zustande brachte. Auch wenn damit die gesetzliche Implementierung noch nicht vollzogen war, reagierten die niederländischen Juden bestürzt, sahen sie doch ihre Legitimation als Bürger und Bewohner ihres Landes in Frage gestellt. Ich habe an anderer Stelle einmal den Begriff des *restrangement* verwendet, um damit auszudrücken, dass Juden in Europa heute zunehmend dadurch unter Druck kommen, dass die antiislamische Stimmung auch sie als länger eingesessene „Fremde“ erfasst und ausgrenzt. Dass hier, gerade bei Angelegenheiten, in denen Minderheiten vorgeworfen werden kann, humanistischen Konsens zu verletzen, linke und rechte Politik sich treffen, ist nicht außergewöhnlich. Das Schächtverbot in den Niederlanden könnte deshalb diesem *restrangement* zugerechnet werden.

Doch es ist davon auszugehen, dass der Wertewandel noch weitere, schwerer wiegende Konsequenzen hat, und zwar hinsichtlich der Beschneidung von Knaben. Im Jahr 2001 wurden in Schweden als erstem Land der Welt Beschneidungen an Knaben über zwei Monaten verboten – bei jüngeren sind sie nur unter Betäubung und in Anwesenheit eines Arztes erlaubt. Zwar ist damit für jüdische Beschneidungen die Türe weiterhin offen, sofern sie, wie es der *Halacha* eigentlich entspricht, mit acht Tagen vollzogen werden und nicht, etwa bei Frühgeborenen, aus gesundheitlichen Gründen hinausgeschoben werden müssen.

Hat sich in Schweden der Gesetzgeber aufgrund von Todesfällen bei Beschneidungen von Kindern für diese Restriktion ausgesprochen, so ist inzwischen an vielen anderen Orten die Wahrung der körperlichen Integrität des Kindes als Argument gegen die Beschneidung von Knaben gleichermaßen in den Vordergrund gerückt. Dabei wird immer wieder auch eine Verbindung zur Mädchenbeschneidung gezogen, die im Judentum verboten ist. Die Grüne Partei der Schweiz etwa forderte in einem Positionspapier zur Gleichstellung Anfang 2010, nicht nur die Genitalverstümmelung bei Mädchen und Frauen sei strikt zu verbieten (was das Schweizer Parlament inzwischen getan hat), sondern auch die Beschneidungen von Knaben müssten „offen diskutiert werden". Begründet wurde dies vom Initiator dieser Formulierung mit der Gefahr für die beschnittenen Knaben ebenso wie mit dem Argument des Anspruchs der Kinder auf Unversehrtheit. War das Echo darauf, auch in der eigenen Partei, kontrovers und großenteils ablehnend, so war damit doch schon ein Versuchsballon gestartet. Zu einer politisch konkreten Frage ist die Beschneidung von Knaben in San Francisco geworden, wo 2011 eine Volksabstimmung über ein Verbot der Beschneidung an allen Knaben unter 18 Jahren geplant war, was in der jüdischen Gemeinde der Stadt zu großer Aufregung geführt hat sowie zur Diskussion, ob ein solches Verbot nicht der verfassungsmäßigen Gewährleistung religiöser Freiheit zuwiderlaufen würde.

Die Beschneidung gilt noch heute bei der überwältigenden Mehrzahl der Juden als zentraler Brauch, sei es aus Gründen der Religion, sei es als Identitätsmarker für die eigenen Kinder, aber auch für die jüdischen Männer selbst. Insofern wären im Falle eines Verbots der Beschneidung Unmündiger (denn natürlich hat, gemäß der humanistischen Auffassung, jeder Mündige das uneingeschränkte Recht, sich auf eigenen Beschluss hin beschneiden zu lassen) unbeschnittene Männer gezwungen, sich im Erwachsenenalter beschneiden zu lassen, und zwar unter viel größerem körperlichem und psychischem Aufwand.

Es ist nachvollziehbar, dass die medizinischen Bedenken gegenüber der Beschneidung durch Gegenargumente gekontert werden, die aus gesundheitlichen Gründen gerade für die Beschneidung von Knaben sprechen. So sollen Beschnittene seltener an Peniskrebs erkranken, und auch die HIV-Übertragung von Frauen auf Männer soll laut etlichen Forschungen bei beschnittenen Männern markant reduziert sein, was einige afrikanische Länder zu Kampagnen zur Propagierung der Beschneidung veranlasst hat.

Die Gefahr solcher Argumente, die einer Argumentation der Gesundheitsgefährdung Paroli bieten soll, liegt auf der Hand. Medizinische Befunde können korrigiert werden, was zu einer Unterspülung der Legitimationsbasis führen könnte. Demgegenüber ist ein Beharren auf religionsgesetzlicher Freiheit konsequenter, allerdings auch stärker vom Wertewandel in der Gesellschaft abhängig.

III. Fazit

Das Judentum selbst ist heute so fragmentiert, dass von einer geschlossenen „jüdischen Wertewelt“ nicht mehr gesprochen werden kann – auch wenn die unterschiedlichen Strömungen für sich die Authentizität des Judentums in Anspruch nehmen. Sicher ist, dass die Orthodoxie, die sich, im Gegensatz zu anderen Strömungen, deutlich an der *Halacha* orientiert, den Wertewandel, etwa in Bezug auf Genderfragen, am zögerlichsten aufnimmt, jedoch von ihm nicht unberührt bleibt. Auch wo, wie besonders deutlich im Bereich der Homosexualität hervortritt, die Grundhaltung aufgrund der *Halacha* fixiert ist, sind Veränderungen im Zugang zu homosexuellen Personen erkennbar.

Auf anderer Ebene kann der Wertewandel in der westlichen Öffentlichkeit für die Juden dort ein Problem werden, wo sich die Freiheit des Individuums in der allgemeinen Wahrnehmung wertemäßig über die Freiheit von religiösen Gemeinschaften zu schieben beginnt. Während sich die Mehrheitsreligion Christentum tendenziell eher im Einklang mit dem Wertewandel der Öffentlichkeit bewegt oder Werte in der westlichen Welt oft sichtbar oder zumindest latent christlich grundiert sind, ist zu befürchten, dass die Sensitivität gegenüber Minderheiten, deren Bräuche und Gesetze leichter diskreditierbar erscheinen, rasch schwinden könnte. Es wird also darauf zu achten sein, dass künftig der Humanismus gegenüber dem Individuum nicht auf Kosten des rechtsstaatlichen Schutzes gegenüber Minderheiten durchgesetzt werden wird.

Bülent Ucar

Zum Glauben führt allein die Barmherzigkeit

Werte und Wertvorstellungen aus der Sicht des Islams in Europa *

Angesichts der Tatsache, dass sich sogenannte „islamische Werte" auch immer im Zusammenhang mit einer (politischen) Kultur und aus einem geschichtlichen Kontext heraus kristallisieren, mag es ein Wagnis darstellen, grundlegende und übereinstimmende und daher dem Islam als solchem innewohnende Grundwerte zu bestimmen, ohne in einen, wenn auch positiven, kulturalistischen Essentialismus abzugleiten, der Beispiele aus einer fast anderthalbtausendjährigen Geschichte aufgreift, um sich zu legitimieren. Um damit die Möglichkeit oder mehr noch die Notwendigkeit einer dem islamischen Glauben immanenten Substanz nicht streitig zu machen, unterscheiden Muslime gerne zwischen islamischen und muslimischen Werten. Islamische Werte sind jene, die genuin religiös bedingt sind und ihre Fundierung in den islamischen Quellen haben, wohingegen muslimische Werte von den meisten Muslimen als solche zeitgebunden in einem bestimmten realen Kontext identifiziert und im besten Fall praktiziert werden. Abgesehen von der Frage, ob es einen „Islam an sich" und damit verbunden zeitlose Werte gibt, besteht das Problem der unterschiedlichen Grenzziehung zwischen dem islamischen und dem muslimischen Moment.

Erschwerend kommt hinzu, dass im Gedächtnis der Muslime, aus geschichtlichen Erfahrungen, etwa mit dem Imperialismus, Vorbehalte gegenüber den „westlichen Werten" bestehen, die sie in eine Verteidigungshaltung drängen. Die in der Geschichte größte Befragung von Muslimen mit weltweit 500.000 Teilnehmern hatte jedenfalls zum Erstaunen vieler im Westen zur Erkenntnis geführt, dass Muslime „west-

* unter Mitarbeit von Bacem Dziri

liche Werte“ wie Demokratie und Freiheit bewundern und Gewalt ablehnen (Dalia Mogahed, Framing the War on Terror, Gallup 2007). Dieser empirische Befund widerspricht dem Postulat von Huntingtons These vom „Zusammenprall der Zivilisationen“.

Diese Erfahrungen setzten ein ganzes Spektrum von Reaktionen frei: Auf der einen Seite viele Reformvorschläge, die sich damit auseinandersetzen, wie die Vereinbarung islamischer Werte mit der Moderne zu gestalten sei. Nicht selten gehen sie a priori von einer Unvereinbarkeit aus. Der Grad der aus diesen Prämissen folgenden Radikalität jeweiliger Reformvorhaben korrespondiert meist mit dem Maß an Ablehnung seitens der Muslime. Ihnen stehen auf der anderen Seite fundamentalistisch Gesinnte gegenüber, deren Einstellungen von Ausschluss bis Konfrontation reichen, wodurch sie sich mit wechselndem Erfolg als Wahrer der Autonomie zu inszenieren vermögen.

Eine Wertedebatte außerhalb dieser antagonistischen Dialektik setzt eine Aufarbeitung voraus. Diese scheint nur dann zu gelingen, wenn erstens der spezifisch islamische Zugang zu den als universal anerkannten Werten authentisch an die über tausendvierhundertjährige Tradition anknüpft, und zweitens nicht nur der charakteristische Zugang, sondern auch solche als dem Islam eigen verstandene Werte erhalten werden können. Zwar haben sich in den Bräuchen immer wieder eher muslimische und weniger islamische Werte durchsetzen können, doch kann und muss eine Tradition – zumal im europäischen Kontext – immer wieder auf die eigenen Quellen hin hinterfragt werden, um zeitgemäß und fortschrittlich sein zu können. Nur so ließe sich auf eine Tradition aufbauen und diese sinnvoll fortführen.

Um dies zu gewährleisten, bedarf es zunächst eines Verständnisses der islamischen Religionssystematik. Deren Struktur bedingt, dass im innerislamischen Diskurs für gewöhnlich wenig mit dem Begriff „Werte“ (arab. *qiyam*) gearbeitet wird, was sicherlich nicht bedeutet, dass solche nicht bestünden. Sie verbergen sich vielmehr in den hin und wieder wohl auch als sonderbar angesehenen Verhaltensweisen. Es ist daher Ziel dieser Abhandlung, Zugänge für die aus unserer Sicht zugrunde liegenden Werte zu vermitteln. Das Verständnis dieser Unterschiede ist von grundlegender Bedeutung für einen Diskurs über die gemeinsamen Werte in Europa. Dies gilt nicht zuletzt für die in Europa lebenden Muslime selbst.

I. Vier Quellen normativer Wirksamkeit

Obgleich eine islamische Religionsgeschichte als eine plural angelegte Theologie[1] geschrieben und die aus ihr hervorgegangenen Zivilisationen als „Kultur der Ambiguität"[2] verstanden werden könnten, haben sich vier grundlegende und mehrheitsfähige Ausgangspunkte herausgebildet. Diese haben den Lauf der Entwicklung geprägt und sind heute nach wie vor wichtig. Muslime glauben, dass der Koran dem Propheten Mohammed binnen dreiundzwanzig Jahren peu à peu und zu konkreten Anlässen herabgesandt worden ist. Die Gesamtheit dieser Offenbarungen stellt für sie das Wort Gottes, den „inlibrierten logos" dar, ähnlich dem fleischgewordenen, „inkarnierten logos", den Jesus im christlichen Glauben innehat. Damit lehnt sich die religiöse Auslegung viel enger an die Schrift an, als das im Christentum der Fall ist. Der Koran genießt somit oberste Priorität und steht in der Rangordnung der normativen Quellen an höchster Stelle.

Ihm folgt die Lebensweise des Propheten, die Sunna, die sich in seinen Handlungen, Aussprüchen und Haltungen manifestiert. Während der Koran den Willen Gottes in Worten wiedergibt, ist die Sunna seine ideale Umsetzung. Aisha, die Frau des Propheten, bezeichnete ihren Mann einer bekannten Überlieferung zufolge als „lebendigen Koran". Damit war im Islam von Anfang an die Praxis genauso wichtig wie die Theorie. Werte sind kein Selbstzweck, sie wollen auch umgesetzt und gelebt werden. Dies ist für den Islam konstitutiv. Der Islam differenziert sich vor allem im Bereich des „*fiqh*", also im angewandten Recht.

---

[1] Vgl. Henri Laoust: Les Schismes dans l'islam. Introduction à une étude de la religion musulmane, Paris 1965.

[2] Vgl. Thomas Bauer: Kultur der Ambiguität, Berlin 2011.

Die Übertragung des Begriffs *fiqh* im Sinne des deutschen Begriffs „Recht" ist allerdings problematisch und in dieser Form den Muslimen bis vor dem 19. Jahrhundert unbekannt. Wörtlich meint *fiqh* „das [rechte] Verstehen" und daraus hat sich dann eine eigenständige wissenschaftliche Disziplin entwickelt, die die Erfassung und das Begründen religiöser Normen zum Gegenstand hat.

Im Folgenden wird daher vom *fiqh* die Rede sein. Bei der systematischen Ausarbeitung dieses Rechtswesens in der Frühzeit des Islams erlangte der Konsens (arab. *iǧmāʿ*) der Gelehrten den dritten Rang nach dem Koran und der Sunna. Obschon der Konsens bereits aus rein soziologischen Gründen normgebend wirkt, musste auch der *iǧmāʿ* als Instrument zur Normierung durch die zuerst genannten beiden Hauptquellen legitimiert werden. Aus dem Konsens hervorgegangene Normen wurden in ihrer Bindung an die Urquellen weiterhin durch ein Qualitätskriterium gesichert: Es gilt der Konsens der Gelehrten. Diese sind die Erben der Propheten, und der ideale Gelehrte verbindet Theorie und Praxis auf eine gesunde Weise miteinander. Er ist aber auch ein Bewahrer dieser Verbindung. Daher gelten die Ansichten der Gesamtheit dieser Gelehrten als bindend, sowie auch die der Mehrheit, wenngleich Letzteres in abgemilderter Form, da man sich in diesem Fall auf vorhandene Sondermeinungen berufen konnte. Diesen Konsens darf man sich jedoch nicht als konzilähnliche Zusammenkünfte vorstellen, vielmehr wird der Konsens retrospektiv anhand der faktischen Situation gebildet. Um jedoch als Laie nicht willkürlich zwischen einzelnen Auffassungen zu wählen, was ausschließlich den persönlichen Antrieben entgegenkommt, war die Bindung an die Rechtsschule eines Großgelehrten üblich.

Hieran knüpft die vierte Quelle an: im weitesten Sinn das Räsonieren, meist durch den Analogieschluss (arab. *Qiyās*), aber nicht nur in dieser Form. In ihr ist die evolutionäre Triebkraft enthalten, die letztlich auch den Pluralismus begünstigt und die Schaffung zeit- und ortsgebundener Neuauslegungen fördert. Insgesamt werden unter dem *fiqh* sowohl einzelne Rechtsschulen (in einigen Fällen wird auch die schiitische Tradition als fünfte Rechtsschule bezeichnet) als auch einzelne Rechtsbereiche wie die Riten oder Gottesdienste (*ʿibādāt*) oder Interaktionen sozialer Natur (*muʿāmalāt*) subsumiert. Auch in der Moderne schreitet die Differenzierung weiter voran. Im europäischen Kontext wird beispielsweise über ein sogenanntes Minderheitenrecht diskutiert, das sich mit dem Blick auf die Muslime in Europa von den Vorstellungen unterscheiden soll, die aus den Herkunftsländern stammen.

Festzuhalten ist, dass der Islam sich seit jeher an den religiösen Normen orientiert, die mittels eines rechten Verständnisses der Quellen (*fiqh*) gesetzt werden. Dieses Verständnis birgt in sich genug Flexibilität, um sich nach den Erfordernissen der Zeit und den Gegebenheiten des Kontextes zu richten. Immer wieder haben Gelehrte auf die Rolle des „Geistes" hinter dem Gesetz verwiesen, wenn die Entwicklung hin zu einer stumpfen Kasuistik zu führen drohte. Zwei herausragende Gelehrte, nämlich al-Ġazālī (gest. 1111) und aš-Šāṭibī (gest. 1388), werden oftmals bemüht, wenn es um die Frage übergeordneter Prinzipien geht, nach denen sich jede Normierung zu richten habe.

II. In Normen enthaltene Wertvorstellungen

Kraft seines Bekenntnisses (*šahāda*) und im Bewusstsein der Verantwortung vor Gott (*taklīf*) wird der Muslim oder die Muslima unter der Voraussetzung der Willensfreiheit zur Beachtung verpflichtet, was von Gott als gut und was als schlecht beurteilt wird. Die Frage nach Gut und Böse hat übrigens besonders im Bereich der spekulativen Theologie (*kalām*) lange Kopfzerbrechen bereitet. Viele Gelehrte sahen in der antiken Philosophie ein Erbe, welches Mittel zur Verfügung stellte, diese Grundprobleme in Übereinstimmung mit dem islamischen Glauben zu bewältigen.

Innerhalb dieses Rahmens ebnet sich ihm der Weg zum Heil (*salāma*) und zur Zufriedenheit Gottes (*riwānu'llāh*). Hierzu lässt sich jede Handlung in fünf Kategorien unterteilen. Die Einhaltung einer der Klassifikation entsprechenden Handlungs- oder Unterlassungsweisung, zumindest aber deren Achtung, gilt als obligatorisch, da sie sowohl für das irdische, vor allem aber für das jenseitige Heil maßgeblich ist.

Den äußeren Rahmen dieser Normenskala bilden die Gebote und Verbote. Über diese ist man sich weitgehend einig. Bei Meinungsunterschieden ist im Bewusstsein der Verantwortung vor Gott letztlich das eigene Gewissen zu befragen. Ein Gebot definiert sich dadurch, dass eine Umsetzung die Zufriedenheit Gottes nach sich zieht und eine Nichtbefolgung seine Unzufriedenheit. Die lebenslange Güte gegenüber den Eltern beispielsweise ist ein Gebot, dessen Einhaltung und Achtung Gott zufrieden stellt. Bei den Verboten verhält es sich gerade umgekehrt: Deren Einhaltung führt zu Gottes Wohlwollen, deren Übertretung zieht seinen Unmut auf sich.

Den beiden Polen der Ge- und Verbote folgen auf der Klassifikationsskala das Empfehlens- oder Wünschenswerte (*mandūb*), beziehungsweise das Tadelnswerte (*makrūh*). Diese werden dadurch definiert, dass die Beachtung des Wünschenswerten oder das Unterlassen von Tadelnswertem zwar als gottgefälliger gelten, ihr Gegenteil jedoch nicht zu einer Bestrafung durch Gott führt. Die Scheidung etwa ist islamrechtlich zwar legitim, doch von Gott grundsätzlich verpönt.

Schließlich gibt es noch den Bereich des Indifferenten – der weiteste unter allen fünf –, der an und für sich weder positive noch negative Konsequenzen für das Heil hat. Die klassische Aufteilung lautet also: 1.) Das Gebotene, 2.) Das Erwünschte, 3.) Das Indifferente, 4.) Das Verwerfliche, 5.) Das Verbotene. Ungeachtet des ausgedehnten Bereichs des Profanen und Indifferenten in der Mitte der Skala können, was das jenseitige Heil betrifft, zwei mögliche Konsequenzen einer jeden Handlung folgen: Erstens, das Handeln oder Nichthandeln ist verpflichtend und wird bei Missachtung von Gott bestraft – obwohl diese Regel nicht unumgänglich ist. Durch die Barmherzigkeit Gottes ist Vergebung immer möglich, beispielsweise durch Reue, die Fürsprache des Propheten oder durch andere gute Taten, die diese aufwiegen.

Zweitens, das Handeln oder Nichthandeln ist wünschenswert, wird jedoch bei Missachtung nicht bestraft. Diese Konsequenz stellt ohne Zweifel eine Besonderheit des islamischen Normensystems dar. Würde man an dieser Stelle nun jene Definition von Werten heranziehen, die zumindest von den meisten Soziologen verwendet wird, wonach Werte

Wünschens*wertes* bezeichnen, so zeigt sich, dass diese Definition nicht ohne weiteres auf die Ebene der Normenskala übertragen werden kann. Unter Anwendung der gegebenen Definition von Werten müsste dieser Bereich die religiösen Werte umfassen. Eine solche Übertragung jedoch würde islamische Werte auf einzelne Handlungen und deren Folgen reduzieren, was nicht selten passiert.

Im Alltag orientieren sich viele Muslime innerhalb dieses Rahmens. Ihre nichtmuslimische Umwelt empfindet es zuweilen als zu formal, wenn Muslime als Motivation ihrer Handlungen sinnbildlich von einem „Konto" mit Plus- oder Minuspunkten reden, welches sie sich anhand der dargestellten Skala ausmalen. Sinn und Endziel guter Taten hingegen ist nicht der Lohn Gottes (*ḥassana*), sondern die Zufriedenheit Gottes, die sich hingegen immer in Lohn äußert. Von der frühen Asketin und Mystikerin Rabīʿa al-ʿAdawiyya (gestorben 801) wird berichtet, sie sei in den Straßen der Stadt Basra mit einem Eimer in der einen und einer Fackel in der anderen Hand umhergegangen und jedem Fragenden habe sie geantwortet: *„Ich will Wasser in die Hölle gießen und Feuer ans Paradies legen, damit diese beiden Schleier verschwinden. Und niemand mehr Gott aus Furcht vor der Hölle oder in Hoffnung aufs Paradies anbete. Sondern nur noch um seiner ewigen Schönheit willen!"*. Diese Aussage wurde und wird oftmals missverstanden, wollte sie doch an das erinnern, was ihr hinter allen Normen und Werten vergessen schien: allein Gott. Abstrahiert man den Sinn dieses Rahmens und dieser Orientierung, so würden die Demut, die Hingebung, das Vertrauen und die Liebe zu Gott als höchste Werte hervortreten. Außerdem wird dem jenseitigen Heil, welches ebenfalls von der Zufriedenheit Gottes abhängt, ein großer Wert zugemessen. Die Zufriedenheit Gottes wiederum wird erhofft durch die Einhaltung konkreter Handlungs- und Unterlassungsvorgaben, die aus den Quellen abgeleitet werden und beispielsweise den Wert der Eltern oder der Ehe widerspiegeln.

III. In Werten enthaltene Sinnhaftigkeit

Wenn das Bewusstsein von Gott, das Vertrauen und die Liebe zu ihm sich im Befolgen seiner Gebote und Unterlassen seiner Verbote äußert, genauer, im Handeln nach seinem Willen, so stellt sich entgegengesetzt die Frage, worin sich in den zu befolgenden Praktiken oder den zu vermeidenden Handlungen seine Barmherzigkeit gegenüber den Menschen zeigt, oder anders: *warum* überhaupt will Gott, dass die Gläubigen im Besonderen und Menschen im Allgemeinen sich in ihren Handlungen an seine Bestimmungen halten? Die Barmherzigkeit Gottes scheint freilich nicht nur in diesem Sinne durch. Im wertorientierten Handeln sollen hier die dahinterliegenden Werte transparent gemacht werden, weshalb wir uns auf einen Aspekt der Barmherzigkeit beschränken. Laut einer Aussage des Propheten hat Gott ein Hundertstel seiner Barmherzigkeit über die Erde verbreitet, die auf die gesamte Schöpfung wirkt und aus der alle Geschöpfe der Erde ihre Liebe zueinander schöpfen.

Aus dem Glauben der Barmherzigkeit (*raḥma*) Gottes zu den Menschen wird hinter den Normen auf das ihnen innewohnende Interesse Gottes geschlossen, nämlich dem Menschen schlicht Gutes zu wollen. Es steht dem Menschen frei, sich dem Willen seines Schöpfers anzuvertrauen. Sich ihm hinzugeben, bedeutet Anteil am Guten zu haben und auch anderen Gutes zu tun. In der muslimischen Gelehrsamkeit ließ dieser Gedanke, besonders angestoßen und weiterentwickelt durch die bereits erwähnten Gelehrten al-Ġazālī und aš-Šāṭibī, zu dem Schluss gelangen, dass die religiösen Normen gewisse Ziele und Zwecke (*maqāṣid*) verfolgen, die allesamt das Gute für die Muslime und die Menschen insgesamt bewirken. Im weiteren Sinne geht man davon aus, dass alle Bestimmungen für den Menschen in irgendeiner Weise, früher oder später nützlich sind. Diesen Nutzen gilt es zu wahren. Dabei ist auch nicht die Möglichkeit ausgeschlossen, dass etwaige Ziele und Zwecke der Offenbarung in den Hauptquellen, dem Koran und der Sunna, weder benannt noch verneint werden.

Der zu wahrende Nutzen der Offenbarungen entspringt aus der Barmherzigkeit Gottes, aber auch seiner Allwissenheit. Daher hat man es hier nicht mit rein menschlichen oder ausschließlich auf das Diesseits bezogenen Erwägungen von Nutzen und Schaden zu tun. Um einen Missbrauch von vornherein zu vermeiden, haben die Gelehrten bestimmte Kriterien entwickelt, die einen in diesem Sinne realen Nutzen ausmachen. Im Gegensatz zum Scheinnutzen ist der tatsächliche Nutzen auch allgemeingültig und steht im Einklang mit den Bestimmungen der bereits genannten Quellen. Damit wird keineswegs der menschliche Verstand ausgeschaltet, vielmehr „erleuchten sich" Glaube und der Verstand gegenseitig und nur im Zusammenspiel sind die wahren Absichten Gottes in den Normen zu erkennen. Ungeachtet aller methodologischen Unterschiede innerhalb dieser Rechtsphilosophie ist man sich darin einig, dass die religiösen Normen jederzeit das Gute und Nützliche verfolgen und Böses sowie Schaden abwehren sollen.

Dieser Grundsatz wird nach islamischer Lehre durch den Islam vollendet, beschränkt sich aber nicht auf diesen, sondern umfasst alle Offenbarungsreligionen und kann sich auch im Sinne einer positiven Gesetzgebung wiederfinden, denn er entspringt letztlich menschlichen Bedürfnissen. Bei neu zu bewertenden Normen konnte man sich daher an den Zielen ausrichten, die das Gute ausmachen und die durch Induktion bestimmt wurden. Zu den einhellig ausgemachten Hauptzielen gehört der Schutz der Religion, des Lebens (im Sinne umfassender Persönlichkeits- und Freiheitsrechte), der Vernunft, der Nachkommenschaft und des Eigentums. Vereinzelt wurde die Wahrung der Ehre beziehungsweise der Würde als sechstes hinzugefügt. Auf Grundlage dieser vom Einzelfall ausgehenden Schlussfolgerung wurde und wird in Wertediskursen hin und wieder versucht, weitere Prinzipien herauszuarbeiten, die in der Moderne gefragt sind, um sie den fünf oder sechs genannten hinzuzufügen. Andere sehen alle weiteren Werte in den fünf bis sechs Zweckbestimmungen bereits abgedeckt.

Streng genommen handelt es sich bei den genannten Zweckbestimmungen des Rechts allerdings nicht um Werte, sondern um Grundbedürfnisse (*ḍarūriyāt*). Bereits in der Vergangenheit wurden weitere Zweckbestimmungen der Offenbarung zugeordnet, die zwar keine essentiellen Grundbedürfnisse sind, aber im Allgemeinen dem Wohl und dem Glück der Menschen oder ihrer Lebensqualität dienen. Sich in der Praxis am zu wahrenden Nutzen zu orientieren, erfordert Anstrengung (*ǧihād*), weil der Nutzen immer wieder neu ermittelt werden will. Gemäß der Anordnung weiterer Zweckbestimmungen ist dies *notwendig* bei der Gewährung von Grundbedürfnissen, bei weiteren, dem Wohl der Menschen dienender Bedürfnisse *erforderlich* sowie bei der Vervollkommnung von individuellen und gesellschaftlichen Interessen *wünschenswert*. Auch hier kann die Wertedefinition der Soziologen nicht durchgreifen und allein die der Vervollkommnung dienenden Zweckbestimmungen als Werte begreifen. Zwar ist der Schutz der Religion oder des Lebens ein Grundbedürfnis, doch lässt sich hieraus durchaus der Wert der Religion und des Lebens ableiten. So könnte man bei den fünf oder sechs Zweckbestimmungen allenfalls von Grundwerten sprechen, die dem Rang von Verfassungswerten ähneln.

Um dem Zweck in den Bestimmungen der Offenbarung nachzukommen, ist es erforderlich, stets aus dem Licht der Quellen heraus und im jeweiligen Kontext das Gute zu bestimmen und zu verfolgen. Gläubige und kundige Muslime wirken auf diese Weise als „Diener des Barmherzigen" (Koran 25/63). Dieses Ideal kommt im Koran durch folgende Worte an den Propheten zum Ausdruck: „Und Wir sandten dich ausschließlich als Barmherzigkeit für alle Welt" (Koran 21/107). Bei unterschiedlichen Gelegenheiten kann, soll oder muss sich der gläubige Muslim das Handeln aus dieser Barmherzigkeit heraus vergegenwärtigen, indem er die Formel „Im Namen Gottes, des Allerbarmers, des Allbarmherzigen" (*basmala*) ausspricht.

Neben der Barmherzigkeit wird des Öfteren auch die Gerechtigkeit (*ʿadl*) als ein dem Islam innewohnender oberster Grundwert angesehen. Auch dieser Wert ist unmittelbar an den Glauben gekoppelt, so dass der Glaube verlangt, die Gerechtigkeit zu bezeugen: „Oh ihr, die ihr glaubt, seid Wahrer Gottes, die Gerechtigkeit bezeugend" (Koran 5/8). Mit dem nach außen gerichteten Bekenntnis ist damit das Eintreten für solche Grundwerte verbunden, wie sie die Quellen verpflichtend vorschreiben.

IV. Wertbindungen als Bekenntnis

Die Ideale des Glaubens wollen bezeugt werden. Das Einstehen für Werte entspricht der Verantwortung des Muslims vor Gott, Zeuge von ihm zu sein; ihn zu bezeugen, heißt die Werte, die er setzt, zu leben. Dieses Zeugnis-Geben (arab. *šahāda*) bildet im wertorientierten Sein und Handeln eines gläubigen Muslims Ausgangspunkt und höchstes Ziel zugleich. Es ist sowohl Voraussetzung des Glaubens als auch dessen Ideal. Werteorientierung im Sinne der *šahāda* geht so mit Glaubenstreue einher. Glaubenstreue und wertgebundenes Denken und Handeln bedingen einander.

Als Voraussetzung bezeichnet die *šahāda* zunächst das Bezeugen des einen Gottes und seiner Propheten und ist somit erst einmal die Quintessenz des Glaubens. Als Terminus steht sie für die Formel, die das Glaubensbekenntnis zum Islam definiert: „Es gibt keine Gottheit außer dem einen Gott, und Mohammed ist sein Gesandter." Die *šahāda* verlangt weiterhin nach einer Spiegelung der Werte, die von Gott und seinem Gesandten ausgehen. Scheinen durch das Sein, durch die Aussagen und Taten des Muslims die Werte des Islams durch, so dass sie im Lichte des Selbstverständnisses wahrgenommen werden können, wird die *šahāda* verwirklicht.

Ist der Muslim beispielsweise aufrichtig (*ṣādiq*) und vertrauenswürdig (*amīn*), zeugt dieser vom Wert der Aufrichtigkeit und Vertrauenswürdigkeit. Beide Eigenschaften besaß nach islamischer Auffassung Mohammed als Mensch – und zwar bevor er die Offenbarung empfing und zum Gesandten Gottes wurde. Auch der Koran differenziert zwischen dem nicht ausschließlich an den Islam als Religion gebundenen Wert der Aufrichtigkeit und dem Glauben, dem sich die Muslime aus Überzeugung zu verpflichten haben: „Oh ihr, die ihr glaubt, seid euch Gottes bewusst und mit den Aufrichtigen" (Koran 9/119). Gleiches gilt für die Vertrauenswürdigkeit. So bekräftigt der Koran etwa, dass es unter Angehörigen anderer Offenbarungs- oder Schriftreligionen Menschen gibt, die vertrauenswürdig und zuverlässig sind: „Unter den Leuten der Schrift gibt es manche, die, wenn du ihnen einen Schatz anvertraust, ihn dir (getreulich) zurückgeben werden“ (Koran 3/75). Damit sind diese Eigenschaften zwar keine exklusiv islamischen Werte, doch setzt die *šahāda* eine Verwirklichung dieser (und anderer) Werte voraus, um das Wohlgefallen Gottes auf sich zu ziehen.

Die *šahāda* ist die erste Säule des Islams und scheint – neben dem Verrichten des Gebets, dem Entrichten der *zakāt*, also einer Abgabe an Arme und Bedürftige, dem Fasten im Ramadan und dem Pilgern nach Mekka zur Zeit der *ḥaǧǧ*, – die einzige der fünf Säulen, die gleichsam auf das Leben ausgerichtet scheint. Doch gerade unter schwierigen Umständen erhält die *šahāda* eine besondere Bedeutung: Als gläubiger Muslim ist man auch im Zustand des Zorns angehalten, sich trotzdem gerecht zu verhalten: „Oh ihr, die ihr glaubt, seid Wahrer Gottes, die Gerechtigkeit bezeugend. Und lasst niemals Hass auf irgendeinen euch in die Sünde führen, von der Gerechtigkeit abzuweichen. Seid gerecht, dies ist dem Gottesbewusstsein am nächsten“ (Koran 5/8). Selbst wenn nach der Gerechtigkeit zu streben zum eigenen Nachteil führt, bindet das Bekenntnis an dessen Einhaltung und zeugt gerade dadurch von dessen Wert: „Oh ihr, die ihr glaubt, seid standhaft im Wahren der Gerechtigkeit, Zeugnis gebend von Gott, selbst wenn es gegen euch selbst oder eure Eltern und Verwandten sei. (…) Folgt nicht den persönlichen Neigungen, damit ihr nicht von der Gerechtigkeit abweicht: denn wenn ihr entstellt oder zu bezeugen verweigert, siehe, Gott ist all dessen gewahr, was ihr tut!“ (Koran 4/135).

Wenn der Muslim im Extremfall, beispielsweise bei schwerer Erkrankung oder naturbedingten Schicksalsschlägen, seinem Glauben treu bleibt, gilt sein Ableben selbst als fortdauernde Form der *šahāda*. Es ist nicht von ungefähr, dass das Glaubensbekenntnis des Islams die gleiche Benennung erhielt wie das Martyrium: *šāhāda*. Durch eine in Momenten der Erschwernis erfolgte Standhaftigkeit in Haltung und Handlung erlangt selbst die *šahāda* ein praktisches Moment. Im Todeszustand weiß der Muslim nichts Besseres als die *šahāda* zu sprechen, um jenseitiges Heil zu erfahren, und die beste Vorbereitung hierfür ist ein Leben im Zeichen dieses Bekenntnisses. Die *šahāda* ist Schlüssel und Eingang zum Transzendenten gleichermaßen und ihre Qualität steigt sowohl mit der Treue zu diesem Bekenntnis als auch mit der Einhaltung von Grundwerten. Das Trachten nach einer Verwirklichung der *šahāda* schwingt so im Handeln und Wirken eines gläubigen Muslims mit. Die höchste Stufe der Vergegenwärtigung dieses Prinzips ist das Dienen Gottes, „als ob man ihn sieht, und wenn man ihn nicht sieht, so weiß man doch, dass er einen sieht".

Vorbildliches verantwortungsbewusstes und bezeugendes Sein wird selbst durch den Propheten Mohammed verkörpert. Durch sein ideales Wirken im Sinne Gottes ist es ihm möglich, Zeugnis vor den Muslimen zu geben, „auf dass der Gesandte vor euch Zeugnis geben möge und dass ihr davon Zeugnis vor aller Menschheit geben möget" (Koran 22/78). Das prophetische Ideal wird damit zum Leitbild für die Muslime, um der Zeugenschaft nachzukommen. So muss der Muslim danach streben, für die Menschen so zu sein, wie es der Prophet gegenüber seiner Gemeinschaft gewesen ist, „voller Mitgefühl und Barmherzigkeit" (Koran 9/128). In ihrer Gesamtheit erfüllen die Muslime so die Rolle, die ihnen von Gott aufgetragen wurde: „Und so haben wir gewollt, dass ihr eine Gemeinschaft des Mittelweges seid, auf dass ihr (mit eurem Leben) Zeugnis vor aller Menschheit geben möget und dass der Gesandte Zeugnis dafür vor euch geben möge" (Koran 2/143).

V. Wertebekenntnisse als Verantwortung vor Gott

Gott genügt sich und den von ihm gesetzten Idealen und Werten nach islamischer Lehre zwar selbst als Zeuge: „Gott selbst bezeugt – und (ebenso) die Engel und alle, die mit Wissen versehen sind –, dass es keine Gottheit gibt außer ihm, dem Wahrer der Gerechtigkeit" (Koran 3/18), doch ob ein Muslim oder eine Muslima ein Mann oder eine Frau Gottes ist oder ob die Gemeinschaft der Muslime (*umma*) eine Gemeinschaft von Dienern Gottes ist, lässt sich daran messen, ob sie den mit der *šahāda* verknüpften Werten folgen.

Gemessen an den beschriebenen Prinzipien und Werten haben viele Muslime das Gefühl, dass sie sowohl in ihrer Gesamtheit als auch individuell den Vorstellungen und Ansprüchen des Islams nicht gerecht werden. Der gläubige Muslim als Individuum ist in religiöser Hinsicht und vor seinem Gewissen niemand anderem als Gott Rechenschaft schuldig. Insofern bildet die Selbstkritik in Form einer intimen Selbstbeobachtung (*murāqaba*) und Selbstabrechnung (*muḥāsaba*) einen integralen Bestandteil der religiösen Lebensführung. Ginge man von einem kollektiven Gewissen der Muslime aus, so wäre das Befinden einer starken Diskrepanz zwischen Wertvorstellungen einerseits und tatsächlicher Praxis andererseits spürbar. Exemplarisch sollen hierfür einige Aussagen zeitgenössischer muslimischer Denker angeführt sein.

Der Reformtheologe Muhammad Abduh (gestorben 1905) soll während eines Aufenthalts in Paris einmal gesagt haben: „Ich habe ein Land verlassen, in dem Muslime leben ohne Islam, und kam in ein Land, in dem der Islam lebt ohne Muslime." Vom vielgereisten Intellektuellen Muhammad Asad, der 1926 vom Judentum zum Islam konvertierte, wissen wir, dass er sich wie folgt äußerte: „Gut, dass ich zuerst den Islam, dann die Muslime kennenlernte." Der Autor der türkischen Nationalhymne, Mehmet Akif Ersoy, meinte einmal, überspitzt formuliert, dass sich alle wahrhaften Muslime, die er kenne, auf dem Friedhof befänden. Daher wisse er nicht, wo das Muslimsein zuhause sei, „wahrscheinlich im Himmel!" Der Schriftsteller Charles Le Gai Eaton zitiert in seinem Buch „Der Islam und die Bestimmung des Menschen" (München 2000) das Gebet eines Kindes: „Herr, mache bitte die guten Leute religiös und die religiösen Leute gut." All diese Aussagen muslimischer Persönlichkeiten haben eine Selbstkritik gemein. Sie kritisieren nicht den Islam, sondern die Muslime, die dem Islam nicht gerecht werden. Einige muslimische Stimmen sehen die Missstände allerdings im Islam selbst, so beispielsweise Abdelwahab Meddeb in seinem Buch „Die Krankheit des Islam".

Diese Selbstkritik dürfte in einem Klima latenter Hinterfragung sicher intensiver ausfallen. Die vertikale, also zwischenmenschliche Ebene der Wertevermittlung unter den Menschen hat möglicherweise einen Berührungspunkt mit der horizontalen Ebene der *šahāda,* was heißt, dass der gläubige Muslim zwar vor Gott zur *šahāda* verpflichtet ist, ihre normativ-ontologische Erfüllung jedoch auch durch Wahrnehmungen zumindest prüfbar, wenn nicht gar abhängig ist. Man könnte auch vereinfacht formulieren: Glaube will auch im Leben durch entsprechende Werte und ihre Praxis erkannt werden. So würden bei starken Vorbehalten einige Muslime mangels Kenntnissen der *šahāda* im Sinne des Martyriums gänzlich abschwören. Andere neigen dazu, sich in eine sture Verteidigungshaltung zu begeben, womit sie jeden Vorbehalt zu bekräftigen scheinen. Vorstellungen werden so nicht selten internalisiert und als solche bestätigt oder abgelehnt, ohne sie in ihrer Authentizität und Substanz zu befragen. Diese Situation auf der vertikalen Achse der *šahāda*, nämlich dem Zeugnis durch die Wahrnehmung der Umwelt, verlangt nach einer Aufrichtung (*istiqāma*).

VI. Das Bewahren zeitloser Werte

Der arabische Begriff „Werte" (*qiyam*) ist etymologisch mit *istiqāma* verwandt, das den Prozess des Haltens oder Wiederaufrichtens von Werten, der Geradlinigkeit, des Stehens zu diesen Werten bezeichnet. Diese werden auf der ideellen Ebene von den Quellen getragen. So wird berichtet, dass der Prophet einst gefragt wurde: „Oh Gottgesandter! Sag mir etwas über den Islam, das ich von keinem anderen als dir erfragen kann!" Er antwortete: „Sprich: Ich glaube an Gott, und dann halte geraden Kurs! Steh dazu!" Dieses „dazu Stehen" kann vielmehr als Umsetzung der mit dem Bekenntnis einhergehenden Werte verstanden werden. Um wahrhaftig von den Werten zeugen zu können, braucht es jemanden, der sie wirkungsvoll umsetzt. Ein Wert verliert in den Augen der Rezipienten an Wert, wenn derjenige, der diesen Wert setzt, selbst diesem zuwiderhandelt. Ein Ideal kann so ins Negative abgleiten. Der Prophet aber konnte dieses Ideal bieten und so war er imstande, bei seiner Abschiedspilgerfahrt vor Gott und den Menschen zu sprechen: „Oh Gott bezeuge (, dass ich überbracht habe)".

Dass dies ein entsprechendes Verhalten erfordert, das nicht immer leicht umzusetzen ist, zeigt sich ebenso in der Reaktion des Propheten auf den koranischen Vers „So verhalte dich recht (*istaqim*), wie dir anbefohlen wurde“ (Koran 11/112). Es wird überliefert, dass für den Propheten kein Vers so schwerwiegend war wie dieser. Demnach wird das Ausrichten des Lebens gemäß der Religion als „geradlinige Lebensweise“ (*dīn al-qayyim,* Koran 12/40) bezeichnet. Im Koran werden weiterhin diejenigen gelobt, die glauben, „und die sich dann geradlinig verhalten“ (Koran 41/30). Auch bei diesem Prozess ist Theorie und Praxis miteinander verbunden, so dass jeder gläubige Muslim gehalten ist, mindestens 17 Mal am Tag im Gebet um die göttliche Weisung zum „geraden Weg“ (*sirāṭ al-mustaqīm*) zu bitten. So ist die Bindung zu Gott durch das Verrichten des Gebets (*salāt*) zwar nie eine Garantie für einen solchen Weg, aber dessen Voraussetzung und die innere und äußere Wahrhaftigkeit dieser Beziehung durch ein Leben im Dienste Gottes verwirklicht.

VII. Der Wandel zeitgebundener Normen

Sofern Werte und aus ihnen abgeleitete oder diese sanktionierende Normen nicht absoluten und eindeutigen Belegen entstammen, können sie sich im Laufe der Zeit ändern. Zu dem harten Kern fester Bestandteile des Islams gehört quantitativ gesehen recht wenig. Unauflösbar ruht im Zentrum des Islams der Monotheismus, verbunden mit dem Bekenntnis der sechs Glaubensgrundsätze, die sich eng an den Glaubenskern schmieden. Die oben genannten Fünf Säulen fügen sich als konkrete Handlungen dem engen Kreis des Überzeitlichen an, wobei die erste Säule wieder ins Zentrum zurückführt. Diesem Kodex unveränderlicher Glaubens- und Verhaltensbestimmungen liegt die oben erläuterte Werteordnung zugrunde. Somit ist schließlich die aus dem urewigen Bund mit Gott hervorgegangene Bindung an Gott (*dīn*) selbst von höchstem Wert. Und zwar für den Menschen.

Alles andere muss unter Umständen dem Wandel unterliegen. Mehr noch: Es mag möglicherweise verwundert haben, dass die Wahrung der Religion bei den überzeitlichen Prinzipien islamischer Normierung noch vor dem Leben (eingeschlossen umfassender Persönlichkeits- und Freiheitsrechte) des Menschen stand. Um dies zu konkretisieren, wollen wir sagen, dass selbst der Wert der Religion relativiert sowie verabsolutiert werden kann. Entscheidend ist die Willensfreiheit des Menschen. Dieser Sachverhalt soll anhand eines Beispiels verständlich werden: Im Falle einer existentiellen Bedrohung ist es dem Muslim erlaubt, seinem Glauben expressis verbis abzuschwören. Für das jenseitige Heil hat er nichts zu befürchten, sofern er im Herzen seinem Glauben treu bleibt. Hieraus kann nun der Wert des Lebens deutlich werden, da in dieser Situation das Leben höher bewertet wird als der Glaube. Verzichtet ein Muslim in dieser Situation jedoch nicht auf sein Bekenntnis und wird hierfür ums (irdische) Leben gebracht, gilt er als jemand, der mit seinem Leben den Glauben bezeugt hat (*šahīd*).

Wenn dem so ist, dann liegt es nicht fern sich vorstellen zu können, dass Relativierungen weiterer Werte und Normen möglich sind. Sie sind es auch nicht immer unter dem Paradigma der Notwendigkeit (*ḍarūra*), wo im Fall einer Normenkollision für den höheren Wert entschieden werden muss. Droht beispielsweise der Hungertod, ist der Verzehr von Schweinefleisch selbstverständlich erlaubt, gar geboten. Es gelten bei schwer umzusetzenden Pflichten besondere Zulässigkeiten (*ruḫaṣ*), die zu befolgen von Gott gern gesehen ist. Reisende im Ramadan etwa können ihr Fasten aussetzen und nachholen. Um nochmal auf die Willens- beziehungsweise Glaubensfreiheit zurückzukommen: Über Jahrhunderte hinweg und teilweise noch heute wurde Muslimen, die zu einem anderen Glauben übertreten wollten, die Todesstrafe angedroht. Dem wird eine historisierende Deutung und der Wert der Religion(sfreiheit) entgegengehalten: „Es gibt keinen Zwang im Glauben" (Koran 2/256). Zum Glauben führt allein die Barmherzigkeit.

Necla Kelek

Freiheit als Gesetz
Über Werte und Wertewandel in Europa und im Islam

I. Islam und Migration

Europa ist seit Schengen ohne Grenzen. Ein Traum wurde wahr. Aber was macht Europa aus, wenn diese grenzenlose Freiheit zwar als Gesetz, aber nicht mehr im Geist präsent ist? Und wie geht unsere Gesellschaft mit einer Religion um, die von ihren Gläubigen Hingabe unter ein anderes, unter Allahs Gesetz verlangt?

In Europa leben derzeit etwa 15 Millionen Bürger, die statistisch zu den Muslimen gezählt werden. Die überwiegende Zahl der Muslime ist zugewandert, denn außer in einigen Teilen des Balkans, wie dem Kosovo oder Bosnien, gibt es in Europa keine indigene muslimische Bevölkerung. In Deutschland ist die muslimische Bevölkerung hauptsächlich türkischen Ursprungs und eine Folge des vor 50 Jahren abgeschlossenen Anwerbungsabkommens zwischen der Bundesrepublik und der Türkei. Aber auch ohne diesen aktuellen Hinweis sind Religion und Migration im Islam zwei Seiten einer Medaille. Der Islam war nämlich, wenn wir in die Geschichte schauen, auch eine Religion der Migration und der Eroberungen gewesen. Die *hidjra (arabisch al-higra)* gehört zum Wesen des Islam. Nicht mit dem Berufungserlebnis im Jahr 609 n. Chr., sondern mit der Vertreibung des dreiundfünfzigjährigen Mohammed von Mekka nach Medina im Jahr 622 beginnt die islamische Zeitrechnung und mit ihr auch die Zeit der Kriege mit seinen Verbündeten gegen die anderen Beduinenstämme, gegen die Juden, dann gegen die anderen „Ungläubigen". Seit dieser Zeit ist die Suche nach dem Ort, an dem der allahgefällige Kult gelebt werden kann, das Band, das die Muslime in der *Umma* (islamischen Gemeinschaft) verbinden soll.

Und so könnte man die aktuelle Auseinandersetzung mit dem Islam in Europa auch als Folge der Vertreibung betrachten. Mohammed, der Mekka nie verlassen wollte und ausgerufen haben soll, als er es im Januar 630 zurückeroberte: „Du bist Allahs bestes Stück Erde, das ich am meisten liebe! Wäre ich nicht aus dir vertrieben worden, ich wäre nie fortgegangen.“[1] Es ist diese doppelte Botschaft, die der Islam seit seiner Geburtsstunde verbreitet. Es ist zum einen das Bestreben, die Herrschaft über den Ort zu erlangen, an dem man lebt, um dort den Kult auszuüben, und zum anderen die Sehnsucht nach *medinet,* den Orten, denen die Liebe Allahs gehört und die für Muslime das Synonym für Zivilisation, für die perfekte Gesellschaft darstellen sollen, nämlich Mekka und Medina.

Aber es ist schwierig, über den Islam zu diskutieren, weil es, wie viele meinen, „den“ Islam nicht gibt. Als Weltreligion verfügt er über keine Institution, ist in Hunderte von Sekten und Religionsvereinen aufgesplittert, nur etwa 10–15 % der Muslime lassen sich in Deutschland Verbänden oder Moschee-Vereinen zuordnen. Vor allem gibt es eins nicht: einen verbindlichen theologischen Kanon. Dies wurde von Al-Ghazali im 11. Jahrhundert durch seine „Widerlegung der Philosophen“ begründet und von den Vorbetern in den nächsten Jahrhunderten als unnötig angesehen, weil nach dieser Lehre die *Scharia,* die Offenbarung als Gesetz, als Antwort auf alle Fragen des Himmels und der Erde ausreichend sei. „Was im Islam Theologie genannt werden könnte, beschränkt sich wohl auch weiterhin auf die Auslegung von Texten, die im Koran versammelt sind und unmittelbar als Gottes Wort gelten. Darum müssen Moslemkinder in den Koranschulen die Suren in arabischer Sprache auswendig lernen, obwohl die meisten kein Wort davon verstehen.“[2]

Es gibt die Rechtsschulen der Schiiten oder Sunniten in Damaskus oder Kairo, Imame, Mullahs oder Scheichs, die in der traditionellen Weise und nach eigenem Gusto *Fatwas* (Rechtsgutachten) erlassen,

---

[1] Zitiert nach: Tilman Nagel, Mohammed. Leben und Legende, München 2008, S. 251.

[2] Herbert Schnädelbach, Religion in der modernen Welt, Frankfurt a. Main 2009, S. 17.

die wiederum nur für die verbindlich sind, die sie akzeptieren. Die Aleviten, offiziell zu den Muslimen gerechnet (und Teilnehmer der Deutschen Islamkonferenz) üben einen völlig anderen Kult aus. Sie unterscheiden sich von den historisch ihnen nahestehenden Schiiten und Sunniten durch ihre weltliche Orientierung. Sie fühlen sich für ihr Handeln im Diesseits verantwortlich und sind nicht aufs Jenseits fixiert, sie sind für die monogame Ehe, haben keine Moscheen, Frauen tragen kein Kopftuch und Männer und Frauen feiern den Gottesdienst gemeinsam. Die in der Türkei von Staats wegen herrschenden Sunniten haben die Aleviten jahrzehntelang diskriminiert und ignoriert. Und doch werden auch sie zur *Umma* gezählt.

Was bleibt, um das Weltbild des Islam einschätzen zu können, ergibt sich aus dem Handwerkszeug der kritisch-rationalen Wissenschaftsmethodik, der sich in Europa die theologische Wissenschaft verpflichtet fühlt. Zum einen ist für eine solche Betrachtung die islamische Literatur der Ausgangspunkt. Allem voran die kritische Lektüre der autoritativen Texte dieser Religion, also Koran, und die Hadithe, die dem Propheten Mohammed zugeschriebenen Worte und Taten und in die im Laufe der Geschichte zum Thema verfassten Werke. Zum anderen haben wir die soziale Realität und über sie die Möglichkeit festzustellen, wie eine sich islamisch verstehende Gesellschaft und ihre Gläubigen sich verhalten, nach welchen Werten sie leben und arbeiten. Und das alles vor dem Hintergrund, dass diese gesellschaftlichen Prozesse sich unentwegt in Bewegung befinden.

Wenn wir über Werte und den Wertewandel in der muslimischen Gemeinschaft reden, können wir nicht wie in der europäischen Geistesgeschichte die Entwicklung des Freiheitsgedanken verfolgen. Den gibt es nämlich so, wie er in Europa verstanden wird, nicht. Der Freiheitsbegriff hat in der islamischen Gesellschaft eine ganz andere Bedeutung als in der europäischen. Auch einen zusammenhängenden Diskurs oder eine Geschichte der Staatstheorie gibt es in muslimischen Gesellschaften nicht. Das hängt mit der Geschichte des Islam zusammen. Es gab zu Zeiten der Entstehung des Islam gar keinen Staat, sondern nur Stammesgemeinschaften. Einen Staat als weltliche

Gewalt wie in der Antike gab es auf der arabischen Halbinsel nicht. Erst in Medina entstand als Ausdruck der Herrschaft von Allahs Gesetz die Gemeinschaft der Muslime, die *Umma.* Es entstand etwas, was man mit dem Ökonomen Friedrich August von Hayek als die „Moral einer spontanen Ordnung“ beschreiben kann.[3] Er bezieht sich bei dieser Definition auf die europäische Geschichte und beschreibt die Evolution des Übergangs von der „Mikrogesellschaft“, wie er Familien- und Stammesstrukturen nennt, zu einer „Makrogesellschaft“, die instinktive oder archaische Verhaltensweisen unterdrückt, um die zivilisatorische Entwicklung zu befördern. Der Koran stellte so etwas wie eine vorstaatliche Ordnung her, schuf einen Verhaltenskodex der Menschen und schuf mit der Gemeinschaft der Gläubigen eine metatribale Ordnung, unterschied von da an zwischen Gläubigen, Ungläubigen und Schutzbefohlenen. Glaube wurde per Verkündung de facto zum moralischen Gesetz. Wenn wir uns die islamischen Gesellschaften heute anschauen, müssen wir feststellen, dass das islamische Gesellschaftsbild über diesen Zustand der „spontanen Ordnung“ nicht hinausgekommen zu sein scheint, sondern sie diesen Zustand zum Ideal und für abgeschlossen erklärt. Nach Hayek gehört aber zu jeder sich entwickelnden Gesellschaft neben einer Ordnung auch eine Dynamik. Die islamische Welt war zu Beginn expansiv und auch im Denken dynamisch, hat aber diese Dynamik sehr früh, spätestens im 11. Jahrhundert durch die „Versiegelung“ des Denkens veröden lassen. Das aktuelle islamische Staatsverständnis ist bis heute das der Theokratie, der Herrschaft Allahs, einer statischen Gesellschaft, nicht nur im religiösen Bereich, sondern es versteht diese als umfassend. Nach dieser Vorstellung ist der Islam *din,* Glaube und Gesetz. Das arabische Wort *din* bedeutet sowohl Glaube und Unterwerfung wie auch Recht und Gesetz. Letztlich bedeutet dies, dass Gottes Gesetze über den von Menschen gemachten Gesetzen stehen. Eine Auffassung, die in der säkularen Gesellschaft zwangsläufig zum Kon-

---

[3] Friedrich August von Hayek entwickelt seine Theorie der kulturellen Evolution in: Die verhängnisvolle Anmaßung. Die Irrtümer des Sozialismus, Tübingen 1996.

flikt führt, denn dort ist Religion Teil der Freiheit und kann nicht über der Verfassung stehen.

II. Vom Wert des Zweifels

Welches Bild von den Menschen und ihrer Ordnung wird in den autoritativen Schriften (so bezeichnet man den Koran und die kanonisierten Hadith-Sammlungen) des Islam vermittelt?

Dazu eine kurze Zusammenschau von islamischen Grundauffassungen:

Der Mensch ist nach dem Verständnis des Koran einerseits von Allah geschaffen und der hat, wie ein Vers feststellt, „alles gut gemacht". Andererseits verfügt aber der Mensch laut Koran über eine Reihe ungünstiger Eigenschaften, wie Schwäche, Unbeständigkeit, Unzuverlässigkeit, Kleinmut usw.[4] So spricht der Koran zusammenfassend über das Wesen des Menschen in Sure 12, Vers 53: „Die Seele (des Menschen) gebietet ja mit Nachdruck das Böse". Der Mensch muss deshalb nach dieser Auffassung von Gesetzen und Geboten „rechtgeleitet" werden. Auch wird der Mensch nicht als Individuum, sondern als Teil der Gemeinschaft gesehen. Der Mensch ist ein Sozialwesen und gilt nicht als selbstständig denkendes Wesen, sondern als jemand, der seine Pflichten gegenüber Gott, der Gemeinschaft, den Älteren, den Eltern zu erfüllen hat. „Ihr (Gläubigen) seid die beste Gemeinschaft, die je unter den Menschen entstanden ist ... Ihr gebietet, was recht ist, verbietet, was verwerflich ist, und glaubt an Gott." (Sure 3, Vers 110) Der Koran wird nicht nur als „Gesetzbuch" gesehen, sondern er lehrt Gerechtigkeit und ermöglicht eine sichere Entscheidung, heißt es, und ist somit Grundlage der Scharia, der islamischen Rechtslehre. Diese Auffassung, dass göttliche Offenbarung dem Menschen vorschreibt (und dies wird

[4] Siehe hierzu: Der Koran, erschlossen und kommentiert von Adel Theodor Khoury, Düsseldorf 2005, S. 202 ff. Khoury führt über zwei Dutzend Verse des Koran auf, in dem ungünstige Eigenschaften des Menschen beschrieben werden.

bis heute tradiert), wie er zu leben hat, und dass diese göttlichen Gesetze Vorrang vor weltlichen Gesetzen haben, steht im Widerspruch zur säkularisierten Weltsicht und ist ein Beleg für das statische Verständnis der „spontanen Ordnung". Zumal die Beschwörung der Einheit von Staat und Religion den Kern des muslimischen Weltbildes darstellt. Die „reine Lehre" des Islam gerät mit so grundsätzlichen Dingen wie den Grund- und Menschenrechten in Konflikt, weil das Individuum „an sich" keine eigenständige Bedeutung hat, sondern seine Rechte und Pflichten sich nach Maßgabe der Scharia richten. Der Muslim hat die Freiheit, Gottes Gesetzen zu folgen.

Da der Koran und auch die Sunna die Triebhaftigkeit des Menschen als eine der ungünstigen, aber nicht zu verändernden Eigenschaften sieht, soll zum Beispiel die Sexualität nur im Rahmen der (verpflichtenden) Ehe stattfinden und sollen Männer und Frauen sonst möglichst getrennt werden. Die Frau wurde einerseits durch den Koran rechtlich anerkannt (Erbrecht), andererseits aber auch ins Haus verbannt und in der Tradition zum Besitz des Mannes gemacht. In Mekka und im sonstigen Arabien waren die Frauen in der vorislamischen Zeit teilweise eigenständig, es gab ein Matriarchat, was sich auch in weiblichen Gottheiten ausdrückte. Mohammeds erste Frau Chadidscha war eine selbstständige Unternehmerin. Durch Mohammed wurde der Mann per Offenbarung zum Beschützer der Frauen, die Frauen sein Besitz, die Erbfolge patrilinear. Diesen Besitz zu schützen, ist bis heute eine Frage der „Ehre" des Mannes und seiner Familie. Gleichberechtigung ist nicht vorgesehen und nicht gewünscht. Ansehen und Respekt werden in der orientalischen Gesellschaft davon abhängig gemacht, ob der Mann oder Sohn die Frauen der Familie beschützen und versorgen kann. Deshalb ist es in der Zeit nach Mohammed zu Tradition und Sitte geworden, dass die Frauen im Haus bleiben sollten bzw., wenn sie in die Öffentlichkeit gehen, sich verhüllen. Die Trennung von Mann und Frau wurde zur islamischen Tradition.

Bis heute sind islamische Wissenschaftler offiziell nicht bereit, eine kritisch-rationale Betrachtungsweise anzunehmen, für sie ist die Quelle der Betrachtung nicht die Gesellschaft oder Empirie, sondern nach wie vor die Offenbarung, die als Religion die Menschen über ihren Daseinssinn belehrt. Die Verhältnisse, wie sie im Koran beschrieben sind, sind gottgewollt, heißt es.

Nun wenden Beobachter ein, man könne nicht so tun, als habe es in der über vierzehnhundertjährigen Geschichte des Islam keine Entwicklung gegeben. Das ist richtig, es gab zum Beispiel den Perser Avicenna (980–1037) und al-Farabi (870–950), die den Koran als Metapher lesen wollten, es gab Ibn Rushd / Averroes (1126–1198), der die Schriften des Aristoteles bewahrte und die rationale Vernunft befürwortete, und es gab die Mu'taziliten im 9. Jahrhundert, die stark für die Eigenverantwortlichkeit der Gläubigen plädierten und den Koran für „erschaffen", also historisch hielten.

Aber sie alle unterlagen den Dogmatikern wie al-Ghazali (1058–1111), die die islamische Philosophie „widerlegten" und nur noch die *taqlid*, die Nachahmung oder *ighitihad*, den Analogieschluss als Methode der Erkenntnis zuließen und den Koran als überzeitlich definierten. Der Islam ist aus meiner Sicht an dieser „Versiegelung" gescheitert und krankt immer noch daran. Die technologische, geistige wie demokratische Entwicklung in den muslimisch dominierten Ländern zeigt, dass der traditionell gelebte Islam ein Handikap für die Entwicklung der Menschen geworden ist. Auf die aktuelle Entwicklung in Nordafrika gehe ich etwas später ein.

Eingedenk dieser intellektuellen Misere sehen sich muslimische Intellektuelle wie der islamische Prediger und Schweizer Islamwissenschaftler ägyptischer Herkunft Tariq Ramadan oder auf andere Weise der aus der Türkei stammende und mit seiner Bewegung weltweit agierende Fethullah Gülen als Reformer. Letzterer behauptet, dass der Westen zwar technologisch überlegen sei, dem Islam aber dagegen die moralische und von Gott gewollte Herrschaft zustünde. Tariq Ramadan (geboren 1962) will – so schreibt er in seinem Buch „Radikale Reform"[5] – an der Offenbarung festhalten, erkennt aber, dass die

[5] Tariq Ramadan, Radikale Reform. Die Botschaft des Islam für die moderne Gesellschaft, München 2009.

Muslime sich dadurch in ihrem Denken selbst fesseln. Deshalb stellt er dem „Buch der Offenbarung“, wie er sagt, also dem „Text“ von Koran und Sunna, das „Buch des Universums“, die Naturgesetze, die Wissenschaften, den „Kontext“ an die Seite. Zwischen dem „Text“ und dem „Kontext“ soll eine angewandte „islamische Ethik“ vermitteln.[6] Diese „Ethik der Befreiung“ bedeutet nichts weiter als die Befreiung von westlichen Werten. Ein anderer Beleg für die massive Verunsicherung und geistige Selbstbeschränkung islamischer Denker zeigt der Stand der islamischen Soziologie, wie sie Kerim Edipoglu in seiner Dissertation[7] mit Beispielen aus Malaysia, Iran und der arabischen Welt vorstellt. Der islamischen Soziologie, ein neu entstandener Fachbereich, geht es summa summarum nicht um soziale Umstände, sondern darum, Gut und Böse und falsch und richtig zu orten. Wissen bedeute im Islam das ganzheitliche Erfassen der metaphysischen Natur und seine Verbindung zum Göttlichen. Die islamische Soziologie wendet sich gegen eine Soziologisierung der Religion und betreibt vielmehr eine Islamisierung der Soziologie, indem sie die Grundintention der Soziologie – den Versuch der Welterklärung nach rationalen Maßstäben – als eurozentristisch abtut. Man definiert eigene Parameter, entwickelt aber keine eigenen schlüssigen Methoden. Als Prämissen für diese Art der Forschung werden u. a. vorgegeben: die Erforschung der Einheit der Wahrheit und des Wissens, Einheit der Menschheit, Einheit des Lebens, zielgerichteter Charakter der Schöpfung, Dienstbarkeit der Schöpfung für den Menschen und des Menschen wiederum für Allah.

Bleibt dies so, verharrt auch die moderne islamische Wissenschaft beim Dogma der Überzeitlichkeit des Koran und der Ablehnung der Neugier und des Zweifels und der Philosophie. Die Trennung von Glaube und Vernunft, also die Säkularisierung der Wissenschaft, wird nicht in Erwägung gezogen. Tariq Ramadan redet zwar nicht

---

6 A. a. O.

7 Siehe hierzu: Kerim Edipoglu, Islamisierung der Soziologie oder Soziologisierung des Islam? Indigenisierungsansätze in Malaysia, Iran und der arabischen Welt, Tübingen 2006.

von „Islamisierung“ der Wissenschaften, und sein Ansatz liest sich „moderner“ oder pragmatischer, doch auch er will eine islamische Ethik schaffen, die Wissenschaft und Handeln nach der Nützlichkeit für die Durchsetzung der muslimischen Offenbarung beurteilt. Auch dieser Ansatz entspricht der traditionellen islamischen Lehre und Herrschaft: Entweder wird etwas Fremdes „islamisiert“, also zum Teil der Religion gemacht, oder dienstbar gemacht. So machten es die Osmanen mit den Völkern Anatoliens. Entweder sie wurden muslimisch oder sie wurden versklavt oder als „Schutzbefohlene“ dienstbar gemacht, mussten Kopfsteuern zahlen oder wie die Christen ihre zehnjährigen Knaben für die Janitscharen-Truppe des Sultans hergeben.

Der Islam hat viele von ihm legitimierte Sitten und Traditionen nicht selbst geschaffen, sondern adaptiert und legitimiert. Ein Beispiel: Die Blutrache war unter anderem in archaischen Stammesgesellschaften des Orients eine Art Kodex des Interessenausgleichs. Wie einige andere dieser Traditionen wurde sie in den Koran übernommen und zur Sunna, zur nachahmenswerten Tradition erklärt. Andere Beispiele: Die Herrschaft des Mannes setzte sich durch Mohammeds Lehre gegen das Matriarchat durch und wurde durch eine Reihe von Suren und Versen zur religiösen Vorgabe. Die Beschneidung von Jungen war seit Abraham eine orientalische Gepflogenheit und wurde in die Tradition übernommen, die Genitalverstümmelung von Frauen war ein afrikanischer Ritus und wird erst seit wenigen Jahren auch von Imamen kritisiert. Das Opfern ist einer der Ursprünge von Religionen schlechthin, Jenseitsdarstellungen kennen vorislamische Religionen und tauchen als Paradiesbeschreibungen im Koran auf. Wenn von reformwilligen Muslimen behauptet wird, diese archaischen Praktiken hätten mit dem Islam nichts zu tun, verkennen sie den Zusammenhang von Religion, Kultur und Zivilisation. Man kann sagen, nach heutiger Lesart sind solche Traditionen überholt oder gar schädlich. Aber dann muss man gleichzeitig zugestehen, dass der Koran und die Sunna historisch zu lesen sind. Dass man die Texte kritisch lesen muss, dass Zweifel an der Offenbarung legitim sind. Und dass sich Werte auch wandeln können.

Aber die Beispiele zeigen etwas anderes. Das Christentum hat sich im Laufe der Jahrhunderte reformiert, sich den jeweiligen gesellschaftlichen Bedingungen zum Teil in schmerzhaften Prozessen angepasst. Es wurden Glaubenskriege geführt, die Kirche spaltete sich, musste sich der Aufklärung stellen. Der Islam ist bisher den entgegengesetzten Weg gegangen. In der Anfangsphase wurden die unterschiedlichen Lebensweisen und Traditionen der jeweils eroberten Regionen und Ethnien aufgenommen und adaptiert und in die eigene „spontane Ordnung“ integriert. Im Laufe der Zeit wurden die Traditionen und Sitten „islamisiert“. D. h., Christentum und Islam reagierten unterschiedlich auf Veränderungen. Während sich der christliche Glaube durch den Zweifel und die Aufgeschlossenheit für die Vernunft den Verhältnissen anpasste, also modernisierte, versuchte der Islam, die Realität an die Glaubenssätze anzupassen.

III. Religionskritik ist Aufklärung

Vielfach wird gefordert, der Islam brauche die Aufklärung. Auch ich war und bin der Auffassung, dass ein Fortschritt in der islamischen Gesellschaft nur durch die Kritik an den Verhältnissen vorangetrieben werden kann. Blicken wir noch einmal in die europäische Geschichte zurück, stellen wir fest, dass die Grundlage der westlichen Freiheit die Religionskritik darstellt.

Kant formuliert: „Aufklärung ist der Ausgang des Menschen aus seiner selbst verschuldeten Unmündigkeit.“ Auch und vor allem aus religiösen Zwängen. Aber nun kann man laut Herbert Schnädelbach Mündigkeit nicht erzeugen, sondern nur die Bedingungen dafür schaffen. Er verweist darauf, dass religiöse Reformen immer auch im Bereich des Religiösen selbst stattfinden müssen und für diesen die Kritik natürlich eine Bedrohung darstellt, weil sie den Mythos, die Illusion, die Lüge, den Götzendienst und Priesterbetrug zu entlarven versuchten.[8] Und hat

[8] Herbert Schnädelbach, Religion in der modernen Welt, Frankfurt am Main 2009, S. 16.

sich der Zweifel einmal geregt, kann man ihn nicht wieder aus der Welt schaffen.[9] Und fast als Warnung an die Gläubigen: „... die Aufklärung gewinnt jenen Kampf, aber die Preise sind hoch: Nicht nur ist das Jenseits leergeräumt, die Transzendenz beseitigt, sondern Hegel behauptet sogar, dass der jakobinische Terror die unvermeidliche Folge der siegreichen Aufklärung gewesen sei", schreibt Herbert Schnädelbach. Das scheint tatsächlich die große Furcht der Gläubigen zu sein. Dass durch den Zweifel die Aura der Gewissheit verfliegt und man wie im Märchen von „des Königs neue Kleider" nackt dasteht.

Damit umschreibt Schnädelbach wohl auch treffend die Intention des Journalisten und Katholiken Patrick Bahners, der in seinem Buch „Die Panikmacher"[10] mit seiner Kritik an der Islamkritik ganz bei Hegel ist. Ihn interessiert nicht so sehr der Islam, über den redet er wie die konservativen Muslime nicht, sondern er fürchtet um die Moral in einer Welt ohne Paradiesversprechen. Er plädiert dafür, dass den Menschen der Glaube und auch der Aberglaube zusteht, dass es ihnen gestattet sein muss, ihren Glauben für die Wahrheit halten zu dürfen. Er meint dies erreichen zu können, indem er die Islamkritik als unbegründet und unmoralisch charakterisiert. Leider tappt er dabei in die Falle seiner eigenen Argumentation. Er verteidigt die Freiheit einer Religion, die selbst die von ihm als Freiheit definierte Prämisse gar nicht kennt. Andere wie der Vorsitzende der Grünen Cem Özdemir, der sich selbst als „säkularen Muslim" bezeichnet, stimmen dem zu. Nur ist Özdemir gedanklich nicht auf dieser Höhe und verkürzt seine Haltung auf den Schutzmechanismus. Er stellt sich schützend vor die Religion, allein weil er meint, Muslime seien in Deutschland eine diskriminierte Minderheit.

Und dann wird von beiden der Hinweis gebracht, die Revolten im Maghreb, in Ägypten und der übrigen arabischen Welt seien ein Beleg für die Wandelbarkeit und Demokratiefähigkeit des Islam. Ich bin da wesentlich vorsichtiger. Zum einen halte ich das, was in diesen Ländern

---

9 A. a. O. S. 27.

10 Patrick Bahners, Die Panikmacher, München 2011.

passiert, noch nicht für eine Revolution, sondern zunächst nur für einen Aufstand von Unzufriedenen und die Vertreibung von Despoten – eine Rebellion also. Des Weiteren deuten alle Hinweise darauf hin, dass weder die Muslimbrüder noch irgendwelche anderen muslimischen Organisationen und Kräfte den demokratischen Prozess befeuern. Es handelt sich eher um Stammeskämpfe oder schlicht um das Ringen um die Macht. Die Entwicklung in Tunesien unterscheidet sich grundsätzlich von der in Ägypten oder dem Jemen.

Es gibt dort auch eine revolutionäre und an westlichen Werten und vielleicht sogar an Kant geschulte Bewegung junger Menschen. Aber diese haben sich mehr oder weniger von ihrer Religion abgewandt, treiben ihre Reformversuche abseits der Imame und Moscheen. Aus den religiösen Kreisen heraus ist keine Bewegung Richtung Demokratie erkennbar. Vielleicht lassen sich die Frauen, die mit und ohne Kopftuch auf den Demonstrationen zu sehen und zu hören waren, ihren neu gewonnenen Einfluss nicht wieder nehmen. Es ist eine in diesem Teil zumindest im Geiste säkulare Bewegung, die den Einfluss des Religiösen aus dem Leben zurückzudrängen versucht. Wir können nur hoffen und sie unterstützen, damit dies gelingt. Sicher ist das nicht. Im Moment sieht es eher in Ägypten danach aus, dass die islamistischen Kreise in Verbindung mit dem alten Machtapparat zu einer Neuverteilung der Macht kommen. Anzeichen sprechen dafür, dass in Ägypten die Scharia Maßstab der Rechtsprechung bleibt und nicht wie in der Türkei 1928 ein Zivilgesetz wie die Schweizer Verfassung importiert wird. Das heißt, die Scheichs der Al-Azhar-Universität werden im revolutionären Überschwang die Frauen nicht vom Schleier befreien, sondern alles daran setzen, dass die religiöse Begründung für die patriarchalischen Verhältnisse weiter Gesetz bleibt. So wird sich die Dominanz des Islam weiter auch in der Geschlechtertrennung als Gesetz ausdrücken.

Trotzdem müssen wir diesen Wandel in der muslimischen Welt unterstützen, denn in ihm drückt sich auch die Sehnsucht der Menschen nach Freiheit aus, die nicht nur im arabischen Wortsinn *„hurriya"* als die Befreiung vom Sklavendasein gedeutet werden kann, sondern vielleicht im aufklärerischen Sinne als „Freiheit von Zwang“, als ein „selbstreferentieller und kommunikativer Prozeß mit dem Ziel vernünftiger Selbständigkeit in individueller und politischer Hinsicht, der nur dann in Gang kommt, wenn Menschen ihn zu ihrem eigenen Projekt machen ...“[11]

IV. Modell Türkei?

Auch als ein Beleg für die Wandlungsfähigkeit der muslimischen Gesellschaft werden die wirtschaftlichen und politischen Erfolge in der Türkei und in den Golf-Emiraten gesehen. In der Türkei regiert seit 2002 die AK-Partei des Ministerpräsidenten Tayyip Erdogan, die gleichzeitig unter Verdacht steht, eine Islamisierung der Gesellschaft voranzutreiben. Zu beobachten ist eine vielfach parallel verlaufende Entwicklung.

Da ist zum einen die Zurückdrängung des Laizismus in allen gesellschaftlichen Bereichen, was sich am deutlichsten an der Kopftuchfrage festmachen lässt. Das Kopftuch wie alle anderen religiösen Äußerungen wurden von Atatürk und den Kemalisten mit der Gründung der Republik 1923 aus dem öffentlichen Leben verbannt. Seit 1950 – der Regierung von Menderes – wird von den Muslimen um die Rückkehr der Religion in den öffentlichen Raum gekämpft. Die Kemalisten und ihr Militär haben mit Militärputschen und rigider Politik dagegen gekämpft. Die Muslime sind inzwischen auf allen politischen Entscheidungsebenen vertreten, haben durch Wahlen eine pragmatische Politik, aber auch durch Nepotismus und konspirative Unterwanderung die „weiße“ Elite Atatürks weitgehend entmachtet.

Das konnten sie, weil sich die Kemalisten und ihre Parteien wie die CHP oder die Sozialdemokraten von Ecevit im Laufe der Jahre weit von den Bedürfnissen des Volkes und den Erfordernissen der Moderne entfernt haben. Die AKP hat zunächst über die kommunale,

[11] Schädelbach S. 24.

(Erdogans erste Erfolge hatte er als Bürgermeister von Istanbul) dann auch auf nationaler Ebene bedeutende Reformen, wie die Gesundheitsreform oder die Legalisierung der Gecekondus (der über Nacht gebauten Häuser) und den sozialen Wohnungsbau, in Gang gesetzt. Das entscheidende Erfolgskriterium aber war die Liberalisierung der Wirtschaft. Die türkische Wirtschaft war nach Atatürk zentralistisch organisiert und durch Fünf-Jahres-Pläne, zentrale Entscheidungen, Preis- und Produktionsvorgaben gefesselt. Große Bereiche der Wirtschaft und der Landwirtschaft waren bis hin zum Brotpreis streng reglementiert. Durch die Privatisierung und Entflechtung, die Öffnung der Märkte entwickelte sich ein stürmisches Wirtschaftswachstum, zu Beginn finanziert mit Krediten der saudi-arabischen Entwicklungsbank aus Riad, zu einer Zeit, als dort der heutige Präsident Abdullah Gül tätig war. Diese Entwicklung ging zunächst mit großer Verschuldung und teilweise enormer Inflation einher, führte aber auch zu erheblicher Umverteilung. Es entstanden – von islamischen Banken befördert – neue islamische Wirtschaftskonzerne und auch die Lage der Bevölkerung verbesserte sich in vielen Bereichen. So wurden die Bewohner vieler Gecekondus von der Regierung zu Eigentümern des Landes, auf dem sie siedelten, gemacht. Diese Grundstücke schloss man an die Strom- und Wasserversorgung an, baute Straßen und errichtete auf den Grundstücken große Wohnhäuser. Aus den Slumbewohnern wurden so vielfach wohlhabende Bürger.

Es ist ein neoliberales Wirtschaftsmodell mit starken sozialen Zügen, aber keine „islamische Alternative“ der Wirtschaftspolitik, die hier zum Erfolg führte. Hier orientierte sich Erdogan an Europa, islamische Vorgaben wie das Zinsverbot wurden kreativ umgedeutet und der ökonomische Sektor von religiösen Vorgaben freigehalten. Wie in den Emiraten setzte man in den USA oder in Europa ausgebildete Muslime und Parteigänger der AKP an die entscheidenden Stellen.

Man könnte die Rolle des Islam für diese Entwicklung mit Ramadans These von den „zwei Büchern“ beschreiben. Der „Text“, die religiöse Tradition, bleibt durch die AKP unangetastet, denn „unsere Religion ist“, wie Erdogan es einmal formuliert hat, „ohne Fehler“

und wird ungefragt als gegeben akzeptiert und nicht hinterfragt. Aus diesem „Text“ ergibt sich eine „islamische Ethik“, mit der auf den „Kontext“, die Umwelt, reagiert wird. Aber diese „Ethik“ besteht nicht aus einem theologischen Katechismus, sondern im Wesentlichen aus der „spontanen Ordnung“ der traditionellen Lebensweise, die in dem kollektiven Prinzip der *„Umma“*, der Gemeinde der Gläubigen, zusammenkommt. Der Zusammenhalt der „besten aller Gemeinschaften“ ist es, für die man arbeitet, der man verpflichtet ist. Der Ältere gibt, kassiert und sorgt für den Einzelnen seiner Gemeinschaft, seines Clans, seiner Nation. Das Zusammenspiel von traditionellem Kollektiv, von technischen und ökonomischen Methoden der Moderne wie der Dezentralisierung und Liberalisierung der Wirtschaft hat in den letzten Jahren bei einer wachsenden Bevölkerung zu einer Entfesselung von Kräften geführt. Die langfristigen Kosten wie die Staatsverschuldung spielen in wachsenden Volkswirtschaften eine kleinere Rolle als in stagnierenden oder schrumpfenden. Die Türkei ist in Sachen Wirtschaftsliberalismus ein Modell, im Hinblick auf europäische Werte aber nicht. Die Religion des Islam stellt, um dem Erklärungsansatz von Hayek zu folgen, die moralische Ordnung sicher, während die Wirtschaft den Part der geforderten Dynamik erbringt. Wenn dies aber „zu einem Erstarken der Stammesmoral“ führt und nicht der individuellen Freiheit, in der „jeder sein Wissen für seine Zwecke gebrauchen kann“,[12] dient, sondern weiter aufs Kollektiv fixiert ist, wird es nicht zu einer offenen Gesellschaft führen. Die Wirtschaftsdynamik und partielle Umverteilung überdecken zudem einen anderen Prozess, der die Öffentlichkeit entliberalisiert. Der Kampf gegen den „tiefen Staat“, d. h. die nationalistische Verschwörung von Teilen des Staatsapparats und des Militärs, wird einerseits mit Argumenten der Demokratie, wie demokratischer Kontrolle, aber auch mit Methoden des Obrigkeitsstaates, wie Einschränkung der Pressefreiheit, geführt. Für alle Beteiligten, Regierung wie Opposition und Militär,

[12] Friedrich August von Hayek, Recht, Gesetz und Freiheit. Eine Neufassung der liberalen Grundsätze der Gerechtigkeit und der politischen Ökonomie, Tübingen 2003, S. 58.

scheint die Stärkung der Bürgerrechte und der Zivilgesellschaft nicht auf der Tagesordnung zu stehen. Die türkische Verfassung ist laizistisch, aber der Einheit der Nation und nicht dem einzelnen Bürger verpflichtet. Auch unter Erdogan ist die Türkei nicht auf dem Weg in eine Gesellschaft freier Bürger. Eine Verfassung, die den Einzelnen vor dem Kollektiv schützt, lässt auf sich warten.

V. Demokratie als Platzwart?

Die europäische Wertegemeinschaft hat sich als eine Gesellschaft von Individuen entwickelt, die Grundrechte sind zuerst zum Schutz des Einzelnen vor Unrecht, Willkür, auch gegenüber Gruppenzwang und dem Staat zu gewährleisten. Die Freiheit des einzelnen Bürgers wird per Gesetz auch vor dem Staat geschützt.

Dabei ist der Toleranzgedanke aber leider inzwischen rechtlich so weit formalisiert, dass die Freiheit „an sich" das Prinzip geworden ist und juristisch anscheinend so etwas wie ein weites leeres Feld darstellt. Welches Spiel dort nach welchen Regeln gespielt wird, scheint die Verfassungsrechtler mittlerweile nicht mehr zu interessieren. Freiheit, Demokratie und Menschenrechte werden zu juristischen Formalien relativiert. Um es „sportlich" auszudrücken: Die Juristen haben sich – so scheint es mir – aus der Rolle des Schiedsrichters verabschiedet und geben jetzt den Platzwart. Die Aufgabe der moralischen Selbstdefinition der europäischen Gemeinschaften führt immer mehr dazu, dass andere Gesellschaftsideen wie die der Kollektivreligion Islam – ohne Rücksicht oder in Kenntnis des „Geistes der Gesetze" – die inhaltliche Leere zu besetzen suchen.

Denn der Wesenskern der islamischen Gesellschaft ist im Gegensatz zu den Individualgesellschaften Europas nach wie vor das Kollektiv, das Ganze, dem sich der Einzelne unterzuordnen hat. Wenn Vielfalt als oberster Wert angesehen wird, sind Demokratie, Menschenrechte, Rechtssicherheit und kulturelle Identität nicht mehr Kernkompetenzen, sondern werden zu Rahmenbedingungen herabgestuft.

Für mich persönlich war und ist die Freiheit immer konkret. Ich durfte zur Schule, konnte arbeiten gehen, durfte wohnen, wo ich wollte, durfte demonstrieren. Ich war frei, weil ich ohne Zwang leben konnte und weil ich krankenversichert war, ein Stipendium bekam, mir niemand vorschreiben konnte, ob ich heiraten will oder mit wem ich zusammenleben will. Ich bin frei, weil Eigentum respektiert wird, sich die Leute um mich herum an Regeln halten und im Notfall die Polizei da ist, um mich zu beschützen. Ich kann schreiben, was ich will, werde kritisiert, ohne dass der Kritiker oder ich dafür Gefahr laufen, ins Gefängnis zu kommen.

Die Freiheit ist aber immer auch mit Verantwortung verbunden. Das bedeutet, wir müssen die Kräfte des Zusammenhalts in unserer Gesellschaft stärken, die Freiheit im Kant'schen Sinne des kategorischen Imperativs interpretieren und nicht als Narrenfreiheit ausnutzen.

Was Europa und seine Werte ausmacht, verschleift sich im Alltag immer mehr. Freiheit in seiner komplexen Bedeutung ist aber nicht nur die „Abwesenheit von Zwang", sie ist immer als „individuelle Freiheit" zu denken und muss auch von der „Macht" nach dem Motto „ich tue es, weil ich es kann" abgegrenzt werden.

Die Auseinandersetzung mit dem politischen Islam wird oft von deren Seite aus mit dem Argument der „Religionsfreiheit" geführt. Aber das Recht, etwas „zu tun, was nicht verboten ist", ist wie die Auseinandersetzung um das Kopftuch bei Kindern oder Lehrerinnen in Schulen letztlich eine politische Frage. Die Islam-Verbände und ihre Vertreter führen diese als Machtkampf auf dem juristischen Feld. Ihnen liegt nichts am freiheitlichen Geist unserer Gesellschaft, sie haben eine andere Vorstellung von der Gesellschaft. Das Gewissen, das ins Innere des Menschen verlegte „Sittengesetz", z. B. ist in der „islamischen Ethik" keine Kategorie, weil der Gläubige am jüngsten Tag allein Allah, dem Jenseits verpflichtet ist und nicht dem Diesseits.

Wenn wir feststellen, dass auch solche kollektivistischen Gesellschaftsmodelle oder an anderen Werten ausgerichteten Gesellschaftsmodelle unter der Prämisse der Freiheit oder der Religionsfreiheit zu akzeptieren sind, stellt sich für mich die Frage, was unsere Gesellschaft, um Goethe zu zitieren, „im Innersten zusammenhält". Wenn „anything goes" oder „Laissez-faire" zur Parole werden, wird Freiheit zum bloßen Lippenbekenntnis.

Die Debatte um das, was unsere Gesellschaft ausmacht, ob Freiheit oder Freiheiten verteidigt werden, müssen wir letztlich politisch und nicht auf der formalen Ebene führen.

Die Europäer gehen mit der Freiheit um, als sei sie längst ein Naturgesetz und nicht Ergebnis eines jahrhundertelangen Kampfes. Freiheit wird als gegeben empfunden, ja mancher scheint ihr überdrüssig zu sein, so leichtfertig geht man mit ihr um. So wird über kurz oder lang die Reibungsfläche fehlen, mit der die Toleranz sich gegen ihre Umdeutung wehrt. Freiheit als Gesetz – auch das muss verteidigt werden.

IV.

Werte im Kontext gesellschaftspolitischer Fragen

Václav Havel

Vom Wert der Freiheit

Die Welt blickt in diesen Monaten wie gebannt auf den Nahen Osten. „Arabellion“ – so hat die Presse diese bemerkenswerten Vorgänge in der arabischen Welt getauft, weil die Menschen dort um ihre Freiheit kämpfen. In einigen Ländern haben sie bereits Erfolge erzielt, in anderen stemmen sich die Machthaber immer noch mit allen Mitteln gegen die ihre Herrschaft bedrohende Brandung. Denn die Freiheit ist wie das Meer. Die einzelnen Wogen vermögen nicht viel, aber die Kraft der Brandung ist unwiderstehlich. Wir im Osten und in der Mitte Europas verfolgen diese Entwicklung mit großer Sympathie. Wir denken an unser eigenes Schicksal, an den dramatischen Bruch bisher so hermetisch versiegelter Grenzen, an das Durchtrennen von Stacheldraht, an das Einreißen der Mauern quer durch Europa vor mehr als zwei Jahrzehnten. Es war das Ende der bipolaren Teilung, nicht nur von Europa, sondern der ganzen Welt. Es war ein Moment von solch historischer Bedeutung, dass viele Menschen das Gefühl hatten, von nun an könne die Welt gedeihen.

Es geschah nicht. Wenn ich auf mein eigenes Land blicke, haben wir zweifellos einige grundlegende und insgesamt leicht zu überprüfende Dinge erreicht. Auf friedlichem Wege und sehr schnell haben wir die Macht aus den Händen des totalitären Regimes übernommen und die Instrumente beseitigt, mit denen es die Gesellschaft beherrschte. Verhältnismäßig schnell haben wir uns aus der Position des Satelliten befreit und zum Ende der Organisationen beigetragen, die in einem großen Teil Europas fremde Hegemonie sicherstellten. Schnell haben wir alle grundlegenden bürgerlichen Freiheiten erneuert, die Institutionen des demokratischen Staates, das Prinzip der Herrschaft des

Rechts angenommen und Raum für politische Pluralität geschaffen. Der Staat hörte auf, ideologisch definiert zu sein und zu seiner Leitidee wurde der Gedanke der Menschenrechte – ein Wert, der im Laufe der letzten Jahrzehnte zum Dreh- und Angelpunkt unseres Daseins geworden ist.

So wurden wir allmählich wieder zu einem vollwertigen Bestandteil der westlichen demokratischen Zivilisation und zu Mitgliedern seiner heutigen Organisationen und haben in Folge dessen auch die entsprechende Mitverantwortung für den Frieden in der Welt und die Freiheit all ihrer Bewohner übernommen. In unserem Land, in dem fast alles vor Jahrzehnten verstaatlicht worden war, gab es einen präzedenzlosen Prozess der Privatisierung und Erneuerung der Marktwirtschaft. Es begann die freie Reflexion der eigenen Vergangenheit, verbunden mit dem Bemühen, sich mit ihren dunklen Kapiteln auseinanderzusetzen und in erreichbarem Maße die unendliche Menge an Unrecht, das so lange begangen worden war, wiedergutzumachen.

Das alles geschah selbstverständlich in allen europäischen Ländern, die früher hinter dem Eisernen Vorhang lagen, obwohl es in jedem von ihnen verständlicherweise anders verlief, eine andere Färbung hatte, ein anderes Tempo und eine andere Qualität, was von Tausenden von historischen und anderen – früher unter dem Dach der kommunistischen Gleichmacherei verborgenen – Unterschieden zwischen ihnen bedingt war. Sicher ist, dies alles hätte schneller, besser und gründlicher geschehen können. Aber das gilt in der Politik wohl für alles. Wichtig ist, dass es überhaupt geschehen ist oder geschieht und dass diese Entwicklung nicht mehr umzukehren ist.

Diese grundlegenden und allgemeinen Dinge sind allerdings nicht – aus mehr oder weniger offensichtlichen Gründen – der Hauptgegenstand meines ziemlich intensiven, ja manchmal fast schmerzhaften inneren Fragens. Das ist ein anderer, nach außen hin vielleicht subtilerer, in Wirklichkeit jedoch meiner Meinung nach noch wichtigerer Bereich, nämlich der Bereich der existenziellen, menschlichen, bürgerlichen, sittlichen oder sozialen Dimension all dieser Veränderungen, der Bereich des gesellschaftlichen Klimas, in dem sie vor sich gehen, der Bereich ihrer indirekten, aber häufig über alle Maßen wichtigen begleitenden Zeichen und Zusammenhänge, sowie das System der mentalen Haltungen und Praktiken, die diese Veränderungen entstehen lassen oder ermöglichen. Wir wissen: Eine demokratische politische Kultur kann nicht von einem Tag auf den anderen geschaffen oder wiederbelebt werden. Das braucht Zeit, und es gibt eine Menge unerwarteter Probleme, die auf diesem Weg gelöst werden müssen. Während der Zeit der Moderne herrschte der Kommunismus zum ersten und hoffentlich letzten Mal, und wir waren deswegen die Ersten, die mit dem Phänomen des Postkommunismus konfrontiert waren. Wir mussten uns mit den Folgen eines langwierigen Regimes der Angst und all den Risiken auseinandersetzen, die mit einer historisch beispiellosen Umverteilung von Werten verbunden waren und es gab und gibt noch immer viele Hindernisse. Wir müssen noch viel dazulernen.

Unsere Gesellschaft hat jahrzehntelang in einem verdorbenen sittlichen Klima gelebt. Daher mussten auch die historischen Veränderungen zum Besseren, die wir seit dem Ende der achtziger Jahre durchlebt haben, von diesem Klima gekennzeichnet sein, und zwar umso mehr, als der Weg zur Demokratie und Marktwirtschaft nie da gewesene Horizonte für neue Arten der Versuchung eröffnete. Ich nenne – zumindest stichwortartig – einige Prinzipien, Werte oder Ideale, um die es mir außer den Systemveränderungen während der ganzen Zeit auch gegangen ist, ja, mehr noch, mit deren Geist wir diese Systemveränderungen durchdringen wollten.

Neben den unterschiedlichen anderen, häufig auch sehr unguten Traditionen und über Jahrhunderte hinweg sich entwickelnden und von Generation zu Generation übertragenen Modellen des gesellschaftlichen und politischen Verhaltens gibt es bei uns auch eine sehr gute Tradition. Von Komenský, Havlíček, Masaryk, Rádl und Patočka über das innere Ethos der Charta 77 reicht sie bis zum Ethos des Bürgerforums, der massenhaft auftretenden, spontanen antitotalitären Bewegung, die an der Spitze unserer so genannten samtenen Revolution stand und die Hauptkraft der gesellschaftlichen Veränderungen unmittelbar danach war.

Zu dieser Tradition gehören, oder aus ihr erwachsen so grundlegende Dinge wie einfache menschliche Anständigkeit, aufrichtige Bereitschaft, etwas von dem persönlichen Interesse dem Interesse des Ganzen zu opfern, Achtung vor einer bestimmten sittlichen Ordnung oder deren grundlegenden Imperativen, seien sie begleitet von der Gewissheit ihrer metaphysischen Verankerung oder nicht, wirkliche, also nicht gespielte Achtung vor den Bürgern und deren absolut freien Einbindung in die unterschiedlichen Strukturen der Bürgergesellschaft, Widerstand gegen alle Arten von Fanatismus, Dogmatismus, Ideologismus oder Fundamentalismus, Achtung vor der Lebenswelt einzigartiger menschlicher Wesen und ihren überschaubaren Gemeinschaften, eine skeptische Beziehung zur rein technokratischen Führung des Staates, die mehr quantitative als qualitative Ziele verfolgt, Unterstützung der Kultur umsichtiger schöpferischer Kraft gegen die bloße Kultur des Gewinns, Respekt vor der Natur, der Landschaft, dem historischen Erbe und der natürlichen Struktur der menschlichen Besiedlung, Widerstand gegen die Kultur der Reklame und des Konsums, sowie gegen Provinzialismus, Isolationismus und dumpfen Nationalismus sowie den egoistischen Kult der Nationalinteressen, der völlig ignoriert, dass das höchste Interesse jeder Nation das gute Leben des Menschen auf diesem Planeten sein sollte. Es geht – mit anderen Worten – um die Kultur der Demut vor der Welt und – wenn ich das so sagen darf – tatsächlich guten Willen, der gegen die Kultur der Intrigen, Lügen, des Betrugs und der Abmachungen hinter den Kulissen steht. Es geht um die Politik als praktizierte Verantwortung für die Welt, nicht als bloße Technologie der Macht. Politik als wirklicher Dienst an den Mitbürgern und ihren Nachkommen, nicht nur als bloße Kriecherei vor den Massen. Politik durchdachter und verantwortlicher, sei es auch riskanter oder Minderheits-Haltungen, nicht Politik opportunistischer Anpassung an das bunte Spektrum mehrheitlicher, wenn nicht gar manchmal nationaler Vorurteile. Kurz gesagt, eine Politik, die eine wirklich und dauerhaft offene Gesellschaft anstrebt.

Es ist verständlich, dass diejenigen, die versucht haben, diesen Weg zu gehen, allen ökonomischen Gaunern oder politischen Schiebern, allen postkommunistischen Mafiosi oder den mit ihnen verbundenen so genannten pragmatischen Politikern, ein Dorn im Auge waren. Und es ist verständlich, dass die freie Stimme der ersteren, hin und wieder dem Rufen der Dissidenten in der Wüste ähnelnd, immer auf den zähen Widerstand einiger ziemlich merkwürdig reich gewordenen unternehmerischen Bruderschaften und ihrer politischen und medialen Partner stieß. Und so geschah es nicht nur einmal, dass bei technisch und formal einwandfrei angewandten demokratischen Regeln seltsamerweise nicht die siegten, die es mit ihren Mitbürgern am besten meinten, sondern die, die sich am leichtesten anmieten ließen. Und gegen diejenigen, die politische Parteien als ein Instrument der bürgerlichen Öffentlichkeit verstanden, die sich aus deren Impulsen nähren und ihren Willen vermitteln, standen immer wieder diejenigen auf, für die Parteien zum Instrument des Machterhalts und der gleichsam unauffälligen Erstickung all dessen wurden, was ihnen nicht zu Willen war oder ist.

Totalitäre oder autoritäre Regierungsformen weisen oft sehr unauffällige Anfänge und sehr feine Methoden sozialer Kontrolle auf. Erst mit der Zeit wurde uns deutlich, wie geschickt wir manchmal in die Netze des Totalitarismus verwickelt wurden. Was ist also erforderlich? Zuallererst klare und deutliche Solidarität mit jedem, der heute mit totalitären oder autoritären Regimen konfrontiert ist, egal wo auf der Welt. Die fragliche Solidarität sollte nicht von irgendwelchen wirtschaftlichen oder anderen besonderen Interessen behindert werden. Auch kleine, unauffällige und gut gemeinte Kompromisse können zu schicksalhaften Folgen führen. Das Böse kann nicht beschwichtigt werden, da es in der Natur des Bösen liegt, jede Beschwichtigung für die eigenen Zwecke auszunutzen. Außerdem hat Europa eigene unglückliche Erfahrungen in politischer Beschwichtigung. Unsere Unterstützung kann in mehr Hilfe für liberal denkende Menschen oder offene Zeugen der Lage in Nordkorea, Burma, Iran, Tibet, Weißrussland, Kuba oder eben in der arabischen Region bestehen. Solange wir selbst um die Freiheit kämpfen mussten, kannten wir unser Ziel. Jetzt haben wir die Freiheit und wissen gar nicht mehr so genau, was wir wollen. Ein Blick auf die Krisenherde dieser Welt weist uns die Richtung.

So gesehen lautet meine Frage: Was gewinnt das Übergewicht: die politische Kultur des uneigennützigen Dienstes am Ganzen oder das mafiose Lavieren zwischen den Gesetzen? Die Antwort, zu der ich mich bisher vorgearbeitet habe, lautet: weder das eine noch das andere. Denn das, wonach ich strebe, hat nicht den Charakter eines erreichbaren Ziels, das man in einem bestimmten Augenblick als erreicht aus der Liste dessen, was zu tun ist, streichen kann, sondern eher den Charakter eines Ideals, dem näher zu kommen wir uns ständig bemühen, dem wir mal näher, mal ferner stehen, das wir aber nie erreichen können. Es ist nämlich wie ein Horizont: es gibt uns die Richtung an, doch zugleich entschwindet es uns vom Wesen der Sache her immer wieder.

Die Freiheit wird jedoch nicht nur durch autoritäre Systeme bedroht. Auch die immer weiter fortschreitende Globalisierung verändert das Gesicht unserer Welt. Es ist eine fast banale Wahrheit: Wir leben in einer einzigen globalen Zivilisation. Ihre Identität liegt nicht nur in der ähnlichen Kleidung, ähnlichen Getränken oder im ständigen Dröhnen der gleichen gewerblichen Musik auf der ganzen Welt. Sie liegt in etwas Tieferem: In der Idee des Fortschrittes mit ihrem innewohnenden Expansionismus und der schnellen Entwicklung der Wissenschaften. Beides zusammen hat dazu geführt, dass unser Planet innerhalb weniger Jahrzehnte von einer einzigen Zivilisation bevölkert wird. Die Welt ist jetzt verwoben in Netzwerken, die nicht nur Informationen aller Art mit Lichtgeschwindigkeit transportieren, sondern auch integrierte Modelle sozialen, politischen und wirtschaftlichen Verhaltens. Das Leben der Menschheit ist vollständig vernetzt, nicht nur im informationellen Sinne, sondern auch im kausalen. Theoretisch gibt es ihr die Fähigkeit, weltweit zu kommunizieren und zudem auch die Mittel, um sich selbst gegen viele gemeinsame Gefahren zu verteidigen. Es kann auch unser Leben einfacher machen und uns bisher unerforschte Horizonte zur Selbstkenntnis und zur Kenntnis der Welt erschließen.

Und dennoch läuft vieles nicht im Lot. Denn diese globale Zivilisation ist nicht mehr als eine dünne Fassade. Sie ist neu und zerbrechlich und die Menschen haben dies geradezu atemberaubend schnell akzeptiert. Im Wesentlichen überdeckt diese neue Haut von Weltzivilisation die unermessliche Vielfalt an Kulturen, Menschen, religiösen Welten, historischen Traditionen und historisch geformten Einstellungen. Doch gleichzeitig brodelt es unter dieser Haut. Die Menschen wollen gehört werden. Denn während die Welt als Ganzes die neue Kultur der globalen Zivilisation akzeptiert, findet gleichsam subkutan ein gegensätzlicher Prozess statt: Alte Traditionen finden zu neuem Leben, unterschiedliche Religionen und Kulturen erwachen zu neuem Dasein, suchen neuen Raum zum Atmen und suchen mit wachsender Leidenschaft nach ihren Ursprüngen: Was ist einzigartig an ihnen? Was unterscheidet sie von anderen.

Letztlich versuchen sie ihrer Individualität politischen Ausdruck zu geben – und das nicht immer mit friedlichen Mitteln, sondern zunehmend mit Gewalt und mit Waffen. Bereits vor mehr als fünfzehn Jahren, also weit vor „September Eleven“, habe ich in einer Rede vor der Harvard University in Cambridge (Massachusetts) darauf verwiesen, dass die gewalttätigsten Feinde der Globalisierung vielleicht auch die ersten sein werden, die die hochentwickelte Technik, die die moderne Zivilisation entwickelt hat, gegen diese selbst in Anschlag bringen könnten.

Der Widerspruch zwischen fortschreitender Globalisierung und Technisierung der Welt und einem großen Teil der Menschheit, die dieser Entwicklung nicht folgen will oder kann, ist eine klare Herausforderung für unsere gegenwärtige Zivilisation. Diese wird nur bestehen bleiben, wenn sie sich selbst als multikulturell und multipolar versteht. So gesehen sollten wir einen Basiscode gegenseitiger Koexistenz akzeptieren, eine Art Minimalkonsens, der uns erlaubt, weiterhin Seite an Seite zu leben. Aber auch so ein Code wird nicht standhalten, wenn er den Unwilligen aufgezwungen wird. Er muss vielmehr Ausdruck des authentischen Allgemeinwillens sein, entsprungen den wahren geistigen Quellen, versteckt unter der Haut unserer gemeinsamen, globalen Zivilisation.

Wir müssen uns auf unsere ursprüngliche geistliche und moralische Substanz besinnen. Dies erscheint mir als der einzig gangbare Weg zu einer wirklichen Erneuerung, um jenes Maß an Verantwortung für uns selbst und die Welt zu erreichen, um sie vor der Zerstörung zu bewahren. Beim Nachdenken über die Probleme unserer Zivilisation stoße ich immer wieder auf das Thema „Verantwortung“. Noch scheinen die Menschen dazu nicht fähig oder nicht bereit zu sein, für unseren Planeten Verantwortung zu übernehmen. Doch es gibt keinen Weg zurück. Nur Träumer werden nach einer Lösung suchen, wie sich die fortschreitende globale Zivilisation eindämmen ließe. So sollten wir unser Verständnis für Verantwortung radikal erneuern. Dahin führt allerdings nur ein Weg: Wir müssen unseren egoistischen Anthropozentrismus, die Angewohnheit, uns selbst als Meister des Universums zu sehen, ablegen. Wir müssen unsere Sinne schärfen für das, was gleichsam „über uns hinausgeht“: Für das Universum, für die Erde, für die Natur, für das Leben und den Respekt anderen Menschen gegenüber, für andere Nationen, für andere Kulturen, kurz, für Anderssein. Dies alles ist jedoch nur möglich, wenn wir die kosmische Ordnung achten und uns bewusst werden, dass wir ein Teil dieser sind.

Gewiss wird es nicht einfach sein, in den Menschen einen solchen Sinn für Verantwortung zu wecken, eine Fähigkeit, sich so zu verhalten, als ob sie ewig auf der Erde lebten und für deren Zustand eines Tages geradestehen müssten. Wer weiß, wie viele entsetzliche Katastrophen die Menschheit noch durchleiden muss, bevor so ein Verantwortungsbewusstsein allgemein akzeptiert wird. Aber das bedeutet nicht, dass die, die dafür arbeiten möchten, nicht gleich beginnen könnten. Alle sollten daran mitwirken, vor allem die Politiker.

Sogar unter demokratischen Bedingungen haben Politiker Einfluss, vielleicht sogar mehr, als sie selbst realisieren. Dieser Einfluss liegt nicht in ihrem Mandat, das ohnehin begrenzt ist, vielmehr in dem Einfluss, den sie auf ihre Mitbürger ausüben. Falsch wäre es jedoch, wenn sie nun versuchten, sich durch populäre Entscheidungen oder fernsehgerechtes Auftreten beliebt zu machen. Es geht nicht darum, Wahlen zu gewinnen und sich selbst einen Platz an der Sonne bis ans Ende ihrer Tage zu sichern. Auch wenn es utopisch klingen mag: Politiker tragen eine immense Verantwortung für das Weiterbestehen unseres Planeten. Packen sie ihre Aufgabe richtig an, dann werden sie nicht nur den nächsten Tag im Auge haben, sondern kühn vorausdenken. Dann werden sie den Unwillen der Menge nicht fürchten und dann werden sie ihrer Klientel immer wieder erklären, dass Politik eben weit mehr ist als bloße Interessenvertretung. Politik hat der Gemeinschaft zu dienen. Sie sollte moralische Instanz sein. Und wie kann man der Gemeinschaft mehr dienen, als die eigene globale politische Verantwortung inmitten der globalen (und global bedrohten) Zivilisation zu suchen?

Christian Hillgruber

Wert – Rechtswert – Verfassungswert
Wertungen und Umwertungen im Verfassungsrecht

I. Die Wertordnung des Grundgesetzes

Die Verfassungsordnung der Bundesrepublik Deutschland ist eine Wertordnung. Das Grundgesetz hat, nach einer berühmten Formulierung des Bundesverfassungsgerichts aus dem Jahr 1958, „in seinem Grundrechtsabschnitt auch eine objektive Wertordnung aufgerichtet" (sog. Lüth-Urteil, BVerfGE 7, 199, 205), in der eine prinzipielle Verstärkung der Geltungskraft der Grundrechte zum Ausdruck kommt. Diese „wertgebundene Ordnung" soll die Eigenständigkeit, die Selbstverantwortlichkeit und die Würde des Menschen in der staatlichen Gemeinschaft sichern. Im Mittelpunkt des Wertsystems der Grundrechte steht also die sich frei entfaltende menschliche Persönlichkeit und ihre Würde.

Auch Struktur und Organisation des Staates müssen auf dieses Wertsystem hin ausgerichtet sein. Das Gericht hat daher auch die verfassungsrechtliche Entscheidung für die Demokratie als Regierungsform aus der grundgesetzlichen Anerkennung der freien menschlichen Persönlichkeit als oberstem Wert abgeleitet: „Für den politisch-sozialen Bereich bedeutet das, dass es nicht genügt, wenn eine Obrigkeit sich bemüht, noch so gut für das Wohl von ‚Untertanen' zu sorgen; der Einzelne soll vielmehr in möglichst weitem Umfange verantwortlich auch an den Entscheidungen für die Gesamtheit mitwirken" (BVerfGE 5, 85, 204f.).

Die Deutung der Grundrechte als ein System von Wertentscheidungen ist in der Verfassungsrechtswissenschaft von Anfang an teilweise auf erhebliche Kritik, ja Ablehnung gestoßen. Dabei ist neben der Schwierigkeit der Begründung intersubjektiver Geltung von Werten vor allem darauf abgehoben worden, dass die Annahme einer Werthaltigkeit der Grundrechte zu einer Objektivierung und inhaltlichen Ausrichtung der grundrechtlich gewährleisteten Freiheit auf Wertverwirklichung führen müsse. Freiheitsausübung werde dementsprechend bewertet. Wertgefährdender oder gar wertverfehlender Freiheitsgebrauch erscheine dann als weniger oder gar nicht schutzwürdig. Damit aber werde die grundrechtliche Freiheit des Einzelnen relativiert. Die Wertargumentation unseres höchsten Gerichts hat indessen zu solchen Bedenken im Allgemeinen keinen Anlass geboten. Die Kritik verkennt nämlich, dass der objektive Wertgehalt eines Grundrechts in seinem Schutzgut liegt, das heißt, mit seinem normativen Inhalt identisch ist. Maßgeblich sind mithin nicht außerhalb des Verfassungsrechts angesiedelte Werte, sondern allein die im Grundgesetz anerkannten und zu positiv geltendem Verfassungsrecht erhobenen Werte. Versteht man mit dem Bundesverfassungsgericht die Garantie der freien Entfaltung der Persönlichkeit nach Art. 2 Abs. 1 Grundgesetz als allgemeines Freiheitsrecht, so liegt also die wertsetzende Bedeutung dieses Grundrechts in der grundsätzlichen Anerkennung menschlicher Freiheit als an und für sich wertvoll. So verstanden ist eine Verkürzung der Freiheitsgarantien der Grundrechte durch ihren angenommenen Wertcharakter ausgeschlossen.

Was als Wert erkannt und anerkannt wird und damit den Status eines obersten Ziels hat, drängt auf umfassende Verwirklichung. Es ist daher nur konsequent, wenn das Bundesverfassungsgericht dem von ihm konstatierten Wertsystem der Grundrechte als verfassungsrechtliche Grundentscheidung eine „Ausstrahlungswirkung“ (BVerfGE 7, 198, 207) in alle Bereiche des Rechts hinein zugesprochen hat. Sie bildet die Grundlage der Konstitutionalisierung der gesamten Rechtsordnung, insbesondere auch des Privatrechts.

II. Wert – Rechtswert – Verfassungswert

Wird ein sittlicher Wert durch Aufnahme in die Rechtsordnung zum Rechtswert erhoben, dann erhält er einen anderen normativen Stellenwert. Er gewinnt Anteil am Geltungsanspruch und an der Verbindlichkeit des Rechts. Als außerrechtlicher Wert in der Realisierung seines Sollensanspruchs auf die nicht erzwingbare, innere Annahme durch den sich angesprochen fühlenden Normadressaten angewiesen, steht er als Rechtswert unter der Autorität der dem Recht eigentümlichen Normativität, die vor allem Positivität meint. Auch wer einen bestimmten, in die Rechtsordnung aufgenommenen Wert als solchen subjektiv nicht anzuerkennen bereit ist, muss ihn doch als objektives, gesetztes Recht gegen sich gelten lassen. Ein rechtlich verbindlicher Wert kann auch mit (Rechts-)Macht durchgesetzt werden.

Als Verfassungswert wird der Rechtswert schließlich zum Höchstwert. Ihm wird die gegenüber dem sogenannten einfachen Recht erhöhte Bestandskraft des Verfassungsrechts zuteil, das nur unter bestimmten, gegenüber dem einfachen Gesetzgebungsverfahren erschwerten Voraussetzungen, insbesondere nur durch qualifizierte Mehrheiten in den gesetzgebenden Körperschaften wieder verändert oder aufgehoben werden kann.

Selbst innerhalb des Verfassungsrechts sind noch Abstufungen von Geltungsbeständigkeit und Wertigkeit möglich. Das Bundesverfassungsgericht begreift die im Grundrechtsabschnitt der Verfassung enthaltene Wertordnung zugleich als Wertrangordnung. In ihr stellt die unantastbare Menschenwürde, deren Garantie (Art. 1 Abs. 1 GG) durch die Ewigkeitsgarantie des Art. 79 Abs. 3 GG für unabänderlich erklärt worden ist, den allerhöchsten Rechtswert dar.

III. Trügerische Sicherheit der Verfassungswerte

Das Verfassungsversprechen dauerhafter Geltung höchster Rechtswerte steht jedoch auf tönernen Füßen. Die Rechtssicherheit und Geltungsbeständigkeit, die das Grundgesetz zu verbürgen scheint, ist eine trügerische. Sie setzen nämlich voraus, dass das, was von Verfassungs wegen gelten soll, gesichert feststeht. Auch und gerade die relativ „offenen“ Normen der Verfassung bedürfen indes zunächst einer ihren Sinn ermittelnden Auslegung, um in ihrem so festgestellten Gehalt wirksam zu werden. Die Interpretationsfähigkeit und Interpretationsbedürftigkeit der Rechtsnormen erweist sich jedoch zugleich als offene Flanke ihres objektiven Geltungsanspruchs. Das objektive Verfassungsrecht sieht sich notwendig subjektgebundener und subjektbedingter Auslegung ausgeliefert. Mangels eines verbindlichen Kanons der Interpretationswege konkurrieren verschiedene Sinndeutungen miteinander. Aufgrund seiner Kompetenz zu einer für alle staatlichen Organe, Behörden und Gerichte verbindlichen Auslegung des Grundgesetzes kommt dem Bundesverfassungsgericht in diesem interpretativen „Kampf um das Verfassungsrecht" die Deutungshoheit zu.

Auf diese Weise kann im Prozess der Rechtsgewinnung eine der vielen Auslegungen, nämlich die des Bundesverfassungsgerichts, als die letztlich maßgebliche identifiziert werden. Aber damit ist natürlich nicht garantiert, dass sich die „richtige", die dem Willen des Verfassungsgebers entsprechende Interpretation der grundgesetzlichen Wertordnung durchsetzt, und noch viel weniger, dass diese dauerhaft gültig bleibt. Denn durch eigenmächtige verfassungsgerichtliche „Neuinterpretation", die unanfechtbar ist, kann eine Verfassungsbestimmung ganz ohne formelle Verfassungsänderung eine Inhaltsänderung erfahren. Selbst unabänderlich gestellte Garantien wie die Unantastbarkeit der Menschenwürde könnten durch eine solche, die Rechtsbegriffe umdenkende „Neuinterpretation" entwertet oder umgewertet werden.

IV. Wertewandel und Verfassungswandel

Werte wandeln sich, weil sich Wertüberzeugungen in der Gesellschaft im Lauf der Zeit ändern. Es versteht sich von selbst, dass auch das Recht, soweit es Ausdruck von Wertentscheidungen ist, von einem solchen Wertewandel nicht, jedenfalls nicht dauerhaft unberührt bleiben kann. Das Recht mag aufgrund seiner Bestandskraft eine Zeit lang einen tatsächlich brüchig gewordenen Wertekonsens normativ noch aufrechterhalten und kontrafaktisch stabilisieren können, indem es auf einem Rechtswert beharrt. Dauerhaft substituieren kann es einen in der

Rechtsgemeinschaft verloren gegangenen Wertekonsens nicht. Wenn das Recht seinen Anspruch, gesellschaftliche Prozesse zu steuern, einlösen will, kann es sich gewandelten Wertvorstellungen nicht allzu lang verschließen.

Dass das Recht, auch das Verfassungsrecht, hier unter Anpassungsdruck steht, ist also nicht zu bestreiten. Die Frage ist nur, ob ein Wertewandel unmittelbar auf das (Verfassungs-)Recht und seine Interpretation durchschlägt oder, um eine Rechtsänderung zu bewirken, vom Recht nach seinen eigenen Veränderungsregeln umgestaltet worden ist. Hier muss differenziert werden:

Wenn eine Rechtsnorm auf außerrechtliche Wertvorstellungen dynamisch verweist, dann führt deren Wandel auch eo ipso zu einer Änderung der Rechtslage. Mit dem Sittengesetz als rechtlicher Schranke für die freie Entfaltung der Persönlichkeit gemäß Art. 2 Abs. 1 GG hat der Verfassunggeber den ursprünglich außerrechtlichen Maßstab der Sozialmoral mit Rechtswirkung ausgestattet, zum Bestandteil der Rechtsordnung werden lassen. Ändern sich die danach verfassungsrechtlich erheblichen, in der Gesellschaft vorherrschenden sozialethischen Wertüberzeugungen grundlegend, so erfasst diese Veränderung auch unmittelbar das Verfassungsrecht. Das gesetzliche Verbot einer Freiheitsausübung, das auf einen Verstoß gegen das Sittengesetz gestützt worden ist, kann aufgrund eines Wandels der sittlichen Anschauungen verfassungswidrig werden.

Ein solcher Wandel hat sich etwa bei der sozialethischen Beurteilung der Homosexualität vollzogen. So rechtfertigte das Bundesverfassungsgericht im Jahr 1957 die Strafbarkeit männlicher Homosexualität nach § 175 Strafgesetzbuch alter Fassung noch vor allem mit der Erwägung, dass gleichgeschlechtliche Betätigung eindeutig gegen das Sittengesetz verstoße (vgl. BVerfGE 6, 389, LS 2). Das Sittengesetz aber könne einen sonst unzulässigen oder doch in seiner Zulässigkeit zweifelhaften Eingriff des Gesetzgebers in die menschliche Freiheit legitimieren. 1969 und 1973 erfolgte – aufgrund eines zwischenzeitlich eingetretenen Anschauungswandels – durch den Gesetzgeber eine Beschränkung der Strafbarkeit auf homosexuelle Handlungen von Männern über 18

Jahren mit Männern unter 21, dann unter 18 Jahren. § 175 diente damit nur noch dem Schutz männlicher Jugendlicher vor einer befürchteten Schädigung ihrer natürlichen Entwicklung durch homosexuelle Kontakte. Die Annahme, homosexuelle Handlungen seien per se unsittlich, war bereits nicht mehr communis opinio. Das nicht mehr allgemein geteilte, sozialethische Unwerturteil über Homosexualität hatte damit seine die Einschränkung sexueller Freiheit verfassungsrechtlich rechtfertigende Wirkung eingebüßt. Schließlich hob der Gesetzgeber 1994 § 175 ganz auf, nachdem man zur Erkenntnis gelangt war, dass eine Festlegung auf Homosexualität bereits in den ersten Lebensjahren erfolgt, möglicherweise sogar vererbt wird.

Wenn das Verfassungsrecht nicht ausnahmsweise – wie etwa in Art. 2 Abs. 1 GG mit der Schranke des Sittengesetzes – selbst unmittelbar auf außerrechtliche Wertmaßstäbe Bezug nimmt und diese damit – in ihrem jeweiligen, der Veränderung unterliegenden Bestand – in die Verfassungsordnung inkorporiert, so kann eine Anpassung des geltenden Verfassungsrechts an tatsächlich oder auch nur vermeintlich veränderte gesellschaftliche Wertvorstellungen allerdings nur in dem dafür vorgesehenen Verfahren der verfassungsändernden Gesetzgebung nach Maßgabe des Art. 79 GG erfolgen. Mit diesem Verfahren organisiert das Verfassungsrecht als autopoietisches, also als das eigene Wirken betreffende System seinen Wandel selbst.

Demgegenüber führt die Lehre vom Verfassungswandel, die die Möglichkeit einer Inhaltsänderung des Verfassungsrechts postuliert, die sich außerhalb des von ihm dafür bestimmten Verfahrens und sonstiger von ihm aufgestellter Anforderungen, das heißt, verfassungsrechtlich ungesteuert und intransparent, allein aufgrund veränderter Umstände, sozialer Veränderungen und gesellschaftlichen Wandels vollziehen soll und in der Auslegung nur nachvollzogen wird, in die Irre.

Wenn das Bundesverfassungsgericht die Grundrechte fortentwickelt, dann setzt es den angeblich von ihm nur zu konstatierenden Wertewandel in Wirklichkeit durch geänderte Verfassungsauslegung erst selbst ins Werk. Es kommt zu einem Wertewandel durch Grundrechtswandel, der nichts anderes als eine – verfassungsgerichtlich dekretierte – Verfassungsänderung darstellt. Da das Gericht jedoch der Kompetenz zur Verfassungsänderung ermangelt, übt es durch Verabschiedung des ursprünglichen Bedeutungsgehalts eines Grundrechts und Zuweisung eines neuen verbotene Eigenmacht aus.

V. Verfassungsgerichtlich bewirkter Grundrechtswandel am Beispiel von Ehe und Familie (Art. 6 GG)

Das Grundrecht von Ehe und Familie (Art. 6 Abs. 1 GG) hat durch eine vom Bundesverfassungsgericht betriebene, vermeintlich zeitgemäße „Neuausrichtung" wohl den stärksten Bedeutungswandel erfahren.

Welche Institutionen der Verfassungsgeber mit dieser Bestimmung unter den besonderen Schutz der staatlichen Ordnung stellen wollte, ist mit Blick auf deren Entstehungsgeschichte nicht zweifelhaft. Die CDU/CSU, auf deren Drängen schließlich gegen den Widerstand der Sozialdemokratie ein Artikel über den besonderen Schutz der Ehe und der Familie ins Grundgesetz aufgenommen wurde, hatte ursprünglich folgende Fassung beantragt: „Die Ehe als die rechtmäßige Form der dauernden Lebensgemeinschaft von Mann und Frau und die aus ihr wachsende Familie sowie die aus der Ehe und Zugehörigkeit zur Familie fließenden Rechte und Pflichten stehen unter dem besonderen Schutz der Verfassung." Wenn daraus schließlich die Formulierung des geltenden Art. 6 Abs. 1 GG geworden ist, so war damit ersichtlich keine Inhaltsänderung beabsichtigt. Insbesondere sollte der Zusammenhang zwischen Ehe und Familie erhalten bleiben. Dies erklärt auch die Sonderregelung zu den nichtehelichen Kindern, die als notwendige Ergänzung des Familienschutzes angesehen wurde und – trotz dahingehender Forderungen aus der Sozialdemokratie – gerade kein explizites familienrechtliches Gleichstellungsgebot aufstellte. Diejenigen Kräfte im Parlamentarischen Rat, die den besonderen verfassungsrechtlichen Schutz von Ehe und Familie im Grundgesetz durchsetzten, verstanden Ehe und Familie nicht als dem gesellschaftlichen Wandel offenstehende soziale Phänomene, sondern als feststehende und vorgegebene Ordnungsbegriffe, deren Gültigkeit nicht mit Blick auf die „Lebenswirklichkeit" in Frage gestellt werden kann.

Das Bundesverfassungsgericht hat sich um diesen, in den Beratungen des Parlamentarischen Rates hinreichend deutlich zum Ausdruck gekommenen Willen des Verfassunggebers nicht weiter geschert, den Begriff der „Familie" vielmehr von dem der „Ehe" abgekoppelt und als „Familie" im Sinne des Art. 6 Abs. 1 GG grundsätzlich jede Gemeinschaft von Eltern mit Kindern, also jede sozial-familiäre Beziehung anerkannt. Es hat für unmaßgeblich erachtet, ob die Kinder von den Eltern abstammen und ob sie ehelich oder nichtehelich geboren wurden: „Familie ist die tatsächliche Lebens- und Erziehungsgemeinschaft zwischen Kindern und Eltern, die für diese Verantwortung tragen" (BVerfGE 108, 82, 112). Auf diese Weise kommt sogar faktischen Stiefkind-Verhältnissen in nichtehelichen Lebenspartnerschaften der Familienschutz zugute. Dagegen soll ausgerechnet die Generationen-Großfamilie aus dem persönlichen Schutzbereich herausfallen (vgl. BVerfGE 48, 327, 339; 59, 52, 63).

Während das Bundesverfassungsgericht den traditionellen, auf der Ehe als ihrer Grundlage aufbauenden Begriff der Familie in seiner Rechtsprechung aufgelöst hat, hat es am überkommenen Ehebegriff als auf Dauer angelegte, rechtsverbindliche Lebensgemeinschaft von Mann und Frau festgehalten, indes nicht in der Absicht, dieser Form des Zusammenlebens den ihr verfassungsrechtlich zugesagten, besonderen Schutz zu erhalten, sondern ganz im Gegenteil, um den Weg für eine der Ehe immer stärker angenäherte, gleichermaßen gesicherte Rechtsstellung homosexueller Lebensgemeinschaften als angebliches aliud zur Ehe frei zu machen. Der Gleichheitssatz gebietet nach der jüngsten Rechtsprechung, nach dem Vorbild der Ehe staatlich geordnete und rechtlich verfestigte homosexuelle Lebensgemeinschaften wie die eingetragenen Lebenspartnerschaften mit Ehen gleich zu behandeln. Lediglich im Verhältnis zu rechtlich ungefestigten Lebensgemeinschaften lässt das höchste Gericht mit Rücksicht auf die rechtlich gesicherte Verantwortungsbeziehung und Stabilitätsgewähr der Ehe noch eine Vorzugsbehandlung zukommen. Davon, dass „nach den in Art. 6

Abs. 1 GG verfassungsrechtlich garantierten Wertvorstellungen die Ehe die einzige legitime Form umfassender Lebensgemeinschaft zwischen Mann und Frau ist und die gesunde körperliche und seelische Entwicklung des Kindes grundsätzlich das Geborgensein in der nur in der Ehe verwirklichten vollständigen Familiengemeinschaft mit Vater und Mutter voraussetzt“ (BVerfGE 25, 167, 196), ist schon lange keine Rede mehr. Art. 6 Abs. 1 GG in der Auslegung, die ihm das Bundesverfassungsgericht hat angedeihen lassen, hat mit der 1949 in Kraft gesetzten Garantie von Ehe und Familie offensichtlich nur noch wenig gemein.

VI. Die Zukunft der Wertordnung: Verfall oder Neuordnung

Nicht nur die Ehe und die aus ihr hervorgehende Familie, denen der verfassungsrechtlich zugesagte, besondere Schutz vorenthalten wird, werden nicht mehr hinreichend wertgeschätzt. Ein Erosions- und Delegitimierungsprozess hat inzwischen noch andere Verfassungswerte und -institute erfasst. Auch das Elternrecht sieht sich zunehmend in Frage gestellt, durch wirkliche oder vermeintliche Kinderrechte, vor allem aber durch einen umfassenden Bildungs- und Erziehungsanspruch, den der Staat kraft Schulaufsicht für sich zu reklamieren beginnt und der die Eltern aus ihrer angestammten und verfassungsrechtlich anerkannten Primärverantwortung für das Wohl ihrer Kinder zu verdrängen droht. Dass sich viele Eltern nur allzu gern ihr „natürliches Recht“ und „die zuvörderst ihnen obliegende Pflicht“ zur Pflege und Erziehung der Kinder (Art. 6 Abs. 2 GG) gegen das Linsengericht staatlicher Rundumbetreuung in Schule und Kindertageseinrichtung abkaufen lassen, macht die Sache nicht besser, zeigt aber das Ausmaß an Verfall elterlicher Wertvorstellungen. Als wertvolles Abwehrrecht gegen staatliche Einmischung muss das Elternrecht erst wieder neu entdeckt werden.

Gewiss hat es immer Interpretationsunterschiede und Meinungsdifferenzen über die Frage gegeben, wie das Grundgesetz da oder dort zu deuten ist. Sie sind in einer freien, offenen Gesellschaft der Verfassungsinterpreten ebenso unvermeidlich wie unschädlich, wenn und solange sie nicht den Grundkonsens tangieren. Der aber ist spätestens dann berührt, wenn es um die Garantie der Unantastbarkeit der Menschenwürde (Art. 1 Abs. 1 GG) geht.

Jahrzehntelang von einem stillschweigenden Konsens über die sich aus ihr ergebenden Rechtsfolgen getragen, besteht heute weder über deren Träger – wer ist ab wann Mensch? – noch über deren Inhalt – was verbietet, was gebietet die zu achtende und zu schützende Menschenwürde? – auch nur annähernde Klarheit und Einigkeit.

Der rasante biomedizinische „Fortschritt" stellt die auf der unantastbaren Würde des Menschen gründende Wertordnung des Grundgesetzes in Frage. Ergebnisorientierte „Neuinterpretationen", die den absoluten Wert der Menschenwürde relativieren, um „den Weg frei zu machen", sind auf den Plan getreten. Sie machen deutlich, dass sogar das vermeintlich so festgefügte verfassungsrechtliche Wertefundament keinen festen Halt mehr bietet, sondern selbst zu einem schwankenden Boden geworden ist.

Angesichts dieser „Verschiebung der Wertordnung" kann die allgegenwärtige Beschwörung einer Wertegemeinschaft nur als ein Krisensymptom angesehen werden. Sie ist ein ziemlich verlässliches Anzeichen dafür, dass es sie gar nicht gibt, nicht mehr oder – bezogen auf neue Werte – noch nicht gibt. Eine Gesellschaft, die sich ihrer gemeinsamen Werte bewusst und gewiss ist, hat kein Bedürfnis nach permanenter verbaler Selbstvergewisserung. Die vielstimmige Wertedebatte zeigt vielmehr, dass der bisherige, verfassungsbasierte Wertekonsens in Auflösung begriffen ist, ein neuer sich noch nicht eingestellt hat.

Ob der alte Konsens sich wiederbeleben lässt oder ob sich ein neuer, an anderen Werten orientierender Konsens herausbilden wird, der entweder dem Grundgesetz in „unbegrenzter Auslegung" unterlegt wird oder sich eine neue verfassungsrechtliche Form sucht (Art. 146 GG), das ist eine offene Frage. Die Antwort darauf wird über die Zukunft des Grundgesetzes als wertgebundener Ordnung entscheiden.

Norbert Gross

Werte und Wertewandel im Recht

Jeder Rechtsordnung liegt ein zweifacher Bezug zu Werten zugrunde. Einerseits ist Recht immer statisch, soll wirken, also Werte verwirklichen und setzt deshalb ein vorhandenes Wertgefüge voraus. Alle großen Kodifikationen, preußisches Allgemeines Landrecht, französischer Code Civil, österreichisches ABGB und deutsches BGB bauen auf eine an bestimmten Wertprinzipien ausgerichtete Gesellschaftsordnung, die sie widerspiegeln. Andererseits führen Veränderungen in der Gesellschaftsordnung zu Wandlungen der Wertprinzipien und damit zu der Frage, wie das „alte", das hergebrachte Recht darauf zu reagieren hat, durch Beharren auf dem hergebrachten Recht oder durch dynamische Anpassung und Schaffung neuen Rechts. Politische, geistige oder auch nur zeitgeistige Umbrüche in der Gesellschaft gehen daher auch an gesetztem Recht nicht spurlos vorüber. Gerät die Werteordnung des Gesetzes aus den Fugen oder wird sie auch nur als nicht mehr zeitgemäß angesehen, muss sie neu geordnet werden. Die Geschichte des Rechts ist demnach eine dauernde Abfolge der Begründung von Werten und deren Verlust, aber auch der Anpassung und der Setzung neuer Werte. Nicht nur der Gesetzgeber, mehr und mehr auch der übernationale Gesetzgeber, in nicht minderem Umfang aber auch der Richter sind die Betreiber dieses dynamischen Prozesses, dessen tiefere Wurzeln in der Antinomie von Zeitgeist und Rechtsbewusstsein liegen.

I.

Seit den Gesetzestafeln des Moses, dem kategorischen Imperativ Kants bis hin zum Küng'schen Weltethos wird unter Recht mehr verstanden als nur gesetztes Recht. Eine grundlegende Werteordnung soll dem Recht seine Würde und seinen Geltungsanspruch geben. Geschrieben oder ungeschrieben, ist diese Werteordnung Richtschnur des Rechts.

Seit Anbeginn des Rechts wurde die Frage gestellt, ob Recht und Ethik, Recht und Sittlichkeit, Recht und Moral eines sind und sich decken oder ob es sich um Begriffe handelt, die aus zwei unterschiedlichen Welten, der Welt des Staates und der Ordnung und der Welt des Geistes und der Verantwortlichkeit des Individuums, entstammen. Nicht zu Unrecht hat man die jahrhundertelange Suche nach dem Verhältnis von Recht und Sittlichkeit als das „Kap Horn der Rechtsphilosophie" bezeichnet (Rudolf von Jhering), in dessen stürmischem Fahrwasser die meisten Seeleute bisher gestrandet sind und keiner bis heute eine wirklich sichere Fahrtroute gefunden hat. Das Versagen des Positivismus im NS-Staat, aber auch die Abkehr von der Naturrechtslehre haben keineswegs zu einer Wertelosigkeit des Rechts geführt. Im Gegenteil: War die revolutionäre Deklaration der Menschenrechte 1789 noch bis in die jüngste Zeit bloßer Appell an den Staat, nicht aber positives Recht, haben die Grundrechte in dem Grundgesetz für die Bundesrepublik Deutschland 1949 eine für alle Bereiche des Rechts gültige und damit unmittelbar anwendbare Werteordnung geschaffen. Die unantastbare Würde des Menschen, das Recht auf freie Entfaltung der Persönlichkeit, Gleichheit, Glaubens-, Gewissens- und Meinungsfreiheit sind heute nicht nur Appelle an den Gesetzgeber, die Exekutive oder den Richter, sondern unmittelbar geltendes Recht, die Werteordnung unseres Gemeinwesens. Nicht anders verhält es sich mit den zahllosen Wertentscheidungen, die der Gesetzgeber auf allen Rechtsgebieten, im bürgerlichen Recht, im Strafrecht, im Wirtschaftsrecht und auch im Verwaltungs- und Steuerrecht getroffen hat.

II.

Diese mit der Ewigkeitsgarantie des Art. 79 Abs. 3 GG versehene Werteordnung des Grundgesetzes ist, von marginalen Eingriffen abgesehen, seit über sechs Jahrzehnten unverändert erhalten geblieben. Sie dokumentiert eine dauerhafte Werteordnung, die Richtschnur für alles staatliche Handeln sein soll.

Dennoch stellt sich die Frage, ob diese so festgefügte Werteordnung nicht ihrerseits Veränderungen unterliegt, vielleicht sogar Wertverluste eintreten und erst neue Werte zu einem Wertewandel führen können. Bestand und Wandel dieser Grundwerte hängen von unterschiedlichen Voraussetzungen ab und unterliegen je eigenen Prozessen.

Der Bestand jeder Werteordnung beruht auf dem kollektiven Rechtsbewusstsein, dem individuelle Abweichungen nichts anhaben können. In diesem Sinne ist kollektives Rechtsbewusstsein das Ergebnis einer stillen, aber permanenten Demoskopie. Ändert sich das Rechtsbewusstsein, wird die Werteordnung also nicht mehr allgemein als Grundlage des Gemeinwesens gesehen, findet auch im positiven Recht eine Veränderung statt. Dieser Prozess geschieht nicht schlagartig, sondern wie alle geistigen Entwicklungen in langen Schritten. Zeitgeist und Rechtsbewusstsein hängen in diesem Prozess eng miteinander zusammen. Während der Zeitgeist den manchmal auch nur kurzfristigen geistigen Untergrund bildet, ist das aus dem Zeitgeist entwickelte Rechtsbewusstsein der allgemeine Wille zum Wandel im Recht. Zeitgeist, sofern nicht nur schnelllebig und ohne Nachhaltigkeit, ist daher eine der maßgebenden Bedingungen des Rechtsbewusstseins, von Bestand, Verlust und Wandel von Werten im Recht.

Dabei kann Wertewandel durchaus unterschiedliche Ursachen und Wirkungen haben. Selten genug tritt an die Stelle bisheriger Werte eine Lücke, ein Totalverlust, der Verlust des Wertes an sich. In aller Regel entstehen neue Werte, die die alten ersetzen. Nicht Werteverfall, sondern echter Wertewandel findet statt, und zwar auch dann, wenn sich die positive Werteordnung um kein Jota geändert hat. Die Revolution der Werte erfolgt fast zwangsläufig mit oder nach jedem grundlegenden politischen Regimewechsel, häufig aber auch unabhängig davon und nicht einmal durch den Gesetzgeber von außen, sondern von innen durch das veränderte Verständnis des schon vorhandenen Rechts.

Vor allem für das bürgerliche Recht lässt sich dies anschaulich belegen. Das römische Recht hat alle Umwälzungen vieler Jahrhunderte bis zum Inkrafttreten des BGB (1900) überdauert. Auch die revolutionären Grunderschütterungen in Deutschland in den Jahren 1918, 1933 und 1945 haben das BGB fast unverändert fortbestehen lassen und auch in der DDR blieb es noch bis 1975 in Kraft. Die äußere Form blieb nahezu unverändert, der Inhalt hat mutiert.

III.

Auch die im Grundgesetz der Bundesrepublik Deutschland verbürgte Werteordnung hat im Laufe der vergangenen sechs Jahrzehnte neue Ausdrucksformen gefunden, die sich von dem ursprünglichen Grundverständnis deutlich entfernt haben. Selbst wenn manche Grundwerte die Zeitläufe unberührt überstanden haben, sind andere einem grundlegenden Wandel unterzogen worden. Dabei haben keine äußeren grundstürzenden Ereignisse zu einer Revolution der positiven Verfassungsordnung geführt. Vielmehr waren Veränderungen im Rechtsbewusstsein auf manchen Feldern die Auslöser eines Wertewandels im Recht.

Dieser Wertewandel wird sichtbar gemacht durch zwei unterschiedliche Prozesse, das Eingreifen des Gesetzgebers und die Deutungshoheit des Richters. Die Beispiele sind Legion. Eine kleine Auswahl belegt dies.

1. Der Gesetzgeber greift besonders auffällig auf wertorientierten Gebieten wie dem Familienrecht, dem Strafrecht, dem Recht auf Leben und Tod, aber auch auf fast allen anderen Rechtsgebieten ein, gelegentlich veranlasst durch kritische Bemerkungen in der höchstrichterlichen Rechtsprechung. So hat das Bundesverfassungsgericht im Jahre 1957 § 175 Abs. 1 Strafgesetzbuch, wonach alle Formen männlicher Homo-

sexualität auch unter Erwachsenen mit Strafe bedroht waren, für noch verfassungskonform angesehen, weil es sich um einen „eindeutigen Verstoß gegen das Sittengesetz" handele (BVerfGE 6, 389 ff, 434). Zwar sei die Feststellung der Geltung eines solchen Sittengesetzes schwierig. Maßgeblich sei auch nicht die persönliche Auffassung des Richters, wohl aber die Verurteilung gleichgeschlechtlicher Betätigung durch die beiden großen christlichen Konfessionen. Auch wenn sittliche Anschauungen durchaus einem Wandel unterworfen sein könnten, sei dies hier nicht festzustellen (1957). Nur 16 Jahre später, 1973, hat der Gesetzgeber diese Vorschrift ersatzlos gestrichen (4. StrRRefG BGBl 1973 I 1725). Der „eindeutige Verstoß gegen das Sittengesetz" war Vergangenheit.

Im Jahre 1977 hatte das höchste Gericht zu prüfen, ob die für sämtliche Mordmerkmale angedrohte lebenslange Freiheitsstrafe der Schuldangemessenheit des Strafens und damit der Würde des Menschen entspreche und ob aus Gründen eines menschenwürdigen Strafvollzugs auch für zu lebenslanger Freiheitsstrafe Verurteilte eine konkrete und realisierbare Chance bestehe, die Freiheit wieder zu erlangen. Die Verfassungsmäßigkeit des § 211 Strafgesetzbuch wurde bejaht (BVerfGE 45, 187 ff). Die Reform der lebenslangen Freiheitsstrafe durch den Gesetzgeber hat daran angeknüpft und mit dem verschiedentlich geänderten 20. StrÄG vom 8.12.1981 mit § 57 a StGB eine Aussetzung des Strafrestes auch einer lebenslangen Freiheitsstrafe unter bestimmten Voraussetzungen dann vorgesehen, wenn 15 Jahre der Strafe verbüßt sind. Demzufolge wird heute eine lebenslange Vollstreckung allein aus Gründen eines gerechten Schuldausgleichs nur noch selten zu rechtfertigen sein.

In einer ersten Entscheidung zum Schwangerschaftsabbruch (§ 218 StGB a. F.) aus dem Jahre 1975 hatte das Bundesverfassungsgericht aus der objektiven, in den Grundrechten verkörperten Werteordnung eine umfassende Schutzpflicht des Staates für das ungeborene Leben gefolgert und die gesetzlich vorgesehene Fristenlösung – wohl gegen die überwiegende öffentliche Meinung – deshalb für verfassungswidrig erklärt (BVerfGE 39, 1 ff). Ausdrücklich wurde hervorgehoben: „Auch ein allgemeiner Wandel der hierüber in der Bevölkerung herrschenden Anschauungen – falls er überhaupt feststellbar wäre – würde daran nichts ändern können". Nicht die öffentliche Meinung, sondern die in der Verfassung angelegte Werteordnung ist danach maßgebend, ja die Verfassung hat sogar durch unser höchstes Gericht fast pädagogisch auf eine Korrektur nicht verfassungskonformer Anschauungen in der Öffentlichkeit hinzuwirken. Fast 20 Jahre später hatte das Bundesverfassungsgericht in einem zweiten Urteil vom 28. Mai 1998 die in den §§ 218 a, 219 StGB n.F. eingeführte Fristenlösung erneut zu prüfen und bestätigte nun im Ergebnis eine Fristenlösung mit Beratungspflicht als verfassungsgemäß (BVerfGE 88, 203 ff). Das Spannungsverhältnis zwischen Schutzpflicht zugunsten des werdenden Lebens und Entfaltung der Persönlichkeit der Mutter wurde durch ein kompliziertes Beratungssystem und letztlich damit gelöst, dass mit dem Blick auf die Wirklichkeit des Lebens auf diese Weise ein besserer Schutz als durch ein Totalverbot hergestellt werden könne. Die ursprünglich umfassende Schutzpflicht wurde deutlich relativiert.

2. Auch auf dem Gebiet des Zivilrechts hat der Gesetzgeber gewandelten Wertvorstellungen Rechnung getragen. So zählt die Privatautonomie mit der Vertragsfreiheit, also der Freiheit des Einzelnen, seine Lebensverhältnisse durch Vertrag eigenverantwortlich zu gestalten, seit jeher zu den grundlegenden Prinzipien unserer Rechtsordnung (§ 305 BGB a.F.) und ist Teil des Rechts auf freie Entfaltung der Persönlichkeit (Art. 2 Abs. 1 GG) und damit verfassungsrechtlich gewährleistet. Dennoch hat der Gesetzgeber im Laufe der Zeit die Vertragsfreiheit durch zahllose Regelungen so weit eingeschränkt, dass viele sich fragen, ob es wirkliche Vertragsfreiheit überhaupt noch gibt oder ob die Beteiligten nicht eher auf andere Rechtsordnungen ausweichen sollen. An die Stelle der Vertragsfreiheit ist aufgrund veränderter Grundüberzeugungen eine nur noch beschränkte Vertragsgestaltungsfreiheit getreten.

Ein besonders illustratives Beispiel ist das zunächst durch die Rechtsprechung entwickelte, dann in ein eigenes Gesetz über Allgemeine Geschäftsbedingungen gefasste und schließlich 2002 in das Bürgerliche

Gesetzbuch (§§ 305–310 BGB) eingegliederte Recht der Allgemeinen Geschäftsbedingungen. Nunmehr steht nicht mehr die Vertragsfreiheit als grundlegendes Ordnungsprinzip freier Persönlichkeiten, sondern der Schutz des Schwächeren im Vordergrund. Immer mehr hat sich die Rechtsordnung von dem Bild des autonomen Individuums entfernt und in vielfältiger Weise dem Schutz des Schwachen einen höheren Stellenwert als der Freiheit zur wirtschaftlichen Entfaltung eingeräumt. Dass nicht nur der Schwache, sondern auch der Starke und mitunter sogar der Unternehmer (§ 14 BGB) sich auf einzelne dieser Schutzvorschriften berufen darf, belegt diesen Wandel. Auch der aufgeklärte Verbraucher, ja selbst der professionelle Unternehmer, kann unter bestimmten Umständen zu den „Schwachen" zählen. Fast das gesamte Mietrecht, das Verbraucherkreditrecht und die vielfältigen Formen von Widerrufs- und Rückgaberechten bei Verbraucherverträgen zeigen eine durch den Gesetzgeber veranlasste Verschiebung der Werteordnung, weg vom homo oeconomicus, der mit seinem Eigentum im Rahmen der Gesetze „nach Belieben verfahren und andere von jeder Einwirkung ausschließen" kann (§ 903 BGB a.F., heute § 903 S. 1 BGB), hin zu einer aus Art. 14 Abs. 2 GG abgeleiteten Sozialbindung, wonach Eigentum verpflichtet (Art. 14 Abs. 2 Satz 1 GG) und sein Gebrauch zugleich dem Wohl der Allgemeinheit dienen soll (Art. 14 Abs. 2 Satz 2 GG).

Aufschlussreich ist schließlich auch die Bestimmung des § 847 BGB a.F., wonach immaterieller Schadenersatz ab dem Jahr 1900 nur für Körperschäden und Freiheitsberaubung gewährt wurde und gemäß § 253 BGB a.F. in allen anderen Fällen kraft Gesetzes ausgeschlossen war. Dem lag die ursprüngliche Vorstellung zugrunde, dass die Ehre oder später auch die Verletzung des Persönlichkeitsrechts, beispielsweise durch Bildberichterstattung, nicht Gegenstand eines Geldhandels sein können. Das war eine klare gesetzgeberische Wertvorstellung des Jahres 1900. § 847 BGB a.F. ist 2002 in dem neuen, erheblich erweiterten § 253 Abs. 2 BGB aufgegangen, wonach ein immaterieller Schaden nunmehr auch wegen einer Verletzung des Körpers, der Gesundheit, der Freiheit und der sexuellen Selbstbestimmung auszugleichen ist. Die von der Rechtsprechung entwickelte Erweiterung des Schadenersatzanspruchs auf die Verletzung des Persönlichkeitsrechts einschließlich der Verletzung der Ehre und der unerlaubten Nutzung von Bildern hat auch ohne Eingang in den Gesetzestext alle Novellierungen des BGB überstanden, entspricht allgemeiner Rechtsüberzeugung und ist heute – ungeschriebenes – geltendes Recht.

3. Auf zahllosen Rechtsgebieten hat der Gesetzgeber jedoch Feststellung und Folgewirkung des Wertewandels nicht sich vorbehalten, sondern allein dem Richter überlassen. Das geschieht durch die gesetzliche Einführung sogenannter Generalklauseln, die es dem Richter erlauben zu bestimmen, was „sittenwidrig" oder ein Verstoß gegen „Treu und Glauben" ist (z. B. §§ 138 Abs. 1, 157, 826, 242 BGB; entspr. in § 879 österreichisches ABGB, Art. 20 schweizerisches OR und Art. 1133 französischer Code Civil). Auf Umwegen erfolgt dies dadurch, dass die Gerichte die Topoi Sittenwidrigkeit und Treuwidrigkeit zu allgemeinen Grundprinzipien erhoben haben, die das gesamte Rechtsleben, also auch außerhalb des bürgerlichen Rechts, so im Arbeits- und im Gesellschaftsrecht bis hin zum Prozessrecht, durchziehen. Ob es sich um Geliebtenschenkungen oder -testamente, Schmiergeldverträge oder aber Leihmutterverträge, Bierbezugsverträge mit über fünfzehnjähriger Laufzeit oder um den Bürgen überfordernde Bürgschaftsverträge handelt, in keinem Fall lässt sich die Entscheidung dem positiven Gesetz unmittelbar entnehmen. Vielmehr bestimmt der Richter, was „sittenwidrig" und „treuwidrig" ist. Dass sich dabei in sechs Jahrzehnten die Maßstäbe grundlegend verändert haben, belegen zahllose Beispiele. In allen genannten Fällen hat in den letzten Jahren eine durch einen Wertewandel ausgelöste Rechtsänderung stattgefunden, ohne dass der Gesetzgeber irgendetwas dazu getan hätte.

IV.

Bis heute ist allerdings unklar, woher der Richter seine Kompetenz und vor allem seine Erkenntnisquellen nimmt, um eine aktuelle Erscheinung des Zeitgeistes oder seine eigenen Überzeugungen sicher von einem kollektiven Rechtsbewusstsein zu unterscheiden und einem Wertewandel damit zum Durchbruch zu verhelfen. Es mag zutreffen, dass die Gerichte weder nur „Vollzugsorgane des Zeitgeistes" sind noch für sich in Anspruch nehmen können, als Recht auszugeben, was sie selbst oder engagierte Minderheiten lautstark fordern. Ihnen obliegt vielmehr die schwierige Aufgabe, wie Seismographen der Gesellschaft den Konsens einer Rechtsgemeinschaft festzustellen, der sich entweder nicht oder unzureichend oder diffus ausdrückt. Die Feststellung eines Wertewandels ist für den Richter gewiss die schwierigste Aufgabe, weil er, allein auf sich gestellt, sich auf unsicherem Terrain bewegt und weil er – letztlich – Aufgaben des Gesetzgebers übernimmt. Standen die frühen Gesetzgeber der großen Kodifikationen dieser Aufgabe des Richters deshalb noch feindselig gegenüber (z. B. Art. 5 Code civil) und veranlassten ihn, beim Schweigen des Gesetzes die aufgeworfene Wertungsfrage wieder an den Gesetzgeber zurückzureichen (sog. Référé législatif, 1790), hat sich der moderne Gesetzgeber dafür entschieden, dem Richter das letzte Wort über Werte und Wertewandel im Recht zu überlassen. Damit wird zugleich die kaum lösbare und bis heute heiß umstrittene Frage nach den Grenzen der richterlichen Gesetzesauslegung und danach gestellt, ob der Richter Diener des Gesetzes oder Herr über das Gesetz, Architekt oder Baumeister sein soll oder ob er, bildlich gesprochen, als Komponist oder eher als virtuoser Interpret einer vorgegebenen Partitur vor sein Publikum treten darf.

V.

Auch wenn dieser Prozess von Bestand und Veränderung von Werten im Recht der letzten Kontrolle durch das Bundesverfassungsgericht unterliegt, bleibt er doch in den Händen von Richtern. Diese bestimmen, ob im Streitfall das Persönlichkeitsrecht oder die Meinungsfreiheit, das Recht auf Leben – ab und bis wann? – oder das Recht auf einen würdigen Tod, der Schutz von Ehe und Familie oder die freie Entfaltung der Persönlichkeit in der gleichgeschlechtlichen eingetragenen Partnerschaft Vorrang haben. Allerdings ist dieser Wertewandel durch Richterspruch heute nicht mehr allein – und zunehmend weniger – auf die letztentscheidenden obersten Bundesgerichte beschränkt. Übernationale, vor allem europäische Werteordnungen wie die Europäische Menschenrechtskonvention (EMRK) und die Grundrechtscharta der Europäischen Union haben das letzte Wort über eine oder mehrere europäische Werteordnungen übernationalen Richtern übertragen, deren Spruch der nationale Richter zu folgen hat. Das gilt beispielsweise für so kontroverse Fragen wie die Bildberichterstattung über Prominente, die Sicherungsverwahrung gefährlicher Sexualverbrecher, den Ausgleichsanspruch eines Kindermörders wegen einer polizeilichen Folterandrohung oder den schulischen Kruzifixstreit. So sind im Laufe der letzten Jahrzehnte mehrere nebeneinander bestehende, konkurrierende und nicht immer nahtlos zusammenpassende Werteordnungen entstanden, die ihrerseits jeweils einem Wertewandel unterliegen. Die Bestimmung von Werten und Wertewandel im Recht ist daher ein zunehmend komplexer Erkenntnisprozess geworden, der schon lange nicht mehr an den nationalen Grenzen Halt macht, sondern den gesamten europäischen Kultur- und Ordnungsraum auf Bestand, Verlust und Veränderung auf dem Weg durch die Zeit in Betracht zu ziehen hat. Einfacher ist die Bestimmung von Werten und Wertewandel im Recht dadurch ebenso wenig geworden wie die Welt, in der wir leben.

Wolfgang Schäuble

Christliche Werte im religiös-pluralen Gemeinwesen

I.

Politik ist bekanntlich die Kunst des Möglichen. Wer in diesem Bereich handelt, findet keine idealen Bedingungen vor, sondern muss im Rahmen des Gegebenen versuchen das Beste zu erreichen. Das bedeutet zwangsläufig eine Orientierung an dem, was pragmatisch erreichbar ist: Mehrheiten müssen gesucht und Kompromisse geschlossen werden. Wer das nicht tut, erreicht am Ende gar nichts und hat damit seinen Auftrag verfehlt.

Der Politiker, der diesen Lebensbereich zu seinem Beruf macht, ist darauf angewiesen, nicht in jeder Frage, nicht in jeder Entscheidung ein Gewissensproblem zu sehen. Er kann kein „Überzeugungstäter" sein, der mit dem Kopf durch die Wand geht. Er weiß: Wenn er nicht gewählt und wiedergewählt wird, können seine Ideen und Projekte zum Scheitern verurteilt sein. Ihm ist bewusst, dass die Öffentlichkeit Beschlüsse und Ergebnisse erwartet und dass irgendetwas „Vorzeigbares" am Ende besser ist als gar kein Resultat. Er versteht schließlich auch, welche große Bedeutung in der modernen Gesellschaft den Medien zukommt und dass es daher beim politischen Handeln nicht zuletzt immer auch darauf ankommt, wie gut es sich in der medialen Öffentlichkeit darstellen und vertreten lässt.

Politik kann demnach nicht ohne Pragmatik auskommen. Derjenige Politiker, der das nicht versteht und beherzigt, ist ein schlechter Politiker. Dennoch muss zu einem solchen Befund gleich eine Ergänzung und Einschränkung hinzugefügt werden: Eine Politik, die sich in Pragmatik erschöpft, deren Horizont und Maßstab einzig die soeben angeführten

Kriterien von Erreichbarkeit, Erfolg und Effizienz bilden, kann sich niemand wünschen. Die Politik muss pragmatisch betrieben werden, um Ideen umzusetzen; setzt sie aber die Pragmatik selbst an die Stelle der Ideen, macht sie das Mittel zum Zweck und pervertiert sich so selbst. Gleiches gilt auch für den Politiker: So wenig man den störrischen und eigensinnigen Querkopf goutiert, der lieber mit seinen Idealen untergeht, als sich an dem zu beteiligen, was möglich ist, so wenig achtet man den reinen Machtpolitiker, für den der Wahlerfolg, der Machterhalt der eigenen Partei oder auch der abstrakte Wille zum Kompromiss den Kern des politischen Handelns bildet.

Damit die pragmatische Orientierung am Machbaren in der Politik nicht zum zynischen Selbstläufer wird, muss es also etwas geben, was der Politik zu Grunde liegt, und diese Fundierung der Politik, die auch in der heutigen Gesellschaft keinesfalls überholt ist oder überflüssig geworden ist, kann man ihr Wertefundament nennen. Dann ist damit eine Instanz gemeint, die nicht ständig ins Gespräch gebracht werden muss, um dennoch immer präsent zu sein. Ein Boden, in dem einzelne Urteile und Entscheidungen wurzeln, der ihnen Halt und Nahrung gibt sowie ein Gefühl von Grundorientierung: Solange man sich in diesem Bereich bewegt, ist man auf sicherem Terrain und kann in Details pragmatisch und auch großzügig sein; verlassen sollte oder darf man ihn nicht.

Ein solches Wertefundament ist für den einzelnen Politiker meines Erachtens unverzichtbar. Gerade dann, wenn er sich mit Entscheidungen zu befassen hat, die potentiell weit reichende Folgen für eine Vielzahl von Menschen haben, ohne dass diese Folgen doch immer und gänzlich absehbar sind, kommt es darauf an, die Orientierung an bestimmten fundamentalen Orientierungspunkten nicht zu verlieren. Ein solches Wertefundament und eine Politik, die sich daran orientiert, sind aber auch für die Gesellschaft als Ganze von großer Bedeutung. Viele Beispiele zeigen, dass eine rein an Kriterien pragmatischer Machbarkeit orientierte Politik zwar oft kurzfristig erfolgreich und populär sein kann, langfristig aber ihre Glaubwürdigkeit verliert und nicht zuletzt daran scheitert. Man darf nicht unterschätzen, wie sehr gerade auch in der modernen Mediengesellschaft die Politik durch den einzelnen

Politiker repräsentiert wird, der ihr mit seiner individuellen Glaubwürdigkeit und Überzeugungskraft seinen Stempel aufdrückt. Wer hier nicht den Mut hat, gelegentlich auch gegen den Strom zu schwimmen, wer sich scheut, von Zeit zu Zeit unpopuläre Ansichten zu vertreten, wird davon vielleicht eine Zeit lang profitieren, langfristig jedoch entspricht eine solche Einstellung der Erwartung auch unserer heutigen Gesellschaft weniger, als manche das vielleicht meinen.

Worin aber kann ein solches Wertefundament heute bestehen? Ich vertrete die These, dass wichtige Werte der christlichen Tradition auch heute noch für das politische Handeln von Bedeutung sind. Diese Werte müssen allerdings so formuliert und artikuliert werden, dass sie in einer Gesellschaft, in der das Christliche zunehmend zu einer Option unter anderen wird, verstanden und akzeptiert werden können. Daher der Titel meines Beitrages. Ich bin nicht der Ansicht, dass die heutige Pluralität religiöser Ansichten den auch öffentlichen Bezug auf die christliche Tradition unmöglich macht, aber gleichzeitig muss es denjenigen, die sich darauf beziehen, mehr als früher darum gehen, deutlich zu machen, dass es hier nicht nur um Privatansichten geht, sondern dass diese Werte Grundlage öffentlichen Handelns und politischer Verantwortung sein können, ohne dass dies Nichtchristen ausgrenzt.

Dabei schreibe ich von meiner eigenen Erfahrung her als ein Politiker, für den sein evangelisch-christlicher Glaube im eigenen Handeln immer von Bedeutung gewesen ist. Aber es geht mir letztlich nicht um die persönliche Perspektive, sondern um die für Politik und Gesellschaft zentrale Frage, wie wir verhindern, dass Werte – ganz gleich welcher Provenienz – als rein private Angelegenheit aus dem Bereich der Öffentlichkeit ausgegrenzt werden. Denn dies hätte die Folge, Technokraten, Opportunisten und Machtpragmatikern das Feld zu überlassen – „Fachmenschen ohne Geist“, wie Max Weber es vor etwa 100 Jahren genannt hat. Das können wir nicht wollen, und aus diesem Grund ist es wichtig, sich die Frage vorzulegen, wie der Bezug auf christliche Werte in unserer religiös-pluralen Gesellschaft möglich ist und gerechtfertigt werden kann.

II.

Wie also kann das Christliche noch in die Politik eingebracht werden? Jeder gewählte Politiker hat es heute mit Wählern zu tun, die verschiedenen Religionen angehören oder nicht religiös sind. Mit dieser Wirklichkeit müssen wir umzugehen lernen. Das Rad lässt sich nicht zurückdrehen, vielleicht in eine Zeit, die ja manche von uns noch kennen, in der man an der Herkunft eines Deutschen schon erkennen konnte, ob er evangelisch oder katholisch war. Eine andere Möglichkeit kam ohnehin kaum in Frage.

Diese Entwicklung der Gesellschaft müssen wir als gegeben akzeptieren, was aber die Möglichkeit spezifisch christlichen Engagements in der Politik nicht erschwert oder unmöglich macht. Hierin besteht der Trugschluss des Säkularismus. Nach dessen Logik erfordert der Verlust religiöser Homogenität in einem Staat eine völlige religiöse Abstinenz im öffentlichen Bereich. Auf den ersten Blick ist das einleuchtend, sofern jeder spezifisch religiöse oder konfessionelle Bezug diejenigen auszuschließen scheint, die sich zu der entsprechenden Glaubensgemeinschaft nicht zugehörig fühlen. Deren berechtigte Anliegen, das habe ich bereits betont, dürfen nicht unberücksichtigt bleiben. Daraus folgt jedoch nicht, dass eine vollkommen säkulare oder laizistische Verfassung aus Sicht beispielsweise muslimischer Europäer attraktiver ist als eine solche, die die Präsenz religiöser Symbole im politischen Bereich erlaubt. Ansonsten müsste es im laizistischen Frankreich weniger Integrationsprobleme geben als in Großbritannien mit seiner anglikanischen Staatskirche. Aber die Debatten um das komplette Kopftuchverbot, das in französischen Schulen besteht und das sich aus dem Prinzip des Laizismus ergibt, haben gezeigt, dass gerade für Muslime die Forderung eines religiös neutralen öffentlichen Raumes oft besonders schwer nachzuvollziehen ist.

Ein anderes Beispiel ist der so genannte Karikaturenstreit, der vor einigen Jahren durch islamkritische Karikaturen in einer dänischen Zeitung ausgelöst worden war. Die Empörung, dass in einem europäischen Land zentrale Themen und Gestalten des Islam Zielscheibe zeichnerischen Spotts werden konnten, war in weiten Teilen der islamischen Welt groß. Aber es half doch nichts, darauf hinzuweisen, dass es in Europa auch analoge Karikaturen zu christlichen Motiven gibt. Die Kritik und die Empörung richteten sich dagegen, dass religiöse Themen überhaupt so dargestellt werden dürfen. Ich will hier keine Missverständnisse aufkommen lassen: Was immer man von jenen Karikaturen hielt, sie zu veröffentlichen war von der Pressefreiheit gedeckt, und diese Freiheitsrechte des Grundgesetzes sind aus meiner Sicht nicht verhandelbar. Gleichwohl ist es eben illusionär zu meinen, Moslems (und diese stehen hier nur als ein wichtiges Beispiel für wachsende religiöse Minderheiten in vielen europäischen Ländern) hätten gegen eine vollkommen säkulare Gesellschaft weniger einzuwenden als gegen christliche Traditionen und christliches Engagement – das Gegenteil ist der Fall.

III.

Es sprechen jedoch nicht nur diese Gründe gegen einen vollkommenen Säkularismus, es sprechen auch wichtige Überlegungen für die bleibende Präsenz des Christlichen in der Politik. Ich möchte hier zwei von ihnen besonders ausführen. Die erste ist, dass Politik in der Demokratie vom Engagement lebt – das betrifft Berufspolitiker ebenso wie Bürger, die nebenberuflich oder ehrenamtlich das Gemeinwesen tragen, insbesondere im kommunalen Bereich. Politik wird von Menschen gemacht, und Menschen bringen ihre eigene Persönlichkeit einschließlich ihrer religiösen Prägung in die Politik mit ein. Das ist vollkommen richtig. Christliche Politik hieß und heißt insofern zuallererst einmal: Politik, die von Christen gemacht wird. Warum ist das von Bedeutung?

Es kann uns in der demokratischen Gesellschaft nicht gleichgültig sein, wenn Menschen das Interesse an der Politik verlieren. Wie wir alle wissen, geschieht das leicht. Ein wichtiger Grund dafür ist, dass viele der wichtigsten Entscheidungen inzwischen auf Ebenen getroffen werden, die von der Lebenswirklichkeit der meisten Bürger weit entfernt sind. Dazu trägt die viel beschworene Globalisierung das ihre bei. Aber man könnte ebenso von der Europäischen Union sprechen. Selbst auf der Ebene des Bundes geht es vielfach um Fragen, deren Bedeutung für das konkrete Zusammenleben der Menschen nicht immer leicht zu vermitteln ist. Ich bin deshalb fest von der bleibenden Bedeutung des Subsidiaritätsprinzips überzeugt – es steht nicht im Widerspruch zur Globalisierung, sondern seine Bedeutung steigt mit der Komplexität politischer Zusammenhänge. Wenn es uns nicht gelingt, wichtige Entscheidungen in den Ländern und bei den Kommunen zu belassen, riskieren wir eine noch stärkere Politikverdrossenheit, die für die Demokratie eine tödliche Gefahr darstellt.

Welche Kräfte aber motivieren den Einsatz einzelner Bürger oder auch von engagierten Gruppen? Nach wie vor einer der wichtigsten Faktoren ist der Glaube, und zwar der christliche Glaube. Das reicht von sozialen und karitativen Anliegen über Kinderbetreuung und Schulbildung bis hin zum Engagement für ethische und politische Grundsatzfragen wie Umweltschutz, Stammzellforschung, Asylrecht oder soziale Gerechtigkeit. Dieses Engagement ist für den Berufspolitiker nicht immer einfach zu handhaben; es drückt sich oft in Protest, auch sehr engagiertem Protest aus. Jedoch lebt unsere Demokratie vom Wettkampf der Meinungen; sie existiert aus der Überzeugung heraus, dass durch kontroverse Diskussion die für alle beste Lösung gefunden wird.

IV.

Die Bedeutung des Christlichen in der Politik erschöpft sich nicht darin, eine Quelle individuellen Engagements zu sein. In allen modernen Gesellschaften stellt sich mit Macht die Frage nach gesellschaftlicher Identität, die Frage, was die Menschen zusammenhält. Die moderne Lebensführung führt zu zunehmender Vereinzelung und Individualisierung – immer mehr Menschen arbeiten für sich, sie leben entweder allein, als Singles oder in kleinen Familien, ihre Freizeitgewohnheiten werden immer diverser und fragmentierter. Die Zeiten, in denen sich die Urlaubsziele auf eine Handvoll Orte und Länder reduzieren ließen, sind lange vorbei. Niemand sollte die guten Seiten dieser Entwicklung gering schätzen; sie erlaubt vielen von uns einen Lebensstil, der sich den eigenen Wünschen und Bedürfnissen weitgehend anpasst. Dennoch bezahlen wir einen Preis, und der besteht darin, dass es uns immer schwerer fällt zu sagen, was uns eigentlich noch verbindet. Dass hier für moderne Gesellschaften ein großes Problem liegt, hat der französische Sozialwissenschaftler Emile Durkheim schon im späten 19. Jahrhundert analysiert – lange vor der Zeit, in der es 50 Fernsehkanäle und Internet-Chatrooms gab. Durkheim sah den Rückgang der gemeinsamen Religion als wichtigsten Faktor dieser Bedrohung, nicht zuletzt, weil er als einer der Ersten auf die verbindende Rolle der Religion für die Gesellschaft aufmerksam machte.

Ich glaube, auch heute noch hat die Religion eine solche verbindende Rolle, und dies ist ein weiterer Grund, warum wir auf das Christliche in der Politik nicht leichtfertig verzichten sollten. Auf die Frage, was Menschen in einer Gesellschaft wie der unseren zusammenhält, antworten manche, das sei der Verfassungspatriotismus. Damit meinen sie, dass allein die Überzeugung vom demokratischen Wert unserer Institutionen ausreicht, um ein Gemeinschaftsgefühl zu erzeugen. Kein Zweifel: Diese gemeinsame Überzeugung ist von großer Bedeutung, und wir alle müssen daran arbeiten, dass eine möglichst große Zahl von Menschen in unserem Land mit Stolz auf unsere Verfassung und die in ihr begründete Ordnung blickt. Dennoch glaube ich nicht, dass Verfassungspatriotismus genug ist. Karl Otto Hondrich hat es einmal so formuliert, dass eine Gesellschaft „geteilter Gefühle" bedarf: „Vom Einklang der Gefühle geht ein eigener Zauber aus: der Zauber der Einheit." Dass das so ist, kann man bei einem Fußball-Länderspiel sehen: Wir feuern unsere eigene Nationalmannschaft und nicht die der Franzosen an, obwohl wir doch alle ähnliche demokratische Verfassungswerte vertreten. Eine der wichtigsten Quellen und Ressourcen für solche geteilten Gefühle aber stellt nach wie vor die christliche Religion bereit. Sie ist, in den Worten des kanadischen Sozialphilosophen

Charles Taylor, eine wichtige „Quelle des Selbst“, ein nach wie vor nicht erschöpfter Ursprung europäischer und deutscher Identität.

Diese Bedeutung ist nicht dadurch verschwunden, dass unsere Gesellschaft religiös pluraler geworden ist. Denn es kommt auf die Verbindung der Menschen überhaupt, auf die Überwindung eines reinen Individualismus an, der dem gesellschaftlichen und politischen Engagement im Wege steht. Dies wird auch dann von religiösen Gemeinschaften geleistet, wenn ihre Überzeugungen nicht mehr von der gesamten Bevölkerung geteilt werden. Die *gesamte* Bevölkerung in Deutschland war ohnehin nie christlich – das sollten wir auch nicht vergessen, und die Fiktion, es wäre so, hatte eben auch ihre dunkle Seite in der Ausgrenzung und Diskriminierung der jüdischen und anderer Minderheiten, die es schon immer gegeben hat. Das Christentum und die großen christlichen Kirchen, so können wir heute sagen, leisten einen wichtigen Beitrag zur politischen Identität in unserem Land, indem sie nach wie vor eine Mehrheit von Menschen erreichen und miteinander verbinden.

Das Christentum ist noch aus einem anderen Grund von bleibender Bedeutung, und das gilt unabhängig von der Entwicklung der Kirchenmitgliederzahlen in den nächsten Jahrzehnten. Es hat eine bleibende Bedeutung für unsere Identität durch seine jahrhundertelange Prägung unserer Kultur. Ob wir auf architektonische Kunstwerke blicken wie den Kölner Dom, an Musik wie Bachs Matthäuspassion oder Beethovens Missa Solemnis denken, ob wir die Gemälde in einer unserer großen Galerien betrachten oder klassische oder moderne Literatur lesen – überall hat der Einfluss des Christentums seine prägenden Spuren hinterlassen. Dasselbe gilt von unserem Rechtssystem oder von politischen und philosophischen Ideen. Wir können in diesem Sinn vom Christlichen in der Politik sprechen und etwas ganz Offensichtliches meinen: dass jeder Politiker in Deutschland heute, ganz gleich welcher Religion er angehört oder welchen Glauben er hat, ganz gleich ob er es weiß oder nicht, in seinem politischen Handeln Teil einer Tradition ist, die jahrhundertelang vom Christentum geprägt war und die auch uns alle heute noch in unserem Denken und Handeln beeinflusst.

V.

An dieser Stelle drängt sich allerdings ein Einwand auf: Wenn so viel von der verbindenden Rolle der Religion und speziell des Christentums gesprochen wird, unterschlägt man dann nicht die eher unerfreuliche Kehrseite? Ist es nicht so, dass Religion Menschen zwar einerseits verbindet, sie aber andererseits auch trennt? Hat nicht die Religion, gerade auch die christliche, immer wieder Anlass zu Streit, zu Dissonanzen, zu Ausgrenzung und auch zu gewalttätigen Auseinandersetzungen und Krieg gegeben? Das ist in der Tat richtig, und gerade angesichts der heutigen Herausforderung einer religiös immer pluraler werdenden Gesellschaft ist es entscheidend, dass wir auch dieser Seite der Religion ins Auge blicken. Wie können wir die verbindenden Kräfte der Religion nutzen, ohne zum Opfer ihrer Potentiale zu Segregation und Konflikt zu werden?

Ein wichtiger Beitrag muss darin bestehen, dass wir auf das sehen, was die großen Religionen verbindet. Wir finden da einiges von großer politischer und gesellschaftlicher Relevanz. Nehmen wir den zumindest für die monotheistischen Religionen, für das Christentum ebenso wie das Judentum und den Islam zentralen Bezug auf Gott. Bei allen im Einzelnen großen Unterschieden kommt es im Grundsatz darauf an, dass Menschen wissen, dass sie mit ihrem eigenen Leben und Tun in der Verantwortung vor einer Autorität stehen, die sie nicht selbst eingesetzt haben. Dass sie sich auf etwas beziehen, was größer ist als sie selbst. Dass da etwas ist, das von ihnen nicht gemacht, aber von ihnen zu respektieren ist. Dass es bei allem, was sie wollen und tun, nicht nur um sie selbst geht. Schon das hat weit reichende Folgen für politisches und gesellschaftliches Handeln. Wissen um Unverfügbares ist eine Vorkehrung gegen totalitäre Allmacht und Machtmissbrauch. „Wo immer in der Welt einer nicht mehr weiß, dass er höchstens der Zweite ist, da ist bald der Teufel los", sagte Bischof Reinelt zum 50. Jahrestag der Dresdner Bombennacht.

Genau darum geht es nach meinem Verständnis in der Präambel des deutschen Grundgesetzes. Bevor die eigentliche Verfassung beginnt, wird dort gesagt, dass das deutsche Volk sich dieses Grundgesetz im Bewusstsein seiner Verantwortung vor Gott gegeben hat. Ein solcher Verweis kann Menschen verschiedener Konfessionen, auch Gläubige der wichtigsten bei uns vertretenen Religionen einen. Er muss sie nicht trennen. Warum sollte sich zum Beispiel ein Muslim durch einen solchen Verweis ausgeschlossen fühlen?

Wie aber steht es mit Atheisten? Werden sie so vor den Kopf gestoßen? Nicht unbedingt. Auch der Atheist kommt eigentlich nicht wirklich ohne Religion aus. Zumindest wenn es um grundsätzliche existenzielle Fragen, um die Frage nach Anfang und Ende, nach dem Sinn des Lebens und der Existenz von Wahrheit und Recht geht, stößt auch jemand, der keiner Religionsgemeinschaft angehört, auf die religiöse Dimension. Auch Atheisten suchen meist einen absoluten Bezugspunkt: die Idee der Wahrheit oder der Freiheit, das Recht oder die Gerechtigkeit. Wenn damit nicht Ideologien gemeint sind, sondern etwas, das den Einzelnen in die Pflicht nimmt, dann gibt es mehr Gemeinsamkeiten, als man zunächst denken würde.

Der Bezug auf Gott erweist seine Bedeutung für das Zusammenleben der Menschen nicht zuletzt dadurch, dass er unmittelbare und direkte Folgen für das Menschenbild hat. Die Verantwortung der Menschen *vor* Gott ist nie losgelöst von der Verantwortung *für* den Mitmenschen. Das Doppelgebot der Liebe, das in der jüdischen Überlieferung *und* im Neuen Testament als Zusammenfassung aller Gebote gilt, verbindet nicht zufällig die Liebe zu Gott mit der Nächstenliebe. Die biblische Schöpfungsgeschichte drückt denselben Zusammenhang aus, indem sie davon spricht, der Mensch sei nach dem Ebenbild Gottes geschaffen.

In unsere Verfassungswirklichkeit hat dieser Gedanke Eingang gefunden in der Formulierung das Art. 1, dass die Würde des Menschen unantastbar ist. Dieser Grundsatz gilt unumstößlich; nicht einmal eine verfassungsändernde Mehrheit könnte ihn abschaffen. Und das zu Recht. Unsere politische Ordnung, das, was oft als die Wertordnung des Grundgesetzes bezeichnet wird, beruht zuallererst auf dem Prinzip der Menschenwürde. Aus diesem Grundsatz sind letztlich die einzelnen Grundrechte entsprungen, die das Fundament unserer freiheitlichen

Ordnung ausmachen. Dazu gehört ganz wesentlich der Grundsatz religiöser Toleranz, das Prinzip der Religionsfreiheit. Das ist ganz wichtig. Zumindest aus christlicher Sicht lässt sich klar sagen, dass gerade der christliche Glaube die Akzeptanz religiöser Pluralität als Teil der Achtung vor der Menschenwürde fordert.

Die Menschenwürde, die dem Glauben entspricht, dass der Mensch nach dem Ebenbild Gottes geschaffen ist, bedeutet, dass jeder Mensch, unabhängig von Hautfarbe, Herkunft oder Religion, seine eigene, unveräußerliche und unverwechselbare Würde hat, und das bedeutet notwendig auch den Respekt vor der Verschiedenheit, und damit Toleranz. Daraus lässt sich auch der Grundsatz der Trennung zwischen staatlicher Gewalt und religiösen Organisationen ableiten. Wenn Glaubensgewissheit in irdische Ordnung übersetzt wird, dann ist zu oft für Toleranz wenig Platz, und deshalb lässt sich die Absage an jeden Fundamentalismus in der politischen Ordnung gerade auch mit religiösen Gründen verteidigen.

VI.

Der Bezug auf Gott führt nicht nur zum Gedanken der Menschenwürde und dem Toleranzprinzip. Er kann den Menschen auch davor bewahren, sich selbst zum Maß aller Dinge zu machen. Der Mensch braucht Grenzen. Er braucht Grenzen im Interesse seines eigenen Menschseins, seiner Humanität. Auf diese Grenzen aber macht ihn der Bezug auf ein transzendentes Wesen unzweideutig aufmerksam. Diese Einsicht ist für unsere heutige Welt überlebenswichtig. Die Menschen lernen mit ungeheurer Geschwindigkeit hinzu. Wissenschaft und Technik ermöglichen ihnen Dinge, von denen noch vor wenigen Jahrzehnten kaum zu träumen war, ich nenne nur die Begriffe Biotechnologie, Nanotechnik und Astrophysik. Die globalisierte Wirtschaft produziert eine sich permanent wandelnde Welt und gibt dem Menschen erstaunliche Instrumente an die Hand, um sein eigenes Geschick und das der Erde in die Hand zu nehmen.

Bei all dem bleibt der Mensch ambivalent. Seine Größe ist gleichzeitig sein Verhängnis. Sein Streben führt ihn zu neuen und höheren Einsichten, aber auch zu Neid und Missgunst, Habgier und Streit. Im Krieg sehen wir diese „Wolfsnatur" des Menschen in ihrer zerstörerischen Wirklichkeit. Wir hatten in den letzten Jahren mehr als genug Gelegenheit, Zeugen davon zu werden. Dabei ist die militärische Auseinandersetzung nicht die einzige Gelegenheit, bei der sich das Fragwürdige, ja Gefährliche am Menschen ohne Maß zeigt. Für uns ist mindestens genauso wichtig die Bedrohung, die für Mensch und Welt von einer ungezügelten Erwerbswirtschaft ausgeht. Das sieht man gerade in Zeiten ökonomischer Krisen in aller Deutlichkeit, aber nicht nur in ihnen. Auch in diesem Kontext zeigt sich der Mensch eher als Wolf. Es kommt für unsere Zukunft viel darauf an, dass wir uns selbst Zügel anlegen. Marktwirtschaft ist unverzichtbar, ein unregulierter Aktienmarkt jedoch ist unmenschlich.

In diesem Sinne braucht der Mensch Grenzen. Grenzen, die er sich selbst in Freiheit setzt. Eine wichtige Motivation für ein solches freiwilliges Akzeptieren von Grenzen der eigenen Machtfülle ist der Bezug auf Gott. Wiederum gilt: Das Wissen von etwas Unverfügbarem ist eine Vorkehrung gegen Übermaß, Allmachtsphantasie und Machtmissbrauch.

VII.

Mit diesen Gedanken – von Grenzen, die uns durch den Bezug auf Gott gesetzt sind, von der unbedingten Würde des Menschen, von der Respektierung der Überzeugung anderer – sind Werte benannt, die sich für den Christen aus seinem Glauben ergeben und die gleichzeitig in einer modernen, religiös-pluralen Welt vertreten werden können. Das bedeutet nicht, dass eine Politik, die sich aus diesen Einsichten speist, immer populär und allgemein anerkannt sein wird. Fast könnte man sagen: im Gegenteil, denn eine Orientierung an solchen Grundsätzen bringt einen unvermeidlich von Zeit zu Zeit in Gegensatz zur Mehrheitsmeinung.

Ich habe schon gesagt, dass es keineswegs Sinn des Politikerdaseins sein kann, stets gegen den Strom zu schwimmen. Hehre Prinzipien sind kein Ersatz für politische Erfolge. An Erfolgen wird die Politik gemessen, und das ist auch richtig so. Insofern kann es nicht darum gehen, an dieser Stelle den prinzipiellen Oppositionellen zu idealisieren, der seine persönlichen Überzeugungen zum alleinigen Maßstab politischen Handelns macht.

Es ist jedoch ein Unterschied, ob der Dissens mit der Mehrheit gesucht wird oder ob man bereit ist, ihn zu ertragen, wenn er auf Grund prinzipieller Überlegungen unvermeidlich erscheint. Wenn politisches Handeln auf Werten beruht, dann ist die Übereinstimmung mit dem Mainstream der öffentlichen Meinung niemals das einzige und auch nicht das letzte Kriterium für Entscheidungen oder für Positionierungen. Eine Orientierung an Werten wie den hier dargestellten gibt einen alternativen Maßstab vor, der Grundlage der konkreten Handlungsentscheidungen sein kann und sein sollte.

Garantie auf öffentliche Akzeptanz gibt es nicht, aber einiges spricht aus meiner Erfahrung dafür, dass viele Menschen eine solche Haltung, auch einschließlich der Bereitschaft sich gelegentlich in Widerspruch zur Mehrheitsmeinung zu begeben, respektieren. Gerade erst, im Mai dieses Jahres, hat die Seligsprechung von Johannes Paul II. an die eindrücklichen Wochen und Monate im Jahr 2005 erinnert, als die Welt als Ganze an seinem Lebensende Anteil nahm. Was war die Ursache der damals zum Ausdruck kommenden Bewunderung? Sie beruhte sicherlich nicht überall auf einer selbstverständlichen und ungeteilten Akzeptanz der Werte, für die Johannes Paul II. sein Leben lang stand. Jeder, der die Jahrzehnte seiner Amtszeit erlebt hat, wird wissen, dass diese vielmehr umstritten und von vielen als anstößig empfunden waren. Was jedoch so vielen Respekt einflößte, das war die Selbstverständlichkeit, mit der der Papst ein Leben lang diese für richtig erkannten Einsichten festhielt und sich selbst an ihnen ausrichtete – und gleichzeitig menschliche Anerkennung für diejenigen zum Ausdruck brachte, die sich begründet anders entschieden. Das beeindruckt Menschen, gerade junge Menschen, die hier zu Recht etwas Vorbildliches sehen. Die Haltung des Papstes hatte etwas, das ihnen bei der Ausbildung ihrer eigenen Identität half, obwohl oder vielleicht gerade weil nicht alle vollkommen mit seinen Werten übereinstimmten.

Dieser Zusammenhang besteht auch bei weniger außergewöhnlichen Personen: Werte, die nicht einfach propagiert, sondern gelebt werden; Werte, die dem eigenen Handeln als Nährboden unterliegen, können am Ende auch denen nützen, die diese Werte nicht unbedingt in ihrem jeweiligen Begründungszusammenhang für sich selbst annehmen wollen oder können. Macht man sich das klar, dann verliert die Frage nach christlichen Werten in einem religiös-pluralen gesellschaftlichen Kontext ihren bedrohlichen Charakter. Sicherlich, die Entwicklung bringt es mit sich, dass diese Werte nicht die einzigen sind, die von Menschen auch in der Öffentlichkeit vertreten werden. Der Chor wird vielstimmiger. Das aber ist kein Grund, gegen ihre Präsenz im öffentlichen und politischen Leben Einwände zu erheben. Im Gegenteil: Unsere demokratische Kultur kann von ihnen und von den Menschen, die sie vertreten und vorleben, nur profitieren.

Kristina Schröder

Familie zuerst! Zeit als Leitwährung wertorientierter Familienpolitik

Was hat man ihr nicht alles nachgesagt! Als Hort der Unterdrückung galt sie, nicht mehr zeitgemäß, aus der Mode gekommen wie Schlaghosen und Dauerwellen. Bedroht von Egoismus und Selbstverwirklichung sei sie, vom omnipräsenten Zwang zu Flexibilität und Mobilität, vom Nomadendasein des modernen Arbeitnehmers. Und, ach ja, die hohen Scheidungsraten, die steigende Zahl von Single-Haushalten, das Phänomen der seriellen Monogamie in Lebensabschnittspartnerschaften, die anhaltende Gebär- und Zeugungsfaulheit – führt all das nicht unaufhaltsam zu ihrem Niedergang? Von wegen!

Allen Unkenrufen zum Trotz hat die Lebensform Familie weder an Bedeutung noch an Lebendigkeit eingebüßt. Zukunftsforscher sprechen gar von einer „Renaissance der Familie“[1]. Im Jahr 2010 sind die Kinderwünsche deutlich gestiegen: 52 Prozent der Kinderlosen möchten bestimmt einmal Kinder haben – 2008 sagten das nur 43 Prozent[2]. Mehr als drei Viertel der Bevölkerung geben an, dass Familie den Mittelpunkt ihres Lebens ausmacht und damit deutlich mehr Bedeutung hat als Freundeskreis, Beruf und Hobbys.[3] Eine überwältigende Mehrheit der Deutschen verbindet Familie mit Solidarität (89 Prozent), Liebe (87 Prozent), Geborgenheit (84 Prozent) und gegenseitiger Verantwortung (75 Prozent).[4] Hoch im Kurs steht Familie auch bei der Ju-

[1] Horst Opaschowski, im Interview mit dem Magazin FOCUS, Nr. 51 vom 20.12.2010.
[2] Allensbach Familienmonitor 2010.
[3] Allensbach Familienmonitor 2010.
[4] Vorwerk Familienstudie 2010.

gend: Gut drei Viertel der 12– bis 25-Jährigen sind der Meinung, dass Familie zu einem glücklichen Leben gehört, und mehr als 90 Prozent berichten von einem guten Verhältnis zu ihren Eltern.[5] Wie eng der familiäre Zusammenhalt ist, zeigt sich auch im Alltag: Großeltern unterstützen bei der Kinderbetreuung, alte und kranke Menschen werden von ihren engsten Angehörigen gepflegt, und die meisten Eltern würden ihr letztes Hemd geben, damit es Söhnen und Töchtern gut geht. Familien stiften nach wie vor generationenübergreifend Zusammenhalt, und wenn es schwierig wird, können die meisten Menschen auf ihre Familie zählen.

Die von Soziologen mit dem Schlagwort „Individualisierung“ bezeichneten gesellschaftlichen Modernisierungsprozesse haben also entgegen vielfacher Befürchtungen weder zur Krise der Familie geführt noch die Formation „Vater, Mutter, Kind“ zum Auslauflebensmodell gemacht. Wohl aber ist in den letzten Jahrzehnten eine Vielfalt von Familienformen entstanden, die sich keinem einheitlichen Familienleitbild mehr zuordnen lassen. Zwar ist die Ehe mit Kindern in Deutschland immer noch die am häufigsten gewählte Lebensform, zwar wachsen drei von vier Kindern bei verheirateten Eltern auf. Doch die Zahl nichtehelicher Lebensgemeinschaften mit und ohne Kinder hat deutlich zugenommen – genauso wie die Zahl der Alleinerziehenden und die Zahl der Single-Haushalte. Umgekehrt ist zwar die Zahl der Ehescheidungen gestiegen und die Zahl der Geburten zurückgegangen. Doch dafür sind familiäre Beziehungen heute Wunschbeziehungen und Kinder vielfach heiß ersehnte Wunschkinder. Wer in einer Partnerschaft lebt oder eine Familie gründet, beugt sich keinem äußeren Druck, sondern entscheidet sich heute in der Regel bewusst dafür.

Das gilt auch für die Rollenverteilung in Familie und Partnerschaft. Lebensentwürfe und Rollenbilder haben sich geändert, vor allem die der Frauen, aber auch die der Männer. Die klassische Arbeitsteilung der Geschlechter – ER bringt das Geld nach Hause, SIE kümmert sich

---

[5] Shell-Jugendstudie 2010.

ausschließlich um Haushalt und Kinder – bewährt sich zwar nach wie vor in vielen Familien, ist aber heute nur noch eine Option unter verschiedenen Optionen, für die man sich entscheidet oder auch nicht. Die meisten Frauen wünschen sich ein erfülltes Familienleben, wollen aber auch im Beruf ihre Chancen nutzen. Umgekehrt wollen heute auch Männer mehr von ihrer Familie haben als ein Bild auf dem Schreibtisch und suchen nach Möglichkeiten, Zeit für familiäre Verantwortung mit ihren beruflichen Ambitionen in Einklang zu bringen.

Auf all diese Veränderungen hat die Familienpolitik in den letzten Jahren reagiert. So steht beispielsweise bei der Familienförderung heute nicht mehr nur das Geld im Mittelpunkt, weil sich mit dem Ende der klaren Teilung zwischen (mütterlicher) Fürsorge und (väterlicher) Ernährer-Rolle ein Bedürfnis nach besserer Infrastruktur und partnerschaftlich geteilter Familienzeit entwickelt hat. Doch mit dem Abschied von einer an klassischen Rollenbildern orientierten Familienpolitik stehen keineswegs die Werte und Bindungen zur Disposition, die Familie zur stärksten Verantwortungsgemeinschaft in unserer Gesellschaft machen. Im Gegenteil: Moderne Familien- und Gesellschaftspolitik zielt darauf ab, Werte wie Verlässlichkeit und Zusammenhalt auch unter veränderten, gesellschaftlichen Rahmenbedingungen lebbar zu machen und jungen Paaren die Entscheidung für ein Kind zu erleichtern. Dabei geht es um weit mehr als um staatliche Leistungen. Es geht um die Familienfreundlichkeit unserer ganzen Gesellschaft.

Dass Menschen sich mehr Kinder wünschen als sie tatsächlich bekommen, zeigt, dass die gesellschaftlichen Rahmenbedingungen für Familien in Deutschland trotz umfassender staatlicher Leistungen noch nicht optimal sind. Über die Hälfte der Kinderlosen unter 45 Jahren hätten gern Kinder gehabt, und auch viele Mütter (21 Prozent) und Väter (12 Prozent) hätten gern weitere Kinder bekommen.[6] Es mag private Gründe dafür geben, dass Kinderwünsche nicht wahr werden. Oft liegt es aber daran, dass vor allem Frauen glauben, sich zwischen

---

[6] BMFSFJ Familienreport 2010.

beruflichen Aufstiegschancen und Familie entscheiden zu müssen und ihren Kinderwunsch deshalb aufschieben, bis es zu spät ist.

Eine familienfreundliche Gesellschaft gibt Menschen die Unterstützung, die sie brauchen, um sich für ein Kind zu entscheiden und ihrer Verantwortung für ihre Familie gerecht zu werden. Dazu gehört eine Politik, die Frauen und Männern Zeit gibt, ihre Verantwortung wahrzunehmen. Dazu gehört eine Arbeitswelt, deren Kultur geprägt ist vom Respekt vor dem Familienleben der Mitarbeiterinnen und Mitarbeiter. Dazu gehört aber auch ein gesellschaftliches Klima der Akzeptanz für die Vielfalt unterschiedlicher Rollen- und Familienmodelle. Denn Mut und Lust auf Familie entstehen nur dort, wo Eltern und Kinder Wertschätzung erfahren, unabhängig davon, wie sie leben.

Mein Gestaltungsanspruch für eine familienfreundliche Gesellschaft beruht deshalb nicht auf einem konkreten Familienleitbild, sondern lässt sich schlicht in zwei Worten zusammenfassen: „Familie zuerst!" Menschen in Deutschland sollen es sich leisten können, ihrer Familie den höchsten Stellenwert im Leben einzuräumen – und zwar auch und gerade dann, wenn sie berufstätig sind. Wie eine moderne, wertorientierte Familienpolitik heute aussehen könnte, skizzieren die folgenden Thesen.

Erstens: Moderne Familienpolitik ist nicht zugeschnitten auf eine wie auch immer geartete Vorstellung davon, wie die Rollen in einer Partnerschaft verteilt sein sollten. Moderne Familienpolitik respektiert die Vielfalt gleichberechtigter Lebensentwürfe. Verabschieden sollten wir uns von der Vorstellung, Familienwerte könnten nur in einer ganz bestimmten Form familiären Zusammenlebens gelebt werden. Als verlässlichster Rahmen für familiäre Verantwortung und das Aufwachsen von Kindern steht die Ehe zu Recht unter dem besonderen Schutz unseres Grundgesetzes. Am Schutz und an der besonderen Förderung der Ehe hält eine wertorientierte Familienpolitik deshalb fest. Doch ob Lebenspartnerschaft oder Lebensabschnittsbeziehung, ob Einverdiener-Ehe oder Doppelverdiener-Patchwork, ob klassische, vertauschte oder gemischte Rollenverteilung – Menschen können auf vielfältige Weise füreinander Verantwortung übernehmen und füreinander einstehen.

Dass Menschen Verantwortung übernehmen, sollte eine Gesellschaft immer unterstützen, unabhängig davon, wie Menschen Partnerschaft und Familienleben gestalten und mit ihren beruflichen Zielen und Verpflichtungen in Einklang bringen.

Zweitens: Eine wertorientierte Familienpolitik sieht die Verantwortungsfähigkeit des Einzelnen – und nicht die Förderung eines bestimmten Lebensentwurfs – als ihre zentrale Gestaltungsaufgabe. Eine Familienpolitik „von der Stange", zugeschnitten auf ein wie auch immer geartete Vorstellung von der Rollenverteilung in der Familie, geht an der Lebenswirklichkeit einer mehr oder minder großen Zahl von Menschen vorbei. Auf Rollenleitbilder zu verzichten, ist deshalb eine rein pragmatische Entscheidung. Es heißt nicht, beliebig oder wertfrei zu sein. Es heißt nur, dass heute andere Rahmenbedingungen erforderlich sind als früher, um möglichst vielen Menschen zu ermöglichen, Verantwortung zu übernehmen. Die richtigen Rahmenbedingungen können Menschen dabei unterstützen, dass sie ihrer Verantwortung gegenüber ihrem Partner, ihren Kindern oder auch gegenüber hilfs- und pflegebedürftigen Angehörigen gerecht werden, und zwar unabhängig davon, für welche Form des familiären Zusammenlebens sie sich entscheiden. Welche Rahmenbedingungen sind es also, die den Wunsch und die Fähigkeit von Menschen fördern, Verantwortung zu übernehmen?

Darum geht es in der dritten These. Nicht Geld, sondern Zeit ist die Leitwährung einer Familienpolitik, die Verantwortungsfähigkeit fördert. Menschen brauchen Zeit, um ihrer Verantwortung füreinander gerecht zu werden. Dafür gibt es zunächst einmal zwei ganz banale Gründe: Ob Familien zusammenhalten, ob Eltern und Kinder füreinander da sein können, ist in erster Linie eine Frage der Zeit. Und so unterschiedlich die Erwartungen an die Familienpolitik auch sind: Zeit füreinander zu haben, ist ein Bedürfnis, das alle Menschen mit familiären Fürsorgeaufgaben verbindet. Das war natürlich schon immer so. Früher war aber klar, wer sich Zeit für familiäre Verantwortung nimmt, nämlich die Frau und Mutter zuhause. Deshalb ist unsere Arbeitswelt immer noch auf Männer zugeschnitten – oder allgemein formuliert: auf Menschen, die Verantwortung delegieren können. Unsere Arbeitswelt hat also mit den gesellschaftspolitischen Entwicklungen nicht Schritt gehalten. In einer Gesellschaft, in der Frauen und Männer Beruf und Familie in Einklang bringen müssen, wird Zeit zum Schlüsselfaktor für Verantwortungsfähigkeit. Als „Taktgeber" des Alltags von Familien und damit auch von Kindern spielt die Arbeitswelt eine wichtige Rolle für die Qualität des Familienlebens, für die Zufriedenheit von Eltern und für die Betreuungsqualität zuhause.

Das bestätigt beispielsweise der Allensbach Familienmonitor 2010. Ein interessantes Ergebnis dieser Untersuchung ist, dass in Familien mit minderjährigen Kindern nur bei 39 Prozent der berufstätigen Mütter und bei 35 Prozent der berufstätigen Väter die reale Arbeitszeit der Wunsch-Arbeitszeit entspricht. 60 Prozent der Väter und 41 Prozent der Mütter würden gerne etwas weniger Wochenstunden arbeiten, als sie es tatsächlich tun. Gleichzeitig möchten drei Viertel der Mütter (75 Prozent) mehr als 20 Stunden arbeiten. Die bisher übliche Alternative „entweder Vollzeit oder halbtags" geht also an den Wünschen der meisten Eltern vorbei. Mütter und Väter wünschen sich mehr Zeitsouveränität und vollzeitnahe Teilzeitarbeitsplätze mit 30 bis 35 Stunden Wochenarbeitszeit.

Deshalb müssen wir uns familienpolitischen Fragen von einer anderen Seite nähern, als wir es bisher getan haben: Wir haben bisher immer gefragt, wie wir Familie vereinbar mit dem Berufsleben machen. Das war dann vor allem ein Problem der Frauen. Wenn wir Müttern *und* Vätern Zeit für ihre familiäre Verantwortung geben wollen, dann muss die Frage anders herum lauten: Wie wird die Arbeitswelt vereinbar mit den Bedürfnissen von Eltern minderjähriger Kinder?

Genau das ist die große, familienpolitische Herausforderung unserer Zeit: Unsere Arbeitswelt muss familienfreundlicher werden, damit unsere Gesellschaft familienfreundlicher wird. Dazu trägt die Einführung der Familienpflegezeit bei, die pflegenden Angehörigen die Vereinbarkeit von Pflege und Beruf ermöglicht. Dazu trägt auch die Initiative

„Familienbewusste Arbeitszeiten" bei, die das Bundesfamilienministerium zusammen mit dem Deutschen Industrie- und Handelskammertag (DIHK) ins Leben gerufen hat. Damit wollen wir Arbeitgeber motivieren, mehr flexible und familienfreundliche Arbeitszeitmodelle anzubieten – und zwar nicht nur für Frauen. Denn wir sind glücklicherweise so weit, dass nicht nur Frauen, sondern auch mehr und mehr Männer Interesse an einem familienfreundlichen Arbeitsumfeld haben.

Das bestätigt der Erfolg des Elterngelds und insbesondere der Partnermonate. Dank der Partnermonate nehmen sich nach der Geburt mittlerweile über 25 Prozent der Väter Zeit für die Kinderbetreuung und fordern diese Zeit bei ihrem Arbeitgeber auch ein. Arbeitgeber wiederum engagieren sich heute nachweislich deutlich stärker für die Unterstützung junger Mütter und Väter bei der Rückkehr in den Beruf nach der Elternzeit. Von diesen Veränderungen werden nicht nur Kinder, sondern mittelfristig auch Frauen profitieren. Denn mit dem Abschied von der starren Rollenverteilung ändert sich sowohl die Kultur in den Führungsetagen als auch die Arbeitsteilung zuhause in der Familie. Wo Leistungsträger sich Zeit für familiäre Aufgaben nehmen, entstehen neue Karrieremodelle und Teilzeitarbeitsplätze. Wo einer den Anfang macht, trauen sich auch andere. Und wo Väter eine enge Bindung zu ihrem Kind haben und die Zeit mit ihm intensiv erleben, ist die Vereinbarkeit von Beruf und Familie kein Frauenthema, sondern eine partnerschaftliche Entscheidung.

Daran zeigt sich die gesellschaftspolitische Gestaltungskraft moderner Familienpolitik: Für den Erfolg moderner Familienpolitik stehen Unternehmen, die sich für familienbewusste Arbeitszeiten öffnen und ihre Beschäftigten beim Wiedereinstieg nach der Elternzeit unterstützen. Den Erfolg moderner Familienpolitik sehen wir auf Spielplätzen, in Kinderarztpraxen und morgens in den Kindergärten, wo man mittlerweile immer mehr Väter trifft. Und manchmal kann man den Erfolg moderner Familienpolitik sogar hören: Während man(n) die Partnermonate noch vor drei Jahren als „Wickelvolontariat" belächelte, bemängelt man(n) heute auf Autobahnraststätten das Fehlen eines Wickeltisches auf der Herrentoilette.

Eine werteorientierte Familienpolitik jedenfalls ist konzeptionell eng verknüpft mit einer Gleichstellungspolitik der fairen Chancen. Das ist die vierte These. Der geringe Anteil von Frauen in Führungspositionen und die schlechteren Einkommensperspektiven von Frauen haben vor allem mit der strukturellen und kulturellen Rücksichtslosigkeit unserer Arbeitswelt gegenüber familiären Fürsorgeaufgaben zu tun. Frauen sind heute genauso gut, oftmals sogar besser ausgebildet als Männer. Doch während Männer zwischen 30 und 40 häufig zwei, drei Karrierestufen auf einmal nehmen, machen Frauen in dieser Lebensphase oft zwei, drei Jobs auf einmal: Teilzeitstelle, Kindererziehung und Haushalt. Vielfach sind es die Strukturen unserer Arbeitswelt, die solche Rollenmuster erzwingen. Denn Voraussetzung für beruflichen Erfolg ist die Fähigkeit, Verantwortung für die Familie delegieren zu können. 60-Stundenwochen, Besprechungen und Telefonkonferenzen abends um neun, Erreichbarkeit quasi rund um die Uhr: Das ist der Alltag vieler Führungskräfte, die sich dem Diktat der uneingeschränkten Verfügbarkeit nur deshalb so kompromisslos beugen können, weil zuhause jemand den Kühlschrank füllt und für steten Nachschub an gebügelten Hemden sorgt. Das Prinzip „Karriere wird nach Feierabend gemacht" bezahlen diejenigen mit eingeschränkten Aufstiegschancen, die nach Feierabend nicht Karriere machen, sondern die Kinder zu Bett bringen. Kein Wunder also, dass Frauen, die ihre Chancen nutzen wollen, ihren Kinderwunsch oft so lange aufschieben, bis es zu spät ist.

Es schadet der Verantwortungsfähigkeit des Einzelnen, es schadet den familiären Bindungen und es schadet dem Zusammenhalt unserer Gesellschaft, wenn Zeit für familiäre Verantwortung dauerhaft mit eingeschränkten Entwicklungschancen im Beruf bezahlt werden muss und wenn nur diejenigen Aufstiegschancen haben, die familiäre Fürsorgeaufgaben konsequent aus ihrem Leben „outsourcen". Deshalb ist es Aufgabe einer werteorientierten Familienpolitik, faire berufliche Chancen von Frauen und Männern zu fördern, die sich Zeit für ihre Familie nehmen. Menschen, die Zeit für Familie *und* faire Chancen auf Karriere haben wollen, brauchen vor allem verlässliche Partner. Gemeint sind Lebenspartner, die bereit sind, *gemeinsam* Fürsorgeaufgaben in der Familie zu übernehmen. Gemeint sind auch Arbeitgeber, die mit familienfreundlichen Arbeitsbedingungen dafür sorgen, dass eine Auszeit nach der Geburt oder vorübergehende Teilzeitarbeit keinen Mitarbeiter – ob weiblich oder männlich – ins berufliche Abseits katapultiert.

Frauen sind heute nicht mehr selbstverständlich bereit, zugunsten familiärer Fürsorgeaufgaben auf berufliche Perspektiven zu verzichten. Wenn die Verantwortungsgemeinschaft Familie in unserer Gesellschaft dennoch weiterhin den hohen Stellenwert haben soll, den wir ihr für den Zusammenhalt der Gesellschaft zuschreiben, müssen auch Männer sich Zeit für ihre Familie nehmen können. Das entspricht auch dem Wunsch vieler junger Väter, die für ihre Karriere nicht auf Zeit mit Partnerin und Kindern verzichten wollen.

Fest steht – und das ist die fünfte These: Moderne Familienpolitik, die Menschen Zeit gibt, ihrer Verantwortung gerecht zu werden, wird in Zukunft noch mehr an Bedeutung gewinnen. Denn es handelt sich nicht nur um eine politische Gestaltungsaufgabe, sondern auch um eine personalstrategische Aufgabe der Unternehmen. Personalverantwortliche erkennen zunehmend, dass familienfreundliche Arbeitsbedingungen eine zentrale Voraussetzung für den langfristigen Unternehmenserfolg sind. Es ist der demographische Wandel, der dafür sorgt, dass Unternehmen aus wohlverstandenem Eigeninteresse zunehmend zum politischen Ziel einer familienfreundlicheren Gesellschaft beitragen. Denn in Zeiten zunehmenden Fachkräftemangels können gut ausgebildete Frauen und Männer unter mehreren potentiellen, attraktiven Arbeitgebern wählen. Ob sie, wenn nötig, ihrer Familie Priorität in ihrem Leben einräumen können, wird bei dieser Auswahl eine wesentliche Rolle spielen. Umfragen bestätigen: Für 90 Prozent der Beschäftigten zwischen 25 und 39 Jahren mit Kindern ist Familienfreundlichkeit bei der Arbeitgeberwahl ebenso wichtig wie das Gehalt. 77 Prozent würden für mehr Familienfreundlichkeit die Stelle wechseln; 27 Prozent haben dies bereits getan.[7] Für knapp 60 Prozent der Unternehmen

---

[7] GfK-Personalmarketingstudie 2010.

sind familienfreundliche Arbeitsbedingungen deshalb schon heute ein zentraler Bestandteil der Personalentwicklung.[8] Der sich abzeichnende Mangel an Fachkräften verleiht einer werteorientierten Familien- und Gesellschaftspolitik die mobilisierende Kraft ökonomischer Interessen.

Was also macht eine werteorientierte Familienpolitik aus, die Familien als tragfähigste Verantwortungsgemeinschaften stärkt, die ihre Leistung für unsere Gesellschaft wertschätzt und fördert, die Kindern gute Voraussetzungen für den Start ins Leben ermöglicht und die nicht zuletzt Mut und Lust macht auf Familie?

Eine wertorientierte Familienpolitik gibt unterschiedlichen Lebensentwürfen eine faire Chance, sie fördert Verantwortungsfähigkeit, indem sie Menschen die Zeit einräumt, die sie brauchen, um Verantwortung zu übernehmen. Sie sorgt dafür, dass Menschen, die sich Zeit für ihre Familie nehmen, nicht auf berufliche Chancen verzichten müssen. Eine solche Politik hilft, die für den Zusammenhalt unserer Gesellschaft grundlegenden Werte zu bewahren, indem sie die nur weltanschaulich oder privat begründbaren Werte individueller Lebensgestaltung der Entscheidungsfreiheit des Einzelnen überlässt.

[8] Unternehmensmonitor Familienfreundlichkeit 2010.

Volker Kauder

Das „C" ist für uns Programm und gelebte Politik

In ihrem Grundsatzprogramm bekräftigt die CDU Deutschlands: „Unsere Politik beruht auf dem christlichen Verständnis vom Menschen und seiner Verantwortung vor Gott". In einer pluralisierten Gesellschaft, in der eine wachsende Zahl von Menschen dem christlichen Glauben gleichgültig gegenübersteht, ist ein solches Bekenntnis alles andere als selbstverständlich. Um nicht leer und formelhaft zu wirken, bedarf es der beständigen Konkretisierung. Was ist mit dem „christlichen Verständnis vom Menschen" gemeint? Worin kann das Wesen einer politischen Strömung bestehen, die zu Beginn des 21. Jahrhunderts für sich das Attribut „christlich" in Anspruch nimmt? Die Debatten, die in den vergangenen Jahren immer wieder über Sinn und Berechtigung des „C" im Namen der Unionsparteien geführt worden sind, machen deutlich, dass hier eine Reihe von Missverständnissen lauert.

So sind etwa die Unionsparteien weder Parteien allein von Christen – denn die Anhänger anderer Glaubensgemeinschaften, Agnostiker oder auch Atheisten schließen wir nicht aus, sondern laden sie im Gegenteil ein, sich zu beteiligen – noch sind CDU und CSU Parteien der Kirche. Zumal Letzteres umgehend die Frage aufwerfen würde: welcher Kirche? Auch wenn die Unionsparteien in ihren Anfängen sicherlich sehr viel stärker durch den Katholizismus als den Protestantismus geprägt worden sind, waren sie doch nie der politische Arm der katholischen Kirche. Darin unterscheiden sie sich vom katholischen Zentrum des Kaiserreichs und der Weimarer Republik. Ihre historische Bedeutung besteht gerade in der integrativen Kraft über die Konfessionsgrenzen hinweg.

Bis heute sind die beiden großen Kirchen in Deutschland für uns in gleichem Maße wichtige Ansprechpartner. Aufgrund ihrer unterschiedlichen Haltung in zentralen theologischen Fragen vertreten die evangelische und die katholische Kirche aber bei vielen gesellschaftspolitischen Themen unterschiedliche Positionen. Schon dies macht deutlich, dass es nicht ganz leicht fällt, im Alltag aus dem christlichen Glauben für alle politischen Fragen eindeutige Handlungsanweisungen zu entwickeln, und sicherlich steckt in der Bibel auch kein Parteiprogramm. Das Christentum schenkt uns aber mit seinem Menschenbild das Fundament christlich-demokratischer Politik. Die Werte dieses Menschenbildes prägen unser ethisches Bewusstsein und sind uns im parlamentarischen Alltag der Kompass, an dem wir unseren Kurs ausrichten. Mit seiner Hilfe suchen wir für aktuelle politische Fragen stets aufs Neue nach passenden Antworten.

I. Christliches Menschenbild: Würde und Freiheit

Maßgeblich geprägt wird das christliche Menschenbild von zwei Gedanken: Es leitet aus der Gottesebenbildlichkeit des Menschen die Würde des Menschen ab. Diese Würde ist unantastbar, sowohl durch andere als auch durch ihren Träger. Zugleich begründet die Gottesebenbildlichkeit eine fundamentale Gleichheit: Allen Menschen kommt die gleiche Würde zu: Ihre Nationalität, ihr Geschlecht und Alter, auch ihr Gesundheitszustand oder ihre Leistungsfähigkeit sind ohne jede Bedeutung.

Ein zweiter Gedanke, der das Menschenbild des christlichen Glaubens maßgeblich prägt, ist der Gedanke der Freiheit. Der Mensch ist – so sagt es der Apostel Paulus in seinem Brief an die christlichen Gemeinden in Galatien – „zur Freiheit berufen“. „Zur Freiheit berufen“, das meint: Gott hat dem Menschen die Fähigkeit gegeben, zwischen Gut und Böse zu unterscheiden und eine Wahl zu treffen. Aus dieser Befähigung erwächst die Einsicht in die Fehlbarkeit des Menschen und seine Verantwortung. Auch darauf macht der Galaterbrief aufmerksam. So lautet die Passage, in der Paulus von der Freiheit des Menschen spricht, in ihrem ganzen Wortlaut: „Ihr aber, liebe Brüder, seid zur Freiheit berufen! Allein sehet zu, dass ihr durch die Freiheit dem Fleisch nicht Raum gebet; sondern durch die Liebe diene einer dem andern“ (Galater 5,13).

Menschenwürde und Freiheit sind die Gestaltungsmaßstäbe einer Politik im Zeichen des „C“ – das mag zunächst abstrakt klingen, hat aber für die politische Arbeit doch ganz konkrete Konsequenzen. Ich will das im Folgenden an einer Reihe von Beispielen deutlich machen und mich damit zugleich an einer Antwort auf die Frage versuchen, welche Gestaltungskraft christliche Grundsätze in der Politik entfalten können.

II. Soziale Marktwirtschaft: In Ordnung gesicherte Freiheit

Zunächst einmal muss eine Politik, die am christlichen Menschenbild ausgerichtet ist, den Rahmen schaffen, der ein würdevolles Leben in Freiheit ermöglicht, freilich ohne diese Freiheit absolut zu setzen. Denn die individuelle Freiheit des Einen hat ihre Grenzen in der Freiheit und Würde des Anderen. Wegen der Fehlbarkeit des Menschen wäre es naiv anzunehmen, diese Grenzziehung erfolge durch die Selbstbeschränkung des Einzelnen. So hat uns gerade die Finanzmarktkrise nachdrücklich vor Augen geführt, dass eine Rechnung nicht aufgeht, die die Gewinnorientierung des Einzelnen vom Gemeinwohl ablöst. Die Vorstellung, jeder könne ohne Rücksicht auf das Ganze seinen Interessen nachgehen, weil der Markt eine die unterschiedlichen Interessen automatisch ausgleichende Kraft sei, mag zwar weit verbreitet sein. Sie ist aber illusionär. Das christliche Menschenbild weiß um diese Illusion und verpflichtet uns deshalb auf eine in Ordnung gesicherte Freiheit – oder, um es mit den Worten Ludwig Erhards zu sagen: Es verpflichtet uns auf die Soziale Marktwirtschaft.

Eine am christlichen Menschenbild ausgerichtete Politik wird deshalb die Notwendigkeit von Sozialleistungen als Akt der Solidarität niemals in Frage stellen. Unser Ziel darf aber nicht die dauerhaft erträgliche Abfederung einer Notlage sein. Vielmehr muss es uns darum gehen, dem in Not geratenen Menschen eine Rückkehr zu einem Leben in Freiheit zu ermöglichen. Um es mit einem Satz zu sagen: Es gilt,

Hartz IV nicht möglichst bequem auszugestalten, sondern die Menschen aus Hartz IV herauszuholen.

Von diesem Ziel haben wir uns bei der Reform der Grundsicherung für Arbeitsuchende leiten lassen. In ihrem Rahmen haben wir dafür Sorge getragen, dass die Regelleistung nicht willkürlich erhöht wurde, sondern – wie vom Bundesverfassungsgericht gefordert – einer nachvollziehbaren Berechnung entspricht. Alles andere wäre ungerecht – ungerecht gegenüber den Steuerzahlern und ungerecht auch insbesondere gegenüber den Bürgerinnen und Bürgern, die ein geringes Einkommen aus eigener Anstrengung erwirtschaften. Kurzfristig erreichen wir unser Ziel, indem wir alle politischen Mittel auf die Belebung des Arbeitsmarktes konzentrieren. Langfristig erreichen wir es vor allem durch eine Politik, die in die Fähigkeiten und Köpfe der Kinder und Jugendlichen im Hartz-IV-Bezug investiert. Zentrales Element unserer Neugestaltung der Grundsicherung war deshalb ein Bildungspaket für 2,5 Millionen Kinder in Höhe von 1,6 Milliarden Euro pro Jahr.

Das Bildungspaket ist dabei aber nur ein Bestandteil unserer umfassend angelegten Strategie für mehr Bildung, bei der wir uns von der Einsicht leiten lassen, dass Bildung der Schlüssel für Arbeit, sozialen Aufstieg und Wohlstand ist. Sie ist Sozialpolitik im besten Sinne, da sie den Menschen die Fähigkeiten verleiht, ein selbstbestimmtes Leben führen zu können. Eine Politik hingegen, die den Menschen in unserem Land verspricht, durch Umverteilung ihren sozialen Status gegen alle Risiken umfassend abzusichern, hat angesichts der sich wandelnden demographischen und wirtschaftlichen Rahmenbedingungen keine Zukunft. Sie ist nicht zu finanzieren und kuriert nur an Symptomen. In einer globalisierten Welt sind die sozialen Heilsversprechen der Linkspartei letztlich ein Betrug an den Menschen. Eine Politik, die hingegen den Menschen die Fähigkeiten verleiht, um im Markt bestehen zu können, ist nachhaltig. Sie setzt an den Ursachen an und gibt den Menschen die Möglichkeit zu einer selbstständigen Lebensführung. Aus diesem Grund haben wir zu Beginn der Wahlperiode die Investitionen des Bundes in Bildung und Forschung um 750 Millionen Euro erhöht und trotz aller erforderlichen Anstrengungen zur Konsolidierung des Bundeshaushaltes auch für die Jahre 2011 und 2012 aufgestockt. Insgesamt werden wir bis 2013 zusätzlich zwölf Milliarden Euro in diesem Bereich investieren.

III. Die Familie ist der Kern unserer Gesellschaft

Eine Politik auf der Grundlage des christlichen Menschenbildes setzt sich ferner mit Nachdruck für die Familie ein. Sie ist der Kern unserer Gesellschaft und kann von keiner staatlichen Institution ersetzt werden. Gleichwohl ist uns Christdemokraten in den letzten Jahren wiederholt der Vorwurf gemacht worden, wir würden insbesondere im familienpolitischen Bereich nicht mehr die Positionen vertreten, die eine „christliche Politik“ richtigerweise vertreten müsste. Ich glaube nicht, dass dieser Vorwurf zutreffend ist.

Als Christdemokraten bekennen wir uns klar zur Ehe, die für uns die auf Familie angelegte Verbindung zwischen Mann und Frau ist. Als Christdemokraten wissen wir aber auch: Politik beginnt mit dem Betrachten der Wirklichkeit, und die Realität nimmt sich – auch wenn sie sich mancher anders wünschen mag – heute so aus, dass die Pluralisierung der Lebensformen in keinem anderen Bereich so greifbar wird wie im Bereich der Familie. Neben die Kernfamilie des verheirateten Ehepaares mit Kindern, die in den fünfziger und sechziger Jahren nicht nur den Regelfall, sondern zugleich die Norm unserer Gesellschaft beschrieb, sind im Laufe der vergangenen Jahrzehnte nicht nur eine oder zwei, sondern eine ganze Reihe von Verbindungen getreten: verheiratete und unverheiratete Paare mit eigenen oder nicht eigenen Kindern oder auch ohne Kinder. Hinzu kommen die Alleinerziehenden, die Alleinlebenden und homosexuelle Lebensgemeinschaften. Fast alle diese Lebensformen sind heute weit verbreitet und weithin gesellschaftlich akzeptiert.

Die Pluralisierung der Formen des Zusammenlebens steht dabei in enger Wechselwirkung mit einer in den sechziger Jahren einsetzenden, ganz neuen Entwicklung der Beziehung zwischen Frau und Mann, die auf Gleichberechtigung zielt. Dabei ist vor allem die Berufstätigkeit der

Kristallisationskern der weiblichen Emanzipation – was im Übrigen ganz dem säkularen Trend der Moderne entspricht. Denn im Gegensatz zur ständischen ist es das Kennzeichen der bürgerlichen Gesellschaft, dass ihre Mitglieder ihren Status eben nicht qua Geburt ererben, sondern in erster Linie über Leistung, und das heißt heute über Erwerbstätigkeit und Berufsposition, erwerben.

Vergegenwärtigt man sich diese Entwicklung, wird man zu der Schlussfolgerung kommen müssen, dass in der modernen Gesellschaft die wirkliche Gefahr für die Familie nicht in frühkindlicher Betreuung liegt, sondern eben darin besteht, dass es ohne Betreuungsmöglichkeiten in vielen Fällen gar nicht mehr zur Familiengründung kommt. Mit der Zahl der Familien würde aber zugleich das Verständnis und der gesellschaftliche Rückhalt für ihre besonderen Bedürfnisse und Belange zurückgehen. In Ansätzen wird diese Entwicklung bereits heute deutlich, wenn „Kinderlärm“ zu gerichtlichen Auseinandersetzungen um Spielplätze führt – eine Entwicklung, der wir im Jahr 2011 mit einer entsprechenden Korrektur der Gesetzeslage entgegengetreten sind. Wer unter modernen Bedingungen an der Familie festhalten will, der muss die Vereinbarkeit von Berufstätigkeit und Familie ermöglichen. Das ist im Übrigen auch konservative Politik im besten Sinne. Denn angesichts des gesellschaftlichen Wandels darf der Konservative eben nicht in Traditionalismus verfallen oder dem Neuen in unversöhnlicher Gegnerschaft entgegentreten, sondern er muss unter gewandelten Bedingungen neue Mittel einsetzen, um an bewährten Zielen festhalten zu können.

Es geht uns Christdemokraten in der Familienpolitik aber nicht um die Festschreibung eines Lebensmodells. Wir wollen Familien nicht auf ein bestimmtes Verhalten festlegen, sondern wirkliche Wahlfreiheit schaffen. Daher haben wir zu Beginn der Wahlperiode durch eine Erhöhung des Kindergeldes um 20 Euro pro Kind 4,6 Milliarden Euro an die Familien gegeben. Aus diesem Grund haben wir bis 2013 auch vier Milliarden Euro für den Ausbau der Kindertagesbetreuung zugesagt. Zu diesem Versprechen stehen wir – trotz oder vielmehr gerade wegen der erforderlichen Einsparungen im Bundeshaushalt. Denn schließlich wollen wir für die, nicht aber an der Zukunft unserer Kinder sparen. Darüber hinaus werden wir auch das Betreuungsgeld einführen. Denn es wäre sicherlich nicht im Sinne einer Politik für mehr Wahlfreiheit, auf der einen Seite erhebliche Summen in den Ausbau der frühkindlichen Betreuung zu investieren, auf der anderen Seite aber den Erziehungseinsatz finanziell ungewürdigt zu lassen, den Eltern zu Hause erbringen.

IV. Den Menschenrechten und der Religionsfreiheit verpflichtet

Ein weiteres Feld, auf dem sich aus dem „C“ in unserem Parteinamen ganz konkrete Aufträge entwickeln lassen, ist das der Außenpolitik. Eine Politik auf der Grundlage des christlichen Menschenbildes wird in diesem Bereich unablässig die Einhaltung der Menschenrechte einfordern. Zu deren Katalog gehört auch die Religionsfreiheit, die als fundamentales Menschenrecht unteilbar ist. Für ihren Schutz treten wir als Christdemokraten ungeachtet der Frage ein, wer dieses Recht missachtet und wer die Betroffenen sind. Besonders gefordert sind wir als Christen in der Politik natürlich dann, wenn es sich bei den Opfern um unsere Brüder und Schwestern im Glauben handelt. Lange Zeit haben wir in Deutschland leider nicht ausreichend wahrgenommen, dass heute in 50 der über 200 Staaten der Welt Menschen bedrängt oder verfolgt werden, weil sie sich zu einer christlichen Konfession bekennen, insbesondere in kommunistischen und islamischen Staaten. Im Koalitionsvertrag haben wir deshalb durchgesetzt, dass es sich die Bundesrepublik Deutschland zur Aufgabe macht, weltweit für Religionsfreiheit einzutreten. Damit haben wir einen neuen Schwerpunkt in der deutschen Menschenrechtspolitik gesetzt.

Seit Beginn dieser Wahlperiode ist das Thema „Christenverfolgung“ im Deutschen Bundestag mit zahlreichen Gesprächen, Anträgen, Anhörungen, Kongressen und Informationsreisen von uns immer wieder aufgerufen worden, um ein Bewusstsein für dieses Problem zu schaffen; zuletzt mit einer großen Entschließung zur Religionsfreiheit, die im Dezember 2010 mit breiter parlamentarischer Mehrheit beschlossen wurde. Ich selbst bin in den vergangenen Jahren nach Indien, Indonesien, Malaysia, Ägypten und in die Türkei gereist, um mir vor Ort ein differenzierteres Bild von der Lage der Christen zu machen und in Gesprächen mit den jeweiligen Regierungsvertretern das Thema Religionsfreiheit anzusprechen.

Nachdem es der Union in den vergangenen Jahren gelungen ist, die Bedeutung der Religionsfreiheit herauszustellen, kommt es nun darauf an, den Einsatz für die Religionsfreiheit mit den weiteren Zielen unserer Außenpolitik zu verzahnen. Der im Auswärtigen Amt angesiedelte Menschenrechtsbeauftragte hat hier eine wichtige Rolle zu spielen, indem er regelmäßig zur Lage der Religionsfreiheit Stellung nimmt. Die Deutschen Botschaften müssen darin bestärkt werden, zum Zwecke der Informationsgewinnung vor Ort weiterhin den Kontakt zu Religionsgemeinschaften, den jeweiligen Minderheiten und zu Menschenrechtsorganisationen zu suchen.

Daneben gilt es, auch die europäische Ebene in den Blick zu nehmen. Die CDU/CSU-Bundestagsfraktion hat gemeinsam mit Partnern in Österreich und Frankreich, den Fraktionen der ÖVP und der UMP, das Thema aufgegriffen und die Hohe Vertreterin der Europäischen Union für die Außen- und Sicherheitspolitik aufgefordert, den Einsatz für Religionsfreiheit zu einem wichtigen Bestandteil ihrer Arbeit zu machen. In einem mit großer Mehrheit gefassten Beschluss des Europäischen Parlaments wird der neu geschaffene Europäische Auswärtige Dienst aufgefordert, Strategien für die weltweite Achtung der Religionsfreiheit zu entwickeln.

V. Das menschliche Leben von seinem Beginn bis zu seinem Ende schützen

Klare Handlungsgrundsätze resultieren aus dem christlichen Menschenbild auch für den Bereich des Lebensschutzes. Die aus der Gottesebenbildlichkeit hergeleitete Würde des Menschen gestattet es nicht, ihn als bloßes Mittel zu einem Zweck zu nutzen oder den Menschen gar als Material zu erzeugen und zu gebrauchen. Eine Politik, die für sich das Attribut „christlich" in Anspruch nehmen will, muss das menschliche Leben von seinem Beginn bis zu seinem Ende schützen. Sie unterstützt Frauen und Männer, sich für das Leben ihres ungeborenen Kindes zu entscheiden, und gibt tödlich erkrankten Menschen Hilfe beim, aber nicht zum Sterben.

So klar und eindeutig sich diese Positionen aus den Grundsätzen des christlichen Menschenbildes ableiten lassen, so schwer ist es mitunter, ihnen Geltung zu verschaffen. Als Christdemokraten haben wir uns beispielsweise niemals mit den hohen Abtreibungszahlen abgefunden, aber erst ganz am Ende der großen Koalition ist es uns im Bereich der Spätabtreibungen gelungen, die Sozialdemokraten zu einer gesetzlichen Regelung zu bewegen, von der wir uns eine Eindämmung der Spätabtreibungen erhoffen. So haben wir erreicht, dass vor einer solchen Abtreibung erst einmal eine intensive Beratung durch einen Arzt stattfinden und eine dreitägige Mindestbedenkzeit eingehalten werden muss. Sicherlich verhindern wir damit nicht jede Spätabtreibung, aber aus zahlreichen Gesprächen mit Gynäkologen und Geburtshelfern weiß ich, dass die Aufklärung über die Bedeutung einer solchen Abtreibung und die vorhandenen Hilfsangebote eine große Zahl von ungeborenen Leben rettet.

Mit einer Politik auf der Grundlage des christlichen Menschenbildes ist nach meiner Meinung auch eine verbrauchende Embryonenforschung nicht zu vereinbaren. Die Enttäuschung der katholischen Kirche über die Entscheidung, die der Deutsche Bundestag mit der Verschiebung des Stichtages in dieser Sache in der letzten Wahlperiode getroffen hat, kann ich deshalb gut nachvollziehen. Auch ich habe in Diskussion und Abstimmung eine andere Haltung vertreten – wie auch im Übrigen die große Mehrheit der Unionsfraktion. Eine Mehrheit im Deutschen Bundestag fand diese Haltung aber nicht. Dieselbe Erfahrung haben wir im vergangenen Juli leider auch bei der Präimplantationsdiagnostik (PID) machen müssen.

Durch ein Urteil des Bundesgerichtshofes war 2010 wider Erwarten unsere Rechtslage dahingehend ausgelegt worden, dass die PID in

Deutschland zwar nicht uneingeschränkt, wohl aber grundsätzlich zulässig gewesen ist. Das Urteil eröffnete der PID einen sehr weiten Anwendungsbereich, der – wenn der Gesetzgeber untätig geblieben wäre – dazu geführt hätte, dass in vitro erzeugte Embryonen in Zukunft regelmäßig einer Prüfung unterzogen worden wären und damit einer Selektion zur Verfügung gestanden hätten.

In ihrem Grundsatzprogramm hat meine Partei zu dieser Frage eine eindeutige Position bezogen. Es heißt dort: „Wir treten für ein Verbot der PID ein“, und diese Position ist durch den Bundesparteitag der CDU in Karlsruhe im November 2010 noch einmal bekräftigt worden. Allerdings wurde der entsprechende Beschluss mit einer knappen Mehrheit gefasst, und die ihm vorausgehende, mit großem Ernst geführte Diskussion machte deutlich, dass auch unter den Politikern der Union unterschiedliche Haltungen zur PID bestehen. Im Deutschen Bundestag musste jeder Abgeordnete nach seinem Gewissen entscheiden, und niemand – auch nicht die Fraktionskolleginnen und -kollegen, die letztlich für eine begrenzte Zulassung der PID votiert haben – hat sich diese Entscheidung leicht gemacht. Aus tiefer Überzeugung kann ich sagen: Auch sie haben erst nach sorgfältiger Gewissensprüfung und Abwägung aller Argumente eine Entscheidung getroffen.

Ich habe mir gewünscht und letztlich vergeblich dafür gekämpft, dass am Ende eine Mehrheit für ein umfassendes Verbot stimmt. Menschliches Leben beginnt nach meiner Überzeugung mit der Verschmelzung von Ei- und Samenzelle, egal ob im Mutterleib oder in der Petrischale. In diesem Augenblick wird neues Leben geschaffen, während es im Laufe der weiteren Entwicklung des Embryos nach meiner Überzeugung zu keinem entscheidenden Qualitätssprung mehr kommt. Jeder spätere Zeitpunkt scheint mir deshalb willkürlich gewählt.

Ich fürchte, dass die eingeschränkte Zulassung der PID dazu führt, dass in letzter Konsequenz der einzelne Mensch nicht mehr bedingungslos mit seinen individuellen Eigenschaften angenommen, sondern Objekt außenstehender Wünsche und genetischer Erwartungen wird. Eine solche Selektion wird im Laufe der Jahre zwangsläufig die Fähigkeit und Bereitschaft verändern, Krankheiten und Beeinträchtigungen als Bestandteil des Lebens anzunehmen. Die Möglichkeit, künstlich erzeugte Embryonen mit einer bestimmten Erkrankung oder Behinderung auszusortieren, verletzt meines Erachtens zugleich die Würde eines jeden Menschen mit einer solchen Erkrankung oder Behinderung.

Eine besondere Gefahr erkenne ich darin, dass Eltern sich in Zukunft möglicherweise einem sozialen Druck ausgesetzt sehen werden, diese Selektionsmöglichkeit auch in Anspruch zu nehmen. Schon heute berichten Eltern, dass sie auf Unverständnis stoßen, wenn sie sich im Wissen um die Beeinträchtigung ihres ungeborenen Kindes ganz bewusst für dieses Kind entscheiden. Die Zulassung der PID wird diese Tendenz verstärken. Die Behauptung, mit der PID könne ein späterer Schwangerschaftskonflikt verhindert werden, zeigt, wie sehr sich in unserer Gesellschaft schon die Annahme durchgesetzt hat, allein der Schwangerschaftsabbruch sei die logisch richtige Reaktion auf ein Kind mit genetischen Auffälligkeiten.

Jetzt, da die Mehrheit des Deutschen Bundestages für eine Zulassung der PID gestimmt hat, müssen wir unsere Schutzpflicht gegenüber behinderten Menschen und ihren Familien umso stärker wahrnehmen. Die Bundesregierung wird alle vier Jahre einen Bericht über die Erfahrungen mit der PID erstellen. Die weitere Entwicklung wird die Union aufmerksam beobachten und alle Anstrengungen unternehmen, einer schleichenden Erweiterung dessen entgegenzutreten, was jetzt mehrheitlich beschlossen wurde.

VI. Im Sinne einer solidarischen Gesellschaft und des Verfassungsstaates

Im Zusammenhang mit Fragen des Lebensschutzes wird exemplarisch fassbar, worin ein oftmals übersehener Gemeinwohldienst des christlichen Glaubens besteht. Wenn ich in diesem Zusammenhang von „Gemeinwohldienst des christlichen Glaubens“ spreche, dann verwende ich diese Formulierung nicht in ihrer gewöhnlichen Bedeutung. Das heißt: Ich denke nicht primär an die institutionalisierten und damit sehr viel augenfälligeren christlichen Werke, etwa in der Armenhilfe oder Entwicklungszusammenarbeit – ohne freilich deren Bedeutung gering zu schätzen. Ich denke vielmehr daran, dass der christliche Glaube im Leben eines Menschen kein isolierter Bereich ist, sondern bewusst oder unbewusst viele individuelle Entscheidungen prägt. Aus entsprechenden Untersuchungen des Instituts für Demoskopie Allensbach geht deutlich hervor, dass kirchlich Gebundene in vielen gesellschaftlichen Fragen moralisch anders als kirchlich nicht Gebundene urteilen – von Abtreibung und Sterbehilfe bis hin zu Steuerhinterziehungen und zum Schwarzfahren. Ich denke daran, dass der christliche Glaube – und darauf kommt es mir in diesem Zusammenhang an – viele Entscheidungen im Sinne einer solidarischen Gesellschaft und des demokratischen Verfassungsstaates prägt und dass wir als Union auch auf die Gefahren aufmerksam machen sollten und müssen, die unserer Gesellschaft drohen, wenn ihre christliche Grundüberzeugung sich weiter abschwächt.

Der christliche Glaube wirkt nachhaltig zum Schutz des Lebens. Eine Gesellschaft ohne Gott würde sicherlich die Kostbarkeit des menschlichen Lebens weniger schätzen. Der christliche Glaube verpflichtet durch das Gebot der Nächstenliebe zur Solidarität. Eine Gesellschaft ohne Gott würde zunehmend den sozialen Ausgleich in Form der sozialen Hilfsleistung in Frage stellen. Der christliche Glaube ist von dem Gedanken geprägt, dass der Mensch nicht durch den Menschen, sondern nur durch Gott erlöst werden kann. So wie das Vertrauen auf einen gütigen Gott im Kleinen Trost und Kraft gibt, so bringt es im Großen eine grundsätzliche Versöhnungsbereitschaft in das staatliche Leben und die politische Auseinandersetzung ein, auf die der demokratische Verfassungsstaat angewiesen ist. Eine Gesellschaft ohne Gott wäre weit weniger widerstandsfähig gegen ideologische Heilsangebote und Extremismus. Der christliche Glaube ist der Welt zugewandt. Die Hoffnung auf die zukünftige Heilsvollendung entbindet den Christen nicht von einem engagierten Handeln in der Gegenwart. Im Gegenteil, ich kenne viele Kolleginnen und Kollegen in meiner Bundestagsfraktion, deren Entscheidung, sich politisch zu engagieren, stark durch ihren christlichen Glauben beeinflusst war. Auch bei mir persönlich ist dies der Fall. Der Dienst am Nächsten ist uns Christen als wichtige Aufgabe aufgetragen. Wir sind aufgerufen, gegen Unrecht und Ungerechtigkeit einzuschreiten und so unseren kleinen Teil zur Verbesserung unserer Welt zu leisten. Dieser Dienst kann viele Facetten haben. Er muss seinen Ausdruck nicht in der Politik finden, sondern kann auch in kleinen Akten wie der Nachbarschaftshilfe oder in der Arbeit eines Elternbeirates bestehen. Einer Gesellschaft ohne Gott würde vermutlich gerade dieses zivilgesellschaftliche Engagement abhandenkommen.

Wenn aber der christliche Glaube eine Wertordnung begründet und vermittelt, die die solidarische Gesellschaft und den demokratischen Verfassungsstaat stärkt und stützt, dann muss es auch im Interesse dieser Gesellschaft und des Verfassungsstaates sein, den christlichen Glauben zu stärken und zu stützen. Es bestehen deshalb gute Gründe, den Religionsunterricht an unseren Schulen zu fördern, den Sonntag möglichst umfassend zu schützen und an der bewährten Kooperation zwischen Staat und Kirche festzuhalten. Letzteres sage ich ausdrücklich mit Blick auf die Bemühungen einer Reihe von Gruppen, die versuchen, hier Druck mit dem Ziel aufzubauen, den beiden großen Kirchen in Deutschland ihre vermeintlichen „Privilegien“ zu nehmen.

Es bestehen keine Gründe, sich als Glaubender zu verstecken. Das gilt auch für Politiker, die sich in ihrem Handeln auf ihren christlichen Glauben berufen. Denn eine Politik auf der Grundlage des christlichen Menschenbildes – so hat es im September 2010 der Vorsitzende der deutschen Bischofskonferenz zum Auftakt einer Veranstaltungsreihe der Bundestagsfraktion zum „C“ in unserem Parteinamen formuliert – ist keine Politik für Christen, sondern für alle Menschen in unserem Land. Aus diesem Grund hat sie auch in einer zunehmend pluralen Gesellschaft nicht nur ihre Berechtigung, sondern darüber hinaus einen sinnstiftenden Wert für das Ganze.

Winfried Kretschmann

Das Verhältnis von Staat – Markt – Bürgergesellschaft neu ordnen

I. Zum Raum des Politischen

Zur Abrundung eines Buches über Werte und Wertewandel in Wirtschaft, Politik und Gesellschaft möchte ich mit dem „Wert des Anfangens“ eine auf den ersten Blick ungewohnte Perspektive aufmachen. Die Frage, ob etwas „einen Wert hat“ (oder nicht), ist ja zunächst einmal durchaus subjektiv zu verstehen. Wird diese Frage freilich wie hier in einem politischen Rahmen erhoben, dann denken wir an Werte, auf die man sich in Staat und Gesellschaft verständigen kann, die unser Zusammenleben inspirieren, befrieden, ordnen und erleichtern können.

In dem Zusammenhang scheint es mir besonders bemerkenswert, dass das Denken eines großen Liberalen wie Ralf Dahrendorf nicht nur um die „Versuchungen der Unfreiheit“ kreiste, sondern auch um die „Zerstörung der Ligaturen“ – sprich: gesellschaftlicher Bindekräfte. Sein Credo: Ein auf Individualismus und Pluralismus angelegtes demokratisches Gemeinwesen kann auf Verbindendes, den Zusammenhalt immer wieder neu Konstituierendes nicht verzichten. Die offene Gesellschaft braucht demnach einen „common sense“, eine Art gemeinschaftlichen Wertebestand, eine Übereinstimmung hinsichtlich dessen, was wir schließlich als Gemeinwohl charakterisieren.

Wie kann ein solcher „common sense“ aber zustande kommen und worauf kann er sich gründen? – Wie lässt sich überhaupt der Raum und Zweck des Politischen beschreiben? Politik findet im öffentlichen Raum statt (einem „Zwischen-den-Menschen“), in dem sich freie Bürger begegnen. Diese Bürger sind aufeinander angewiesen. Sie können sich austauschen, streiten und verständigen. Mit anderen Worten: Sie sind fähig zum gemeinsamen Handeln. So beschreibt Hannah Arendt den Raum des Politischen.

In der rechtsstaatlichen Demokratie entsteht die Legitimation politischen Handelns durch transparente Verfahren. So können Akzeptanz und Vertrauen als stets gefährdete und doch unerlässliche Ressourcen im politischen Raum immer wieder neu begründet werden.

II. Zur Nachhaltigkeit als Gestaltungsprinzip

Mit der Freiheit des Menschen wächst die Verantwortung in einer Welt begrenzter Ressourcen. Die Knappheit ist damit seit jeher unser Begleiter, aber auch treibende Kraft von Fortschritt und Innovation. Sieben Milliarden Menschen bevölkern unseren Planeten. Ihre Zahl wird auf Jahre hinaus weiter steigen, ebenso wie die Ansprüche auf sozialen Aufstieg und materiellen Wohlstand. Das westliche Lebensmodell wird in immer mehr Ländern der ehemals „Zweiten und Dritten Welt" zum Standard und zum erstrebenswerten Ziel. Doch wie lange noch reichen dafür die Rohstoffe? – Wie lange kann das die Umwelt verkraften? – Und wie groß ist das Zeitfenster, das uns ein wesentlich von Menschenhand verursachter Klimawandel noch lässt?

Es ist zur Überlebensfrage geworden, dass wir lernen, wirtschaftliche und soziale Prosperität mit der Bewahrung natürlicher Lebensgrundlagen zu vereinbaren. Nachhaltigkeit ist Teil eines neuen gesellschaftlichen „common sense" geworden. Die Versöhnung von Ökonomie und Ökologie ist kein Steckenpferd urban-verwöhnter Wohlstandsbürger, sondern Imperativ einer globalisierten Industriegesellschaft im 21. Jahrhundert. Ob man das nun als „Green New Deal" bezeichnet oder gar als „Dritte industrielle Revolution" – der Trend geht weltweit in Richtung energie- und ressourcensparender Produkte. Wer dies am schnellsten begreift und überzeugende Antworten auf diese Herausforderungen in Wirtschaft und Technik findet, der wird künftig ganz vorne stehen. Für eine klassische Industrie- und Exportnation wie Deutschland eröffnen sich damit ungemeine Chancen.

Der eingeleiteten Energiewende kommt dabei eine zentrale Rolle zu. Damit sie gelingt, brauchen wir den geballten Sachverstand von Wissenschaft und Forschung, die Dynamik der Unternehmen und Märkte ebenso wie die Akzeptanz und das breite Engagement der Bürger. Die Schaffung einer dezentralen, sicheren und bezahlbaren Energieversorgung überwiegend auf Basis erneuerbarer Energien ist eine gesamtgesellschaftliche Aufgabe, aber auch ein Innovationsprogramm ersten Ranges. Die Software wird dabei immer wichtiger. Entlang intelligenter Netze und bis vor kurzem vielleicht noch futuristisch anmutender Steuerungssysteme werden sich neue Wertschöpfungsketten bilden und neue Formen der Mobilität, von Freizeit und Wohnen, von Leben und Arbeiten entwickeln.

Das Gestaltungsprinzip der Nachhaltigkeit bezieht sich jedoch grundsätzlich auf alle Bereiche von Wirtschaft, Politik und Gesellschaft – die Finanzen selbstverständlich mit eingeschlossen. Die westlichen Staaten haben sich in Jahren und Jahrzehnten daran gewöhnt, über ihre Verhältnisse zu leben. Parallel dazu hat sich ein Banken- und Finanzsystem entwickelt, das sich immer mehr von dem, was man als „Realwirtschaft" bezeichnet, entkoppelt hat. Die astronomischen Summen, die heute an den internationalen Finanzmärkten vagabundieren und in Sekundenschnelle zirkulieren, sind immer weniger Abbild eines erarbeiteten Wohlstands als vielmehr Ausdruck einer „Wohlstandsillusion". Die unerlässliche Konsolidierung staatlicher Haushalte ist das eine. Damit einhergehen sollte aus meiner Sicht auch eine weitreichende Reform des Banken- und Finanzsystems. Die dienende Funktion für die Realwirtschaft muss dabei gestärkt, der Kasinocharakter hingegen deutlich eingeschränkt werden.

Nachhaltigkeit ist auch für die soziale Verfasstheit von Unternehmen und des gesamten Wirtschaftslebens eine wichtige Kategorie. Interessant ist hierbei, was die Väter des Ordoliberalismus dazu geschrieben haben – zum Beispiel Wilhelm Röpke in seinem Buch „Jenseits von Angebot und Nachfrage". Dem Buch vorangestellt ist ein Zitat von Edmund Burke: „Die Menschen eignen sich für die bürgerliche Freiheit in genauem Verhältnis zu ihrem Willen, ihrem eigenen Appetit moralische Fesseln anzulegen; im Verhältnis, wie ihre Liebe zur Gerechtigkeit ihre Habsucht übertrifft; im Verhältnis, wie die Gediegenheit und Nüchternheit ihres Urteils größer ist als ihre Eitelkeit und Anmaßung; im Verhältnis, wie sie lieber auf den Rat der Urteilsfähigen und Rechtschaffenen als auf die Schmeicheleien von Lumpen hören."

Die Vordenker der Sozialen Marktwirtschaft wie Röpke haben daraus folgende Schlüsse gezogen: Eine als „gerecht" angesehene Wirtschafts- und Sozialordnung muss auf dem Prinzip der Haftung beruhen. Den Gewinnchancen muss ein zu tragendes Verlustrisiko gegenüberstehen. Wer entscheidet, der muss auch verantworten. Das gesellschaftliche Ziel ist auf Teilhabe gerichtet. Dezentralität und Subsidiarität statt Wirtschafts- und Machtkonzentration in wenigen Händen – daraus leitet sich ihre Präferenz für mittelständische Strukturen ab, worunter exportorientierte Familienunternehmen genauso zu verstehen sind wie organisch gewachsene, also auch genossenschaftlich geprägte Marktformen auf lokaler und regionaler Ebene. Ebenso begründet dies ihre Präferenz für Selbstverwaltung und solidarisch gelebte Eigenverantwortung.

Diese Gedanken werden in dem Maße wieder aktueller und zukunftsträchtiger, wie die internationale Finanzkrise weiter voranschreitet. Schon jetzt ist offensichtlich, dass ein auf Partnerschaft und sozialen Ausgleich bedachtes System mit den Herausforderungen gerade in der Krise besser zurecht kommt als solche Systeme, die im Verhältnis von Kapital und Arbeit in alten Konfliktmustern verharren. „Soziales Kapital" erweist sich dabei nicht nur als wichtiger Stabilitätsfaktor, sondern durchaus auch als Produktivkraft – sowohl im einzelnen Unternehmen wie in der Gesellschaft als Ganzes.

III. Zum Verhältnis Staat – Markt – Bürgergesellschaft

Jahrzehntelang sind politische Diskurse hierzulande hauptsächlich bestimmt worden durch einen (vermeintlichen) Antagonismus von Markt und Staat – so verlief die Frontstellung zwischen liberal-konservativen Angebotsökonomen einerseits und links-keynesianischen Etatisten andererseits. Mit beiden Argumentationssträngen kommt man nicht mehr weit. Wer glaubt in diesen krisengeschüttelten Zeiten (drei Jahre nach der Lehman Brothers-Pleite) noch an die grenzenlosen Verheißungen entfesselter Märkte im Rahmen eines globalen Finanzkapitalismus? – Aber man könnte ebenso fragen: Wer glaubt in Anbetracht von Verschuldungsquoten selbst großer Industriestaaten zwischen 80 % (Deutschland) und 100 % (USA) des Bruttoinlandsprodukts noch allein an staatszentrierte Gestaltungs- und Problemlösungsmuster vergangener Jahre und Jahrzehnte?

So wenig wir die Lösung aller Probleme in ideologisch übersteigerten Staats- oder Marktphantasien erkennen können, so sehr sind wir weiterhin einerseits auf Wettbewerb und marktwirtschaftliche Steuerungsmechanismen wie andererseits auf staatliche Autorität und Regulierung angewiesen.

Worum es also geht, ist eine neue Balance. Und zwar dergestalt, dass beide Sphären wieder mehr auf ihre jeweiligen Kernaufgaben hin begrenzt und fokussiert werden. Die Logik des Marktes ist eine andere als die von Staat und Politik. Beide haben ihre Berechtigung. Aber eben nicht im jeweils anderen Bereich. Es ist für demokratische Gesellschaften aus meiner Sicht ein unmöglicher Zustand, wenn politische Weichenstellungen und staatliche Rahmenbedingungen von Märkten diktiert werden. Es kann aber auch umgekehrt nicht gut gehen, wenn sich der Staat in alles und jedes einmischt. Gute Gesetze und eine gute öffentliche Verwaltung sind viel wert. Aber „gut" ist hier keine Frage der Quantität, sondern der Qualität.

Deshalb kommt es auf die richtige Justierung an – und es muss vor allem noch ein Drittes in die Betrachtung mit einbezogen werden: Neben Staat und Markt tritt mit immer größerem Gewicht, Selbstbewusstsein und Gestaltungswillen die Bürgergesellschaft. Sie macht sich dort bemerkbar, wo Bürgerinnen und Bürger weder auf Segnungen „von oben" warten noch in passiver Konsumentenhaltung verharren, sondern sich einmischen und aus freien Stücken aktiv werden, wo sie – ausgehend von einem neuen „common sense" – Teilhabe begehren. Diese „neue Bürgerlichkeit" im Kontext der Bürgergesellschaft hat weniger mit einer ökonomischen Klasse denn mit einer neuen Ligatur für den Zusammenhalt der Gesellschaft zu tun.

Als Konsumenten wollen Bürger verantwortlich handeln. Sie wollen wissen, was es mit den Produkten, die sie kaufen, auf sich hat, woher sie kommen und unter welchen Bedingungen sie hergestellt werden. Erfolgreiche Unternehmen und Branchen haben längst gelernt, solche Wünsche aufzugreifen und als positive Faktoren im Wettbewerb um Kundenbindung und -vertrauen für sich zu nutzen.

Was für die Wirtschaft gilt, gilt heutzutage erst recht für die Politik: Sie ist mehr denn je begründungs- und rechenschaftspflichtig. Bürger wollen informiert sein und überzeugt werden. Sie wollen mitreden und mitgestalten. Was der Publizist Warnfried Dettling 2009 als „Politics of Delivery“ bezeichnet – nämlich dass Politiker für ihre Versprechen gewählt werden und danach „liefern“ müssen – ist ein Auslaufmodell. Dem gegenüber stehen die „Politics of Commitment“. Mit Blick auf die Bürgergesellschaft wird Demokratie so nicht nur als Organisationsform des Staates verstanden, sondern – wie Dettling ausführt – „als Form gesellschaftlicher Selbstorganisation, als Einmischung von Bürgern in ihre eigenen Angelegenheiten, als Rückgewinnung wichtiger Handlungsfelder durch das Gemeinwesen und seine Bürgerinnen und Bürger selbst“. In dem Sinne ist Einmischung ebenfalls Teil eines neuen gesellschaftlichen „common sense“.

Diese Einmischung ist keine Bedrohung, sondern eine Bereicherung. Ihre Protagonisten als Nein-Sager und Wutbürger zu charakterisieren, wird dieser Einmischung nicht gerecht. Wir müssen die Zivilgesellschaft so ernst nehmen, wie wir dies mit starken Interessenverbänden schon immer tun. Überdies setzt sich damit eine Tradition aus dem 19. Jahrhundert fort: die Tradition des Vereinswesens, der Selbstorganisation von Bürgern, heute bereichert um neue Formen der Bürgerbeteiligung wie Bürgerinitiativen, freier und flexibler als früher, gestärkt durch die neue Medien, vor allem durch das Internet.

Eine Politik des Gehörtwerdens, nicht einfach nur des Zuhörens, meint die Anerkennung zivilgesellschaftlicher Gruppen im Sinne eines eigenständigen Teils der Gesellschaft. Bürger müssen in die Planungen mit einbezogen werden. Und es gilt, dafür neue Formate bürgerschaftlicher Beteiligung zu finden. Das sind die Lehren aus dem Streit um „Stuttgart 21". Schon jetzt steht fest: Kein erfolgreiches Großprojekt wird mehr ohne Bürgerbeteiligung geplant und durchgeführt werden können.

In einer Demokratie gehören Streit und Kontroverse zu den Formen des Dialogs. Man muss wissen, damit umzugehen. Fairness und Offenheit sind dabei die Bringschuld der Institutionen. Offenheit meint dabei nicht nur Transparenz, sondern Offenheit für Alternativen. Die Bringschuld der Bürgergesellschaft heißt „zivilisierter Streit", frei von Gewalt und Fanatismus. Eine moderne, eine lebendige und starke Demokratie lebt vom Einspruch und von der Beteiligung der Bürger. Nicht wo Menschen sich einmischen, ist die Demokratie bedroht, sondern dort, wo sie sich abwenden von den öffentlichen Angelegenheiten, von der „res publica".

Politisch verantwortlich handeln heißt allerdings nach Abwägen und Streit: entscheiden. Alles andere wäre dann doch ein Missverständnis.

Literatur

Dettling, Warnfried: Vom Rand in die Mitte? Perspektiven der Bürgergesellschaft, in: Bode, Ingo / Evers, Adalbert / Klein, Ansgar (Hrsg.), Bürgergesellschaft als Projekt, Wiesbaden 2009, 55–79.

Röpke, Wilhelm: Jenseits von Angebot und Nachfrage, Bern 1958.

Peter Gauweiler

Wertkonservative Politik in Zeiten des Wertewandels

I. „Wo ist das Volk?"

„Wo ist das Volk, ich muss ihm nach, ich bin doch sein Führer!" So hat sich Charles-Maurice de Talleyrand vor rund 200 Jahren geäußert, der schillernde französische Staatsmann, der unter sechs verschiedenen Regimen gedient hat. Wo ist nur das Volk? Jedenfalls nicht dort, wo es die „Schwarmintelligenz" (Alexander Kluge) der politischen Klasse vermutet.

Noch vor wenigen Jahren wurde eine allgemeine Politikverdrossenheit beklagt. Heute sind die Bürger politisch so engagiert wie lange nicht, aber an den Volksparteien vorbei. Der „Wutbürger" ist das „Wort des Jahres" von 2010.

Seit dem Herbst 2009 regieren CDU und CSU im Bund wieder mit der FDP in einer „bürgerlichen" Koalition. Aber sie „stützen" sich auf ein Zweitstimmenergebnis, das das schlechteste für die Union seit 1949 ist. Vier Jahre zuvor, 2005, waren es zwei Millionen Wähler mehr für die Union gewesen. Davon wechselten dann 2009 rund 1,1 Millionen zur FDP und 900.000 blieben zu Hause. Dabei hatte schon die Wahl 2005 schwere Verluste gebracht. Von den 18 Millionen Deutschen, die 2002 CDU und CSU gewählt hatten, waren der Union drei Jahre später, 2005, nur zwölf Millionen geblieben. Ein solches Wegschmelzen der eigenen Wähler muss eine Volkspartei wie die Union zutiefst verstören. Bei der Konkurrenz, der Volkspartei SPD, liegen die Dinge eher noch schlimmer.

Nach der Bundestagswahl 2009 wurde der Bundeskanzlerin und CDU-Vorsitzenden Angela Merkel wiederholt vorgehalten, ihr Wahlkampf sei zu wenig eindeutig gewesen. Sie habe die Stammwählerschaft vernachlässigt und die Identität der Partei Konrad Adenauers weiter verwischt.

So wurde ein auch für den Betrachter unangenehmer Spagat zwischen Machtstreben und Grundsatztreue sichtbar, und dies auch noch in einer Zeit, in der die Volksparteien und ihre Grundsätze – mangels intellektueller Pflege – ohnehin schon am Bröckeln waren.

II. Nicht Moderation, sondern Führung

Das Abschmelzen der klassischen Lager stellt die Politik der Volksparteien vor neue Herausforderungen. Individualisierung und Auflösung traditioneller Milieus machen es schwieriger, die Wähler zu erreichen. Ein Rezept der neuen CDU hieß „weichere Themen“, um neue Wähler zu erreichen. Aber die Strategie möglichst vager politischer Angebote war ein Irrtum: Politische Grundsätze sind nicht so abwischbar wie eine Resopal-Platte. Nicht, weil die Politik zu wenig auf Launen eingegangen ist, kam sie in die Kritik, sondern gerade weil sie es tut. Wähler wollten nicht als Konsumenten behandelt werden, denen man eine Ware „aufs Auge drückt“, sondern als Staatsbürger.

Wählen heißt aus-wählen. Demokratie lebt von der wählbaren, erkennbaren Alternative. Wenn alte Sicherheiten dahinschmelzen, wächst das Bedürfnis nach einer neuen politischen Richtungsbestimmung, die ihre Maßstäbe offenlegt. Auch für die Union ist die Zeit der Moderation vorbei. Wenn sie weiter führen will, braucht sie Klarheit.

III. Götzendämmerung

1989, mit dem Ende der Mauer und des Kommunismus in Europa, war das realsozialistische Weltbild zerschmettert und Trümmerbeseitigung angesagt. Kein „Ende der Geschichte“ (Francis Fukuyama), auch wenn das „anything goes“ (Paul Feyerabend) in den „roaring nineties“ behauptet wurde.

In diese Welt der offenen Globalisierung und offener Gesellschaften brachen die Attentate vom 11. September 2001 hinein. Die westliche Welt sah sich nach der Überwindung des Totalitarismus mit einer ganz neuen Widerstandsbewegung konfrontiert. Hinter dieser stand ein starkes Gefühl – weit über den militanten Anhang dieser Bewegung hinaus –, dass Religion, Kultur und Tradition in dieser Welt noch anderes Gewicht besitzen sollten als westliche Lifestyle-Ästhetik, das amerikanische System und die Selbstverwirklichung.

Als nächste Erschütterung folgte die Weltwirtschaftskrise 2008. Hatte die Linke ihren geistesgeschichtlichen „Enttäuschungswendepunkt" (Peter Sloterdijk) mit dem Zusammenbruch des kommunistischen Weltreichs, so traf es nun die Neoliberalen mit dem Konkurs von Lehman Brothers. Der Crash des internationalen Finanzkapitalismus hat nicht nur riesige Werte vernichtet und zahllose Menschen entreichert, sondern auch Integrität und Verantwortbarkeit unserer auf das Eigentum gestützten Grundordnung beschädigt. Der Sieger von 1989 war sich selbst zum Gegner geworden. Ein neuer Kollektivismus, von der Park Avenue ausgehend und nicht mehr vom Roten Platz, hatte die Realwirtschaft der westlichen Menschheit angegriffen. Offensichtlich stimmte auch diese alte Wahrheit, dass der Teufel nie zweimal durch die gleiche Spalte ins Haus kommt.

IV. Konservativismus heute

Das Ende der Ideologien? Geblieben ist ein Konservativismus als Denk- und Lebensstil, gerade unter den Jungen. Zurück meldet sich das uralte Grundbedürfnis auf Bewahrung und Verteidigung der Substanz.

Der Konservative im Politischen lebt von Erkenntnissen, wie sie Edmund Burke vor gut 200 Jahren in seinen „Betrachtungen über die Französische Revolution" niedergelegt hat. Dort wendete sich Burke gegen absolute, vermeintlich rationale Gesellschaftsentwürfe, die die Traditionen und Erfahrungen von Jahrhunderten vergessen, gegen den Traum von einer Nation und einem Staat, die sich losgelöst vom Menschen definieren.

Statt die Menschen nach einer bestimmten Vorstellung umzuwandeln, wollte man nun auf wachsende Erfahrung setzen und so die gesellschaftliche Wirklichkeit Schritt für Schritt verbessern – und das im Bewusstsein der Fehlerhaftigkeit des Menschen und seiner Größe. Mit heiterem Sinn und nicht ohne Gelassenheit. Letzteres kann man heute auch „coolness“ nennen.

V. Die Beweislast trägt das Neue

Konservativismus hat keinen geschlossenen Gesellschaftsentwurf. Er ist pragmatisch. Er zweifelt an der absoluten Planbarkeit des sozialen Fortschritts. Er hat ein feines Gespür für die totalitären Züge einer Modernisierung, die zur Entfremdung und zum Zerfall von Gesellschaften führen.

Der Konservative weiß, dass es ohne Neugier, Experiment und Bereitschaft zum Wandel keinen Fortschritt gibt, aber er versteht Neues an sich noch nicht als gut, sondern erst, wenn es wirklich besser ist als das Alte. Dabei trägt das Neue die Beweislast.

Der Konservative wertet den gesellschaftlichen wie den technischen Fortschritt pragmatisch nach seinem praktischen, konkreten Ergebnis. Für ihn ist eine Maschine nie gut oder schlecht, sondern nur was der Mensch aus ihr macht.

VI. Vielfalt statt Einfalt – Erbe, nicht Konserve

Ordnung, Differenz und Distanz unter den Menschen sind für Konservative kein Schaden, sondern Wohltat. Konrad Lorenz hat einmal gesagt: Heute dem Gleichheitswahn entgegenzutreten sei so gefährlich, wie im Mittelalter die Behauptung zu bestreiten, dass die Erde Mittelpunkt des Kosmos sei. Wer heute, sagen wir einmal, gegen „Gender-Politik“ antritt, macht ähnliche Erfahrungen. Dabei ist nicht die Gleichheit, sondern der Unterschied, nicht die Einfalt, sondern die Vielfalt, die geschlechtliche, intellektuelle, kulturelle Eigenart der eigentliche Wert, den es zu verteidigen gilt: der Unterschied zwischen Mann und Frau, zwischen Deutschen und Franzosen, zwischen Christen und Muslimen, zwischen Rechts und Links, zwischen Region und Nation, zwischen Nation und Europa. Keine Strategie diffamierter Negativgruppen, sondern der Unterschied als Wert – nicht die Einebnung.

Konservatives im Bereich der Kultur boomt: „Deutschland auf dem Retro-Trip". Museen als die wichtigsten Widerstandsnester gegen Vergesslichkeit und Vergessenheit ziehen Ströme von Besuchern an. Historische Architektur hat Konjunktur. Die bedrohten alten Städte Ostdeutschlands wurden mit Mitteln der ganzen Nation gerettet – von Weimar und Görlitz bis Quedlinburg sind verloren geglaubte Stadtbilder wieder aufgetaucht. Das barocke Dresden wurde wiedergewonnen. Um die Wiedererrichtung des Berliner Schlosses wird gerungen. Erinnerungstermine wie der 125. Todestag von König Ludwig II. werden mit Inbrunst gefeiert.

Sehnsucht nach Altersweisheit. Auch wieder in der Politik. Hieß es einmal: „Trau keinem über dreißig", werden heute Politiker über achtzig als Weltweise gefeiert. Ob Helmut Schmidt oder Helmut Kohl, Gorbatschow oder Weizsäcker, Kissinger oder Genscher.

Familie und Kinder sind als Kern menschlicher Beziehungen gesellschaftlich wieder gefragt. Bei aller Liebe zu verschiedenen Formen und Mustern: Die Realität ist durch die Tatsachen bestimmt, dass zwei Drittel der Deutschen verheiratet sind, sieben von zehn Kindern ehelich geboren werden und achtzig Prozent der Deutschen sich für ihr Leben eine Familie mit Kindern wünschen.

Bei all diesem Festhalten geht es um das Fortsetzenwollen von Dauerhaftem. Die Menschen sehen sich als in die Welt Hineingeborene, als Erben der Menschheit. Wenn das entzweigeht, fürchten sie die Entzauberung der Welt.

VII. Aus christlicher Wurzel

Die Sicht auf das eigene Herkommen bestimmt die Empfindung von Menschen aller Gruppen der Gesellschaft und aller Parteien. Über das Woher und Wohin wollen heute Rechte und Linke Bescheid wissen. Das konservative Fundament im Deutschland der Nachkriegszeit lag bei den Christlichen Demokraten und bei der bayerischen CSU. Heute ist es Gemeingut.

Die Christlichen Demokraten hatten sich bei ihrer Gründung ausdrücklich den Werten verpflichtet, die Deutschland dem Christentum verdankt. Das zeigt vor allem die im Grundgesetz vorgenommene Wende weg vom Positivismus der Weimarer Verfassung hin zur grundwerteverpflichteten Staatsordnung. Wo sich der Staat und seine Institutionen an einer Werteordnung orientieren, die nicht vom Staat geschaffen, sondern ihm vorgegeben ist: Menschenwürde und Grundrechte nicht als vom Staat verliehene, sondern dem Staat vorgegebene, dem Menschen ureigene Rechte und Identitäten.

Auf der Suche nach dem „konservativen Kern“ der Union gewinnt dieser christliche Bezug neue Bedeutung. Was die Bundesrepublik heute noch zusammenhält, ist im Positiven christlichen Ursprungs. Das Soziale genauso wie das Freie.

VIII. Rückkehr der Religionen

Nicht weil der weltweit herausragende Papst aus Deutschland stammt oder Deutschland in unserer Dekade besonders an den 500. Jahrestag der Reformation erinnert, kann man sagen: Das 21. Jahrhundert ist religiös angelegt. Jürgen Habermas, der wichtigste Repräsentant der Frankfurter Schule, Idol und Motivator der Studentenbewegung der 68er Jahre, spricht heute von einem „postsäkularen“ Zeitalter, in dem die klassische „Säkularisierungsthese“ der Sozialwissenschaften zusammengebrochen ist.

Man spricht von einer „Wiederkehr der Religion“ (Ulrich Beck), nicht nur im arabischen und asiatischen Raum, sondern bis hinein in unseren Staat, in dem Einwanderer mit ihrem Bekenntnis zu ihrer mitgebrachten Religion das säkulare Deutschland und seine Bürger überraschen und verunsichern. Dieser Staat und seine Bürger sehen nur, dass sich in Deutschland und Europa die Kirchen leeren, übersehen aber, dass sich das Christentum global betrachtet mit großer Vitalität neu ausbreitet. Das außereuropäische Christentum blüht jedenfalls auf. Und nach allen Umfragen sind es auch im Westen gerade junge Menschen, die sich auf der Suche nach Sinn und Orientierung religiösen Fragen zuwenden.

Jürgen Habermas hat in seinem berühmten Gespräch mit dem damaligen Kardinal Ratzinger in der Münchener Katholischen Akademie am 19. Januar 2004 den Kirchen angemahnt, dass religiöse Aussagen für religiös Unmusikalische in eine weltliche Sprache übersetzt werden: „Die Übersetzung der Gottebenbildlichkeit des Menschen ist die gleiche und unbedingt zu achtende Würde aller Menschen, ist eine solche rettende Übersetzung. Eine liberale politische Kultur kann sogar von den säkularisierten Bürgern erwarten, dass sie sich an Anstrengungen beteiligen, relevante Beiträge aus der religiösen in eine öffentlich zugängliche Sprache zu übersetzen."

Hier sind nicht nur die Kirchen, sondern auch die politischen Parteien gefordert, ihre konservativen Grundüberzeugungen, die entscheidend in dem Welt- und Menschenbild des Christentums wurzeln, in eine öffentlich zugängliche, glaubwürdige Sprache und Programmatik zu übersetzen, welche ihr Profil wieder schärft, Identitäten klärt und die Bürger überzeugt.

Fragen, an denen man das eigene Profil schärfen könnte, gibt es genug: Fragen aus Entwicklungen im Verhältnis zwischen Staat und Wirtschaft, aus der Euro-Krise für die Wirtschafts- und Währungsordnung Europas, aus den Problemen der modernen Völkerwanderungen für die Integrationspolitik und den schützenswerten Rechten derer, die zuerst da waren – überall Grundfragen, deren Beantwortung höchste Anforderungen an einen funktionierenden inneren Kompass stellen.

IX. Bürger sollen entscheiden

Der Konservativismus unserer Tage ist keine geschlossene Weltanschauung mehr, die von einem abgezirkelten Milieu vertreten wird. Seine Notwendigkeit hat die substanzbedrohte menschliche Gemeinschaft in ihrer Gesamtheit durchdrungen.

Eine Union, die sich ausgerechnet jetzt davor fürchtet, man bräuchte sie nicht mehr, enttäuschte alle. Sie würde das Volk erfolglos suchen, wie einst Talleyrand, ohne es zu finden.

Bürger, die sich in den Parteien nicht vertreten fühlen, sorgen für niedrige Wahlbeteiligung. Gleichzeitig nehmen immer mehr Bürger die Politik aktiv in die Hand. Sie nutzen dabei neue Formen einer direktdemokratischen Mitwirkung an politischen Entscheidungen, wie sie im Ausland, vor allem in der Schweiz, schon länger selbstverständliche demokratische Praxis sind und sich auch in Deutschland immer stärker durchsetzen. Nach einer Studie der Bertelsmann-Stiftung (vom Juni 2011) befürworten 78 Prozent der Deutschen Volksbegehren und Volksentscheide. Das ist so viel wie nie zuvor. Umgekehrt sagen fast 70 Prozent, dass sie nicht in einer Partei oder Bürgerinitiative mitmachen würden.

Auch klarsichtige Parteipolitiker sind sich heute bewusst, dass sie große Richtungsentscheide gemeinsam mit der Bevölkerung treffen müssen, und zwar zu einem frühestmöglichen Zeitpunkt.

Eine direktdemokratische Beteiligung der Bürger verwirklicht das konservative Prinzip der Subsidiarität: Wenn es um den Ausbau öffentlicher Infrastruktur geht, sollten nicht nur Apparate, sondern die Betroffenen zu Wort kommen. Eigenständigkeit und Eigensinn der kleinen Lebenskreise können damit zentralen Planungen Sand in das Getriebe streuen. Konservative sind Apparate-kritisch und individualfreundlich.

Konservative wollen mehr Individualismus und weniger Funktionärstum auch in der politischen Klasse, die zu einer geschlossenen eigenen Berufstätigkeit geworden ist. Immer mehr Parlamentarier lösen sich von ihrer bisherigen Berufswelt. Jede Abwahl aus dem Parlament ist folglich existenzbedrohend.

Die Hälfte der Abgeordneten rückt über Listen ein, die nur Parteien bestimmen. Freiheitlicher wären direktdemokratische Kandidatenaufstellungen bis hin zur Wahl von Bundespräsident oder Kanzlerkandidat.

Die größte Herausforderung für eine Politik, die demokratische Verantwortung im Sinne eines modernen Konservativismus wahrnehmen will, stellt sich auf europäischer Ebene. Vielfalt, Kulturen, Sprachen und Traditionen Europas dürfen nicht in einem multikulturellen europäischen Super-Staat verschmolzen werden – ohne Parlament, ohne Gewaltenteilung und wechselseitige Kontrolle der Gewalten, also mit sinkenden demokratischen Legitimationsniveaus. Es darf keine Unifizierung Europas auf Kosten der Mitwirkungsmöglichkeiten seiner Bürger geben. Als Gegengewicht zur Globalisierung und Zentralisierung in Brüssel bedarf es der Delegation von Freiheitsrechten „nach unten". Die Welt muss entweder untergehen oder verschweizern, sagt dazu ganz richtig der Schriftsteller Friedrich Dürrenmatt. Das ist seherisch und konservativ zugleich.

X. „Triumph der Freiheit"

Als einen wesentlichen Grund für die Politikverdrossenheit vieler Bürger hat Jürgen Habermas genannt: den Verdruss der Bürger „an einer politischen Unterforderung. Die Bürger spüren, dass ihnen eine normativ entkernte Politik etwas vorenthält. Dieses Defizit drückt sich sowohl in der Abwendung von der organisierten Politik aus wie in jener neuen Protestbereitschaft der Basis, für die Stuttgart 21 die Chiffre ist." (vgl. Süddeutsche Zeitung vom 7. April 2011)

Auf diesen Verdruss der Bürger soll wertkonservative Politik in Zeiten des Wertewandels eingehen. Indem sie den Bürgern Platz macht im großen Spiel der Politik, das Freiheit und Verantwortung verbindet. In der einzigen Utopie, die konservatives Denken sich erlaubt – wie sie der Konservative Ernst Jünger in „Heliopolis, Rückblick auf eine Stadt" beschreibt: „Ihr aber sollt dafür sorgen, dass die Welt geöffnet bleibt.

Das ist das große, das einzige Schauspiel der Geschichte, ihr Dialog, der mit stets neuen Partnern sich besetzt und sich zum Ruhme Gottes offenbart. Habt keine Furcht; Ihr werdet obsiegen. Die Welt ist auf den Triumph der Freiheit angelegt."

Philipp Mißfelder

Werte brauchen keinen Wandel – die Perspektive eines jungen Politikers

Wenn es das Vereinigungsgebot im Grundgesetz nicht gegeben hätte – und mutige Frauen und Männer auf beiden Seiten des Eisernen Vorhangs, die es zeitlebens ernst genommen haben – dann hätte es mich womöglich nicht in die Politik gezogen. Denn die Motivation, mich politisch zu engagieren, ist eng mit dem einschneidenden Erlebnis des Mauerfalls verbunden. Wenn wir sehen, dass eine Mauer, die 28 Jahre lang Familien voneinander trennte, zu Fall gebracht werden konnte, muss uns dieses Ereignis Kraft und zugleich Hoffnung geben, dass Politik wenn nicht alles, so doch vieles erreichen kann. Freiheit, um die es im Kern dabei geht, ist ein universeller Wert, der davon lebt, dass er bei den Menschen die immer gleichen positiven Konnotationen hervorruft. Das Verlangen der Menschen im Osten Deutschlands nach Freiheit und Wiedervereinigung, ganz unabhängig von anzustrebenden ökonomischen Verbesserungen im alltäglichen Leben, ist als Verlangen nach dem wichtigsten aller Menschenrechte zu verstehen. Die Bewegungen in der arabischen Welt zeigen, dass dieser Wert in der Geschichte keinem Wandel unterworfen ist. Der Mensch ist zur Freiheit geboren, so steht es im Neuen Testament. Die Gesellschaft mag sich in Einzelinteressen aufsplittern und ihr Heil in Individualität suchen. Werte aber waren und sind es, die unter der Membran des Alltags die Basis bilden, auf der Politik, Wirtschaft und Gesellschaft fußen. Ethik und Moral lassen sich nicht immer erkennen, aber sie sind es, die Halt geben in unübersichtlichen Zeiten, wenn in schwerer See das Ufer nicht immer zu erkennen ist.

Unser Land ist trotz vorbildlicher Aufarbeitung der Schrecken der Vergangenheit heute genauso wenig ein Musterknabe der Völkergemeinschaft, wie Politiker Musterknaben der Gesellschaft sind. Alle Länder haben ihre Bürden, alle Menschen ihre Fehler. Die Entwicklung aber, die Deutschland seit der moralischen und physischen Zerstörung des Zweiten Weltkrieges durchgemacht hat, kann durchaus als Beispiel für andere Regionen unserer Erde gelten. Durch Bescheidenheit und Selbstvergewisserung hat die Bundesrepublik zu Zeiten der Teilung langsam ihren Platz in der Welt gefunden. Die Wiedervereinigung hat schließlich dazu geführt, dass die bequeme Position zwischen Wirtschaftswunder und politischer Zurückhaltung gewachsener Verantwortung gewichen ist. Versuche, dieser herausgehobenen Rolle mit Alleingängen oder einem neuem Isolationismus zu begegnen, sind gescheitert und werden scheitern. In einer Welt, in der zunehmend auch Schwellenländer ohne demokratisches System ökonomische Erfolge erzielen, ist die Betonung westlicher Wertvorstellungen wichtiger denn je. Dabei sollte offen, aber auch selbstbewusst auf die Partner zugegangen und durchaus Anforderungen an die Zusammenarbeit gestellt werden. Nur so kann der Westen seinen moralischen Ansprüchen, die er auch in sicherheitspolitischer Hinsicht gerne pflegt, gerecht werden. Deutschland ist wirtschaftlich erfolgreich, auch wenn die politische Entscheidungsfindung manchmal länger dauert. Der Glaube an die Vorteile des eigenen Wertesystems ist somit der Marktvorteil des 21. Jahrhunderts. Die Strahlkraft des deutschen Modells ist in der globalisierten Welt ein Marktwert an sich. Nicht umsonst orientieren sich Staaten im Umbruch bei der Konstruktion ihres politischen Systems vielfach am deutschen Grundgesetz, jener Verfassung also, die in nahezu unveränderter Form seit 1949 besteht. Dieses Beispiel zeigt, dass es richtig ist, an Grundüberzeugungen festzuhalten und sie bescheiden, aber wenn nötig, auch mit Nachdruck außenpolitisch zu vertreten.

Damit der positive Blick auf Deutschland erhalten bleibt, sollten die Institutionen aber auch im eigenen Land wieder ernster genommen werden. Die Umgehung des Deutschen Bundestages bei Entscheidungen von weitreichender Bedeutung ist weder zielführend noch zeitlich notwendig. Zugegeben: Die demokratischen Instanzen machen manchmal einen behäbigen Eindruck. Vielen Menschen gehen die Vorgänge nicht zügig genug. Die Kritiker sollten sich aber die Frage stellen, ob sie in ihrer eigenen Familie Angelegenheiten von großer Wichtigkeit im Hauruck-Verfahren zu entscheiden pflegen. Dieses Unverständnis für die Abläufe, gepaart mit einem Überangebot alternativer Betätigungsformen in der Gesellschaft, stellen Parteien, Verbände, Gewerkschaften und nicht zuletzt auch die Kirchen vor große Probleme. Die Bereitschaft, Zeit und Engagement für das Allgemeinwohl zu investieren, nimmt zusehends ab. Den „Hunger" auf Tatkraft und Partizipation aber gilt es wach zu halten. Den Institutionen in unserer Gesellschaft muss es wieder gelingen, ein positives Gemeinschaftsgefühl zu entwickeln. Das Internet mag zuweilen als ein Instrument der Individualisierung erscheinen, das den Menschen auf sich selbst und den manchmal einsamen Blick auf den Bildschirm zurückwirft. Viel wichtiger aber ist, dass es große Chancen zur direkten Mitsprache bietet. Die Piraten haben diese Wirkung als erste erkannt und ziehen durch neue Partizipationsmöglichkeiten sehr erfolgreich Nichtwähler an. Insbesondere die Generation junger Politiker, im Grunde aber jeder in der Politik Handelnde ist gefordert, jene Offenheit, die das Internet mit sich bringt, zuzulassen. Transparenz ist manchmal Fluch, aber stärker noch Segen. Denn bei der Wiederannäherung an den individualistisch denkenden Menschen, der sich nicht in Parteistrukturen zwängen lässt, kommt dem Internet eine Schlüsselrolle zu. Wertvorstellungen lassen sich über das Netz ebenso gut kommunizieren wie über Printprodukte. Die unmittelbare Diskussionsebene bietet allerdings nur das Internet. In jedem Fall haben auch die unzähligen Talkshows, ein Trend der 1990er Jahre, Politik in der öffentlichen Wahrnehmung präsenter werden lassen – unstrittig ein Verdienst. Sie übernehmen dabei eine Funktion, die früher das Parlamentsfernsehen einnahm, das heute ein trauriges Nischendasein führt. Die Auseinandersetzung über Sachthemen kommt in Talkshows jedoch meist zu kurz.

Dies ist umso bedauerlicher, als es ohnehin schwieriger wird, komplexe Themen in ihrer Gänze zu durchdringen und dann auch angemessen zu diskutieren. Die Medien reagieren darauf mit Vereinfachung und Personalisierung. Diese Praxis sollten sich Parlament, Parteien und Verbände nicht zu eigen machen. Die Debatte um das Verbot der Präimplantationsdiagnostik (PID) zeigt nämlich sehr deutlich, wie ein zentrales Thema seiner Bedeutung angemessen im Bundestag diskutiert werden kann. Das Ergebnis veranschaulicht aber zugleich, wie sich die Grenzen dessen, was für ethisch vertretbar gehalten wird, verschoben haben. Eine ähnliche Entscheidung zugunsten eines Eingriffs in die Schöpfung wäre vor Jahren noch undenkbar gewesen. Das bürgerliche Lager, welches massiv mobilisiert war und Seite an Seite mit den Kirchen für ein Verbot gekämpft hatte, ist in dieser Frage leider unterlegen. Gleichwohl war das Eintreten gegen die PID richtig. Die Überzeugung, dass der Mensch nicht alles tun darf, wozu er technisch in der Lage ist, gilt für mich weiterhin. Für Werte einzustehen bedeutet eben auch, mehrheitsfähigen gesellschaftlichen Strömungen zu trotzen.

Das „C“ zu leben heißt in diesem Zusammengang, sich dem Zeitgeist mutig entgegenzustellen, bei Fragen des Lebensschutzes wie bei Fragen der Ehe. Die Familie als Keimzelle der Gesellschaft zu erhalten und zu fördern ist keine Aufgabe, die ausschließlich von Fachpolitikern wahrgenommen werden sollte. Lange Zeit war es vermeintlich modern, offenen Lebensmodellen zu folgen. Familiäre Werte wie der Zusammenhalt der Generationen, das füreinander Einstehen, wirkten angestaubt und wurden als reaktionäre Verhaltensweisen bekämpft. Heute hat ein spürbares Umdenken eingesetzt. Junge Menschen entscheiden sich wieder bewusst für die Bindung in Ehe und Familie. In einer schnelllebigen, rastlosen Welt bietet die Familie Schutz und Wärme zugleich. Warum galt dieser Lebensstil jemals als altbacken? Diese Frage müssen sich jene stellen lassen, die Werte nach ihrem Gusto permanent anders deuten wollen.

Die Orientierung am christlichen Menschenbild bildet dazu ein Gegenmodell. Jeder Mensch kann selbstverständlich frei entscheiden, ob er seinen religiösen Gefühlen, seinem Glauben folgen will oder nicht. Wie aber sollen junge Menschen eine Wahl treffen, ohne jemals den Zusammenhalt der christlichen Gemeinschaft erlebt zu haben? Kindern und jungen Erwachsenen religiöse Traditionen und christliche Werte näherzubringen, ist deshalb wichtig. Denn viele Vorbehalte, die der katholischen und evangelischen Kirche heute entgegenschlagen, resultieren aus Vorurteilen, die durch persönliche Erfahrungen hätten abgebaut werden können. Die Aufgabe von Parteien, die für sich in Anspruch nehmen, dem christlichen Menschenbild verpflichtet zu sein, besteht deshalb nicht zwingend in der Verteidigung der Kirchen, sondern vielmehr in der Etablierung eines weltoffenen Klimas in der Gesellschaft, in der das Christentum einen festen Platz hat – durchaus mit dem dazugehörigen Sendungsbewusstsein. Es ist nicht zu verleugnen, dass das politische Wertesystem Deutschlands auf christlich-jüdischen Traditionen basiert. Deshalb ist es die Pflicht der „C"-Parteien, ihre Stimme gegen die Christenverfolgung in der Welt zu erheben. Wir können nicht bei der Diskussion um ein PID-Verbot mit dem christlichen Menschenbild argumentieren, wenn uns das Leben der verfolgten Christen in vielen Ländern dieser Welt egal ist. Hier muss einer der Schwerpunkte wertegebundener Politik liegen. Gerne kann weiter ellenlang darüber gestritten werden, mit welcher Äußerung der Papst recht hat und mit welcher unrecht. Aber jene Debatte darüber, wie eine Institution, die seit Jahrhunderten Traditionen pflegt, reformiert werden kann, hilft nicht denjenigen Verfolgten, die sich an eben diese Traditionen als Richtschnur klammern.

Von christlichen Werten sollten sich junge Politiker auch beim Thema des demographischen Wandels leiten lassen. Die ständig wachsende Verschuldung konterkariert alle Anstrengungen, sich für Nächstenliebe in der Welt einzusetzen. Das gilt auch für eine Politik, die sich für Generationengerechtigkeit engagiert. Denn im Zweifel ist den Besitzstandswahrern ihr Wohl immer noch wichtiger als das ihrer Kinder. Wer wertegebundene Politik ernst nimmt, dem darf die Zukunft kommender Generationen nicht gleichgültig sein. Alles andere wäre unmoralische Politik auf Pump. Wertebündnisse im Hinblick auf generationengerechte Reformen sind daher wünschenswert, aber leider auch utopisch. Doch die Vorstellungen, was gut für die Kinder von morgen sein mag, könnten unterschiedlicher nicht sein. Allerdings ist dies kein Grund, die Hoffnung aufzugeben. Die schiere Notwendigkeit, die sozialen Sicherungssysteme zu reformieren, wird den Handlungsdruck jedoch für alle Akteure erhöhen.

Nach Schätzungen des Statistischen Bundesamts wird Deutschland im Jahr 2050 zehn Millionen Einwohner weniger haben. Auf jeden Jugendlichen kommen dann zwei Rentner. Im Jahr 2100 hätte Deutschland dann eine Bevölkerungsgröße von 24 Millionen – so groß wie zu Anfang des 19. Jahrhunderts. Wenn diese abstrakten Zahlen auf strukturschwache Regionen wie das Ruhrgebiet oder Mecklenburg-Vorpommern heruntergebrochen werden, sehen die Perspektiven düster aus. Verödete Landschaften, verlassene Großstädte, ein Rückbau von Kindergärten und Schulen – den eigentlichen Symbolen von Zukunft und Aufbruch. Alte Menschen, die in abgeschiedenen Dörfern leben; ohne Kontakt zu jungen Menschen, die längst weggezogen sind, um ihr Glück im Ausland zu versuchen. Düster ist diese Version, aber nicht unumkehrbar. Mit Familienpolitik ist es nicht getan. Wir brauchen den schon beschriebenen „Hunger“ auf Neues, wir müssen die Begeisterung für Innovationen bei jungen wie alten Menschen wecken. Forscher haben nachgewiesen, dass Menschen, die in Rente gegangen sind, eine ähnliche Neugier auf die Welt entwickeln wie Kleinkinder. Dies gilt es zu nutzen, für ehrenamtliche Tätigkeiten ebenso wie für das Zusammenleben in der Familie. Mehrgenerationenhäuser sind keine neue Erfindung, es gab sie schon immer. Warum haben wir so wenig Vertrauen in bewährte Werteformate wie dem familiären Zusammenhalt der Generationen? Sie haben den Stresstest bereits bestanden, vor dem die sozialen Sicherungssysteme vor dem Hintergrund des demographischen Wandels gerade erst stehen.

Eine weitere Antwort auf eben diesen Wandel muss die Einwanderung von motivierten Menschen aus aller Welt sein. Allein durch eigene Anstrengungen werden wir die demographischen Probleme nämlich keineswegs lösen. Deutschland muss die bereits skizzierte Strahlkraft, über das es ohne Zweifel und gerade in der globalen Wirtschaftskrise stärker denn je verfügt, offensiv nutzen, um die talentiertesten Köpfe ins Land zu holen. Die Bundesrepublik ist dabei auf Menschen angewiesen, die hier ihre kreativen Ideen verwirklichen, ihr Engagement ausleben wollen – unser Angebot ist es, dass sie dies, im Gegensatz zu anderen Regionen der Erde, tun können, ohne ihre kulturellen Wertvorstellungen verleugnen zu müssen. Unverkennbar aber auch, dass die in Deutschland geltenden Wertmaßstäbe, früher Leitkultur genannt, das Fundament gelungener Integration bilden. Das Erlernen der deutschen Sprache sowie die Achtung vor dem Grundgesetz sind keine Anforderungen, sondern Selbstverständlichkeiten. In der Vergangenheit wurde diesen Punkten sowohl von Seiten der Mehrheitsgesellschaft als auch von Menschen mit Migrationshintergrund zu wenig Beachtung geschenkt. Das Zusammenleben von Menschen unterschiedlicher Kultur und Hautfarbe kann Deutschland bei gegenseitigem Respekt und der Bereitschaft, sich für die Gesellschaft einzubringen, ungemein bereichern. Deutschland ist ein Einwanderungsland – diese Erkenntnis hat sich erst in den vergangenen Jahren durchgesetzt. Es ist jedoch ein Einwanderungsland, das Bedingungen stellt, etwa Deutsch zu lernen, die hier gültigen Werte anzuerkennen und die wirtschaftlichen Interessen nicht außer Acht zu lassen. Vielerorts funktioniert das Zusammenleben reibungslos und freundschaftlich. Diese positive Entwicklung darf nicht durch eine hasserfüllte Minderheit Rechtsradikaler zerstört werden.

Konrad Adenauer hat einmal gesagt: „Politik ist die Kunst, das auf ethischer Grundlage als richtig Erkannte zu verwirklichen." Weil Deutschland dies weitgehend beherzigt, steht es trotz vieler Krisen wie ein Fels in der Brandung. Unser Land wird in den nächsten Dekaden nur dann eine wichtige Stimme in der Welt bleiben, wenn es sich auf Tugenden wie Fleiß, Ausdauer, Disziplin, Gewissenhaftigkeit besinnt. Werte wie diese sind es, die ihre Bedeutung nie verloren haben, sondern lediglich zeitweise aus dem Blick geraten sind. Gemeinsam lässt es sich stolz darauf sein, was Generationen zuvor erreicht haben.

Jetzt aber ist es an den gegenwärtig handelnden Personen in Politik, Wirtschaft und Gesellschaft, die Grundlagen dafür zu schaffen, dass die kommenden Generationen Gleiches über sie werden sagen können. Prosperität und Wachstum, aber auch Freiheit und Sicherheit als elementare Menschenrechte müssen immer wieder neu verteidigt und erarbeitet werden. Würde christlich-demokratische Politik dagegen heute jenem Wertewandel folgen, den ihr die Gesellschaft zuweilen aufzwingen will, könnte sie unternehmerisch gesprochen Insolvenz anmelden.

Es gibt keine Gewissheiten, dass uns unser Wohlstand für alle Zeiten trägt. Ganz im Gegenteil: Fraglich ist, ob er überhaupt noch in den kommenden Jahren Bestand haben wird. Die junge Politikergeneration hat sich deshalb von der Lethargie zu lösen und die Pflicht, sich den Herausforderungen zu stellen. Einstellungen und Sichtweisen können und müssen sich dabei ändern, nicht dagegen die grundlegenden Werte.

Thomas Bach

Zwei Seiten einer Medaille: Der Wert des Sports erwächst auch aus den Werten

Beim Fußball, hat einmal ein Kenner der Materie ausgeführt, gehe es nicht um Leben und Tod. Es gehe um mehr! Mag dieses gern zitierte Bonmot auch zum Schmunzeln anregen, ist damit doch weit mehr als nur ein Körnchen Wahrheit ausgesprochen. Und dies gilt nicht nur für unser aller Kernsportart, die ja bisweilen, zum Beispiel im Pokal, vermeintlich „eigenen Gesetzen" zu folgen scheint.

Handelt es sich für viele vielleicht noch immer um die „schönste Nebensache der Welt", so hat sich der Sport doch – nicht nur – hierzulande längst zu einem Phänomen von höchster gesellschaftlicher Relevanz entwickelt. Dieser unstrittige Befund lässt sich jenseits tiefgreifender Analyse schon statistisch belegen. Schließlich sind unter dem Dach des *Deutschen Olympischen Sportbundes* (DOSB) nicht weniger als 28 Millionen Mitgliedschaften in mehr als 90.000 Vereinen und Verbänden registriert. Hinzu kommen bekanntlich nicht wenige, die kommerzielle Angebote nutzen oder sich ganz individuell bewegen.

Schon diese wenigen Daten belegen, dass die Menschen in Deutschland, wenn auch nicht nur oder vor allem, so doch *auch* Sportlerinnen und Sportler sind, die einen mehr oder weniger großen Teil ihrer Zeit für ein Hobby aufbringen, das sie vielfach auch zu ihrem Beruf gemacht haben. Wer wollte es bestreiten: Viele Menschen leben vom Sport und noch viel mehr leben mit dem Sport oder sogar für den Sport. Und offenbar tun sie es gerne, weil sie es als eine Bereicherung ihres Alltags und ihrer Lebensqualität empfinden. So entsprach es tiefer Überzeugung, als es der deutsche Sport vor einigen Jahren plakativ auf den Punkt gebracht hat: „Sport tut Deutschland gut!" Weil er, so darf man ergänzen, den Menschen und damit der Gesellschaft guttut.

Dies ist, zugegeben, kein Axiom, sondern eine Prämisse, die umso glaubwürdiger ist, je überzeugender man sie zu begründen vermag. Schließlich gibt es auch kritische Stimmen, deren Argumente vor allem dann Gewicht erhalten, wenn sie zutreffend sind. Gerade die herausragende gesellschaftliche, ökonomische, mediale oder kulturelle Bedeutung des Sports, um nur einige seiner wichtigsten Implikationen zu nennen, rechtfertigt nicht nur eine kritische Betrachtung, sie lässt sie geradezu geboten erscheinen.

Dabei ist der Tatsache Rechnung zu tragen, dass sich der Sport als ein höchst facettenreiches und differenziertes Phänomen darstellt, dessen unterschiedliche Ausprägungen nicht immer leicht auf einen Nenner zu bringen sind. Man denke nur an die vermeintliche Differenz von „Spitze“ und „Breite“, die in manch publizistischer Überspitzung zum Gegensatz erhoben wird.

Doch wer auf diese Weise den internationalen oder olympischen Hochleistungssport zu diskreditieren versucht, lässt eine gewichtige verbindende Klammer außer Acht, die Bewegung und Wettkampf in ganz unterschiedlichen Zusammenhängen stets und verbindlich als „Sport“ konstituiert und dessen „Einheit in Vielfalt“ gewährleistet – nämlich die Werte, eben die Werte des Sports, aus denen im Übrigen in hohem Maße auch der Wert desselben erwächst.

Damit ist ein zentrales Wesensmerkmal des Sports benannt – eine besondere Qualität, die ihn von anderen gesellschaftlichen Erscheinungen, wie der Kultur, aber etwa auch von Politik und Wirtschaft unterscheidet. Der Sport zielt nämlich nicht allein auf vordergründige Effekte, etwa solche, die, im Sinne der Gesundheit und der Leistungsfähigkeit, den Körper betreffen, oder die mit ihm verbundenen kognitiv-affektiven sowie sozialen Konnotationen, wie seinen Unterhaltungswert oder sein außerordentliches Potential, Menschen über Grenzen hinweg zusammenzuführen.

Dies und manch anderes macht an sich schon einen beachtlichen Mehrwert aus, doch in noch höherem Maße sind es die Werte als sein wesentliches und besonderes Kennzeichen, das ein persönliches und gesellschaftliches Engagement für die Sache des Sports sowie Schutz und

Förderung von Staats wegen erklären und sinnvoll erscheinen lassen. Und es erklärt auch, warum sich hierzulande wohl um die neun Millionen Menschen in schätzungsweise einer Milliarde Stunden ehrenamtlich im Spiel- und Wettkampfbetrieb betätigen und dabei, dies sei nur am Rande erwähnt, für eine volkswirtschaftliche Wertschöpfung von jährlich etwa 6,7 Milliarden Euro verantwortlich zeichnen.

Auch diese Zahlen sprechen für sich, doch sie sagen nicht alles. Vielleicht entspricht es dem Geist unserer Zeit, die Relevanz oder Attraktivität einer Sache vorzugsweise an nackten Zahlen festzumachen. Für den Sport sind es vor allem Rekorde und Medaillen, die als Wertmaßstab herangezogen werden. In den Rang eines Qualitätsmerkmals ist längst auch die mediale Präsenz erhoben worden, die man wiederum mit Hilfe von Einschaltquoten zu quantifizieren versucht. Und dass nicht zuletzt das Pekuniäre über Sein und Haben mitentscheidet, ist ganz gewiss kein neuer Befund. Gleichwohl sind mehr als Zweifel am Platze, dass man im Lichte solcher Betrachtungen dem Charakter und dem Potential des Sports auch nur halbwegs gerecht wird.

Keine Frage: Auch der Sport muss sich rechnen. Niemand darf die Augen vor den Kosten verschließen, erst recht, wenn diese zu Lasten anderer, etwa der Steuerzahler gehen. Doch gerade in Zeiten knapper Kassen muss sich der Blick umso schärfer auch auf den Nutzen richten, um auf diese Weise die Ausgaben als Investitionen zu kalkulieren und, sicher ebenso wichtig, zu legitimieren. Damit aber ist die Frage nach dem Sinn des Ganzen aufgeworfen. Gerade diese Frage gilt es, vielleicht mehr als andere, ebenfalls drängende Fragen des Sports, immer und immer wieder überzeugend zu beantworten. Schließlich erwächst aus dem besonderen Potential auch eine besondere Verantwortung, die sich nicht nur die Amts- und Funktionsträger des Sports, sondern auch dessen Stakeholder stets ins Bewusstsein rufen müssen, um ihr auch vollumfänglich gerecht werden zu können. Und es versteht sich, dass es hierbei weniger um Quantitäten, als um Qualitäten geht.

„Im Mittelpunkt des Sports steht der Mensch." Unter dieses ebenso prägnante wie programmatische Motto stellte Willi Daume seine präsidiale Ansprache anlässlich des fünften Bundestages des Deutschen

Sportbundes (DSB) an dessen zehntem Geburtstag, dem 10. Dezember 1960 – und stellte dabei in der ihm eigenen Diktion und auf Friedrich Nietzsche und Ignatius von Loyola abhebend die (selbst)kritische Frage: „Ist es nun Dünkel oder Überheblichkeit, wenn wir behaupten, dass die deutsche Turn- und Sportbewegung eine große humanitäre Aufgabe erfüllt, weil sie versucht, dem Menschen zu helfen, das zu bleiben, was er von Natur aus ist?"

Nun ist seit den zitierten Erwägungen Daumes mehr als ein halbes Jahrhundert vergangen. Doch ist sein gleichsam affirmatives Diktum damit schon als altmodisch oder überholt abzuqualifizieren? Oder anders gefragt: Ist ein Bekenntnis zur humanen und damit dienenden Funktion des Sports nicht mehr zeitgemäß oder allenfalls noch als Gemeinplatz für sonntägliche Festreden oder entsprechende Buchbeiträge tauglich?

Vielleicht darf an dieser Stelle – bei Wahrung der gebotenen politischen Neutralität – der im September 2010 vorgelegte „12. Sportbericht der Bundesregierung" herangezogen werden. Der damalige Bundesminister des Innern, also auch der „Sportminister" Thomas de Maizière schrieb seinerzeit im Vorwort: „Spitzen-, Breiten- und Freizeitsport bieten neben der sportlichen Aktivität Chancen zur Integration, leisten positive Effekte bei der Gewaltprävention und der Gesundheitsvorsorge und haben darüber hinaus eine große wirtschaftliche Bedeutung. Sport kann jeden Menschen, ob mit oder ohne Behinderung, ob Spitzenathlet oder Hobbysportler, zur bestmöglichen Leistung motivieren und bei der Persönlichkeitsentwicklung unterstützen. Die über 91.000 Sportvereine bringen Menschen aus nahezu allen Bereichen unserer Gesellschaft zusammen und zeigen damit die hohe gesellschaftspolitische Bedeutung des Sports auf."

Mit diesem Blick auf ein ganzes Portfolio an Funktionen und Möglichkeiten des Sports begründete der Minister die Sport-Förderung als eine wichtige Aufgabe von Bund, Ländern und Kommunen, wobei die von seinem eigenen Ressort bereitgestellten Mittel ja vornehmlich auf die Spitze der Pyramide zielen. Auch auf diese Weise drückt sich das Bekenntnis zur Leistung aus, die keineswegs allein, aber natürlich auch in Medaillenspiegeln und Rekordlisten einen signifikanten, zudem in der öffentlichen Wahrnehmung höchst bedeutsamen Ausdruck findet.

Ist und bleibt die Leistung für den Sport aber ein Wert par excellence, wie kaum sinnfälliger als im Zeichen des Wettkampfs unter Beweis gestellt werden kann, darf sie nur gesellschaftliche Anerkennung finden, sofern sie im Rahmen der Regeln erbracht wird. Und nicht nur das.

Natürlich stellt schon die Aufstellung verbindlicher Regeln, zumal wenn sie von einem allgemeinen Konsens über ihren Sinn getragen ist, eine Kulturleistung eo ipso dar. Und man darf wohl behaupten, dass dem Sport gerade auch in dieser Hinsicht ein zivilisatorischer Modellcharakter zuzuschreiben ist. Gleiche Regeln für alle, leicht verständlich für die Beteiligten und Außenstehenden über alle Barrieren von Herkunft, Geschlecht, Sprache, Ideologie, Religion und Politik hinweg – ist dies nicht ein Paradebeispiel für ein funktionierendes „Weltrecht" und den Konsens einer Weltrechtsgemeinschaft – und damit zugleich ein Erfolgsmodell der Globalisierung? Wenn ja, dann hat sie in Pierre de Coubertin, dem Erfinder der Olympischen Spiele, einen geradezu genialen Vorreiter gefunden, und dies fast ein Jahrhundert bevor der Begriff für die moderne Vernetzung der Welt überhaupt in den allgemeinen Sprachgebrauch einzog.

Mehr aber noch als die Regeln, deren Einhaltung eine conditio sine qua non, also unabdingbar ist und eine selbstverständliche Voraussetzung für einen funktionierenden Sportbetrieb darstellt, verdient die innere Haltung vieler Menschen zu einem Leistungsträger Anerkennung. Zudem taugt dieser gerade für jugendliche Nachahmer als Vorbild, um eine weitere gesellschaftlich bedeutsame Funktion des Sports anzusprechen. Und hier darf durchaus der lang verpönte, seit geraumer Zeit aber zu Recht wieder gesellschaftsfähige Begriff der „Elite" ins Feld geführt werden.

Steht aber die mit dem Handeln verbundene Haltung in Rede, ist der Blick auf eine ethische Ebene gelenkt, die dem Sport als einem sozialen und kulturellen Konstrukt nicht nur eine weitere besondere Bedeutung und Funktion verleiht, sondern auch ein Alleinstellungsmerkmal darstellt, das seine Erfolgsgeschichte ganz wesentlich mitbestimmt und erklärt. Indem sich der Sport eben nicht nur durch ein – ebenso umfassendes wie überschaubares – Regelwerk, sondern auch durch – ebenso informelle wie verbindliche – Werte konstituiert und definiert, gibt er ein Beispiel für die globale Utopie einer friedlichen und besseren Welt, die Hans Küng „Weltethos“ nennt und die Pierre de Coubertin „Olympische Idee“ genannt hat.

Die bahnbrechende Innovation des französischen Barons entsprang zum Ende des 19. Jahrhunderts eben nicht allein genuin sportbezogenen Motiven, sondern auch und zuerst einem humanen, sprich pädagogischen Impuls. Ihm ging es um die „Jugend der Welt“, um eine neue, weltweit wirksame Option für ihr Recht auf eine „gesunde“ Bildung von Körper, Geist und Charakter, wobei der Sport nicht mehr und nicht weniger als ein Vehikel und Katalysator sein sollte.

Freilich zielte Coubertins Bemühen nicht nur auf das Wohlergeben des Individuums, vielmehr verfolgte er mit seinem – zu seiner Zeit ganz neuartigen, übrigens schon von daher auch vielfach kritisierten, teils vehement angefeindeten – Konzept einer Demokratisierung und Internationalisierung des Sports auch einen gleichsam universalen Anspruch, den er unter anderem wie folgt auf den Punkt brachte: „Gesunde Demokratie und richtig verstandener, friedlicher Internationalismus werden in das erneuerte Stadion eindringen und hier den Kult der Ehre und der Uneigennützigkeit aufrechterhalten, der es dem Athletismus ermöglichen wird, neben der Entwicklung des Leibes das Werk moralischer Vervollkommnung und sozialer Befriedung weiterzuführen.“

À la bonheur! Große Worte, die auf nicht weniger als auf ein friedliches, mindestens von Achtung und Respekt geprägtes Zusammenleben im Zeichen von Menschenrechten und Gerechtigkeit abheben, auf eine „olympische“ Welt, die von gemeinsam wahrgenommener Verantwortung getragen wird und dem Einzelnen alle Möglichkeiten zur Entfaltung seiner je individuellen Möglichkeiten bietet – eine Utopie, die das Attribut „olympisch“ wahrlich verdient.

Natürlich: Mit diesem mehr als ehrgeizigen Anspruch wurde gleichsam das Scheitern programmiert und die Diskrepanz von Anspruch und Wirklichkeit zu einem konstituierenden Merkmal der olympischen Geschichte erhoben. Doch zugleich erhielt der Sport, der sich bis dahin weitgehend auf einen lokalen und regionalen, allenfalls nationalen Blickwinkel beschränkte, eine völlig neue Dimension, Konnotation und Legitimation. Den Sport auf diese Weise mit einem „guten Zweck“ zu verbinden, hat ihm eine neue Qualität verliehen und ihn zu einem wertvollen Kulturgut unserer Zeit, nach Sven Güldenpfennig gar in den Rang eines „Weltkulturerbes“ erhoben.

Nun hat die Geschichte des zwanzigsten Jahrhunderts gerade uns Deutschen schmerzlich vor Augen geführt, dass auch der Sport keine Bastion gegen äußere Anfechtungen und innere Verwerfungen, schon gar keine Insel der Glückseligkeit darzustellen vermag. Schließlich wird er von Menschen gemacht und betrieben. Und selbst wenn es sich um Sportlerinnen und Sportler handelt, sind damit Risiken und Nebenwirkungen programmiert.

Denken wir nur an das ebenso leidige wie drängende Problem des Dopings, das manche als „Krebsgeschwür“ bezeichnen, weil es nicht nur die Gesundheit der Betreffenden, sondern die des Sports als Ganzes bedroht. Tatsächlich ist der offenbar schwer zu beherrschende – und keineswegs nur in sportlichem Zusammenhang zu Tage tretende – Drang, die Grenzen individueller Leistungsfähigkeit im Dienste des Erfolgs mit unerlaubten Mitteln und Methoden zu verschieben, ein eklatanter Verstoß gegen die Grundidee des Sports und als solcher stets und konsequent zu ahnden.

An dieser Stelle hat sich der Sport einem hohen Anspruch verpflichtet und dabei eine Vorreiterrolle übernommen. In einer Zeit, in der menschliche Arbeitskraft zum „Humankapital“ degradiert und neben Fitness und Gesundheit, ständiger Erreichbarkeit und umfassender Kompetenz auch gutes Aussehen und mediengerechtes Auftreten zum Muss erhoben wird, hat sich der Missbrauch von Medikamenten und Drogen zu einem gravierenden Problem der (Leistungs-)Gesellschaft ausgewachsen, doch nur der Sport hat sich dem Grundsatz verpflichtet, dass Doping, ob legal oder nicht, in jedem Fall nicht legitim ist. Es ist in jeder Hinsicht ungesund und es ist unfair – und zwar nicht nur im Blick auf die Konkurrenz im Wettkampf um einen Platz auf dem Treppchen, sondern auch und vor allem im Blick auf mögliche Nachahmer, namentlich die Jugend. Aus diesem und vielen weiteren Gründen hat der DOSB gemeinsam mit der Bundesvereinigung Deutscher Apothekerverbände und dem ADAC auch eine Initiative gegen Medikamentenmissbrauch in der Gesellschaft gestartet.

Gerade Kindern und Jugendlichen aber gilt die besondere Aufmerksamkeit und Verpflichtung des Sports, gerade ihnen soll er helfen, zu lernen, dass Ambition und Talent fehlgeleitet werden, wenn sie sich mit übertriebenem Ehrgeiz verbinden und dass eine in Training oder Wettkampf erlittene Verletzung weit weniger schwer wiegt als die Verletzung der persönlichen Integrität, auch oder gerade wenn vermeintlicher Erfolg kurzfristig immer verlockend erscheint.

Auch und vor allem der Sport kann junge Menschen stark machen, zum Beispiel indem er vermittelt, dass sich persönlicher Erfolg nicht unbedingt und absolut am Grad öffentlicher Aufmerksamkeit oder am Ausmaß ökonomischer Begleiterscheinungen ermisst. Und er kann den Sinn und den Mehrwert eines „sportlichen Imperativs", nämlich dahingehend Einsicht vermitteln, dass es sich letztlich immer und für alle auszahlt, stets genau so zu handeln, wie man auch von anderen, zum Beispiel auch seinen Gegnern, behandelt werden möchte.

Vor diesem Hintergrund versteht sich: Auch wenn er sich bisweilen wie ein Kampf gegen Windmühlen ausnimmt oder als eine lästige Störung der Teilhabe an der Faszination des hochkarätigen Wettkampfs und der sportlichen Spitzenleistung erscheint, ist der Kampf gegen Doping ein Kampf für die Werte des Sports, für seinen humanen Auftrag und sein pädagogisches Potential – und damit gleichsam eine moralische Pflicht. Denn, um noch einmal Willi Daume zu zitieren: „Der Sport wird sein, was wir aus ihm machen." In der Diktion Johann Wolfgang von Goethes bedeutet dies: „Es ist nicht genug zu wissen, man muss auch anwenden; es ist nicht genug zu wollen, man muss auch tun."

„Wollen" und „Tun" möglichst zur Deckung zu bringen, ist eine Herausforderung, der sich nicht nur der Sport immer wieder neu zu stellen hat. Dies kann man wohl sagen: Der Sport will viel und er tut viel. Er bietet eine schier unglaubliche Fülle an geschützten Räumen für die freie und freudvolle Entfaltung der Persönlichkeit und für die Erfahrung, dass das eigene Recht und die eigene Freiheit immer auch das Recht und die Freiheit des Anderen bedeuten und dass dies genauso umgekehrt gilt. Für die gewaltfreie Begegnung mit Anderen und für die Erfahrung, dass der Gegner immer auch als unerlässlicher Partner fungiert, dass es ohne Verlierer auch keine Gewinner geben kann und dass sich Niederlagen als Ausgangspunkt für kommende Siege nutzen lassen. Dass es sich lohnt, sich anzustrengen, das je Optimale erreichen zu wollen. Und dass es keineswegs schadet, sondern vielmehr von Nutzen ist, dabei Rücksicht zu nehmen und dem Anderen mit Offenheit, Respekt und Fairness zu begegnen, ihn kennenzulernen und einzubeziehen.

Gerade in Schule und Verein, aber auch außerhalb derselben lässt sich nicht nur der Leib, sondern auch soziales Verhalten, etwa ein fairer Umgang miteinander, üben. Indem das Gegen- in einem Miteinander aufgefangen, der Konkurrent als ein unverzichtbarer Partner angesehen und geachtet wird, können Training und Wettkampf als Modell für ein friedliches und konstruktives, sprich menschenwürdiges Zusammenleben in einem kultivierten und multikulturellen Gemeinwesen Wirkung entfalten. Vor allem dann, wenn es nicht (nur) um Punkte, Tore, Meisterschaften geht, kann der Sport eine Schule des richtigen Lebens darstellen.

„Wichtig", das wird nicht nur der Fußballer bestätigen, „ist auf dem Platz". Dieser ist nämlich eine zentrale Spielwiese und eine großartige Option der Gesellschaft. Wo sonst kommen die Möglichkeiten und Grenzen einer humanen Wertegemeinschaft so offenkundig und machtvoll zum Tragen, wo sonst kann Fairness und Respekt, Chancengleichheit und Integration über alle sprachlichen und kulturellen Barrieren hinweg wirksamer Vorschub geleistet werden.

Geht es um Sport, ist Ehrgeiz und Selbstbewusstsein immer am Platze. Dies gilt auch, wenn seine Ziele und Möglichkeiten in Rede stehen. Doch ebenso geboten ist stets auch ein Blick für die Realitäten, um die Welt, auch die des Sports, nicht nur so wahrzunehmen, wie sie sein soll.

Auch der Sport muss sich an seinen Ansprüchen, also auch und nicht zuletzt an den von ihm selbst propagierten Werten messen und messen lassen. Nicht mehr als eine peinliche Übung wäre es, seine Moral wie eine Monstranz durch die Arena zu tragen, sich dabei möglichst zu sputen, damit der Anpfiff zum Eigentlichen nicht allzu lange auf sich warten lässt.

Friedrich Nietzsche hat der Moral in seiner „Genealogie" viele mögliche Bedeutungen und Erscheinungsformen zugewiesen und sie etwa „als Folge, als Symptom, als Maske, als Krankheit, als Missverständnis, als Ursache, als Heilmittel, als Stimulans, als Hemmung oder als Gift" charakterisiert. Aus dieser Palette kann der Sport, können die Sportlerinnen und Sportler wählen, wenn sie sich auf die ihn und sie tragenden Werte berufen. Sie können sich aber beispielsweise auch auf Horst Köhler beziehen. Der damalige Bundespräsident hat es nämlich ganz wunderbar auf den Punkt gebracht: „Der Sport ist ein Grundnahrungsmittel."

Wenn dafür Sorge getragen ist, dass in dieser Hinsicht niemand Hunger leiden muss, dann ist – jenseits der Frage von „Leben und Tod" – eine wichtige Voraussetzung für einen hoffnungsvollen Blick in die Zukunft, nicht nur die Zukunft des Sports erfüllt.

V.

Werte in Bürgergesellschaft, Familie und Familienunternehmen

Friedrich von Metzler

Die Verantwortung des Unternehmers in der Bürgergesellschaft

Demokratische Grundwerte, politische Stabilität und ein verlässlicher ordnungspolitischer Rahmen – das sind ideale Voraussetzungen für ein freies unternehmerisches Handeln. Die maßgeblich von den Ideen der Aufklärung und von einem christlichen Wertekanon geprägte Bürgergesellschaft halte ich für ein tragfähiges und schützenswertes Fundament unserer europäischen Staatengemeinschaft. Große geistige und politische Anstrengungen waren notwendig, um den Boden für unsere moderne Bürgergesellschaft zu bereiten. Anstrengungen sind aber auch notwendig, um die Werte einer Bürgergesellschaft zu bewahren. Hier ist der Unternehmer gefordert: Indem er im Sinne eines langfristigen wirtschaftlichen Erfolgs handelt, trägt er entscheidend dazu bei, die Grundlagen für den Wohlstand einer Gesellschaft zu schaffen. Dieser wiederum ist eine wichtige Voraussetzung für die Wahrung des sozialen Friedens, ohne den eine Demokratie dauerhaft nicht funktionieren kann.

I. Die Werte der Bürgergesellschaft als Säulen der Freiheit

Ein errungenes Gut als Selbstverständlichkeit genießen zu dürfen – das bezeichne ich als großes Glück. Die freie und demokratische Gesellschaft, in der wir leben, ist ein solch wertvolles Gut. Die Bürger der Europäischen Union können auf Grundsätze vertrauen, die ihnen ein selbstbestimmtes Leben in Freiheit ermöglichen. Im Vertrag über die Europäische Union heißt es: „Die Werte, auf die sich die Union gründet, sind die Achtung der Menschenwürde, Freiheit, Demokratie, Gleichheit, Rechtsstaatlichkeit und die Wahrung der Menschenrechte (…).“

Diese Grundsätze bilden das Fundament unserer heutigen Bürgergesellschaft – und ich habe großen Respekt vor ihnen. Denn es ist alles andere als selbstverständlich, dass sich heute 27 Länder zu diesen Grundsätzen bekennen, darunter viele, in denen Entscheidungen jahrzehntelang von Machthabern diktiert wurden. Tag für Tag führen uns die Nachrichten vor Augen, welch hohen Preis Menschen zu zahlen haben – und dazu auch bereit sind! –, um demokratische Rechte zu erstreiten. Und auch diejenigen Länder Europas, die in Sachen Demokratie schon sehr erfahren sind, haben große Anstrengungen unternehmen müssen, bevor sich diese Staatsform endgültig etablieren konnte. Ein Blick in die Geschichte zeigt, dass die Werte, die Eingang in den Vertrag der Europäischen Union gefunden haben, unter großen Mühen über mehrere Jahrhunderte hinweg erdacht, erstritten und verteidigt werden mussten.

II. Vordenker der Bürgergesellschaft in England, Frankreich und Deutschland

England gilt als Wegbereiter der modernen Demokratie. Die permanenten Auseinandersetzungen zwischen Adel und Monarchie im Mittelalter, später zwischen Parlament und Monarchie mündeten in Deklarationen, die Schritt für Schritt an bestehenden Machtmonopolen rüttelten: Heute noch berühmt sind die „Magna Charta“, die dem englischen Adel politische Freiheiten gegenüber der Krone garantierte, und die „Bill of Rights“, mit der sich das Parlament grundlegende Rechte, darunter Mitbestimmungsrechte und das Recht der Redefreiheit, gegenüber dem König erstritt. Der Unterzeichnung der „Bill of Rights“ ging ein siebenjähriger erbitterter Bürgerkrieg voraus. Englands großer Sohn John Locke (1632–1704) zählt zu den Vordenkern moderner Demokratien: In seiner Gesellschaftstheorie entwickelte er schon früh den Gedanken der Gewaltenteilung im Staat. Auch aus Frankreich kam ein wichtiger Theoretiker, der unserer heutigen Demokratie geistig den Weg geebnet hat: der Staatstheoretiker Charles Baron de Montesquieu

(1689–1755). Freiheit, so erklärte er, gebe es nur, wenn Legislative, Exekutive und Judikative strikt voneinander getrennt seien. Als Verfechter eines liberalen Staatswesens in der Zeit der Aufklärung wandte sich Montesquieu gegen die Konzentration aller Macht in einer einzigen Hand, damals vom Absolutismus verkörpert. Macht, so einer seiner Kerngedanken, müsse stets ausbalanciert sein, und keine der Gewalten dürfe gegenüber der anderen die Oberhand gewinnen.

In Deutschland ergänzte Immanuel Kant (1724–1804) die Staatstheorien eines John Locke oder Charles de Montesquieu um einen entscheidenden Punkt: Der große Denker der Aufklärung brachte den Menschen ins Spiel, sein individuelles Denken und Handeln. Kant appellierte an den Verstand, der den Menschen befähige, selbst zu beurteilen, was richtig und falsch, gut und schlecht ist. „Sapere aude" lautet sein Credo, sinngemäß übersetzt also: „Wage zu denken". Der Mensch als seine eigene moralische Instanz brauche weder eine kirchliche noch eine staatliche Macht, die sein Tun bestimmen. Kant setzt auf die Selbstbestimmung des mündigen Bürgers. „Aufklärung ist der Ausgang des Menschen aus seiner selbstverschuldeten Unmündigkeit", so ein weiterer seiner Kernsätze. Die Aufgabe des Staates sei es vor allem, dem Bürger ein Leben in Freiheit und Gleichheit zu gewähren. Hierfür wiederum hat sich die Teilung der drei Gewalten als Voraussetzung erwiesen.

Das Denken allein aber hat die Welt nicht verändert. Es bedurfte großer Anstrengungen, die mit militärischer Gewalt, vielfach auch mit Exzessen einhergingen. Es ist sicher anzuerkennen, dass die Französische Revolution mit ihren Idealen von Freiheit, Gleichheit und Brüderlichkeit entscheidende Weichen auf dem Weg zur modernen Bürgergesellschaft gestellt hat – aber gerade in der Rückschau bestürzen uns auch die entsetzlichen Gräuel jener Zeit. Napoleon brachte den „Code Civil" in weite Teile Deutschlands und ebnete damit den Weg für die Gleichheit vor dem Gesetz, für den Schutz des Privateigentums und die Berufsfreiheit, um nur einige Beispiele zu nennen. Die Verheerungen der napoleonischen Eroberungs- und Beutezüge in ganz Europa traten allerdings die Ideale Freiheit, Gleichheit und Brüderlichkeit – denen der „Code Civil" ja eine Rechtsgrundlage verleihen sollte – mit Füßen. Nicht zuletzt haben die Diktaturen im 20. Jahrhundert gezeigt, dass einmal errungene demokratische Strukturen fragil und in ihren Fundamenten erschütterbar sind. Und bis heute wird in den verschiedensten Regionen der Welt unter großen Opfern immer wieder um politische Grundlagen gerungen, die ein selbstbestimmtes Leben ermöglichen.

III. Neutestamentliche Grundlagen der Wertvorstellungen der Aufklärung

Bei allen Wegen und Umwegen, die zu einer Bürgergesellschaft heutiger Prägung geführt haben, möchte ich auf eines hinweisen, das mir wichtig scheint: Die europäischen Vordenker einer Bürgergesellschaft, ja, auch die Ideale der Französischen Revolution „Freiheit, Gleichheit, Brüderlichkeit“ haben ihre Wurzeln auch in der christlichen Religion, genauer: in den christlichen Werten des Neuen Testaments. Das mag auf den ersten Blick widersprüchlich scheinen, wies doch gerade die Aufklärung der Vernunft einen höheren Stellenwert zu als dem Glauben. Man denke aber an die vielen Gleichnisse des Neuen Testaments, in denen die Gegensätze von Arm und Reich sich in der Gleichheit vor Gott auflösen. Die Geschichte vom barmherzigen Samariter, der in selbstloser Brüderlichkeit einen Verwundeten gesund pflegt, ist zum Inbegriff für gelebte Nächstenliebe geworden. Für entscheidend halte ich jedoch, dass das Neue Testament bevölkert ist von Menschen, die nicht mehr – wie im Alten Testament – gleichsam am göttlichen Gängelband handeln, sondern ihre freien, eigenen Entscheidungen treffen. Ob das Petrus ist, der sich mit der Instanz seines Gewissens quält, Judas, der um des Geldes Willen zum Verräter wird, oder Pilatus, der die Staatsraison über seine persönliche Überzeugung stellt, um nur einige der Prominenteren zu nennen. Die Werte, die die Französische Revolution und ihre Vordenker beschwören, die Selbstbestimmung des Menschen, die Kant fordert – all diese Ideale erfahren gleichsam „Rückendeckung“ durch die jahrhundertelang überlieferte Lehre des Neuen Testaments.

So mag sich aus der Rückschau auch der vermeintliche Widerspruch zwischen Aufklärung und Religion zumindest mildern. Die maßgeblich von den Ideen der Aufklärung geprägte Bürgergesellschaft, flankiert von einem christlichen Wertekanon, halte ich für ein tragfähiges und schützenswertes Fundament unserer europäischen Staatengemeinschaft.

IV. Goethes Werther: Geburtswehen der Bürgergesellschaft in der Literatur

Ich bin sehr glücklich darüber, in einer demokratischen Gesellschaft zu leben, die dem Einzelnen weitgehende Freiheiten nicht nur verspricht, sondern garantiert. Dass Lebensentwürfe in den buntesten Facetten möglich sind, dass Aufsteiger ebenso eine Chance haben wie Aussteiger, ist eine Freiheit, die es allemal wert ist, verteidigt zu werden. Zu Goethes Zeiten war es noch weit schwieriger, solche Individualität zu leben. Damals wie heute fasziniert der jugendliche Werther, der „Held" des Briefromans „Die Leiden des jungen Werthers", der als erster bürgerlicher Roman gilt. Goethe schuf mit Werther einen Typus, der gegen zahlreiche Zwänge rebelliert, der seine individuellen Ideale über den beruflichen Erfolg stellt und der seine Gefühlswelt nicht einengen lässt. Mit seinem Aufbegehren bleibt er jedoch Außenseiter, dessen Leben tragisch im Freitod endet. Goethe hat in seinem Werther-Roman menschliche Erfahrungen verdichtet und ihren historischen Gehalt in eine Zeitlosigkeit überführt – in das zeitlose Ideal eines in Freiheit geborenen Menschen. Dabei sieht Goethe als ein Mann der Taten und des Wirkens in der Welt das Grüblerische und letztlich Selbstzerstörerische seines Helden durchaus kritisch. Dass aber der Roman von Anfang an begeisterte Leser fand, ist ein Indiz dafür, wie seismographisch sensibel Goethe den in der Luft liegenden Umbruch hin zu einer selbstbestimmten Bürgergesellschaft thematisierte. Er traf damit den Nerv der Zeit. Mag sein ungestümer Werther mitunter übers Ziel hinausgeschossen sein: Er dachte seine eigenen Gedanken und sprach sie aus, und das war damals allerhand.

Ob ein Werther heute sein Glück finden könnte, mag dahingestellt bleiben, Alternativen zum Freitod fände er aber gewiss. Die Großzügigkeit unserer Bürgergesellschaft in puncto individueller Lebensentwürfe verdankt sich meines Erachtens vor allem einer Beständigkeit: Ein inzwischen lange währender Friede hat dem zerbrechlichen Gebilde Demokratie eine Dauer von nunmehr fast siebzig Jahren beschert, zumindest in weiten Teilen der westlichen Welt. Ich bin fest davon überzeugt, dass diese Erfolgsgeschichte, die ja auch das verlässliche Fundament einer Bürgergesellschaft ist, sich nicht zuletzt unserem allgemeinen Wohlstand verdankt. Denn dass alle Bürger am Wohlstand einer Gesellschaft teilhaben können, ist entscheidend für die Wahrung des sozialen Friedens und damit für den Erhalt von Freiheit und Demokratie. Ein jeder soll die Chance haben, durch eigenes Tun und eigene Leistung Wohlstand aufzubauen – um seinerseits zu diesem Wohlstand beizutragen. Es ist mir wohl bewusst, dass dieser Anspruch ein Idealbild ist und von keiner demokratischen Ordnung gewährleistet werden kann. Doch das Ideal vor Augen zu haben und danach zu streben, halte ich für ein konstituierendes Element der Bürgergesellschaft.

V. Erfolgreiche Unternehmen als Rückgrat der Bürgergesellschaft – „Leitbild für verantwortliches Handeln in der Wirtschaft“

Eine funktionierende Wirtschaft ist konstitutiv für eine demokratische Bürgergesellschaft. Das Wirtschaftssystem der Sozialen Marktwirtschaft hat sich meiner Meinung nach unter den verschiedenen Modellen einer Wirtschaftsordnung im Ringen um ein verantwortliches Wirtschaftswachstum am besten bewährt. Im Kern geht es darum, eine leistungsfähige freie Wirtschaft zu sichern und allen Bürgern nach dem Subsidiaritätsprinzip eine Teilhabe am Wohlstand und ein Leben in Selbstbestimmung zu ermöglichen. Aufgabe des Staates ist es, den ordnungspolitischen Rahmen dafür zu schaffen.

Ob es einer Gesellschaft gelingt, einen allgemeinen Wohlstand zu schaffen, liegt nicht zuletzt in der Hand der Unternehmer. Erfolgreiche

Unternehmen bilden daher das Rückgrat eines zuverlässigen Gemeinwesens. Der Erfolg eines Unternehmens zeigt sich vor allem anderen daran, dass es Gewinn erwirtschaftet – er ist existenziell für jedes Unternehmen. Der springende Punkt ist aber: *Allein* Gewinne zu machen reicht für ein unternehmerisch verantwortungsvolles Handeln nicht aus, es kann sogar gefährlich werden. Die wirtschaftlichen Verwerfungen in den vergangenen rund zehn Jahren gerade in der Finanzbranche – das ist diejenige, die ich am besten kenne – waren immens. Die Gefährdungen, die mit der Finanzmarktkrise einhergingen, betrafen nicht nur die verursachenden Unternehmen, sondern wirkten schmerzhaft in die Gesellschaft hinein. Das Aushebeln bewährter kaufmännischer Maximen aufgrund kurzfristigen Erfolgsdrucks führte nicht nur zu immensem finanziellen Schaden, sondern zu einem noch größeren – zu Vertrauensverlust. Vertrauen aber ist die Grundlage allen wirtschaftlichen Handelns, weshalb es jede Anstrengung wert ist, das Vertrauen in die Wirtschaft wiederherzustellen und dauerhaft zu bewahren.

Die in einen ordnungspolitischen Rahmen gegossenen Grundideen der Sozialen Marktwirtschaft in Deutschland bieten einen guten Boden für die Wirtschaftsakteure – denen es nun obliegt, dieses Feld zu bestellen und den ordnungspolitischen Rahmen sinnvoll auszufüllen. Eine Pflicht, die sich viele Unternehmen zur Kür gemacht haben und aktiv gestalten: So haben sich unter dem Dach des „Wittenberg-Zentrums für Globale Ethik“ etliche namhafte Unternehmen Deutschlands zu einem „Leitbild für verantwortliches Handeln in der Wirtschaft“ bekannt, mit dem sie Standards verantwortlichen unternehmerischen Handelns setzen wollen – Standards, die alltagstauglich und überprüfbar sind. Ihr wichtigstes Prinzip lautet: Die Wirtschaft muss das Wohl der Menschen fördern. Das tut sie zunächst, indem sie dem Menschen in seiner Rolle als Verbraucher Güter und Dienstleistungen zur Verfügung stellt. Dass diese zu einer gewissen Qualität und zu bezahlbaren Preisen zu haben sind, dafür sorgen Wettbewerb und Gewinnanreize. „Wirtschaften zum Wohl der Menschen erfordert Wettbewerb“ ist daher das zweite Prinzip, das im „Leitbild für verantwortliches Handeln“ verankert ist. Denn Wettbewerb ist ein Ansporn für jedes Unternehmen, die Bedürfnisse der Verbraucher bestmöglich zu erfüllen und dadurch Gewinne zu erzielen, was wiederum den Anreiz für Investitionen bietet. Selbstverständlich muss der Wettbewerb fair und nach verbindlichen Regeln geführt werden. Gewinne sind notwendig, um investieren zu können, um neue (Produkt-)Ideen zu entwickeln und Menschen eine dauerhafte Beschäftigung zu bieten. Gewinne sind ebenfalls notwendig, um Abgaben an den Staat entrichten zu können, der für seine vielfältigen Aufgaben die entsprechenden Mittel braucht – Aufgaben, die für den Erhalt eines sozialen Friedens unerlässlich sind. Weitere Prinzipien des „Leitbildes“ sind Leistung und Eigenverantwortung. Es ist die Summe der Leistung eines jeden Einzelnen, die ein funktionsfähiges Gemeinwesen sicherstellt. Zugleich wirkt Leistung als Schlüssel für Erfolg zurück auf denjenigen, der sie erbringt – Leistung macht zufrieden. Selbstverständlich sollte gute Leistung belohnt werden, und fehlende Leistungsbereitschaft, meines Erachtens identisch mit fehlender Eigenverantwortung, darf nicht honoriert werden. Bildung ist eine wesentliche Voraussetzung für das Erbringen von Leistung, weshalb jeder Mensch gleiche Bildungschancen unabhängig von Herkunft und Hintergrund erhalten sollte, damit er mit seinen individuellen Fähigkeiten am Wirtschaftsleben teilnehmen kann. Darüber hinaus stehen Unternehmen gemäß dem „Leitbild“ in der Verantwortung, für Menschen mit eingeschränkter Leistungsfähigkeit Möglichkeiten zu schaffen, damit auch sie Arbeitsmöglichkeiten haben.

Gesellschaften, die sich zur Sozialen Marktwirtschaft bekennen, verlangen geradezu nach den bisher genannten Prinzipien für ein verantwortliches wirtschaftliches Handeln: einer leistungsfördernden und auf Wettbewerb beruhenden Wirtschaft zum Wohle des Menschen. Ob aber die verschiedensten Gesellschaftssysteme weltweit – die weit weniger Zeit für ihre Entwicklung hatten als unsere westliche aufgeklärte Welt – ebenfalls das Wohl des Menschen als Ideal ihrer Wirtschaftsordnung im Sinn haben, das lässt sich anzweifeln. Die global mehr und mehr vernetzte Wirtschaft bindet zwar immer mehr Menschen in Wertschöpfungsprozesse ein und ermöglicht ihnen als Verbraucher, Bedürfnisse und Wünsche zu befriedigen. Doch führt der globale Wettbewerb um Standorte und Absatzmärkte vielerorts auch zu sozialen Härten. Die Globalisierung der Wirtschaft im Blick, beziehen die Unternehmen im „Leitbild für verantwortliches Handeln in der Wirtschaft" auch hier Position: Sie setzen sich ein für faire und verlässliche Regeln im globalen Wettbewerb, wie sie etwa in den OECD-Leitsätzen für multinationale Unternehmen oder der Grundsatzerklärung der Internationalen Arbeitsorganisation (ILO) verankert sind – damit das globalisierte Wirtschaften den Menschen überall auf der Welt zugutekommt. Ein weiteres Prinzip, das globale Übereinkünfte erforderlich macht, ist die Forderung nach Nachhaltigkeit. Nicht nur die natürlichen Ressourcen sind begrenzt verfügbar, auch Kapital ist endlich. Die sich zum „Leitbild" bekennenden Unternehmen haben sich daher verpflichtet, fortlaufend nach besseren Wegen der Ressourcennutzung zu suchen sowie Wertschöpfungsprozesse immer wieder auf ihre Effizienz hin zu prüfen und zu verbessern. Denn auch unsere Kinder sollen ein intaktes ökologisches und ökonomisches Gefüge vorfinden. Last but not least: Die Unterzeichner des „Leitbildes" nehmen sich selbst in die Pflicht – denn Wirtschaft zum Wohle der Allgemeinheit kann sich nur dann entfalten, wenn alle Akteure ihre Verantwortung wahrnehmen. So bekennen sie sich zu Verlässlichkeit: Regeln sind einzuhalten, Regelverstöße im Rahmen der Möglichkeiten zu ahnden, fehlende Regeln einzufordern und mitzugestalten. Als gesellschaftliche Entscheider verpflichten sie sich zur erfolgs- und werteorientierten Führung im Sinne der im „Leitbild" festgelegten Prinzipien.

VI. Ein verantwortlich handelndes Unternehmen braucht Werte

Metzler ist ein Unternehmen mit langer Tradition. Der Grundstein für die Bank wurde 1674 gelegt – da war der englische Aufklärer John Locke knapp über 40, und Kant sollte erst 50 Jahre später geboren werden. Wie gelingt es, ein Unternehmen erfolgreich durch die vielen Wechselfälle der Geschichte zu steuern? Sicher haben glückliche Fügungen ihren Teil dazu beigetragen. Eine Voraussetzung aber galt es immer zu erfüllen: Die Bank musste unter dem Strich gewinnbringend wirtschaften. Ich bin jedoch der Überzeugung, dass ein dem Gemeinwohl verpflichtetes Unternehmen mehr braucht als „nur" ein auf Dauer gewinnbringendes Geschäft – was allein schon eine enorme Herausforderung sein kann. Ein eigener Wertekanon, zugeschnitten auf die spezifische Ausprägung des Unternehmens, kann meiner Meinung nach die im „Leitbild für verantwortliches Handeln in der Wirtschaft" definierten Prinzipien im Hinblick auf die Unternehmensziele sinnvoll ergänzen.

Die Unternehmenswerte im Bankhaus Metzler haben sich im Laufe vieler Jahre ausgeprägt. Es sind Prinzipien, die sich als sinnvolles langfristiges Fundament für unser Haus herausgebildet und in den heftigen Finanzmarktkrisen der jüngsten Dekade bewährt haben: Unabhängigkeit, Unternehmergeist und Menschlichkeit. In diesen Unternehmenswerten klingen, so meine ich, die Werte der Vordenker unserer heutigen Bürgergesellschaft noch an. Wir haben die Grundgedanken natürlich umgemünzt auf die Belange eines modernen Unternehmens. Diese Unternehmenswerte, die im Laufe langer Jahre in unserem Hause gewachsen sind und sich bewährt haben, sind nach unserer Überzeugung ein solides Fundament auch für ein Bankhaus Metzler der Zukunft. Wir fühlen uns damit gut gewappnet für die Vielzahl hoher Anforderungen in der Finanzbranche.

Besonders wichtig ist uns die Unabhängigkeit. Der starke Wille zur Unabhängigkeit als Basis für Freiheit zieht sich wie ein roter Faden durch die lange Firmengeschichte – Freiheit in der Meinungsbildung, beim Gestalten von Dienstleistungen, im Verhältnis zu unseren Kunden. Die Unabhängigkeit unseres Hauses kommt vor allem unseren Kunden zugute: Unsere Geschäftsstrategie ist so ausgerichtet, dass wir sie ohne Interessenkonflikte beraten können, denn parallel zum Kundenauftrag bestimmen keine anderen Geschäftsinteressen unser Handeln. Das kann sogar so weit führen, dass wir einem Kunden von Produkten abraten, wenn wir der Meinung sind, dass sie nicht zu seinen Anlagezielen passen. Das heißt für uns auch, auf bestimmte Geschäfte zu verzichten. Die Finanzmarktkrise hat gezeigt, zu welchen Verwerfungen die Gier nach Gewinnen führen kann, und hat einmal mehr sensibilisiert für die Risiken kurzfristiger, schneller Erfolge. Wir wollen daher bei jedem Geschäft genau wissen, welches Risiko damit verbunden ist. Überdies verschafft uns die Unabhängigkeit einen langen Atem, wenn wir vom langfristigen Erfolg einer Geschäftsidee überzeugt sind, die sich im Anfang vielleicht als schwierig erweist.

Im Wert Unternehmergeist spiegelt sich die Idee der Gleichheit. Wir legen bei jedem unserer Mitarbeiter, ganz unabhängig von jedweder Hierarchie, Wert auf Eigeninitiative, auf das Handeln im Sinne des Unternehmens – und damit auch des Kunden. Weisungsempfänger brauchen wir nicht. Wir wollen, dass Mitarbeiter Unternehmergeist in jeder Position zeigen und geben ihnen den notwendigen Freiraum hierfür. Unsere Mitarbeiter sollen eigenständig denken und ihre Meinung äußern, auch wenn sie von der des Vorgesetzten abweicht. Denn – um noch einen Schritt weiterzugehen – Mitarbeiter tragen auch Verantwortung für ihre Vorgesetzten, und kritisches Hinterfragen führt weiter als das bequemere Ja-Sagen.

Das Ideal der Brüderlichkeit findet sich bei uns im Unternehmenswert Menschlichkeit – ein dehnbarer Begriff, der umso mehr mit Inhalt gefüllt werden will. Die Hierarchien in unserem Haus sind flach, und Teamgeist wird großgeschrieben. Schon bei der Einstellung eines neuen Mitarbeiters sind nicht nur Wissen und Können entscheidend, sondern ganz wesentlich auch sein Charakter. Alle Mitarbeiter sind in unseren Leitlinien aufgefordert, Aufrichtigkeit und Toleranz im Kreis der Kollegen zu leben. Dazu bedarf es eines Klimas, in dem das Gespräch miteinander wichtiger ist als das Delegieren von oben nach unten. Menschlich ist die Arbeitswelt dann, wenn die Mitarbeiter die Chance haben, produktiv und kreativ in ihr mitzuwirken. Besondere Bedeutung im Umgang miteinander hat das Vorbild von Führungskräften; ihnen bieten wir speziell auf ihre Aufgaben zugeschnittene Schulungen.

Menschliches Handeln ist uns nicht nur innerhalb der Bank ein Anliegen. Über die Metzler-Stiftung möchten wir auch nach außen wirken. Die Arbeit der Stiftung basiert unter anderem auf dem sozialen Engagement unserer Mitarbeiter, das wir unterstützen. Über die Metzler-Stiftung hat jeder Mitarbeiter die Möglichkeit, Mittel für ein gemeinnütziges Projekt zu erhalten, in dem er selbst persönlich engagiert ist – und zwar nach dem Matching-Fund-Modell „1 + 1 = 3“: Metzler sagt eine feste Summe für ein vom Mitarbeiter vorgeschlagenes Projekt zu. Wenn es nun dem Mitarbeiter mit seiner Organisation gelingt, die gleiche Summe über Spenden zu erhalten, belohnt Metzler das und zahlt die Summe noch einmal. Damit erleichtern wir das Einwerben weiterer Spenden und geben zugleich einen wichtigen Impuls zum weiteren Sammeln. Überdies gewährleisten wir den persönlichen Bezug zum geförderten Projekt. Das hat auch Vorteile für die Stiftung selbst, denn wir legen großen Wert darauf, die geförderten Projekte gut zu kennen. Ein weiterer gewünschter Effekt: Die Bindung des Mitarbeiters an unser Haus wird intensiviert, und er ist der beste und glaubwürdigste Botschafter unserer Unternehmenswerte.

VII. Verantwortung übernehmen – Demokratie sichern

Ich möchte allen Unternehmern Mut machen, über den Tellerrand des eigenen Geschäfts hinaus zu schauen und sich immer wieder zu fragen, mit welchem Beitrag sich diese Welt menschlicher und lebenswerter gestalten lässt. Denn die demokratische Bürgergesellschaft ist die beste Basis für das freie Handeln des Unternehmers, und der Unternehmer kann seinerseits viel für ein intaktes Gemeinwesen tun. Der Spielraum ist groß: Unsere Universitäten brauchen Impulse aus der Wirtschaft, Initiativen auf dem Gebiet der Bildung suchen Unterstützer bei ihrer Suche nach neuen Wegen des Lernens, und was wäre die Kunst ohne Förderer? Jedes Unternehmen muss eine eigene Ausprägung dafür finden, wie es Verantwortung in der Gesellschaft wahrnehmen will – ganz gleich, ob es weltweit vernetzt ist oder regional agiert.

Eine allein ökonomisch definierte Werteskala als einziger Maßstab unternehmerischen Handelns jedenfalls ist untauglich. Immer mehr Unternehmen erkennen das und arbeiten daran, allgemeingültige, verbindliche Kriterien für verantwortliches Handeln zu entwickeln – so wie jene Unternehmer, die sich zum „Leitbild für verantwortliches Handeln in der Wirtschaft“ bekennen. Ich sehe das als gutes Zeichen für die Zukunft. Denn so selbstverständlich uns ein Leben in Freiheit erscheinen mag, es erfordert jeden Tag Anstrengungen. Das Ideenfeld der Demokratie mag von den Vordenkern weise angelegt worden sein – wir Bürger müssen es stetig pflegen, soll es Früchte tragen und gedeihen: damit ein Leben in Freiheit weiterhin ein kostbares Selbstverständnis bleibt.

Nicola Leibinger-Kammüller

Was haben die klassischen „deutschen Tugenden" mit wirtschaftlichem Erfolg von Familienunternehmen zu tun?

I.

„Mein Sohn, sey mit Lust bey den Geschäften am Tage, aber mache nur solche, daß wir bey Nacht ruhig schlafen können." Diese Leitlinie gibt der alte Johann Buddenbrook in Thomas Manns Roman seinen Kindern mit auf den Weg, als er den Getreidehandel der Familie begründet. Sein Sohn Jean Buddenbrook hält sich an diesen Grundsatz und geht keine Risiken ein. Doch sein Enkel Thomas Buddenbrook riskiert ein Spekulationsgeschäft – und scheitert. Der Verfall der Familie und des Familienunternehmens nimmt seinen Lauf.

Die Buddenbrook'sche Maxime ist Ausdruck klassischer kaufmännischer Ehrbarkeit. Sie steht für Bescheidenheit und Zurückhaltung, für Solidität und Maßhalten, für Disziplin und Verantwortung. Eigenschaften, die bis vor wenigen Jahrzehnten noch von der Mehrheit der Deutschen – weit über die Kaufmannschaft hinaus – unbesehen als Teil eines bürgerlichen Selbstverständnisses akzeptiert worden sind. „Deutsche Tugenden" eben (die allerdings zweifelsohne auch in bürgerlichen Kreisen anderer Nationen gelebt wurden).

Es sind Tugenden, die mancher Wirtschaftsmann, mancher Bankier nicht erst zu Zeiten exorbitant sprudelnder Globalisierungsgewinne belächelt hat – die aber heute, nach dem Platzen vieler Blasen, wieder eine Rückbesinnung verdienen. Überspitzt formuliert: Hätte Richard Fuld, der langjährige CEO von Lehman Brothers, seinen Investmentbankern das Buddenbrook'sche Motto mit auf den Weg gegeben, dann könnte auch er heute ruhiger schlafen – ebenso wie viele seiner Anleger, seiner ehemaligen Mitarbeiter und Aktionäre, aber auch wie all die Unternehmen und deren Mitarbeiter, die unter den Auswirkungen der Finanzkrise gelitten haben oder noch leiden.

Nur: Ist der Rückgriff auf alte Grundsätze tatsächlich eine Lösung für die Probleme, die uns im 21. Jahrhundert beschäftigen? Braucht gerade eine Welt voller komplexer Fragestellungen nicht etwas anderes – Kreativität nämlich, schnelles Reaktionsvermögen, die Fähigkeit, sich selbst und die Welt ständig neu zu erfinden oder zumindest neu zu deuten?

„Tugend", so scheint es, ist ein Begriff, der sein Verfallsdatum längst überschritten hat. „Deutsche Tugenden" erst recht. Wieso also sollten ausgerechnet sie uns angesichts eines globalen Marktes und Wettbewerbs zu wirtschaftlichem Erfolg verhelfen? Heutzutage werden die „deutschen Tugenden" öffentlich doch nur noch im Zusammenhang mit schlechtem Fußball beschworen: Wo spielerische Eleganz fehlt, entdeckt der Fernseh-Reporter die „deutschen Tugenden": „die Ärmel aufkrempeln" und „über den Kampf zum Spiel finden". Brechstangen-Fußball eben, der bestenfalls effektiv ist – aber kaum schön anzusehen. Jedenfalls irgendwie unmodern.

II.

Um uns der Fragestellung nach der Wirkung deutscher Tugenden für den wirtschaftlichen Erfolg ernsthaft nähern zu können, ist eine Begriffsannäherung notwendig. Man muss gar nicht auf den großen ideengeschichtlichen Überbau eingehen. Darauf etwa, dass die antiken und schon auf Plato zurückgehenden vier Kardinaltugenden Weisheit, Gerechtigkeit, Tapferkeit und Mäßigung im Christentum mit den drei göttlichen Tugenden Glaube, Hoffnung und Liebe zu den großen sieben Tugenden vereint wurden.

Ihnen stand übrigens die gleiche Zahl von Todsünden gegenüber: Hochmut, Habgier, Genusssucht, Zorn, Völlerei, Neid und Trägheit. Welche davon bei der Entstehung der Finanzkrise eine besondere Rolle gespielt haben, das wäre nochmals eine gesonderte Betrachtung wert …

All dies ist jedoch für eine pragmatische Betrachtung des Wirtschaftslebens ein bisschen überhöht. Bleiben wir in der Sphäre des Bürgerlichen und bemühen (auch dies schon etwas tugendhaft) statt Wikipedia das ehrwürdige „Deutsche Wörterbuch“ von Jacob und Wilhelm Grimm aus dem Jahr 1854. Demnach leitet sich die Grundbedeutung des Wortes „Tugend“ von „Tauglichkeit“ ab: „In ihr ist das merkmal des ausgezeichnetseins, der vortrefflichkeit eingeschlossen. tugend bezeichnet etwas herausgehobenes, gesteigertes, ‚vortreffliches jeder art‘.“ Im Begriff der Tugend steckt also der Aspekt von Exzellenz.

Die „deutschen Tugenden“ wiederum gehen ursprünglich auf die „preußischen Tugenden“ zurück. Sie wurden unter Friedrich Wilhelm I. und in der Folge durch Friedrich II. geprägt und bezeichneten die Grundsätze, nach denen sie den preußischen Staat formten. Pflichterfüllung, Maßhalten, Bescheidenheit, Sparsamkeit, Gerechtigkeitssinn, Zuverlässigkeit, Fleiß und so weiter. Eigenschaften, die das aufstrebende und gleichzeitig vielfach bedrohte Gemeinwesen zusammenhielten. „Üb immer Treu und Redlichkeit“ – so mahnte seit 1797 das Glockenspiel vom Turm der Potsdamer Garnisonkirche die preußischen Landeskinder.

Für wirtschaftliches Handeln sind diese Eigenschaften nicht die schlechteste Grundlage. Der rasante wirtschaftliche Aufstieg, den Preußen und Deutschland, sagen wir, bis zum Ersten Weltkrieg erlebten, wurde sicherlich ganz maßgeblich davon bestimmt, dass vom Arbeiter bis zum Unternehmer „preußische Tugenden“ gelebt wurden. Dies übrigens – als Schwäbin muss ich darauf hinweisen – keineswegs nur in Preußen! Auch das Wirtschaftswunder nach 1945 war weniger ein Wunder als vielmehr Ergebnis harter, fleißiger Arbeit und kluger, maßvoller Entscheidungen. Und selbst der Satz „Ich arbeite mich krumm, damit meine Kinder es einmal besser haben als ich“, der noch bis weit in die fünfziger und sechziger Jahre selbstverständlich war, ist Ausdruck von Verantwortungsethik. (Gedankenspiel: Wie viel Prozent der Bevölkerung würden diesen Satz auch heute noch unterschreiben?)

III.

Allerdings: Wenig aufregend scheinen uns alle diese so genannten Tugenden. Unwillkürlich stellt sich bei ihrer Aufzählung ein bisschen das Klischeebild des Spießbürgers ein. Und ein Aspekt von Askese, von puritanischer Freudlosigkeit klingt ebenfalls mit. Dies umso mehr, als uns (mit guten Gründen) vieles Preußisch-Deutsche nach den Erfahrungen des 20. Jahrhunderts durchaus suspekt ist. Oskar Lafontaine etwa schlug bekanntlich seinem damaligen Parteifreund Helmut Schmidt 1982 um die Ohren: „Helmut Schmidt spricht von Pflichtgefühl, Berechenbarkeit, Machbarkeit, Standhaftigkeit. Das sind Sekundärtugenden. Ganz präzis gesagt: Damit kann man auch ein KZ betreiben."

Über Lafontaines eigene Bereitschaft zu Pflichterfüllung und Standhaftigkeit lohnt kein weiteres Räsonnieren. Bemerkenswert allerdings ist, dass er in seiner Kritik an diesen „Sekundärtugenden" durchaus Kind seiner Zeit, seiner Generation ist. Etwas vergröbert gesagt: Spätestens seit dem Wirken „der 68er" hat sich unser Weltbild vom nomozentrischen zum egozentrischen entwickelt. Der Einfluss gesellschaftlicher Normen und Werte oder auch der Konfession auf den Einzelnen ist deutlich geringer geworden. Das Individuum hat sich zu einem großen Teil aus den gesellschaftlichen Fesseln befreit. Selbstverwirklichung und persönliche Entfaltung sind als Maximen in den vergangenen vier Jahrzehnten wichtiger geworden, als sie es in der neuzeitlichen Geschichte jemals waren.

Für das wirtschaftliche Handeln durchaus mit positiven Folgen: Die Überwindung starrer Vorgaben und Zwänge bringt nicht nur persönlichen Gewinn, sondern sie setzt auch Kräfte frei, von denen alle profitieren – nicht zuletzt die Unternehmen. Ich wage die These: Die digitale Revolution etwa, auch unsere heutige ungeheure Vielfalt an Produkten und Dienstleistungen wären nicht denkbar ohne den Willen von Anbietern und Nachfragern, Individualität und Kreativität auszuleben und eigenen Neigungen nachzugehen. Und dazu kommt, dass unsere Mitarbeiter heute Freiräume fordern, die ihnen die Entwicklung ihrer persönlichen Ziele erlauben, der Entfaltung der Persönlichkeit oder der Kreativität. Sie erwarten von einem Beruf eben auch Abwechslung, persönliche Erfüllung und Spaß. Und sind – zum Glück – nicht in erster Linie von dem Gedanken preußischer Pflichterfüllung durchdrungen, wenn sie morgens in den Betrieb kommen.

IV.

Bremsen also „deutsche Tugenden“ die in der heutigen wirtschaftlichen Realität selbstverständlichen Faktoren oder Bedürfnisse wie Kreativität, Individualität, Spontaneität nicht doch aus?

Ich meine: Nein. Denn ohne das provozierend-altmodische Etikett, ohne die Konnotation von preußischer Pflichterfüllung zielen Eigenschaften wie Zuverlässigkeit, Maßhalten und sogar Sparsamkeit doch auf einen durchaus modernen Aspekt des Wirtschaftens: auf Nachhaltigkeit und verantwortliches Tun. Wer sich als wirtschaftlich Handelnder am Konzept der „deutschen Tugenden“ orientiert (ob er es nun so nennt oder nicht), für den müssten schonender Umgang mit Ressourcen und das Wahren der Interessen zukünftiger Generationen selbstverständlich sein. Vergegenwärtigen wir uns den Begriff der Tugend noch einmal in seiner Grundbedeutung: Tauglichkeit und Exzellenz. Taugliches oder gar exzellentes wirtschaftliches Handeln im Sinne dieser „deutschen Tugenden“ kann vor allem nicht den schnellen Gewinn im Blick haben, der um jeden Preis zu erreichen ist, sondern zielt auf nachhaltige und im Sinne aller Beteiligten verantwortungsbewusste Gestaltung von Wirtschaft ab.

Eine Polemik am Rande: Es liegt eine gewisse Ironie darin, dass ausgerechnet die 68er-Generation vehement gegen vieles anging, was als deutsche Tugenden bezeichnet wurde – und gleichzeitig war doch sie es, die als erste laut für Nachhaltigkeit eintrat.

Ohne Zweifel haben Familienunternehmen dieses nachhaltige Wirtschaften tendenziell stärker im Blick als andere Unternehmensformen. Bei gut geführten Familienbetrieben diktieren nicht Börse, Aktionäre und Quartalsberichte das Handeln. Stattdessen bauen sie auf langfristige Ziele, auf Werte und Strategien, die eine stabile Führungsspitze konsequent umsetzen kann. Entscheidende Merkmale von Familienbetrieben sind das Wachstum aus eigener Kraft sowie die tiefe Verbundenheit der Familie mit dem Betrieb – entscheidende Faktoren einer auf Langfristigkeit angelegten Unternehmenskultur. Und diese ist im Grunde die Stärke von Familienunternehmen. Besonders wenn sie ihre Mitarbeiter nicht allein durch Geld motivieren, sondern ihnen einen emotionalen Mehrwert bieten. Die Beschäftigten spüren dann: Hier finde ich nicht nur interessante Aufgaben und einen sicheren Arbeitsplatz, hier werde ich ernst genommen und wertgeschätzt.

Zudem wissen die Mitarbeiter eines Familienbetriebs, dass ihr Chef im Zweifel nicht nur ihre Arbeitsplätze, sondern sein eigenes Lebenswerk auf das Spiel setzt. Kurzum: Das Familienunternehmen ist im Grunde der Hort deutscher Tugenden.

Dass man gerade in der letzten Zeit auch hier Ausnahmen gefunden hat, zeugt nur davon, dass es auch in Familienunternehmen nur allzu menschlich zugeht und dass – bei allem Bemühen ums höhere Ziel im Sinne deutscher Tugenden – auch hier die pure Egozentrik bisweilen zuschlägt.

V.

Was also sollen wir nun tun? Ich möchte nicht blauäugig erscheinen und bin mir durchaus bewusst: Allein mit Appellen an tugendhaftnachhaltiges Verhalten ist es nicht getan.

Wir brauchen Regelwerke, funktionierende Aufsichtsorgane und institutionalisierte internationale Zusammenarbeit, wenn wir Krisen wie die gerade zu Ende gegangene in Zukunft vermeiden wollen. Dem unverantwortlichen Verhalten einzelner Institutionen, dazu der Gier von Anbietern und Käufern ist es geschuldet, dass im Kern gesunde Wirtschaftszweige an den Rande des Abgrunds getrieben wurden. Das darf nie wieder passieren, und dazu brauchen wir Regeln. Ob es unbedingt neue Regeln sein müssen, darüber kann man im Einzelfall diskutieren.

Viel gewonnen wäre aber bereits, wenn zunächst einmal die Einhaltung bestehender Regeln überwacht wird.

Ein profundes Bewusstsein dafür, was Recht und Unrecht ist, muss auch wieder Teil der Ausbildung junger Menschen sein. Nach dem Vorbild der Harvard Business School gibt es inzwischen mehrere Wirtschaftshochschulen, an denen die Absolventen einen „Eid" auf verantwortliches Handeln schwören. Ob ein solcher Eid im harten Arbeitsalltag etwas bewirkt – wer weiß. Aber in Zeiten, in denen werteorientiertes, „tugendhaftes" Handeln nicht mehr notwendigerweise Erziehungsziel in der Familie ist, bedeutet er immerhin einen Schritt in die richtige Richtung.

Und schließlich: Wir in den Unternehmen müssen dafür sorgen, dass verantwortliches Handeln auch in unseren eigenen Betrieben gelebt wird. Nur wenn wir selbst „tugendhaft", zumindest aber werteorientiert handeln, dann können wir dieses Verhalten auch von unseren jüngeren Mitarbeitern einfordern. Ein Chef dagegen, der immer nur den schnellen und rücksichtslosen Erfolg im Blick hat, der weder seine Kunden noch seine Lieferanten pflegt, der Gier und Maßlosigkeit zu ausgesprochenen oder unausgesprochenen Maximen des unternehmerischen Handelns macht und womöglich sogar vorlebt – ein solcher Chef dürfte früher oder später Probleme mit der Unternehmenskultur im eigenen Haus bekommen.

Zu verantwortlichem Handeln gehört übrigens auch: Wir, die wir unternehmerisch tätig sind, sollten auch außerhalb unserer Firmen jeden Tag dafür werben, dass wieder mehr langfristiges Denken ins Wirtschaften einzieht. Wir dürfen die öffentliche Meinungsbildung nicht nur anderen überlassen.

Gerade mancher Kollege aus einem Familienunternehmen tut sich damit mitunter schwer. Wir müssen aber um Verständnis für unser Tun und für unsere Grundsätze werben: Machen wir unseren Partnern in Politik und Gesellschaft klar, dass es nicht um die Zeitungsschlagzeile des nächsten Tages geht, sondern dass wir wieder in größeren Zeiträumen denken müssen. Insbesondere manchem Politiker wäre zu wünschen, dass er lernt, über die vier Jahre bis zur nächsten

Wahl hinauszudenken. Und halten wir uns selbst bei unserer täglichen Risikoabwägung immer wieder vor Augen: Nicht alles was geht, geht auch gut!

VI.

Die „deutschen Tugenden" allein bringen uns heute nicht mehr weiter. Sie sind aber eine Grundlage, auf der wir aufbauen können. Es kommt auf die Balance an zwischen ihnen und den Werten, die heute selbstverständlich geworden sind: Individualität, persönliche Glückserfüllung, Selbstverwirklichung und -ausdruck sowie Kreativität. Im Grunde brauchen wir „deutsche Tugenden 2.0": Die Maximen deutscher Tugend in Verbindung mit der Möglichkeit des Einzelnen, seinen eigenen Neigungen nachzugehen. Wenn uns das gelingt, dann können wir Krisen, wie wir sie in der jüngeren Vergangenheit erlebt haben, in Zukunft vielleicht vermeiden. Und noch mehr: Wenn uns das gelingt, dann sind wir gut gerüstet für den wirtschaftlichen Wettbewerb mit unseren weltweiten Konkurrenten.

Wirtschaftliches Handeln ist aus heutiger Sicht dann „tugendhaft", wenn es das Allgemeinwohl im Blick hat und dem Einzelnen dabei die größtmögliche Freiheit zur Selbstentfaltung gibt. Der alte Buddenbrook war davon gar nicht so weit entfernt: „Mein Sohn, sey mit Lust bey den Geschäften" – ich finde, da klingt bei allem Verantwortungsethos ein Aspekt von Freude und Selbstverwirklichung durchaus mit …

Franz Fehrenbach

Wertebasierte Unternehmenskultur als Basis langfristiger Strategie

I. Einleitung

Mancher Unternehmer musste sich lange Zeit anhören, dass Werteorientierung und eine solide, konservative Finanzierung antiquiert seien. Kurzfristige Gewinnmaximierung, spektakuläre Akquisitionen und Shareholder-Value, verstanden als primäre Orientierung am Kapitalmarkt, wurden oft höher geschätzt als eine langfristig orientierte Strategie und verantwortliche Unternehmensführung. Als Folge der Wirtschafts- und Finanzkrise und auch der zunehmenden ökologischen Anforderungen hat jedoch das Thema verantwortliche Unternehmensführung eine Renaissance erlebt. Für Bosch ist dies keine Modeerscheinung. Werteorientierung und Nachhaltigkeit gehören von jeher zu unserer Unternehmenskultur. Sie sind Basis für unsere Strategie und damit für unseren langfristigen Erfolg. Dies gilt für die Vergangenheit und ebenso für die Zukunft.

Der vorliegende Text beschreibt das Fundament dieser Unternehmenskultur, das bereits der Firmengründer Robert Bosch gelegt hat. Er zeigt unsere grundlegende strategische Ausrichtung, die heutigen und künftigen Herausforderungen und beschreibt unsere Unternehmenskultur. Unsere Werte sind dabei eine wichtige Leitplanke, um gemeinsam mit den Mitarbeitern weltweit den derzeit tiefgreifenden und beschleunigten Wandel aktiv zu gestalten. Darüber hinaus sind unsere Werte zugleich Basis und Ausdruck der unternehmerischen Verantwortung.

II. Robert Bosch als prägende Unternehmerpersönlichkeit

Es ist erstaunlich, wie oft inzwischen ein Ausspruch von Robert Bosch aus dem Jahr 1919 zitiert wird: „Lieber Geld verlieren als Vertrauen". Und das nicht nur im Unternehmen selbst, sondern auch in der Öffentlichkeit. Auch fast sieben Jahrzehnte nach dem Tod unseres Unternehmensgründers im Jahr 1942 ist sein Einfluss zu spüren. Er ist für viele bei Bosch und darüber hinaus bis heute ein Vorbild. So legten sein Denken und Handeln die Grundlagen für die Unternehmenskultur der Bosch-Gruppe, einem Unternehmen mit inzwischen weltweit mehr als 50 Mrd. EUR Umsatz und 300.000 Beschäftigten.

Auch ein weiteres Zitat bringt seine Auffassung von Unternehmensführung zum Ausdruck: „Eine anständige Art der Geschäftsführung ist auf Dauer das Einträglichste, und die Geschäftswelt schätzt eine solche viel höher ein, als man glauben sollte." Diese Grundsätze und die Werte, die dahinter stehen, sind der Nährboden, auf dem die heutige Unternehmenskultur gewachsen ist, seit Robert Bosch 1886 seine „Werkstätte für Feinmechanik und Elektrotechnik" in Stuttgart gründete. Nicht nur für mich war in jungen Jahren diese Kultur ein wichtiger Anreiz, zu Bosch zu gehen und mein Berufsleben mit dem Unternehmen zu verbinden. Auch viele unserer Mitarbeiter und Führungskräfte sind eng mit Bosch verflochten. Dies gilt längst nicht mehr nur für Deutschland, sondern auch in hohem Maße international.

Robert Bosch war eine facettenreiche Persönlichkeit: gleichzeitig liberaler Weltbürger und in seiner Heimat verwurzelter Schwabe, Techniker und Naturfreund, sozialpolitischer Vorreiter und erfolgreicher, weitsichtiger Unternehmer. Ein Mann, der in der Zeit des Nationalsozialismus den deutschen Widerstand förderte und sich für verfolgte Mitbürger einsetzte. Und einer, dessen Auffassungen es widerstrebte, dass auch seine Firma als rüstungswichtiger Betrieb Zwangsarbeiter beschäftigen musste.

Für ihn waren seine Mitarbeiter Partner. Er verlangte viel von ihnen, setzte aber gleichzeitig auf intensive Zusammenarbeit und übertrug Verantwortung. Er zahlte hohe Löhne, sorgte für gute Arbeitsbedingungen, forderte dafür aber auch Leistung. Es war ihm wichtig, stets gute Qualität zu liefern, und er verlangte ständige Verbesserung. Es war sein Ziel, mit technischen Produkten die Lebensqualität möglichst vieler Menschen zu fördern. Außerdem legte er Wert auf Sparsamkeit – heute würde man sagen auf effizienten Einsatz von Ressourcen.

Doch er hat nicht nur mit seinen Grundsätzen unser Unternehmen geprägt. Auch unsere heutige Strategie hat ihre Wurzeln in seinen Grundvorstellungen von Unternehmensführung. So hat er in seinem Testament seinen Nachfolgern aufgegeben, für die langfristige finanzielle Unabhängigkeit, Selbstständigkeit und Aktionsfähigkeit des Unternehmens zu sorgen. Dem Unternehmen sei eine „über die unausbleiblichen Schwierigkeiten und Krisen der Zukunft hinüberhelfende, kraftvolle und reiche Entwicklung zu sichern". Diesem Auftrag fühlen wir uns verpflichtet.

Dazu eröffnet die heutige Unternehmensverfassung entscheidende Spielräume. Im Sinne dieses Testaments haben in den sechziger Jahren die Nachkommen unseres Firmengründers wesentliche Anteile am Unternehmen auf die Robert Bosch Stiftung GmbH übertragen. Sie führt das umfangreiche persönliche gesellschaftliche Engagement von Robert Bosch in den Bereichen Bildung und Wissenschaft, Gesundheit und Völkerverständigung in einer zeitgemäßen Form weiter. Dazu fließt ihr ein Großteil der jährlichen Dividende zu.

Die Gesellschafterfunktion liegt bei der Robert Bosch Industrietreuhand KG, auf die die gemeinnützige Stiftung ihre Stimmrechte übertragen hat. Dem Gremium gehören erfahrene Führungspersönlichkeiten an, die aus dem Unternehmen und von außerhalb kommen. Bis heute ist die enge Verbindung der Nachkommen des Firmengründers zum Unternehmen ein wichtiger Teil unserer Unternehmenskultur und stärkt die Identität der Bosch-Gruppe. Sie wirken in unserem Aufsichtsrat, dem Gesellschaftergremium und ebenso im Kuratorium der Stiftung mit. Unsere Rechtsform mit einer Stiftung als Eigentümer bedeutet aber nicht, dass wir im internationalen Wettbewerb ein Refugium haben. Im Gegenteil: Wir müssen vorausschauend die Mittel für unser weiteres Wachstum selbst verdienen.

Auch unsere grundlegenden strategischen Stoßrichtungen haben ihre Wurzeln in der Ausrichtung, die Robert Bosch seinem Unternehmen gab, das er von einem Handwerksbetrieb zu einem erfolgreichen Industrieunternehmen entwickelte. Sie lassen sich in drei Begriffspaare fassen: Stärkung der Innovationskraft, internationale Balance und fokussierte Diversifizierung, alles heute noch wichtige Grundelemente unserer Strategie.

Trotz vieler Innovationen war Robert Bosch nicht der große Erfinder. Er hatte jedoch die Fähigkeit, die Bedeutung von technischen Neuerungen zu erkennen und sie voranzutreiben. Seine Anfangsjahre als Handwerker in Stuttgart waren nicht einfach. Mit wenigen Mitarbeitern erledigte er feinmechanische und elektrotechnische Arbeiten wie die Installation von Telefonanlagen, Rohrpostanlagen oder elektrische Lichtanlagen. Basis seines späteren Erfolges waren Magnetzündapparate. Zunächst waren es stationäre Apparaturen. Der industrielle Durchbruch kam mit dem 20. Jahrhundert und dem Aufkommen des Automobils. Robert Bosch und seine Mitarbeiter verbesserten den Magnetzünder, so dass dieser auch bei hohen Drehzahlen eingesetzt werden konnte. Diese Innovation fand international sehr schnell Anklang. Vor dem Ersten Weltkrieg erzielte Bosch in Amerika einen größeren Umsatz als in Europa. Innerhalb weniger Jahre wurden auch Vertretungen oder Vertriebsgesellschaften auf den anderen Kontinenten eröffnet.

Robert Bosch erkannte frühzeitig das Risiko, sein Unternehmen nur auf einem Geschäftsfeld, auf der Kraftfahrzeugtechnik, und auf einem Produkt, den Zündapparaten, aufzubauen. Seine Tochter Margarete erzählt in ihren Erinnerungen an ihren Vater, dass er sich deshalb bereits 1905 um einen langfristigen Erfolg sorgte. So weitete er nicht nur sein Produktprogramm in der Kraftfahrzeugtechnik stark aus, sondern ging auch in ganz neue Geschäftsfelder. In einem Brief im Jahr 1927 schrieb er: „Wir selber suchen möglichst von den Automobilsachen wegzukommen oder, genauer gesagt, noch andere Eisen ins Feuer zu kriegen."

Das Unternehmen wurde in der Folge zu einem breit aufgestellten Technologiekonzern: von Elektrowerkzeugen über Hausgeräte bis zur

Thermotechnik. Zudem stieg Bosch frühzeitig in die Industrietechnik ein, indem erforderliche Maschinen selbst entwickelt wurden. Daraus haben sich die heutigen Unternehmensbereiche entwickelt, auch wenn in den vergangenen Jahrzehnten die Trennung von dem einen oder anderen Geschäftsfeld erforderlich war, wie beispielsweise der Kommunikationstechnik in den neunziger Jahren.

III. Heutige und künftige Anforderungen an die Unternehmensführung

Es ist ein Geschenk, eine solche Unabhängigkeit und eine solche Persönlichkeit als Integrationsfigur im Unternehmen zu haben. Doch es ist auch eine große Verantwortung, gerade weil wir vor erheblichen Herausforderungen stehen.

Eine Lehre aus der Wirtschaftskrise 2008/2009 lautet, dass wir aufgrund der zunehmenden Vernetzung der weltweiten Märkte, insbesondere auch der Finanzmärkte, mit stärkeren konjunkturellen Ausschlägen rechnen müssen. Wir müssen damit unser Unternehmen flexibler und krisenfester machen. Für uns ergibt sich aus dem Testament von Robert Bosch eine besondere Verantwortung für die langfristige Unternehmenssicherung. Dazu gehören beispielsweise eine konsequente Sanierung von Verlustgebieten oder die weitere Flexibilisierung von Kostenstrukturen.

Doch neben diesen stärkeren konjunkturellen Ausschlägen müssen wir uns auf grundlegende Veränderungen einstellen. Die Vergangenheit zeigt, dass es immer wieder Phasen eines besonders schnellen Wandels gegeben hat. Diese sind häufig mit technischen Errungenschaften verknüpft. Dazu zählen die Erfindung der Dampfmaschine, die zur Industrialisierung führte, oder die Eisenbahn, die das Transportwesen grundlegend veränderte. Eine solche Hochphase der Veränderung gab es auch zu Zeiten von Robert Bosch. Die Elektrifizierung und später das Automobil beeinflussten die Lebensumstände vieler Menschen tiefgehend.

Ähnliches erleben wir heute mit den Umwälzungen, die sich aus moderner Kommunikationstechnik, wie dem Internet in Verbindung mit der Globalisierung, ergeben. Und die nächsten tiefgreifenden Veränderungen zeichnen sich bereits ab: Einer der großen Treiber wird der Umwelt- und Klimaschutz sein, eine der gravierenden Herausforderungen als Folge einer weiter wachsenden Weltbevölkerung.

Globalisierung, zunehmende Knappheit von Ressourcen, wachsende Anforderungen an Klima- und Umweltschutz und die immer engere Vernetzung über das Internet sind für uns keine theoretischen Megatrends, sondern haben große Auswirkungen auf unser Unternehmen und damit auch auf die Unternehmensführung. Die Globalisierung ist dabei für ein innovatives Unternehmen mit einem breit gefächerten Produktprogramm zunächst einmal eine große Chance. Auch wenn wir immer noch etwas mehr als die Hälfte unseres Umsatzes in Europa erzielen, konnten wir in den vergangenen Jahren in der Wachstumsregion Asien-Pazifik den Anteil an unserem Umsatz auf fast ein Viertel steigern und erzielen fast ein Fünftel des Umsatzes in Nord- und Südamerika. Diese Internationalität ist Teil unserer langfristigen Strategie. Zu ihr legte bereits Robert Bosch die Basis, und sie wurde von seinen Nachfolgern konsequent weiterverfolgt – trotz tiefer Rückschläge durch die beiden Weltkriege.

Eine ausbalancierte globale Präsenz trägt zudem zur Risikostreuung und damit zur Unternehmenssicherung bei, wie auch unsere Strategie einer fokussierten Diversifizierung. Dabei konzentrieren wir uns auf Aktivitäten, die sich an unserem strategischen Leitmotiv „Technik fürs Leben“ orientieren und zu unseren Ansprüchen an Innovationskraft, Service und an die Beherrschung sehr anspruchsvoller Produktionsprozesse passen.

Dazu gehört zum einen ein breites Engagement in der Kraftfahrzeugtechnik von Diesel- und Benzineinspritzung über Systeme zur aktiven und passiven Sicherheit bis hin zu elektrischen Lenksystemen oder Navigationssystemen. Darüber hinaus umfasst die Palette in der Industrietechnik unter anderem Automatisierungstechnik für mobile und stationäre Anwendungen, Photovoltaik und Verpackungsmaschinen. Bei Gebrauchsgütern und Gebäudetechnik reicht die Bandbreite von Elektrowerkzeugen, Thermotechnik und Hausgeräten bis hin zur Sicherheitstechnik.

Die dritte Stoßrichtung unserer langfristig angelegten Strategie ist unverändert die Stärkung unserer Innovationskraft. Gerade in einer solchen Zeit der Umbrüche ergeben sich besonders große Chancen. Dabei spielen Umwelt- und Klimaschutz im Verbund mit Ressourcenschonung und Energieeffizienz eine wachsende Rolle. Schon heute erzielen wir rund 40 % unseres Umsatzes mit Erzeugnissen, die zu mehr Energieeffizienz und Umweltschutz beitragen.

Dabei sind wir nicht nur auf dem Gebiet der Photovoltaik aktiv, sondern auch in der Solarthermie und stellen Komponenten für Windkraftanlagen her. Darüber hinaus arbeiten wir intensiv an einer Vielzahl von Komponenten für künftige Elektrofahrzeuge. Auf beiden Feldern sind hohe Vorleistungen zu erbringen, die sich erst langfristig auszahlen werden. Parallel gilt es, vorhandene Technik wie die Diesel- und Benzineinspritzung in der Kraftfahrzeugtechnik oder die Brennwerttechnik bei Heizungen weiterzuentwickeln. Denn hier bestehen noch ganz erhebliche Potenziale, Verbrauch und Emissionen zu senken. All das erfordert einen langen Atem, der eine langfristig ausgerichtete Unternehmensstrategie voraussetzt und eine klare Wertebasis, die dem Unternehmen Orientierung gibt.

Noch nicht konkret absehbar ist, inwieweit unser Umfeld sich in anderer Hinsicht revolutionieren wird. Treiber ist die Kommunikationstechnik. Durch das Internet können sich die Menschen weltweit vernetzen. Dabei hat „Social Media“ nicht nur Einfluss auf die privaten Kontakte, sondern verändert auch zunehmend unsere Arbeitswelt. Unabhängig von Zeit und Ort mit anderen Menschen zu kommunizieren, ermöglicht neue Formen der Kooperation und des Wissensaustauschs. Gerade als internationales, technologisch breit aufgestelltes Unternehmen ist es wichtig, die internen Ressourcen noch besser zu nutzen, um dauerhaft im Wettbewerb zu bestehen.

Gleichzeitig lassen sich durch immer kleinere, leistungsfähigere und kostengünstigere Mikrochips sowie Rechner und Netze immer mehr Gegenstände direkt miteinander vernetzen. Das sogenannte Web 3.0 oder Internet der Dinge und Dienste macht ganz neue Geschäftsmodelle möglich und ist die Voraussetzung beispielsweise für dezentrale Formen der Energieversorgung oder neue Formen der Mobilität, die sich gerade in den Megacitys der Zukunft in Verbindung mit der Elektromobilität abzeichnen.

Mit diesen Möglichkeiten werden neuartige Geschäftsmodelle und Dienstleistungen einhergehen. Systemanbieter werden in großen urbanen Zentren nicht nur via Internet für die Verfügbarkeit von Ladestationen für Elektrofahrzeuge sorgen. Auf ihren Plattformen können öffentliche und private Anbieter eine Vielzahl von Daten und Dienste anbieten und kombinieren, die die Nutzer per Smartphone abrufen. Ein weiteres Feld ist das Energie- und Gebäudemanagement. Ein wichtiges Stichwort lautet Energieeffizienz und damit ein optimaler Abgleich von – zunehmend dezentraler – Energieerzeugung und Energieverbrauch. Die Industrie als Gerätehersteller muss sich darauf einstellen und in diese Geschäftsfelder vorstoßen, will sie nicht den Zugang zum Kunden verlieren.

Aus den Anforderungen durch die Globalisierung, der Diversifizierung, der Vielzahl von technologischen Neuerungen und der Vernetzung über das Internet entsteht eine zunehmende, in diesem Ausmaß bisher nicht gekannte Komplexität. Diese zu beherrschen wird eine der entscheidenden Anforderungen an die Unternehmensführung der Zukunft sein. Der Erfolg hängt von der Wandlungsfähigkeit der Unternehmen in diesem komplexen und sich verändernden Umfeld ab. Hierbei spielen Werte eine herausragende Rolle.

IV. House of Orientation – Abbild der Unternehmenskultur

Internationale, diversifizierte Unternehmen lassen sich längst nicht mehr zentral führen. Entscheidungen müssen heute zunehmend dezentral gefällt werden. Gleichzeitig gilt es, die Kräfte im Unternehmen zu bündeln und auf ein gemeinsames Ziel auszurichten. Wie kann uns hier eine wertebasierte Unternehmenskultur helfen? Was zeichnet eine solche Unternehmenskultur aus? Wesentlich ist ein Kanon von grundlegenden Werten, der dem Denken und Handeln von Führungskräften und Mitarbeitern eine Richtschnur gibt. Der Wertekanon muss nicht nur in den Köpfen, sondern auch in den Herzen der Menschen einer ganzen Organisation verankert sein, denn es kommt darauf an, dass er gelebt wird.

Diese Eigenschaften haben die Werte, die durch unseren Unternehmensgründer Robert Bosch überliefert wurden. Stellt sich die Frage: Welchen Einfluss haben die Grundüberzeugungen heute in einem internationalen Unternehmen, dessen Beschäftigte inzwischen in großer Zahl in anderen Kulturkreisen leben? In einem Unternehmen, das auch durch die starke Diversifizierung, damit verbundene Akquisitionen und neue Geschäftsmodelle immer heterogener wird? Zusätzliche Anforderungen entstehen durch eine Generation von Mitarbeitern, die mit den neuen Kommunikationsformen aufwachsen und mit denen andere Formen der Zusammenarbeit einhergehen.

Schon in den neunziger Jahren machten wir die Erfahrung, dass wir unsere Richtlinien überdenken und Entscheidungskompetenzen stärker delegieren müssen. Gleichzeitig mussten wir feststellen, dass die bis dahin gut funktionierende Überlieferung der Bosch-Werte mit der starken Internationalisierung und einer ganzen Reihe von Akquisitionen immer schwieriger wurde. Die Überlieferung allein reichte nicht mehr aus, eine gemeinsame, zeitgemäße und gleichzeitig zunehmend globale Bosch-Identität zu stiften.

Wir haben uns deshalb der Aufgabe gestellt, die wichtigsten Elemente unserer Unternehmenskultur bewusst in Worte zu fassen. Entscheidend war dabei, dass wir diese Arbeit nicht an eine Unternehmensberatung delegiert haben, sondern als Geschäftsführung selbst mit großem Zeiteinsatz und persönlichem Engagement daran gearbeitet haben.

Dieser Prozess begann Ende der neunziger Jahre mit den Überlegungen zu unserem Leitbild „BeQIK – Be Better, Be Bosch“. Es bringt zum Ausdruck, wie wir uns im täglichen Geschäft verhalten wollen. Dahinter steckte die damalige Einsicht, dass unsere Kunden über Qualität hinaus mehr Geschwindigkeit einfordern, um selbst in einem sich verschärfenden Wettbewerb bestehen zu können. Die Kürzel von „BeQIK“

stehen für Ertrag (**Be**triebsergebnis), **Q**ualität, **I**nnovation und **K**undenorientierung – und insgesamt für mehr Tempo bei allem, was wir tun. Dabei ist es unser Ziel, uns ständig weiter zu verbessern und weiter zu entwickeln. Ein Leitbild, das noch an Bedeutung gewonnen hat angesichts der sich schnell verändernden Rahmenbedingungen.

Wir setzten diesen Prozess fort, in dem wir nach und nach unsere Werte, unsere Vision, unsere Kernkompetenzen und schließlich unsere Kernprozesse in Worte fassten. Diese Elemente sind Bestandteile des sogenannten „House of Orientation". Es richtet sich an alle Mitarbeiter weltweit und beantwortet die grundlegenden Fragen einer Unternehmenskultur: „Was uns antreibt, was uns verbindet und wofür wir stehen". Dabei ist das House of Orientation nicht als Selbstbestätigung zu verstehen, sondern als kritischer Maßstab für unser eigenes Handeln. Es soll den Führungskräften und Mitarbeitern als Leitplanke dienen.

Auf Werte und Vision möchte ich näher eingehen. Bei der Entwicklung des Werte-Kanons ging es nicht darum, neue Werte zu entwerfen, sondern die vorhandenen gemeinsamen Werte zu beschreiben. Diese Werte umfassen: Zukunfts- und Ertragsorientierung, Verantwortlichkeit, Initiative und Konsequenz, Offenheit und Vertrauen, Fairness, Zuverlässigkeit, Glaubwürdigkeit und Legalität sowie kulturelle Vielfalt. Die meisten decken sich mit den Grundüberzeugungen von Robert Bosch. Eine bedeutende Ergänzung ist die kulturelle Vielfalt, von der wir uns gerade in Zukunft eine zusätzliche Kraft zur erfolgreichen weltweiten Weiterentwicklung versprechen. Im Hinblick auf „Diversity" haben wir uns beispielsweise als Geschäftsführung die Aufgabe gestellt, den Anteil von Frauen in Führungspositionen deutlich zu erhöhen. Zudem ist es für unseren weltweiten langfristigen Erfolg unter anderem entscheidend, an unseren internationalen Standorten stark auf lokale Führungskräfte zu setzen, die diese Märkte vertieft kennen.

Gerade in der jüngsten Wirtschaftskrise hat sich gezeigt, wie wichtig diese Werte sind. Zukunfts- und Ertragsorientierung sowie Verantwortlichkeit waren neben Fairness die Grundprinzipien, nach denen wir gesteuert haben. Die Sicherung des Unternehmens stand dabei an erster Stelle. Gleichzeitig war uns eine Balance zwischen erforderlichen Anpassungen durch Kostensenkungen und der Weiterführung zukunftsweisender Projekte wichtig. So haben wir auch in der Krise die Forschungs- und Entwicklungsaufwendungen auf hohem Niveau gehalten. Kernziel war es, mit Blick auf unsere langfristige Wettbewerbsfähigkeit unsere Kernmannschaft soweit wie möglich zu halten. Sofern die Unterauslastung konjunkturelle Gründe hatte, haben wir versucht, die Anpassung im konstruktiven Dialog mit den Arbeitnehmervertretern durch zeitlich befristete Arbeitszeitmaßnahmen zu erreichen. Ziel war dabei eine langfristige Ergebnissicherung und nicht kurzfristige Verlustminimierung. Dies ist uns auch gelungen. Und ohne die Kernmannschaft zu halten, hätten wir die schnelle Erholung nach der Krise nicht geschafft.

Ein Wert, der von jeher bei Bosch eine große Rolle spielt, ist Legalität. Nicht nur Robert Bosch war der Überzeugung, dass eine „anständige" Art der Geschäftsführung auf Dauer die erfolgreichste ist. Auch heute sind wir überzeugt, dass Legalität – gepaart mit Zuverlässigkeit und Glaubwürdigkeit – wesentliche Bausteine unseres geschäftlichen Erfolges sind. Wir erwarten deshalb von unseren Führungskräften und Mitarbeitern, dass sie alle gesetzlichen Anforderungen jederzeit und strikt einhalten. Verstöße werden – ohne Ausnahme – nicht geduldet. Dies haben wir auch ganz explizit in unserem Vorwort zum weltweiten „Code of Business Conduct" so formuliert, in dem wir die bis dahin in unterschiedlichen hauseigenen Anweisungen verteilten Bestimmungen zu Compliance zusammengefasst haben.

Ein weiterer wesentlicher Schritt war sicherlich die Entwicklung der Bosch-Vision, die eng mit unseren Werten und dem Leitbild „BeQIK" verzahnt ist. Auch sie haben wir in der Geschäftsführung gemeinsam erarbeitet. Wir haben das Ziel formuliert, dass wir als führendes Technologie- und Dienstleistungsunternehmen weltweit Chancen für eine kraftvolle Weiterentwicklung nutzen wollen. Mit innovativen und nutzbringenden Lösungen wollen wir die Lebensqualität fördern. Unser Slogan „Technik fürs Leben" ist längst zu unserem strategischen Leitmotiv geworden. Dabei wollen wir nachhaltigen wirtschaftlichen Erfolg erzielen und führende Marktpositionen auf unseren Arbeitsgebieten erreichen. Unternehmerische Selbstständigkeit und finanzielle Unabhängigkeit sollen uns ein langfristig ausgerichtetes Handeln ermöglichen. Zudem bekennen wir uns dazu, in besonderem Maße gesellschaftliche und ökologische Verantwortung zu übernehmen. Gleichzeitig wollen wir aus der Vielfalt der Kulturen in unserem Unternehmen zusätzliche Kraft schöpfen.

Werte als Basis einer Unternehmenskultur leben vom Handeln der Menschen. Nur dann sind sie glaubwürdig und haben Bestand. Gerade die Führungskräfte haben eine unentbehrliche Vorbildfunktion. Deshalb spiegeln sich unsere Werte und auch unsere Vision in unseren Führungsgrundsätzen. Die zehn Grundsätze lauten: Zielen Sie auf Erfolg. Zeigen Sie Initiative. Zeigen Sie Mut. Setzen Sie Ihre Mitarbeiter ins Bild. Führen Sie über Ziele. Geben Sie Feedback. Schenken Sie Vertrauen. Wechseln Sie die Perspektive. Gestalten Sie gemeinsam. Fördern Sie Ihre Mitarbeiter.

Diese Anstrengungen zahlen sich aus. Sie führen zu einem großen Zusammenhalt im Unternehmen. Wie groß dieser ist, dafür sind unsere regelmäßig durchgeführten Mitarbeiterbefragungen ein Indikator. Selbst bei der Befragung im Herbst 2009, also noch mitten in der Wirtschaftskrise, beteiligten sich nicht nur mehr als 80 Prozent an dieser Umfrage. Ebenfalls mehr als 80 Prozent der Mitarbeiter gaben an, „stolz zu sein, bei Bosch zu arbeiten“. Diese hohe Loyalität und dieses Vertrauen bedeuten eine große Verantwortung auch für die Zukunft.

V. Werte als Basis für Wandlungsfähigkeit

Eine der großen unternehmerischen Herausforderungen ist die Stärkung der Wandlungsfähigkeit, um in dem sich aktuell schnell verändernden Umfeld langfristig erfolgreich zu sein. Denn Größe ist im künftigen globalen Wettbewerb nicht mehr der entscheidende Faktor, sondern die Fähigkeit, sich schnell auf Veränderungen einzustellen. Beides erfordert, dass wir uns im Unternehmen stärker vernetzen. Denn unerlässlich wird sein, das vielfältige Wissen noch besser und schneller nutzbar zu machen. Ein Instrument dazu bietet uns die heutige Informationstechnologie, speziell das Internet.

Als Folge wird die Führungspyramide in Zukunft nicht mehr überwiegend von vertikalen Beziehungen bestimmt werden, auch wenn sie sich insgesamt gesehen nicht auflösen wird. Sie wird beispielsweise für die Umsetzung von Strategien und für die Zusammenarbeit weiterhin von Bedeutung bleiben. Doch im Inneren werden sich Netzwerke bilden – horizontal und über Hierarchieebenen hinweg. Kennzeichen dieser Netzwerke ist im Gegensatz zu den heutigen, neben den Hierarchien bestehenden Projektorganisationen: Sie bilden sich spontan, sind offen und werden häufig durch persönliche Interessen der Mitarbeiter vorangetrieben. Ebenso gewinnen Vernetzungen nach außen an Bedeutung, wie zum Beispiel in gezielten Entwicklungspartnerschaften oder durch Mitwirkung der Mitarbeiter in offenen Netzwerken, um dadurch ebenfalls die Wissensbasis zu verbreitern.

Dadurch entstehen immer komplexere Gebilde und hohe Ansprüche an Führung. Einerseits müssen wir für diese neuen Netzwerke die Voraussetzungen schaffen. Dazu gehört, den Mitarbeitern bewusst die erforderlichen Spielräume zu eröffnen. Andererseits müssen wir aber auch dafür sorgen, dass der innere Zusammenhalt und die Funktionsfähigkeit des Unternehmens gewahrt bleiben.

Der beschleunigte Wandel betrifft dabei längst nicht mehr nur Branchen wie die als schnelllebig geltende Konsumelektronik oder die Computerindustrie. Sie erfasst immer mehr Wirtschaftszweige mit bisher langen Produktzyklen wie die Automobilindustrie. Gerade in der Massenproduktion technisch komplexer Produkte mit hohen Qualitäts- und Sicherheitsanforderungen spielen klare Prozesse und definierte Standards eine große Rolle, während die Geschwindigkeit im Vergleich zu Konsumgütern einen geringeren Stellenwert hat. Dies ist auch den hohen Entwicklungsaufwendungen sowie Investitionen in Produktionsanlagen geschuldet.

In der Automobilbranche wird die künftige Elektromobilität für tiefgreifenden Wandel sorgen. Sie bedeutet nicht nur große technische Herausforderungen, die noch erheblicher Entwicklungsanstrengungen bedürfen und die teilweise nur im Verbund zu stemmen sind. Neue Lösungen sind für eine Vielzahl von Komponenten erforderlich. Gleichzeitig wird sich die Nutzung des Automobils verändern. Der Besitz eines eigenen Fahrzeugs wird gerade in den zunehmenden großen urbanen Zentren an Bedeutung verlieren. Eine zeitsparende, kostengünstige und auch emissionsarme Mobilität wird für viele Menschen in den Vordergrund rücken. Dabei wird die Vernetzung von Fahrzeug und Umfeld eine wichtige Rolle spielen. Obwohl noch große Unsicherheiten im Hinblick auf die künftigen Marktverhältnisse bestehen, sind bereits jetzt erhebliche Investitionen und Vorleistungen erforderlich. Zudem werden heute die Märkte von morgen zwischen Herstellern und Zulieferern sowie neuen Anbietern verteilt.

Weitere Veränderungen ergeben sich aus der zunehmenden Globalisierung. Dazu ein Beispiel: Der größte Wachstumsmarkt sind die Schwellenländer, auch wenn die Kaufkraft noch deutlich geringer ist als in den Industrienationen. Eine führende Marktposition lässt sich in der Regel auch hier nur im nachfragestarken Mittelpreissegment erreichen. Allerdings liegen die Preise in den Schwellenländern erheblich unter denen der Industrieländer. Es ist deshalb erforderlich, Produkte zu entwerfen, die deutlich günstiger in den Kosten sind – ohne Abstriche an Kernfunktionen oder der Qualität zu machen. Die Konsequenz heißt, gezielt in diesen Märkten zu entwickeln und Entscheidungen verstärkt vor Ort zu treffen.

In Anbetracht der erheblichen Unsicherheiten wird es zudem für Großunternehmen immer wichtiger, neue Technologien oder Geschäftsmodelle in neue, kleine Einheiten auszugründen. Diese sollen quasi als Schnellboote das Terrain erschließen und dienen gleichzeitig dazu, diese Risiken zu begrenzen, um das Gesamtunternehmen nicht zu gefährden. Auch diese kleinen dezentralen Einheiten benötigen größere Entscheidungsspielräume.

Wandlungsfähigkeit bedeutet dabei Mut zu grundlegenden Veränderungen. Es reicht für den künftigen Wettbewerb nicht aus, bestehende Prozesse im Unternehmen schrittweise zu verbessern, obwohl dies weiterhin erforderlich bleibt. Es wird eine vordringliche Aufgabe von Führung sein, Verhaltensweisen in Frage zu stellen, um Raum für Kreativität und Innovation zu schaffen. Aufgabe von Führung ist es zudem, den Rahmen für neue Formen der Zusammenarbeit zu schaffen – etwa durch die Nutzung von Social Media.

Als gemeinsame Konstante in dieser sich verändernden Welt haben gemeinsame Grundvorstellungen wie Werte und Visionen einen sehr hohen Stellenwert. Sie sind quasi der Kompass, der Führungskräften und Mitarbeitern hilft, trotz zunehmend dezentraler Entscheidungen Kurs zu halten. Gemeinsame Grundwerte schaffen zudem Vertrauen, wenn ein Unternehmen neue Wege geht und in unbekanntes Terrain vorstößt.

Der Philosoph Odo Marquard formulierte bei der Beschäftigung mit der Frage: „Wie ist das Neue menschenmöglich?“ einmal treffend: „Zukunft braucht Herkunft“. Seine zugespitzte Antwort lautete: „Nicht ohne das Alte!“ Umgeben von Unvertrautem müssten die Menschen sich wenigstens „eine eiserne Ration des Vertrauten“ erhalten. Denn sie seien zu langsam, als dass sie beliebig viele Veränderungen ertragen könnten. Auch Bosch ist ein sich schnell veränderndes Unternehmen. Unsere Werte, unsere Unternehmenskultur und unser „House of Orientation“ sind deshalb eine feste und vertraute Basis sowie eine wichtige Orientierungshilfe.

Von enormer Bedeutung ist, dass jeder im Unternehmen diesen Kompass kennt. Deshalb ist das „House of Orientation“ ein wichtiger Bestandteil unserer Kommunikation an die Mitarbeiter. Auch insgesamt gewinnt die Kommunikation weiter an Bedeutung, sowohl über die Führungskaskade als auch über firmeninterne Medien, bei denen das Intranet neue, große Möglichkeiten bietet. Diese Kommunikation zu stärken, ist ebenfalls eine Aufgabe von Unternehmensführung. Denn eine starke Unternehmenskultur mit einer gemeinsamen Vision als grundlegende Zielvorstellung und gemeinsamen Werten ist die Grundlage für die erfolgreiche und langfristige Weiterentwicklung des Unternehmens.

VI. Unternehmerische Verantwortung – eine persönliche Überzeugung

Unsere Werte sind ein grundlegendes Element unserer unternehmerischen Verantwortung. Diese Verantwortung bedeutet für uns, die nachhaltige Weiterentwicklung des anvertrauten Unternehmens zu fördern. Dies ist längst nicht nur eine Verpflichtung, die sich aus dem Testament von Robert Bosch ergibt, sondern unsere Überzeugung als Unternehmensführung.

Dabei ist es unerlässlich, gesellschaftliche und ökologische Gegebenheiten frühzeitig in die Überlegungen einzubeziehen. Eine nicht zu unterschätzende Rolle spielt die Technik. Viele Herausforderungen der Menschheit in der Zukunft, gerade im Hinblick auf die weiter wachsende Weltbevölkerung, werden sich nur durch ein Mehr an Technik lösen lassen. Zudem gilt es, neue Chancen zu nutzen und dafür auch überschaubare Risiken einzugehen. Zur unternehmerischen Verantwortung gehört es aber ebenfalls, Probleme nicht aufzuschieben. Wir sind gefordert, erforderlichen Anpassungen nicht auszuweichen, sondern den erforderlichen Wandel aktiv aus eigener Kraft zu gestalten.

Unternehmerische Verantwortung ist zudem ein Kernelement der sozialen Marktwirtschaft, die für mich eng verbunden ist mit Demokratie und Freiheit. Die soziale Marktwirtschaft ist eine Wirtschafts- und Gesellschaftsordnung, die uns als Unternehmer große Entfaltungsmöglichkeiten bietet. Sie fordert aber auch von uns, Verantwortung zu übernehmen. Unternehmerische Freiheit und unternehmerische Verantwortung sind zwei Seiten der gleichen Medaille.

Mangel an Verantwortungsbewusstsein ist für mich im Kern der Grund der Finanz- und Wirtschaftskrise, deren Folgen noch lange zu spüren sein werden. Durch sie ging nicht nur viel Geld verloren. Es wurde vor allem Vertrauen und Glaubwürdigkeit verspielt. Das halte ich für mindestens genauso gravierend wie die Milliardenbelastungen, die viele Staaten und ihre Bürger jetzt schultern müssen. Es ist dringend geboten, auch als Unternehmer und Verantwortlicher in der Wirtschaft, wieder eine Vertrauensbasis zu schaffen. Umso bedenklicher: Viele Korrekturen am weltumspannenden Finanzsystem sind eher halbherzig und immer noch nicht so weit gediehen wie erforderlich. Und noch erschreckender: So mancher hat mit der schnellen Erholung der Weltwirtschaft längst wieder die zwischenzeitlich guten Vorsätze verdrängt.

Es bleibt noch viel zu tun, obwohl gerade in Deutschland viele Unternehmer wieder zu mehr Wertschätzung der Wirtschaft beigetragen haben. Viele von ihnen haben sich bemüht, ihre Firmen so durch die Krise zu steuern, dass die nachhaltige Wettbewerbsfähigkeit erhalten bleibt. Die schnelle Erholung der deutschen Wirtschaft beweist, dass hier – auch im konstruktiven Meinungsaustausch mit den Arbeitnehmervertretern – Enormes geleistet wurde.

Aber es ist nicht nur die Wirtschaft gefragt, sondern alle gesellschaftlichen Gruppen. Auch Politiker und wir als Bürger müssen Verantwortung übernehmen. Es ist legitim und richtig, die persönlichen Interessen zu vertreten. Gleichzeitig sind aber die langfristigen Konsequenzen und das Ganze im Blick zu behalten. Denn es geht auch um Verlässlichkeit. Vertrauen kann nur wachsen, wenn das gegebene Wort Bestand hat. Dies trifft auch auf politische Rahmenbedingungen und die Gesellschaft insgesamt zu.

Robert Bosch sagte einmal selbst rückblickend: „Es war nicht immer leicht, die richtige Mitte zu halten zwischen dem Unternehmer, der sich behaupten muss, und dem sozial denkenden Geschäftsmann." Auf die heutigen Anforderungen übertragen bedeutet das Zitat, in unseren unternehmerischen Zielen und Handlungen eine ausgewogene Balance zwischen wirtschaftlichen und ökologischen Aspekten anzustreben. Nur so ist eine nachhaltige Entwicklung möglich und nur so kann der allgemeine gesellschaftliche Konsens für eine marktwirtschaftliche Ordnung gesichert werden. Die Zuversicht, dass eine werteorientierte Unternehmensführung und -kultur eine Basis für eine erfolgreiche und nachhaltige Strategie sind, vermittelt uns bei Bosch unsere Geschichte, konnten wir doch 2011 das 125-jährige Bestehen unseres Unternehmens feiern. Das Jubiläum ist ein Ansporn, diesen Weg konsequent weiterzugehen.

Friedhelm Loh

Keine Führung ohne Werte

Warum Unternehmensführung ohne Ethik nicht gelingen kann

I. Vorbemerkungen

Diesen Beitrag möchte ich sehr persönlich halten. Mir geht es um meine persönlichen Führungsgrundsätze und die meiner Unternehmensgruppe. Wissenschaftliche Theorien über Unternehmensführung sind die eine Sache, praktische Handlungsfelder im Alltag eine andere. Führungstheorien sind wichtig. Aber ich beobachte, dass sie sich ständig den Moden und Trends der Gesellschaft anpassen. Was wir in den Führungsetagen dagegen dringend brauchen, sind langfristige Konzepte, nicht kurzatmige Aktionen. Wir brauchen vor allem stabile Persönlichkeiten, die sich in der Praxis bewähren, Menschen mit Rückgrat und Überzeugungen. Solche Führungsqualitäten haben etwas mit grundlegenden Werten zu tun.

Meine Überzeugungen von Führung sind vor dem Hintergrund meiner Lebensgeschichte und meines persönlichen Glaubens zu verstehen. Für mich ist das Welt- und Menschenbild des christlichen Glaubens das unaufgebbare Fundament für mein privates Leben, aber auch für meinen unternehmerischen Alltag. Ich habe christliche Werte schon in meinem Elternhaus kennen und schätzen gelernt. Ohne sie kann ich mir meinen Alltag als Unternehmer gar nicht vorstellen.

Damit meine ich nicht, dass man ohne christliche Werte nicht auch eine gute Führungskraft sein kann. Aber mir persönlich helfen diese Werte ungemein, meinen Weg als Unternehmer zu gehen. Warum das so ist, will ich im Folgenden verdeutlichen. Führungskultur hat für mich viel mit unseren innersten Überzeugungen zu tun. Sie ist ohne Weltanschauung und Religion nicht zu haben. Das steht in keinem

Standardwerk über Unternehmensethik. Es ist aber der Schlüssel zu Werten, ohne die keine Unternehmensführung gelingen kann. Davon bin ich überzeugt.

II. Die Aktualität der Wertedebatte

Werte, Moral und Anstand sind heute ja äußerst beliebte Themen. Das gilt auch für die Wirtschaft. Dafür gibt es viele Beispiele. Ich selbst engagiere mich seit längerer Zeit für den „Kongress christlicher Führungskräfte“, der derzeit größte Wertekongress für Menschen in Verantwortung. Es ist symptomatisch, dass der Zulauf zu dieser Tagung in den letzten Jahren stark angestiegen ist. Auf dem vergangenen Kongress in Nürnberg zählte man mehr als 3700 Dauerteilnehmer. Das Interesse an ethischen Leitlinien für Führungskräfte ist von daher unübersehbar.

Aber nicht nur auf Kongressen, auch vor Ort hat sich manches getan. Firmen, die etwas auf sich halten, haben längst einen „Code of Conduct“. Geflügelte Schlagworte wie „Corporate Social Responsibility“ geistern durch die Führungsetagen. Lehrstühle für Wirtschaftsethik werden neu gegründet. Preußische Tugenden werden wieder gefordert. Nachhaltigkeitsberichte überschwemmen die Szene. Debatten um Mindestlohn und Umweltschutz zeigen: Soziale Faktoren sind „in“. „Work-Life-Balance“ scheint das Geheimnis zu sein. Die Unternehmenskultur ist sogar schon ein interessanter und lukrativer Markt geworden – ganze Horden von Beratern leben davon.

Warum das alles? Natürlich, weil es tatsächlich Missstände gibt, auch in der Wirtschaft und bei Unternehmen. Sie sind offensichtlich: ein mitunter skrupelloses Verhalten im Wettbewerb, bei dem man zunehmend über Leichen geht. Ein gieriger Staat, der sich in alle Lebensbereiche einmischt, ein zum Teil unflätiger Kapitalismus, Mobbing am Arbeitsplatz, unverantwortlicher Umgang mit Macht, Leben über die Verhältnisse. Es ist doch ein Trauerspiel, dass sich der Wert der Schwarzarbeit in Deutschland auf 350 Mrd. Euro beläuft. Es ist doch nicht zu fassen, dass wir in Arbeitszeugnisse nur noch Positives hineinschreiben dürfen, auch wenn der Mitarbeiter durch fahrlässiges Verhalten der Firma geschadet hat. Die Liste der Missstände der deutschen Wirtschaft ist lang: Unehrlichkeit, Intrigen, unlautere Preisabsprachen und Täuschungen sind weit verbreitet.

Es sind aber nicht nur die Missstände der Wirtschaft, die Ethik wieder aktuell machen. Die neue Suche nach Werten hat noch einen viel tiefergehenden Hintergrund: die Sehnsucht des Menschen nach Orientierung. Die Menschen haben offensichtlich genug vom Pluralismus und vom Relativismus der Moderne. Dass jeder das machen soll, was er will, geht vielen auf die Nerven. Dass jeder so lebt, wie es ihm gerade passt, hat uns nicht weitergebracht. Deshalb suchen viele Menschen in unserem Land wieder nach dem, was wirklich zählt und wirklich trägt.

Das gilt auch für Führungskräfte. Die steigenden Anforderungen im Beruf bringen manche an den Rand des Zusammenbruchs. Hektik und Stress führen bei vielen zum Burnout. Die innere Ruhe fehlt. Die wachsende Flucht in die Süchte ist oft nur ein Ausdruck davon, dass wir mit unserem Alltag einfach nicht mehr fertig werden. Es fehlt die Stabilität, das Fundament, der Anker für die Seele. Manche Führungskräfte gehen deshalb einmal im Jahr ins Kloster, um Kraft aus der Stille zu tanken. Wieder andere zieht es zum Dalai Lama oder zur Esoterik. Egal, was man macht: Die Sehnsucht nach Sinn und Orientierung ist virulent. Deshalb darf auch unser Thema nicht nur kosmetisch angefasst werden. Klar ist: Die Frage nach Unternehmenswerten ist eigentlich die Frage nach dem, was Führungskräfte wirklich trägt.

Was wir brauchen, sind nicht ein paar schnelle Rezepte nach der Marke „Instant“. Vielmehr geht es um die grundlegende Frage nach dem Sinn von Arbeit und dem Sinn unserer Existenz. Wer mit sich selbst und seiner Welt im Reinen ist, der kann als Führungskraft überzeugend handeln. Wer sein Leben nach festen Werten ausrichtet, bekommt Sicherheit und Geradlinigkeit in sein Handeln. Nichts mehr braucht die Wirtschaft in unserer Zeit. Aber die grundsätzliche Frage lautet: Wie bekommen wir eine werteorientierte Unternehmenskultur? Welcher Prinzipien und Grundlagen bedarf es?

III. Der Wert Mensch: Anfang und Ziel aller Führungskultur

Wie schon erwähnt, gibt es in vielen Unternehmen heute Leitbilder und Unternehmensgrundsätze. Das ist gut so. Ich vermisse in manchen dieser Dokumente aber die unbedingte Wertschätzung des Menschen. Wir stehen als Führungskräfte immer in der Versuchung, die Arbeit an sich und damit den unternehmerischen Erfolg an die erste Stelle zu setzen. Das ist verständlich, weil Unternehmen dazu da sind, Gewinne zu erwirtschaften. Wer etwas anderes sagt, hat von Unternehmenspolitik nichts verstanden.

Wir vergessen allerdings zu oft das Wichtigste, das wir im Unternehmen haben, den Mitarbeiter. Er ist oft nur ein Rädchen im Getriebe. Die Abwertung des Menschen zeigt sich schon bei der Wortwahl. Immer mehr wird von „Humankapital" gesprochen, ein schrecklicher Begriff. Andere sprechen von „menschlichen Ressourcen", was die Sache nicht besser macht. Der Mensch ist nur noch ein Produktionsfaktor, für manche sogar das schwächste Glied in der Produktionskette. Wer nicht funktioniert, wird aussortiert. Der jahrelange Umgang mit älteren Arbeitnehmern, die mit 55 in die Rente geschickt wurden, zeigt das ganze Ausmaß des Dilemmas.

Führungskultur hat für mich vor allem etwas mit dem Menschenbild zu tun. Wer hier nicht die richtigen Weichen stellt, hat verloren. Unsere Unternehmensgrundsätze, die mir sehr wichtig sind, setzen deshalb genau bei dieser Frage an. Der Mensch kommt hier nicht unter „ferner liefen" vor, sondern gleich am Anfang. In den ersten drei Punkten unserer Leitlinien geht es um nichts anderes als um Menschen. Sie haben die Priorität. Erst danach kommen unsere Produkte.

Unser erster Grundsatz lautet: „Die zielorientierte Zusammenarbeit aller Mitarbeiter ist das Kapital unseres Unternehmens." Dieser Satz steht nicht umsonst ganz oben – er ist eine große Herausforderung, der wir uns stellen. Ein Unternehmen besteht zuallererst aus Individuen, nicht aus Gebäuden, Computern oder Maschinen. Es geht um Personen, nicht um Sachen. Die Würde des Menschen ist für uns das unaufgebbare und unverwechselbare Zentrum des Unternehmens. Das muss in jedem Unternehmen gelebt werden. Unsere Mitarbeiter sind das wertvollste Gut, das wir haben. Sie sollen sich mit dem Unternehmen identifizieren können. Sie sind unaufgebbarer Teil des Ganzen.

Wer die Mitarbeiter wirklich als „Mit-Arbeiter" versteht, schafft Räume des Vertrauens, in denen sich Kreativität entfalten kann. Wer die Würde der anderen achtet, schafft Teamgeist und Motivation. Laut einer aktuellen Umfrage ist jeder dritte Arbeitnehmer in Deutschland mit seinem Arbeitsplatz unzufrieden. Das ist eine Katastrophe!

Die Zusammenarbeit aller Mitarbeiter geht dabei weit über die gemeinsame Arbeit hinaus. Sie zeigt sich auch in gemeinsamen sozialen Aktionen. Wir sammeln seit vielen Jahren für karitative Projekte. Das schweißt die Belegschaft zusammen. Damit wollen wir ausdrücken, dass wir auch eine soziale Verantwortung für das Gemeinwohl haben und die Würde und den Wert der Benachteiligten und Schwachen achten. So haben unsere Mitarbeiter und die Geschäftsführung in den letzten Jahren über 1,5 Mio. Euro gespendet, z. B. für die Opfer der Naturkatastrophen in der Türkei, Pakistan, Haiti und zuletzt Japan.

Auch der zweite Grundsatz unserer Unternehmensphilosophie bezieht sich auf die Mitarbeiter. Er lautet: „Wir wissen um die Zusammenhänge zwischen Qualifikation, Motivation und Unternehmenserfolg, d. h. wir fördern unsere Mitarbeiter im Bereich der Aus- und Weiterbildung und wir beteiligen unsere Mitarbeiter am Gesamterfolg." Das klingt selbstverständlich, ist es aber nicht. In vielen Unternehmen wird zu wenig in Mitarbeiter investiert. Das ist jedoch das Geheimnis erfolgreicher Unternehmen und Ausdruck einer großen Wertschätzung der Angestellten.

Für die Qualifikation unserer Mitarbeiter haben wir vor einigen Jahren eine eigene Akademie gegründet. Außerdem arbeiten wir eng mit einem dualen Studiengang der Technischen Hochschule Mittelhessen zusammen, ein einmaliges Erfolgsmodell, bei dem nicht nur die Fachkenntnisse, sondern auch die Schlüsselqualifikationen und das Fach Wirtschaftsethik vermittelt werden.

Der dritte Grundsatz unseres Unternehmens dreht sich wieder um den Menschen, diesmal um den Kunden, den wir bewusst als „Partner" verstehen. Zitat: „Unsere Kunden sind für uns Partner und entscheiden über den Erfolg unseres Unternehmens." Partner behandelt man anders als bloße Käufer. Partner sind Personen, denen man mit Respekt und Würde begegnet. Ihnen nähert man sich auf Augenhöhe. Sie helfen uns, unsere Produkte noch besser zu machen. Wir wollen sie nicht über den Tisch ziehen. Sie sollen bei uns merken, dass wir es ehrlich meinen. Partnern vertraut man.

Hinter den von mir formulierten Grundsätzen steht für mich das christliche Menschenbild. Jeder Mensch, ob Mitarbeiter oder Kunde, ist ein Geschöpf Gottes und bekommt dadurch seine unverwechselbare Würde. Menschen sind keine Produkte des Zufalls, keine Zigeuner am Rande des Universums, sondern sie sind die Krone der Schöpfung. Sie sind mehr als nur ein Teil eines guten Geschäfts. Es geht darum, sie in ihrer Ganzheit wahrzunehmen und schätzen zu lernen. Das schafft Vertrauen, mitunter sogar Freundschaft.

Die Väter und Mütter unseres Grundgesetzes haben vor dem Hintergrund der schrecklichen Erfahrungen des „Dritten Reiches" nicht umsonst die Menschenwürde in den ersten Artikel unserer Verfassung aufgenommen: „Die Würde des Menschen ist unantastbar. Sie zu achten und zu schützen ist Verpflichtung aller staatlichen Gewalt." Das darf nicht nur für den Staat gelten, sondern auch für unsere Unternehmen und damit für unsere Führungskräfte. Das gilt auch für den Umgang mit Mitarbeitern im Unternehmen. Die Wertschätzung des Menschen ist die Basis aller Führungskultur. Wer das nicht verstanden hat, braucht mit einem „Code of Conduct" gar nicht erst anzufangen.

IV. Ethik braucht Werte

Natürlich brauchen wir eine Führungskultur, die auf ethischen Grundsätzen beruht – das wird niemand ernsthaft bestreiten. Aber die entscheidende Frage ist doch: Woher nehmen, wenn nicht stehlen? Und wie verwirklichen wir bei unseren Mitarbeitern und bei uns selbst ethische Werte?

Bei dieser ganz praktischen Frage herrscht bei den Fachleuten oft ratloses Schweigen. Mehr als ein paar Durchhalteparolen fällt den meisten leider nicht ein. Tolle Leitbilder und Codices der neuen Moral hängen am Ende im Firmenflur. Daran halten tun sich aber oft nur wenige.

Wir müssen daher zunächst einmal eine gemeinsame Ethik im Unternehmen entwickeln. Der Altbundeskanzler Helmut Schmidt forderte zu Recht schon vor Jahren eine „öffentliche Moral", die für alle gilt. Schmidt beklagte, dass die meisten Menschen sich nur um sich selbst drehen, sich ihre eigenen Regeln des Lebens aufstellen, ohne nach dem Gemeinwohl zu fragen. Eine Gesellschaft, in der aber nicht ein Mindestmaß an moralischer Übereinstimmung herrscht, hat keine Zukunft.

Das gilt auch für Unternehmen. Genau darum geht es beim Thema Führungskultur. Wir brauchen einen ethischen Minimalkonsens in unseren Abteilungen. Wir müssen von ganz oben bis ganz unten eine Überzeugung entwickeln, welche Maßstäbe für unser Handeln gelten sollen. Mitarbeiter in Unternehmen brauchen ethische Prinzipien.

Dazu braucht es zunächst einmal etwas, das mehr ist als Moral. Moralisches Handeln bedarf eines Unterbaus, um sich entfalten zu können. Das sind „Werte". Werte sind grundlegende Prinzipien und Überzeugungen des Menschen. Sie geben dem Leben Sinn, Bedeutung und Richtung. Innere Werte sind Ideale mit hoher Verbindlichkeit und Qualität, es sind langfristige Überzeugungen. Werte sind die Basis für unser Handeln. Aus ihnen leiten sich die konkreten Regeln und Normen für den Alltag ab. Werte sind sozusagen der weltanschauliche Rahmen für unser Verhalten.

Ein Beispiel mag das verdeutlichen: Eine der klassischen Tugenden des Abendlandes ist die Ehrlichkeit. Was ist die Basis für diese Tugend? Warum sollen wir ehrlich sein? Wieso ist Wahrhaftigkeit auch dann gefragt, wenn wir dadurch Nachteile in Kauf nehmen müssen?

Ganz einfach: weil wir in uns eine ethische Instanz haben, die Wahrhaftigkeit und Ehrlichkeit als grundlegende Basis des menschlichen Zusammenlebens deklariert. Das ist übrigens in fast allen Kulturen der Fall. Eine Gesellschaft, die auf Lüge und Betrug aufbaut, zerstört sich selbst. Daraus entsteht Misstrauen und am Ende sogar Resignation.

Ehrlichkeit und Wahrhaftigkeit schaffen dagegen ein Klima des Vertrauens, in dem ich hoch motiviert meine Arbeit verrichte und gerne mit dem anderen Geschäfte mache.

Eins ist aber auch klar: Wahrhaftigkeit fußt auf einem moralischen Fundament, einer Ethik, die als Basis in jedem Menschen angelegt ist. Die neuere Ethikforschung bestätigt es: Es gibt keine Werte ohne Weltanschauung, oder wenn Sie so wollen, ohne Religion. Werte benötigen immer eine metaphysische, nichthinterfragbare Überzeugung. Einen „Code of Conduct" zu entwickeln geht nur, wenn man gemeinsame Werte vertritt. Deshalb ist die Frage nach Führungskultur immer eine Frage nach den gemeinsamen Werten.

Die Tatsache, dass Wahrhaftigkeit und Ehrlichkeit praktisch in allen Kulturen als fundamentale Werte angesehen werden, ist ein Beweis dafür, dass unsere grundlegenden Handlungsmaximen in uns angelegt sind. Es ist der Beweis dafür, dass es etwas gibt, was der christliche Glaube schon immer kannte: das Gewissen. Dieses, obwohl unter den Bedingungen des menschlichen Lebens degeneriert und pervertiert, ist doch nach wie vor vorhanden. Das Gewissen ist nach christlichem Verständnis von Gott in jeden Menschen hineingelegt worden. Das Gewissen ist ein Funke des Paradieses, die Alarmglocke Gottes für den Menschen. Nur gut, wenn auch Führungskräfte noch das Schlagen des Gewissens hören!

Moral braucht deshalb Werte, auch Unternehmensmoral. Wer Verhaltensregeln verbindlich macht, muss den Leuten auch sagen, wie sie den Codex halten können. Dazu ist mehr nötig als Appelle. Dazu brauchen wir eine weltanschauliche Grundlage, ein Menschen- und Weltbild, das mir diese Werte vermittelt. Persönlich finde ich diese Orientierung in den Zehn Geboten Gottes und in dem Prinzip der Nächstenliebe. Ohne einen solchen Maßstab gibt es keine ethischen Normen, auch nicht für Führungskräfte.

V. Werte brauchen Vorbilder

Es ist in der Erziehungswissenschaft völlig unbestritten, dass moralisches Verhalten in erster Linie durch gelebte Vorbilder geprägt wird. Wenn ich Sie heute fragen würde, was Sie in ihrem Leben am meisten geprägt hat: Es waren immer Menschen aus Fleisch und Blut. Jeder von uns erinnert sich an Personen, die nach klaren Richtlinien und Überzeugungen ihr Leben führten und sich auch in schwierigen Zeiten nicht von diesem Lebenskurs abbringen ließen. Das waren Menschen mit Rückgrat und Konsequenz. Hierzu gehörte auch mein Vater, der Unternehmer Rudolf Loh, der sein Leben unter das Lebensmotto „bete und arbeite“ stellte.

Solche Leute sind uns heute abhandengekommen, auch in den Führungsetagen unserer Unternehmen. Das Defizit hängt mit unserer Zeit zusammen. Die Beliebigkeit der Postmoderne zerstört alle Eindeutigkeit und zwingt zur Anpassung. Menschen von heute haben viele Meinungen, aber wenige Überzeugungen. Das Problem ist dabei: Meinungen kann man wechseln, und man tut das auch, je nach Stimmung und „political correctness“. Man hängt das Fähnchen nach dem Wind. Überzeugungen sind dagegen auf Langfristigkeit angelegt. Sie sind die unaufgebbaren Normen für unser Leben, die Koordinaten für unser Lebensschiff. Sie schaffen Vertrauen und Verlässlichkeit. Sie geben Stabilität. Mit ihnen eckt man manchmal auch an, aber durch sie bleibt das Lebensschiff auf Kurs.

Deshalb brauchen wir heute Vorbilder. „Ein Land ohne Eliten, ohne Vorbilder, hat keine Zukunft.“ Dieser Satz stammt von Helmut Kohl, als er noch Bundeskanzler war, vor der Parteispendenaffäre. Er hat recht. Wir brauchen wieder Gesinnungstäter. Was uns zunehmend fehlt, sind Menschen mit Charakter, die fest und unerschrocken für ihre Ziele einstehen. Wir brauchen mehr Persönlichkeiten, nach denen sich andere ausrichten können. Leute, die berechenbar sind, weil sie zu ihren Überzeugungen stehen. Die Krise der heutigen Führungskultur in unserem Land ist doch nicht die Krise von fehlenden Führungskonzepten. Die gibt es zuhauf. Sondern es ist die Krise der zu wenigen Charakterköpfe in unserem Land.

Woher bekommen wir aber solche Charaktere, solche Vorbilder? Auch hier ist es so: Charakter formt sich aus festen Prinzipien, die durch eine Weltanschauung entstehen. Vorbilder wirken durch die von ihnen gelebten Prinzipien wie Fleiß und Selbstdisziplin, Wahrhaftigkeit und Demut, Gerechtigkeit und Nächstenliebe. Aber diese Tugenden stehen wiederum auf einem Fundament, auf einer Weltanschauung. Womit wir wieder beim vorigen Punkt angelangt wären. Moral braucht Werte. Vorbilder haben solche feste Überzeugungen – und leben danach.

Für mich sind diese festen Lebensprinzipien die Gebote der Bibel. Sie sind für mich Leitlinien des Alltags, auch im Unternehmen. Ehrlichkeit, Geradlinigkeit und Unbestechlichkeit sind für mich genauso unverzichtbare Tugenden wie Liebe, Barmherzigkeit und Verbindlichkeit. Dazu gehören auch Demut und Bescheidenheit, ehrenamtliches Engagement und Freigiebigkeit mit den Gütern, die mir anvertraut sind.

Nochmals sei betont: Vorbilder sind keine Übermenschen. Auch Vorbilder machen Fehler und haben Schwächen. Aber sie sind authentische Persönlichkeiten. Sie haben aufgehört, sich ständig um sich selbst zu drehen. Sie haben einen Blick für den Nächsten, nehmen sich selbst nicht so wichtig, übernehmen gerne Verantwortung, auch außerhalb des Unternehmens.

Wir brauchen heute Menschen, die als Vorbilder Verantwortung übernehmen. Persönlichkeiten, die nicht nur durch ihr Reden, sondern vor allem durch ihr Handeln selbstlos und integer ihren Weg gehen. Bei denen Werte nicht nur im Schaufenster stehen, sondern in der Werkstatt gelebt werden. Wir brauchen Charaktere, die zu ihren Fehlern stehen, authentisch leben, das Wohl der Firma und das Wohl der Mitarbeiter gleichermaßen im Blick haben. Menschen, die eine feste Weltanschauung haben, vielleicht sogar eine christliche.

Dazu bedarf es eines: Mut. Denn jeder, der das tut und lebt, muss gegen den Strom schwimmen. Das ist manchmal sehr schwer. Man muss mit viel Widerstand rechnen, manchmal auch aus den eigenen Reihen. Aber ein solcher Weg lohnt sich. Unsere Führungskrise ist eine Wertekrise. Um sie zu überwinden, braucht es mehr Menschen mit einem ethischen Fundament. Sie zeigen: Mit christlichen Werten kann man in Führung gehen.

Heinrich Deichmann

Das Unternehmen muss dem Menschen dienen
Wirtschaftsethische Überlegungen aus christlicher Perspektive

Selten sind Diskussionen über Werte und Ethik in der Wirtschaft so wichtig wie heute. Die gegenwärtige Finanzkrise hat deutlich gemacht, wie gefährlich der Mangel an Werten und ethischer Verantwortung für unser gesamtes Wirtschafts- und Gesellschaftssystem werden kann. Natürlich haben viele Gründe zum Ausbruch dieser Krise geführt. Darunter war sicher auch ein Mangel an staatlicher Regulierung der Finanzmärkte.

Hier ist insbesondere das Auseinanderklaffen von Risiko und Haftung zu beklagen. Zu den Ursprüngen der Krise in den USA gehört, dass sich die Initiatoren hoch riskanter Geschäfte durch Bündelung, Verbriefung und Weiterverkauf solcher Risiken der Haftung vollständig entziehen konnten. Hier ist sicherlich der Gesetzgeber gefordert. Daneben sei auch die Problematik der bisherigen Ratingpraxis erwähnt, bei der die entsprechenden Agenturen im Auftrag und auf Rechnung des Verkäufers tätig werden und somit natürlich keine Unabhängigkeit, geschweige denn Mithaftung, gewährleistet ist.

Das alles aber hätte nicht zu den bekannten desaströsen Auswirkungen geführt, wenn nicht eine grenzenlose Gier nach immer höherer Verzinsung nach der Maxime „möglichst schnell – möglichst viel“ bei vielen eine vernünftige Risikoabwägung verdrängt hätte. In etlichen Fällen hat man, wohl angelockt durch das Versprechen besonders hoher, bisher nicht erzielbarer Renditen, in Kauf genommen, dass man bestimmte komplizierte Finanzmarktprodukte gar nicht versteht und somit ein unkalkulierbares Risiko akzeptiert. Bekanntlich hat sich aus der daraus resultierenden Bankenkrise die gegenwärtige Staatsschuldenkrise entwickelt, die uns mittlerweile sogar um den

Euro bangen lässt. Das Nachdenken über Werte und ethische Verantwortung in der Wirtschaft ist meines Erachtens also hochaktuell.

Als Christ kann für mich Ethik nur auf den biblischen Überlieferungen basieren und deshalb schließe ich mich der Ethik-Definition von Karl Barth an: Ethik, auch „Business Ethik", als Antwort auf die Frage nach der Güte menschlichen Handelns im Lichte des in der Heiligen Schrift geoffenbarten Wortes Gottes, fragt nach der Inanspruchnahme des Menschen durch Gottes Gebot. Sie will verstanden werden „als Offenbarung des Gebotes Gottes, als gegenwärtiges, für den, der Gottes Wort hört, nicht zu überhörendes Ereignis mitten in der Wirklichkeit unseres Lebens" (Ethik I, 28).

Außerdem gilt für mich die in der Barmer Theologischen Erklärung der Bekennenden Kirche vom Mai 1934 niedergelegte Überzeugung, dass der christliche Glaube alle Lebensbereiche in Anspruch nimmt: „Wie Jesus Christus Gottes Zuspruch der Vergebung aller unserer Sünden ist, so und mit gleichem Ernst ist er auch Gottes kräftiger Anspruch auf unser ganzes Leben; durch ihn widerfährt uns frohe Befreiung aus den gottlosen Bindungen dieser Welt zu freiem, dankbarem Dienst an seinen Geschöpfen. Wir verwerfen die falsche Lehre, als gebe es Bereiche unseres Lebens, in denen wir nicht Jesus Christus, sondern anderen Herren zu eigen wären, Bereiche, in denen wir nicht der Rechtfertigung und Heiligung durch ihn bedürften" (These 2).

Dabei gilt es aber zu beachten, dass die Bibel keine verbindlichen Konzepte für die Ausgestaltung einer Wirtschafts- oder Unternehmensordnung unter den Bedingungen der Gegenwart vorsieht, sondern nur bestimmte ethische Maximen vorgibt, an denen die Qualität einer solchen Ordnung beurteilt werden kann (vgl. Hans Nutzinger, FAZ, 24. Dezember 2005).

Beginnen möchte ich die wirtschaftsethischen Überlegungen mit dem christlichen Menschenbild. Nach der biblischen Überlieferung ist der Mensch ein Geschöpf Gottes. Er ist geschaffen nach dem Bilde Gottes (Genesis 1). Gott schafft den Menschen in göttlicher Freiheit und in göttlicher Liebe. Das gibt dem Menschen seine einzigartige Würde.

Gott schafft den Menschen hin auf Gemeinschaft zum Mitmenschen, wie sie uns im Gebot der Nächstenliebe begegnet. „Du sollt deinen Nächsten lieben, wie dich selbst." (Leviticus 19,18) Damit sind vor Gott alle Menschen gleich und ist für den Christen jeder Mensch auch Mitmensch. Daher kann in der Wirtschaft der Mensch nie nur reines Mittel zum Zweck – beispielsweise zur Gewinnmaximierung – sein, sondern muss immer zugleich Zweck an sich sein. (Vgl. „Unternehmerisches Handeln in evangelischer Perspektive – Eine Denkschrift des Rates der Evangelischen Kirche in Deutschland, S. 49.)

Ein ähnliches Verständnis hat auch die katholische Kirche. „Auch im Wirtschaftsleben sind die Würde der menschlichen Person und ihre ungeschmälerte Berufung wie auch das Wohl der gesamten Gesellschaft zu achten und zu fördern, ist doch der Mensch Urheber, Mittelpunkt und Ziel der Wirtschaft (II. Vatikanisches Konzil, „Gaudium et spes", Art. 63).

Die ethische Dimension der Arbeit ist aus christlicher Sicht begründet im Schöpfungsauftrag Gottes an den Menschen. Ebenbild Gottes zu sein bedeutet, als Gottes Statthalter auf Erden über sie zu herrschen (Genesis 1,26, 28), das heißt, der Mensch soll die Erde bebauen und bewahren (Genesis 2,15). „Über das bloße Nutzen dessen hinaus, was von allein schon wächst, soll der Mensch den Erdboden ‚bebauen' oder wörtlich ‚bearbeiten', also das von der Schöpfung Vorgegebene seinerseits schöpferisch weiter entwickeln. Der Mensch tritt sozusagen in das weltschöpferische Werk Gottes ein und setzt es im Auftrag Gottes fort. Er ist dazu berufen, Gottes Mitarbeiter zu sein. Das ist die ursprüngliche einzigartige Würde menschlicher Arbeit. In der Arbeit erfüllt der Mensch also seine ihm von Gott gegebene Bestimmung" (Helmut Burkhardt in „Theologische Beiträge 11–4", August 2011).

Die Konkretisierung der menschlichen Arbeit erfolgt im Beruf. Aus christlicher Sicht bedeutet der Beruf: sich von Gott berufen zu lassen, die von Gott geschenkten Gaben und Fähigkeiten in Verantwortung für sich und andere zu nutzen.

Wenn der Beruf gebunden an Gottes Gebote im Dienst für Andere erfolgt, dann kann er nach Martin Luther als Gottesdienst im Alltag der Welt begriffen werden. In diesem Sinne werden die Dinge im Beruf um Gottes und des Nächsten willen getan und erst sekundär aufgrund der mit diesem Tun verbundenen Befriedigung durch Erfolgserlebnisse oder Gewinne (vgl. „Unternehmerisches Handeln in evangelischer Perspektive – Eine Denkschrift des Rates der Evangelischen Kirche in Deutschland, S. 49).

Eine große Bedeutung in den biblischen Zeugnissen hat die ethische Dimension des Eigentums: Persönliches Eigentum und in seiner gesteigerten Form Reichtum an sich wird in der Bibel nicht verdammt. Reichtum ist im Alten Testament häufig Ausdruck göttlichen Segens. Darüber hinaus steht das persönliche Eigentum unter dem ausdrücklichen Schutz der Gebote („Du sollst nicht stehlen“, Exodus 20,15).

Die Bibel mahnt aber zu einem verantwortungsvollen Umgang mit Eigentum und Reichtum vor Gott und den Menschen. Gewarnt wird an vielen Stellen davor, Reichtum zu verabsolutieren. Jesus warnt immer davor, dass der Besitz dem Menschen zum Götzen „Mammon“ wird, an den er sein Herz hängt und dem er an Gottes Stelle dient (Matthäus 6,24). Die Habsucht (*pleonexia* – wörtlich: „das immer mehr Habenwollen“) ist nach Paulus Götzendienst (Kolosser 7,9; Epheser 5,3, vgl. Burkhardt).

Im Gleichnis vom reichen Kornbauern (Lukas 12,16–21) wird deutlich, wie sinnlos ein Leben ist, das ausschließlich auf materiellen Gewinn ausgerichtet ist. Dieser Mensch genügt sich darin, seine vielen Güter zu sammeln und sie für sich allein zu nutzen. Ihm wird gesagt: „Du Narr! Diese Nacht wird man dein Leben von dir fordern; wem wird dann gehören, was du angehäuft hast? So geht es dem, der sich Schätze sammelt und ist nicht reich bei Gott“.

Stattdessen heißt es bei Matthäus 6,19–21: „Sammelt euch nicht Schätze auf Erden, wo Motten und Rost sie zu Nichte machen und wo Diebe einbrechen und stehlen. Sammelt euch vielmehr Schätze im Himmel, wo weder Motten noch Rost sie zu Nichte machen und wo Diebe nicht einbrechen. Denn wo dein Schatz ist, da wird auch dein Herz sein.“

Die Ansammlung von Reichtum zum ausschließlich eigenen Nutzen wird als Lebensziel verurteilt. Dennoch kann Reichtum im Reich Gottes eine positive Funktion bekommen. Als Gottes Haushalter sollen wir mit den Gaben, die uns von Gott anvertraut sind (Geld, Fähigkeiten, Zeit usw.), den Mitmenschen dienen und somit am Aufbau des Reiches Gottes mitwirken.

Im Gleichnis vom reichen Mann und dem armen Lazarus (Lukas 16,19–31) wird der Reiche nicht deshalb bestraft, weil er reich ist, sondern weil er seinen Reichtum für sich behalten will und nicht bereit ist, damit einem armen Menschen vor seiner Türe zu helfen.

In diesem Sinn heißt es in Lukas 16,10: „Machet euch Freunde mit dem ungerechten Mammon“. Das heißt: Nutzt Geld und Reichtum im Dienst für andere, die der Hilfe bedürfen.

Der Mensch ist Gott gegenüber in Bezug auf die ihm anvertrauten Gaben rechenschaftspflichtig, weil Gott der wahre Eigentümer dieser Gaben ist.

Wie bereits oben erwähnt, enthält die Bibel kein Modell für eine ethisch perfekte Wirtschafts- oder Unternehmensordnung. Zentraler Inhalt der Botschaft Jesu ist die den Menschen befreiende und zu einem neuen Leben verändernde Liebe Gottes und der Anbruch des Gottesreiches. Dieses Reich hat aber auf Erden nur begonnen und ist in Vollendung erst in der Ewigkeit zu erwarten. Daher akzeptiert Jesus auch vorhandene Ordnungen, und es gilt noch: „Gebt dem Kaiser, was des Kaisers ist“, aber gleichzeitig und vor allem „Gott, was Gottes ist“ (Matthäus 22,21).

Jesu Wort gegenüber Pilatus, „Mein Reich ist nicht von dieser Welt“ (Johannes 18,36), ist auch dahin zu verstehen, dass es eine Reich-Gottes-Wirtschaftsordnung für diese Welt, mit der sich alle Probleme lösen lassen, nicht gibt (so wenig, wie es eine perfekte Gemeindeordnung gibt).

Das Wissen darum, dass wir hier auf Erden mit der menschlichen Fehlbarkeit und Sündhaftigkeit zu rechnen haben und es darum kein ethisch perfektes, christliches Wirtschafts- oder Unternehmensmodell geben kann, bedeutet nun aber nicht den Dispens verantwortlichen Handelns, sondern den aktiven Einsatz für relativ bessere oder beste Lösungen.

Wir haben in unserem Unternehmen versucht, ein Leitbild zu entwickeln, bei welchem die grundlegenden Ziele und Werte auf den Maßstäben der christlichen Botschaft beruhen. Wir bemühen uns, dieses Leitbild im betrieblichen Alltag zu leben, wissen aber, dass die Realität immer wieder hinter dem angestrebten Idealzustand zurückbleiben wird.

Unser Leitbild hat als übergeordnetes Unternehmensziel: „Das Unternehmen muss dem Menschen dienen". Unter dieser Überschrift beschreiben wir die grundlegenden Werte und Ziele unseres Unternehmens. Es setzt für die Geschäftsführung und die Mitarbeiter einen verbindlichen Rahmen für das tägliche Handeln am Arbeitsplatz und in der Zusammenarbeit. Es dient als Grundlage für die Formulierung von Leitlinien zu speziellen Themen oder landesbezogenen Anpassungen. Dieses Leitbild hat seinen Ursprung nicht in einem Workshop oder den Dienstleistungen eines Unternehmensberaters, sondern basiert auf einer gelebten Firmentradition, die sich seit 1913 innerhalb von drei Unternehmergenerationen entwickelt und bewährt hat. Die schriftliche Fixierung dieser Maßstäbe war eine Reaktion auf das kontinuierliche Wachstum des Unternehmens. Diese Werte konnten nicht mehr nur mündlich überliefert werden, sondern sollten allen Mitarbeitern jederzeit zur Verfügung stehen.

Gleichsam als Präambel zum Leitbild versteht sich die Positionsbestimmung: „Die Familie Deichmann fühlt sich dem christlichen Menschenbild verpflichtet und ist bestrebt, diesen Werten im betrieblichen Alltag zur Geltung zu verhelfen – wohl wissend, dass die Realität immer wieder hinter dem angestrebten Idealzustand zurückbleiben wird."

Weiter heißt es: „Auf der Grundlage dieser Werte haben wir unser übergeordnetes Unternehmensziel formuliert: Das Unternehmen muss den Menschen dienen.

Damit sind unsere Kunden, Mitarbeiter, Lieferanten sowie Menschen in Not gemeint. In diesem Sinne wollen wir in den Märkten, in denen wir vertreten sind, stets der beste Schuheinzelhändler für unsere Kunden sein. Dies bedeutet, dass Deichmann gute Produkte auf der Basis der Kostenführerschaft zu bestmöglichen Preisen anbietet.

Dabei ist die Gewinnerzielung für uns kein Selbstzweck. Gewinne sind notwendig, um das Unternehmen gesund zu erhalten, Arbeitsplätze zu sichern und neue zu schaffen, die Expansion aus eigener Kraft zu ermöglichen sowie soziale Aufgaben wahrzunehmen."

In der Folge erläutern wir, was das für die einzelnen hier angesprochenen Personengruppen heißt: An erster Stelle stehen für uns als Einzelhändler zweifellos die Kunden: „Wir wollen für breite Schichten der Bevölkerung modisch aktuelle und qualitativ gute Schuhe zu einem äußerst günstigen Preis anbieten. Darin sehen wir nicht nur eine unternehmerische, sondern auch eine soziale Verpflichtung.

Die Mitarbeiter von Deichmann denken und handeln in allen Unternehmensbereichen auf allen Ebenen absolut kundenorientiert. Bei allen Aktivitäten haben wir das Wohl des Kunden im Auge und arbeiten hart dafür, uns sein Vertrauen zu verdienen. Die Organisationsstrukturen, die Arbeitsabläufe und die praktische Zusammenarbeit im Unternehmen müssen so gestaltet sein, dass sie der Erreichung dieses Zieles dienen."

„Um für unsere Kunden der beste Schuheinzelhändler zu sein, leisten die Mitarbeiter Überdurchschnittliches und handeln im Rahmen der jeweiligen Position unternehmerisch, selbstständig und ergebnisorientiert."

Das Unternehmen hat aber auch den Mitarbeitern zu dienen. Erreicht werden kann das nur mit entsprechendem Verhalten der Führungskräfte. „Unsere Führungskräfte sollen die notwendigen Spielräume für die Eigeninitiative der Mitarbeiter schaffen, die Selbstverantwortung und den Stolz auf das Erreichte fördern und jeden einzelnen Mitarbeiter als Mensch mit all seinen Fähigkeiten, Bedürfnissen und Nöten ernst nehmen. Dies sollte im Geiste des Miteinanders und Füreinanders und nicht des Gegeneinanders geschehen. Damit entsteht das Gefühl unserer Zusammengehörigkeit. Durch eine langfristige Zusammenarbeit bewahren wir die Erfahrung der Mitarbeiter und sichern die Beständigkeit in unserem Unternehmen. Wir fördern Menschen, die bereit sind, unser Unternehmen zielorientiert mit zu gestalten und beteiligen unsere Mitarbeiter am Erfolg des Unternehmens. Darüber hinaus unterstützen wir unsere Mitarbeiter durch zahlreiche freiwillige soziale Leistungen, insbesondere auch in persönlichen Notfällen."

Ganz konkret heißt das bei uns, dass wir seit vielen Jahren übertarifliche Leistungen zahlen und die Mitarbeiter am Erfolg des Unternehmens beteiligen. Wir verzichten auf geringfügige Beschäftigungsverhältnisse, weil wir möchten, dass vor allem unsere zahlreichen weiblichen Mitarbeiter etwas für die reguläre Altersversorgung tun. Darüber hinaus unterstützen wir die Mitarbeiter seit vielen Jahren beim Aufbau einer zusätzlichen Altersversorgung, die über den gesetzlichen Rahmen hinausgeht. Zu diesem Themenbereich gehört auch, dass wir unsere Praktikanten angemessen entlohnen. Daher haben wir uns der Aktion „Fair Company" angeschlossen.

Über diese rein tarifrechtlichen Themen hinaus bieten wir unseren Mitarbeitern seit vielen Jahren eine sogenannte Gesundheitswoche in einer Schweizer Rehabilitationsklinik an. Dort können sie auf unsere Kosten lernen, wie man zu einem gesünderen und ausgeglicheneren Lebensstil findet.

Für Mitarbeiter, die in eine akute finanzielle Notlage geraten, unterhalten wir eine Unterstützungskasse, die vor allem bei persönlichen Schicksalsschlägen wie Krankheit oder Tod in der Familie sowie bei Naturkatastrophen unbürokratisch hilft. Regelmäßige Zuwendungen gibt es auch bei Geburten und Eheschließungen. Das Geld hierfür kommt vom Unternehmen. Verwaltet wird dieser Fonds von der Inhaberfamilie zusammen mit dem Betriebsrat.

Wir bringen die Verbundenheit mit unseren Mitarbeitern auch durch zahlreiche festliche Zusammentreffen zum Ausdruck, beispielsweise findet jedes Jahr die Feier unserer Jubilare statt, bei der regelmäßig mehrere hundert Mitarbeiter mit dem Unternehmer zusammenkommen. Nicht selten sind Mitarbeiter 45 Jahre und länger im Unternehmen.

Darüber hinaus stellen wir seit vielen Jahren in großem Umfang Ausbildungsplätze zur Verfügung. Das alles wirkt sich positiv auf unser Geschäft aus. Wir können uns auf loyale, engagierte und qualifizierte Mitarbeiter verlassen, die mit einer überdurchschnittlichen Leistungsbereitschaft das Fundament für unseren Erfolg legen.

Wir sehen auch unsere Verantwortung für die Mitarbeiter unserer Geschäftspartner. Als global handelndes Unternehmen wissen wir dabei auch um die möglichen Fehlentwicklungen auf unseren Beschaffungsmärkten. Darum widmet sich ein Abschnitt speziell diesem Thema:

„Deichmann kauft Waren und Dienstleistungen so günstig wie möglich. Wir legen Wert auf einen fairen und partnerschaftlichen Umgang mit unseren Geschäftspartnern. Dabei achten wir darauf, dass die Menschen in den Ländern der Produktionsstandorte unter menschlichen Bedingungen arbeiten können. Hier fühlt sich Deichmann seinem Code of Conduct verpflichtet."

Unser vor vielen Jahren erstellter Code of Conduct richtet sich nach Anforderungen der International Labour Organization. Er beinhaltet soziale und ökologische Mindeststandards, deren Einhaltung wir von unseren Lieferanten verlangen. Dies wird regelmäßig von unabhängigen Prüfungsinstituten überwacht.

Als dritter Personengruppe fühlen wir uns als Unternehmerfamilie Menschen in Not, im In- und Ausland, verpflichtet, die auf fremde Hilfe angewiesen sind. Daher legt das Leitbild hierzu fest:

„Deichmann verwendet Teile seines unternehmerischen Gewinnes, um den Mitarbeitern zusätzliche Sozialleistungen bieten zu können. In gleicher Weise fühlt sich die Familie Deichmann aus christlicher Verantwortung verpflichtet, Menschen in Not im In- und Ausland zu helfen. In dem Maße, in dem es dem Unternehmen gut geht, ist auch Hilfe für Andere möglich".

Die Hilfe für die Ärmsten der Armen hat bei Deichmann eine Tradition, die bis in die Gründerjahre zurückreicht. Heute unterstützt das Unternehmen über das Hilfswerk „wortundtat" und lokale Partnerorganisationen über 120.000 Menschen in Indien, Tansania, Moldawien, Griechenland und Deutschland. Der Schwerpunkt liegt in diesen Projekten auf der medizinischen Hilfe, vor allem aber auch auf dem Bildungssektor. Allein in Indien leben und lernen rund 12.000 Kinder aus den Slums in Schulen, die von „wortundtat" finanziert werden. Dahinter steckt die Überzeugung, dass Bildung der Schlüssel zur Zukunft ist. Bei den meisten Projekten geht es um Hilfe zur

Selbsthilfe. Sie wird vor Ort ausschließlich von einheimischen Mitarbeitern geleistet.

Die Mitarbeiter der Firma werden über die Aktivitäten unseres Hilfswerkes „wortundtat“ regelmäßig informiert. Viele identifizieren sich mit der dort stattfindenden Hilfe für die Ärmsten der Armen und helfen durch Spenden mit.

Es ist eine bleibende Herausforderung, die Ziele unseres Leitbildes im betrieblichen Alltag immer wieder in die Tat umzusetzen. Es hat sich aber auch gezeigt, dass die Orientierung an den Ansprüchen der christlichen Ethik für unser Unternehmen sehr segensreich gewesen ist. Viele Mitarbeiter identifizieren sich mit unserer Unternehmenskultur und dem dazugehörigen sozial-karitativen Engagement. Sie fühlen sich dem Unternehmen in besonderer Weise verbunden und helfen mit, unser Leitbild immer wieder mit Leben zu füllen.

Arist von Schlippe

Werte und Wertewandel in Familienunternehmen am Beispiel der Unternehmensnachfolge

I. Vorbemerkung

Die Werteorientierung von Familienunternehmen und deren Organisationskultur gelten in der Literatur als ein wesentliches Unterscheidungsmerkmal gegenüber Nicht-Familienunternehmen. Zahlreiche Veröffentlichungen beziehen sich darauf. Familienunternehmen sind eben „anders", so wird gesagt. Von einer „Renaissance der Werte" wird gesprochen, sie bilden den „Kompass", auf den hin sich das Unternehmen ausrichtet und Unternehmertum wird als „wertebasierte Lebensform" beschrieben, die alles andere ist als Sozialromantik, sondern auch in der Lage, handfest den Unternehmenswert zu steigern. Durch die Präsenz der Familie im Unternehmen würden die familiären Werte in das Unternehmen hineingetragen, eine starke Familienkultur bedeute damit auch eine starke Unternehmenskultur, die sich unter anderem auch in einem besonderen gesellschaftlichen Engagement ausdrücke. Und es sind vor allem die Werte, wodurch Familienunternehmen in den Augen der Bevölkerung als besonders und anders als die übrigen Unternehmen wahrgenommen werden (Krappe et al., 2011). Die Orientierung an zentralen Werten sorgt dafür, dass die Glaubwürdigkeit von Familienunternehmen ungebrochen ist und bleibt, nicht zuletzt angesichts der gegenwärtigen Vertrauenskrise, wo „angesichts eines verantwortungslosen Handelns an den Finanzmärkten die Grundfesten unserer Wirtschaftsordnung ins Wanken geraten sind", denn „das Besondere am Familienunternehmen ist nicht seine Größe, sondern seine Unternehmenskultur" (Hennerkes, 2009, S. 542).

Die Bedeutung kultureller Werte für Familienunternehmen ist mithin unbestritten. Umso erstaunlicher ist die geringe Zahl wissenschaftlicher Arbeiten, die sich ihrer Erforschung widmen. Chrisman et al. (2003) schätzen den Anteil in der Familienunternehmensforschung auf unter 5 %, Sharma (2004) benennt zwar „values" als wichtige Variable in der Forschung, zitiert aber nur wenige entsprechende Arbeiten. Ausgesprochen selten sind Arbeiten, die sich explizit mit Werten in Familienunternehmen befassen, wie die der Stiftung Familienunternehmen (2007), von Kunze (2008) oder Zwack und v. Schlippe (2011). Dies wird vermutlich nicht daran liegen, dass die Wertorientierung von Familienunternehmen als so selbstverständlich angesehen wird, dass eine Überprüfung oder Bestätigung nicht mehr für nötig gehalten wird. Die geringe Zahl vorliegender Studien mag vielmehr damit zu tun haben, dass der Begriff „Wert" zwar geläufig ist, dass eine genaue Definition jedoch schwierig ist und dass die Untersuchungen hochgradig anfällig für Verzerrungen sind, insbesondere für soziale Erwünschtheit. So ist es bei Interviews für die Befragten auch nicht einfach, die zentralen Werte ad hoc zu benennen: Grundannahmen lassen sich empirisch nur schwer fassen, da sie grundlegende, oft nicht reflektierte und damit nicht bewusste Prämissen darstellen. Sie werden oft erst dann deutlich, wenn man selbst oder ein anderer dagegen verstößt. Kurzum: Eine genauere Beschäftigung mit diesem Thema verspricht keine schnellen akademischen Erfolge, belastbare und aussagekräftige Zahlen.

II. Familienunternehmen als besondere Unternehmensform

Die Besonderheiten von Familienunternehmen sind vielfach beschrieben worden. Für das Verständnis, welche Rolle Werte im Familienunternehmen spielen, ist es allerdings wichtig, hier noch einmal kurz aufzuführen, was der besondere Unterschied ist, durch den Unternehmensfamilien „besondere Familien" und Familienunternehmen „besondere Unternehmen" werden: Es ist die intensive Koppelung zweier Sozialsysteme mit sehr unterschiedlichen Logiken und Regeln. Auch wenn es schwierig ist, für Familienunternehmen allgemeingültige Aussagen über alle Organisationsformen, Größenklassen und Managementstrukturen hinweg zu machen, kann doch als Gemeinsamkeit im Regelfall diese Intensität der wechselseitigen Beeinflussung beider Systeme gesehen werden. In vielen Familienunternehmen gibt es (fast) keine Momente, in denen das eine System ohne das andere überhaupt „gedacht" werden kann: Das Unternehmen ist permanent im Familienleben präsent, die Familie meist in mehr oder weniger prägnanter Form ebenfalls im Unternehmen.

Die Unterschiede der Logiken, über die diese Systeme sich als Kommunikationssysteme reproduzieren, sollten dabei nicht unterschätzt werden. Sie können mit der Differenz von „Bindungskommunikation" und „Entscheidungskommunikation" beschrieben werden.

- Die *Familie* ist ein auf Bindung und Bezogenheit hin ausgerichtetes soziales System. In ihr dient Kommunikation vorwiegend dazu, dass die Mitglieder ihre wechselseitigen Beziehungen aushandeln und sich wechselseitig ihre Verbundenheit bestätigen (oder eben, wenn sie strittig sind, sich darüber auseinandersetzen). Vom „Guten-Morgen-Kuss" bis zum „Gute-Nacht-Sagen" geht es nicht in erster Linie um den Austausch sachlich bedeutsamer Informationen, sondern eher um Vergewisserung der wechselseitigen Bezogenheit. Der Inhalt (also das, worüber gesprochen wird und was zu entscheiden ist) spielt natürlich eine Rolle, doch steht er nicht im Vordergrund. Ein großer Teil der Alltagskommunikation in der Familie ist durch solche Bindungskommunikation gekennzeichnet.
- Im *Unternehmen* dagegen ist Kommunikation vor allem als Entscheidungskommunikation bedeutsam, wie Niklas Luhmann ausführt (2000). Hier wird jede Kommunikation auf ihren Informationsgehalt für das Unternehmen hin untersucht (eine Aussage wie „Ich habe Kopfweh", die in der Familie Fürsorge auslösen würde, könnte im Unternehmen mit der Frage beantwortet werden: „Aber Sie sind heute arbeitsfähig – oder müssen Sie nach Hause gehen?"). Natürlich gibt es auch im Unternehmen eine auf Beziehungen ausgerichtete Kommunikation, doch ist den Beteiligten meist klar, dass

dies dann „persönlich“ gemeint ist und nichts direkt mit dem Unternehmen zu tun hat (erkennbar etwa daran, dass ein „Plausch“ beendet wird mit der Aufforderung: „So, jetzt lassen Sie uns aber mal an die Arbeit gehen!“).

So wird die besondere Komplexität verstehbar, mit der eine Unternehmerfamilie kontinuierlich zu tun hat: Nur in der Unternehmerfamilie und im Gesellschafterkreis können sich Bindungs- und Entscheidungsaspekte der Kommunikation so überlagern oder durchmischen, dass manchmal überhaupt nicht klar ist, was jeweils Vorrang hat: Mitglieder einer Unternehmerfamilie müssen weitreichende unternehmerische Entscheidungen treffen und tun dies oft im Rahmen gewohnter innerfamiliärer Kommunikationsformen. Zugleich findet sich anders als in anderen Familien oder Unternehmen keine „Vorfahrtregel“ für das eine (Bindung in der Familie) oder das andere (Entscheidung im Unternehmen).

Zudem kann das, was im Lichte der einen Kommunikationslogik richtig erscheint, aus der Perspektive der anderen falsch sein. Ein Vater beispielsweise kann als Unternehmer das „Richtige“ tun (etwa den Sohn/die Tochter, den oder die er für nicht qualifiziert hält, aus dem Unternehmen fernhalten), doch zugleich erzeugt er in der Familie eine tief greifende, manchmal nicht wiedergutzumachende Verletzung, da er nach der Familienlogik doch verpflichtet wäre, die ihm Nahestehenden immer an die erste Stelle zu setzen. Die Entscheidungskommunikation (die sich auf das Unternehmen bezieht) wird dann als Bindungskommunikation (die sich auf die Familie bezieht) verstanden: „Mein Vater lehnt mich ab!“ Entsprechend heftig kann die Reaktion ausfallen und nachhaltig die Beziehung vergiften, vor allem weil die Auseinandersetzungen, die einer solchen Entscheidung folgen, ebenfalls kontinuierlich auf beiden „Bühnen“ gleichzeitig stattfinden, ohne dass den Kontrahenten in der Hitze des Konfliktes bewusst ist, dass der eine innerlich die eine, der andere die andere Bühne „im Kopf“ (und im Herzen) hat.

In Unternehmerfamilien befinden sich die Beteiligten, oft ohne dass es ihnen bewusst ist, in diesem oben skizzierten Dilemma:

- Wer sich in der Logik der *Bindungskommunikation* bewegt, vermeidet eher Konflikte, läuft aber Gefahr, sachlich angemessene Entscheidungen nicht zu treffen. Viele über lange Zeit hinweg nicht getroffene Entscheidungen lassen sich mit der Sorge um eine Gefährdung der Beziehungsebene erklären.
- Wer versucht, das Dilemma dadurch zu lösen, dass er sich ausschließlich auf *Entscheidungskommunikation* bezieht („Das Unternehmen geht immer vor!"), gefährdet dagegen möglicherweise die Bindungsbeziehungen. Denn viele der oftmals tief greifenden Konflikte im Gesellschafterkreis lassen sich auf das Zusammenfallen von Entscheidungsnotwendigkeiten und Beziehungsenttäuschungen zurückführen.

Die Diskrepanz der beiden, ständig gleichzeitig anwesenden „Logiken", über die kommuniziert wird, ist auch für das Verständnis von Wertekonflikten in Familienunternehmen bedeutsam, wie weiter unten gezeigt wird. Zunächst jedoch soll ein genauerer Blick auf die psychologischen Funktionen geworfen werden, die Werte für Menschen haben.

III. Die Psychologie der Werte

1. Werte als Bewertungsschema, Empörung als Gradmesser

In der psychologischen Forschung sind Werte ein bedeutsames Thema. Als „Vorstellungen, die in der Gemeinschaft als wünschenswert anerkannt sind, (verleihen sie) den Menschen in dieser Gemeinschaft Orientierung" (Kunze 2008, S. 17). Dabei dienen sie als eine der wichtigen „Säulen der Identität", die auch noch trägt, wenn alle anderen „Säulen" (wie soziales Netzwerk, Arbeit und Leistung, materielle Sicherheit, körperliche Unversehrtheit usw.) geborsten sind – wie etwa Berichte von Personen zeigen, die extreme Belastungen überstehen konnten, weil sie sich auf ihre Werte zurückziehen konnten und sich in ihnen geborgen wussten. Ein besonderes Beispiel ist hier sicher die Geschichte des österreichischen Psychotherapeuten Viktor Frankl, der das Konzentrationslager überlebte und das Bewusstsein, dass es möglich ist, dem Leben trotz allem einen Sinn zu geben, als die wichtigste Stütze gegen die stets drohende Demoralisierung beschreibt. Man kann Werte daher vielleicht auch als das „Zentrum der Identität“ bezeichnen: Ein Verstoß gegen zentrale Werte bedroht den jeweiligen Menschen sehr essentiell.

Der implizite wie möglicherweise auch explizite Charakter von Werten spiegelt sich in der Begrifflichkeit wider, wie sie M. Rokeach entwickelt hat, einer der wichtigsten Forscher in diesem Bereich. Er unterscheidet Zielwerte (terminale Werte), die sehr existenziell erfahren werden, von instrumentellen Werten, die wünschenswerte „Arten der Lebensführung“ betreffen (1973). Sie stehen hinter den (leichter veränderbaren) Einstellungen und Handlungsabsichten und münden in Verhalten. Er nutzt dabei das Bild der Pyramide: Die Zielwerte, die bedeutsamen Grundannahmen über das, was einem Menschen elementar wichtig ist, bilden die „Spitze“, das konkrete Verhalten ist der „Fuß“. So sind Werte über Zwischenschritte direkt mit dem Verhalten verbunden, sie bilden zugleich das wichtigste Bewertungssystem einer Person für eigenes und fremdes Verhalten: Wenn man mit jemandem konfrontiert ist, dessen Verhalten den eigenen Werten krass widerspricht, reagiert man mit *Empörung*. Empörung ist daher ein wichtiges Gefühl zum Verstehen von Konflikten: Ein verletztes Gerechtigkeitsgefühl beispielsweise verletzt immer die Werteebene. L. Montada (2011) geht davon aus, dass Empörung der „Leitindikator für soziale Konflikte“ ist: Wo immer es um massive Konflikte geht, werden von den Beteiligten zentrale Werte als verletzt erlebt. Dieser Aspekt ist wichtig für das Verständnis von Konflikten in Familienunternehmen allgemein und von Nachfolgekonflikten im Besonderen, da die Kontrahenten sich oft in einer Situation erleben, dass der jeweils andere mit seinem Verhalten die eigene Werteebene entscheidend verletzt hat. Empörung und massive Wut sind dann die Treiber für den Einstieg in destruktive Kreisläufe, die bis zur Zerstörung des Unternehmens führen können.

Es gibt Werte, die überall, in allen Kulturen als wichtig angesehen werden. Eine solche Universalität der Werte lässt sich als Teil der „conditio humana" verstehen, da die Verwirklichung von Werten und die Erfahrung eines sinnerfüllten Lebens eng miteinander zusammenhängen: „Den Sinn des Daseins erfüllen wir ... allemal dadurch, dass wir Werte verwirklichen", hat Frankl einmal bemerkt. Eine Auseinandersetzung mit den Thesen des schleichenden Kulturverfalls und des Verschwindens der Werte würde sich an dieser Stelle anbieten, doch kann dieses Thema im Rahmen dieses Textes nicht weiter ausgeführt werden.

2. Identität: Werte zwischen Bezogenheit und Abgrenzung

Werte erfüllen zudem eine wichtige *systemische* Funktion: Sie ermöglichen die Erfahrung von Zugehörigkeit, sie stellen also eine innere Verbindung her zu dem sozialen System, dem man sich zugehörig fühlt und dessen Werte man teilt. Wenn, wie oben beschrieben, Werte eine wichtige Säule der personalen Identität sind, so geht es nun um den Aspekt, dass sich in den Werten auch die „soziale Identität" ausdrückt. Wie Rokeach schreibt, geht es darum, dass durch die Überzeugungen über die eigenen Werte Zugehörigkeit zur eigenen Bezugsgruppe im Vergleich zu anderen Gruppen hergestellt wird. Werte sind somit so etwas wie eine innere „Heimat": Zu dieser Gruppe, diesen Menschen gehört man dazu! Diese Erkenntnis deckt sich mit der Organisationsforschung: Das Engagement der Mitarbeiter ist umso höher, je mehr die individuellen Wertesysteme mit denen der Organisation übereinstimmen.

In seinen zentralen Werten fühlt sich ein Mensch mithin anderen bedeutenden Menschen, anderen bedeutsamen Bezugsgruppen verbunden. In den persönlichen Werten drückt sich die Verbundenheit mit Menschen aus, die einem „lieb und wert" sind oder waren – in Werten leben diese Menschen weiter, auch wenn es sie nicht mehr gibt. Es könnte eine spannende Aufgabe sein, sich für einen Moment seine eigenen zentralen Werte zu vergegenwärtigen und zu überlegen, welchen Menschen aus der persönlichen Geschichte man über sie verbunden ist.

Zugleich gibt es noch einen entgegengesetzten Mechanismus. Er hat mit der Notwendigkeit zu tun, in der Sozialisation zwei ineinander verschränkte, widersprüchliche Aufgaben zu erfüllen, nämlich Bezogenheit herzustellen, zugleich aber auch Individuation zu verwirklichen. Dies gibt den Werten etwas Doppelgesichtiges: Sie können Verbindung symbolisieren, aber auch Abgrenzung. Ohne Abgrenzung kann sich keine Identität entwickeln. Damit sind Werte nichts, was in der Sozialisation schlicht von einer Generation in die nächste weitergegeben wird, sondern etwas, das eine Person sich im Verlaufe ihres Lebens zu eigen macht, als ein „innerliches Ja" zu einer Bezugsgruppe und/oder als ein „Nein": „Gerade nicht so wie Ihr!" Insbesondere in der Jugendzeit findet der erwachsen werdende Mensch seine Werte auch in der Abgrenzung zur eigenen Familie und in der aktiven Suche nach anderen Wertesystemen: „Nicht mehr die Bereitschaft zur Übernahme von fertigen Paketen des ‚richtigen Lebens'", schreibt H. Keupp, „sondern die *Fähigkeit zum Aushandeln* ist notwendig: ... wir (müssen) die Regeln, Normen, Ziele und Wege beständig neu aushandeln. Das kann nicht in Gestalt von Kommandosystemen erfolgen, sondern erfordert demokratische Willensbildung, verbindliche Teilhabechancen im Alltag, in den Familien, in der Schule, Universität, in der Arbeitswelt und in Initiativ- und Selbsthilfegruppen. Dazu gehört natürlich auch eine gehörige Portion von Konfliktfähigkeit" (2010, S. 108, Kursivsetzung im Original).

3. Die Dynamik von Werten

Damit ist ein weiterer bedeutsamer Aspekt angesprochen: Werte sind nicht statisch, können es gar nicht sein. Vielmehr verändern sie sich in ständiger Bewegung und Auseinandersetzung mit gesellschaftlichen und subkulturellen Entwicklungen. Wir können im Nachfolgeprozess nicht davon ausgehen, dass Übergeber und Nachfolger sozusagen „nahtlos" die gleichen Werte teilen. Gesellschaftliche Werte ändern sich über den Verlauf der Zeit deutlicher als früher, so dass wir einem in der Geschichte nie gekannten Wertepluralismus unterliegen mit der Notwendigkeit, dass Werte immer wieder gemeinsam ausgehandelt werden müssen.

Einer der interessantesten Aspekte in der Weitergabe von Werten ist, dass die Dynamik von Bezogenheit und Abgrenzung Werte verändern kann und zugleich doch die innere Bindung bestehen bleiben kann. Auch wenn die Betroffenen bestimmte Werte unterschiedlich beurteilen, kann es doch zugleich die Erfahrung von Kontinuität geben, wie folgender Fall zeigt: Ein Unternehmer, der vor nunmehr 20 Jahren seinem Vater in der Führung des kleinen Familienbetriebes nachgefolgt war, beschreibt mit einem gewissen Stolz die Haltung seines Vaters zu Fragen von Expansion und Fremdfinanzierung. Sein Vater hatte Fragen nach der Ausweitung der Geschäftstätigkeit stets mit der Aussage abgetan: „Warum? Wir haben doch alle genug zu essen, oder?“ Aus demselben Grund war er auch strikt gegen die Aufnahme von Geldern, um Erweiterungen seines Unternehmens zu ermöglichen. Eine stehende Redewendung war, wenn er auf sein Auto angesprochen wurde: „Warum sollte ich Mercedes fahren? *So* schlecht geht es uns noch nicht!“ Die Ethik von Bescheidenheit und Selbstbeschränkung, die in diesen Geschichten zum Ausdruck kommt, spricht den Nachfolger sehr an. Zugleich sagt er, dass er die daraus abgeleiteten Handlungsempfehlungen heute für falsch, ja für gefährlich hält. Sie hatten ihn lange gebunden, doch inzwischen steht er in einer Situation, in der das Wachstum des Unternehmens unabdingbar ist, um konkurrenzfähig zu bleiben, auch um den Preis einer – moderaten – Fremdfinanzierung. Der Schritt, hier den Werten des Vaters nach langen Jahren nicht mehr gänzlich folgen zu können, war für den Sohn nicht einfach. Doch sieht er seine Entscheidung nicht als Bruch mit den väterlichen Werten an: „Es hat damals gut gepasst, sein ganzes Leben lang! Heute würde wahrscheinlich auch mein Vater anders handeln. Daher erlebe ich es nicht als Verrat an ihm, wenn ich bestimmte Grundsätze heute anders handhabe!“

4. Wertkonflikte

Werte entwickeln sich in der aktiven Auseinandersetzung eines Menschen mit für ihn wichtigen Bezugsgruppen, in der dynamischen Bearbeitung von Bezogen-Sein und Abgrenzung. Da es unterschiedliche

Mitgliedschaften gibt, kann es möglich werden, Werte zu verinnerlichen, die unterschiedlichen Wertesystemen entstammen. Wenn diese Wertesysteme sich nicht berühren oder gut zueinander passen, gibt es keine Konflikte. Ein Mensch kann sein Land lieben und zugleich seinem Ehepartner treu sein, er/sie kann aber auch sein Land lieben und nicht treu sein. Das Bezugssystem „Nation“ und das Bezugssystem „Partnerschaft“ können auf verschiedene Weise integriert werden. Wenn er oder sie sich aber als aktives Mitglied einer christlichen Gemeinde versteht, kann er nicht einfach die Gebote 1–5 für sich akzeptieren und 6–10 nicht. Hier kann es Wertekonflikte geben, die innerlich mit Betroffenheit, Scham oder auch als Gewissensqualen erlebt werden. Diese Wertekonflikte können sowohl innerhalb der Person ablaufen („Zwei Seelen hab' ich, ach …“), sie können aber auch zwischen zwei Personen verlaufen, wenn der eine ein ganz anderes Wertesystem vertritt als der andere.

Manchmal scheint es auch, als würden Werte problemlos zueinander passen – und hier kommen die oben angeführten Überlegungen zu Familienunternehmen wieder ins Spiel: Es muss doch möglich sein, ein liebevoller Familienvater und ein guter Unternehmer zu sein, oder? Es muss doch möglich sein, das Wertesystem „Familie“ und das Wertesystem „Unternehmen“ miteinander zu vereinbaren! Natürlich ist das möglich. Und doch kann es spezifische Konstellationen geben, in denen dies misslingt, in denen gerade die Mitgliedschaft in zwei Systemen mit kontradiktorischen Logiken Konflikte bedingt, die ihre Wurzeln in unterschiedlichen Wertesystemen haben.

IV. Werte und Wertkonflikte in der Unternehmensnachfolge

Vor einigen Jahren wurde ich gebeten, einen Konflikt zwischen zwei Brüdern zu moderieren, die dabei waren, das Unternehmen, das sie gemeinsam besaßen, im Verlaufe dieses Konflikts zu zerstören. Dieser Beratungsverlauf gehört zu den eindrücklichsten Erfahrungen im Kontext von Familienunternehmen, an die ich mich erinnern kann. Beide Brüder, sie waren gut drei Jahre auseinander und um die 60 Jahre alt, hatten das Unternehmen mehr als 35 Jahre zuvor vom Vater und Gründer übernommen, als dieser im Verlauf einer akuten Erkrankung innerhalb von drei Monaten nach Diagnosestellung verstorben war. Noch in Absprache mit ihm war entschieden worden, dass beide Brüder je zur Hälfte die Unternehmensanteile bekämen. „Manfred“ (Namen geändert), damals 24 und studierter Betriebswirt, erklärte sich bereit, seinen Berufswunsch (Wissenschaftler) aufzugeben, um das Unternehmen weiterzuführen, „Michael“ hatte daran kein Interesse, er studierte Architektur. Dem Vater war es sehr wichtig, dass das Familienunternehmen weiter bestand: Er war sehr stolz auf das, was er „aus dem Nichts“ geschaffen hatte, eine Leistung, die durch den Familiennamen des Unternehmens allseits sichtbar dokumentiert war. Zudem war ihm wichtig, dass die Mitarbeiter in einem langfristig stabilen wirtschaftlichen Umfeld tätig sein könnten, ohne Angst um ihren Arbeitsplatz. Der separate Verkauf an Dritte wurde daher explizit ausgeschlossen, wenn, dann könne nur jeweils der eine an den anderen Bruder verkaufen. Der drei Jahre jüngere Michael sollte, so der Familienbeschluss, mit der Mutter im Beirat aktiv sein. Dieser Beirat war schnell noch eingerichtet worden, die Klausel, dass alle größeren geschäftlichen Entscheidungen nur mit seiner Zustimmung getroffen werden könnten, war dem Vater wichtig gewesen. Weitere familienstrategische Maßnahmen gab es nicht. Der Vater trug seiner Frau noch auf, gut darauf zu achten, „dass die Jungs sich nicht streiten“, ehe er bald darauf starb.

Dies ist die Vorgeschichte eines gravierenden Konfliktes. Sie zeigt eine Reihe von kritischen Entscheidungen auf, die jeweils von Werten des Vaters getragen waren. Die Söhne hatten sie ihrerseits in Treue und Verbundenheit zu ihrem geliebten Vater mit getroffen. Jede dieser Entscheidungen für sich genommen war gut bedacht und in den Familienwerten tief verankert. Zugleich wurde durch diese Konstellation bereits früh eine Reihe von „Nitroglyzerinfläschchen“ bereitgestellt, die erst Jahrzehnte später explodieren sollten. Sie hatten damit zu tun, dass in der damaligen Situation unterschiedliche Werte des Vaters wirksam waren, die verschiedenen Wertesystemen entstammten. Erst im

Nachhinein, Jahrzehnte später, wurde deutlich, dass sie nur scheinbar zusammen passten: Zum einen ging es dem Vater um die Fortführung des Unternehmens als Familienunternehmen – dabei war es nicht nur sein Stolz auf das Erreichte, sondern auch ein Gefühl von Verantwortung für den gewachsenen Mitarbeiterstamm, das ihn trieb – daher war klar, dass einer der Söhne das operative Geschäft übernähme. Und es sollte auch in der Hand seiner Söhne bleiben, ohne Einfluss von außen. So band er die Brüder mit einer Vinkulierungsklausel aneinander. Zugleich war Gerechtigkeit für den Vater ein „sehr hoher Wert", wie beide Brüder betonten („Bei uns zu Hause ging es immer ‚absolut gerecht' zu!"), die exakt gleiche Aufteilung der Unternehmensanteile ohne eine stimmrechtsmäßige Besserstellung des operativ tätigen Bruders war daher eine Selbstverständlichkeit. Schließlich ist im Vermächtnis des Vaters auch noch der Wert „Familienfrieden" erkennbar, ein Vermächtnis, das seine Frau über Jahrzehnte gut erfüllte.

Tatsächlich hatte über lange Zeit hinweg diese Konstruktion gut funktioniert. Aufkommende Konflikte zwischen den Brüdern wurden von der Mutter sanft aufgefangen: „Es gab nie ein lautes Wort, eigentlich hat sie nie etwas gesagt!" (Allerdings konnten die Brüder so auch nie die Erfahrung machen, sich bei gravierenden Meinungsverschiedenheiten erfolgreich auseinanderzusetzen.) Das Unternehmen florierte und als die Mutter etwa drei Jahre vor der Beratungsanfrage im hohen Alter starb, hatte sich das Geschäftsvolumen um etwa das Zehnfache vervielfacht. Kurze Zeit darauf kam ein Streit auf, der sich an einer Bagatelle (wie beide sagen) entzündete: Michael war eines Tages mit dem Firmenprospekt in der Hand zu seinem Bruder gekommen und hatte das Marketingkonzept der Firma kritisiert. Manfred hatte ihn recht barsch abgewiesen, das sei operatives Geschäft, da solle er sich raushalten. An dieser Auseinandersetzung brach eine alte Konfliktlinie auf, die so vielschichtig und facettiert war, dass beide sie überhaupt nicht durchschauen konnten – die sie aber zugleich in eine Konfliktdynamik hineinführte, die das Unternehmen an die Grenzen seiner Existenz führte. Denn Manfreds Position quittierte Michael mit der empörten Aussage: „Was bildest du dir ein? Du bist hier nicht der Diktator! Die Firma gehört mir genauso wie dir, das werde ich dir schon noch zeigen, du bist ja, im Grunde genommen, mein ‚Angestellter'!"

Auf diese Haltung reagierte Manfred seinerseits mit großer Empörung, die sich noch steigerte, als die Aussage, Michael solle doch froh sein, dass er, Manfred, das Unternehmen über die Jahre so gut geführt und das gemeinsame Eigentum so erfolgreich vermehrt habe, nur mit der Antwort quittiert wurde: „Dafür hast du ja schließlich dein Gehalt gekriegt, das ist nichts Besonderes!" Angriffe und Gegenangriffe folgten in schneller Folge, bis ein festgefahrener Machtkampf mit immer destruktiveren und weiter eskalierenden Interaktionen dazu geführt hatte, dass das Verhältnis der Brüder sich massiv verschlechterte. Die Mitglieder des Beirats verließen diesen, so dass er, nur noch mit den beiden Brüdern besetzt, nicht mehr handlungsfähig war: Jede Entscheidung des einen wurde vom anderen torpediert, daher traf Manfred immer wieder ohne explizite Zustimmung des Beratungsgremiums Entscheidungen, um handlungsfähig zu bleiben, immer unter der Drohung von Michael, ihn eines Tages dafür vor Gericht zu zerren.

Zum Zeitpunkt der Moderation waren beide Brüder stark demoralisiert. Die Wut aufeinander kannte kaum Grenzen, sie war im wahrsten Sinn „mörderisch". Die Tatsache, dass keiner den anderen auszahlen konnte, verstärkte das Gefühl, in einer totalen Sackgasse zu sitzen: Michael weigerte sich, seine Anteile zum „Familienpreis" an den Älteren zu verkaufen, Manfred lehnte einen gemeinsamen Verkauf nach außen kategorisch ab. Es war für die Beratung nicht gerade einfach, dass beide darauf bestanden, „im Recht" zu sein, dass jeweils der andere ein „Verbrecher" sei, der das Recht und die Werte der Familie mit Füßen träte.

Die große Empörung, die jeder jeweils über das Verhalten des anderen empfand, die intensiven Gefühle tiefer Kränkung und die unbeirrbare Überzeugung, selbst im Recht zu sein, die einzig richtige Position zu vertreten, und dass der andere daher nur „dumm, krank oder böse" sein könne, legen nahe, dass man in eine Sackgasse geraten war. Es soll an dieser Stelle die These aufgestellt werden, dass die massiven Konflikte, zu denen es gerade in Unternehmensfamilien immer wieder kommen kann, darauf hindeuten, dass die Beteiligten sich in ihren persönlichsten Werten verletzt fühlen.

Im Verlauf der Beratung wurde deutlich, dass beide Brüder in ihrem Konflikt durchaus von gemeinsamen Prämissen ausgegangen waren, die in Treue zum Vater und zur Familie wurzelten. Nur zeigten sich diese bei beiden auf ganz unterschiedliche Weise: Michael stand in der Familientradition der „absoluten Gerechtigkeit“ – aus diesem Wert heraus beurteilte er das Verhalten seines Bruders. Auf die Konfrontation, dass, wenn es so weitergehe, er möglicherweise das Unternehmen zerstöre, hatte er geantwortet: „Na und, dann ist wenigstens Gerechtigkeit da! Dann haben wir beide nichts!“ – damit zeigte er, dass die Realisierung des Wertes „Gerechtigkeit“ für ihn weit über dem Erhalt des Unternehmens stand. Manfred dagegen stand in der Tradition des Familienunternehmens, in seinem Bemühen, das Unternehmen im Sinne des Vaters und zu seiner Ehre weiterzuführen. Das Dilemma konnten beide nicht anders formulieren als aus ihrer persönlichen Betroffenheit heraus. Im Beratungsverlauf wurden die Hintergründe der beiden Positionen herausgearbeitet:

- Michael fühlt sich zutiefst verletzt und verraten. Er ist dem Vermächtnis seines Vaters verbunden, der entschieden hatte, seinen beiden geliebten Söhnen jeweils die Hälfte seines Unternehmens zu geben. Ob Manfred das gefällt oder nicht: Es ist ein Faktum. Und er muss empört erleben, dass sein Bruder immer und immer wieder diesem Fakt zuwiderhandelt. Da Michael aber dem letzten Willen des Vaters verpflichtet ist, kann er gar nicht anders, als alles dafür zu tun, dass Manfred schlussendlich nicht anders kann als nachzugeben und zu akzeptieren, dass die gleiche Augenhöhe der Brüder, die dem Vater so wichtig war, verwirklicht wird. So ist er in tiefer Loyalität der Tradition der Familie verbunden, nach der absolute Gerechtigkeit ein hoher Wert ist. Er würde das Vermächtnis des Vaters verraten, gäbe er nach.
- Doch auch Manfred hält das Vermächtnis des Vaters hoch und ist ihm ebenso tief verbunden wie sein Bruder. Er hatte unter Hintanstellung seiner ursprünglichen beruflichen Pläne die Unterneh-

mensführung übernommen und das Geschäft auf eine gute Bahn geführt. Seine Treue und Bindung an den Vater liegt darin, diese Aufgabe mit Leib und Seele auszuführen. Und sein Bruder stört diesen Prozess immer wieder, beeinträchtigt sein unternehmerisches Handeln, kostet Energie und Nerven, indem er versucht in seinen, Manfreds „Job" hinein zu „regieren", mit inakzeptablen Ideen und Vorschlägen. Nach vielen Kompromissversuchen ist Manfred nun an einem Punkt, an dem er seine Aufgabe so nicht mehr erfüllen kann. Er würde das Vermächtnis des Vaters verraten, wenn er noch mehr nachgeben würde.

Es entschärfte den Konflikt deutlich, als beiden bewusst wurde, dass die jeweilige Position des anderen ebenfalls „richtig" war, nur einer anderen Wertelogik entstammte. Die Werte des Vaters, die sich auf die Logik der Familie und die Logik des Unternehmens bezogen hatten, erwiesen sich nun, beinahe 40 Jahre nach seinem Tod, als nicht vereinbar. Zugleich steckten die Brüder in einer unauflöslichen Sackgasse, denn die jeweils eigene Position zu verlassen, würde innerhalb der gelebten Logik einen Verrat an der Loyalität zum Vater bedeuten. Die Tragik für beide bestand zudem noch darin, dass es ihnen, bei aller Treue zu dem jeweiligen Wert des Vaters, den sie (natürlich nicht bewusst) gewählt hatten, nicht gelingen würde, den letzten und, wie sie beide auf Nachfrage sagten, auch wichtigsten Wert des Vaters zu verwirklichen: den Familienfrieden.

So weit das Wertedilemma – die komplexe Beratung kann an dieser Stelle nicht abschließend beschrieben werden. Es gelang im Verlauf der Beratung, eine Einigung über einen gemeinschaftlichen Verkauf des Unternehmens zu treffen. So gab es zwar nicht die Traumlösung einer Versöhnung, jedoch konnte eine Zerstörung des Unternehmens verhindert werden. Das Angebot eines US-Konzerns, der einen deutlichen strategischen Zuschlag gezahlt hätte, wurde abgelehnt, statt dessen ging das Unternehmen an ein anderes Familienunternehmen (mit Arbeitsplatzgarantie für die Mitarbeiter und Weiterführung des Firmennamens). So wurde sichergestellt, dass die Werte des Vaters auch nach dem Verkauf noch weiter bestehen konnten.

V. „Wertemanagemenent"? Werte und Familienstrategie

Das Beispiel zeigt, dass Werte offenbar jeweils an spezifische Systemlogiken gebunden sind. Diese können kompatibel sein, müssen es aber nicht. Es bleibt eine Spannung bestehen zwischen Werten, die tief in der Familie verankert sind, die auf Bindung ausgerichtet sind und einer Logik der Gleichheit folgen, und zwischen Werten, die im Unternehmen verankert sind, die also die Entscheidungsfähigkeit obenanstellen. Für diesen Spannungszustand kann es „die" richtige Lösung nicht geben. Gerade die Frage nach der Verteilungsgerechtigkeit muss von jeder Familie selbst gelöst werden: „Soll der Anteilsbesitz unter den Kindern gleichmäßig aufgeteilt werden? Soll dasjenige Kind, das in die Geschäftsführung eintritt, bevorzugt werden? Wie sollen kranke oder leistungsschwache Kinder wirtschaftlich gesichert werden?" In all diesen Fragen geht es um die Balancierung der Logiken der Familie und des Unternehmens gleichermaßen, geht es um sehr identitätsnah erlebte Werte und bei dissonant erlebten Entscheidungen um entsprechend tief erlebte Verletzungen dieser Werte. Die Gesellschaft hatte in früheren Jahrhunderten mit der ausschließlichen männlichen Nachfolge der Familie die Lösung solcher Konflikte erleichtert. Doch es waren starre Regelungen, die heute glücklicherweise als überholt gelten. Nur ist heute das Dilemma der Verhandlung dieser Themen in die Familie zurückverlagert, ohne dass ihnen Hilfestellungen geboten werden: Wo früher ein Vater seiner Tochter oder dem drittgeborenen Sohn mit großem Bedauern sagen konnte, dass er eigentlich sie als Nachfolger vorziehen würde, es aber leider nicht dürfe, steht heute die Familie mit ihrem komplexen Gefüge von Emotionen, Bindungen und Loyalitäten oft genug hilflos den Anforderungen gegenüber, die das Unternehmen mit seiner Logik an sie stellt. Ähnlich wie die heutige Zeit an jeden Einzelnen die Verpflichtung zur „Identitätsarbeit" richtet, sind daher Familien aufgefordert, ihrerseits im Rahmen einer familienstrategischen Gesamtkonzeption „Wertearbeit" zu leisten.

Gerade angesichts der gegenwärtig zu beobachtenden Auswüchse eines ausschließlich finanzwirtschaftlich ausgerichteten Denkens und

Handelns, dem jeder realwirtschaftliche Bezug verloren gegangen ist, und den intensiven Versuchen von Führungskräften, schwerwiegende Rechts- und Moralverstöße innerhalb von großen Unternehmen zu verhindern, ist eine solche Wertearbeit nicht nur Familienunternehmen anzuraten. Doch klingt es einfacher, als es ist. Forderungen an ein „Wertemanagement", bei dem es darum geht, die Werte des Unternehmens festzuschreiben und zur Grundlage von ethischen Richtlinien zu machen, stehen immer in der Gefahr der Paradoxie, etwas einzufordern, was eigentlich nur freiwillig, nämlich als Wert-*Haltung* aus der Person selbst heraus entstehen kann: Es lässt sich nicht einfach im Unternehmen eine „Wertediskette" einschieben, die die Mitarbeiter in eine gemeinsame moralische Orientierung bringt, wie M. Thomé bemerkt (2004, S. 51). Im Gegenteil: Je klarer und detaillierter Regeln jeweils formuliert sind, desto geringer ist ihr Geltungsbereich. Die Idee, Unternehmensrichtlinien zur Prävention wirtschaftskriminellen Verhaltens einzusetzen, ist wohl jedenfalls eher kritisch zu beurteilen.

Die Paradoxie liegt möglicherweise darin, dass ein Wert vor allem dann wirksam ist, wenn er erfahren wird, nicht so sehr, wenn er ausgesprochen und schon gar nicht, wenn er zu einer Forderung wird. Nicht zuletzt ist das wohl der Mechanismus, durch den Werte weitergegeben werden: durch die lebendige Erfahrung, die man mit Menschen macht, die einem etwas bedeuten, und durch das Erzählen von Geschichten. Familienstrategie besteht, so gesehen, weniger in dem Ergebnis einer „festgeschriebenen" Familienverfassung als vielmehr in dem Bereitstellen von Möglichkeiten, sich miteinander auseinanderzusetzen, ein Bewusstsein dafür zu entwickeln, was einem gemeinsam wichtig ist, ohne es auf eine Weise festzuschreiben, dass ein lebendiger Wert zu einem moralischen Korsett wird. Bewusstheit scheint ein „Königsweg" zu sein, auf dem eine Unternehmensfamilie die komplexe Balance hält zwischen der Erläuterung von Werten und der Auseinandersetzung über sie einerseits und dem Vermeiden von Festschreibung andererseits. Gerade Geschichten ermöglichen es, die Werteorientierung von wichtigen Persönlichkeiten aus dem Unternehmen im „Unternehmensgedächtnis" zu halten, ohne dass dies gleich den Charakter einer „Vorschrift“ bekommt. Damit ist es eher der Prozess der Auseinandersetzung, der eine Familienstrategie bedeutsam macht, und weniger die Festschreibung eines Ergebnisses.

VI. Schluss

Werte und Wertewandel sind in Familienunternehmen ein brisantes Thema. Gerade in der Unternehmensnachfolge zeigt sich die Spannung zwischen den beiden Logiken der Sozialsysteme „Familie“ und „Unternehmen“, eine Spannung, die den Reiz dieser Unternehmensform ausmacht und zugleich die Betroffenen in schwere Dilemmata führen kann. Es liegt in der Natur des Menschen, diese dann nur aus der persönlichen Betroffenheit heraus wahrzunehmen. Dann aber ist es automatisch „der andere“, der der Gegner ist. Man kann sich aber bewusst machen, dass man selbst als ein Teil in ein komplexes Systemgefüge eingebunden ist und der andere ebenfalls, dass also beide (oder mehr) in dem Dilemma stecken. Eine solche Arbeit an der Bewusstheit bedeutet immer auch „Wertearbeit“. Aus ihr kann, wenn die Wut nicht schon übergroß ist, mit der Neugier auf die Sicht des anderen eine Chance zur Verständigung erwachsen: Zu sehen, dass auch der andere einen Wert vertritt, mit dem er in einer dynamischen Verbindung zu ihm/ihr wichtigen Menschen steht, hilft möglicherweise, die unausweichlichen Wertekonflikte, die sich insbesondere im Nachfolgeprozess ergeben, mit etwas mehr Gelassenheit anzuschauen.

Literatur

Chrisman, J.J., Chua, J.H., Sharma, P. (2003): Current trends and future directions in family business management studies: Toward a theory of the family firm. Part of the Coleman White Paper Series

Frankl, V.E. (1998): … trotzdem Ja zum Leben sagen: Ein Psychologe erlebt das Konzentrationslager. München: dtv

Hennerkes, B.-H. (2009): Werte und Wertewandel im Familienunternehmen.

In: Augustin, G., Reiter, J., Schulze, M. (Hg.), Christliches Ethos und Lebenskultur. Paderborn: Bonifatius, S. 531–546

Hepp, G.F. (2001): Wertewandel und bürgerschaftliches Engagement – Perspektiven für die politische Bildung. Politik und Zeitgeschichte B 29, S. 31–38

Keupp, H. (2010): Identitäten, befreit von Identitätszwängen, aber verpflichtet zur Identitätsarbeit. Familiendynamik 35(2), 100–109

Klages, H. (2001): Brauchen wir eine Rückkehr zu traditionellen Werten? Politik und Zeitgeschichte B 29, S. 7–14

Krappe, A., Goutas, L., Schlippe, A.v. (2011): The „family business brand“: an enquiry into the construction of the image of family businesses. Journal of Family Business Management 1(1), p. 37–46

Kunze, M. (2008): Unternehmensethik und Wertemanagement in Familien- und Mittelstandsunternehmen. Wiesbaden: Gabler

Luhmann, N. (2000): Organisation und Entscheidung. Wiesbaden: Westdeutscher Verlag

Meyer, A., Oldenburg, D. (2008): Macht – Wert – Sinn (?) Werte- und Wertorientierung in Familienunternehmen. OrganisationsEntwicklung 4/08, S. 17–22

Montada, L. (2011): Mediation in Paarkonflikten – Optionen für ihre Beilegung. Familiendynamik 36(3), 198–205

Rokeach, M. (1973): The nature of human values. New York: Free Press

Sharma, P. (2004): An overview of the field of family business studies: Current status and directions for the future. Family Business Review, 17(1), 1–36

Stiftung Familienunternehmen (Hg.) (2007): Die gesellschaftliche Verantwortung von Familienunternehmen (Studie durchgeführt von H. Schäfer, Stuttgart). München

Theile, H. (2008): Unternehmensrichtlinien – Ein Beitrag zur Prävention von Wirtschaftskriminalität? Zeitschrift für Internationale Strafrechtsdogmatik 9, 406–418

Thomé, M. (2004): Normen, Werte, Orientierung. Zeitschrift für Wirtschafts- und Unternehmensethik 5(1), 51–56

Zwack, M., Schlippe, A.v. (2011): The transmission of values in family businesses – stories as a form of communicating cultural values. Paper presented at the 7th Workshop on Family Firm Management Research of the European Institute for Advanced Studies in Management (EIASM), May 2011, Witten (Germany)

Eva Marie Haberfellner

Von der Bildungsstätte zur Erziehungseinrichtung – was kann oder muss die Schule heute leisten?

Erziehungsratgeber zählen zu den Bestsellern des Büchermarktes. Rat gibt es in Buchform, aber auch im Internet, im Fernsehen, in Vorträgen, in Zeitschriften. Dies alles bezeugt aber nur die große Unsicherheit, mit der heute Themen wie Erziehung und Schule behaftet sind.

Wolfdieter Haas, ein „Ehemaliger" der Internatsschule Salem am Bodensee, der im Nationalsozialismus sehr zu leiden hatte, hat einmal gesagt, wenn er heute eine Schule gründete, seien ihm drei Elemente wichtig:

- dass ich in den Spiegel schauen kann,
- dass ich meinen Nächsten wahrnehme und für ihn eintrete
- und dass ich der gemeinsamen Sache diene und sie stärke.

Was eine Schule leisten muss, geht aus einem Zitat von Hildegard Hamm-Brücher hervor, die das Internatsklima in Salem folgendermaßen beschrieb: „Ich fühlte mich 1937 als sechzehnjährige Vollwaise in diesem Umfeld vom ersten Tag an geborgen, frei und engagiert zugleich."

Diese beiden sehr persönlichen Stellungnahmen umschreiben sehr gut, was Schule heute leisten muss.

Unser Bildungssystem fußt auf der abendländischen, christlich-jüdischen Tradition. Tradition ist nicht Anbetung der Asche, sondern Bewahrung des Feuers, soll einmal ein kluger Mensch gesagt haben.

Auf zwei zentrale Kerngedanken lege ich bei allen notwendigen und wichtigen Änderungen Wert:

- Der Wandel darf nicht beliebig, sondern muss in der Tradition erfolgen. Seit zwanzig Jahren bestimmen Strukturdebatten alle Ände-

rungsvorschläge. Diese nicht zielführenden Auseinandersetzungen haben zu keinem zufriedenstellenden Ergebnis geführt.
- Den Herausforderungen (Globalisierung, Schüler aus unterschiedlichen Kulturen, Zerbrechen familiärer Strukturen, Gefahren durch übermäßigen Medienkonsum) muss aus dieser Tradition heraus begegnet werden.

Einige Beispiele sollen die gegenwärtige Situation veranschaulichen: Die Zahl der Alleinerziehenden wächst, gegenwärtig sind es rund 30 Prozent. Patchwork-Familien entstehen, immer mehr Einzelkinder wachsen ohne Geschwister auf.

Bildung bestimmt jedoch die Zukunft jedes Einzelnen und somit der Gesellschaft insgesamt.

Ein faires, effizientes und weltoffenes Bildungssystem muss größtmögliche Chancengleichheit für alle Schüler eröffnen, Voraussetzungen für ein friedliches Zusammenleben in einem demokratischen System bieten und Erziehungsaufgaben übernehmen, die heute zum Teil nicht mehr geleistet werden.

I. Welche Änderungen notwendig sind, sollen acht Thesen veranschaulichen:

- *Abschaffung der bildungspolitischen Kleinstaaterei*

Es kann und darf nicht sein, dass ein Schulwechsel von einem Bundesland in ein anderes mit großen Schwierigkeiten verbunden ist. Auch für Eltern aus dem Ausland ist es schwer nachzuvollziehen, dass das Abitur aus Bayern einen höheren Wert als das aus Bremen hat. Die Kultusministerkonferenz hat sich nicht als wirkungsvoller Mediator erwiesen.

- *Gleichstellung der Ausbildung von Kindergartenpädagogen mit Lehrern in Grundschulen*

Die neurologische Forschung hat festgestellt, dass die wichtigen Prägungen eines Kindes bis zum sechsten Lebensjahr erfolgen. Dies bedeutet, dass Pädagogen in Kindergärten ebenso wie Lehrer eine akademische Ausbildung erhalten sollen. Sicherlich ist es auch wichtig, diese Tätigkeit so attraktiv zu machen, dass sich mehr Männer für diesen Beruf entscheiden.

– *Flächendeckendes Angebot an elementarpädagogischen Einrichtungen wie Krabbelstuben, Kinderkrippen und Kindergärten*

Kinder sollen eine optimale, altersgemäße Förderung erhalten – sowohl in intellektueller als auch in sozialer Hinsicht. Sprachförderung ist dabei ein wichtiges Element. Um eine Sprache auf muttersprachlichem Niveau zu erwerben, ist diese Lebensphase besonders wichtig.

Heutzutage gibt es keine Autorität oder Instanz mehr, die verbindlich Auskunft über korrekte Manieren geben kann. Nichtsdestoweniger gibt es einige grundlegende Eigenschaften, die nach wie vor als sozial hoch anerkannt gelten und weithin als „gute Manieren“ definiert werden. Dazu zählen Aufmerksamkeit, Respekt, Wohlwollen, Mitleid, Mitgefühl und Ordnung. Prinz Asfa-Wossen Asserate schreibt in seinem Buch „Manieren“: „Manieren sind das Parfum, das uns vergessen lässt, dass wir stinken.“

Um die Regeln eines respektvollen Zusammenlebens sollten sich daher auch die pädagogischen Einrichtungen kümmern.

– *Kontinuierliche Förderung aller Talente und Fähigkeiten sowie konsequente Unterstützung bei Schwächen*

Kurt Hahn, der Salemer Schulgründer, schreibt in seinem 1. Salemer Gesetz: „Gebt den Kindern Gelegenheit, sich selbst zu entdecken. Jeder Junge, jedes Mädchen hat eine ‚grande passion‘. Die ‚grande passion‘ wird dadurch zutage treten, dass das Kind mit vielen Aktivitäten in Berührung kommt.“ Jedes Kind besitzt besondere Fähigkeiten, sei es auf intellektuellem Gebiet, in der Musik, beim Sport oder bei handwerklichen Aktivitäten. Werden diese Leistungen anerkannt, so entstehen Vertrauen und Selbstwertgefühl. Die Schule muss Raum für vielfältige Aktivitäten ermöglichen. Dazu bedarf es auch eines Überdenkens der Schularchitektur. Schulen brauchen Raum für Sport, Theater, Musik und flexiblen Unterricht.

– *Plädoyer für die Ganztagsschule*

Wenn sich Lehrer und Schüler über den Tag hin beim Lernen, Spielen, Sport und gemeinsamen Mittagessen treffen, entstehen vertrauensvolle Beziehungen, die eine wesentliche Voraussetzung für erfolgreiches Lernen sind.

Ein Schüler mit Schwierigkeiten im Fach Mathematik kann so beweisen, dass er ein ausgezeichneter Mannschaftssportler ist, gut Theater spielen kann.

Schüler haben einen strukturierten Tagesplan mit Zeiten für Sport, Freizeit und Hausaufgaben. Sie leben in der schulischen Gemeinschaft, verbringen dort ihre Nachmittage und vermeiden somit Gefahren, die sich aus der Halbtagsschule ergeben können.

– *Durchlässigkeit der Systeme*

Die Entwicklung jedes Kindes ist unterschiedlich und sehr individuell. Oft kann man erst mit 14 bis 15 Jahren das Potential eines jungen Menschen erkennen. Die Durchlässigkeit zwischen den einzelnen Schultypen ist daher erforderlich.

– *Aufwertung und bessere Ausbildung der Lehrer*

Erasmus von Rotterdam sagt, die Liebe zum Fach erfolgt über die Liebe zum Lehrer. Lehrer sind im Leben von Menschen wichtige Bezugspersonen. Sie sind Vorbilder, die für ihre Sache, ihr Fach begeistern sollen. Sie werden ihrer Aufgabe aber nur gerecht, wenn sie die professionellen Regeln beherrschen. Dazu gehören Leidenschaft für das Fach, die Kenntnis der Methodik und Didaktik und das Verstehen des individuellen Lernprozesses der Schüler. Dazu gehört aber auch, dass Lehrer ihre Grenzen kennen und die Grenzen der Kinder respektieren. Distanz ist dabei unabdingbar, Empathie erforderlich und emotionale Teilnahmslosigkeit nahezu ausgeschlossen. Auf diese Gratwanderung müssen sich Lehrer einlassen, und zwar im täglichen Umgang mit Schülern.

Welcher Lehrer wurde im Studium darauf vorbereitet?

Schulen brauchen Lehrer mit ausgezeichneter Ausbildung sowohl im fachlichen als auch pädagogischen und persönlichen Bereich. Wichtig ist auch, dass Fort- und Weiterbildung garantiert sind. Wie in angelsächsischen und skandinavischen Schulen üblich, brauchen Lehrer die Unterstützung von Experten aus dem Gesundheits- und Sozialbereich. Dort wurden „special needs departments" mit Schulpsychologen, Ärzten und Psychiatern eingerichtet.

– *Verbesserung der Schnittstellen zwischen Schulen und Beruf und Schulen und Hochschulen*

Viele Schüler und Eltern fühlen sich überfordert bei der Frage: Was kommt nach dem Schulabschluss?

Wichtig ist die Konfrontation mit der Praxis. Offenheit bedeutet auch Öffnung der Bildungseinrichtungen zu Wirtschaft und Gesellschaft. Schulen sind Teil der Gesellschaft, sie leben vom Bezug zur Realität und können und sollen sich davor nicht schützen. Eine Schule, die sich als Gegenwelt zum Alltag versteht, ist zum Scheitern verurteilt.

II. Wie kann das Gymnasium der Zukunft aussehen?

Im Gegensatz zur oft herrschenden Meinung, dass der Zustrom in die Gymnasien zu groß sei, erscheint es erstrebenswert, dass durchaus die Hälfte oder mehr eines Altersjahrgangs zum Abitur gebracht werden sollte. Dafür gelten zwei Voraussetzungen:

– das Abitur ist nicht mit dem Anspruch auf ein Studium an einer wissenschaftlichen Hochschule verknüpft und
– Schüler müssen besser auf die heutige Berufs- und Arbeitswelt vorbereitet werden.

Die Ansprüche an Mitarbeiter in einem hoch technisierten Land werden in Zukunft steigen. Dies muss in den Gymnasien berücksichtigt werden. Nach wie vor gilt, dass der höhere Bildungsabschluss eine bessere Lebensqualität sichert und Chancen eröffnet, die Probleme unserer Zeit zu lösen. Trotz anderslautender Zusagen der Politiker wird im kommenden Jahrzehnt allerdings die Finanznot der öffentlichen Hand im Schulwesen anhalten und damit der Zwang zum Sparen.

Dieser Zwang führt andererseits zu Veränderungen, die es zu nutzen gilt, um die heute als richtig erkannten Bildungsziele durchzusetzen:

1. Welches Menschenbild soll das Gymnasium vermitteln?

Seit den Anfängen unter Wilhelm von Humboldt fühlt sich das Gymnasium in seinen Erziehungszielen einem Bildungsideal verpflichtet, das inhaltlich von der Kultur und Gesellschaft einer Epoche abhängt und somit im Lauf seiner zweihundertjährigen Geschichte einige Veränderungen erfahren hat.

Gleich geblieben ist aber immer die Überzeugung, dass Bildung aus der geistigen Auseinandersetzung mit der Welt, im Besonderen mit der jeweiligen Kultur, erwächst und sich schließlich in Humanität, in der ureigenen Verwirklichung des Menschseins, vollendet.

Obwohl der ursprüngliche Begriff der Bildung den Vorgang ebenso umfasst wie das Ergebnis, engte er sich in den Augen vieler Bildungsbürger im Laufe der Zeit auf das Verfügen über ein bestimmtes Wissen ein. Dieses Wissen umfasste vor allem Sprachen mit Schwerpunkt Griechisch und Latein, die deutsche Klassik, Geschichte und Kunst. Trotz einiger Veränderungsversuche, vor allem auch durch die Reformpädagogen, ist der Bildungsbegriff im Wesentlichen unverändert. Naturwissenschaft und Technik müssen heute gleichberechtigt in den Bildungskanon aufgenommen werden

Weltweite Verschränkungen wirtschaftlicher, politischer, gesellschaftlicher und kultureller Art verlangen ein bisher nicht gekanntes umfassendes Denken und Handeln in der Verantwortung für die ganze Menschheit. Die Welt verändert sich so schnell, dass ein statischer Bildungsbegriff immer mehr an Bedeutung verliert, wenn auch die traditionellen Wurzeln nicht vergessen werden sollten.

2. Was bedeutet heute Allgemeinbildung?

Die europäische Einigung verlangt Weltoffenheit, Curricula müssen nationale Inhalte überschreiten. Naturwissenschaftliche Grundbildung schafft erst das notwendige Verständnis für technische Probleme und hilft Umweltfragen zu sehen und Lösungen zu entdecken.

Andererseits sind Religion, Ethik und Philosophie unverzichtbar und sollten nicht an den Rand des Bildungskanons gedrängt werden. Fast alle wesentlichen Probleme unserer Zeit sind komplex. Lösen lassen sie sich nur, wenn lineares durch vernetztes Denken ersetzt wird, wenn Kreativität und Phantasie erlauben, auch unkonventionelle Wege einzuschlagen. Kurt Hahn schlägt in seinem fünften Gesetz vor: „Liebt die Phantasie!“ Er ist überzeugt, dass es von besonderer Wichtigkeit ist, Phantasie und Kreativität genügend Freiraum zu schaffen.

Der Begriff „Allgemeinbildung“ wird eng oder weit diskutiert und klingt in manchen Ohren sicherlich veraltet. Wichtig ist und bleibt das Einüben demokratischer Verhaltenstrukturen und die Erziehung zur Verantwortung.

3. Was erwarten Universitäten von Gymnasien?

Zweifel an der Studierfähigkeit der Absolventen von Gymnasien kommt immer häufiger aus den Kreisen der Universitätsprofessoren. Neben einem soliden Grundwissen setzt die Aufnahme eines Studiums die Fähigkeit voraus, selbständig zu lernen, sowie Persönlichkeitsbildung. Diese wird verstanden als Erkennen der eigenen Möglichkeiten und Grenzen, der Fähigkeit, eigene Interessen sachgemäß zu vertreten und Kompromisse einzugehen, und der Bereitschaft zu Toleranz, Verständigung und Partnerschaft. Unverzichtbar ist der Wille, verantwortlich zu handeln, Werturteile selbständig zu finden und zu begründen.

III. Was kann man von Salem lernen?

Prinz Max von Baden und Kurt Hahn hatten den Mut, eine Schule zu gründen, in der die individuelle Bildung und persönliche gesellschaftliche und politische Verantwortung praktisch werden sollten. Sie hatten den Mut, in langen Zeiträumen zu denken: eine nationale Erziehungsbewegung mit dem Ziel einer politischen Erneuerung. Hahns unbedingter Glaube an die Herrschaft der Besten bezog sich weniger auf herausragende akademische Leistungen als auf die positiven Charaktereigenschaften seiner Schüler. Bei ihm gab es Noten für Gerechtigkeitsgefühl, die für ihn allemal wichtiger waren als die letzte Mathematikarbeit.

Als Kurt Hahn 1974 starb, schrieb die Londoner „Times“: „In unserer Zeit hat niemand mehr innovative Ideen und Vorstellungen im Bereich des Erziehungswesens entwickelt und gleichzeitig die Gabe besessen, diese auch in die Tat umzusetzen.“ Was ist und bleibt der aufgegebene Ursprungsgedanke? Mutig und frei: die Erziehung zur eigenen Persönlichkeit, zu Gerechtigkeit, Gemeinsinn und Zivilcourage, wie es in den früheren Salemer Zeugnissen stand. Charakterbildung bleibt das Ziel. Demokratie heißt gewählte Herrschaft auf Zeit. Das heißt von einer Mehrheit anerkannt zu werden, führen zu können und zu wollen und sich dem Urteil der Mehrheit zu stellen. Das bedeutet neben der Erziehung zur Selbstdisziplin, zur Sittlichkeit und zu den Maßstäben praktischen und politischen Handelns vor allem auch Wissen und praktisches politisches Können.

Harald Christ

Der verkannte Wert der Bildung

Der einstmals exzellente Ruf des deutschen Bildungssystems hat in den vergangenen Jahren schwer gelitten. Es stellt, wie Studien belegen, im internationalen Vergleich allenfalls Mittelmaß dar und produziert zu viele Bildungsverlierer: junge Menschen mit keinem oder niedrigem Bildungsabschluss, die kaum Aussichten auf ein selbstbestimmtes Leben haben. Deswegen und aufgrund der demografischen Entwicklung steuert das Land mittel- und langfristig auf einen gravierenden Mangel an qualifizierten Arbeitskräften zu.

Ich werde in diesem Beitrag die Schwachstellen des Bildungssystems in Deutschland aufzeigen und insbesondere analysieren, warum es junge Menschen aus sozial benachteiligten Familien so schwer haben, einen guten Schulabschluss zu erlangen. Denn wir können es uns nicht länger leisten, so viele potenzielle Talente auszugrenzen. Ein an Rohstoffen armes Land wie Deutschland kann auf Dauer nur prosperieren, wenn es über gut qualifizierte Arbeitskräfte in ausreichender Zahl verfügt. Schließlich werde ich die aus meiner Sicht unabdingbaren politischen Konsequenzen aufzeigen. Zunächst möchte ich jedoch darauf eingehen, welche Werte Bildung jenseits des ökonomischen Kalküls vermitteln muss.

I. Werteorientiere Erziehung und Bildung

In der aktuellen politischen Diskussion wird mitunter beklagt, dass sich Bildung und Ausbildung in Deutschland zu sehr an wirtschaftlichen Kriterien orientieren. Im Vordergrund stünden die Qualifikationen, die das

Land benötigte, um im globalen Wettbewerb zu bestehen, heißt es. Dagegen werde Bildung immer weniger als Wert an sich verstanden. Das Humboldt'sche Ideal, wonach Bildung zu einer „sich selbst bestimmenden Individualität und Persönlichkeit" der jungen Menschen führen soll, trete zunehmend in den Hintergrund. Nicht von ungefähr werde von „Human Resources" und nicht von Arbeitskräften gesprochen.

Ich kann das Unbehagen, das sich an dieser Begrifflichkeit festmacht, gut verstehen. Natürlich dürfen sich Schulen und Hochschulen, Lehrer und Dozenten nicht darauf beschränken, das Wissen zu vermitteln, das in der Berufswelt vor allem verlangt wird. Sie haben auch einen erzieherischen Auftrag und sollen den jungen Menschen diejenigen Werte vermitteln, die unsere Gesellschaft tragen. Die gemeinsame Aufgabe von Eltern und Schule ist es, verantwortungsvolle und mündige Persönlichkeiten heranzubilden. Diese müssen über jene persönlichen und sozialen Kompetenzen verfügen, die sie über die formale Bildung hinaus für das Leben rüsten. Das mag vor dem Hintergrund des allseits beklagten Werteverfalls idealistisch klingen. Doch müssen sich Schule und Elternhaus dieser Herausforderung stellen.

II. Chancengleichheit ist reine Fiktion

Seit der ersten PISA-Studie aus dem Jahr 2001 wissen wir, dass in kaum einem anderen Industrieland die Menschen so schlechte Chancen haben, durch Bildung aufzusteigen. Die Untersuchungen der OECD zeigen, dass die Leistungen der deutschen Schüler insgesamt mittelmäßig seien und dass der Bildungserfolg in Deutschland maßgeblich von der sozialen Herkunft bestimmt werde.

Chancengleichheit ist im deutschen Bildungssystem reine Fiktion. Kinder aus sozial niedrigen Schichten haben wie eh und je relativ geringe Chancen, mit einem exzellenten Schulabschluss den Grundstein für eine erfolgreiche berufliche Zukunft zu legen. Familien sind so unter Umständen über Generationen hinweg in einem Teufelskreis von Bildungsarmut gefangen und leben fortgesetzt in prekären Verhältnissen. Denn die Benachteiligungen pflanzen sich fort. Das gilt erst recht für Familien mit Migrationshintergrund. Ihre Nachkommen haben es im deutschen Bildungssystem besonders schwer. Sie erlangen im Schnitt deutlich weniger qualifizierende Bildungsabschlüsse als die Kinder Einheimischer.

III. Die Mechanismen der sozialen Ungleichheit

Warum entscheidet die soziale Herkunft in Deutschland maßgeblich über Bildungserfolg? Liegt die Schuld vor allem bei den Eltern? Oder versagt in erster Linie das Schulsystem, das nicht in der Lage ist, die aus dem Elternhaus resultierenden Benachteiligungen zu kompensieren? Die Antwort lautet: Eine monokausale Erklärung gibt es nicht; viele Faktoren wirken zusammen und führen dazu, dass junge Menschen ihre Potenziale nicht ausschöpfen. Die Mechanismen der sozialen Ungleichheit sind vielfältig.

Nicht unterschätzt werden sollte der Einfluss des Elternhauses. Eltern aus bildungsnahen Schichten fördern ihren Nachwuchs bereits in frühen Jahren so zielgerichtet wie es bildungsfernen Eltern kaum möglich ist. Auch bei den Übergängen im Schulsystem spielt der Bildungshorizont der Eltern eine entscheidende Rolle. Bei gleichem Leistungsstand durchlaufen Schüler nicht zwangsläufig die gleiche Schulkarriere. Ein Grund: Eltern mit einem niedrigen Bildungsabschluss neigen dazu, sich auch bei ihren Kindern mit einem niedrigen Abschluss zu begnügen. Sie treffen den Experten zufolge ihre Bildungsentscheidungen im „Kontext der eigenen sozialen Stellung“. Oder anders ausgedrückt: Sie schätzen den Wert guter Bildung vergleichsweise gering ein.

In der Schule werden diese im Elternhaus ablaufenden Prozesse noch verstärkt. Das hat jetzt eine Studie der Universitäten Potsdam, Tübingen und Freiburg im Auftrag der Vodafone-Stiftung wieder bestätigt. Danach haben Kinder aus bildungsfernen Schichten selbst bei gleicher Leistung durchschnittlich schlechtere Noten als Kinder aus Akademikerfamilien. Das wurde sowohl in der Grundschule als auch am Ende der gymnasialen Oberstufe nachgewiesen, und besonders wirken sich der Studie zufolge die sozialen Nachteile in der Empfehlung beim Übergang von der Grundschule zum Gymnasium aus. Eine frühere Studie über die fünften Klassen in Hamburg kommt zu dem gleichen Ergebnis. Demnach ist die Chance auf eine Gymnasialempfehlung bei gleichen Fähigkeiten und Leistungen für Kinder aus gehobenen Schichten deutlich höher als für Kinder aus unteren sozialen Schichten.

Der Auftrag der Schulen, Begabungen zu erkennen und die schulische Entwicklung aller Kinder optimal zu fördern, wird so ad absurdum geführt. In die gleiche Richtung wirkt die frühe Aufteilung der Kinder auf die weiterführenden Schulen. Sie erfolgt durchweg bereits nach vier Grundschuljahren oder mit dem zehnten Lebensjahr. Nur in Berlin und in Brandenburg haben Schüler und Eltern für diese richtungsweisende Entscheidung sechs Jahre oder bis zum zwölften Lebensjahr Zeit. Im internationalen Vergleich ist auch dies sehr früh. In den meisten anderen entwickelten Staaten wird erst im Alter von 15 oder 16 Jahren sortiert – und das aus gutem Grund. Die frühe Selektion verbaut Bildungswege. Je früher Schüler in unterschiedliche Schulformen aufgeteilt werden, desto größer ist der familiäre Einfluss auf die Schülerleistungen. Das haben Studien eindeutig nachgewiesen.

IV. Bildung fängt in der Krippe an

Wie kann die Bildungspolitik familiäre Benachteiligungen ausgleichen? Grundsätzlich gilt: Je früher die Bildung beginnt, desto günstiger sind die Aussichten auf eine erfolgreiche Schulkarriere. Bildung sollte in der Kinderkrippe anfangen. Defizite – zum Beispiel sprachliche – können dann frühzeitig erkannt und ausgeglichen werden. Eine Studie des „Schweizer Büros für Arbeits- und Sozialpolitische Studien" (BASS) im Auftrag der Bertelsmann-Stiftung hat den positiven Zusammenhang zwischen Krippenbesuch und Bildungserfolg eindrucksvoll nachgewiesen. Die Wahrscheinlichkeit, ein Gymnasium zu besuchen, nimmt danach um insgesamt knapp 40 Prozent und bei Kindern aus Zuwandererfamilien sogar um mehr als 55 Prozent zu. Am stärksten profitierten Kinder, deren Eltern höchstens einen Hauptschulabschluss haben: Ihre Chance, ein Gymnasium zu besuchen, nimmt um gut 80 Prozent zu, wenn sie in ihren ersten Lebensjahren eine Krippe besuchen.

Leider besuchen in Deutschland nur 20 Prozent (2008) der unter Dreijährigen eine Krippe oder werden von einer Tagesmutter oder einem Tagesvater betreut. In Ländern wie Dänemark (73 Prozent), Schweden (49 Prozent), den Niederlanden (47 Prozent) oder Frankreich (41 Prozent) liegen die Betreuungsquoten deutlich höher. Zudem verbergen sich hinter dem statistischen Durchschnitt erhebliche regionale Unterschiede. Während in Westdeutschland im Jahr 2009 nur knapp 15 Prozent der unter Dreijährigen einen Betreuungsplatz hatten, erreichte die Quote in den ostdeutschen Bundesländern immerhin 46 Prozent. Besonders beklagenswert ist die geringe Beteiligung von Kindern mit Migrationshintergrund in Westdeutschland. Von ihnen besuchen nur neun Prozent eine Einrichtung oder Tagespflege. Ausgerechnet diejenigen Kinder also, die in Deutschland am stärksten benachteiligt sind und am meisten von der frühkindlichen Bildung und Betreuung profitieren könnten, bleiben größtenteils außen vor.

Ganztagsschulen sind eine weitere wichtige Möglichkeit, die Benachteiligungen von Kindern aus bildungsfernen Schichten zu reduzieren. Hochwertige Ganztagsschulen böten „den besten Rahmen für individuelle Förderung und sind der entscheidende Hebel für bessere Qualität und mehr Chancengerechtigkeit im Schulsystem“, urteilt zutreffend Jörg Dräger von der Bertelsmann-Stiftung. In Deutschland hat diese Schulform jedoch keine Tradition. Während in Frankreich, Großbritannien, Skandinavien und den USA Schulen ganz selbstverständlich Ganztagsschulen sind, hat ihre Zahl in Deutschland erst in der jüngeren Vergangenheit zugenommen. Von Verhältnissen wie in den oben genannten Ländern sind wir aber noch immer weit entfernt: Im Jahr 2008 nahmen nur 24,1 Prozent aller Schüler in Deutschland an Ganztagsunterricht teil.

V. Bedingt ausbildungsfähig

Die Misere an Deutschlands Schulen hat Folgen. Im Jahr 2008 verließen laut Bildungsbericht 2010 der Kultusministerkonferenz immerhin 65.000 Jugendliche die allgemeinbildende Schule, ohne zumindest den Hauptschulabschluss erlangt zu haben. Bezogen auf die alterstypische Bevölkerung (15- bis unter 17-Jährige) lag ihr Anteil bei 7,5 Prozent. Die Chancen dieser jungen Menschen, eine Lehrstelle im dualen Ausbildungssystem zu finden, sind gering. Nicht viel besser geht es vielen Bewerbern mit Hauptschulabschluss, die 2008 gut 28 Prozent der alterstypischen Bevölkerung stellten. In früheren Jahrzehnten war die duale Berufsausbildung ihre Domäne. Heute konkurrieren sie mit Realschulabgängern und Abiturienten um Ausbildungsplätze, die immer anspruchsvoller werden und vielfach nicht dem Kompetenzprofil eines Hauptschulabsolventen entsprechen.

Der Ausweg heißt Übergangssystem. Dahinter verbergen sich Maßnahmen, die nicht zu einem Berufsabschluss führen, sondern die Ausbildungsreife der jungen Menschen verbessern sollen: Angebote der Bundesagentur für Arbeit, Qualifizierungen in Berufsfachschulen, Berufsvorbereitungsjahre (BVJ) und Berufsbildungsjahre (BGJ), betriebliche Einstiegsqualifizierungen (EQ). Im Jahr 2010 wechselten 320.000 Jugendliche in dieses Auffangnetz. Doch wie erklären sich vor diesem Hintergrund Meldungen, wonach immer mehr Lehrstellen unbesetzt bleiben? Die jungen Menschen im Übergangssystem gelten als versorgt, auch wenn bekannt ist, dass sie im nächsten Jahr als so genannte Altbewerber erneut nach einem Ausbildungsplatz suchen.

In den Statistiken zur Berufsausbildung in Deutschland finden sich zahlreiche derartige Alarmzeichen. So verfügten laut Berufsbildungsbericht im Jahr 2008 rund 15 Prozent (hochgerechnet 1,46 Mio.) der jungen Erwachsenen zwischen 20 und 29 Jahren über keinen Berufsabschluss und „somit nicht“, wie es heißt, „über die Voraussetzung für eine qualifizierte Beteiligung am Erwerbsleben“. Nicht immer ist dies damit zu erklären, dass die Betroffenen keinen Ausbildungsplatz gefunden hätten. Viele brechen ihre Lehre auch ab.

So wurden im Jahr 2009 22,1 Prozent der Ausbildungsverträge vorzeitig gelöst.

VI. Fachkräfte werden knapp

Die Bildungsverlierer, die unsere allgemeinbildenden Schulen produzieren, fallen also auch im System der dualen Berufsausbildung hinten runter. Viele schließen nie eine Ausbildung ab und leben ohne Aussicht auf eine selbstbestimmte Existenz dauernd in prekären Verhältnissen. Das ist für die Betroffenen tragisch und für die gesamte Gesellschaft ein unhaltbarer Zustand. Wir können es uns nicht leisten, diese jungen Menschen einfach abzuschreiben. Wir brauchen jeden einzelnen. Denn die demografische Entwicklung wird in den kommenden Jahren die Zahl der potenziellen Lehrstellenbewerber dramatisch verknappen und den Fachkräftemangel permanent verschärfen.

Schon heute ist in der deutschen Wirtschaft der Personalmangel das beherrschende Thema. Viele Unternehmen suchen händeringend nach Fachkräften mit einem Abschluss in den Fächern Mathematik, Informatik, Naturwissenschaften oder Technik (MINT) – viel zu oft ohne Erfolg. Doch werden auch Facharbeiter und Pflegekräfte immer mehr zu einer Mangelware, und in den kommenden Jahren wird sich die Lage unweigerlich zuspitzen. Die schrumpfende Bevölkerung wird laut einer Studie der Prognos AG bis zum Jahr 2030 zu einer Arbeitskräftelücke von rund 5,2 Mio. Menschen führen. Am größten wird der Mangel bei Akademikern mit einer Lücke von 2,2 Mio. Personen und bei Arbeitskräften mit einer beruflichen Bildung (2,5 Mio.) sein. Doch werden im Jahr 2030 auch rund 530.000 Erwerbstätige ohne berufliche Bildung fehlen.

Träfe der vorausgesagte Personal- und Fachkräftemangel tatsächlich ein, dann hätte das laut Prognos „dramatische Konsequenzen für Wachstum und Wohlstand in Deutschland“. Die durchschnittliche gesamtwirtschaftliche Wachstumsrate würde von jährlich ein Prozent auf 0,6 Prozent absinken. Addiert über den gesamten Zeitraum ergäbe sich, so Prognos, ein Wohlstandsverlust von 3,8 Billionen Euro. Dies entspräche einer Wirtschaftsleistung von 18 Monaten. Tatsächlich könnten die Folgen des Fachkräftemangels noch dramatischer sein als diese Zahlen vermuten lassen. Denn die Unternehmen können nur mit Ausweichstrategien reagieren, hierzulande weniger oder gar nicht mehr investieren und ihre Produktion teilweise oder vollständig ins Ausland verlagern. Ein sich selbst verstärkender Abschwung wäre die Konsequenz. Wirtschaftsleistung und Steuereinnahmen würden schrumpfen, und das teure deutsche Sozialsystem würde endgültig unbezahlbar. Selbst die nach wie vor hohe Arbeitslosigkeit könnte sich verstetigen oder gar steigen, weil die deutschen Unternehmen im Ausland kaum deutsche Arbeitskräfte bräuchten.

VII. Breite Zuwanderung nötig

Welche Konsequenzen sind aus der Misere zu ziehen? Nötig ist eine zweigleisige Strategie. Zum einen muss die Politik mit einer Bildungsoffensive gegensteuern. Zum anderen ist eine breit angelegt Zuwanderungspolitik unabdingbar. Denn eine Bildungspolitik, die die Basis dafür legt, dass alle menschlichen Ressourcen für den Arbeitsmarkt mobilisiert werden können, wird allein nicht ausreichen, um genügend Fachkräfte zu gewinnen und die Sozialsysteme zu stabilisieren. Dazu ist das demografische Problem zu groß. Deutschland ist auch auf die Zuwanderung von Menschen aus dem Ausland angewiesen.

Erforderlich ist eine einladende, offensive und an demografischen und wirtschaftlichen Erfordernissen ausgerichtete Zuwanderungspolitik. Diese Politik darf sich nicht, wie es bisher Praxis ist, einseitig auf einige hundert Hochqualifizierte fokussieren. Denn dem Land droht ein breiter Mangel an qualifizierten und auch an gering qualifizierten Arbeitskräften. Dies erfordert eine breit angelegte Zuwanderung an Fachkräften. Nicht zuletzt brauchen wir eine mentale Öffnung des Landes. Die begehrten Fachkräfte kommen nur zu uns, wenn wir sie mit offenen Armen empfangen und sie sicher sein können, dass auch ihre Kinder eine faire Chance erhalten und nicht diskriminiert werden.

Toleranz und eine fremdenfreundliche Begrüßungskultur sind gefordert. Zuwanderung ist Chance, nicht Gefahr.

VIII. Pakt für Exzellenz in der Bildung

Die Politik in Deutschland hat die Zügel in der Bildungspolitik zu lange schleifen lassen. Zwar wird in Sonntagsreden unablässig beteuert, wie wichtig Bildung für die Menschen und für die Zukunft des Landes sei. Doch in zielgerichteter Politik schlagen sich diese Beteuerungen kaum nieder. Vielmehr drängt sich der Eindruck auf, dass der Wert der Bildung systematisch unterschätzt wird. Das lässt nicht zuletzt an den Bildungsausgaben ablesen. Wenn man die OECD-Zahlen zu Rate zieht, dann sind die Ausgaben für Bildung in Deutschland beschämend niedrig. Im Jahr 2008 erreichten die privaten und öffentlichen Bildungsaufwendungen einen Anteil am Bruttoinlandsprodukt (BIP) von 4,8 Prozent. Im Vergleich der OECD-Länder investierten nur Tschechien (4,5 Prozent) und die Slowakei (4,0 Prozent) weniger Geld in den Bildungssektor. Spitzenreiter im OECD-Ranking sind Island (7,9 Prozent), Korea (7,6 Prozent), Israel (7,3 Prozent), Norwegen (7,3 Prozent) und die Vereinigten Staaten (7,2 Prozent). Im Schnitt aller OECD-Staaten wurden 5,9 Prozent des BIP für die Bildung ausgeben – 1,1 Prozentpunkte mehr als in Deutschland.

Vor diesem Hintergrund verwundert es nicht, dass das deutsche Bildungssystem seit vielen Jahrzehnten unterfinanziert ist – seien es nun die allgemeinbildenden Schulen, Berufsschulen oder Hochschulen. Der wesentliche Grund ist bekannt: Bildung liegt in Deutschland in der Verantwortung der Bundesländer. Diese leiden aber unter chronischem Geldmangel und sind mit der Bildungsfinanzierung hoffnungslos überfordert. Trotzdem musste der Bund mit der Föderalismusreform des Jahres 2006 auch seine letzten Kompetenzen im Bildungssektor abgeben. Selbst gelegentliche Finanzspritzen der Bundesregierung sind jetzt nur noch unter restriktiven Bedingungen möglich.

Was muss geschehen? Wir brauchen nichts anderes als eine Bildungsrevolution, die Chancengleichheit herstellt und das deutsche Bildungssystem wieder zur weltweiten Benchmark macht. Deutschland muss die führende Bildungsnation werden. Dies setzt einen Kraftakt voraus. Doch warum sollte eine der leistungsstärksten Volkswirtschaften der Welt dazu nicht in der Lage sein? Es muss endlich Schluss sein mit halbherzigen Initiativen, die auf halber Strecke stehen bleiben und letztlich wirkungslos verpuffen. Das Zeitfenster für entschlossenes Handeln wird immer kleiner. In einem Pakt für Bildung müssen sich überparteilich alle gesellschaftlichen Kräfte auf Exzellenz in der Bildung verpflichten und das unterfinanzierte deutsche Bildungssystem so ausstatten, dass dieses Ziel erreicht werden kann.

Voraussetzung ist eine Umkehrung der Machtverhältnisse: Der Bund muss künftig die Richtlinienkompetenz im Bildungssektor haben. Die Länder hatten ihre Chance und haben sie nicht genutzt. Ihnen ist es nicht einmal gelungen, ein einheitliches Schulsystem mit einheitlichen Standards zu schaffen, so dass der Umzug über die Ländergrenzen hinweg nicht mehr zu riskanten Bildungsbrüchen bei den betroffenen Kindern und Jugendlichen führt. Wie soll ihnen da die grundlegende Erneuerung des gesamten Bildungssystems gelingen?

Die neue Richtlinienkompetenz des Bundes muss selbstverständlich auch für die neue Schulstruktur gelten. Das Schulsystem der Zukunft besteht aus Gymnasien und integrierten Gemeinschaftsschulen. In Letzteren lernen die Schüler so lange wie möglich im Klassenverbund, um eine hohe Durchlässigkeit zu gewährleisten. Jeder Schüler einer Gemeinschaftsschule muss eine reelle Chance haben, auf diesem Weg das Abitur zu erlangen. Zudem plädiere ich dafür, die Grundschule bundesweit auf sechs Jahre auszuweiten. Weitere wichtige Weichenstellungen stehen an, beispielsweise die flächendeckende Einführung von verpflichtenden Ganztagsschulen oder der forcierte Ausbau der Krippenplätze.

Bei allem muss uns klar sein: Nicht mehr kurzfristige Haushaltszwänge dürfen die Bildungschancen unserer Kinder und Jugendlichen diktieren. Ein Land, das die weltweit führende Position in der Bildung beansprucht, muss seine Ausgaben diesem ambitionierten Ziel anpassen – und nicht umgekehrt.

Ursula Lehr

Leben in einer Zeit des Wandels

Der demografische Wandel – Herausforderung und Chance

I. Der demografische Wandel: die zunehmende Langlebigkeit

Wir leben in einer Gesellschaft des langen Lebens. Noch nie zuvor haben so viele Menschen eine so lange Lebenszeit gehabt wie heute. Sehen wir darin nicht ein Problem, sondern eine Chance. Umberto Eco stellte einmal fest: Der größte Fortschritt – über die Jahrhunderte hinweg – sei nicht etwa auf dem Gebiet der Technik, sondern auf dem Gebiet des Lebens erreicht. Der Computer wurde schon von der Rechenmaschine Pascals angekündigt, der mit 39 Jahren starb – und das war damals schon ein schönes Alter. Alexander der Große und der römische Dichter Catull starben schon mit 33, Mozart mit knapp 36, Chopin mit 39 und Spinoza mit 45 Jahren, der hl. Thomas v. Aquin mit 49, Shakespeare und Fichte mit 52, Cartesio (Descartes) mit 54, Beethoven mit 56, Hegel, uralt, mit 61.

Wir leben heute in einer Zeit des demografischen Wandels: Immer mehr immer ältere Menschen stehen immer weniger Jüngeren gegenüber. Die Bevölkerungspyramide steht Kopf, unsere sozialen Sicherungssysteme geraten aus dem Ruder. Man macht dafür – oft einseitig – die „Überalterung" unserer Gesellschaft verantwortlich – ein Begriff, der aus unserem Sprachschatz gestrichen werden sollte. Denn wo ist die Norm? Der demografische Wandel ist neben der zunehmenden Langlebigkeit vor allem durch einen Rückgang der Geburtenzahlen bedingt, der zu bedauern ist. Wir haben es also eher mit einer „Unterjüngung" als mit einer „Überalterung" zu tun.

Vor gut 100 Jahren betrug die durchschnittliche Lebenserwartung nur 45 Jahre. Heute kann ein Neugeborener mit einem Durchschnittsalter von 77,2 Jahren, eine Neugeborene mit 82,4 Jahren rechnen – und die Lebenserwartung steigt weiter, jährlich um drei Monate. Aber, der heute bereits Sechzigjährige (ein Alter, in dem für die meisten der „Ruhestand" bald beginnt) hat im Durchschnitt noch weitere 25 Jahre vor sich, also mehr als ein Viertel seines Lebens! Sind wir darauf vorbereitet? Besteht da nicht eine innere Verpflichtung, sich noch irgendwo nützlich zu machen, sich zu engagieren, in der Familie, in der Nachbarschaft, oder ein Ehrenamt zu übernehmen?

Doch wir haben nicht nur eine Verlängerung der Lebenszeit im Alter, wir haben auch eine Verlängerung der Jugendzeit! Unsere Großväter und Großmütter sind viel früher ins Berufsleben eingetreten, haben viel früher eine Familie gegründet und „ihren Mann" beziehungsweise „ihre Frau" gestanden, also Verantwortung übernommen. Heute zählt die Jugendzeit bis 35. Doch ab 45 zählt man dann zu den „älteren Arbeitnehmern", ab 50 ist man zu alt für jeden neuen Job und ab 55 gehört man zu den Senioren; Seniorenmessen sprechen die Generation „55+" an.

35 Jahre jung, 10–15 Jahre erwachsen und dann 35 Jahre alt? Vom BAföG in die Rente? Das kann doch nicht der Sinn unseres Lebens sein!

II. Die alternde Gesellschaft

Vor 100 Jahren waren 5 Prozent der Bevölkerung 60 Jahre und älter. Heute sind es etwa 25 Prozent. In 25 Jahren werden 35 bis 38 Prozent der Bevölkerung über 60 sein – und nur 16 bis 17 Prozent unter 20 Jahren; die Gruppe der über Achtzigjährigen wird sich verdreifachen.

Doch nicht nur diese Altersgruppe nimmt zu, auch die der über 90 und über Hundertjährigen. Untersuchungen belegen: Je älter wir werden, desto weniger sagt die Anzahl der Lebensjahre etwas aus über Fähigkeiten, Fertigkeiten, Interessen, über Verhaltens- und Erlebnisweisen. Gleichaltrige zeigen oft größere Unterschiede als Menschen, deren Altersunterschied 20 oder gar 30 Jahre beträgt.

Altern ist stets das Ergebnis eines lebenslangen Prozesses mit ureigensten Erfahrungen, mit ganz individuellen Formen der Auseinandersetzung mit Problem- und Belastungssituationen. Unsere geistige Aufgeschlossenheit, unsere Ausbildung, unser Interesse, aber auch unsere sportliche Betätigung, unsere körperliche Aktivität in jüngeren Jahren, unser Lebensstil, unsere Einbindung in gesellschaftliche Gruppen beeinflussen Alterszustand und Alterungsprozess. Machen wir uns klar: Es kann nun einmal ein Mensch nicht wie Goethe altern, der nicht wie Goethe gelebt hat.

Das Alter hat viele Gesichter. Da ist der hochkompetente, weise, belesene Fünfundachtzigjährige, der seine morgendliche Gymnastik macht, täglich kritisch die Zeitung liest und die Nachrichten verfolgt, der informiert und orientiert ist, der Reisen unternimmt und mit Neugier der Welt begegnet, bereit ist, Neues zu lernen. Und da ist der vielleicht zehn Jahre Jüngere, der von Krankheiten geplagt wird, dessen Denken nur um seine Beschwerden kreist, der sich über nichts mehr freuen kann, den weder Zeitungen noch Nachrichten interessieren, der nur ungern das Haus verlässt, der sich zurückzieht, der Altern erleidet.

Von den Amerikanern haben wir die Bezeichnung „the young old“ und „the old old“ übernommen und haben uns angewöhnt, einen Menschen bis 80, 85 zu den „jungen Alten“ zu rechnen und ab 85 zu den „alten Alten“. Das ist aber falsch. Manch einer ist mit 60 schon ein alter Alter, manch einer mit 90 noch ein junger Alter.

Doch bei der Diskussion des demografischen Wandels, des Alterns unserer Gesellschaft, muss man bedenken, dass neben der zunehmenden Langlebigkeit auch die abnehmenden Geburtenzahlen ausschlaggebend sind. Selbst so kinderfreundliche Länder wie Spanien und Italien mit durchschnittlich nur 1,22 bzw. 1,25 Kindern pro Frau konstatieren ein Sinken der Geburtenrate. Deutschland mit 1,37 Kindern je Frau hat eine der niedrigsten Geburtenraten von allen Ländern der EU (Durchschnitt: 1,53) und es ist nicht anzunehmen, dass es hier – trotz familienpolitischer Leistungen – zu Veränderungen kommen wird. Damit man mich nicht falsch versteht: Familienpolitische Leistungen sind notwendig und sollten sogar noch verbessert werden – aber sie sind kein Instrument einer Bevölkerungspolitik. Ein JA zum Kind erreicht man bei der jungen Generation eher durch bessere Kinderbetreuung, durch bessere Möglichkeiten der Vereinbarkeit von Beruf und Familie. Akzeptieren wir doch, dass es heute anders ist als vor 60 oder 70 Jahren, als Hausfrau und Mutter mehr als eine Vollzeitbeschäftigung war, so dass man von einem Achtstundentag nur träumen konnte! Erinnern wir uns an die Zeiten, als es weder Waschmaschine noch Kühlschrank gab, als man pflegeleichte Textilien noch nicht kannte und stundenlang bügeln musste, als Strümpfe noch gestopft wurden. Damals haben viele Frauen ihre Berufstätigkeit mit der Heirat aufgegeben, haben dann 3, 4 oder mehr Kinder aufgezogen. Heute kann die Waschmaschine auch der junge Mann bedienen, und dem Einzelkind (oder auch den zweien) tut es ganz gut, wenn sie nicht 24 Stunden lang von der Mutter behütet werden. Kinder brauchen Kinder für ihre Entwicklung, und junge Mütter brauchen – nach einer Unterbrechung, nach Erziehungsurlaub – ihre Berufstätigkeit. Verstehen wir doch unsere Töchter und Schwiegertöchter oder unsere Enkelinnen, deren Lebensplanung heute eine andere ist als noch vor 70 oder 80 Jahren!

III. Der Rückgang der Geburten

Der Geburtenrückgang hat viele Gründe; einige wenige davon lassen sich beeinflussen – viele jedoch nicht. Lassen Sie mich einige aufzählen:

1. Seit den sechziger Jahren gibt es bessere Möglichkeiten der Familienplanung. So ist das „Nein“ zum Kind selbstverständlich, das „Ja“ zum Kind ein bewusster Akt. Früher war das Gegenteil der Fall.
2. Das Kind wird nicht mehr als „instrumenteller“ Faktor (Kind als Arbeitskraft, als persönliche Alterssicherung, als „Stammhalter“ oder Namensträger) gesehen. Eine der Motivationen, die in unserer Zeit entfällt. Früher hieß es: „Der Wunsch nach dem Sohn ist der Vater vieler Töchter“. Heute kann auch die Tochter den Familiennamen weitertragen und weitergeben.
3. Die einseitige öffentliche Diskussion, die „Kinder nur als Kostenfaktor“ darstellt; in der verschwiegen wird, dass Kinder auch Freude

machen und eine enorme Bereicherung des Lebens sind. Dies motiviert junge Leute nicht gerade zur Familiengründung. Dass im Grunde genommen diejenigen „arm" sind, die keine Kinder haben – auch wenn sie sich jetzt vielleicht mehr leisten können – wird selten geäußert.

4. Auch gewisse Irrlehren mancher Psychagogen müssen hier genannt werden, die vor einiger Zeit die Notwendigkeit einer 24-stündigen mütterlichen Anwesenheit predigten. Da hat manche erfolgreiche berufstätige Frau ihren Kinderwunsch nicht realisiert.
5. Unsichere Lebensbedingungen (Erhalt des Arbeitsplatzes? Wohnsituation? Kinderbetreuung? Verbindung von Familie und Beruf?) dürften auch eine Rolle spielen, vor allem aber die Unsicherheit, ob die Beziehung zum Partner hält.
6. Eine schon etwas ältere Studie des Freizeitforschers Opaschowski ergab, dass vor allem jüngere Männer das Kind als Störfaktor in der Freizeitplanung sahen. Rund 40 Prozent der vierzigjährigen Männer konnten sich sehr wohl ein gutes Leben ohne Kinder vorstellen.
7. Einer der Gründe des Geburtenrückgangs liegt aber auch in der verlängerten Jugendzeit, in der sich manchmal bis in das vierte Lebensjahrzehnt hineinziehenden Berufsausbildung; in der immer später stattfindenden Heirat. Dies Verhalten ist auch mitbedingt durch einen Wertewandel in unserer Gesellschaft, durch die gesellschaftliche Akzeptanz enger partnerschaftlicher Beziehungen ohne Trauschein. Der „Kuppelei-Paragraph" wurde in den achtziger Jahren abgeschafft – und manch einer fragte sich danach, warum man heiraten sollte, wenn man auch so zusammen wohnen und leben und keinerlei Nachteile daraus entstehen könnten. Sollen Steuervergünstigungen das Hauptmotiv zur Hochzeit werden?
8. Ein weiterer Punkt: Während in der ersten Hälfte des letzten Jahrhunderts die Frau so lange im Elternhaus lebte, bis geheiratet wurde (und sie so zur Anpassung an die Lebensgewohnheiten anderer gezwungen war), nach der Heirat sehr schnell Kinder kamen, die wiederum eine Anpassung verlangten, verlässt die junge Frau heute schon sehr früh das Elternhaus und lebt selbstständig, allein. Ein

solches mehrjähriges Alleinwohnen führt zu einer verstärkten Ausbildung der Individualität. Es bilden sich Eigenheiten und Gewohnheiten, ein ganz individueller eigener Lebensstil, der dann schon eine Anpassung an einen Partner erschwert. Entscheidet man sich dann für Kinder, verlangt das noch mehr Anpassung – und so bleibt es beim Einzelkind. Man sprach hier vom „Baby-Schock", der erklärt, warum Geschwister ausbleiben.

9. Nach Studien von Klingholz sind die Mädchen heute „zu gut ausgebildet" und finden deswegen keinen passenden Partner. In unserer Gesellschaft betrachtet man es nun einmal als „normal", wenn eine Frau in die gleiche oder eine höhere soziale Schicht hineinheiratet, nicht aber in eine „niedrigere". Dass der Chefarzt die Krankenschwester heiratet, wird akzeptiert; aber die Chefärztin, die den Krankenpfleger heiratet, wird schief angesehen. Und wir haben eben zu viele „Chefärztinnen", also Frauen in höheren Positionen.
10. Drittkinder werden immer seltener gewünscht und kommen meist nur vor, wenn das zweite gewünschte Kind ein Zwillingspaar ist – oder in einer neuen Partnerschaft, um Verbundenheit mit dem neuen Partner zu bekunden.
11. Viele Paare wünschen sich Kinder und können keine bekommen – aus unterschiedlichen Gründen, vielleicht auch, weil man die Familiengründung zu weit hinausgeschoben hat.

Die Familie ist ein hoher Wert und ist die Keimzelle unserer Gesellschaft, doch offenbar fällt es in unserer Zeit immer schwerer, diesen Wert weiterzugeben. Die Scheidungsraten steigen, „Lebensabschnitts-Partnerschaften" gehen auseinander. Wenn in einer Schulklasse etwa 50 Prozent der Kinder bei nur einem (geschiedenen) Elternteil leben, braucht man sich nicht zu wundern, wenn sie später selbst einer Hochzeit und Familiengründung skeptisch gegenüberstehen.

Andererseits sollte man auch sehen, dass bei zunehmender Langlebigkeit und sich rapide verändernden Entwicklungen eine Ehe („bis dass der Tod euch scheidet") auch weit stärkeren Belastungen ausgesetzt ist, als dies früher der Fall gewesen war.

IV. Das veränderte Verhältnis zwischen den Generationen

Zunehmende Langlebigkeit und abnehmende Geburtenzahlen bewirken ein stark verändertes Verhältnis zwischen den Generationen. Kamen vor 120 Jahren auf einen über Fünfundsiebzigjährigen noch 79 jüngere Personen, so sind es heute nur noch knapp 10. Und man hat berechnet, dass im Jahre 2040 einem über Fünfundsiebzigjährigen nur noch 4,4 Personen gegenüberstehen werden, die jünger als 75 Jahre sind. Dann werden wir weniger unter Zwanzigjährige haben als Fünfundsiebzigjährige und Ältere (0,8:1).

Hier werden die Herausforderungen deutlich, die auf unsere Gesellschaft zukommen. Wenn in 30 Jahren einem über Fünfundsiebzigjährigen nur 2,5 Personen im Alter zwischen 20 und 60 Jahren gegenüberstehen werden – wie wird unsere Gesellschaft dann funktionieren? Wer wird für die Rente aufkommen? Wer wird für die Pflege aufkommen? Wie wird dann der Alltag aussehen?

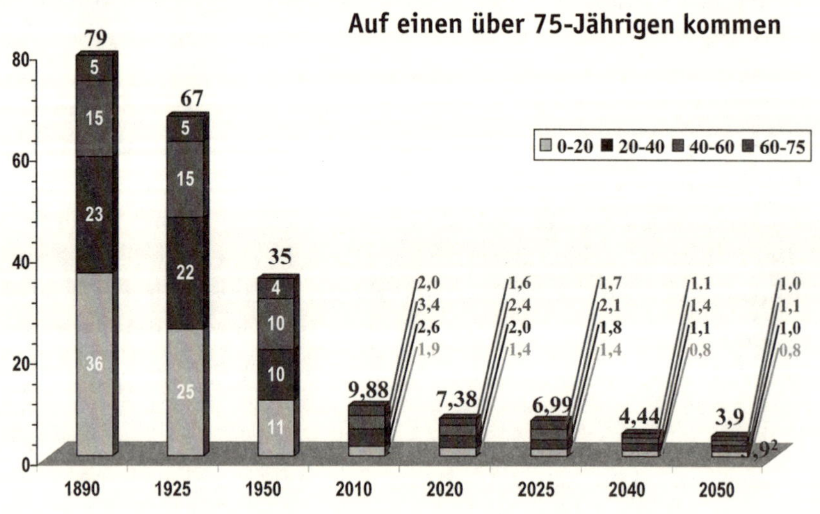

Das quantitative Verhältnis der Altersgruppen in unserem Land hat sich verändert, aber auch unter qualitativen Aspekten sind der demografische Wandel und das Verhältnis zwischen den Generationen zu diskutieren.

Hier sei zunächst der Rückgang der Drei- und Zwei-Generationen-Haushalte und der Anstieg der Ein-Generationen oder Ein-Personen-Haushalte erwähnt.

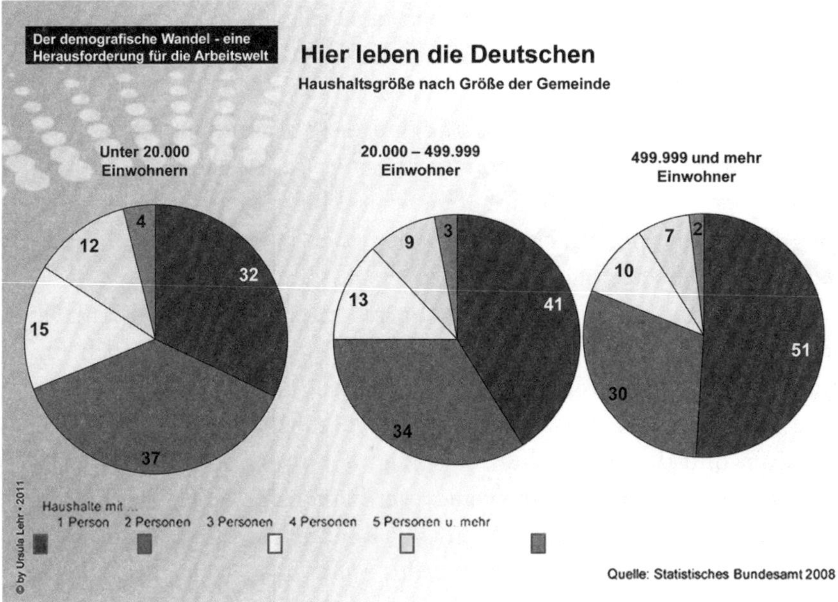

Diese zunehmende Singularisierung und Individualisierung sollte keineswegs mit Einsamkeit gleichgesetzt werden. Sie hat aber Konsequenzen sowohl in Bezug auf die Kinderbetreuung als auch auf etwaige notwendig werdende Hilfs- und Pflegeleistungen im Alter. Hier muss in Zukunft das – durchaus vorhandene – bürgerschaftliche Engagement, die Nachbarschaftshilfe, besser organisiert werden.

Neben dem Rückgang der Mehrgenerationenhaushalte haben wir jedoch gleichzeitig einen Trend zur Vier- oder Fünf-Generationen-Familie, die allerdings nicht unter dem gleichen Dach lebt. Rund 20 % der über Sechzigjährigen haben Urenkel; aber ebenso viele haben noch einen lebenden Elternteil. Die Großeltern-Generation ist die „sandwich-generation“, die oft sowohl für Kinder- und Kindeskinder aufkommt als auch noch für die alten Eltern sorgt. Die viel gepriesene Familienpflege sieht heute oft so aus, dass die Großmutter die Urgroßmutter pflegt. Großeltern sind heutzutage weit öfter die „Gebenden“ als die „Nehmenden“.

Und wie sieht es im Arbeitsleben aus? Hier haben wir schon jetzt eine Entwicklung vom Drei-Generationen-Vertrag zum Vier- oder Fünf-Generationenvertrag.

Der Drei-Generationen-Vertrag wurde bekanntlich Ende des 19. Jahrhunderts ins Leben gerufen und besagt, dass diejenigen, die im Erwerbsleben stehen, durch ihre Steuern und Beiträge für jene aufzukommen haben, die noch nicht ins Erwerbsleben eingetreten sind, und für jene, die bereits aus dem Arbeitsprozess ausgeschieden sind.

Damals lag das durchschnittliche Eintrittsalter in das Berufsleben zwischen 15 und 16 Jahren: Berufsschule gab es (leider) noch nicht; eine weiterführende Bildung oder gar ein Studium konnten sich nur wenige leisten – Frauen schon gar nicht. Das Schuleintrittsalter lag bei 5 Jahren und die Volksschulzeit betrug 8 Jahre. So hatte man mit 15 Jahren bereits (wenn auch wenig) verdient und seine Beiträge abgeführt, hatte von 15 Jahren an in die Rentenkasse und Krankenkasse eingezahlt. Die Altersgrenze wurde unter Bismarck auf 70 Jahre festgelegt – ein Alter, das damals die meisten Menschen gar nicht erreichten (die durchschnittliche Lebenserwartung betrug um die Wende zum 20. Jahrhundert bei uns ganze 45 Jahre). Erst 1916 wurde die Altersgrenze auf 65 Jahre festgelegt. Das heißt also, dass die Fünfzehn- bis Siebzigjährigen für jene aufzukommen hatten, die noch nicht 15 oder schon über 70 waren – und Letzteres waren um 1900 2 % der Gesamtbevölkerung. Dieser Generationenvertrag funktionierte lange Zeit. „Die Rente ist sicher“ – das konnte man damals, auch noch in der Mitte des letzten Jahrhunderts (Adenauer: „Kinder wird es immer geben“), sagen.

Doch wie sieht es heute aus? Wir haben ein durchschnittliches Berufs-Eingangsalter – allerdings nach Abschluss der Berufsschule –, das bei 25 Jahren liegt. Das durchschnittliche Alter beim ersten Universitätsabschluss liegt bei 28 Jahren. Und das Berufsende liegt in der Realität heute bei etwa 63 Jahren. Tatsache ist, dass die Gruppe der im Erwerbsleben Stehenden für die aufzukommen hat, die noch nicht im Berufsleben stehen (und das sind manchmal 2 Generationen, denn mancher dreißigjährige Student hat sein Kind im Kindergarten), und vor allem für die große Gruppe jener Menschen, die aus dem Berufsleben ausgeschieden sind. Und das sind nicht – wie vor 100 Jahren – 2 % der Bevölkerung, sondern über 20 %, ebenso zwei Generationen. Mutter und Tochter, Vater und Sohn im Rentenalter, das ist heute keine Seltenheit.

Dass dann die Generation der im Erwerbsleben Stehenden über zu hohe Abgaben stöhnt, ist verständlich.

V. Leben in einer Zeit des Wandels

Nicht nur durch den demografischen Wandel, der zu einem Wandel familiärer Strukturen geführt hat, bzw. durch den familiären Wandel, der den demografischen Wandel herbeigeführt hat (späte Heirat, weniger Kinder, mehr Scheidungen, Zunahme der Patchwork-Familien) – auch sonst leben wir in einer Zeit vielschichtiger Veränderungen: Wir leben in einer Zeit des strukturellen Wandels: von der ländlichen zur städtischen Bevölkerung. Junge Leute zieht es in die Städte, in denen es Arbeit gibt. Auch viele Ältere ziehen zurück in die Stadt, wo sie sich eine bessere gesundheitliche Versorgung, aber auch größere kulturelle Angebote erhoffen.

Unsere Zeit ist auch durch einen kulturellen Wandel bestimmt – hin zu einer multikulturellen Gesellschaft. Wir leben auch in einer Zeit des weltanschaulichen Wandels von einer kirchlich geprägten Tradition zu religiöser Indifferenz. Zunehmende Kirchenaustritte, abnehmende Zahl der Kirchenbesucher und Priestermangel sind nun einmal Realität.

Wir leben in einer Zeit vielfältiger Wandlungen des Berufs- und Arbeitslebens. Stetige Berufsbiografien sind immer seltener; der „Job" löst den „Beruf" (kommt von „Berufung") ab. Die „Generation Praktikum" – junge Leute, die nach erfolgreicher Ausbildung keine feste Anstellung erhalten und so auch nicht ihre Zukunft planen können – wird immer größer. Andererseits schafft das Berufsleben – im Vergleich zu früher – mehr Freizeit. Senioren von heute kennen noch die Siebentagewoche und den Samstag als vollen Arbeitstag. Bis 1957 betrug die tariflich geregelte Jahresurlaubszeit 12 Tage, Samstage eingerechnet! Statt schwerer körperlicher Arbeit, die man als älterer Mensch nicht mehr ausführen kann, wird heute weit mehr „Kopfarbeit" verlangt. Berufe verlangen qualifizierte Bildung, berufsbegleitende Weiterbildung aufgrund der Verkürzung der „Halbwertszeit".

Wir leben in einer Zeit des technischen Wandels, die einerseits viele Erleichterungen und Vorteile schafft, Kommunikationssysteme verstärkt (E-Mail, Skype, Facebook), andererseits aber auch eine gewisse Gefahr der Entpersönlichung mit sich bringt. Der technische Wandel schafft heute noch eine Kluft zwischen Alt und Jung, doch das wird sich in Zukunft ändern.

Und letztendlich leben wir in einer Zeit des Wandels von langfristigen zu kurzfristigen Bindungen: Die lebenslange Ehe („bis dass der Tod euch scheidet") wird von „Lebensabschnittspartnern" abgelöst. Dauerhafte Bindungen an Kirche, Vereine, Partei werden zu „Zweckbündnissen auf Zeit". Im Ehrenamt möchten viele Menschen sich nicht auf Jahre verpflichten, sondern bei einem bestimmten zeitbegrenzten Projekt mitarbeiten. Auch die Schulklassengemeinschaft, Klassenkameraden, die über Jahrzehnte enge Kontakte pflegten, sich oft gegenseitig unterstützten, wurden in einer der vielen Schulreformen aufgelöst. „Leistungskurse" lassen nun einmal keine engen Bindungen einer größeren Gemeinschaft aufkommen.

All diese Wandlungen und Veränderungen – und die Aufzählung wäre sicher noch zu ergänzen – prägen unsere Heranwachsenden, prägen die Menschen unserer Zeit. Die rapide erfolgenden vielfältigen Wandlungen erleichtern nicht gerade eine Bindung an konservative

Werte und erschweren es, die Werteordnung der evangelischen Sozialethik und der katholischen Soziallehre überzeugend zu vermitteln. Verantwortung gegenüber sich selbst (Eigenverantwortung), Mitverantwortung gegenüber unseren Nächsten und Verantwortung vor Gott sollten unser Tun und Handeln bestimmen.

VI. Altern – interindividuelle Unterschiede

Freuen wir uns über die zunehmende Langlebigkeit – doch versuchen wir alles, damit aus den gewonnenen Jahren erfüllte Jahre werden. Setzen wir uns für ein *pro-aging* ein, für ein Älterwerden bei möglichst großem körperlichen und seelisch-geistigen Wohlbefinden. Wir wollen gar nicht „ewig jung" bleiben, wie es der Slogan „forever young" verspricht. Wir wollen gesund und kompetent alt werden. Wir Senioren wenden uns auch gegen eine heutzutage übliche „Anti-Aging-Kampagne", denn „anti-aging" setzt voraus, dass Altern etwas Schlimmes ist, gegen das man angehen muss, das man fürchten muss. Wir sind nicht gegen das Altern, das wir ohnehin nicht verhindern können und wollen.

„Man müsste noch mal 20 sein ..." – so ein alter Schlager, ein Wunsch, den sicher die meisten der heutigen Seniorinnen und Senioren nicht teilen. Denken wir einmal zurück, als wir 20 waren: Kriegszeit, Nachkriegszeit, Hunger und Kälte, schlechte Wohnverhältnisse ... Und danach: Familiengründung, Kinder, die sicher viel Freude gemacht haben, aber auch manche Sorgen! Wie hat man gebangt, als sie krank waren, wie hat man mit ihnen bei Prüfungen gezittert, was gab es in unserem ganz persönlichen Leben für Höhen und Tiefen, für Freuden und Sorgen, für angenehme Erlebnisse und Erfahrungen – und für Enttäuschungen. Das alles hat uns geprägt und zu dem gemacht, was wir heute sind. „Leben ist Lernen", ist Verhaltensänderung aufgrund von Erfahrungen. Und ein langes Leben bringt viele Erfahrungen mit sich, trägt zur Reife bei, zur Gelassenheit, vielleicht auch zu einer gewissen Abgeklärtheit und Weisheit bei – bei manch einem allerdings auch zur Verbitterung.

Im Alter können wir heute toleranter sein – uns selbst gegenüber, aber auch anderen gegenüber. Wir sollten uns mit unserer Vergangenheit, mit unserem bisherigen Leben und Älterwerden aussöhnen, nicht nur nach möglicherweise Misslungenem fragen, sondern uns an dem Gelungenen freuen! Wenn wir rückblickend unser eigenes Leben betrachten, sehen wir heute manches anders als damals, als es geschah. Unsere biografischen Studien an den Universitäten Bonn und Heidelberg zeigen: Manche Begebenheit, über die man vor Jahren fast verzweifelt gewesen wäre, die uns damals als großes Unglück erschienen ist, uns beinahe aus der Bahn geworfen hätte, uns auf alle Fälle sehr traurig gestimmt hat – sieht man heute vielleicht in einem anderen Licht und sagt sich: „Wer weiß, wozu das gut war!“ Güte, Abgeklärtheit und Gefasstheit sind Anzeichen für das Maß des Offenbleibens für neue Entwicklungen, auch noch im höheren Alter. „und sei es auch nur jener (Entwicklung), welche weniger dieses oder jenes *erreichen* will, sondern sich einfach *tragen* lässt, von irgendeiner Erinnerung vielleicht, von einem Glanz, der früher das Leben erhellte und lebenswert gemacht hatte, von dem ‚Wissen‘ um eine Stunde, die besonders gut geraten schien“, so hatte es Hans Thomae, der Begründer der Alternsforschung in Deutschland, bereits 1966 umschrieben.

Doch dieses Sich-Erinnern, dieses Zehren von der Vergangenheit, sollte nicht auf Kosten des Erlebens der Gegenwart gehen und erst recht nicht den Blick in die Zukunft versperren. Seien wir dankbar für schöne Erlebnisse, integrieren wir sie in unser Sein – und seien wir nicht undankbar für manche unangenehmen Erfahrungen und Schicksalsschläge, die uns auch zu dem gemacht haben, was wir sind, doch bleiben wir offen für neue Erfahrungen.

Aufgaben, Herausforderungen, Probleme, Konflikte, manchmal auch Krisen gehören nun einmal zum menschlichen Leben, zum Älterwerden dazu. Freuen wir uns, dass wir sie gemeistert und überstanden haben! Ein Spruch von Ingeborg Albrecht beschreibt dies treffend:

Schönes habe ich erlebt –
Goldfarben der Teppich
des Lebens durchwebt.
Auch dunkle Fäden
sind manchmal dabei.
Doch, wollt ich sie entfernen,
der Teppich riss' entzwei.

Sagen wir JA zu unserer Vergangenheit, zu unserem Älterwerden – und zu unserer Zukunft. Sehen wir im Älterwerden eine Chance.

Erich Rothacker, der Bonner Philosoph, hat in seiner Abhandlung über „Altern und Reifen" gezeigt, dass zwar körperliche Fähigkeiten nachlassen, geistige Fähigkeiten hingegen oft wachsen und reifen: Diese Reifungskurve geht in die Höhe, steigt an, während die körperliche Alterskurve oft sinkt, körperliche Probleme oft zunehmen. Ähnlich hat man das Älterwerden mit einer Bergbesteigung verglichen: Je höher wir aufsteigen, desto mehr lassen unsere körperlichen Kräfte nach, aber desto schöner und lohnender ist die Aussicht! Stöhnen wir nicht nur über das mühselige Erklimmen, sondern halten wir inne, freuen wir uns über die weite Sicht am Berggipfel und genießen den Tag.

Hans Thomae spricht, auf interindividuelle Unterschiede in der Entwicklung anspielend, von „Variationen der Lebenshöhe", die man bei diesen und jenen Persönlichkeiten finden kann. Er stellt hier Vorgänge der „Verinnerlichung" jenen der „Veräußerlichung" gegenüber. „Wenn der Schwerpunkt der Seele im Außen, im eigenen Leib, in der Kleidung, dem Schmuck, der Wohnung, dem Besitz, den materiellen Gütern liegt", sprechen wir von „Veräußerlichung". „Eine veräußerlichte Seele lebt so, als ob ihr ganzes Heil allein von dem Haben bestimmter äußerer Güter und von dem Fernsein bestimmter äußerer Übel abhinge". Angst vor Verlust äußerer Güter ruft eine ständig wachsende Unzufriedenheit und Angst vor dem Alter hervor. Hier wird Alter nicht als Chance, sondern als Gefahr erlebt, hier dürfte eine positive Einstellung zum Altern sehr schwer fallen. Verinnerlichung hingegen würde bedeuten, sich auf seine Wesensmitte zu besinnen, das zu verfolgen, was einem persönlich wesentlich erscheint, seinem eigenen Wesen entspricht.

„Veräußerlicht“ würde man auch eine Formierung der Persönlichkeit nennen, welche die Erfahrungen und Erlebnisse nur mehr anfügt, sie aber nicht mehr zu integrieren vermag – Verinnerlichung wäre, neues Erfahrungsgut aufzunehmen, neue Erlebnisse zu verarbeiten. Rainer Maria Rilke äußerte sich im „Malte Laurids Brigge“: „Ich lerne sehen. Ich weiß nicht, woran es liegt, es geht alles tiefer in mich ein und bleibt nicht an der Stelle stehen, wo es sonst immer zu Ende war. Ich habe ein Inneres, von dem ich nicht wusste. Alles geht jetzt dort hin.“ Beschrieben wird hier ein Anfang neuer seelischer Entwicklung, der auch noch im hohen Alter möglich ist.

Der eine erlebt im Alter nur Verengungen und Reduzierungen des eigenen Lebensraumes; sein Blick ist stärker auf körperliche Probleme und materielle Güter gerichtet, er sieht nur Verluste; bei ihm mag im wahrsten Sinne des Wortes eine Anti-Aging-Einstellung dominieren, er mag das Alter ablehnen; ihm ist der Weg versperrt, die positiven Seiten des Älterwerdens wahrzunehmen.

Der andere mag bei einer vergleichbaren körperlichen und materiell/finanziellen Situation eine Daseinserweiterung erleben, „ich lerne sehen …“, ich erfahre Neues oder sehe Altes unter einem anderen Blickwinkel und integriere es, verinnerliche es. Dieser Ältere erlebt auch Gewinne des Alterns.

Der Benediktinerpater Anselm Grün meint dazu: „Alt wird jeder von alleine. Aber es gibt die bitteren Alten und es gibt die milden weisen Alten. Damit ich weise und milde werde, muss ich auch etwas tun. Von alleine geht's nicht. Ich muss mich annehmen, aussöhnen mit meiner Durchschnittlichkeit, auch mit einem Leben, das nicht alle Träume verwirklicht. Man muss Macht loslassen, Beziehungen loslassen“.

Es gilt, sich mit Vergangenheit und Zukunft zu versöhnen – und dabei nicht an der Gegenwart vorbei zu leben. Was den Zukunftsbezug anbetrifft, so heißt es bei Romano Guardini: „Altwerden heißt, dem Tod nahe kommen, je älter, desto näher. In dieser Nähe tritt das Urgestein des Daseins hervor. Die Urfragen erheben sich: Ist der Tod die

Auflösung ins Leere oder der Durchschritt ins Eigentliche? Darauf gibt nur die Religion Antwort." (Die Lebensalter, Würzburg 1957)

Und an anderer Stelle: „... auch das Alter ist Leben ... Wohl bedeutet es die Annäherung an den Tod; aber auch der Tod ist ja noch Leben. Er ist nicht nur ein Aufhören und Zunichtewerden, sondern trägt einen Sinn in sich. Denken wir an die Doppelbedeutung, die das Wort ‚Enden' hat, und die in der Verbindung mit dem Eigenschaftswort ‚voll' zutage tritt. ‚Voll-enden' heißt wohl, zu Ende bringen, aber so, dass sich darin das erfüllt, worum es geht. So ist der Tod nicht das Nullwerden, sondern der Endwert des Lebens – etwas, das unsere Zeit vergessen hat. Die Alten haben von der ‚ars moriendi' gesprochen, von der Kunst des Sterbens, und damit sagen wollen, es gäbe ein falsches und ein richtiges Sterben: das bloße Ausrinnen und Zu-Grunde-Gehen – aber auch das Fertig- und Voll-Werden, die letzte Verwirklichung der Daseinsgestalt."

Abschließend ein Ausspruch, den Hans Thomae aufgrund unserer ersten Altersuntersuchungen 1959 getan hat: „Altern in dem positiven Sinne des Reifens gelingt dort, wo die mannigfachen Enttäuschungen und Versagungen, welche das Leben dem Menschen in seinem Alltag bringt, weder zu einer Häufung von Ressentiments, von Aversionen oder von Resignation führen, sondern wo aus dem Innewerden der vielen Begrenzungen eigenen Vermögens die Kunst zum Auskosten der gegebenen Möglichkeiten erwächst."

Stefan Heidbreder

Der Wert des Verantwortungseigentums und die Rolle der Familienunternehmen für unsere Gesellschaft

Familienunternehmen werden zunehmend auch in der breiten Öffentlichkeit positiv wahrgenommen. Das Besondere daran: Ihr Image basiert nicht auf teuren Werbekampagnen, ausgefeilten Kommunikationsstrategien oder medialem Eifer. Zumeist beruht dieser gute Ruf auf der persönlichen Lebenserfahrung der Menschen: Viele kennen Familienunternehmen als Arbeitgeber, assoziieren damit häufig eine enge Bindung zwischen Unternehmer und Mitarbeiter oder sehen sie gerade in Krisenzeiten als Hort der Stabilität und Solidität. Familienunternehmen stehen auch für lange fortdauernde Tradition, viele sind mit ihrem Namen zur Marke geworden: Brandt, Fielmann, Castell, Miele oder Sixt, um nur einige zu nennen.

Familienunternehmen und der so genannte Mittelstand werden von vielen Politikern jedweder Couleur deshalb auch gerne öffentlich gelobt als das „Rückgrat der Wirtschaft". Und tatsächlich haben sie einen hohen volkswirtschaftlichen Wert: Sie sind nicht nur der dominierende Unternehmenstypus in Deutschland – 92 % aller deutschen Unternehmen sind familienkontrollierte Unternehmen, sie erzielen 51 % der Umsätze und stellen ca. 60 % aller sozialversicherungspflichtigen Beschäftigungsverhältnisse in Deutschland sowie gut 80 % aller Ausbildungsplätze (siehe Studie: „Die volkswirtschaftliche Bedeutung von Familienunternehmen" der Stiftung Familienunternehmen, München 2011). Familienunternehmen gelten als hochinnovativ, haben ein Standbein oft in ländlichen Regionen und ein Spielbein in der Welt. Viele sind international Marktführer mit ihren Produkten und Dienstleistungen: Sie stehen wie kaum ein anderer Unternehmenstyp für das renommierte Signet »Made in Germany«. Familienunternehmen waren es auch, die entscheidend dazu beigetragen haben, dass Deutschland die letzte Finanz- und Wirtschaftskrise besser überstanden hat als viele andere Staaten.

Im Unterschied zu den meisten anderen Industrienationen ist in Deutschland jedoch auch in der Kategorie der sogenannten Großunternehmen (über 50 Mio. Euro Umsatz) jede dritte Firma ein Familienunternehmen. In diesem Größensegment kann Deutschland allein auf über 100 Umsatz-Milliardäre unter den Familienunternehmen verweisen, eine Besonderheit, um die uns die ganze Welt beneidet.

Die Definition von Familienunternehmen

Nach wie vor gibt es keine einheitliche Definition von Familienunternehmen. Sie werden oft mit dem Begriff „Mittelstand" gleichgesetzt, der eine quantitative Kennzahl, nämlich die Zahl der Beschäftigten oder die Umsatzgröße, wiedergibt. Diese Gleichsetzung ist ebenso falsch wie die Annahme, Familienunternehmen seien an eine bestimmte Rechtsform gebunden. Familienunternehmen gibt es in allen Rechtsformen, und sie spielen überdies auch eine bedeutende Rolle auf dem Kapitalmarkt: Rund die Hälfte aller börsennotierten Unternehmen in Deutschland ist in Familienhand. Sie repräsentieren etwa ein Drittel der Marktkapitalisierung (vgl. Studie: „Börsennotierte Familienunternehmen in Deutschland" des Center for Entrepreneurial and Financial Studies der TU München im Auftrag der Stiftung Familienunternehmen, Stuttgart 2009).

Es muss daher ein qualitatives Kriterium sein, welches die Familienunternehmen definiert. Seitens der Stiftung Familienunternehmen haben wir uns auf folgende Definition festgelegt:

Die Mehrheit der Entscheidungsrechte des Unternehmens liegt bei einer oder mehreren untereinander verbundenen Familien, wobei die Mehrheit der Entscheidungsrechte direkt oder indirekt bestehen kann. Entscheidend ist der maßgebliche Einfluss auf das Unternehmen.

Familienunternehmen sind durch haftende Eigentümer gekennzeichnet. Und sie verfolgen ein gemeinsames Ziel: die Weitergabe eines gesunden und zukunftsfähigen Unternehmens an die nächste Generation. Familienunternehmen denken also in Generationen und nicht in Quartalen. Sie stehen für das geduldige Kapital. Selbst Unternehmen mit vielen Familienstämmen, die durch eine lange Generationenfolge entstanden sind, binden ihr Eigentum und versuchen, den Fortbestand durch entsprechende Gesellschafterverträge zu sichern. Damit erfüllt Eigentum nicht nur den unmittelbaren Zweck, den eigenen Lebensunterhalt des einzelnen Unternehmers und seiner Familie zu sichern, sondern auch den der nachfolgenden Generationen sowie den der Arbeiter und Angestellten in den Unternehmen.

Die Rolle des Eigentums für unsere Gesellschaft

Das Verständnis von Privateigentum hat sich in unserer westlichen Welt seit der Antike über das Mittelalter und die Herausbildung des Bürgertums im 18. Jahrhundert entwickelt.

Eine Art „Magna Charta“ der bürgerlichen Demokratie und der darin entwickelte Eigentumsbegriff sind auch die „zwei Abhandlungen über die Regierung“ des englischen Philosophen und Ökonomen John Locke (1632–1704). Für ihn war Eigentum ein Naturrecht. Er prägte die Vorstellung, dass „jeder Mensch das Eigentum an seiner Person besitzt“. Eigentum dient dem Lebensunterhalt und bildet dadurch den Schlüssel zur persönlichen Freiheit. Dieses zu schützen ist die treibende Kraft zur Bildung eines Staates: „Das große und hauptsächliche Ziel, zu dem sich Menschen im Staatswesen zusammenschließen, ist die Erhaltung ihres Eigentums.“

Der 16. Präsident der Vereinigten Staaten, Abraham Lincoln (1808–1865), stellte den gesellschaftlichen Bezug von Eigentum her und forderte gleichzeitig den Einzelnen auf, durch Erwerb von Eigentum seine Lebensgrundlage zu schaffen: „Eigentum ist die Frucht von Arbeit. Eigentum ist wünschenswert, ein positives Gut in der Welt. Dass einige reich sind, zeigt, dass andere reich werden können, und das ist wiederum eine Ermutigung für Fleiß und Unternehmergeist.“

Auch in den landwirtschaftlichen Familienbetrieben, die im Grunde die Urform des Wirtschaftens darstellen, wurden die Funktion und der Erhalt des Eigentums erkannt. So ist Ziel und Zweck des Höfe-Erbrechts, dass mit der Übergabe an *einen* Erben eine von der Größe nach überlebensfähige Hofstelle als geschlossene Einheit erhalten bleibt. Auch die späteren Kaufleute übernahmen ähnliche Regelungen, um durch das Primogenitur- oder Ultimogenitur-Prinzip den ungeteilten Bestand von Eigentum zu sichern. Eine Atomisierung und Anonymisierung von Eigentum und Verantwortung galt es auch im Interesse des Allgemeinwohls unbedingt zu vermeiden.

Der Schutz des Eigentums wurde seinerzeit von den Gründervätern der deutschen Demokratie nach dem Zweiten Weltkrieg im Grundgesetz verankert. In Art. 14 Abs. 2 heißt es: „Eigentum verpflichtet. Sein Gebrauch soll zugleich dem Wohle der Allgemeinheit dienen“. Der Schutz des Eigentums sollte auch heute ein fundamentales Kernanliegen unseres Verfassungs- und Wertesystems sein.

Die Verpflichtung des Eigentums zum Allgemeinwohl wird von Familienunternehmen sehr ernst genommen. Sie formulieren häufig ein Bedürfnis, der Gesellschaft etwas von dem zurückzugeben, was sie an unternehmerischem Erfolg erreicht haben. Aber auch das Denken in Generationen ist Motor für ihr gesellschaftliches Engagement. Anders als die oft den Trends folgenden Aktivitäten von anonymen Publikumsgesellschaften – modisch unter der Abkürzung CSR (Corporate Social Responsibility) bekannt geworden – legen Familienunternehmen auch hier auf Nachhaltigkeit und Langfristigkeit großen Wert. So sind Familienunternehmen beispielsweise große Bildungsförderer in Deutschland, wie eine Studie der Stiftung Familienunternehmen und der Bertelsmann-Stiftung aus dem Jahr 2009 belegt. Die Ausformungen ihres Engagements sind dabei so unterschiedlich wie die Familienunternehmer selbst. Prägende Erlebnisse sind oft Anstoß. Überdies spielen sie auch als Stifter eine überragende Rolle: Im Jahr 2010 existieren insgesamt 18.162 Stiftungen in Deutschland. Selbst im Jahr 2009 sind – trotz der massiven Auswirkungen der Finanz- und Wirtschaftskrise – 914 neue Stiftungen in Deutschland gegründet worden, darunter viele von Familienunternehmern. Das ist die dritthöchste Anzahl an Neugründungen in der Stiftungsgeschichte Deutschlands nach dem Zweiten Weltkrieg.

Eigentum, das zeigen Familienunternehmen auf eindrucksvolle Weise, kann gesellschaftlich verantwortungsvoll genutzt werden. Umso unverständlicher sind vor diesem Hintergrund politische Strömungen, die zeigen, dass Eigentum als ein Wert zunehmend missachtet wird, wie bereits ein flüchtiger Blick auf die stetigen Diskussionen um die Einführung einer Vermögensteuer, die Anhebung des Spitzensteuersatzes, eine Verschärfung der Erbschaftsteuer oder die aktuelle Debatte über die Bewertungsansätze bei der Grundsteuer zeigt. Das Eigentum des Bürgers wird durch die ausufernde Staatsverschuldung und die Maßnahmen gegen die aktuelle Währungskrise missachtet. So wird der Bundeshaushalt durch die für Griechenland, Irland und Portugal aufgespannten Rettungsschirme in bisher unvorstellbarer Höhe belastet. Mit 440 Milliarden Euro befindet sich Deutschland bereits im Obligo: 70 Prozent der Steuereinnahmen des Bundes sind schlicht und einfach verpfändet.

Anonymisierung des Eigentums – verantwortungsloses Eigentum: Eine kurze Analyse der jüngsten Finanz- und Wirtschaftskrise

Der Weg in die Krisen wurde geebnet durch die Übernahme eines Wirtschaftsmodells, welches dazu geführt hat, dass das Eigentum in unserem Wirtschaftsleben immer anonymer wird. Die globale Wirtschaft der letzten Jahrzehnte ist im Wesentlichen auf den Kapitalmarkt fokussiert. Das vorherrschende Leitbild ist die Kapitalgesellschaft in anonymem Streubesitz. Mitte der siebziger Jahre bezeichnete gar der Harvard-Ökonom Alfred Chandler die Familienunternehmen als „unvollkommene Vorstufe“ der kapitalmarktorientierten Publikumsgesellschaften.

Anonym bedeutet, dass die Eigentümer in der Regel nicht untereinander verbunden sind. Anonym auch insofern, als es oft keinen natürlichen Anteilseigner gibt, der über die Stimmrechtsmehrheit verfügt und so die Geschicke des Unternehmens langfristig steuert, kontrolliert und am Ende die Verantwortung trägt. Wer lenkt ein solches Unternehmen? Das ist bei Kapitalgesellschaften durchaus unklar. Das sind zum einen die angestellten Manager und zum anderen mittelbar auch Eigentümer wie Investmentgesellschaften. Der Kleinaktionär ist in der Praxis nicht bei Unternehmensentscheidungen involviert. Sein „Zustimmungsrecht" beschränkt sich im Wesentlichen auf die jährliche Hauptversammlung, die er im Regelfall selten oder gar nicht besucht. Das ist nicht verwunderlich, denn das Ziel des Aktionärs ist die Geldanlage in der Erwartung von Gewinn. Er betrachtet sich als temporären Investor, nicht als Unternehmer oder Eigentümer. Er will steigende Kurse und ordentliche Dividenden. Wie diese Ziele erreicht werden, ist ihm in aller Regel egal. Werden sie nicht erreicht, steigt er aus. Versprechen andere Geldanlagen höhere Renditen, steigt er um. Es ist kaum verwunderlich, dass diese Form des Eigentums auch als verantwortungsloses Eigentum bezeichnet wird.

Der Trend zu verantwortungslosem Eigentum ist auch der Anfang der jüngsten Finanz- und Wirtschaftskrise, der – und hier sind sich alle Experten einig – im sprunghaft gewachsenen nordamerikanischen Immobilienmarkt zu verorten ist. Ironie des Schicksals dabei ist, dass es politischer Wille war, Eigentum zu fördern, das sich nach dem traditionellen US-amerikanischen Traum vor allem in einem eigenen Haus manifestiert. Im Ergebnis wurde jedoch Eigentum vernichtet: Mit der Vergabe von billigen Krediten, mit der mangelnden Prüfung der Zahlungsfähigkeit der Kreditnehmer und mit der zunehmenden Geldmenge im Markt wurde eine Lawine ausgelöst, die letztlich zur größten Rezession seit dem Zweiten Weltkrieg geführt hat. Nachdem die ersten Kredite ausgefallen waren, wurden diese von den Banken mit Krediten von Schuldnern mit besserer Bonität gemischt, in Wertpapieren gebündelt und so „umverpackt" an den Kapitalmärkten weltweit neu verkauft. Das Ende ist bekannt: Der Schaden wurde kollektiviert. Allein in Deutschland kostete die staatliche Rettung der HypoRealEstate 87 Milliarden Euro. Aber nicht nur die notleidenden Banken wurden gerettet, sondern auch andere, sogenannte systemrelevante Konzerne.

Eine verhängnisvolle Entwicklung, die sich mit den späteren Stabilisierungsmaßnahmen zur Euro-Krise zu perpetuieren droht.

Spekulation statt Verantwortung

Wie stark die weltweite Wirtschaft auf Spekulation statt auf Verantwortung aufgebaut ist, belegen folgende Zahlen: Seit Beginn der achtziger Jahre sind sowohl Aktienbestand wie Aktienhandel stark gestiegen: Um das dreihundertachtzigfache nahm der Aktienhandel zwischen 1980 und 2008 zu, der Aktienbestand vermehrte sich hingegen um das elffache. Die Diskrepanz dieser beiden Größen zeigt, dass Aktien nicht zur Finanzierung von Wachstum und Investitionen oder der langfristigen Vermögensanlage dienen, sondern vor allem auch der Finanzspekulation. Ein weiteres Indiz hierfür ist auch die stetig abnehmende Haltedauer. Die Wertpapiere werden immer schneller ge- und verkauft. Hielten im Jahr 1980 Käufer ihre Aktien im Durchschnitt noch zehn Jahre, wurden sie bereits 2008 durchschnittlich nach gut drei Jahren wieder verkauft (siehe: World Federation of Exchanges (WFE)).

Ein paralleler Trend setzt sich – weil systemimmanent – auch auf der Führungsebene der einzelnen Unternehmen fort. „Volatil" – hergeleitet aus dem Lateinischen für „flatterhaft" und „flüchtig" – sind auch die Führungspositionen der Manager, die getrieben von Quartalszahlen oftmals einzig an kurzfristigen Umsatzsteigerungen gemessen werden. Ihre Sessel erweisen sich in Konzernen in anonymem Streubesitz oftmals als Schleudersitz. So zeigt die Statistik, dass die durchschnittliche Verweildauer von Konzernchefs in den großen Industrienationen seit 1998 von damals 8,3 Jahre auf 4,3 Jahre in 2007 gesunken ist (siehe „CEO Succession Studie" der Unternehmensberatung Booz & Company, München 2011). Derartig kurze „Gastspiele" können nicht zu einer langfristig angelegten Unternehmensführung beitragen und befördern vielmehr Kurzatmigkeit und Spekulation statt Nachhaltigkeit.

Kollektiveigentum wird vernachlässigt

Die Folgen aus den geschilderten Befunden sind verheerend. Denn das Vertrauen der Bevölkerung in die wirtschaftlich im Rampenlicht stehenden Akteure schwindet dramatisch und gleichzeitig wird fast reflexartig der Ruf nach einem regulierenden und ordnenden Staat immer lauter. Doch ist der Staat als Unternehmer ein staatstragendes Modell?

Die Antwort lautet: Nein. Das zeigt das Scheitern aller sozialistischen Staaten, die auf einer zentralen Planwirtschaft, einer Einparteienherrschaft und dem Fehlen marktwirtschaftlicher Selbstregulierung basierten. Wie sah die Realität eines Staatskonzerns beispielsweise in der DDR aus? Selbst mit Anreizmechanismen fühlte sich dort kaum jemand für das Wachstum und den Erfolg des Unternehmens, für die Qualität der Produkte oder gar für das Unternehmen selbst verantwortlich, das den Arbeitsplatz sicherte. Die Reihe der Beispiele ließe sich beliebig fortsetzen. Allen gemeinsam ist: Wo es kein Eigentum gibt – dort fehlt auch Verantwortung.

Anonymisierung des Eigentums – Treibsand für die Euro-Krise

Diese Gleichung gilt nicht zuletzt auch für die aus der Finanz- und Wirtschaftskrise erwachsene Euro-Krise. Auch hier scheint das Gesetz der „Großen Zahl“ zu greifen, und das in mehrfacher Hinsicht.

So übersteigen die Staatsschulden aller Länder im Euro-Raum das Vorstellungsvermögen eines gewöhnlichen Sterblichen. Schon die deutsche Staatsverschuldung ist kaum mehr vorstellbar. Sie lag Anfang 2010 bei 2.000 Mrd. Euro.

Wenn die Stabilität einer Währung auf den Faktoren vieler Länder beruht, so fühlt sich keines der Länder für sich selbst verantwortlich und unternimmt kaum unangenehme Anstrengungen, um seine Staatsfinanzen zu konsolidieren. Schlimmer noch: Einige – so zeigt die aktuelle Krise der europäischen Währung – nehmen lieber den bequemeren

Weg und verlassen sich auf die Solidarität der anderen, beispielsweise auf Transferleistungen im Rahmen der Euro-Rettungsschirme.

Aber auch der für 2013 geplante „European Stability Mechanism", der die Transferunion faktisch ad infinitum festschreibt, ist ein gutes Beispiel für ein Konstrukt, das sich der notwendigen Kontrolle und Verantwortung entzieht. Weithin unbekannt ist der darin enthaltene Passus (Artikel 30), der den Gouverneurratsmitgliedern, Direktoren und Stellvertretern und dem Personal „Immunität von der Gerichtsbarkeit hinsichtlich ihrer [...] Handlungen und Unverletzlichkeit ihrer amtlichen Schriftstücke [...]" zusichert. Um die unterschiedlichen euphemisierend beschriebenen Stabilitätsmaßnahmen zu unterfüttern, werden Steuergelder verschoben, für die keiner Verantwortung trägt.

Die Bedeutung des Verantwortungseigentums

Es liegt auf der Hand, dass die geschilderten Zusammenhänge von Familienunternehmen kritisch bewertet werden. Speziell Familienunternehmen definieren sich über die Einheit von Eigentum, Risiko, Kontrolle und Haftung und sehen sich als ein diametral entgegengesetztes Unternehmenskonzept zur anonymen Kapitalgesellschaft im Streubesitz.

Undenkbar wäre für Familienunternehmen, ihr Eigentum in der Anonymität der Kapitalmärkte zu verstecken, stehen sie doch oftmals mit ihrem Namen für ihr Unternehmen. Familienunternehmer sind tief in ihrer Region verwurzelt – und dort persönlich bekannt. Familienunternehmer haben ein Gesicht. Hier greift ein für das Zusammenleben von Menschen seit jeher wichtiger sozialer Kontrollmechanismus. Familienunternehmer sind Bestandteil eines Sozialgefüges, das sich zwar im Laufe der Zeit stetig ändert, in seinem Kern aber immer erhalten geblieben ist.

Paradigmenwechsel: Die Förderung von Verantwortungseigentum

Es erscheint daher ein Paradigmenwechsel im Leitbild der Gesellschaft, der Öffentlichkeit und speziell in der Wirtschaftspolitik angebracht. Mehr denn je gilt, Familienunternehmen nicht als eine „unvollkommene Vorstufe" der Kapitalgesellschaft zu disqualifizieren, sondern sie als eine der Lehren aus der Krise mit ihren Chancen bewusst zu machen, die diese als „Urform des Wirtschaftens" bieten. Es geht nicht darum, per se alle Errungenschaften des Kapitalmarkts zu verdammen. Er ist einer der Grundpfeiler der freien Marktwirtschaft; Unternehmen am Kapitalmarkt und Familienunternehmen brauchen einander. Genauso wenig geht es darum, die Familienunternehmen als überlegene Unternehmensform zu verklären.

So gesehen gilt es, die negativen Auswüchse zu begrenzen, die durch eine überzogene Anonymisierung des Eigentums entstanden sind, und sich wieder auf die wesentlichen Funktionen zu besinnen, die Eigentum bietet. Auf die Pflichten, die damit verbunden sind, und auf die Verantwortung, die jede Übernahme von Eigentum mit sich bringt.

VI.

Werte und Wertewandel in der Arbeitswelt

Reinhard Kardinal Marx

Grenzenloser Markt!
Kann sich ein Unternehmen Moral leisten?[1]

Stimmt es etwa doch, dass man nur richtig Geld verdienen kann, wenn man bereit ist, unmoralisch zu handeln? Mit dieser überspitzten Formulierung könnte man die Spannung aufgreifen, die immer mal wieder in gesellschaftlichen Debatten aufkommt. Ich will sofort antworten, dass eine solche Auffassung verheerend wäre und dem christlichen Glauben wie der Vernunft widersprechen würde. Und ich will in diesem Beitrag die Gegenargumentation aufzeigen: Moralisch zu handeln, zahlt sich für ein Unternehmen langfristig aus. Moral ist ökonomisch vernünftig!

Wenn wir sagten, in der Wirtschaft oder in bestimmten Bereichen unseres Lebens würden die Zehn Gebote nicht gelten, oder die Goldene Regel „Was du nicht willst, das man dir tu, das füg' auch keinem anderen zu" oder die Aufforderung „Liebe deinen Nächsten wie dich selbst" seien für die Realität nicht geeignet – dann wäre das für einen Christen geradezu ein Widerspruch gegenüber dem Wort des Herrn. Aber auch für einen, der nicht Christ ist, wäre das im Grunde genommen die Suspension der Moral aus dem alltäglichen Leben. Wirtschaft und Moral bilden keinen Widerspruch. Spannungen und Reibungen gibt es selbstverständlich. Und das gilt nicht nur für die Wirtschaft, das gilt für alle Bereiche des Lebens. Zwischen den Ansprüchen des Sollens, die uns andere, die wir uns aber auch selber stellen, und dem, was wir realisieren, klafft eine Lücke.

Man könnte aus diesem Grundgedanken jetzt etwa eine Führungsethik ableiten, aber ich möchte das Thema unter eine umfassendere

---

[1] Der Beitrag geht auf einen frei formulierten Vortrag zurück, der für diesen Band redigiert wurde.

Perspektive stellen. Wir müssen die Frage beantworten, wer denn für was Verantwortung übernimmt und wer welche Verantwortung zu tragen hat. Ein moralisches Subjekt muss seine Verantwortung sehen und auch erfüllen können. Mit hochmoralischen Ansprüchen auftreten, ohne die Verantwortlichkeiten genau zu analysieren, passiert zuweilen leicht in der öffentlichen Debatte, erzeugt auch große Betroffenheit, erreicht aber keine Veränderung des Verhaltens. Die jeweils Angesprochenen haben die Verantwortung gar nicht immer oder können sie nicht für sich übernehmen. Die Unübersichtlichkeit der Verantwortungsstrukturen macht das moralische Urteilen und Handeln schwieriger. Was wir im Einzelnen tun, ist in den Folgen nicht mehr so leicht abzuschätzen wie in den eher überschaubaren Verhältnissen vergangener Jahrhunderte. Deshalb ist es wichtig, Klarheit darüber zu schaffen, was Moral ist, wem sie zuzuordnen oder welchem Verantwortungssubjekt sie zuzuweisen ist.

Seit es Menschen gibt …

Wenn wir von Moral und Ethik sprechen, dann sprechen wir von einer langen Tradition der menschlichen Geschichte, die nicht erst mit dem Christentum beginnt, auch nicht mit der biblischen Geschichte. Seit es den Menschen gibt, gibt es auch Fragen wie: Was ist gut, was ist böse? Was ist zu vermeiden, was ist vorzuziehen? Was ist lebensdienlich, was ist lebensschädlich? Moral bezeichnet dabei eher das, was faktisch passiert – unseren Habitus, wie man scholastisch sagen würde –, also das, was wir an tatsächlichem Verhalten zeigen. Ethik meint eher die Reflexion über dieses moralische Verhalten. Man muss die beiden Begriffe nicht strikt trennen. Moral und Ethik gehen ineinander über. Aber eine Differenzierung könnte hilfreich sein zwischen dem, was tatsächlich gelebt wird – der Moral – und der Reflexion darüber, der philosophischen und auch theologischen Reflexion, was denn sein soll und somit auch angestrebt werden muss.

Radikal gleich

Als erste Vergewisserung unserer Position möchte ich auf die biblische Botschaft zurückgreifen, auch für diejenigen, die vielleicht den Glauben abgelegt haben oder ihm distanziert gegenüberstehen. Die Bibel gehört zu den Grundkomponenten unserer abendländischen Kultur. Die biblische Tradition zu kennen, die ethischen Ansprüche, die Goldene Regel, die Bergpredigt, die Zehn Gebote, das gehört zum Kulturerbe eines Europäers.

Die Bibel ist lebendige Überlieferung, die im Volk Gottes gelebt wird, die sich schriftlich niedergeschlagen hat und die interpretiert werden muss. Es gibt Leitmotive, auf die hin man die vielfältigen Texte aus vielen Jahrhunderten lesen kann, ohne sie fehlzuinterpretieren. Und diese Leitmotive sind Recht und Gerechtigkeit, Güte und Erbarmen. Das beginnt schon auf den ersten Seiten der Heiligen Schrift, von denen der Verfassungsrichter Paul Kirchhof einmal im Sinne eines wunderbaren, radikalen Gleichheitsgrundsatzes gesprochen hat, der hochpolitisch und hochmoralisch zugleich sei. In dieser Ursprungsgeschichte, die keine historischen Tatsachen darstellen will, sondern die Welt im Licht des Glaubens darstellt, wird deutlich gemacht: Wir sind alle Brüder und Schwestern. Alle Menschen, ob Christen oder nicht, sind Ebenbild Gottes. Eben das ist jener radikale Gleichheitsgrundsatz, von dem Paul Kirchhof gesprochen hat, „der revolutionärer ist als alles, was in anderen Texten jemals formuliert worden ist“. Dieser starke Impuls hat unsere Ethik, unser Nachdenken über Moral, enorm beeinflusst. Dass alle Menschen zu einer gemeinsamen Gattung gehören, keiner sich in seiner Würde über den Anderen erheben kann, alle auf Augenhöhe miteinander stehen, wir alle miteinander verbunden sind, ist eine Grundaussage, die immer wieder neu eingeholt werden muss. Dass das historisch nicht immer gelungen ist, ist wohl wahr. Aber das entbindet nicht von der Pflicht, diesen radikalen Gleichheitsgrundsatz umzusetzen.

Diese Gleichheit kommt auch im Liebesgebot Jesu zum Ausdruck, in dem die ganze biblische Geschichte aufgenommen und auf den Punkt gebracht wird: „Liebe deinen Nächsten wie dich selbst“. Die

Goldene Regel, „Was du nicht willst, das man dir tu, das füg' auch keinem anderen zu", gilt immer und überall. Etwa auch in einem Unternehmen, das unter globalen Wettbewerbsbedingungen steht. Es gibt keine Räume und Zeiten, die von diesem Prinzip ausgenommen wären.

Der Mensch als Person

Wenn wir über Ethik und Moral sprechen, können wir auch die große philosophische Tradition aufrufen, die uns und unser Denken in Europa und im „Westen" insgesamt ebenfalls geprägt hat. Diese philosophische Tradition geht davon aus, dass der Mensch *zoon politikon* und *animal rationale* ist – ein Gemeinschaftswesen und ein vernünftiges Lebewesen –, und dass ihm das gute Leben als Ziel vor Augen steht. Das gute Leben ist nun nicht im Sinne materieller Güter gemeint, sondern im Sinne des Guten, das anzustreben ist, und des Bösen, das zu meiden ist. Das Konzept des guten Lebens ist der eigentliche Hintergrund jeder Ethik. Von Aristoteles bis Kant und darüber hinaus ist es unsere philosophische Tradition und Überzeugung, dass es das Gute gibt und dass man dies auch anstreben kann.

Ob ich nun von der biblischen Tradition her komme oder von der philosophischen Tradition, zentral ist das Bild vom Menschen. Das ist uns heute vielleicht bewusster als noch vor einigen Jahrzehnten. Kant sagt in seiner berühmten Logik-Vorlesung: „Das Feld der Philosophie ... lässt sich auf folgende Fragen bringen: 1) Was kann ich wissen? 2) Was soll ich tun? 3) Was darf ich hoffen? 4) Was ist der Mensch?" Er fährt dann fort: „Die erste Frage beantwortet die Metaphysik, die zweite die Moral, die dritte die Religion und die vierte die Anthropologie. Im Grunde könnte man aber alles dieses zur Anthropologie rechnen, weil sich die drei ersten Fragen auf die letzte beziehen: Was ist der Mensch?"

Die moralischen Ansprüche, die wir als Christen vom Menschenbild her formulieren, müssen auch für einen Nicht-Christen einsehbar und nachvollziehbar sein. Wenn unsere Überzeugung, unser Denken vom christlichen Menschenbild nicht über philosophische oder über vernünftige Begründung eingeholt werden könnte, gäbe es auch keine Grundlage für eine Globalisierung. Die gibt es nur, wenn wir an der universalen Gemeinsamkeit des Menschenbildes festhalten. Johannes Paul II. hat sich in der Enzyklika „Centesimus annus" unter anderem mit dem Zusammenbruch des Kommunismus auseinandergesetzt und geschrieben: „Der Kommunismus ist nicht zugrunde gegangen, weil er wirtschaftlich nicht funktioniert hat, nicht in erster Linie war das der Grund. Sondern die falsche Auffassung vom Menschen hat ihn zugrunde gerichtet." Ich bin überzeugt, dass die falsche Auffassung vom Menschen auch jedes andere System ans Ende bringen kann.

Unsere Verfassung beginnt mit dem Satz: „Die Würde des Menschen ist unantastbar. Sie zu achten und zu schützen ist Verpflichtung aller staatlichen Gewalt." Der Begriff „Würde des Menschen" ist eher offen und muss immer wieder neu bestimmt werden. In unserer Tradition des Abendlandes bestimmen wir ihn mit Hilfe des Begriffs „Person" und entfalten von daher auch Ethik und Moral. Person heißt nicht einfach nur „Ich". Person heißt in einer geläufigen Formulierung: Selbststand im Gegenüberstand. Klassisch-philosophisch könnte man auch sagen: *substantia et relatio.*

Wenn das so ist, wie kann ich dann Ethik und Verantwortung unter den modernen Bedingungen von Staat und Gesellschaft formulieren? Wie kann ich Ethik und Verantwortung auf dem Hintergrund dieses Menschenbildes und unserer Tradition zur Geltung bringen, die stark von der Idee des guten Lebens geprägt ist? Das ist eine echte Herausforderung. Im Grunde lesen wir unsere Moral, unsere Vorstellung vom guten Leben nach wie vor vom menschlichen Miteinander ab. Wir lernen Moral nicht zuerst im Reflektieren darüber, wir lernen sie, indem wir in überschaubaren Verhältnissen, in der Familie, in der Gruppe, uns das aneignen, was wir und andere für gut halten. Und eines der Probleme der Moderne ist – und damit auch der Marktwirtschaft, der ausdifferenzierten Wirtschaft in einem komplexen politischen Feld –, ob diese im menschlichen Miteinander gelernten moralischen Überzeugungen unter komplexen Bedingungen standhalten und wie sie zu übertragen sind.

Freiheitsgewinne

Etwas gewagt und verkürzt gesagt, hat sich vom 16./17. Jahrhundert an das moderne Gemeinwesen mehr und mehr davon verabschiedet, dem Einzelnen vorzuschreiben, was denn das gute Leben sei. Das moderne Gemeinwesen hat sich immer mehr auf das Einhalten von Regeln zurückgezogen. Die mittelalterliche Kultur konnte sich das umfassendere Modell eines guten Lebens vielleicht noch vorstellen mit der Einheit von religiöser, wirtschaftlicher und politischer Dimension, was heute weitgehend aufgelöst ist. Die Suche nach dem guten Leben wird immer stärker privatisiert und individualisiert. Daran haben auch die Kirchen ihren Anteil. Die Konfessionskriege ließen bei den Staatsphilosophen die Überzeugung aufkommen, dass die Religion keine Klammer mehr für ein Gemeinwesen sein könne. Nach den Konfessionskriegen in England kam Hobbes zu dem Ergebnis, wenn man ein Gemeinwesen zusammenhalten will, muss man Wahrheitsfragen ausklammern. „Non veritas sed auctoritas facit legem", das war sein Leitgedanke, geschichtlich entstanden aus der Überzeugung, dass Wahrheitsfragen, religiöse Fragen und in gewisser Weise auch moralische Fragen nicht vom Staat zu entscheiden sind. Niemand von uns will hinter diese Freiheitsgewinne zurück, keine Frage. Von der Tradition der personalen Entfaltung des Menschen her muss der moderne Staat die Freiheitsgewinne und die Potentiale des Einzelnen ausweiten und sich im Hinblick darauf zurücknehmen, was der Einzelne unter einem guten Leben versteht. Der Staat weist Wahrheitsfragen dem Privaten zu und bezieht sich nur auf die großen Gerechtigkeitsfragen.

Das ist nicht ganz so einfach, wie ich das hier schildere, denn auch Demokratie kann nicht ohne Bezug zur Wahrheit sein. Freiheitsgewinne sind auch eine Belastung, nicht nur eine Freude. Die Qual der Wahl ist die Kehrseite der Moderne. Und wählen ist nicht immer einfach. Staat und Öffentlichkeit nehmen uns nicht mehr die Entscheidung ab, was wir für sinnvoll halten und wie wir leben wollen. Das liegt in unseren privaten Entscheidungen. Nochmals: Niemand von uns möchte dahinter zurück, aber wir müssen auch diesen Aspekt sehen, und damit ist das Problem einer modernen, freien Gesellschaft noch nicht gelöst.

Moral und Markt

Das Dilemma des modernen Staates ist, dass der Zusammenhalt der Gesellschaft immer schwächer wird. Der Nationalstaat war und ist eine starke Kohäsionskraft und hat einen großen Modernisierungsschub in Wirtschaft und Gesellschaft gebracht, auch in der Sozialpolitik. Seine Kohäsion hat im Grunde die Kohäsion abgelöst, die Religion einmal geboten hat. In einer Predigt habe ich einmal gefragt: Was hält diese Gesellschaft zusammen? Die Religion? Alle schüttelten den Kopf. Die Nation? Wieder schüttelten sie den Kopf. Das Geld? Da rief einer von hinten „Ja!“ Aber ist es das wirklich, was uns zusammenhält, das gemeinsame Interesse ökonomisch und materiell voranzukommen? Ich sehe die Alternative zum Nationalstaat noch nicht, aber worin besteht das, was uns zusammenhält? Wenn wir nicht Freiheitsgewinne in einer freien Gesellschaft wieder zurücknehmen wollen, ist das gar nicht so einfach zu sagen. Kirchhof und andere Staatsrechtler haben immer wieder auf dieses Dilemma hingewiesen und deutlich gemacht, dass mit der grundgesetzlich gesicherten Würde des Menschen auch ein moralisches Programm grundgelegt ist, das ohne die christliche Tradition nicht vorstellbar ist.

Wie ist nun die Moderne mit diesem Dilemma in wirtschaftlicher Hinsicht umgegangen? In dieser Frage kommen wir an Adam Smith nicht vorbei, der genau diese Problematik aufgegriffen hat. Adam Smith hat unterschieden zwischen der Motivation des Einzelnen und dem Gemeinwohl. Diese Ebenen dürften nicht miteinander vermischt werden. Von daher das berühmte Wort von Adam Smith: „Nicht vom Wohlwollen des Bäckers will ich abhängig machen, ob ich Brötchen bekomme, sondern von seinem wohlverstandenen Eigeninteresse.“ Das ist im Grunde genommen die ökonomische Aufarbeitung jenes Dilemmas, von dem ich eben gesprochen habe.

Dabei hat Adam Smith die Marktwirtschaft in moralischer Absicht konzipiert. Er war Moralphilosoph und wollte den Armen helfen. Das war seine Idee. Er wollte ein System schaffen, das unter den Bedingungen der Moderne, der Vielschichtigkeit und Unübersichtlichkeit der Handlungsfolgen, Moral sichert und die Chancen der Armen erhöht. Hier müssten nun viele Dinge angefügt werden, beispielsweise die Befreiung vom Feudalismus; keinesfalls aber wollte Adam Smith den „Kapitalismus" begründen. Die modernen Wirtschaftsethiker nehmen Adam Smith auf und bringen ihn auf ein Modell, das durch die Differenz zwischen Spielregeln und Spielzügen charakterisiert werden kann.

Das Spiel des Marktes

Karl Homann hat das in seiner Unternehmens- und Wirtschaftsethik besonders deutlich gemacht. Sicherlich, auch in den Spielzügen darf man nicht unmoralisch sein, aber in den Spielzügen folgt man seinen eigenen Interessen, allerdings unter Regeln, die dann so sein müssen, dass sie dem Gemeinwohl dienen. Das ist die Differenz, die man im Blick behalten muss, damit man einem Unternehmer nicht möglicherweise sagt, er dürfe aus moralischen Gründen niemanden entlassen. Das wäre eine sehr kurze Sicht der Dinge. Wenn das „Spiel" der Marktwirtschaft tatsächlich langfristig für alle zum Guten ausgeht – langfristig, die Marktwirtschaft arbeitet ja auch, wie Schumpeter sagt, mit „schöpferischer Zerstörung" –, dann darf ich diese Ergebnisse nicht durch eine Verschiebung der Ebenen gefährden. Langfristig, das ist unsere Erfahrung, führt die Marktwirtschaft für alle schrittweise zum ökonomisch Besseren, jedenfalls unter bestimmten Bedingungen: ohne Krieg und ohne politische Umwälzungen, unter idealtypischen Bedingungen sozusagen. Kurzfristig ist das allerdings nicht so. Die kurzfristige Seite der Marktwirtschaft, ihre „schöpferische Zerstörung", schlägt etwa in Form von Arbeitslosigkeit oder Konkurs für Einzelne oder auch Gruppen unter bestimmten Bedingungen selektiv und mit voller Wucht ein.

Wie diese beiden Seiten zusammengebracht werden können, das ist die Frage, die sich nun aus der Konzeption einer sozial-ethisch gerechtfertigten Marktwirtschaft ergibt. Die Marktwirtschaft als solche löst das Problem nicht. Sie löst aus sich heraus nicht die Frage, wie beispielsweise mit Arbeitslosigkeit umzugehen ist. Auch Umbrüche werden durch die Marktwirtschaft selbst sozialethisch eben nicht geklärt. Dazu braucht es, was wir Sozialpolitik oder Solidaritätsnetze nennen.

Institution und Tugend

Zu dem, was sich daraus für die öffentlichen Institutionen ergibt, zunächst ein Zitat aus einem wichtigen Text von Kant, aus seiner Schrift „Zum Ewigen Frieden“ (1795): „Das Problem der Staatserrichtung ist, so hart wie es auch klingt, selbst für ein Volk von Teufeln (wenn sie nur Verstand haben) auflösbar“. Kant sagt, wenn sie Verstand haben, regeln sie ihre Institutionen so, dass sie sich nicht selber schädigen. Auch das Problem einer liberalen Staatserrichtung hält er ausdrücklich für lösbar: „Eine Menge von vernünftigen Wesen, die insgesamt allgemeine Gesetze für ihre Erhaltung verlangen, deren jedes aber insgeheim sich davon auszunehmen geneigt ist, so zu ordnen und ihre Verfassung einzurichten, dass, obgleich sie in ihren Privatgesinnungen einander entgegen streben, diese einander doch so aufhalten, dass in ihrem öffentlichen Verhalten der Erfolg ebenderselbe ist, als ob sie keine solche bösen Gesinnungen hätten.“ Im Grunde genommen ist das die Idee des Liberalismus, der im 18. Jahrhundert beginnt, so wie es in anderer Formulierung heißt: *private vices, public virtues*. Das lässt sich so übersetzen: Können wir die privaten Laster, die privaten Neigungen, das Interesse, dem eigenen ökonomischen Fortschritt Priorität zu geben, können wir das so in ein Institutionengefüge einordnen, dass es für alle gut wird?

Und da braucht man nicht allein Spielregeln, sondern auch klare Rahmenbedingungen und starke Institutionen, die dafür sorgen, dass dieses komplizierte Gegeneinander doch für alle zum Guten ausgeht.

Ohne starke Institutionen, die das Regelwerk auf das Gemeinwohl hin orientieren, kann es keine ethisch verantwortbare Marktwirtschaft geben. Wir haben es eben mit vielen Menschen zu tun, die ihren eigenen Interessen folgen. Und wenn die eigenen Interessen und der eigene Vorteil das dominant Eigentliche und Letzte sind, dann führt das nicht zum allgemeinen Wohl, sondern lediglich zur Bereicherung einiger weniger.

Das waren im Grunde auch die Überlegungen von Alfred Müller-Armack, der bezeichnenderweise nicht nur Ökonom, sondern auch Gesellschaftstheoretiker war, der die Soziale Marktwirtschaft als Gesellschaftsmodell verstand. 1947 hat er das Buch geschrieben „Das Jahrhundert ohne Gott". Er wusste, dieses System kann nur dann funktionieren, wenn es kulturell und institutionell eingebettet ist, über das einzelne wirtschaftliche Interesse des Arbeitnehmers und des Arbeitgebers hinaus. Betriebswirtschaftliche Interessen, in einem etwas umfassenderen Sinne verstanden, dürfen nicht einfach auf die Gesamtwirtschaft übertragen werden. Man muss sie in ein Regelwerk fassen, weil es unterschiedliche, legitime Interessen sind, die hier zum Tragen kommen. Aber die Verantwortung des einzelnen Unternehmers besteht nicht darin, die gesamte Gesellschaft zu verbessern. Zunächst besteht sie darin, den Menschen, die ihm anvertraut sind oder mit denen er zu tun hat, Arbeits- und Lebensmöglichkeiten zu geben.

Die moderne Gesellschaft lebt von Voraussetzungen, die sie selber aus sich heraus nicht garantieren und auch nicht produzieren kann. Und es sind viele Voraussetzungen notwendig für eine funktionierende Marktwirtschaft und für einen modernen Staat. Ich nehme die Familie als Beispiel. Es ist nicht selbstverständlich, dass Menschen Familien gründen und Kinder aufziehen. Aber ein Staat, in dem keine Familien mehr gegründet würden, wäre letztlich am Ende. Die Familie ist von entscheidender Wichtigkeit für den Staat, aber der Staat kann nur wenig zur Familiengründung beitragen. Er muss die in verantworteter Freiheit getroffene Entscheidung des Bürgers hinnehmen.

Gerechtigkeit

Wie die Freiheit ist Gerechtigkeit ein prekäres, ein zerbrechliches Gut. Auch Gerechtigkeit stellt sich nicht von selbst ein. Es gibt einen Text von Augustinus aus „De civitate Dei", der das sehr schön deutlich macht. Augustinus lebte zur Zeit der Völkerwanderung in Nordafrika, in Hippo. Vor der Stadt lagerten die Vandalen. Wenn nun das Römische Reich zerbricht, das „non plus ultra" der politischen und ökonomischen Entwicklung der damaligen Zeit: Was hat dann Bestand? Aus diesem Ansatz entwickelt Augustinus sein Buch vom Gottesstaat. Und in diesem Buch findet sich der folgende berühmte Text: „Was anderes sind also Reiche, wenn ihnen Gerechtigkeit fehlt, als große Räuberbanden? Sind doch auch Räuberbanden nichts anderes als kleine Reiche. Auch da ist eine Schar von Menschen, die unter Befehl eines Anführers steht, sich durch Verabredung zu einer Gemeinschaft zusammenschließt und nach fester Übereinkunft die Beute teilt. Wenn dies üble Gebilde durch Zuzug verkommender Menschen so ins Große wächst, dass Ortschaften besetzt, Niederlassungen gegründet, Städte erobert, Völker unterworfen werden, nimmt es ohne weiteres den Namen Reich an, den ihm offenkundig nicht etwa hingeschwundene Habgier, sondern erlangte Straflosigkeit erwirbt. Treffend und wahrheitsgemäß war darum die Antwort, die einst ein Mann, ein aufgegriffener Seeräuber, Alexander dem Großen gab. Denn als der König den Mann fragte, was ihm einfalle, dass er das Meer unsicher mache, erwiderte der mit freimütigem Trotz: ‚Und was fällt dir ein, dass du das Erdreich unsicher machst? Freilich, weil ich's mit einem kleinen Fahrzeug tue, heiße ich Räuber. Du tust es mit einer großen Flotte und heißt Imperator.' Was anderes sind also Reiche, wenn ihnen Gerechtigkeit fehlt, als große Räuberbanden?"

Auf Gerechtigkeit können wir nicht verzichten. Und doch stellt sich Gerechtigkeit nicht von selbst ein. Auch die Marktwirtschaft bringt aus sich heraus keine Gerechtigkeit hervor. Dazu müssen institutionelle Rahmenordnungen da sein, aber wir tun weithin noch so, als würden diese Grundsätze auf der europäischen Ebene nicht so stark und auf der Weltebene gar nicht gelten. Das aber widerspricht allen Erfahrungen, und deswegen muss ich hier deutlich sagen: Moral – und damit das Gute – können wir nur dann durchsetzen, wenn für alle die Perspektive erkennbar bleibt, dass es gerecht zugehen soll. Zumindest muss das Bemühen erkennbar sein, institutionelle Rahmenbedingungen zu schaffen, die den Menschen nicht nur Verteilungsgerechtigkeit, sondern auch Beteiligungsgerechtigkeit gewähren.

Es gibt staatliche Institution, die versuchen, auf anderen Ebenen zu garantieren, was früher etwa durch Beziehungen auf Augenhöhe abgesichert war, aber auch dieses institutionelle Arrangement bedarf eines moralischen Bewusstseins innerhalb eines Volkes oder einer Gesellschaft. Ohne eine solche Moral kann auch das institutionelle Arrangement nicht auskommen, wird es nicht weitergeführt, wird es nicht so gestaltet, dass sich nicht nur die Starken durchsetzen, sondern auch die Schwachen zu ihrem Recht kommen. Insofern müssen wir auch überlegen, was wir heute unter Staat überhaupt verstehen müssen, wenn wir ethisch verantwortlich Marktwirtschaft betreiben wollen, auch auf europäischer Ebene und auf Weltebene.

Gestaltungsaufgabe Unternehmen

Und wie steht es um die Rolle des Unternehmers im grenzenlosen Markt? Ein Unternehmen ist eine Gestaltungsaufgabe auf verschiedenen Ebenen. Gewiss, Unternehmen können den Markt nicht ohne weiteres verändern, sie müssen sich bestimmten Rahmenbedingungen anpassen. Und sie müssen Gewissheit haben, dass ihnen die Aufgaben abgenommen werden, die sie nicht erfüllen können. Zum Beispiel kann ein Unternehmen das Risiko der Arbeitslosigkeit nicht übernehmen. Unternehmen können dazu beitragen, dieses Risiko zum Teil abzusichern. Aber dem Menschen das Risiko abnehmen, das kann ein Unternehmen nicht, wenn es sich nicht als marktwirtschaftlich tätiges Unternehmen aufgeben will.

Zunächst halte ich jedoch fest: Das Modell Spielregel – Spielzüge bedeutet nicht, ein Unternehmen hätte keine eigene Gestaltungsaufgabe, es könne nur das machen, was ihm der Markt vorschreibt. Diese Gestaltungsaufgabe lässt sich nun durch verschiedene Momente charakterisieren. Ein Moment ist das Ethos unternehmerischen Handelns, und dafür ist wiederum eine langfristige Perspektive unverzichtbar. Ein unternehmerisches Ethos in Langfristperspektive ist eher dem Stakeholder-Modell verpflichtet, weniger dem Shareholder-Modell, und bezieht verschiedene Gruppen in die unternehmerischen Entscheidungen mit ein: die Aktionäre, die Eigentümer, aber auch die Umwelt, die Gesellschaft, in die man hineinwirkt, und die Arbeitnehmer. Nicht nur „Shareholder"-Interessen sind berechtigte Interessen. Die berechtigten Interessen der „Stakeholder" zur Sprache zu bringen, das ist ebenfalls ein wichtiges Moment unternehmerischer Gestaltungsaufgabe. Und dazu gehören in besonderer Weise die Interessen der Arbeitnehmer, denn Mitarbeiter sind die wichtigste Ressource, die ein Unternehmen hat. Sie nicht zu pflegen wäre geradezu unvernünftig. Im Grunde sind das Erkenntnisse, die ein kluger, langfristig denkender Unternehmer immer schon hat. Eine Day-Trader-Mentalität, die sich danach richtet, wann eine Firma gekauft und wieder verkauft werden kann, tut sich zwangsläufig mit einem langfristig wirksamen Unternehmensethos schwer. Dagegen wird jemand, der ein Unternehmen aufbaut und über Jahrzehnte einen beträchtlichen Teil seines Lebens investiert, immer auch ein Interesse daran haben, dass Mitarbeiter sich mit dem Unternehmen identifizieren.

Meine eigentliche Sorge jedoch gilt den institutionellen Rahmenbedingungen, die der Einzelne auch durch viel Ethik nicht beeinflussen kann, die den gesellschaftlichen Zusammenhang stabilisieren, aber auch ins Rutschen kommen lassen können. Diese institutionellen Rahmenbedingungen sind wesentlich eine politische Gestaltungsaufgabe. Moral ist dazu sicherlich kein Hindernis, sondern langfristig gesehen eine Notwendigkeit.

Dazu muss aber auch das Ineinander und Zueinander der Ebenen im Blick behalten werden. Drei Ebenen wenigstens sind zu unterscheiden: Makro-, Meso- und Mikroebene. Die Makroebene bezeichnet die politische Gestaltungsaufgabe, auch sie eine hochmoralische Aufgabe.

Diese Ebene wird in unserem Land natürlich immer wieder neu diskutiert: Was soll der Staat tun, was soll der Markt tun? Haben wir zu viel Sozialstaat, oder haben wir zu wenig Sozialstaat? Der Sozialstaat ist Voraussetzung der Marktwirtschaft und nicht lediglich Folge der Marktwirtschaft. Je mehr Wettbewerb, desto mehr Risiko. Das kann nicht auf den Einzelnen abgewälzt werden, das muss vernetzt getragen werden, denn sonst ist die Akzeptanz der Marktwirtschaft bald dahin. Die Globalisierung ist erst möglich geworden, so sagt Stefan Leibfried, weil wir sozialstaatlich Risiken abgefedert haben. So wurden Wettbewerb, schöpferische Zerstörung, Neuaufbruch möglich und damit auch Globalisierung. Auf der Makroebene stellt sich beispielsweise in Europa oder auf Weltebene die Aufgabe, einen Rahmen zu schaffen. Dazu muss man wenigstens über die Erneuerung und politische Durchsetzungsfähigkeit der internationalen Organisationen nachdenken, beispielsweise über die UNO, die Welthandelsorganisation (WTO) oder die Internationale Arbeitsorganisation (ILO).

Auf der zweiten Ebene, der Mesoebene, sind auch die Unternehmen gefordert. Es reicht nicht aus, nur das nicht zu tun, was verboten ist. Unser Leben vom Verbotenen her zu organisieren, das wäre schon im Hinblick auf unsere persönliche Haltung etwas zutiefst Deprimierendes. Längst haben Unternehmen begonnen, Leitlinien zu entwickeln, die über das Vorgeschriebene hinausgehen. Unternehmensleitbilder müssen sich vor allem in der Krise bewähren. Die Selbstverpflichtung von Unternehmen, das zeichenhafte Handeln, in der Öffentlichkeit eine gesellschaftliche Rolle wahrzunehmen, das ist sehr wohl ohne Ertragsschädigung möglich, und das haben viele Unternehmen auch schon gezeigt.

Die Mikroebene bezeichnet die Ebene, in der Führungskräfte und Mitarbeiter in Beziehung treten und den Versuch unternehmen, auch die Würde des Einzelnen und die Möglichkeiten des Einzelnen im Blick zu behalten. Dort muss ebenfalls über das hinausgegangen werden, was vorgeschrieben ist.

Makro-, Mikro-, und Mesoebene wiederum müssen miteinander verbunden sein. Insbesondere für international tätige Unternehmen stellt sich die Frage nach einer gemeinsamen Philosophie, gerade auch angesichts unterschiedlicher regionaler Gegebenheiten und Bedingungen.

Wenn wir versuchen, im Globalisierungsprozess die Erfahrung zu ermöglichen, dass die materiellen und die menschlichen Gewinne größer sind als die Verluste – und das schrittweise für immer mehr Menschen auch Wirklichkeit werden zu lassen –, dann, meine ich, haben wir auf den verschiedenen Ebenen auch unsere moralische Verantwortung wahrgenommen: Moral kann man sich nicht nur leisten, man muss sie sich leisten, wenn die Welt überleben soll. Und sie ist ein Gebot der Vernunft.

Detlef Prinz

Soziale Marktwirtschaft braucht Ethik

Fehlende Nachhaltigkeit gefährdet Vertrauen in Demokratie

„Occupy Wall Street" ist mehr als eine Parole. Es ist eine Bewegung. Wenn auch eine kleine, so doch eine spürbare. Nicht nur in New York. In vielen amerikanischen Städten protestieren Abertausende gegen die Macht der Banken, gegen schrankenlose Gier und einen Finanzmarkt, der weltweit außer Kontrolle geraten ist. In Griechenland wehren sich die Menschen verzweifelt gegen immer neue, von den kreditgebenden Euroländern erzwungene Sparpakete, die Gehaltskürzungen, Rentenkürzungen, Entlassungen und Steuererhöhungen enthalten. In Spanien protestieren vor allem junge Menschen gegen die hohe Jugendarbeitslosigkeit, die um die 40 Prozent liegt.

Die Protestierenden sind keine Revolutionäre. Es sind Menschen aller Altersgruppen und aller sozialer Schichten. Sie wenden sich gegen eine Entwicklung, die sie nicht mehr durchschauen und die ihnen als anonyme Macht entgegentritt, die Existenz und Zukunftschancen bedroht.

Noch ist es in Deutschland vergleichsweise ruhig. Die signifikantesten Proteste der letzten Jahre richteten sich gegen ein Bahnhofsprojekt in Stuttgart, nicht gegen die Akteure der Finanz- und Schuldenkrise. Das muss aber nicht so bleiben. Wenn sich der Eindruck verfestigt, dass Investmentbanker weiter mit fragwürdigen „Produkten" zocken, wenn die Milliarden für diverse Rettungsschirme sich im Wochenrhythmus ins Unermessliche steigern, wenn die Steuerzahler für immer größer werdende Kredite an hochverschuldete Euro-Länder geradestehen müssen, dann schwindet auch hierzulande das Vertrauen – nicht nur in die Finanzwirtschaft oder die aktuelle Regierung, sondern auch in die Europäische Union, in die soziale Marktwirtschaft und in die Demokratie.

I. Ethik ist abhandengekommen

Kein vernünftiger Mensch wird bestreiten, dass Unternehmen auf Gewinnerzielung angelegt sind. Das gilt auch für Banken. Wirtschaftssysteme, die nicht auf diesem Prinzip beruhten, sind gescheitert, weil sie ökonomisch erfolglos waren und politisch die Freiheit ihrer Bürger unterdrückt haben.

Marktwirtschaft und Demokratie sind Schwestern. Ihr Bindeglied ist der Wert und das Recht der Freiheit. Die freie Wahl auf Seiten der „Nachfrager" – der Konsumenten wie der Wähler. Und das Wettbewerbsprinzip auf Seiten der „Anbieter" – der Unternehmen wie der demokratischen Parteien. Beides, Marktwirtschaft wie Demokratie, funktioniert nur auf der Basis von Regeln, die auf einem Konsens aller Beteiligten beruhen. Ihre Einhaltung verbürgen Verfassung und Gesetze. Der Konsens beruht auf einer zugrunde liegenden Ethik, die neben dem Freiheitsprinzip auch das Streben nach Gerechtigkeit, eine gesamtgesellschaftliche Solidarität, die Toleranz gegenüber Andersdenkenden und die Beschränkung der Wahrnehmung eigener Interessen durch die Orientierung am Gemeinwohl umfasst. Eine solche ethische Grundlage hält (legitimen) Eigennutz und (notwendigen) Gemeinnutz in der Balance. Weder gilt das Prinzip „Gemeinnutz geht vor Eigennutz", das so unterschiedliche totalitäre Systeme wie Nationalsozialismus und Leninismus propagiert haben, noch gilt das Umgekehrte, das dem Mantra der Marktradikalen zugrunde liegt.

Im Grundgesetz kommt dieses Streben nach einer solchen Balance klar zum Ausdruck: Unsere Verfassung garantiert das private Eigentum, normiert in Artikel 14, aber ebenso seine soziale Verpflichtung und seinen Gebrauch zum Wohl der Allgemeinheit.

Dieser Grundsatz ist nicht mehr in allen Teilen der Wirtschaft gelebte Wirklichkeit. Da sind Investmentbanker, die mit dem angelegten Vermögen ihrer Kunden de facto ein Spielkasino betreiben, unverantwortliche Risiken eingehen und hohe Boni kassieren: Je höher das Risiko, je kurzatmiger der Erfolg, desto höher der Bonus!

Da sind angestellte Manager großer Konzerne, die durch verfehlte Produktstrategien, durch falsch kalkulierte Zu- oder Verkäufe ihr Unternehmen an die Wand fahren und tausende von Arbeitsplätzen vernichten – und bei ihrem Scheitern Millionenabfindungen kassieren. Da ist der ehemalige Vorstandsvorsitzende der Hypo Real Estate, der seine Bank in die Pleite gewirtschaftet hat, so dass sie verstaatlicht und mit Steuermilliarden gerettet werden musste, der sich aber nicht scheut, gegen seinen ehemaligen Arbeitgeber um eine Millionenabfindung zu prozessieren.

Dies Beispiel und weitere zeigen, dass ethische Maßstäbe verlorengegangen sind, dass Macht- und Gewinnstreben sich verselbständigt haben und jedes Maß, jede Orientierung an Gerechtigkeit und Billigkeit aus den Augen geraten ist.

II. Nachhaltigkeit ist gefragt

Vor allem in den neunziger Jahren wurde als Orientierungsmarke unternehmerischen Handelns das Shareholder-Value-Prinzip propagiert. Das bedeutet nichts anderes, als dass der Gewinn der Anteilseigner einziger Maßstab für den Erfolg und so die einzige Richtschnur des Handelns ist. Wenn also ein Vorstandsvorsitzender den Abbau von hunderten, ja tausenden von Arbeitsplätzen verkündete, um das Unternehmen rentabler zu machen, stieg am nächsten Tag der Börsenkurs – und der Manager wurde als besonders erfolgreich gefeiert. Ähnliches geschah, wenn es einem Vorstand gelang, die Körperschaft- oder Gewerbesteuer durch entsprechende „Gestaltung“ zu minimieren. Diese Methode, gemeinschaftsschädliches Verhalten als erfolgreich zu prämieren, hat entscheidend zu einer Unkultur der kurzfristigen Orientierung, ja der Kurzatmigkeit in vielen Großunternehmen beigetragen. Wenn der Erfolg hier und sofort wichtiger ist als die mittelfristige Perspektive des Unternehmens, wird auch die Kehrseite sehr schnell sichtbar. Der kurzatmige Erfolg verfliegt, und ebenso plötzlich gerät das Unternehmen in die Krise. Der gestern noch hochgelobte Manager wird dann zwar ausgetauscht – und fällt weich –, die Orientierung am Sofort-Ergebnis jedoch ändert sich nicht. So hat in den letzten zwei Jahrzehnten die

„Halbwertszeit“ von CEOs großer Konzerne, auch in Deutschland, rapide abgenommen. Die Beispiele sind Legion. Es mangelt also an Nachhaltigkeit. Dieser Begriff wird – in politischen Diskussionen wie in der Alltagssprache – heute fast inflationär gebraucht. Dennoch behält er seinen Sinn. Als ein Prinzip, das Dauerhaftigkeit, mittel- bis langfristige Orientierung vor das Ergebnis des Tages stellt. Gesamtgesellschaftlich ist Nachhaltigkeit sehr viel mehr als Umweltschutz, mit dem sie oft in Verbindung gebracht wird. Nachhaltigkeit bedeutet, ökonomischen Fortschritt, ökologische Verantwortung und soziale Gerechtigkeit miteinander zu verbinden und zu optimieren.

Bezogen auf Unternehmen heißt das: Entscheidend ist nicht der Börsenkurs von morgen oder der Gewinn von heute, sondern die langfristige Strategie, die Sicherung der Überlebensfähigkeit des Unternehmens in sich wandelnden Zeiten, die rechtzeitige Investition in die Zukunft, in Produkt- und Verfahrensinnovationen. Und es heißt auch, in schwierigen Zeiten eine qualifizierte, bewährte Belegschaft zusammenzuhalten. Der heute zu Recht beklagte Fachkräftemangel ist nicht nur ein Ergebnis bildungspolitischer Versäumnisse, sondern auch der verfehlten Gleichsetzung von Kostensenkung mit Personalabbau in der jüngeren Vergangenheit. Als Beispiel für erfolgreiche Anwendung des Nachhaltigkeitsprinzips in der deutschen Wirtschaft können die mittelständischen Familienunternehmen dienen. Der klassische Familienunternehmer will sein Unternehmen für die nachfolgenden Generationen erhalten und ertüchtigen. Die Mitarbeiter sind in der Regel seit langer Zeit dem Unternehmen verbunden und identifizieren sich mit ihrem Betrieb. Der Familienunternehmer seinerseits kennt und schätzt seine Belegschaft und hält an ihr auch um den Preis schrumpfender Gewinne in Krisenzeiten fest – weil er weiß, dass er diese Belegschaft, ihr Know-how und ihre Loyalität braucht, wenn sich die Auftragslage wieder verbessert. 70 Prozent aller Arbeitsplätze und 80 Prozent aller Ausbildungsplätze werden in kleinen und mittelständischen Unternehmen gehalten oder geschaffen. Das ist Nachhaltigkeit!

Dass die deutsche Wirtschaft die Finanzkrise und die ihr unmittelbar folgende Rezession 2008/2009 schnell und gut überstanden hat, ist nicht nur dem richtigen Handeln der damaligen Bundesregierung (Bankenrettung, zwei Konjunkturpakete, Abwrackprämie, Kurzarbeiterregelung) zu verdanken, sondern vor allem dem verantwortungsbewussten, eben nachhaltigen Verhalten des deutschen Mittelstands. Hier gelten noch die oben genannten ethischen Prinzipien. Und hier erweist sich, dass sie dem ökonomischen Erfolg nicht entgegenstehen, sondern dabei helfen, ihn zu ermöglichen.

III. Soziale Marktwirtschaft und Ethik

Es gilt also, ethische Prinzipien und Maßstäbe in unserer sozialen Marktwirtschaft durchzusetzen und wieder sichtbar zu machen. Das ist national, aber auch im europäischen Maßstab erforderlich, um Vertrauen in unser insgesamt doch so erfolgreiches Wirtschaftssystem wiederherzustellen. Dabei ist es notwendig, sich auf die geistigen Grundlagen unserer Wirtschaftsordnung zu besinnen. So hat ein bedeutender Vertreter der katholischen Soziallehre, Oswald von Nell-Breuning (1890–1991) in seinem langen Leben und Wirken immer wieder auf die Fehlsteuerungen eines reinen Kapitalismus, auf die Gleichwertigkeit von Arbeit und Kapital und die Notwendigkeit der sozialen Partnerschaft hingewiesen.

Das Entstehen der christlichen Soziallehre ist eng mit der „sozialen Frage“ verbunden, die Mitte des 19. Jahrhunderts die Gesellschaft zunehmend zu beschäftigen begann. Industrialisierung, eine kapitalistische Wirtschaftsweise, die Arbeit strikt vom Kapital trennte, hatte zur Verarmung und Entwurzelung ganzer Bevölkerungsschichten geführt. Darauf mussten die Kirchen eine Antwort finden. Auf Seiten des Katholizismus waren es Männer wie Franz Josef Ritter von Büß, Adolph Kolping, vor allem aber der Mainzer Bischof Wilhelm Emmanuel von Ketteler. Ihnen ging es nicht darum, den Kapitalismus abzuschaffen, sondern ihn gleichsam zu bändigen. Kettelers Vorstellungen haben auch Eingang in die erste Sozialenzyklika „Rerum novarum“ von Papst Leo XIII. (1891) gefunden.

Nell-Breuning war es dann, dessen Gedankengut in der Sozialenzyklika Pius XI. „Quadragesimo Anno" (1931) Resonanz fand. Hier wurden die Grundsätze von 1891 weiter entwickelt, die Sozialbindung des Eigentums gefordert, ebenso das Prinzip der Subsidiarität. Nell-Breuning trat für Mitbestimmung ein, war ein engagierter Befürworter des für die deutsche Nachkriegsgeschichte so segensreichen Prinzips der Einheitsgewerkschaft. Er entwickelte Konzepte zum Investivlohn und zur Vermögensbildung in Arbeitnehmerhand, schrieb – hochaktuell – über „Börsenmoral" und rief zu „güterwirtschaftlichem Denken" auf, womit er – auf die heutige Zeit bezogen – schon damals das Primat der Realwirtschaft gegenüber den Finanzmärkten einforderte. Im Godesberger Programm der SPD von 1959 sah er ein „kurzgefaßtes Repetitorium der katholischen Soziallehre". Es war der Geist der sozialen Partnerschaft im Sinne Nell-Breunings, der die deutsche Wirtschaftsgeschichte nach dem Zweiten Weltkrieg geprägt, Konflikte sinnvoll begrenzt und den Erfolg der sozialen Marktwirtschaft entscheidend mit ermöglicht hat.

Die geistigen Väter der sozialen Marktwirtschaft wie Walter Eucken, Wilhelm Röpke, Ludwig Erhard und Alfred Müller-Armack haben ihre Konzeption in direkter Abgrenzung zum Nationalsozialismus entwickelt, im Bewusstsein, dass ein ungehemmter Kapitalismus mit hoher Arbeitslosigkeit und Verelendung breiter Mittelschichten zu dessen Durchsetzung beigetragen hat. Zu den grundlegenden Strukturprinzipien der sozialen Marktwirtschaft, die von den genannten Denkern und Praktikern entwickelt wurden, gehört der Grundsatz der möglichst „vollständigen Konkurrenz" und demzufolge die Kartellkontrolle, um zu große wirtschaftliche Macht durch Konzentrationen einzudämmen. Dazu gehört ferner die Balance aus Freiheit und Sozialbindung des Eigentums. Der Staat ist nicht länger der klassischliberale „Nachtwächter", sondern der Schöpfer und Garant der Wirtschaftsordnung, die dem marktwirtschaftlichen Tun zugrunde liegt. Er ist kein Interventionsstaat, aber er ist auch nicht wirtschaftspolitisch abstinent. Ludwig Erhard hat sich in seiner Zeit als Bundeswirtschaftsminister auch nicht gescheut, fördernd und gestaltend einzugreifen, wie etwa das Investitionshilfegesetz gezeigt hat.

Einen Schritt weiter ging der sozialdemokratische Bundeswirtschaftsminister Karl Schiller, als er ab 1966 das moderne Instrumentarium der Globalsteuerung in praktische Politik umsetzte. Schiller war überzeugter Marktwirtschaftler und zugleich ein Sozialdemokrat, der von evangelischer Sozialethik und katholischer Soziallehre inspiriert war. In seinem Konzept hatte der Staat die Aufgabe, die Rahmendaten marktwirtschaftlicher Aktivitäten gezielt zu beeinflussen, etwa durch staatliche Investitionen und Aufträge in der Rezession, um den Konjunkturmotor wieder zum Laufen zu bringen. Die andere Seite der Medaille seines Konzepts, nämlich das Sparen, besonders in Zeiten der Hochkonjunktur, wurde freilich vernachlässigt; dies hat viel mit den heutigen Staatsschuldenproblemen zu tun. Schiller lehnte jeden Etatismus strikt ab, betonte die „soziale Symmetrie" und vertrat entschieden den Grundsatz: „So viel Markt wie möglich, so viel Staat wie nötig."

Unsere Wirtschaftsordnung, die auf den oben genannten Prinzipien beruht, hat nicht nur einen zuvor nie gekannten Wohlstand ermöglicht. Sie hat zugleich den Wettbewerb der Systeme mit den kommunistischen Zentralverwaltungswirtschaften, auch auf deutschem Boden, überzeugend gewonnen. Sie muss sich nun im Kampf gegen die Kasinomentalität in Teilen der Finanzwirtschaft und gegen marktradikale Ideologien behaupten. Wie viel Staat notwendig war, hat sich in der Finanzkrise gezeigt und droht jetzt in der Schuldenkrise überstiegert zu werden.

IV. Kann man Ethik durchsetzen?

Viele der genannten ethischen Grundlagen der sozialen Marktwirtschaft sind in Deutschland gesetzlich normiert: im Grundgesetz, im Kartellgesetz, im Schiller'schen Stabilitäts- und Wachstumsgesetz, im Betriebsverfassungsgesetz, in den Mitbestimmungsgesetzen. Dennoch kann man Ethik nicht verordnen. Sie wird nur dann gelebt, wenn die Beteiligten ihre Normen akzeptieren und ihr Verhalten danach ausrichten. Für eine solche Orientierung gibt es viele Herausforderungen. Die Globalisierung, die europäische Integration, das Internet – all dies tendiert eher zu Hektik und kurzfristigen Zeithorizonten. Da gehört schon Widerstandsfähigkeit, Gelassenheit und Weitblick dazu, Nachhaltigkeit zu praktizieren, soziale Gerechtigkeit zu wahren und so mancher Versuchung zu widerstehen.

In der Wirtschaft wie in der Politik wäre es naiv, darauf zu vertrauen, dass alle handelnden Akteure gute Menschen sind. Jedes Unternehmen will (und muss) Gewinne machen. Jeder Politiker kann seine Ziele nur durchsetzen, wenn er auch gewählt wird. Also muss er Wahlen zu gewinnen versuchen, mit allen damit verbundenen Gefahren der kurzatmigen Stimmungsmache. Aber es gibt – in Wirtschaft wie Politik – einen Weg, die Einhaltung ethischer Normen zu bewerkstelligen. Das ist die Tatsache, dass langfristig derjenige am erfolgreichsten ist, der sich solchen Normen verpflichtet weiß und ihnen entsprechend handelt. Das Beispiel des deutschen Familienunternehmens wurde schon erwähnt. Im Finanzsektor kann das solide und erfolgreiche Wirken der Sparkassen und Genossenschaftsbanken als Vorbild dienen. Sie sind es, die sich auf ihr Kerngeschäft konzentrieren und für Bürger und mittelständische Unternehmen verlässliche Partner sind. Und sie haben durch die Finanzkrise auch ohne staatliche Hilfe die Fähigkeit bewahrt, ihre Kunden mit erforderlichen Krediten zu versorgen. Und auch in der Politik verlangen die Bürger mehr Ehrlichkeit und Grundsatztreue, auch wenn sie manchmal unpopulär sind.

Es liegt also im besten Eigeninteresse von Unternehmen wie Politikern, den ethischen Kompass zu bewahren und zu benutzen. Durch diese List der Vernunft kann es möglich werden, ethische Maßstäbe dem eigenen Handeln zu Grunde zu legen und dabei gleichzeitig erfolgreich zu sein.

Berthold Huber

Werte in der Arbeitswelt

Es kann nicht anders sein: In einer dynamischen, global vernetzten Wirtschaft steht die Arbeitswelt unter einem permanenten Wandlungsdruck. Neu ist das nicht. Schon unsere Elterngeneration hatte Mühe, sich in der Arbeitswelt ihrer Söhne und Töchter zurechtzufinden. Und für unsere Kinder und Enkel enthalten unsere alltäglichen Arbeitserfahrungen auch Aspekte, die sich wahrscheinlich in ihrer Zukunft recht fremd ausnehmen würden. Dabei bleibt offen, ob sie uns vielleicht um unsere Arbeitsbedingungen beneiden, weil ihnen die zukünftigen noch mehr abverlangen könnten. Doch lieber hätten wir es, sie würden uns bedauern, weil zu unseren Zeiten gute Arbeit für alle leider noch keine Selbstverständlichkeit war. Es liegt an den Weichenstellungen unserer Tage, ob sich die menschlichen Entfaltungschancen in der Arbeitswelt und in den gesellschaftlichen Bezügen verbessern oder verringern. Ich wage nicht mehr die Voraussage, alles könne immer nur noch besser werden. Zu sehr haben besonders im letzten Jahrzehnt Erfahrungen und Auseinandersetzungen mit neuen Handlungsmaximen, die in der Arbeitswelt dominierend wurden, optimistische Sichtweisen belastet.

I. Solidarität – ein Prinzip und keine Einbahnstraße

Nicht nur in den Organisationsbereichen in der IG Metall, in der gesamten Wirtschaft und in der Politik wurde nicht erst seit dem Ausbruch der Finanzmarktkrise im Herbst 2008 registriert, wie fragil eine Arbeitsgesellschaft geworden ist, die ihre alle verpflichtenden sozialen Werte auf jene reduziert, die an den Börsen handelbar sind. Man sollte annehmen, die kurzfristigen Gewinnvorgaben von Investoren und Spekulanten hätten sich inzwischen als Steuerungsinstrument von Volkswirtschaften und Unternehmen hinreichend als untauglich blamiert. Jedoch lassen die Konsequenzen aus dieser Erfahrung auf sich warten. Die Verabsolutierung der Märkte ohne soziale Bindungen hat ganze Staaten an den Rand einer Katastrophe geführt. Das wirkt bis heute nach. In der Arbeitswelt hat man die Finanzmarktkrise als Zuspitzung einer lange andauernden Fehlentwicklung erleben können. Die meisten Unternehmen standen schon lange unter dem Druck überhöhter Renditeerwartungen. Die Restrukturierungsmaßnahmen wirkten immer kurzatmiger. Das Bemühen um den Erhalt und die Sicherung von Arbeitsplätzen geriet dabei mehr und mehr zur Hauptaufgabe der gewerkschaftlichen Betriebs- und Tarifpolitik. Solidarität, der alte konstituierende, aber nie überholte Grundwert der Arbeiterbewegung, blieb geforderter denn je. Unter den globalen Krisenbedingungen und zuletzt im Gefolge der Finanzmarktkrise erlangten die Ziele der Beschäftigungssicherung immer zwingender einen Vorrang gegenüber der verteilungspolitischen Bedeutung von Tarifverträgen. Der Super-GAU auf den Arbeitsmärkten konnte verhindert werden durch Vereinbarungen mit den Arbeitgebern für den Abbau von Überstunden, Nutzung der Arbeitszeitkonten und Kurzarbeit. Alles, was betriebliche und tarifpolitische Regelungen beitragen können, um Beschäftigung in der Krise zu stabilisieren und Entlassungen zu verhindern, wurde auch eingesetzt. Hinzu kam, dass der Sozialstaat mit verbesserten Kurzarbeiterregelungen in der Krise seine Bewährungsprobe bestand. Und auch die staatlichen Konjunkturprogramme, dazu zählen die Umweltprämie beim Kauf eines neuen Autos und die Stärkung der kommunalen Investitionen, haben in richtiger Kombination zur Krisenbewältigung beigetragen. Es war dieser Dreiklang von beschäftigungssichernder Betriebs- und Tarifpolitik, staatlicher Konjunkturförderung und sozialstaatlichen Regulierungen, der bewirkte, was von vielen ausländischen Beobachtern oft „German Beschäftigungswunder" genannt worden ist. Solidarität in der Krise, sie hat sich bewährt. Allerdings: Die Krisenursachen sind noch nicht überwunden. Die Staatshaushalte der EU-

Länder befinden sich immer noch in Geiselhaft der Finanzmärkte. Ohne einen politischen Kurswechsel bleibt die Gefahr bestehen, dass unregulierte Finanzmärkte den stark exportabhängigen deutschen Industrien wieder neue Belastungen aufzwingen. Soll das „deutsche Beschäftigungswunder“ nicht nur vorübergehend bezaubern, müsste es nachhaltig gestützt werden. Aus der Sicht des Sommers 2011 läuft der Trend eher in Gegenrichtung des Sinnvollen.

Statt die inzwischen gut entwickelten und in der Krise bewährten Systeme interner Arbeitskräfteflexibilisierung zu nutzen und auszubauen, bevorzugen viel zu viele Arbeitgeber externe Flexibilisierung. Selbst in Unternehmen mit wieder glänzenden Geschäftsperspektiven setzt man auf unsichere und möglichst gering entlohnte Beschäftigung. Die Betriebsräte der Metallwirtschaft signalisieren in unseren Umfragen eine verhängnisvolle Präferenz der Arbeitgeber. 85 Prozent aller Betriebe mit zusätzlichem Arbeitskräftebedarf setzen überwiegend auf prekäre Arbeitsverhältnisse, davon 43 Prozent auf Leiharbeit, 42 Prozent auf befristete Einstellungen. Nicht überall und schon gar nicht im nötigen Umfang lassen sich solche Fehlentwicklungen tarifpolitisch eingrenzen. Die fortschreitende Prekarisierung der Arbeitswelt wird zudem politisch geduldet, oft sogar gefördert. Der Missbrauch von Leiharbeit zum Lohndumping hat eine Art Apartheidsystem in der Arbeitswelt geschaffen. Die einen sind noch festangestellt und sozial gut gesichert. Sie können ihre Zukunft planen. Die anderen bleiben prekär beschäftigt, wenn überhaupt. Es sind gerade junge Menschen, die immer seltener einen sicheren Arbeitsplatz finden. Doch gerade sie haben einen Anspruch auf ein gesichertes Fundament für ihre Lebensplanung. Wenn es um die Perspektive der jungen Generation geht, dann ist dies zugleich eine der entscheidenden Zukunftsfragen der gesellschaftlichen Entwicklung. Es ist eine schwere Hypothek, dass rund 1,5 Millionen junge Menschen zwischen 20 und 29 keinerlei Berufsabschluss haben. Eine Umkehr dieser Fehlentwicklung wäre ein Gebot der Stunde. In jedem Jahr werden rund 70.000 weitere junge Menschen aus dem Schulsystem ohne irgendeinen Abschluss entlassen. Hochgerechnet auf ein Jahrzehnt lässt sich ermessen, welcher soziale und ökonomische

Sprengstoff sich hier aufbaut. Die Fernsehbilder von den Jugendprotesten in Spanien und Griechenland sollten eine Mahnung mehr sein. Es ist keine tragbare Entwicklung, wenn die entscheidende Basis für Zukunftspläne, der gesicherte Arbeitsplatz, immer schneller erodiert. Die Fragen nach den Werten, die in der Arbeitswelt maßgeblich die Entscheidungen prägen beziehungsweise sinnvollerweise prägen sollten, wird auch in dieser Hinsicht immer dringender. Solidarität, sie verpflichtet nicht nur in Krisenzeiten auf beschäftigungspolitische Verantwortung. Sie steht Pate und hat sich besonders zu bewähren, wenn es um die Verteilung des Nutzens der Reichtumsproduktion und seine Umwandlung in gesellschaftliche Wohlfahrt geht.

II. Leitwert gutes Leben

Die Parameter für die Entscheidungen in Politik und Wirtschaft haben sich dramatisch verschoben. Gerechtigkeitsziele und Solidaritätsgebote haben an Gewicht verloren. Marktradikale Politik hat zu mehr Ungleichheit, Spaltung und gesellschaftlichem Zerfall geführt. Die Gewerkschaften richten ihr Bemühen auf die Zielsetzung, den solidarischen Zusammenhalt der Gesellschaft zu verteidigen. Deshalb wehren sie sich gegen Ausgrenzung, Vereinzelung und Resignation. Schon unter diesem Aspekt sind Gewerkschaften keine Lobbyorganisation einer gesellschaftlichen Minderheit, sondern eine Wertegemeinschaft, die sich auf die Ziele eines demokratischen und humanitären Fortschritts verpflichtet weiß. Die Leitwerte der IG Metall wurzeln in der Geschichte der Arbeiterbewegung. Sie haben ihre Ursprünge aber ebenso in der christlichen Soziallehre, in Bürgerrechtskämpfen und in neuen sozialen Bewegungen. Freiheit und Gerechtigkeit, Solidarität und Gleichheit sind zudem auch universale Werte und bilden für gewerkschaftliches Handeln eine Richtschnur. Das konkretisiert sich nicht zuletzt als Anerkennung und im Respekt der Würde des Einzelnen. Man kann solche Werte auch mit einem Begriff aus der politischen Philosophie zusammenfassen: das gute, gelingende Leben.

Dieser Begriff hat eine lange Tradition. Stets ging es um ein selbstbestimmtes, keinen fremden Zielen unterworfenes Leben. Alle Menschen sollten die Möglichkeit haben, sich nach eigenen Fähigkeiten und Vorstellungen zu entwickeln. Das wurde zum Anliegen der Arbeiterbewegung. Ihr ging und geht es um den weitestgehenden Abbau von Fremdbestimmung in der Arbeitswelt und um das Ausweiten von Freiheiten zur Selbstbestimmung. An solchen Überlegungen knüpften viele an, aktuell etwa die amerikanische Sozialphilosophin Martha Nussbaum. Für sie bedeutet ein gutes Leben, dass die Menschen politisch selbstbewusster werden und ihre Angelegenheiten immer mehr in die eigene Hand nehmen. Zu nennen ist auch der indische Ökonom und Nobelpreisträger Amartya Sen. In seiner Vorstellung von „Ökonomie für die Menschen“ hebt er ausdrücklich hervor, dass sie der Entwicklung der menschlichen Fähigkeiten dienen solle. Auch in diesem Sinne beteiligt sich die IG Metall an den Debatten um sinnvolle Veränderungen der Wertepräferenzen für das wirtschaftliche Handeln. Verhindert werden muss, dass sich die Ökonomie verselbstständigt. Sie würde damit auch ihre eigene Grundlage zerstören, statt gesellschaftlichen und humanitären Fortschritt zu mehren. Drückt man es einfach aus: Zielsetzung ist es, für ein gutes Leben der Menschen zu sorgen.

Ein Missverstehen lässt sich sofort ausschließen: Gutes Leben, das bedeutet wesentlich mehr als nur über ein existenzsicherndes Einkommen zu verfügen. Längst ist gut belegt, dass nicht die Vermehrung des individuellen und gesellschaftlichen Wohlstandes das entscheidende Maß für Zufriedenheit ist, sondern dessen gerechte Verteilung. Und festzustehen scheint auch, dass ungleiche Gesellschaften weitaus größere soziale Probleme haben als marktwirtschaftliche Demokratien mit sozialen und ökonomischen Regulierungen. Leitorientierungen wie Solidarität, Gerechtigkeit und Toleranz garantieren den Menschen Sinnvolleres, als Gesellschaften mit entfesselten Märkten verheißen oder gar halten können. Welche tiefen Spuren die Wirtschafts- und Finanzkrise 2009 in den außerbetrieblichen Lebensbedingungen der Beschäftigten hinterlassen hat, ergibt sich aus einer bundesweiten repräsentativen Befragung:

- 53 Prozent der Befragten geben an, dass sie im Jahr 2009 ihren Konsum einschränken mussten;
- 40 Prozent haben weniger sparen können;
- 30 Prozent mussten Guthaben und Rücklagen auflösen, um sich und ihre Familie über Wasser zu halten;
- 20 Prozent haben weniger oder nichts mehr in eine private Altersvorsorge einzahlen können;
- 16 Prozent haben sich zusätzlich verschuldet
- und schließlich sind 47 Prozent krank zur Arbeit gegangen.

Inzwischen gelten psychische Störungen als eine fast ebenso große Krankheitslast wie alle körperlichen Erkrankungen zusammen. Es leiden nicht nur die Betroffenen und ihre Angehörigen. Die volkswirtschaftlichen Ausfallschäden sind ebenfalls keine Bagatelle. Fachleute schätzen diese Kosten auf bis zu 22 Milliarden Euro jährlich. Besonders besorgniserregend ist: Der Trend ist ungebrochen, es wird schlimmer statt besser. Auch an diesem Indikator lässt sich ermessen, wie dramatisch sich Wertorientierungen und die daraus resultierenden Arbeitsbedingungen verändert haben müssen.

Das gute Leben, das buchstabieren die meisten Menschen anders als nur in Euro und Cent. Gutes Leben verlangt, dass alle Menschen sich frei entfalten können und ihre Würde respektiert wird. Grenzziehungen, die gibt es auch im guten Leben für alle. Das eigene gute Leben, das darf sich nicht gründen auf das Ausbeuten oder Fremdbestimmen der jeweils anderen. Und damit sind auch die gemeint, die in anderen Ländern, auf anderen Kontinenten und vorwiegend in der Südhälfte der Erde wohnen.

III. Leitwert gute Arbeit

Die gegenwärtig erreichten und mühsam verteidigten Wettbewerbsvorsprünge der Industrie sind ein schlechtes Ruhekissen, solange die sozialen und ökologischen Herausforderungen nicht gemeistert werden. Die wirtschaftliche Leistungsfähigkeit der Zukunft ist nicht deshalb in Gefahr, weil es an Fachkräften mangelt, wie das derzeit modisch überall zu hören ist. Was mehr fehlt, das ist die Bereitschaft, das schon vorhandene Facharbeitpotenzial sorgsam zu pflegen und gute Arbeit zu vermehren, um sich heute für die Geschäfte von morgen zu rüsten. Die Zukunft der industriellen Arbeit steht zudem auf dem Spiel, wenn wir beim sozialen wie beim ökologischen Nachrüsten die vielen schon aufgelaufenen Versäumnisse nicht rasch ausgleichen. Die Dividende dafür lässt sich sicher erst später kassieren, während der schnelle Profit viel einfacher heute schon zu haben wäre. Hier muss also neu entschieden werden, welche Werte für das wirtschaftliche Handeln zum Maßstab der Entscheidungsfindung taugen.

Die IG Metall plädiert für das oft erst langfristig rentierliche Investieren in die eigenen Belegschaften und für das Vermehren guter Arbeit. Es ist nicht nur ein Gebot der sozialen Gerechtigkeit. Das ist auch die Konsequenz des Respekts vor der Würde des Menschen in der Arbeit. Zweierlei ist gefordert: Die bestmögliche Erstausbildung und das kontinuierliche Erweitern und Erneuern von Qualifikationen. Schaut man sich die undifferenzierten Klagen über einen Facharbeitermangel genauer an, verbirgt sich dahinter eher die Befürchtung, die zukünftigen Fachkräfte nicht mehr so billig wie bislang halten oder einwerben zu können. Vernünftig ist das nicht. Und es ist nicht nur das Gegenteil von sozial gerecht. Es ist auch das Gegenteil von ökonomisch vorteilhaft.

Es wurde offenbar schnell vergessen, dass die Beschäftigten in der Krise einen massiven Beitrag geleistet haben, um wieder Anschluss an die bessere Marktentwicklung zu gewinnen. Viele hunderttausend Arbeitnehmer haben in der Krise auf Einkommen verzichtet. Dies jetzt auch in den Zeiten mit exzellenten Geschäftsergebnissen zu erwarten, wäre nicht nur naiv, sondern schon dreist. Solidarität ist ein Leitwert, der sich nicht nur in Krisenzeiten zu bewähren hat. Wenn es um faire Teilhabe geht, nicht nur bei materiellen Leistungen, auch bei Selbstverwirklichungschancen in der Arbeit, muss dann immer erst im Konflikt über das Maß entschieden werden? Ich rate sehr zu einem raschen Einstellungswandel unter den Verantwortungsträgern der Wirtschaft. Arbeitgeber, die nur Lasten verteilt sehen wollen, ohne eine faire Teilhabe an den Arbeitsergebnissen zu garantieren, verwechseln gewerkschaftliche Kompromissbereitschaft in Krisenzeiten mit Schwäche bei der Durchsetzung legitimer Ansprüche von Arbeitnehmern. Teilhabeansprüche lassen sich nicht reduzieren auf Lastenteilung in der Krise und Demut danach. Das gute Leben und das gute Arbeiten, das darf nicht nur Privileg für wenige sein. Anspruch darauf haben auch die Menschen, denen es gerade so reicht, um über die Runden zu kommen. Einen legitimen Anspruch auf gute Arbeit besitzen außerdem ganz besonders jene, denen als Arbeitslose ein Zugang zu einem existenzsichernden und erfüllten Erwerbsleben versperrt ist.

Nicht zuletzt ist ein gutes Leben nur zu genießen, wenn es gute Arbeit für alle gibt. Was das jeweils konkret heißt, bleibt immer diskussionsfähig. Trotzdem ist es leicht möglich, eine Fülle von Gesichtspunkten zu benennen, die eben dazugehören, damit Arbeit als gut erlebt werden kann:

- Gute Arbeit muss die eigene Existenz sichern können.
- Gute Arbeit darf nicht krank machen.
- Gute Arbeit fördert und fordert Kreativität und Qualifikation.
- Gute Arbeit lässt Raum für familiäre Verpflichtungen.
- Und gute Arbeit, das ist auch Arbeit, die auf Mitdenken, Mitbestimmen und Teilhabe setzt.

Seit 2007 gibt es einen entwickelten DGB-Index Gute Arbeit. Erfragt wird jährlich die Qualität der Arbeit nach dem Urteil der Beschäftigten. Ein Drittel der repräsentativ Befragten bezeichnet sie als mangelhaft. Es sind nur 15 Prozent der Beschäftigten, die ihre Arbeit als „gute Arbeit" empfinden. 52 Prozent der Arbeitsplätze werden nur als mittelmäßig beschrieben. Beklagt werden dabei in erster Linie unzureichende Einkommensbedingungen sowie belastende berufliche Unsicherheiten. Aber auch der Führungsstil und die Betriebskultur lassen zu wünschen übrig. Es ist also nicht verwunderlich, wenn die Gewerkschaften auf ihren betrieblichen, tarifpolitischen und gesellschaftspolitischen Handlungsfeldern bemüht bleiben, die Wertesetzungen entsprechend zu verändern. Gute Arbeit soll von der Ausnahme zur Selbstverständlichkeit für alle werden. Das ist eine Zielsetzung, bei der alle gewinnen: Die Arbeitnehmerinnen und Arbeitnehmer, weil sie bessere Chancen zur Selbstverwirklichung nutzen können. Die einzelnen Unternehmen und die gesamte Wirtschaft, weil gute Arbeitsbedingungen die Arbeitsproduktivität sichern und steigern. Und schließlich hat es für die gesamte Gesellschaft nicht nur Kostenvorteile, sondern es verbessert Arbeits- und Lebensqualität für alle, wenn entscheidende Zuflussquellen für soziale Probleme verstopft und Zündstoff für das Auseinanderbrechen von Gesellschaften entschärft werden können.

IV. Mitbestimmung und Teilhabe

In den Handlungsfeldern der Arbeitswelt gehören der Anspruch auf Mitbestimmung und Teilhabe sowie auf mehr Demokratie in der Wirtschaft zum Leitbild für die Interessenvertretung der abhängig beschäftigten Menschen.

Das Anliegen selbst ist unverändert das Bemühen, den arbeitenden Menschen aus seiner Fixierung auf die Rolle des fremdbestimmten Objekts zu befreien. Mitdenkende und mitverantwortende Bürger einer Demokratie mit sozialstaatlicher Verpflichtung und einem Rechtssystem, das der Würde des Menschen eine Leitfunktion einräumt, wollen in der Arbeitswelt von heute nicht mehr so behandelt werden, als hätten sie keine natürlichen Rechte auf Mitbestimmung und Teilhabe, gutes Arbeiten und Leben. In welchem institutionellen Gefüge sich diese Rechte am besten realisieren lassen, dafür gibt es Prinzipien, doch keine Schablonen. Auf Basis der Sozialgesetzgebung, des Betriebsverfassungsgesetzes und der Mitbestimmungsgesetze, aber auch unter dem Einfluss der nationalen wie europäischen Rechtsprechung und durch praktische Arbeit von Betriebs- und Personalräten sowie der Aufsichtsräte entwickelt sich die Mitbestimmungskultur weiter. Mitbestimmung wird gelebt und dadurch verbessert. Sie muss sich auf die neuen Herausforderungen globalisierter (Finanz-)Märkte und universeller ökologischer Gefährdungen einstellen und sich zugleich gegen die Engführung auf schnödes ökonomisches Renditekalkül wappnen.

Unter solcher Maßgabe ist das deutsche System der etablierten Mitbestimmung zukunftstauglich, steht aber unter einem stetigen Wandlungsdruck mit der Daueraufgabe, die einseitige, engstirnige und nachweislich destruktive Auslegung der ökonomischen Rationalität abzuwehren. Das lohnt sich, denn nachhaltiger unternehmerischer Erfolg im globalen Wettbewerb beruht mehr denn je auf dem Ideenreichtum und den Erfahrungen der Beschäftigten. Selbstbewusste und mitdenkende Beschäftigte wollen ernst genommen werden. Mitbestimmung ist ein bewährtes und modernes Konzept für Unternehmen, die ihre Zukunftsfähigkeit gemeinsam mit ihren Beschäftigten sichern wollen. Die Mitbestimmung führt zu mehr Engagement, Motivation, Selbstverantwortung und Kreativität der Belegschaft und ist damit der entscheidende Faktor, um die Stärken des deutschen Wirtschaftssystems zu erhalten und auszubauen. Doch Mitbestimmung ist mehr als nur eine unverzichtbare Voraussetzung für den wirtschaftlichen Erfolg. Erlebte Mitbestimmung in der Arbeitswelt erhöht die Bereitschaft, sich an gesellschaftlichen Problemlösungen zu beteiligen und Verantwortung in der Demokratie zu übernehmen. Auch unter den veränderten Rahmenbedingungen, die mit der Europäisierung und Internationalisierung der Unternehmen verbunden sind, muss die demokratische Teilhabe von Arbeitnehmern gesichert bleiben und ausgebaut werden. Verbesserungen für ein Mehr an Demokratie in der Wirtschaft und ein Mehr an Mitbestimmung sind notwendig, im Betriebsverfassungsgesetz, im Aktienrecht und in den Mitbestimmungsgesetzen.

Nach allgemeiner Übereinstimmung ist eine Demokratie die Regierungsform, die allen anderen überlegen ist. Diese prinzipielle Wertschätzung macht sich nicht daran fest, ob es um die Regierung größerer oder kleinerer Staaten geht. Deshalb bleibt es problematisch, wenn bessere Mitbestimmungsregeln – ein Stück Demokratie in der Arbeitswelt – auf den Schwellenwert der Beschäftigtenzahl fixiert bleiben sollen. Änderungsbedarf gibt es zudem bei den Unternehmen ausländischer Rechtsformen mit Verwaltungssitz und Zweigniederlassung in Deutschland sowie bei deutschen Personengesellschaften mit ausländischem Komplementär. Warum sollten sie von der deutschen Mitbestimmungskultur ausgeschlossen bleiben? Schließlich muss immer wieder neu beantwortet werden, welche Rolle der Staat als makroökonomischer Akteur auszufüllen hat, damit nicht die Märkte im Allgemeinen und die Finanzmärkte im Besonderen zum allein bestimmenden Taktgeber für das Leben und Arbeiten werden. Mitbestimmung ist das Herzstück einer sozialen marktwirtschaftlichen Demokratie. Sie ist lebendig, solange es aktive Bürgerinnen und Bürger gibt, die sich in den Gewerkschaften, in den demokratischen Parteien und Organisationen der Zivilgesellschaft für soziale Gerechtigkeit engagieren und handeln, statt sich nur behandeln zu lassen.

V. Fazit

Die Arbeitswelt wandelt sich stetig. Ein Wert bleibt trotzdem unveränderte Normgröße: Es ist der arbeitende Mensch. Er ist kein Kostenfaktor, sondern Produzent des gesellschaftlichen Reichtums. Er ist kein Rädchen im Getriebe, sondern Motor des gesellschaftlichen Fortschritts. Er hat eine Würde, die prinzipiell und nicht nur konjunkturbezogen das unternehmerische Handeln verpflichtet und beschränkt. Das muss nach den Erfahrungen mit der Finanzmarktkrise mehr denn je Konsequenzen haben. Erforderlich ist eine Rückbesinnung auf wertegebundenes Handeln, bei dem der Mensch und seine Bedürfnisse im Mittelpunkt stehen. Die Prämissen des guten Arbeitens und des guten Lebens erscheinen mir dabei allemal sinnvollere Leitorientierungen zu bieten als die Maximierung der Börsenwerte unter der vorgeblichen Sachzwanglogik einer Wirtschaft im globalen Wettbewerb.

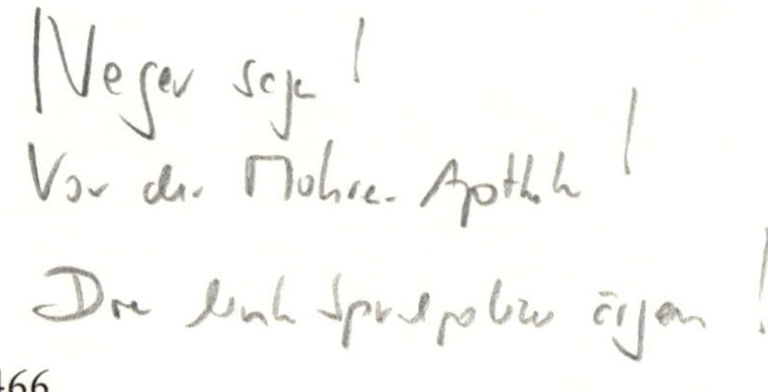

Martin Kannegiesser

Werte und Wertewandel in der Sozialpartnerschaft aus Sicht der Arbeitgeber

I. Werte wie Respekt und Fairness sichern – persönliche Erfahrungen

Die Sozialpartner müssen einen modernen Ordnungsrahmen entwickeln, der betriebliche Flexibilität fördert und persönliche Entwicklung ermöglicht. Sozialpartnerschaft ist ohne ein gemeinsames Wertegerüst undenkbar. Auf beiden Seiten gilt es, die richtigen Werte zu erkennen, sich zu eigen zu machen und zu verinnerlichen. Dies fällt natürlich leichter, wenn man die Möglichkeit hat, solche Werte zu erfahren und Vorbilder zu finden – und diese Gelegenheit nutzt. Ich selbst hatte die Chance, dass mir schon in frühester Kindheit die entscheidenden Werte aus der Sicht eines Unternehmers, einer Unternehmerfamilie vermittelt wurden.

Kurz nachdem ich eingeschult worden war, hatte mein Vater sich in einer kleinen angemieteten Schlosserei mit vier Mitarbeitern selbständig gemacht. Er kümmerte sich um Technik, Werkstatt und Verkauf, meine Mutter um das Büro. Er war ein begeisterter Technikpraktiker mit einem unbändigen Willen zur Selbständigkeit. Als Flüchtling aus dem Osten Deutschlands besaß er keine finanziellen Mittel. Deshalb musste er vorübergehend einen Finanzpartner ins Geschäft nehmen, den er dann aber so schnell wie möglich wieder auszahlte – er wollte auf eigenen Beinen stehen, die Geschicke seines Unternehmens selbst lenken, war eben Unternehmer durch und durch. Er konnte die Menschen in seinem Umfeld, ob Kunden oder Mitarbeiter, begeistern und mitreißen.

Damals war die Werkstatt mein Spielplatz, nach der Schule lief ich zu dem kleinen Betrieb, und es war das Höchste, wenn ich „mitarbeiten“ durfte, beispielsweise bei der Herstellung von Heizschlangen für unsere damaligen Bügelmaschinen oder beim Gewindeschneiden.

Ich erlebte damals, wie sich meine Eltern um den Betrieb kümmerten und sorgten, vor allem um die Belegschaft. Auch unsere Kunden wurden von Anfang an einbezogen, in das Familienleben und in das betriebliche Geschehen. Fast jeden Abend hatten wir zu Hause dann Gäste, erst nur aus Deutschland, später aus aller Welt. So wurde nach und nach ein weltweites Netzwerk aufgebaut.

Ich konnte miterleben, wie das, was man inzwischen „Kundenorientierung“ nennt, Hand in Hand ging mit Mitarbeiterorientierung. Beides sind zwei Seiten derselben Medaille: Nur wer fair mit seinen Mitarbeitern umgeht, dem ist dies auch im Umgang mit seinen Kunden eine Selbstverständlichkeit.

Für meine Eltern war die persönliche Anteilnahme am Schicksal der Mitarbeiter stets sehr wichtig: Wer Sorgen und Probleme hatte, der kam zu ihnen, ganz selbstverständlich, ohne dass darum viel Aufhebens gemacht worden wäre.

Es war eine patriarchalische, fürsorgliche Arbeitswelt: Arbeit wurde erkannt als ein Wert an sich, den man nicht hoch genug einschätzen konnte. Deshalb war es für meinen Vater so quälend, wenn er keine Arbeit für „seine Leute“ hatte. Hier sah er sich ganz persönlich in der Verantwortung. Aber er blieb dabei Patriarch: Von Betriebsräten hielt er nicht viel, zu seiner Zeit hat nicht eine einzige Betriebsversammlung stattgefunden.

II. Betriebspartnerschaft mit Hindernissen

Als ich früh das Unternehmen und die Führung von ihm übernahm, wurde vieles versachlicht – ich wollte nicht mehr so eng wie mein Vater mit jedem Einzelnen verbunden sein. Ich brauchte lange Zeit, um zu lernen, dass man als Unternehmer auch emotionale Bezugsperson ist und nicht nur der oberste Manager.

In dieser neuen Phase etablierten sich Betriebsräte, die – gleichsam als Gegenreaktion zu der Phase des patriarchalischen Führungsstils – auf ihre Mitwirkungsrechte pochten; deren präzise Einhaltung war ihnen häufig wichtiger als die jeweiligen Inhalte. Der Umgang wurde formaler und etwas weniger familiär, dafür sicherlich auch professioneller. Ich selbst kümmerte mich im Schwerpunkt um neue Märkte und um unsere internationale Organisation sowie deren Ausbau.

Auch unsere interne Organisation wurde sachlicher und professioneller. Unsere Fertigungssteuerung galt unserem damaligen Software-Partner über etliche Jahre als eine Musterreferenz. Nur: Diese Organisation hatte für Kleinstserien mit vielen Varianten Schwächen, verhinderte Flexibilität. Das Unternehmen war zu komplex und zu diversifiziert für seine mittelständische Größenordnung geworden. Schließlich sackte auch noch die Produktivität ab. Unser Akkordsystem war aus dem Ruder gelaufen, die Löhne erschienen zu hoch. Die Verlagerung unserer Produktion wurde uns als Rezept empfohlen. Zusätzlich gerieten unsere Abnehmermärkte in einen tiefen Strukturwandel.

Zwischen Betriebsrat und Geschäftsleitung lief nicht mehr viel, außer Formalitäten. Wir waren tüchtig, bauten gute Maschinen und waren auf unseren speziellen Märkten in der Welt präsent. Trotzdem gerieten wir in Schwierigkeiten, offensichtlich funktionierten auch unser Stil und manche unserer Werte so nicht mehr.

Es erfolgten grundsätzliche Aussprachen mit der Belegschaft und dem Betriebsrat. Manche davon führten zu Schlüsselerlebnissen – für beide Seiten. Wir erkannten den Wert von Team- und Gruppenarbeit, von stärker dezentralisierten Entscheidungsprozessen. Anders ließ sich wachsende Komplexität nicht mehr bewältigen. Die bewusst veränderten Betriebsabläufe und Entscheidungsprozesse führten auch zu einer Veränderung unserer gemeinsamen Wertebasis.

III. Werte für den Umgang im Betrieb: Dialog, Transparenz, Mitwirkung

Man muss diese Vorgeschichte kennen, um zu verstehen, wie wir – Geschäftsleitung, Mitarbeiter und Betriebsrat – nach langem Ringen gemeinsam das richtige Wertegerüst für das Unternehmen gefunden haben: Wir organisierten damals einen ständigen Dialog und eine hohe Transparenz bei allen Entscheidungen. Es gibt heute keine, auch keine strategischen Entscheidungen mehr, die wir nicht gemeinsam beraten und kommunizieren. Die Entscheidungsgrenzen der Gruppen sind weit gezogen, und es wird mit Zielvereinbarungen gearbeitet. Nur durch solche dezentralen Entscheidungsprozesse, die hohe Transparenz hinsichtlich der Gesamtzusammenhänge voraussetzen, können wir die Vielfalt unserer Prozesse und unserer Produkte beherrschen.

Warum ist es wichtig, dass Mitarbeiter in diese Entscheidungsprozesse fest eingebunden sind? Weil es Verständnis und Vertrauen zwischen Mitarbeitern und Geschäftsführung schafft. Man beginnt, die Welt aus einer veränderten Perspektive wahrzunehmen.

IV. Werte für die Fortentwicklung des Betriebs: Aus- und Weiterbildung

Nicht nur für den Umgang miteinander, sondern auch für die Personalentwicklung haben sich Werte neu herausgebildet, wurden in feste Formen gegossen. Es geht nicht nur darum, Vertrauen in die Richtungsentscheidungen seines Unternehmens zu haben. Es geht auch darum, Menschen eine Perspektive für ihr berufliches Leben zu geben. Berufsausbildung hat für uns schon immer eine große Rolle gespielt – in guten und vor allem auch in schlechten Zeiten haben wir an unserer Ausbildung nie gespart, sie quantitativ wie qualitativ stets auf hohem Niveau gehalten. Junge Menschen sollen wissen, dass sie sich bei der Wahl ihrer beruflichen Zukunft auf uns verlassen können. Wer sich anstrengt, findet auch nach der Ausbildung eine hervorragende Perspektive. Entsprechend haben wir auch bis heute kein Problem, Nachwuchs zu finden. Unsere fähigsten Mitarbeiterinnen und Mitarbeiter stammen meist aus unserer eigenen Ausbildung.

Ich erlebe dabei immer wieder, dass unsere Auszubildenden während ihrer Ausbildung mehr lernen als nur das betriebliche „Handwerkszeug“. Ausbildung heißt auch immer, den Menschen prägen – mit Werten, die in einem gut funktionierenden Betrieb alltäglich sind:

Kollegialität, der gute Umgang miteinander, Verlässlichkeit, Aufrichtigkeit, auch Pünktlichkeit. Und umgekehrt bereichern unsere Auszubildenden unseren Betrieb mit Kreativität, ihren Fertigkeiten und neuen Ansichten.

Inzwischen wissen wir aber, dass die ständige Weiterbildung und Weiterentwicklung der Mitarbeiter mindestens ebenso wichtig sind wie die Erstausbildung. Entsprechend haben wir dieses Feld institutionalisiert und ein Netzwerk mit benachbarten Unternehmen gebildet. Als Betrieb bündeln wir die Nachfrage, indem wir jeden einzelnen Mitarbeiter ständig befragen und den Dialog systematisieren – das Angebot an individuellen und betrieblichen Kursen und Bildungsmaßnahmen wird dann von dem gemeinsamen Netzwerk der Betriebe organisiert: Ein Drittel der Belegschaft absolviert jedes Jahr eine Weiterbildungsmaßnahme.

Vor etwa zwei Jahren haben wir außerdem einen sogenannten Nachwuchspool gegründet und die Abläufe in entsprechenden Betriebsvereinbarungen festgehalten. Für diesen Nachwuchspool werden Projekte entwickelt, die Kenntnisse über Gesamtzusammenhänge und neue Gebiete und Aufgabenstellungen vermitteln. Dieser Blick für das Ganze wird immer wichtiger – und ist eine der Grundvoraussetzungen, um Einsatzmöglichkeiten und Beschäftigungssicherheit der Mitarbeiter zu erhöhen.

V. Neue Werte für die Mitarbeiter: Vereinbarkeit von Familie und Beruf, Work-Life-Balance

Wie ein Unternehmen, so entwickeln sich auch die Werte, die es tragen, ständig weiter. Unsere demographische Entwicklung, die zunehmende Berufstätigkeit von Mann und Frau sowie veränderte gesellschaftliche Wertvorstellungen müssen dazu führen, dass wir verstärkt auf die gleichzeitige Vereinbarkeit von Beruf und Privatleben, von beruflicher Leistung und familiären Pflichten achten. Unsere Mitarbeiter wollen sich nicht nur wie bisher im Betrieb engagieren, sondern ebenso selbstverständlich um die Erziehung ihrer Kinder oder die Pflege ihrer Eltern kümmern.

Flexibilität wird deshalb für unsere Betriebe und für uns alle zu einem der wichtigsten Gebote – aber nicht nur bei der Gestaltung von Arbeitszeiten, sondern auch bei der beruflichen Einsatzbreite und der Entwicklung unseres Wissens.

Wichtig ist, dass die Flexibilität in beide Richtungen gilt – für die Interessen der Mitarbeiter ebenso wie für die Anforderungen der Betriebe. Flexibilität ist einerseits betriebswirtschaftliche Notwendigkeit, andererseits Voraussetzung für eine ausgewogene Lebensgestaltung für uns alle. Das stellt auch die Tarifparteien vor neue Herausforderungen.

VI. Neue Werte für die Sozialpartner: Flexibilität mit Sicherheit verknüpfen

Die Herstellung von Flexibilität darf nicht in Widerspruch geraten zur Sicherheit von Arbeitsplätzen. Nach bisheriger Vorstellung ist diese sogenannte „Flexicurity" stets ein Geschäft auf Gegenseitigkeit: Der Arbeitnehmer erklärt sich zu maximaler Flexibilität bereit, und das Unternehmen garantiert entsprechend Beschäftigung und Arbeitsplatz.

Wir stehen hier noch in den Anfängen, weil auch auf diesem Feld die Frage der Finanzierung und der Lastenverteilung nicht ausgeklammert bleiben darf. Dies muss dann noch mit der Work-Life-Balance verknüpft werden. Dabei werden künftig Arbeitszeitmodelle mit demographischen Komponenten an Bedeutung gewinnen.

Doch nicht nur die Sozialpartner sind künftig stärker als bisher in der Pflicht. Flexibilität bedeutet auch, dass Mann und Frau in derselben Region angemessene und attraktive Arbeitsplätze finden. Deshalb wird für Politik, Wissenschaft und Unternehmen die Bildung attraktiver sogenannter Cluster eine Rolle spielen, in denen eine starke Mischung aus den verschiedenen sich ergänzenden Wirtschaftsbereichen entsteht bzw. sich stabilisiert.

VII. Neue Werte für die Personalpolitik: Weltoffenheit

Je stärker sich unsere Unternehmen auf ihre Stärken konzentrieren und somit auch spezialisieren müssen, desto mehr müssen sie auf allen relevanten Weltmärkten operieren. Es kommt darauf an, sehr dicht bei den jeweiligen Kunden zu sein, das Wissen aller Märkte in das eigene Leistungsangebot zu integrieren – die Wünsche unserer japanischen Kunden beispielsweise werden irgendwann auch für unsere amerikanischen oder europäischen Kunden attraktiv und von Bedeutung sein. Deshalb ist Weltoffenheit häufig nicht nur eine Frage der Mentalität, sondern auch unverzichtbare Voraussetzung für eine erfolgreiche Personalpolitik: Wir müssen lernen, in internationalen Teams zusammenzuwirken. Regionale Verwurzelung und weltweite Vernetzung schließen sich nicht aus, sondern ergänzen sich sogar, machen ein Unternehmen und dessen Arbeitsplätze zukunftssicherer. Mitarbeiter mit Migrationshintergrund können auch in diesem Sinne ein Gewinn für die Unternehmen sein.

VIII. Werte im internationalen Wettbewerb

Wir haben uns bisher mit unserem Kurs, unserem System, unseren Mentalitäten im Wettbewerb mit den anderen Industrieländern in Europa, Nordamerika und Japan behaupten können. In Zukunft werden wir aufgrund des sich beschleunigenden technologischen Wandels immer häufiger mit völlig veränderten Wettbewerbsverhältnissen in den Branchen und Betrieben konfrontiert sein.

Vor allem aber werden Wettbewerber aus den neuen Regionen auf uns zukommen, die teilweise mit anderen Bandagen kämpfen. Dies wird in den Unternehmen immer wieder Veränderungsprozesse erforderlich machen. Plötzlich muss sich selbst ein Unternehmen wie Nokia neu erfinden. Und ähnliche Beispiele gibt es Dutzende, Monat für Monat.

In solchen neuen Wettbewerbsverhältnissen wird es darauf ankommen, den Leistungswillen aller und das Streben nach ständig erhöhter Produktivität zu erhalten und fördern. Die sogenannten „weichen Faktoren“ in der Organisation der Arbeit spielen dabei eine wichtige Rolle, müssen sich aber am Ende stets daran messen lassen, ob sie zum Erhalt und zur Weiterentwicklung von Leistungswillen und Produktivität beitragen. So wie Mitarbeiter ihre Werte in ein Unternehmen tragen, so trägt Arbeit dazu bei, die Werte des Einzelnen zu stärken. Arbeit, auch einfache Arbeit, gibt dem Leben einen Haltepunkt, eine Orientierung.

Eine „Null-Bock-Mentalität“ können wir uns schlicht nicht mehr leisten, selbst wenn diese Geisteshaltung nur für eine Minderheit gilt. Vor dem Hintergrund unserer demographischen Entwicklung und der neuen Wettbewerbsrelationen in der Welt muss jeder im Rahmen seiner Möglichkeiten mit anpacken. Wir Unternehmer müssen dafür die Voraussetzungen schaffen: die Begeisterung für unsere Sache und die Motivation.

IX. Rolle und Verantwortung des Unternehmers

Man kann die Funktion und die Rolle des Unternehmers nicht durch Gremien ersetzen. Wir brauchen eine Gruppe von Menschen, die sich persönlich in besonderer Weise mit dem Inhalt, dem Profil des Unternehmens identifiziert, Menschen, die in besonderer Weise auch persönlich bereit sind, ins Obligo zu gehen. Sie müssen begeistern und mitreißen können – und dies auch aus ihrer unternehmerischen Funktion heraus, also nicht nur als Persönlichkeit.

Wir haben etliche Volkswirtschaften in der Welt mit gut ausgebildeten und auch leistungsbereiten Arbeitnehmern und Arbeitnehmervertretungen – trotzdem kommen diese oft wirtschaftlich nur schwer von der Stelle. Und zwar dann, wenn die Unternehmer daran gehindert werden, die besondere Aufgabe zu erfüllen, die sie in einer Sozialen Marktwirtschaft haben. Das Eigentum und die daraus abzuleitende Haftung spielen dabei eine wichtige Rolle:

Eigentum an einem Unternehmen ist nicht wie ein beliebiges Eigentum, sondern es unterliegt einer besonderen Verpflichtung, steht nicht zur freien und beliebigen Verfügung, ist erst recht nicht die Privatschatulle des Unternehmers. Privateigentum mit allen Rechten und Pflichten ist deshalb zu Recht ein konstitutives Element einer Sozialen Marktwirtschaft, ähnlich wie Vertragsfreiheit innerhalb eines funktionierenden Rechtssystems. Länder, die keine funktionierenden Rechtssysteme haben, keine Unternehmer mit Recht an Privateigentum und ohne sozialen Ausgleich, werden nicht zu wirtschaftlichem und gesellschaftlichem Erfolg kommen, zumindest nicht auf längere Sicht.

In diesem Sinne lässt sich ein Unternehmen auch nicht wie ein Gemeindeparlament mit Regierung und Opposition begreifen, wenn es auch sehr deutliche und klare Mitwirkungsrechte und -möglichkeiten für jeden Arbeitnehmer geben muss. Doch die letzte Verantwortung und Entscheidung in strategischen Fragen kann man in einem Unternehmen nicht nach Mehrheiten organisieren.

X. Aufgabenteilung zwischen Betriebs- und Tarifparteien

Viel Weisheit steckt hinter der in unserer Verfassung angelegten Unterscheidung zwischen Betriebs- und Tarifparteien. Wenn wir nur Betriebsparteien hätten, dann käme es bald zu einer Zersplitterung der betrieblichen Gemeinschaft in einzelne Interessengruppen. Politik und Staat müssten dann die Rahmenbedingungen schaffen.

Es gehört nun gerade zu den großen Erfahrungen aus der ersten Hälfte des letzten Jahrhunderts, dass Freiheit nicht zu bewahren ist, wenn Staat und Politik in die vielen dezentralen Prozesse einer Wirtschaft eingreifen, die sich immer schneller entwickelt. Diese Gestaltung der Rahmenbedingungen ist Aufgabe der Tarifparteien, und deshalb hat der moderne Flächentarifvertrag eine so entscheidende Bedeutung für Dynamik und Wachstum in unserer Wirtschaft.

Der Flächentarifvertrag, und damit die Sozialpartnerschaft insgesamt, besitzt einen Wert, der über die unmittelbare Regelung der Arbeitsbeziehungen hinausgeht. Der organisierte Ausgleich zwischen Arbeitnehmer- und Arbeitgebervertretern hat auf die Wirtschaft unseres Landes eine moderierende Wirkung. Es gibt einen fairen, sich stets erneuernden Ausgleich der Interessen, den am Ende beide Seiten als akzeptabel und verbindlich anerkennen.

Er verteilt die Verantwortung für die Weiterentwicklung der Stärken unseres Wirtschaftsstandorts gleichgewichtig auf zwei Paar Schultern. So wie Mitarbeiter und Unternehmer eine Betriebsgemeinschaft bilden, wird aus Gewerkschaften und Arbeitgeberverbänden eine Verantwortungsgemeinschaft. Erst die Tarifparteien sorgen dafür, dass die Betriebe sich jeweils auch an gesellschaftliche Entwicklungen und Werte andocken. Trotz aller bestehenden Differenzen ist es diese Verbindung auf Augenhöhe, die ganz wesentlich zum sozialen Frieden in unserem Land beiträgt. Ich messe ihr eine sehr hohe Bedeutung bei.

Und doch muss es auch weiterhin eine klare Trennung geben zwischen dem, was in einem Betrieb geregelt wird, und dem, was die Tarifvertragsparteien miteinander vereinbaren. Zentrale Aufgabe der Betriebe und Betriebsräte bleibt die Anpassung an betriebliche Notwendigkeiten innerhalb der Handlungsräume, die ihnen die Tarifparteien vorgegeben haben. Da Teamarbeit und das Weiterentwickeln des kollektiven Wissens in einem Betrieb so wichtig sind, bleibt auch das Denken innerhalb der betrieblichen Gemeinschaft so wichtig. Deshalb gehört die Lösung von Rahmenkonflikten auch nicht unmittelbar in die Hände der Betriebsparteien, sondern muss den Tarifpartnern übertragen und von diesen geleistet werden.

Ich war deshalb stets gegen eine gesetzliche Öffnungsklausel, die vor knapp einem Jahrzehnt aus verständlichen historischen Gründen in aller Munde war, und für die Verantwortung der Tarifparteien.

XI. Werte in der Arbeitswelt – Perspektive

Wenn ich meine Gedanken über Werte in der Arbeitswelt zusammenfasse, dann bleibt für mich als roter Faden der gegenseitige Respekt, das Streben nach Fairness, die Begeisterung für das Unternehmen, seine Produkte und Kunden. Die Firma muss ein guter Mitbürger in ihrem jeweiligen Umfeld sein, sie muss sich bemühen, den materiellen und immateriellen Lebensstandard der Mitarbeiter zu sichern und weiterzuentwickeln sowie ihnen freie Entfaltungsräume zu ermöglichen.

Aufgabe der Sozialpartner ist es, Rahmenkonflikte aus den Betrieben herauszuhalten und moderne Rahmenbedingungen zu entwickeln, die den veränderten Bedürfnissen der Betriebe und der Beschäftigten Rechnung tragen. Das heißt zum Beispiel, die betriebliche Flexibilisierung mit dem Bedürfnis der Mitarbeiter nach einem sicheren Arbeitsplatz und steter Beschäftigung zu verbinden: Flexicurity. Es kann auch heißen, den Wunsch der Unternehmen nach größerer Einsatzbreite der Mitarbeiter mit deren Wunsch nach einer möglichst selbstbestimmten Lebensgestaltung und einem ausgewogenen Verhältnis zwischen Familie und Beruf, Work-Life-Balance, zu vereinbaren: zum Beispiel durch Arbeitszeit-Modelle mit demographischen Komponenten und Qualifizierungsphasen.

Herwig Birg

Deutschlands Ausstieg aus seiner demographischen Zukunft

Deutschland hat nach der Katastrophe von Fukushima die Wende zum Atomausstieg eingeleitet. Es war klug genug, aus dem Schaden anderer zu lernen. Ist das Land auch dazu fähig, um aus seiner demographischen Entwicklung die richtigen Schlüsse zu ziehen? Schon lange vor dem Atomausstieg vollzog sich in Deutschland eine Art Demographie-Ausstieg, der alles übertrifft, was man sich unter dem Begriff Politikversagen vorstellen kann.

Deutschland ist das erste Land der Welt, das nach dem Durchlaufen der Phase des sogenannten „Demographischen Übergangs“ aus dem Jahrhunderte währenden Bevölkerungswachstum in die Phase der Schrumpfung eintrat. Als „Demographischer Übergang“ wird in der Bevölkerungswissenschaft der Wechsel von einer vorindustriellen „Wirtschafts- und Bevölkerungsweise“ mit hohem Bevölkerungswachstum zu einer industriellen Wirtschafts- und Bevölkerungsweise mit niedriger Wachstumsrate bezeichnet. In Deutschland war die Wachstumsrate jedoch nach dem Durchlaufen des Übergangs nicht nur niedrig, sie wurde negativ. Schon der Jahrgang 1905 war der erste Geburtsjahrgang, der weniger Kinder hatte als zur Bestandserhaltung der Bevölkerung nötig sind. Seit 1972 sterben jedes Jahr mehr Menschen als geboren werden. Die besten Bücher zur Erklärung dieser Vorgänge stammen aus der Zeit vor dem Ersten Weltkrieg. Der demographische Wandel ist seit über 100 Jahren im Gange, und er nimmt immer mehr Fahrt auf.

Die Schere zwischen der Zahl der Geburten und Sterbefälle öffnet sich seit 1972 mit mathematischer Notwendigkeit jedes Jahr weiter, auch in den kommenden Jahrzehnten – eine zwingende Logik, weil immer weniger Kinder geboren werden, die als potentielle spätere Eltern ihrerseits Kinder zur Welt bringen könnten. Im Jahr 1946 betrug die Geburtenzahl 920.000. Im Jahre 2010 waren es noch 678.000, und nach den erwiesenermaßen realistischen Vorausberechnungen der Demographie werden es im Jahr 2060 noch 408.000 und 2080 noch 358.000 sein.

An dem Abwärtstrend änderte sich auch nichts durch die in Deutschland lebenden 16 Millionen Menschen mit Migrationshintergrund. Trotz ihrer ebenfalls niedrigen Kinderzahl pro Frau von 1,6 gegenüber 1,4 für die Bevölkerung insgesamt ist bei ihnen die Zahl der Geburten zwar derzeit noch höher als die der Sterbefälle. Aber dies beruht nur darauf, dass die meisten Zuwanderer zu den für die Geburtenzahl günstigen Altersgruppen um die 30 Jahre gehören, in denen die Wahrscheinlichkeit für eine Geburt um ein Vielfaches höher ist als beispielsweise im Alter Anfang 20 oder Ende 30. Ihr positiver, aber tendenziell fallender Geburtenüberschuss ist zu klein, um das zunehmende Geburtendefizit der Gesamtbevölkerung auszugleichen.

Das Bild Deutschlands hatte sich in der Geschichte des 20. Jahrhunderts verdunkelt. Es hätte sich vielleicht wieder aufhellen können, wenn es Deutschland gelungen wäre, seiner Vorreiterfunktion als erstes, nach dem demographischen Übergang dauerhaft schrumpfendes Land der Welt durch eine einfallsreiche Modernisierungspolitik gerecht zu werden, um Wirtschaft und Gesellschaft erfolgreich an die „Demographische Zeitenwende“ (H. Birg, 2005) anzupassen. Dies war schon einmal gelungen: Das durch Bismarck Ende des 19. Jahrhunderts eingeführte, weltweit erste System der kollektiven Renten-, Kranken- und Unfallversicherung diente anderen Ländern im 20. Jahrhundert als wichtige Orientierung und Vorbild.

Im Jahr 2005 erschien in der Frankfurter Allgemeinen Zeitung mein Artikel mit der Überschrift „Dreißig Jahre nach zwölf“. Für manche Leser mag die Überschrift übertrieben klingen, aber sie ist es leider nicht. Denn wenn man einen demographischen Prozess wie den Geburtenrückgang, der zeitgleich mit den Bismarck'schen Sozialreformen einsetzte, ein Vierteljahrhundert laufen lässt, dauert es ein Dreivierteljahrhundert, um ihn zu stoppen. Heute lässt sich zusammenfassend feststellen: Die demographische Entwicklung Deutschlands wird mit noch größerer Wahrscheinlichkeit als der Prozess der Staatsverschuldung in einer Sackgasse enden. Dabei ist die Staatsverschuldung hierzulande ebenso wie in Griechenland und in anderen hoch verschuldeten Ländern zu einem erheblichen Teil demographisch bedingt: Die steigenden Ausgaben für die gesetzliche Renten-, Kranken- und Pflegeversicherung werden hier wie dort zum großen Teil mit Krediten zu Lasten künftiger Generationen finanziert. Die Kinder, die die Kredite zurückzahlen müssten, wurden und werden jedoch nicht mehr geboren.

Deutschland ist zwar das erste Land der Welt, in dem die Bevölkerungszahl nach dem Durchlaufen des demographischen Übergangs wegen einer niedrigen Geburtenrate dauerhaft zurückgeht, aber auch in allen anderen Ländern nahm die Geburtenrate stark ab: Im Durchschnitt der Weltbevölkerung halbierte sich die Zahl der Lebendgeborenen pro Frau von 1950 bis 2010 von 5,0 auf 2,5. In Zukunft sind weitere Abnahmen zu erwarten, so dass die lange Wachstumsphase der Weltbevölkerung wahrscheinlich um das Jahr 2070 enden und in die neue Phase der Schrumpfung übergehen wird.

Für die Industrieländer und zunehmend auch für die Schwellenländer lässt sich die Vielzahl der Gründe, die die stetige Abnahme der Geburtenrate bewirkt haben, auf einen gemeinsamen Nenner bringen: Der Übergang zur Elternschaft durch die Geburt eines Kindes wirkt sich als eine langfristige biographische Festlegung im Lebenslauf in nicht vorhersehbarer Weise auf die gesamte spätere Biographie der Eltern aus. Dabei sind langfristige biographische Festlegungen in dynamischen Wirtschaftsgesellschaften wesentlich risikoreicher als in statischen.

Je rascher und tiefgreifender sich die wirtschaftlichen, gesellschaftlichen und kulturellen Entwicklungsmöglichkeiten der Lebensverläufe ändern, desto größer ist die Zahl der durch eine langfristige Festlegung nicht mehr erreichbaren Optionen und Alternativen im Lebenslauf. Das „biographische Universum“ – der Möglichkeitsraum vorgestellter oder tatsächlicher Lebensläufe – hat sich seit der Industrialisierung explosionsartig erweitert, und im gleichen Maß nahmen auch die Risiken biographischer Festlegungen zu.

Die durch eine Festlegung entgangenen Lebenslaufalternativen werden in der Theorie des Geburtenrückgangs in Analogie zum Begriff der ökonomischen Opportunitätskosten als „biographische Opportunitätskosten" bezeichnet. Unter den ökonomischen Opportunitätskosten versteht man in der Bevölkerungsökonomie die Summe der entgangenen Einkommen, die eine Frau als Konsequenz für die Geburt eines Kindes hinnehmen müsste, wenn Erwerbsarbeit und Kindererziehung nicht oder nicht ausreichend miteinander vereinbar sind. Dabei wird oft übersehen, dass es nicht damit getan ist, die ökonomischen Opportunitätskosten durch familienpolitische Maßnahmen wie eine bessere Kinderbetreuung zu senken, denn die biographischen Opportunitätskosten bleiben davon unberührt.

Um die biographischen Festlegungsrisiken zu umgehen, wird die Realisierung von Kinderwünschen im Lebenslauf immer weiter hinausgeschoben. Die Konsequenz ist, dass Kinder später oder gar nicht mehr geboren werden und die Geburtsjahrgänge der Eltern zu einem immer größeren Prozentsatz lebenslang kinderlos bleiben. Bei den nach 1965 geborenen deutschen Frauen beträgt der Prozentsatz der zeitlebens Kinderlosen in den alten Bundesländern rund ein Viertel bis ein Drittel, in den neuen Bundesländern ist der Anteil mit 11 Prozent noch deutlich niedriger – eine Auswirkung der Familien- und Sozialpolitik in der früheren DDR.

Zwei Weltkriege, eine Hyperinflation, zwei Diktaturen und die vier Jahrzehnte währende Teilung des Landes mit dem darauf folgenden abrupten Wechsel des gesamten Wirtschafts- und Gesellschaftssystems ließen das 20. Jahrhundert mit seinem ständigen Zwang zum Neubeginn, zum Wiederaufbau und zur Neuorientierung zu einem permanenten Ausnahmejahrhundert ohne Ruhe und Normalität werden. Der Wille zum sozialen Aufstieg und die Notwendigkeit zur beständigen Selbstbehauptung wurden für die Deutschen zur zweiten Natur, sie brachten ein Verhalten hervor, das sich stärker als in anderen Ländern am Prinzip der Konkurrenz und des Wettbewerbs orientierte, wobei das Bedürfnis nach Sicherheit im gleichen Maße stieg, in dem die biographischen Festlegungsrisiken zunahmen.

Ein Ergebnis dieser Entwicklung ist, dass sich die Gesellschaft in Deutschland in zwei Populationen spaltet: Bei der einen hat die zur Anpassung an die Dynamik des Arbeitsmarktes erforderliche soziale und biographische Mobilität zur Folge, dass die Menschen zeitlebens kinderlos bleiben. Bei den anderen, die Kinder haben, zeigt sich Folgendes: Je höher die Kinderzahl in einer Familie bereits ist, desto geringer sind die zusätzlichen Opportunitätskosten durch eine Festlegung für ein weiteres Kind und desto größer ist (unter sonst gleichen Umständen) die Wahrscheinlichkeit für eine weitere Kindgeburt. Dies äußert sich beispielsweise darin, dass nicht die Ein-Kind-Familie der häufigste Familientyp in Deutschland ist, sondern die Zwei-Kinder-Familie.

Seit der Finanzkrise ist die Unsicherheit der Lebensbedingungen als eine zentrale Systemeigenschaft unserer modernen Lebenswelt endgültig offenbar geworden. Die Deutschen konnten schon vor Ausbruch der Finanzkrise in der Zeitung lesen: „Wir müssen den Menschen sagen, dass sie in einer Lotterie leben“, mahnte der Nobelpreisträger für Wirtschaftswissenschaften, Paul Samuelson, in der Frankfurter Allgemeinen Zeitung (15. März 2006). Kann man unter diesen Lebensbedingungen erwarten, dass sich junge, urteilsfähige Menschen langfristig binden und Kinder haben?

Bei diesen Überlegungen war von Werten und vom Wertewandel als möglichen Erklärungsursachen des Geburtenrückgangs bisher nicht die Rede. Die Welt der Werte ist ein wichtiges Erklärungsmoment, aber sie ist mit anderen Faktoren in der Welt der Fakten auf höchst komplizierte Weise verwoben, insbesondere mit den angestrebten Lebensbedingungen eines hohen Wohlstands, so dass die Werte als einzelne Einflussfaktoren in einer Ursachenanalyse nicht ohne Weiteres isoliert werden können.

Die unabdingbare Voraussetzung für hohen Wohlstand und Wirtschaftswachstum ist eine permanente Steigerung der Arbeitsproduktivität, was zwangsläufig eine hohe Dynamik der Arbeitsmärkte und damit eine geringe Arbeitsplatzsicherheit nach sich zieht. Die wirtschaftlichen Tugenden der Mobilität und Flexibilität und die für die Gründung von Familien entscheidenden Voraussetzungen der biographischen Planungssicherheit, einschließlich der Tugenden und Werte der Stabilität, Verlässlichkeit und Bindungstreue, schließen sich meist gegenseitig aus.

Man kann entweder die Gesellschaft den wirtschaftlichen Erfordernissen anpassen und als Konsequenz eine niedrige Geburtenrate in Kauf nehmen. Dann ergibt sich das weltweit zu beobachtende „demographisch-ökonomische Paradoxon“: Die Menschen leisten sich um so weniger Kinder, je mehr sie sich auf Grund ihres Einkommens eigentlich leisten könnten. Oder man kann – vielleicht nur in der Theorie – die Wirtschaft um die Bedürfnisse der Familien herum aufbauen. Die Frage nach den Werten kommt also insbesondere dann ins Spiel, wenn entschieden wird, welches Gesellschafts- und Wirtschaftssystem in einem Land gelten soll. Aber wenn sich die Systemfrage nicht stellt oder schon entschieden ist, scheint für die Welt der Werte nur noch in der privat-persönlichen Sphäre Raum zu sein.

Das alles ist bekannt. Deshalb konnte es niemanden überraschen, als das Statistische Bundesamt in seiner Pressemitteilung vom 3. August 2011 meldete, die Zahl der Kinder unter 18 Jahren sei in den letzten zehn Jahren stark zurückgegangen. In den alten Bundesländern betrug der Rückgang 10 Prozent, in den neuen 29 Prozent. In einem erklärenden Zeitungskommentar hatte ich dazu festgestellt:

„Die aufregendste Nachricht für unsere Zukunft ist die folgende Meldung des Statistischen Bundesamtes: Die Zahl der Kinder unter 18 Jahren sank von 2000 bis 2010 um 2,1 Millionen. ‚Der rückläufige Trend wird sich weiter fortsetzen‘. Deutschland taumelt auf einer schiefen Ebene nach unten, weil die Eltern, die eine stabile Entwicklung herbeiführen könnten, gar nicht erst geboren wurden.

Der Staat gibt jährlich über 100 Milliarden Euro für Kindergeld, Erziehungs- bzw. Elterngeld oder Kinderbetreuung usw. aus. Trotzdem ist die Geburtenrate mit 1,3 bis 1,4 Kindern pro Frau seit 40 Jahren unverändert. Ein internationaler Vergleich zeigt: Die Menschen leisten sich umso weniger Kinder, je mehr sie sich auf Grund ihres Einkommens eigentlich leisten könnten. Mehr Wohlstand bedeutet weniger Kinder.

Von der falsch konstruierten deutschen Sozialversicherung profitieren die am meisten, die keine Kinder haben. Das Bundesverfassungsgericht forderte vergeblich eine Änderung des gesetzwidrigen Zustands. Ein neuer Ansatz wäre, freie Arbeitsplätze bei gleicher Qualifikation bevorzugt an Eltern zu vergeben. Der Staat müsste damit beginnen, die Wirtschaft würde – so ist zu hoffen – aus Einsicht folgen. Sie hätte sonst, wie das ganze Land, keine Zukunft." (*Die Welt* vom 6. August 2011)

Diese Einsichten waren auch schon vor 30 Jahren verfügbar, deshalb war der erwähnte Artikel in der Frankfurter Allgemeinen Zeitung mit „Dreißig Jahre nach zwölf" überschrieben. Das Thema lag schon lange in der Luft, als der frühere Bundespräsident Horst Köhler im Jahr 2005 eine Serie von Demographie-Konferenzen initiierte. In einer Pressemitteilung zur Auftakt-Konferenz „Demographischer Wandel" fragte er sinngemäß, ob wir vielleicht mit 60 Millionen Einwohnern wesentlich besser leben könnten als mit 80 Millionen Einwohnern.

Meine Antwort ist: Es lebt sich nicht besser, sondern erheblich schlechter, weil die Schrumpfung automatisch eine starke Alterung der Bevölkerung nach sich zieht, die das Soziale Sicherungssystem funktionsunfähig werden lässt, das Wirtschaftswachstum verringert und die verfügbaren Arbeitseinkommen schmälert. Die Folgen sind ein zunehmender ökonomischer Verteilungsstress und schärfer werdende gesellschaftliche Konflikte, und zwar erstens zwischen den alten und jungen Generationen, aber auch zweitens innerhalb jeder alten und jeder jungen Generation zwischen Menschen mit oder ohne Nachkommen – nach dem Urteil des Bundesverfassungsgerichts von 2001 ist beispielsweise die Pflegeversicherung wegen der Privilegierung kinderloser Menschen grundgesetzwidrig, drittens zwischen Regionen, die ihre Entwicklungsbedingungen durch Zuwanderungen auf Kosten anderer Regionen stabilisieren und damit das Verfassungsgebot zur Schaffung gleichwertiger Lebensverhältnisse im ganzen Bundesgebiet unterlaufen, viertens zwischen Menschen mit oder ohne Migrationshintergrund, weil Migranten auf Grund ihrer im Durchschnitt wesentlich geringeren schulischen und beruflichen Qualifikationen zu einem dreimal so hohen Anteil von Sozialtransfers leben wie die Menschen ohne Migrationshintergrund.

In der Rede des Bundespräsidenten heißt es weiter: „Vielleicht sind die viel beschworenen demographischen Probleme gar keine Probleme, sondern viel mehr auch Lösungen – für andere Probleme wie Umweltverschmutzung zum Beispiel."

Die Vorstellung, dass die Umwelt vom Bevölkerungsrückgang automatisch profitiert, stimmt nicht. So nimmt die Zahl der Haushalte bei einer schrumpfenden Bevölkerung sogar zu, statt abzunehmen, weil sich die Zahl der Personen pro Haushalt durch Scheidungen und andere demographische Gründe verringert. Unter dem Strich wird die Umwelt beispielsweise durch eine höhere Zahl von Wohnungen, die geheizt werden müssen, und durch eine höhere Zahl von Kraftfahrzeugen bei schrumpfender Bevölkerung stärker belastet als bei konstanter. Dann folgt ein besonders wichtiger Satz:

„Vielleicht ist die Schrumpfung der Bevölkerung in Deutschland und vielen anderen Ländern sogar ein Ausgleich für das Wachstum der übrigen Weltbevölkerung."

Kann man sich vorstellen, dass der oberste Repräsentant eines anderen Landes außer Deutschland, dessen Bevölkerung schrumpft, öffentlich darüber nachsinnt, ob es nicht „vielleicht" sogar gut sei, dass die Bevölkerung des eigenen Landes abnimmt – als Ausgleich für das Wachstum der Weltbevölkerung? Deutschland hat nur noch einen Anteil von 1,3 % an der Weltbevölkerung – Tendenz abnehmend. Selbst wenn es ganz aufhörte zu existieren, würde das Wachstum der Weltbevölkerung (der jährliche Zuwachs beträgt 78 Millionen) nach wenigen Monaten weitergehen, als wäre nichts geschehen, nur die deutsche Entwicklungshilfe würde entfallen. Das wichtigste Problem der Schrumpfung wird jedoch in der Rede gar nicht angesprochen: Sie ist ein Prozess, der sich nicht einfach anhalten lässt, wenn die Politik glaubt, es sei jetzt genug.

Die folgenreichste Wirkung der Politik auf dem Gebiet der Demographie besteht in Deutschland darin, dass sie es erreicht hat, unsere demographische Jahrhundertkatastrophe als eine „Chance" erscheinen zu lassen. Wer beobachtet, wie die politische und gesellschaftliche Elite Deutschlands den sogenannten demographischen Wandel instrumentalisiert, beginnt zu verstehen, wie ein kulturell so hoch stehendes Land wie Deutschland von seinen Eliten immer wieder im Stich gelassen werden konnte.

Wenn man die dahindämmernden, langsam sterbenden Dörfer und Städte im Osten Deutschlands und zunehmend auch im Westen erlebt, braucht man besondere Fähigkeiten, um angesichts ihres demographischen Elends von den Chancen der Entleerung und Alterung oder gar – wie im Demographie-Diskurs in Sachsen-Anhalt – vom „Luxus der Leere“ zu reden. Es ist ein merkwürdiger Luxus, wenn man Wohnungen und Häuser, die niemand mehr braucht, nicht nur nicht vermieten, sondern nicht einmal mehr verschenken kann und wenn man in die nächste Stadt fahren muss, weil es am Ort keine Einkaufsmöglichkeiten, keinen Arzt und nur noch „Leere“ gibt.

Die Entleerung ist für mindestens zwei Generationen unumkehrbar – es sei denn, dass gewaltige Einwanderungsströme das wachsende Geburtendefizit ausgleichen. Sind Einwanderungen eine Lösung unserer demographischen Probleme? Qualifizierte Einwanderer können Engpässe auf dem deutschen Arbeitsmarkt vorübergehend entschärfen, aber nicht auf Dauer lösen. Insbesondere das ständig wachsende Verhältnis von Rentnern zur Altersgruppe der Erwerbspersonen (=Altenquotient), das sich bis zum Jahr 2050 verdoppelt haben wird, kann durch Einwanderungen Jüngerer nicht stabilisiert werden.

Das Bevölkerungsinstitut der Vereinten Nationen in New York hat für Deutschland berechnet, dass zur Stabilisierung des Altenquotienten auf dem Niveau von beispielsweise 1995 ein Überschuss der Einwanderungen über die Auswanderungen von 188(!) Millionen Menschen bis zur Jahrhundertmitte erforderlich wäre. Grund: Einwanderer sind zwar zum Zeitpunkt ihres Zuzugs in der Regel noch jung, aber je mehr von ihnen ins Land kommen, desto stärker tragen sie beispielsweise nach 40 Jahren selbst zur Erhöhung des Altenquotienten bei. Ihre höhere Geburtenrate reicht also bei weitem nicht aus, um die zunehmende Alterung zu stoppen.

Vor allem darf beim Thema Einwanderung nicht länger darüber hinweggesehen werden, dass durch die gedankenlose, seit 40 Jahren praktizierte Kompensation unseres Geburtendefizits durch Einwanderungen ein neuer demographischer Kolonialismus etabliert wurde, der für die Herkunftsländer im Osten Europas katastrophale Folgen hat, zumal ihre Geburtenrate ebenso niedrig oder noch niedriger ist als die Deutschlands.

Bei der Frage der Einwanderung sind auch kulturelle Werte berührt. Hätte Bundespräsident Christian Wulff in seiner Rede zum 20. Jahrestag der Deutschen Einheit die Formulierung gewählt: „Die in Deutschland lebenden Muslime sind Teil unserer Gesellschaft" – niemand hätte sich darüber erregt, denn diese ist einfach wahr. Er sagte jedoch: „Der Islam gehört zu Deutschland", und das ließ aufhorchen.

Es kommt hier nicht darauf an, ob man es für möglich oder wahrscheinlich hält, dass Deutschland in Zukunft vielleicht einmal mehrheitlich von Muslimen bewohnt wird. Wichtig ist jedoch, sich die Frage zu stellen, ob in einem mehrheitlich von Muslimen bewohnten Deutschland ein dann wahrscheinlich muslimischer Bundespräsident in Analogie zu Christian Wulff sagen würde: Das Christentum gehört zu Deutschland. – Das wäre wohl unmöglich, denn die wichtigste Eigenschaft des Islam ist, dass er nicht zwischen Staat und Gesellschaft einerseits und Religion andererseits trennt. Deshalb würden Moslems das Christentum vielleicht als einen zu tolerierenden Teil ihres islamischen Staates betrachten, mehr aber auch nicht. In einem islamischen Deutschland hätte das Christentum, wie es von Christen verstanden wird, keinen rechten Platz.

Deshalb würde ein kluger, muslimischer Bundespräsident wahrscheinlich die unverfängliche Formulierung wählen: „Die in Deutschland lebenden Christen sind Teil unserer Gesellschaft". Er würde wohlweislich nicht in Analogie zu Christian Wulff sagen: „Das Christentum ist ein Teil Deutschlands".

Der einzige Ausweg aus der demographischen Sackgasse ist die Anhebung der Geburtenrate, nicht die Einwanderung aus Ländern mit den gleichen demographischen Problemen. Dafür stehen folgende Maßnahmen bereit:

1. Die wohl wichtigste Maßnahme ist die Beendigung der vom Bundesverfassungsgericht als grundgesetzwidrig verurteilten Verletzung des Familienschutzes (Art. 6 Abs. 1 GG, sogenanntes „Trümmerfrauenurteil“ vom 7.7.1992). Auch im Urteil zur Pflegeversicherung vom 3.4.2001 hat das Bundesverfassungsgericht einige dem Ziel der Familiengerechtigkeit dienende Reformen bei der Beitragsfestsetzung in der gesetzlichen Pflege-, Kranken- und Rentenversicherung gefordert, die bisher von der Politik nicht ausreichend oder überhaupt nicht umgesetzt wurden.
2. Zu den weiteren Maßnahmen gehören Betreuungseinrichtungen für Kinder im Vorschulalter mit gut ausgebildeten Fachkräften, wie dies beispielsweise in Frankreich (Écoles maternelles) oder skandinavischen Ländern der Fall ist.
3. So wie in Deutschland diejenigen in verfassungswidriger Weise von Kindern profitieren, die keine haben, so profitieren die Landeshauptstädte, Oberzentren und Metropolregionen von den Zuzügen der jungen, gut ausgebildeten Menschen aus ländlichen oder peripheren Regionen. Um diese demographische Ausbeutung zu beenden, muss der Finanzausgleich auf allen Ebenen durch Berücksichtigung von demographischen Indikatoren neu konzipiert werden. Am besten geschähe dies im Rahmen einer neuen „Gemeinschaftsaufgabe Demographiepolitik“, wie es in der Verfassung vorgesehen ist.
4. Anzustreben ist eine stärkere Konzentration der staatlichen Ehe- und Familienförderung auf die Erziehung von Kindern statt auf den formalen Status der Ehe.
5. Besonders wichtig und wirksam wäre die vom Verfasser vorgeschlagene Einräumung eines Vorrangs für Eltern bei freien Arbeitsplätzen im Falle gleich qualifizierter Bewerber. Dies wäre keine Verletzung des Gleichheitsgrundsatzes, vielmehr würde dadurch das Gleichheitsgebot erst erfüllt. Denn aus rechtlicher Sicht wird das Gleichheitsgebot gerade dann verletzt, wenn ungleiche Sachverhalte unterschiedslos gleich behandelt werden. Die Umsetzung des Prinzips „Vorrang für Eltern“, die Kinder erziehen oder andere Familienlasten tragen, beispielsweise Angehörige pflegen, lässt sich zwar recht-

lich nicht erzwingen, weil seine Einhaltung nur schwer kontrolliert werden kann. Aber wesentlich erfolgversprechender wäre ohnehin eine freiwillige Selbstverpflichtung der Unternehmen, allen voran der Arbeitgeber im öffentlichen Dienst.

6. Zusätzlich zu den existierenden Frauenquoten sollten Mütterquoten eingeführt werden, um die gravierende Doppelbelastung vieler Frauen durch Familien- und Erwerbsarbeit besser zu berücksichtigen.
7. Quer über alle im Bundestag vertretenen Parteien wird die Einführung eines aktiven Wahlrechts durch die Eltern für ihre noch nicht wahlberechtigten Kinder diskutiert. Der frühere Verfassungsrichter Paul Kirchhof stellte dazu fest: „Die Demokratie folgt dem Prinzip: Ein Mensch – eine Stimme. Ein Kind ist ein Mensch, sogar der Mensch, der von den politischen Grundsatzentscheidungen – über Friedenspolitik, Umweltschutz, Bildungssysteme, Generationenvertrag, Staatsverschuldung – noch länger betroffen ist als die bisher Wahlberechtigten ... die fehlende Fähigkeit, ein Recht auszuüben, hindert nicht die Berechtigung. Wie ein Säugling Eigentümer sein kann, in seinen Eigentumsrechten aber von seinen Eltern vertreten wird, so könnte ein Kind auch wahlberechtigt sein ...“

Der demographische Leidensdruck ist in der Betriebs- und Volkswirtschaft angekommen. Er hat einen neuen Wirtschaftszweig entstehen lassen: Für die Beratung von Betrieben bei der Lösung ihrer Personalprobleme werden an eigens dafür gegründeten Lehrstätten Hunderte von „Demographieberatern“ ausgebildet – mit zertifiziertem Abschluss und staatlicher Anerkennung, versteht sich. Auch die großen Stiftungen in Deutschland haben aus dem Thema Demographie neue Geschäftsideen entwickelt – steuerlich gefördert. Die Demographie-Kongresse lösen einander ab wie die Modemessen. Die Gemeinden Deutschlands stehen nicht zurück, sie überbieten sich gegenseitig mit einer Fülle von Modernisierungsprojekten und Maßnahmen zur Anpassung ihrer Infrastruktur an die rückläufigen Einwohnerzahlen.

Alle diese Aktivitäten haben in erster Linie eine Anpassung von Wirtschaft und Gesellschaft an die Folgen von Alterung, Schrumpfung und Einwanderung zum Ziel. Nirgendwo spürt man ein Interesse, sich mit den Ursachen des demographischen Niedergangs auseinanderzusetzen, um das demographische Problem an der Wurzel anzupacken. So kommt auch niemand auf die Idee, neben der vom demographischen Wandel erzwungenen Anpassungspolitik eine Stabilitätsstrategie zu entwickeln, um die demographische Stabilität langfristig wiederzugewinnen. Die dafür notwendigen Maßnahmen für eine Erhöhung der Geburtenrate werden nicht einmal diskutiert, geschweige denn umgesetzt.

Die drei Lehrstühle für Bevölkerungswissenschaft, die nach dem Zweiten Weltkrieg vom Beginn der achtziger Jahre an den Universitäten in Bamberg, Bielefeld und Berlin von der Politik neu gegründet wurden (damals hatte Deutschland die niedrigste Geburtenrate der Welt), sind von den gleichen Politikern seit Bekanntwerden der demographischen Probleme in der Öffentlichkeit bei Gelegenheit der Emeritierung der Lehrstuhlinhaber am Anfang des 21. Jahrhunderts eilig wieder abgeschafft worden.

Was die Wissenschaft zu den Ursachen herausgefunden hatte, passte den meisten Politikern überhaupt nicht ins Konzept. Was lag da näher, als die Lehrstühle mit ihren unbequemen Forschungsergebnissen einfach wieder aufzulösen und die finanziellen Mittel für Fächer wie Gender Mainstreaming, Frauenforschung oder andere wichtige Forschungsgebiete zu verwenden?

VII.

Verantwortliches Handeln in der Finanzwelt

Heinrich Haasis

Werte, Wertorientierung und Wertewandel – Die Rolle der Finanzwirtschaft und ihrer Akteure nach der Finanzkrise

Werte formulieren Vorstellungen darüber, wie das Zusammenleben in einer Gesellschaft geregelt sein soll. Klare Wertvorstellungen zu haben und sie nachvollziehbar in Praktisches umzusetzen, ist gerade für solche Akteure unerlässlich, die für das wirtschaftliche und soziale Zusammenwirken einer Bürgergesellschaft wichtig sind.

Zweifellos gilt diese Anforderung angesichts ihrer Bedeutung für das Funktionieren einer Volkswirtschaft und damit für das Wohlergehen der dort Beschäftigten in besonderer Weise für die Finanzwirtschaft. Die Finanzmärkte und die Kreditinstitute sind gleichsam die Blutbahnen, die den Gesamtorganismus Volkswirtschaft mit dem notwendigen Kapital versorgen. Sie bündeln wichtige Funktionen für die „Blutversorgung" und laden den volkswirtschaftlichen Gesamtorganismus über Bonitäts-, Risiko- und Wirtschaftlichkeitsbewertungen immer wieder mit Nährstoffen auf. Ohne eine funktionierende Finanzwirtschaft ist eine moderne arbeitsteilige und international agierende Realwirtschaft nicht denkbar. Damit schafft die Finanzwirtschaft die notwendigen Voraussetzungen für die anderen Akteure der Wirtschaft und die Wirtschaftstätigkeit von Privatpersonen.

Auf der anderen Seite zeigen Finanzmarkt- und Staatsschuldenkrise, dass die Finanzmärkte ein erhebliches volkswirtschaftliches Zerstörungspotenzial in sich bergen. Wenn Kapital nicht in reale Wirtschaftsvorgänge investiert, sondern – um im Bild zu bleiben – Blut für andere Funktionen abgezweigt wird oder gar parallele Blutkreisläufe aufgebaut werden, die mit dem realen volkswirtschaftlichen Organismus, also dem Austausch von Waren und Dienstleistungen, in keinem ursächlichen Zusammenhang mehr stehen, können Stabilitätsrisiken für eine gesamte Volkswirtschaft entstehen. Sie gefährden nicht nur den bereits erarbeiteten Wohlstand, sondern bürden Steuerzahlern immense Kosten auf. Denn in den meisten Industriestaaten – auch das eine Lehre aus der Finanzkrise – gab es kaum Alternativen zum Einsatz erheblicher öffentlicher Mittel für die Stabilisierung einzelner Finanzinstitute oder gar ganzer Staaten, sollte nicht das Finanzsystem und damit die gesamte Volkswirtschaft gefährdet werden.

Spätestens diese Erfahrungen werfen die Frage auf, wie das der Finanzwirtschaft innewohnende Gefahrenpotenzial vermindert, idealerweise sogar vermieden werden kann. Diskutiert werden müssen in diesem Zusammenhang Regulierungen, Strukturen und Geschäftspolitik. Sachgerecht beantwortet werden können diese Fragestellungen nur, wenn sie auf einem soliden Wertefundament aufgebaut werden. Dabei ist die Frage nach Werten nicht nur eine, die die Finanzwirtschaft aus sich selbst heraus beantworten kann. Vielmehr muss sie zwingend mit anderen gesellschaftlichen Gruppen, etwa Kirchen, Gewerkschaften und Organisationen des Mittelstands oder anderen Wirtschaftsbereichen, zunehmend ebenfalls mit Nichtregierungsorganisationen intensiv erörtert werden.

I. Die originäre Rolle der Finanzwirtschaft

Wirtschaft, Kapitalmärkte oder Unternehmen können niemals nur Selbstzweck sein. Vielmehr sollte es ihnen immer darum gehen, einen Beitrag dazu zu leisten, dass Menschen ihr eigenes Leben besser, erfolgreicher oder selbstbestimmter gestalten können. Die zwangsläufig sehr auf Kapital ausgerichtete Finanzwirtschaft muss dabei die Frage beantworten, in welcher Weise sie dazu beiträgt, Wohlstand und auch soziale Gerechtigkeit zu mehren.

Eine Finanzwirtschaft, die dem Anspruch genügen will, für Wirtschaft und Gesellschaft nützliche Wertschöpfungsbeiträge zu erbringen, muss ein klares Verständnis von ihrer zentralen Aufgabenstellung haben. Hierzu ist es notwendig, sich mit einem der wichtigsten „Rohstoffe“ der Finanzwirtschaft, nämlich Geld, intensiv auseinanderzusetzen.

Die Rolle des Geldes hat die Menschheit in allen Kulturen und Epochen beschäftigt. Die Grundfragen sind durch die Jahrhunderte ähnliche geblieben, doch ist die Bedeutung des Geldes mit der Entwicklung von Volkswirtschaften gestiegen. Heute hat die globale Wirtschaft ein nie gekanntes Maß an Arbeitsteilung und Verflechtung erreicht. Es hat sich als effizienter herausgestellt, nicht alle wirtschaftlichen Tätigkeiten personal selbst zu erfüllen, sondern sich jeweils zu spezialisieren und dann die Leistungen untereinander zu tauschen.

Für diese Tauschvorgänge wird Geld als allseits anerkanntes Wertaufbewahrungsmittel und als Wertmaßstab benötigt. Geld deckt keinen primären Bedarf des Menschen, aber es ermöglicht den Austausch von bedarfsdeckenden Waren – sein Erwerb ist also nicht der volkswirtschaftliche Zweck, sondern ein Mittel zu einem anderen wirtschaftlichen Ziel. Wenn Geld nur Mittel zum Zweck ist, kann der darauf aufbauende Wirtschaftssektor, die Finanzwirtschaft, schlechterdings nicht Selbstzweck sein, sondern muss seinerseits eine dienende Rolle als Mittel zum Zweck haben. Dabei stehen vor allem drei Aufgaben im Vordergrund:

Erstens: Aufgabe der Finanzwirtschaft ist es, im Zahlungsverkehr Geldströme als Gegenleistung zu Waren und Dienstleistungen störungsfrei zu gestalten. Erst damit werden weiträumige, selbst globale Wirtschaftsbeziehungen möglich und sicher.

Zweitens: Kreditinstitute sollen Kunden die Möglichkeiten bieten, ihre Geldmittel sicher anzulegen. Diese kleinvolumigen Mittel sollen die Institute bündeln und in größeren Tranchen denjenigen zur Verfügung stellen, die wirtschaftlich sinnvolle Investitionen vornehmen wollen, das dafür notwendige Kapital aber (noch) nicht selbst aufbringen können. Auf diese Weise lassen Kreditinstitute Anleger letztlich am wirtschaftlichen Erfolg von Investitionen teilhaben, den sie selbst mangels eigenen Kapitalvolumens oder Wirtschaftskontakten niemals hätten erreichen können.

Drittens: Neben den eher technisch orientierten Aufgaben der Kreditinstitute besteht ihre wichtigste Aufgabe darin, für alle anderen Akteure des Wirtschaftslebens eine Vertrauensbasis zu schaffen. Nichts anderes bedeutet der Name Kredit, der seinen Ursprung im lateinischen „credere“ (deutsch: glauben, vertrauen) hat. Anleger müssen darauf vertrauen können, dass sie ihre Einlagen zurückerhalten. Gleichzeitig vertrauen sie ihr Geld dem Institut unter der Voraussetzung an, nicht dem vollen Risiko einer Direktinvestition in einzelne wirtschaftliche Vorhaben ausgesetzt zu werden. Kreditnehmer müssen darauf vertrauen können, dass ihnen notwendige Kreditmittel verlässlich in Konditionen und Zeiträumen zur Verfügung gestellt werden, sie mithin über stabile Rahmenbedingungen bei einer Investition verfügen.

Dieses Vertrauen kann die Finanzwirtschaft nur dann vermitteln, wenn sie selbst Anlegern und Investoren Risiken abnimmt und Wirtschaftsvorgänge durch Risikostreuung, eigene wirtschaftliche Expertise und Bonitätsbewertungen kalkulierbar und tragbar gestaltet. Auf diese Weise kann die Finanzwirtschaft die Aufgabe erfüllen, schädliche Ausschläge und Schwingungen im Wirtschaftsleben abzumildern und damit den Wohlstand einer Volkswirtschaft nachhaltig mehren.

Richtig verstandenes Bankgeschäft ist in diesem Sinne eher unspektakulär, weil es Extreme vermeidet und möglichst gleichmäßige und planbare Wirtschaftsbedingungen bezweckt. Im Umkehrschluss dürften Finanzgeschäfte, die Entwicklungen unkalkulierbarer machen, per Definition eigentlich nicht zum ordentlichen Bankgeschäft zählen.

Die Realwirtschaft ist also in hohem Maße von einer funktionierenden Finanzwirtschaft abhängig, die zur Erfüllung ihrer Aufgaben eine komplexe finanzwirtschaftliche Infrastruktur entwickelt hat. In diesem Modell ist die Finanzwirtschaft ebenfalls von der Realwirtschaft abhängig, denn die realwirtschaftlichen Abläufe sind Basis für ihre Rendite, die sie notwendigerweise für ihre geschäftliche Entwicklung braucht. Es handelt sich also um eine symbiotische Beziehung mit Vorteilen für beide Seiten.

Nun agieren heute Kreditinstitute mit ganz unterschiedlichen Zielsetzungen. Typisch für eine marktwirtschaftliche Wettbewerbsordnung sind private Institute, deren Zweck darin besteht, mit ihren Finanzdienstleistungen Gewinne für ihre Eigner zu erwirtschaften. Bei ihnen nimmt deshalb der „Gewinn“ einen zentralen Platz im geschäftspolitischen Steuerungssystem ein. Damit haben diese Institute latent die Neigung, sich auf besonders lukrative Geschäfte zu konzentrieren. Was bestimmten Renditezielen nicht genügt, wird eher weniger oder gar nicht mit Angeboten angesprochen. Damit stehen solche Institute vor der Herausforderung, ihre Kernaufgabe Gewinnerzielung mit den Interessen ihrer Kunden oder der Volkswirtschaft in Gänze in Einklang zu bringen.

Das kann zu Konflikten führen. Finanzmärkte, die notwendige infrastrukturelle Voraussetzungen für viele andere Wirtschaftsteilnehmer schaffen, müssen deren Interesse befriedigen, mindestens berücksichtigen. Diese Märkte dürfen also nicht allein am Wirtschaftsinteresse der sie organisierenden Finanzinstitute ausgerichtet sein. Es besteht angesichts der grundlegenden Bedeutung der Finanzwirtschaft für die gesamte Volkswirtschaft immer ein Spannungsfeld zwischen den von anderen benötigten Versorgungsfunktionen der Finanzwirtschaft und Gewinninteressen einzelner Institute.

Diese Herausforderung ist nicht neu. Deshalb haben in der Vergangenheit öffentlich verantwortliche Institutionen – Staaten, Kommunen, Bürgerschaften – die Voraussetzungen geschaffen, dass es neben gewinnorientierten Finanzinstituten auch solche gibt, deren Hauptzweck nicht die Gewinnerzielung ist.

Beispiele für aufgabenbezogene Kreditinstitute sind die staatlichen Förderbanken, die über (subventionierte) Kreditgewährungen helfen sollen, bestimmte von der Gemeinschaft benötigte und politisch gewollte Wirtschaftsstrukturen zu entwickeln. Ein anderes Beispiel sind Genossenschaftsbanken, deren Zweck vor allem die Förderung der eigenen Mitglieder war und ist. Und in diese Gruppe der aufgabenbezogenen Kreditinstitute gehören nicht zuletzt die Sparkassen. Sie wurden vor über 200 Jahren gegründet, um vor allem ärmere Schichten bei der finanziellen Eigenvorsorge und der Gestaltung einer auskömmlichen Existenz zu unterstützen. Bei aller Veränderung und Anpassung des öffentlichen Auftrages blieb die Verantwortung, überall und für alle da zu sein.

Hauptzweck der Geschäftstätigkeit aufgabenorientierter Kreditinstitute, das zeigen alle drei Beispiele, ist nicht die Gewinnerzielung. Dennoch müssen diese Institute wirtschaftlich erfolgreich arbeiten und Gewinne erzielen, um ihre Aufgaben dauerhaft aus eigener Kraft erfüllen zu können. Ziel muss es sein, die Substanz zu erhalten, künftige Tätigkeiten zu finanzieren und möglichst keine finanzielle Hilfestellung Dritter zu benötigen. Das gilt in besonderem Maße für die Sparkassen, die ihre Geschäftstätigkeit nicht auf Kapitalzufuhr von Kommunen stützen können. Vielmehr müssen sie so wirtschaften, dass sie die ihnen gestellten öffentlichen Aufgaben jederzeit umfassend aus eigener Kraft erfüllen können. Das ist über 200 Jahre hinweg fast ausnahmslos erreicht worden.

Gewinn- und aufgabenorientierte Institute unterscheiden sich mithin nicht zwingend in ihren Angeboten, allerdings sehr deutlich in ihren Geschäftszielen, den dazu einzusetzenden Mitteln und der Verwendung von Gewinnen. Sie sind allerdings – zumindest in Deutschland – in einem gemeinsamen Markt tätig. Damit unterliegen sie grundsätzlich vergleichbaren Bedingungen. Die Sparkassen haben deshalb seit Beginn des 20. Jahrhunderts eine Finanzgruppe aufgebaut. In dieser bieten Landesbanken, Landesbausparkassen, Versicherungen, DekaBank, Deutsche Leasing und andere spezialisierte Finanzdienstleister den regional orientierten Sparkassen ein umfassendes und damit wettbewerbsfähiges Allfinanzangebot. Durch arbeitsteilige Kooperation erreicht die Sparkassen-Finanzgruppe hohe Skaleneffekte und Qualitätssteigerungen durch Spezialisierungen. Das ermöglicht den Sparkassen unter Marktbedingungen wettbewerbsfähig zu sein, ohne ihre aufgabenorientierte Grundausrichtung infrage stellen zu müssen.

Die Unterschiedlichkeit in den Aufgaben, der Ausrichtung und den Strukturen der Kreditinstitute in Deutschland konnte über die Jahre hinweg nicht ohne Spannungen bleiben. Mal sahen sich Sparkassen durch gesetzliche Beschränkungen ihrer Geschäftsmöglichkeiten im Wettbewerb beeinträchtigt, mal fürchteten private Banken durch öffentliche Träger Wettbewerbsnachteilen ausgesetzt zu sein. Derartige

Diskussionen mögen, nach einem Höhepunkt Ende der 90er-Jahre, etwas abgeklungen sein. Sie sind jedoch in der Zukunft niemals gänzlich ausgeschlossen, weil unterschiedliche Aufgabenstellungen in Teilen unterschiedliche Rahmenbedingungen erfordern. Eine gänzliche Gleichbehandlung würde der Unterschiedlichkeit sicher niemals gerecht werden. Im Gegenteil: Viele Unterschiede, auch in den geltenden Rechtsregeln, werden weiterhin notwendig sein, um das Nebeneinander privater, genossenschaftlicher und öffentlich-rechtlicher Geldinstitute zu ermöglichen. Entscheidend ist, dass es per saldo nicht zu einer systematischen Benachteiligung einer Gruppe im Wettbewerb kommt.

In der Natur sind artenreiche Ökosysteme besser gegen widrige Einflüsse geschützt als Monokulturen. Entsprechendes gilt ebenfalls für den deutschen Bankenmarkt. Seine Pluralität hat zu einer im internationalen Vergleich bemerkenswerten Wettbewerbsintensität und Stabilität geführt, die sich vor allem für Verbraucher und kreditsuchende Gewerbetreibende vorteilhaft auswirkt.

II. Kritische Würdigung der Entwicklung der Finanzmärkte

Durch die Globalisierung der Wirtschaft fand in den vergangenen rund 20 Jahren ein Paradigmenwechsel statt. Besonders gut beobachten lässt sich das am Beispiel der Finanzmärkte: Es überwog zeitweilig die Auffassung, die Effizienz des Finanzsystems lasse sich steigern, wenn der Finanzwirtschaft über höhere Eigenkapitalrenditen eine größere Rolle innerhalb einer Volkswirtschaft zugedacht werde. Zudem wurde der Abbau von Regulierungen gefordert, die die Finanzwirtschaft vermeintlich oder tatsächlich begrenzten. Privatisierungen wurden mit dem Ziel einer höheren Wettbewerbsintensität umgesetzt.

Um deutlich zu machen, welche Konsequenzen aus dieser neuen Denkweise folgen, lohnt es sich, die vier Bereiche, in denen sich der Wertewandel zeigt, genauer zu beleuchten:

1. Kapitalmarktorientierung und Betriebsgrößen

Eine Renditesteigerung erhoffte man sich hauptsächlich durch das Wachstum einzelner Institute. Große Institute können nicht nur enorme Skaleneffekte realisieren, sondern überall dort auf der Welt agieren, wo Geschäfte die geforderten hohen Renditen versprechen. In vielen Industriestaaten wurde deshalb die Entstehung immer größerer Bankeinheiten durch schnelles Wachstum der Bilanzen oder Fusionen von Instituten unterstützt. Selbst die EU-Kommission verfolgte über Jahre das Ziel, möglichst große europäische und international agierende Banken, sogenannte europäische Champions, zu schaffen.

Entsprechend stark hat sich in der jüngsten Vergangenheit die europäische Bankenlandschaft verändert. Die Vielfalt des Bankenmarktes mit aufgaben- und gewinnorientierten Banken verschwand. Heute prägen in vielen Ländern börsennotierte und vor allem gewinnorientierte Bankkonzerne den Markt. Diese Entwicklung übte heftigen Druck auf alle Finanzinstitute aus, die diesem Leitbild nicht entsprachen. So verloren beispielsweise die deutschen Landesbanken Anstaltslast und Gewährträgerhaftung, die ihnen beim eher margenarmen, aber soliden Geschäft mit Kommunen und Unternehmen günstige Refinanzierungsbedingungen und somit eine auskömmliche Existenz beschert hatten. Die Landesbanken mussten sich deshalb mit hohem Aufwand neu aufstellen. Dieser Prozess ist noch immer nicht abgeschlossen.

Die Sparkassen in Deutschland und anderen Teilen Europas entsprachen mit ihrer Aufgabenorientierung ebenfalls nicht dem Leitbild von kapitalmarktorientierten und auf Rendite ausgerichteten Kreditinstituten. Sie mussten und müssen sich deshalb weiterhin allerorten Versuchen erwehren, Rahmenbedingungen börsennotierter Großbanken unterworfen oder gar gleich gänzlich privaten Investoren zugänglich gemacht zu werden. Vier Beispiele seien genannt:

- In Großbritannien verschwand das zuvor ausgeprägte sparkassenähnliche System bereits in einer früheren Phase der Thatcher-Regierung. Der Weg mündete schließlich in einen Börsengang, aus dem eine gewinnorientierte Geschäftsbank hervorgegangen ist.

- In Belgien wurden die Sparkassenstrukturen aufgelöst. Ein Grund waren die Maastricht-Kriterien zur Einführung des Euro. Sie verlangten von den einzelnen Staaten, ihren Bruttoschuldenstand entsprechend anzupassen. Deshalb wurde die belgische Staatssparkasse ASLK privatisiert, sie ging im Fortis-Konzern auf.
- In Italien wurden die früheren dezentralen Sparkassen in Bankeinheiten und (Sparkassen-)Trägerstiftungen aufgespalten. Die so entstandenen reinen Geschäftsbanken gingen in der Intesa Sanpaolo sowie der heutigen Unicredit auf. Beide agieren heute als internationale Geschäftsbanken.
- In Spanien wurden die als Stiftungen organisierten Sparkassen zugunsten stärkeren Wachstums durch Fusionen massiv vergrößert. Zudem wurde das Regionalprinzip aufgelöst, die Sparkassen machen sich gegenseitig Konkurrenz. Gab es 1989 in Spanien noch 80 Sparkassen, so waren es Anfang 2011 nur noch 17. Durchschnittlich haben diese Institute inzwischen eine Bilanzsumme von rund 75 Mrd. Euro. Sie sind daher eher mit Regionalbanken als mit den deutschen kommunal getragenen Sparkassen zu vergleichen. In Spanien wurden Investments eingegangen, die sich während der Finanzkrise als problematisch herausstellten. Um die Institute zu retten, ist eine Öffnung der Sparkassen für private Investoren wahrscheinlich.

Mit der Änderung von Strukturen und Rechtsform änderte sich das Werteverständnis der neuen Einheiten. Wenn Gemeinwohlorientierung überhaupt noch ein Thema war, dann wurde sie in der Regel vom eigentlichen Bankbetrieb „abgetrennt". Es werden also bestenfalls aus den Erträgen Sponsoringmaßnahmen finanziert. Der Bankbetrieb selbst ist nicht mehr gemeinwohlorientiert. Mit den Sparkassen verschwand dieser Wert in den betroffenen Ländern völlig aus dem Markt, in anderen wurde er stark eingeschränkt oder zumindest als vermeintlich veraltet deklariert.

In Europa hat sich vor allem in Deutschland und Österreich sowie in der nicht EU-angehörigen Schweiz ein aufgabenorientiertes und privaten Investoren nicht direkt zugängliches Sparkassen- bzw. Kommunalbankensystem erhalten. Mit den Erfahrungen der Finanzkrise ist wieder allgemein bewusst geworden, welch stabilisierende Rolle für den gesamten Finanzmarkt damit verbunden ist.

2. Wettlauf um Deregulierung

Die Zeit um den Jahrtausendwechsel war von einer umfassenden Deregulierung des Finanzsektors geprägt. Angesichts stagnierender Entwicklung der Realwirtschaft erhofften sich vor allem Industriestaaten neue Wachstumsimpulse aus der Finanzwirtschaft. Sie für die eigene Volkswirtschaft zu gewinnen war deshalb eine Zielsetzung, der sich in Europa – Großbritannien und Irland seien beispielhaft genannt – zahlreiche Staaten verschrieben. Als vermeintliche Verbesserung der Standortbedingungen wurde nicht selten eine Lockerung der bankaufsichtlichen Regelungen in Aussicht gestellt.

Umgekehrt wurden solche Deregulierungen vor allem von international agierenden Instituten vehement eingefordert. Mit zunehmender Globalisierung stiegen ihre Möglichkeiten, Steuer- oder Regulierungsarbitragen durch Sitzverlagerungen oder durch Verlagerung von Geschäftseinheiten zu realisieren. Das führte zur Entstehung oder Ausweitung von wenig bis gar nicht regulierten Finanzoasen.

In diesem Wettlauf von Nationalstaaten wurden gemeinsame Regeln vernachlässigt. Mehr noch: Aus Sorge um die Wettbewerbsfähigkeit der eigenen Volkswirtschaft widersetzten sich viele Staaten sogar derartigen Versuchen. Man wollte den durch Deregulierung erworbenen Vorteil nicht verlieren. Ein Beispiel für diese Haltung ist das Verhalten Großbritanniens und der USA beim G-8-Gipfel in Heiligendamm. Beide Länder weigerten sich, den deutschen Vorschlag einer stärkeren Regulierung der Finanzmärkte, vor allem der Hedgefonds, überhaupt ernsthaft zu diskutieren.

Letztlich konnte und wollte sich die Bundesrepublik Deutschland dieser Entwicklung nicht völlig verschließen. Die Tätigkeit von Hedgefonds wurde in Deutschland erleichtert, neue Finanzprodukte wie etwa Kreditverbriefungen wurden massiv gefördert. Und mit der Möglichkeit der steuerfreien Veräußerungen konnten sich deutsche Banken und Versicherungen leicht aus Beteiligungen zurückziehen. Die bis dahin bestehende „Deutschland-AG" wurde innerhalb weniger Jahre aufgelöst. Und um ausländisches Kapital ins Land zu bringen, wurden deutsche Unternehmen als Investitionsziel zur Verfügung gestellt. Gerade mittelständische Unternehmen sind heute für institutionelle Investoren wie Private-Equity-Gesellschaften zugänglich.

3. Eigenkapitalrendite im Mittelpunkt

In den vergangenen 20 Jahren prägte die Lehre vom Shareholder Value die Finanzwirtschaft. Darunter wurde die angeblich im Börsenkurs ablesbare stetige Wertsteigerung des Unternehmens verstanden. Das Schwungrad war die Fixierung auf möglichst hohe Eigenkapitalrenditen in der Unternehmenssteuerung. Finanzinstitute definierten für sich Zielmarken, die weit oberhalb von realistischen Renditen in der Realwirtschaft oder den für Privatanleger auf den Kapitalmärkten erzielbaren Werten lagen.

Um diese Zahlen regelmäßig zu generieren, stand den Unternehmen ein breites Instrumentarium zur Verfügung. Es reichte von medienwirksamen Börsengeschichten bis zur Substanzschwächung des eigenen Unternehmens: Durch eine Herabsetzung des Eigenkapitals konnte bei gleichem oder gar niedrigerem Gewinn eine bessere Verhältniszahl, die Eigenkapitalrendite, ausgewiesen werden. Auch große Finanzinstitute in Deutschland nutzten diese Instrumente.

Ein weiteres Mittel zur Steigerung von Eigenkapitalrenditen war die Finanzierung von Investitionen sowie Akquisitionen von Unternehmen mit immer weniger Eigen- und immer mehr Fremdkapital. Besonders Private-Equity-Gesellschaften und Hedgefonds taten sich dabei hervor.

Kehrseite dieser Entwicklung war eine zunehmende Kurzfristorientierung der Finanzwirtschaft. Längerfristige Ziele oder gar nachhaltiges Wirtschaften traten um des kurzfristigen Erfolgs willen in den Hintergrund. Wo ein Börsenkurs fast ohne Zeitverzug von potenziellen Investoren abgelesen wird und möglichst spektakuläre Unternehmensentwicklungen in Quartalsberichten abgefordert werden, geraten Manager fast zwangsläufig in den Druck, immer schneller neue Erfolgsmeldungen zu produzieren. So entsteht ein Teufelskreis: Schnelle Kurssteigerungen verlangen kurzfristige Erfolge. Kurzfristige Erfolge brauchen kurzfristig wirksame Maßnahmen. Kurzfristig angelegte Maßnahmen sind jedoch der Feind einer langfristig wirksamen Unternehmensstrategie. Das erklärt, weshalb zumindest börsennotierte Unternehmen immer kurzfristiger agierten. Und es macht verständlich, weshalb Vergütungssysteme auf kurzfristigere Erfolge ausgelegt wurden.

4. Entfernung von der Realwirtschaft

Die Beschreibung des Wertewandels in der Finanzwirtschaft wäre nicht vollständig, würde nicht die schrittweise Lockerung der Verbindung von Finanzwirtschaft und Realwirtschaft erwähnt. Die klassische Rolle von Banken ist, wie beschrieben, die Finanzierung oder Abwicklung von realwirtschaftlichen Vorgängen, also Austausch von Waren oder Dienstleistungen. Unter anderem befördert durch eine bewusst herbeigeführte Deregulierung der Finanzwirtschaft entstanden aber zunehmend Finanzprodukte, die keinerlei direkten Bezug zur Realwirtschaft mehr hatten.

Neue Informationstechniken ermöglichen es Kreditinstituten, praktisch in Echtzeit an allen Finanzmärkten der Welt präsent zu sein. Während bei anderen Unternehmen die Geschäftsmöglichkeiten durch Produktionsmengen, Mitarbeiterkapazitäten oder Know-how begrenzt sind, haben Finanzinstitute ein nahezu unbegrenztes Wertschöpfungs- und Wachstumspotenzial. Kredite etwa sind für Finanzunternehmen grundsätzlich unbegrenzt vermehrbar und nur von Einlagen oder eigenen Refinanzierungsmöglichkeiten abhängig. Eine Begrenzung ergibt sich lediglich indirekt, nämlich aus dem Bedarf der Realwirtschaft an Finanzierungsmitteln.

In den Jahren vor der Finanzkrise kamen zwei Entwicklungen zusammen: Zum einen wollten sich weite Teile der Finanzwirtschaft selbst von den als unzureichend empfundenen Wachstumsmöglichkeiten der Realwirtschaft lösen, sich mithin ihrer klassischen Rolle als Banken entledigen und sich einen neuen reinen Finanzmarkt erschließen. Zum anderen war es in zahlreichen Industrieländern politische Zielsetzung, die Finanzindustrie zum Wachstumstreiber zu machen. Man sah in ihr häufig sogar eine Alternative zu klassischen Produktionsindustrien.

Entscheidende und in ihrer Gefährlichkeit bis heute nicht vollständig erfasste Instrumente sind Kreditverbriefung und die verbriefte Kreditversicherung, sogenannte Credit Default Swap (CDS). Vergebene Kredite binden Eigenkapital und begrenzen damit das Wachstum eines Finanzunternehmens. Wenn es gelingt, Kredite zu bündeln, zu verbriefen und an Kapitalmärkte zu verkaufen – vielleicht sogar an nicht den Eigenkapitalvorschriften unterliegende Akteure – erschließen sich den betroffenen Instituten beständig neue Eigenkapitalspielräume und damit Wachstumsmöglichkeiten. Die Gefahr liegt, wie die amerikanischen Subprime-Kredite drastisch vor Augen geführt haben, in einem nachlassenden Interesse an der Bonität der Kreditnehmer. Schließlich ist das kreditgebende Institut in diesem System nicht dauerhaft von der Risikotragfähigkeit der Kreditnehmer abhängig.

Die ursprünglich gute Idee, durch Kreditverbriefungen Risiken besser zu streuen und damit beherrschbarer zu machen, wurde damit pervertiert. Denn Kreditverbriefungen können als Instrument zur intransparenten Weitergabe nicht beherrschbarer Risiken genutzt werden. Zusammen mit immer neuen Spielräumen für Kreditgewährungen entfalteten die neuen Produkte ein gewaltiges Destabilisierungspotenzial für die Finanzmärkte.

Eine vergleichbare Gefahr liegt in Kreditversicherungen. Sie stellen ebenfalls eine Möglichkeit der Finanzwirtschaft dar, sich von begrenzten Wachstumsmöglichkeiten der Realwirtschaft abzukoppeln. Auch diese Produkte basieren auf einer ursprünglich überzeugenden Idee. Wer Kredite vergibt, soll die Möglichkeit haben, sich gegen deren Ausfall zu versichern. Soweit CDS nur für diesen Zweck genutzt und Märkten gegenüber transparent gehandelt werden, ist dies unter Stabilitätsgesichtspunkten unproblematisch. Werden solche verbrieften Kreditversicherungen jedoch von Akteuren gehandelt, die zu dem Grundgeschäft, d. h. der Vergabe eines konkreten Kredits, in keinem ursächlichen Zusammenhang stehen, sind CDS problematisch. Und besonders gefährlich wird es, wenn die Geschäfte intransparent sind. Denn mit vergleichsweise geringem eigenen Mitteleinsatz können selbst Akteure, die nicht engen kreditwirtschaftlichen Vorschriften unterliegen, massiv auf die Preise in einem teilweise verborgenen Markt einwirken. Damit beeinflussen sie zudem die finanzwirtschaftliche Stabilität.

Man muss sich dies vorstellen wie eine Feuerversicherung in Form eines Wertpapiers auf das Haus eines Nachbarn. Wenn es möglich ist, als völlig Unbeteiligter auf das Abbrennen des Hauses zu spekulieren und damit hohe Renditen zu erzielen, wird es für den Hauseigentümer wirtschaftlich immer schwieriger, zu angemessenen Konditionen seinen realen Immobilienwert abzusichern. Würde gleichzeitig das „Abbrennen“ eines begrenzten Wirtschaftsgutes unabsehbare finanzwirtschaftliche Folgewirkungen auslösen, weil fällige Versicherungen bedient werden müssten, könnte sich sehr schnell die Frage der „Systemrelevanz“ stellen. Der große Hebel von Kreditversicherungen zusammen mit ihrer Intransparenz führt also dazu, dass vergleichsweise kleine Kreditnehmer systemrelevant werden können. Im übermäßigen Einsatz von CDS liegt damit die Gefahr, viele Akteure „too big to fail“ zu machen – oder dies zumindest vermuten zu müssen. Dieser Effekt war während der Finanz- und Staatsschuldenkrise mehrfach zu beobachten, zuletzt bei den Stabilisierungsbemühungen von Griechenland.

Gerade diese Effekte tragen dazu bei, Finanzinstitute oder andere Finanzmarktakteure so groß oder – wenn auch nur über Kreditausfallversicherungen – so bedeutsam für die Finanzmärkte werden zu lassen, dass ihre Insolvenz ganze Volkswirtschaften gefährden würde. Das zwingt die öffentliche Hand, die von wirtschaftlichem Scheitern Betroffenen mit erheblichen öffentlichen Mitteln zu stützen. Damit genießen heute die größten Banken genauso wie die stark in solchen Finanzinstrumenten engagierten Akteure eine Art Staatshaftung. Dies hat zur Folge, dass sie sich als „systemrelevante Institute“ zu besonders günstigen Konditionen Geld am Markt leihen können. Denn die Kreditgeber können darauf vertrauen, ihr Geld stets zurückzuerhalten, weil die Staaten im Krisenfall einspringen werden. Unfreiwillig befinden sich Staaten nun in der Situation, auf diese Weise das Wachstum von bereits heute systemrelevanten und damit gefährlichen Banken noch zu verstärken.

III. Schlussfolgerung aus der Krise

Teile der Finanzwirtschaft haben sich grundlegend verändert und entsprechen nicht mehr dem klassischen Bild von Banken als Risikoträger und Vertrauensinstitutionen. Diese Entwicklung ist nicht mehr ohne Weiteres reversibel, weil in vielen Ländern Europas auf klassisches Bankgeschäft konzentrierte Anbieter verschwunden oder in anderen Strukturen aufgegangen sind. Es bleibt deshalb nur der Weg, in den nächsten Jahren und vielleicht Jahrzehnten mit vielen einzelnen Maßnahmen die Finanzwirtschaft Schritt für Schritt wieder stärker an die Bedürfnisse der Volkswirtschaften heranzuführen. Dabei wird zwischen Maßnahmen auf nationaler Ebene und Maßnahmen, die einer darüber hinausgehenden Abstimmung bedürfen, zu unterscheiden sein.

Auf nationaler Ebene werden die europäischen Staaten vor der Aufgabe stehen, „Financial Exclusion" zu verhindern. Die Gefahr, dass große Bevölkerungsgruppen von finanziellen Dienstleistungen ausgeschlossen werden, besteht beispielsweise in Großbritannien. Nach der Abschaffung der Sparkassen werden die Menschen in der Fläche des Landes nur unzureichend mit Finanzdienstleistungen versorgt. Nach Schätzungen verfügen dort zwischen 1,1 und 1,2 Millionen Haushalte nicht über ein Girokonto. Deshalb gibt es in Großbritannien Bemühungen, das Postbankwesen auszubauen. Selbst in Supermärkten werden verstärkt Finanzdienstleistungen angeboten, um die Bürger in den Regionen zu versorgen.

Angesichts der internationalen Vernetzung der Finanzmärkte müssen die entscheidenden regulatorischen Weichenstellungen jedoch auf internationaler Ebene erfolgen. Die G 20 hatten bei ihrem Treffen in

Pittsburgh zwei richtige Zielsetzungen formuliert: Erstens sollten hoch spekulative Geschäfte eingedämmt werden, von denen eine Gefahr für die Stabilität der Finanzmärkte ausgeht. Und zweitens sollten die Kunden und die Steuerzahler besser als bisher vor Schieflagen systemrelevanter Banken geschützt werden.

Inzwischen ist sichtbar, dass manche Regulierungen nicht zu diesen Zielsetzungen passen oder sogar kontraproduktiv sind. Aus meiner Sicht sollte die internationale Bankenregulierung stärker dort ansetzen, wo die tatsächlichen Probleme liegen, und sich auf die geschilderten ursprünglichen Zielsetzungen der G 20 konzentrieren. Dafür sollten drei Leitlinien gelten:

1. *Die Systemrelevanz von Banken muss verringert werden:* Kreditinstitute dürfen nicht so groß werden, dass sie eine Gefahr für eine gesamte Volkswirtschaft darstellen. Tatsächlich haben heute neun Kreditinstitute in Europa eine größere Bilanzsumme als das Bruttoinlandsprodukt ihres Heimatlandes. In Deutschland kommt die größte Bank immerhin auf rund 70 Prozent des BIP. Eine von Staatsseite angeordnete Verkleinerung ist im Moment nicht realistisch. Deshalb ist es entscheidend, die Aufsicht auf diese großen Institute zu konzentrieren. Diesen Banken sollte eine höhere Eigenvorsorge gegen Krisen auferlegt werden, um die aus der Größe und der Systemrelevanz erwachsenden Refinanzierungsvorteile durch höhere Belastungen an anderer Seite abzuschöpfen.
2. *Die Transparenz und Stabilität auf den Finanzmärkten muss verbessert werden:* Dazu müssen hoch komplexe und gefährliche Finanzprodukte stärker eingeschränkt werden. Es muss die Frage erlaubt sein, welche volkswirtschaftlich einsehbaren Gründe es für Finanzprodukte ohne jeglichen Bezug zur Realwirtschaft gibt. In der Bundesrepublik gibt es bereits ein Verbot von ungedeckten Leerverkäufen bei Aktien, mit ungedeckten Kreditversicherungen darf dagegen weiterhin gehandelt werden. Es ist ebenfalls besorgniserregend, wenn sogenannte OTC-Geschäfte, also solche, die jenseits von Börsen oder zentralen Abwicklungsplattformen abgewickelt werden,

weiter an Volumen zunehmen und Geschäfte von den stark regulierten Banken in das sogenannte Schattenbanksystem wandern.

3. *Die Kurzfristkultur muss zugunsten von mehr Nachhaltigkeit eingedämmt werden:* Dazu muss das Gewinnstreben von Kreditinstituten so ausgerichtet werden, dass es mit einer allgemeinen Wohlstandsmehrung der breiten Bevölkerung und der Unternehmen im Einklang steht oder dem zumindest nicht zuwiderläuft. Die Finanzwirtschaft muss sich als dienende Branche verstehen. Banken sollen gut verdienen – aber nur dann, wenn sie für ihre Kunden einen entsprechenden Nutzen gestiftet haben. Deshalb muss es aufhören, diejenigen als ineffizient oder nicht marktgerecht zu diffamieren, die nicht die Gewinnerzielung über alles stellen, sondern ihren Erfolg über Aufgabenwahrnehmung zugunsten ihrer Kunden definieren. Werden diese Ziele umgesetzt, kann sich die Finanzwirtschaft endlich wieder ihrer originären Aufgabe annähern: ihrer dienenden Rolle in der Volkswirtschaft.

Der Politik stehen zwei Wege zur Verfügung, diese Leitlinien in der Praxis durchzusetzen. Idealerweise werden kreditwirtschaftliche Strukturen gefördert, die möglichst wenig anfällig für die beschriebenen Auswüchse bei internationalen Finanzgeschäften sind. Dezentrale, kleine, regional konzentrierte und auf Privatkunden und mittelständische Firmenkunden ausgerichtete Kreditinstitute bilden dafür – völlig unabhängig von ihrer Rechtsform – die beste institutionelle Sicherung. Es sollte deshalb alles unterlassen werden, was derartige Strukturen schwächt oder gar infrage stellt.

Der zweitbeste Weg ist es, Institute, die kraft ihrer eigenen Struktur nicht über solche institutionellen Sicherungen verfügen, durch wirksame Regulierungen auf solche Grundsätze festzulegen. Deshalb sollten Regulierungsvorhaben immer diese Institute in den Mittelpunkt stellen. Dabei darf die internationale Politik nicht den Fehler machen, undifferenziert Regulierungen für die gesamte Kreditwirtschaft einzuführen. Regulierung hat unter anderem das Ziel, Risiken zu begrenzen. Je nach Geschäftsfeld und Geschäftspolitik treten bei Geldinstituten allerdings völlig unterschiedliche Risiken auf. Es ist ein Unterschied, ob eine Bank international Milliarden bewegt oder ihr Geld im Geschäft mit dem lokalen Mittelstand verdient. Was für große Finanzkonzerne an Regeln gut ist, kann die Bedingungen für regionale Institute verschlechtern. Deshalb muss Gleiches gleich, Ungleiches aber auch ungleich behandelt werden. Hierauf wird bei den bisherigen Regulierungsvorhaben zu wenig geachtet.

IV. Ein Öffentlicher Diskurs zur Rolle der Finanzwirtschaft ist notwendig

Die Finanzkrise war ein fundamentaler Einschnitt – nicht nur wirtschaftlich, sondern ebenso in der Legitimation der Finanzmärkte und ihrer Akteure. Deshalb kann es nicht nur darum gehen, neue detaillierte technische Bankenregeln zu ersinnen. Mindestens ebenso wichtig ist es, wieder ein gemeinsames Grundverständnis darüber herbeizuführen, welche Aufgaben Kreditinstitute in einer modernen Volkswirtschaft haben sollen und welche Strukturen dafür erforderlich sind. Dieser Diskurs sollte nicht nur zwischen der Finanzwirtschaft und den für die Aufsicht Verantwortlichen geführt werden, er sollte viel breiter angelegt sein. Besonders gefordert sind neben der Wissenschaft solche Instanzen, die sich mit Wertefragen beschäftigen und denen eine hohe moralische Glaubwürdigkeit zugestanden wird.

Die Wirtschaftswissenschaften sind gefragt, an der Umsteuerung der Finanzwirtschaft teilzunehmen. Sie haben zu dem deutlichen Paradigmenwechsel in Richtung Renditestreben in der Finanzwirtschaft beigetragen: durch ein zu enges Verständnis von betriebswirtschaftlicher Effizienz und zu geringe Beachtung volkswirtschaftlicher Stabilitätsgefahren. In den Finanzmärkten entdeckten die Wirtschaftswissenschaften das Ideal von vollkommenen Märkten. Nirgendwo sonst waren Angebot und Nachfrage so transparent wie an den Börsenplätzen dieser Welt. Werte wie gesellschaftliche Verantwortung von Unternehmen oder nachhaltige Finanzplanung wurden in diesen Modellen weniger beachtet.

Künftig sollte der Diskurs wieder stärker interdisziplinär ausgerichtet werden. In der Vergangenheit wurde das Problem der Bankensteuerung vorwiegend anhand mathematischer Modelle diskutiert. Es hat sich zudem gezeigt, dass es trotz einer starken Fixierung der Diskussion auf Beiträge der Wirtschaftswissenschaften nicht gelang, die erlebte Finanzkrise zu vermeiden. Deshalb sollten bei der künftigen Rollenbestimmung der Finanzwirtschaft die Gesellschafts- und Sozialwissenschaften wieder eine wichtigere Rolle einnehmen. Ihre Expertise bei der gesellschaftspolitischen Einbettung wirtschaftlicher Themenstellungen ist unerlässlich. Idealerweise sollten gesellschaftliche Debatten nicht nur angestoßen und geführt werden. Es wäre stattdessen wünschenswert, dass Gesellschafts- und Sozialwissenschaftler die Wertesysteme der Wirtschaft mitgestalten.

Eine ganz besonders wichtige Rolle kommt den Kirchen zu. Sie sind moralische Instanzen, denen in Deutschland viele Menschen vertrauen. Das kirchliche Engagement ist wirkmächtig, weil es komplexe Zusammenhänge in verständliche Kernbotschaften wandeln kann. Als Beispiel, das heute wieder hoch aktuell ist, kann die Erläuterung Martin Luthers zum siebten Gebot „Du sollst nicht stehlen“ herangeführt werden. In seinem kleinen Katechismus schreibt er: „Wir sollen Gott fürchten und lieben, dass wir unsers Nächsten Geld oder Gut nicht nehmen, noch mit falscher Ware oder Handel an uns bringen, sondern ihm sein Gut und Nahrung helfen bessern und behüten.“

Bezogen auf die jüngste Finanzmarktkrise: Was wäre gewesen, wenn Emittenten keine Derivate und Verbriefungen in den Markt gebracht hätten, von denen sie wissen oder zumindest ahnen mussten, dass sie nicht werthaltig waren? Und was wäre passiert, hätte sich die globale Finanzindustrie stattdessen im lutherischen Sinne darauf beschränkt, den Menschen dabei zu helfen, ihr „Gut und Nahrung“ zu „bessern und zu behüten“? Die Antwort ist einfach: Es hätte wohl keine Krise gegeben.

Deshalb ist es erfreulich, dass sich Vertreter der Kirche einmischen und ihre Autorität dazu nutzen, den Akteuren an den Finanzmärkten unbequeme Fragen zu stellen. Der Erzbischof von München und Freising, Reinhard Marx, hat in einer Predigt deutlich Stellung bezogen. Er warnte, dass eine Wirtschaft, die sich nicht am Menschen orientiere und die Würde des Menschen nicht in den Mittelpunkt stelle, letztlich die Grundlagen des menschlichen Miteinanders zerstöre. Mit dieser Mahnung hat Kardinal Marx die Richtung der künftigen Debatte vorgeben.

Letztlich brauchen wir eine Wertediskussion, die die Rolle der Finanzwirtschaft in einer modernen Sozialen Marktwirtschaft zum Gegenstand hat. Schon jetzt stellt die Finanzkrise in den Augen vieler Menschen die kapitalistisch geprägte Marktwirtschaft infrage. Umso wichtiger scheint mir, die Vorzüge der Sozialen Marktwirtschaft wieder herauszuarbeiten. Die Menschen in der Bundesrepublik haben in der Vergangenheit bewiesen, dass individuelles Gewinnstreben bei gleichzeitig angemessenem sozialen Ausgleich möglich ist.

Dazu müssen unter Umständen die Entfaltungsmöglichkeiten von einzelnen Wirtschaftsakteuren beschränkt werden. Immer dann, wenn Einzelne die ihnen offenstehenden Optionen zulasten der übrigen Akteure oder zulasten der Stabilität des Marktes insgesamt nutzen, sind Eingriffe und Regulierung sinnvoll. Hierauf die Finanzwirtschaft als international tätige Branche festzulegen, wird angesichts letztlich nationaler Gesetzgebungen eine große Herausforderung. Deshalb muss ganz grundsätzlich die Frage gestellt werden, wie eine Soziale Marktwirtschaft in Zeiten der Globalisierung gestaltet und aktiv verteidigt werden kann.

Tatsächlich wurde die Soziale Marktwirtschaft deutscher Prägung in den letzten Jahren in ähnlicher Weise attackiert wie manche mittelständischen oder kreditwirtschaftlichen Strukturen in Deutschland. Noch in den 90er-Jahren galten die in der Bundesrepublik herrschenden Rahmenbedingungen als wachstumshemmend, das Land als „kranker Mann Europas“. Heute ist allgemein anerkannt, dass Deutschland deshalb vergleichsweise gut durch die Krise gekommen ist, weil es in der Sozialen Marktwirtschaft gleich drei institutionelle Sicherungen hat:

- *Das Sozialsystem:* Ein wichtiges Element war das Kurzarbeitergeld, das Entlassungen verhinderte und es den Unternehmen ermöglichte, ihre Mitarbeiter weiter zu beschäftigen. Daher gab es keine Personalengpässe, als sich im Aufschwung ab 2010 die Auftragsbücher zu füllen begannen.
- *Die Struktur der Wirtschaft:* In der Bundesrepublik dominieren Familienunternehmen: 95 Prozent der 3,2 Millionen Betriebe in Deutschland sind inhabergeführt. Sie zeichnen sich durch Langfristorientierung und besondere wirtschaftliche Verantwortung der Eigner aus.
- *Das diversifizierte Bankensystem:* Dezentral organisierte Institute haben während der Finanzkrise stabilisierend gewirkt und insbesondere die allseits befürchtete Kreditklemme verhindert.

Das bundesdeutsche System der Sozialen Marktwirtschaft hat in der Vergangenheit mehrfach bewiesen, wie anpassungsfähig es ist. Die jüngst bestandene Bewährungsprobe sollte Anlass sein, den zugrunde liegenden Wertekonsens zu festigen und gegebenenfalls zu verstärken.

Die Sparkassen stellen sich dieser Debatte. Sie sind dem Gemeinwohl bereits qua Satzung verpflichtet. Kein Unternehmen, kein Wettbewerber in der deutschen Finanzwirtschaft zahlt so viele Steuern wie die Sparkassen, keiner beschäftigt in Deutschland so viele Menschen wie die Sparkassen, keiner ist in allen Regionen so präsent und engagiert wie die Sparkassen, keiner gibt so viel vom Geschäftsergebnis für gemeinnützige Zwecke ab wie die Sparkassen. Und: Allein die Sparkassen werden durch örtlich gewählte Repräsentanten demokratisch kontrolliert.

Jetzt stehen die Sparkassen als Teil der kommunalen Bürgergemeinschaft bereit, die wichtigen gesellschaftlichen Debatten über Werte und Wertorientierung in der Finanzwirtschaft zu führen. Damit fordern sie auch eine Diskussion über die künftige Rolle der Finanzwirtschaft und ihrer Akteure für das Funktionieren der Volkswirtschaft.

Jürgen Fitschen

Werte und Wertewandel in der Finanzbranche aus Sicht global agierender Banken

Wertewandel – dieses Thema als Banker aufzugreifen mag vermessen anmuten in Zeiten, in denen das Ansehen der Banken auf einem Tiefpunkt angelangt ist und sie mit dem Vorwurf konfrontiert sind, sie seien im Wesentlichen mit der Vernichtung von Werten befasst. Diese Kritik, die uns seit der Finanzkrise 2008 beschäftigt, zwingt die Finanzbranche, sich der Frage nach ihrer Wertorientierung mit großer Ernsthaftigkeit zu stellen. Antworten drängen sich schnell auf: Verantwortungsbewusstsein, Vertrauenswürdigkeit, Verlässlichkeit. Für viele der Mitarbeiter in Banken, zumal diejenigen, die unmittelbar mit Kunden arbeiten, sind diese Werte eine Selbstverständlichkeit. Nun gilt es, sie in den Strukturen und Geschäftsmodellen zu verankern, als Standard zu setzen, auch dort, wo die Motivation und das Korrektiv persönlichen Kundenkontakts fehlen. Und in einem globalen Wettbewerbsumfeld an ihnen festzuhalten, das Rahmenbedingungen für diese Wertediskussion setzt. Auf welcher Wertebasis die Finanzindustrie arbeitet, daran muss die Gesellschaft auch unabhängig von Krisensituationen besonderes Interesse haben. Banken haben eine wesentliche Steuerungsfunktion bei der Verteilung von Kapital an Unternehmen und beeinflussen damit die Ausrichtung unserer Wirtschaft und Gesellschaft. Von welchen Werten die Banken sich dabei leiten lassen, dazu sollten sie sich und der Gesellschaft Rechenschaft abgeben. Und die Gesellschaft ist gefordert, an einer Wertediskussion mit den Banken konstruktiv mitzuwirken.

I. Werte und Wirtschaft im Widerspruch?

Zunächst muss man sich darüber verständigen, was Werte bedeuten, was mit ihnen gemeint ist. Im Wirtschaftskontext kann man an einem Punkt ansetzen, der den Großbanken wie anderen börsennotierten Unternehmen immer wieder vorgeworfen wird: der Fixierung auf den Börsenwert, also die Marktkapitalisierung. Die aber ist an sich nichts Schlechtes. Sondern ein wichtiger Indikator für unternehmerischen Erfolg, für gute Arbeit mit den Kunden, das Vertrauen der Investoren und des Marktes und das Gestaltungsvermögen des Unternehmens. Und dies sind Voraussetzungen dafür, dass Banken ihre immer wieder angemahnte Rolle eines Dienstleisters für die Realwirtschaft wirkungsvoll spielen und damit zur gesamtwirtschaftlichen Wertschöpfung beitragen können.

Man kann die Rolle der Banken in unserem marktwirtschaftlichen System als die eines Generators wirtschaftlicher Werte beschreiben. Und es lohnt sich, diese Formulierung beim Wort zu nehmen. Dann wird deutlich, dass der Vorwurf, die Finanzindustrie sei nicht produktiv und wertschöpfend tätig, ins Leere geht. Banken arbeiten als Generatoren der industriellen Produktionsprozesse und der weltweiten Vermarktung und Distribution von deren Erzeugnissen. Der weltweiten Wirtschaftskreisläufe also, die in ihrer modernen Gestalt für viele Menschen immense Wohlstandsgewinne gebracht haben. Sie arbeiten unsichtbar und lautlos – wie die Generatoren, die den für die Industrieproduktion erforderlichen Strom bereitstellen. Ohne sie liefe nichts. Zutage tritt dies aber nur bei Stromausfall, wenn Generatoren versagen – weil sie fehlerhaft konstruiert sind, schlecht gewartet oder unsachgemäß eingesetzt und bedient werden, oder weil ihnen der Brennstoff ausgeht. Wenn also mittelständische Industriekunden über eine Kreditklemme oder über zu hohe Finanzierungskosten und zu strenge Konditionen klagen. Oder wenn in Entwicklungsländern das Volumen an Mikrokrediten sinkt, weil auch dort Risiken genauer überprüft werden müssen. Eine funktionierende Finanzindustrie ist Voraussetzung für industrielle

Wertschöpfung – ihr vorzuwerfen, sie sei an diesen Prozessen nicht konstruktiv beteiligt, wäre ebenso wenig zutreffend, wie dies von den Energieversorgern zu behaupten. Und dass solche Dienstleister mit ihren Leistungen auch Geld verdienen wollen, ist nicht nur legitim, sondern für das Funktionieren des marktwirtschaftlichen Systems unverzichtbar. Marktteilnehmer wollen und müssen profitieren, damit sie dauerhaft für die gesamte Gesellschaft Werte schaffen. Auf die Balance von Eigennutz und Gemeinwohl kommt es an – wie im gesamten Feld menschlichen Handelns.

Grundsätzlich gilt: Zielgerichtetes unternehmerisches Handeln ist per se ethisch relevant. Gewinnorientierung – auch bei Banken – steht nicht im Widerspruch zu dem, was wir gemeinhin als moralischen Wert fassen. Jedenfalls wenn sie auf der Einsicht fußt, dass eigener Profit nicht auf Kosten Dritter erwirtschaftet werden darf. Dabei treffen sich ethische Verpflichtung und unternehmerisches Interesse. Denn dauerhafter Erfolg ist für ein Unternehmen nur möglich, wenn eigener Vorteil, Kundennutzen und gesellschaftliche Akzeptanz Hand in Hand gehen. Er braucht das Vertrauen der Kapitalgeber und Kunden und das Engagement motivierter Mitarbeiter – und dauerhaft wird es dies nur auf der Basis gemeinsamer Werte geben. So gilt: Ökonomische Werte zu schaffen ist wertvoll. Dem sollte jeder zustimmen, der sich nicht radikaler Kritik am Kapitalismus und unserem marktwirtschaftlichen System verschrieben hat.

Wer sich diese Wertorientierung, die eigenes und allgemeines Interesse berücksichtigt, im täglichen Geschäftsleben vor Augen hält, hat schon ausreichend Erdung. Angesichts der Komplexität, die nicht nur Prozesse im Finanzsystem heute erreicht haben, stellt diese Analyse und Abwägung von Nutzen und Schadensrisiken aber immer wieder vor große gedankliche Herausforderungen.

II. Werte kommunizieren – nach innen und außen

Für Banken heißt das: Einen grundlegenden Wandel hin zu anderen, neuen oder alten Werten müssen sie nicht vollziehen, sondern ihre Reflexions- und Kommunikationsaufgaben erledigen. Intern den Wertschöpfungsauftrag der Banken im oben skizzierten Sinne als Richtschnur und langfristiges Kriterium verankern und zum Prüfstein für Prozesse und Instrumente machen. Und extern ihren Beitrag verdeutlichen, gegenüber Kunden, der Politik und einer Gesellschaft, die das Finanzsystem und seine Vertreter zunehmend als nur mit der eigenen Bereicherung befasstes selbstbezügliches und eigengesetzliches System versteht. Hier hat die Branche möglicherweise am meisten gesündigt. Wer nur über eigene Profite und Renditen spricht, ohne den Wertschöpfungsbeitrag der Banken deutlich zu machen, kann nicht erwarten, dass die wirtschaftliche und gesellschaftliche Rolle der Banken verstanden wird. Die Finanzindustrie muss lernen, dass ihre Adressaten nicht nur Analysten, Ratingagenturen und Investoren sind, sondern eine breite Öffentlichkeit aus Politik, Wirtschaft und Gesellschaft, die ihr Geschäft und seinen Beitrag verstehen und wieder Vertrauen gewinnen muss. Der Wertschöpfungsbeitrag der Banken ist nicht augenfällig. Ihr Geschäft ist komplex und abstrakt, geprägt von großen Zahlen und anspruchsvollen Formeln. Dass die Finanzindustrie für ein funktionierendes marktwirtschaftliches System nützlich, ja unverzichtbar ist, lässt sich in volkswirtschaftlicher Theorie leicht darlegen. Man muss den Nutzwert, den Mehrwert der Banken aber auch über den Kreis der Ökonomen hinaus plausibel machen. Man muss dokumentieren, wo Banken Verantwortung übernehmen und wo sie Vertrauen verdienen.

Diese Kommunikationsaufgabe ist allerdings deutlich schwieriger als die eines klassischen Industrieunternehmens. An der Nachhaltigkeitsdiskussion dieser Jahre lässt sich dies gut festmachen. Auch Industrieunternehmen wichtiger Branchen standen lange Jahre in der Kritik, toxisch zu wirken und die Lebensgrundlagen künftiger Generationen zu gefährden. Mit großen Anstrengungen ist es vielen, gerade Branchenführern, gelungen, mehr als nur ihr Image reinzuwaschen. Industrieunternehmen können nachweisen, wie sie die Belastung der Umwelt durch ihre Produktionsprozesse verringert haben. Schadstoffwerte in Luft, Wasser und Böden lassen sich messen. Produkte lassen sich auf gesundheitliche Bedenklichkeit hin überprüfen. Und Arbeitsbedingungen in der Industrie ebenso wie Sicherheits- und Sozialstandards lassen sich dokumentieren und überwachen. Im Ergebnis ist die Industrie – auch durch massiven gesellschaftlichen und politischen Druck – viel besser geworden, leistungsfähiger und wertvoller. Sie hat damit auch neue Parameter für die internationale Wettbewerbsfähigkeit entwickelt und Möglichkeiten zur Profilierung für die nachweislich guten Spieler. Sie hat neuen Bedarf zuallererst definiert und damit zusätzliche Märkte geschaffen. Und die Ausrichtung auf Gebote der Nachhaltigkeit hat die Wertschöpfungskraft nicht beeinträchtigt. Ganz im Gegenteil, sie hat Innovationsdynamik freigesetzt. Von diesen Leistungen und Erfolgen in der Umsetzung und Kommunikation neuer Unternehmenswerte kann die Finanzbranche lernen. Von der Herausforderung, für ihr abstraktes Geschäft in der Öffentlichkeit Verständnis und Vertrauen zu gewinnen, sollte sie sich nicht abschrecken lassen.

Banken haben es schwerer, zu dokumentieren, wo sie Gutes bewirken, in ihren Geschäftsprozessen Nutzen stiften, und wo sie besser werden. Dies erklärt auch, dass die interne wie äußere Wahrnehmung gesellschaftlicher Unternehmensverantwortung bei Banken häufig auf Wohltätigkeit beschränkt ist, also auf die Unterstützung kultureller oder gesellschaftlicher Aktivitäten oder auf Katastrophen- und Entwicklungshilfe. Das sind verdienstvolle Unterfangen, die dokumentieren, dass es den Banken ernst ist mit ihrer Verantwortung für Menschen und Lebensbereiche, die außerhalb ihres unmittelbaren geschäftlichen Interesses liegen. Die eigentlichen unternehmerischen Prozesse berühren solche Aktivitäten aber nicht. Damit sind sie häufig dem Vorwurf Misstrauischer ausgesetzt, sie dienten nur als Marketinginstrument zur Verbrämung der ansonsten unbezähmbaren Gier der Großbanken. Die Nachhaltigkeit und Werthaltigkeit der Geschäftsprozesse von Banken lässt sich nur schwer plausibel machen. Gleichzeitig lassen sich auch Belastungen und gesamtwirtschaftliche

Risiken, die aus Geschäftsprozessen der Banken erwachsen, nur schwer berechnen und dokumentieren, angesichts komplexer Produkte, der Vernetzung globaler Finanzmärkte und politischer wie psychologischer Faktoren, die beabsichtigte Effekte konterkarieren und unbeabsichtigte verstärken können. Nur wenn konkrete Schadensfälle öffentlich werden, wird diskutiert, wie es ganz offenkundig nicht gehen kann.

III. Werte im Wettbewerb

Die Voraussetzungen und Vorzüge nachhaltiger Finanzwirtschaft lassen sich also nicht so ohne weiteres darlegen und belegen. Entsprechend wird es für Banken schwerer sein als für Unternehmen klassischer Industriebranchen, aus einer solchen nachhaltigen Wertorientierung einen Markenwert zu machen und damit ihre Position im Wettbewerb zu stärken. Im Gegenteil, es ist zu befürchten, dass der Markt und die Kunden solche Bemühungen eher abstrafen würden: Schließlich werden in vielen Fällen höhere Kosten nicht auszuschließen sein. Auch hier haben es Banken schwerer als die Industrieunternehmen, die ihnen den mangelnden Bezug zur Realität vorwerfen. Konsumgüterhersteller können an die Verantwortung des mündigen Verbrauchers appellieren, damit dieser bereit ist für ein ökologisches und hohen sozialen Standards genügendes Produkt mehr Geld auszugeben. Und Investitionsgüterhersteller können auf die globale Verantwortung, aber auch das gesunde Kalkül eines Industriekunden bauen, der in einer mittelfristigen Gesamtkostenbetrachtung berechnen kann, dass sich höhere Anschaffungskosten einer Anlage durch Ressourcen- und Energieeffizienz mehr als ausgleichen lassen. Welcher Industriekunde wäre aber so ohne weiteres bereit, Mehrkosten für eine Finanzierung zu akzeptieren, wenn diese nachhaltig bereitgestellt wird – also mit geminderten Risiken für das gesamte Wirtschafts- und Finanzsystem? Diese Frage muss man stellen, denn um ein in diesem Sinn werthaltiges Finanzsystem zu realisieren, müssen Kunden wie die gesamte Gesellschaft bereit sein, ihren Beitrag zu leisten, durch höhere Kosten und an der einen oder anderen Stelle vielleicht auch durch Verzicht. Verantwortung basiert auf Gegenseitigkeit. Unternehmenskunden, die sich wegen kurzfristiger Kostenvorteile von der bewährten Betreuung durch eine Hausbank verabschieden, haben ihrerseits eine Vertrauensbasis beschädigt. Zum eigenen Nachteil, wenn sie im Notfall kein bewährter Partner mit einer Finanzierung unterstützt. Aber auch zu Lasten eines stabilen, wertebasierten gemeinsamen Wirtschaftens. Auch darüber wird man sprechen müssen – von der Verantwortung der Banken soll dies aber nicht ablenken.

IV. Werte als Richtschnur in Geschäftsprozessen

Zunächst müssen also die Banken die Frage an sich selbst richten, was sie konkret tun können, um ihre Rolle als wertvolle und verantwortungsvolle Marktteilnehmer besser auszufüllen und nach außen deutlicher zu machen. Um einer Wertorientierung gerecht zu werden, ist es wichtig, Kunden und Projekte strenger zu überprüfen und auf Geschäfte zu verzichten, die offenkundig den Standards der internationalen Wertegemeinschaft widersprechen und bei denen eigener legitimer Gewinnorientierung ein möglicher Schaden für Dritte entgegensteht. Die Produktion oder Verbreitung geächteter Waffen nicht zu finanzieren oder daran zu verdienen, ist ein Beispiel. Der Verzicht auf einzelne Geschäfte ist schmerzhaft, die Kriterien flächendeckend in einer globalen Bank zu verankern kein leichtes, aber ein wichtiges Unterfangen. Und dennoch darf man hier nicht haltmachen. Anlagestrategien und -projekte zu entwickeln, die definierten Nachhaltigkeitskriterien in den Bereichen Umwelt, Gesellschaft und guter Unternehmensführung genügen, geht einen Schritt weiter. Damit kommen Banken auch einem Bedarf von Kunden nach, die ihrerseits Profite nicht mehr zum alleinigen Kriterium ihrer Anlage machen, sondern darüber hinaus gesellschaftlichen Nutzen im Auge haben. Die gibt es, in wachsender Zahl. Das macht Mut und es ist zu hoffen, dass diese Einstellung auch Krisenzeiten überdauert.

Man könnte noch weiter gehen und auch im Finanzierungsgeschäft mit Unternehmenskunden Nachhaltigkeitskriterien ins Spiel bringen, die eine klassische Bonitätsbewertung ergänzen. Präferierte Konditionen also oder ein stärkeres Bankenrisiko bei Projekten, die übergeordnete gesellschaftliche Anliegen betreiben – durch besondere Verantwortung für Mitarbeiter und Arbeitsplätze, Entwicklungsbeiträge in ärmeren Ländern oder wegweisenden Einsatz für Ökologie, Klimaschutz, Ressourcen- oder Energieeffizienz. Hier wird die Frage nach der Verantwortung der Banken und danach, wie sie ihr gerecht werden können, schon spannend. Auf den ersten Blick mag solch wertegetragenes Bankengeschäft überzeugen – und sicher böte es gute Gelegenheit für ein Institut, sich in der Öffentlichkeit als „gute Bank“ zu profilieren. Mit der zentralen Verantwortung einer Bank, Risiken so abzuschätzen, dass Schaden für Aktionäre, Kunden, Mitarbeiter und die gesamte Gesellschaft abgewendet wird, muss sich dieser Ansatz aber nicht vertragen. Und von den Regulierungsauflagen, denen Banken hier unterliegen, einmal abgesehen wären sie eben keine vernünftigen marktwirtschaftlichen Akteure, wenn sie eigenes Gewinnstreben hintanstellten. Investoren, die solchen Projekten Vertrauen entgegenbringen und ihr Geld darauf setzen, werden erwarten müssen, dass sie sich mindestens mittelfristig auch rechnen und unter üblichen Finanzierungskonditionen auf dem Markt behaupten können.

Die Forderung nach nachhaltigem, werthaltigem Bankengeschäft wird also neben der Bewertung der Projekte vor allem die gesamte Prozesskette betreffen müssen. Banken müssen den Auftrag, zum Nutzen der Kunden und der Gesellschaft zu arbeiten, ernst nehmen. Sie müssen in jeder Stufe ihrer Geschäftsprozesse berücksichtigen, dass eigenes Gewinnstreben legitim ist, aber im Schadensrisiko für Kunden und die Gesellschaft eine Grenze findet. Der weltweite Bedarf an – günstigem – Kapital war dabei einer der Treiber für die Entwicklung, die die internationale Finanzbranche genommen hat – bis hin zu den Auswüchsen, die wir erlebt haben. Dass Banken diese Mittel zur Verfügung stellen konnten, war Voraussetzung für ein dynamisches weltweites Wachstum in den vergangenen Jahrzehnten. Voraussetzung dafür, in Industriestaaten

Wohlstand zu sichern und auszubauen und in den Entwicklungsländern eine Dynamik anzustoßen, die geholfen hat, Millionen von Menschen aus der Armut zu befreien.

Banken mit guter Liquidität und hohen Kapitalreserven werden also gebraucht. Aber nicht um den Preis untragbarer Risiken. Aus den Erfahrungen der jüngsten Krisen hat die Branche entsprechend bereits Lehren gezogen und etwa den vielfach kritisierten Eigenhandel stark eingeschränkt. Die Mittel, um ein leistungsfähiger Dienstleister für Industriekunden zu sein, müssen die Institute aus dem klassischen Kundengeschäft generieren, um nachhaltig erfolgreich sein zu können und für die gesamte Gesellschaft wertschaffend zu wirken. Gewinnstreben der Banken darf nicht Selbstzweck sein. Es braucht die Rückbindung an Aufgaben und Zwecke in einem Wirtschafts- und Gesellschaftssystem. Sonst droht die Branche ihrer Werte und damit ihres Werts verlustig zu gehen.

V. Innovationen im Finanzsektor – wertlos?

Diese kritische Überprüfung betrifft auch innovative Instrumente und Finanzierungsmethoden. Sie werden häufig mit und für die Kunden entwickelt, die sich in einem globalen, zunehmend komplexen Wirtschaftssystem mit den klassischen Instrumenten nicht hätten behaupten können. Hier wie bei Hochtechnologien gilt: Nicht die Innovation an sich ist gefahrenträchtig, sondern der Gebrauch, den man davon macht, und die Absichten, die man mit ihnen verfolgt. Innovationen, die primär dem Ziel dienen sollen, Risiken zu verschleiern, statt zu verteilen, wären dann nicht akzeptabel – aber sie sind nicht der Normalfall. Innovationsstopp ist also kein Heilmittel, gefordert sind aber gemeinsame Regeln, Kontrollmechanismen und eine umfassende, auch langfristige Risikoabwägung. Eine gemeinsame Wertebasis, wofür es sich lohnt zu arbeiten, und eine Regelbasis, die wechselseitigen Nutzen zu sichern hilft.

Spekulation, zumal auf den Märkten für agrarische Rohstoffe, ist ein gutes Beispiel. Sie steht zu Recht im Kreuzfeuer der öffentlichen

Diskussion, denn sie berührt die Existenz, das schiere Überleben unzähliger Menschen auf dieser Erde. Das führt zu nachvollziehbarer Emotionalisierung und macht die Tragweite der Verantwortung auch der Banken deutlich. Auch hier gilt: Exzesse muss man verurteilen, aber das Instrument selbst ist durchaus wirkungsvoll, wertschöpfend, abhängig von den Zwecken, die damit verfolgt werden, und davon, wie zweckdienlich es gestaltet ist. Ganz praktisch heißt das: Eine der Voraussetzungen, die Kleinbauern in Entwicklungsländern dringend benötigen, sind effiziente Finanzierungs- und Absicherungsinstrumente. Nur wenn sie Saatgut und Düngemittel durch Beleihung einer noch ausstehenden Ernte finanzieren, also auf zu erwartende Erträge spekulieren, und die Risiken von Ernteausfällen und Preisschwankungen abfedern können, werden sie erfolgreich wirtschaften, expandieren und, statt in Subsistenzwirtschaft zu überleben, als Kleinunternehmer einen Beitrag zur Ernährung der Gesamtbevölkerung leisten. Um in den kommenden Jahrzehnten eine drohende Ernährungskrise abzuwenden, werden wir viele solcher erfolgreicher Kleinunternehmer brauchen. Und zu ihrer Begleitung eine innovative und gleichermaßen verantwortungsbewusste Finanzbranche.

Auch bei den vielfach kritisierten Spekulationsgeschäften mit agrarischen Rohstoffen gilt es, positive Auswirkungen und Risiken sorgfältig zu analysieren. Viele Experten warnen davor, die Volatilität auf den Märkten allein spekulativen Mechanismen zuzuschreiben, die vorgeblich losgelöst von der Realwirtschaft zu Preisverzerrungen führten. Auch die Märkte selbst in einem von vielen natürlichen Einflüssen abhängigen Sektor und politische Regulierungen wie Preiskontrollen oder Exportverbote spielen hier eine – vielleicht sogar deutlich gewichtigere – Rolle. Und die Risiken, die aus der Spekulation erwachsen können, muss man gegen ihren Nutzen abwägen: Dank externer Investoren fließen erhebliche finanzielle Mittel in einen Agrarsektor, von dessen Expansion es abhängen wird, ob wir Mitte dieses Jahrhunderts neun Milliarden Menschen werden ernähren können.

VI. Systemrelevanz als Leitgedanke

Auf den Grundsatz, Banken sollten Dienstleister der Realwirtschaft sein, kann man sich also schnell verständigen. Über die Voraussetzungen und Implikationen dieses Konzepts in einer globalen, komplex vernetzten Wirtschaft wird man gründlich nachdenken müssen. Manche Forderung, Geschäftsfelder zu kappen oder mit strenger Regulierung zu versehen, muss möglicherweise relativiert werden, wenn man ethisch, verantwortlich, mit Blick auf das Funktionieren unserer wirtschaftlichen Systeme und damit die Zukunftsaussichten der Menschen weltweit argumentieren will. Mit einfachen Lösungen und scharfen Schnitten wird man der Verantwortung kaum gerecht. Im Gegenteil: Die schwere, anspruchsvolle Übung wird es sein, zu differenzieren. Mehrwert und Schadensrisiken abzuwägen. Und eine verantwortungsvolle Entscheidung auch über die Handlungsspielräume und Geschäftsfelder von Banken zu treffen.

Für die Banken bleibt die Aufgabe, den Auftrag als Dienstleister in einer Marktwirtschaft wieder konsequent zur Richtschnur der eigenen Geschäfte zu machen und dazu auch draußen, in der Gesellschaft, Rechenschaft abzulegen. Die Leistung mit dem Dienen zu verknüpfen. In ihren Geschäftsmodellen wie in ihrer Kommunikation müssen Banken den Eindruck eines geschlossenen, in sich kreisenden Systems durchbrechen, das für den Rest der Welt nur im Kollaps – und dann schmerzlich – erfahrbar wird. Die Systemrelevanz von Banken kann ein neuer Leitgedanke werden: im Sinne eines Auftrags, ihrer Bedeutung für Wirtschaft und Gesellschaft gerecht zu werden und sie verantwortungsvoll auszufüllen.

Zu einem solchen Selbstverständnis der Banken zu gelangen und in Wirtschaft, Politik und Gesellschaft Verständnis für diese Zusammenhänge zu erzeugen, erfordert einen substanziellen Dialog. Der wird einige Anstrengungen abverlangen. Von den Banken sind Transparenz und die Bereitschaft gefordert, Motive und Methoden offenzulegen und in ihren Wirkungen und Nebenwirkungen zur Diskussion zu stellen. Gefordert ist die Ehrlichkeit, auf die ökonomischen und sozialen

Folgen von Wertabwägungen und -entscheidungen hinzuweisen. Und die Bereitschaft, sich mit Kritik ernsthaft auseinanderzusetzen. Anstrengungen verlangt dieser Dialog aber auch den Gesprächspartnern in Politik und Gesellschaft, in Teilen sogar der Wirtschaft, ab. Sie müssen Erklärungen in einer sehr komplexen Materie nachvollziehen und mit einer Argumentation auf Höhe des Themas antworten, statt in bequemen Schuldzuweisungen zu verharren.

Beide Seiten müssen über eine verbesserte Regulierung nachdenken. Und über deren Auswirkungen auf die Wirtschaftssysteme mit einer Risikoabschätzung, die in komplexen Zusammenhängen und längeren Zeiträumen denkt. Banken sind in diesem Dialog als sachkundige Gesprächspartner gefordert. Ihre Glaubwürdigkeit und Vertrauenswürdigkeit als Partner mit gesellschaftlichem Verantwortungsbewusstsein müssen sie sich wieder verdienen.

Wilhelm Freiherr von Haller

Die Verantwortung steigt mit dem Vermögen

Am 15. August 2011 erschien in der New York Times ein Kommentar, der in deutlichen Worten höhere Steuern für Millionäre und Milliardäre forderte. Dass dieser Kommentar für Aufsehen sorgte, lag vor allem an seinem Autor: Es war Warren E. Buffett, einer der reichsten Männer der Welt. Von allen 20 Mitarbeitern in seinem Büro, so Buffett, habe ausgerechnet er den niedrigsten Einkommensteuersatz – und das müsse sich ändern. Kurz darauf richteten 16 Top-Manager französischer Konzerne einen Appell an die Politik, Besserverdienende wie sie selbst höher zu besteuern. Und auch in Deutschland erschienen Anzeigenkampagnen wohlhabender Prominenter, die einen größeren Beitrag leisten wollten. Zeitungsartikel, Talkshows und Internetblogs nahmen sich des Themas an, einige Wochen lang drehte sich die öffentliche Diskussion in Deutschland fast ausschließlich um „die Reichen", ihre moralischen Verpflichtungen der Gesellschaft gegenüber und ihre Aufgabe als Steuerzahler.

Es waren vor allem zwei Aspekte, die in den zahlreichen aufgeregten Diskussion in den Medien ins Auge fielen. Erstens: Obwohl sich Buffetts ursprüngliche Kritik gegen die widersprüchliche und ungerechte Steuerpolitik des Staates richtete, stand nicht er, sondern standen an seiner Stelle alle wohlhabenden Bürger pauschal in der Kritik. Zweitens, und das ist entscheidender: Eine wirkliche Beschäftigung mit der Situation der Vermögenden in Deutschland, ihren Leistungen und ihrem Beitrag zur Gesellschaft fand in den meisten öffentlichen Diskussionen nicht einmal ansatzweise statt.

I. Große Vermögen – ein unklarer Begriff

Die Auseinandersetzung mit der gesellschaftlichen Rolle vermögender Menschen scheitert in der Regel schon an der Frage, wie diese Gruppe überhaupt zu definieren ist.

Häufig wird ein Geldbetrag als alleiniges Kriterium genannt. Manche Befürworter der Reichensteuer wollen den Spitzensteuersatz bei einem Einkommen von 80.000 Euro im Jahr beginnen lassen. Ist das schon „Reichtum“? Oder nehmen wir den Begriff des „Millionärs“ – zählt jemand, der ein schönes Haus und ein Auto besitzt und das alles zusammengerechnet mit einer Million Euro zu veranschlagen ist, schon zur deutschen Geldelite? Und beschränkt sich ein weiterer Begriff, der des „Einkommensmillionärs“, nicht zu sehr auf angestellte Spitzenmanager mit hohem Gehalt?

Auch in wissenschaftlichen Untersuchungen fehlt bisher eine einheitliche Definition, was unter einem „großen Vermögen“ zu verstehen ist. Für Soziologen beginnt Reichtum meist bei einem frei anzulegenden Kapitalvermögen von mindestens einer Million US-Dollar. Zu dieser Gruppe gehören weltweit etwa zehn Millionen Menschen. Weitere 100.000 Personen bewegen sich auf einer Vermögensskala zwischen 30 Millionen und 50 Milliarden US-Dollar. Darunter befinden sich zurzeit etwa 1000 Milliardäre.

Vermögende Unternehmer, Investoren, Schauspieler, Sportler, Erben, Top-Manager über einen Kamm zu scheren, wird der Vielfältigkeit dieser Bevölkerungsgruppen nicht gerecht. Natürlich muss ein Mensch finanzielle Unabhängigkeit erreicht haben, um als „reich“ zu gelten. Doch ein Begriff von Reichtum, der allein die materielle Ebene spiegelt, wird der Fragestellung nicht gerecht. Sinnvoller ist die Unterscheidung des Düsseldorfer Soziologen Thomas Druyen, der jetzt in Wien lehrt. Dieser bezieht ausdrücklich immaterielle Kriterien in seine Definition mit ein. Während der Begriff „Reichtum“ für ihn vor allem die monetären Aspekte abdeckt, ist der Begriff des „Vermögens“ breiter gefasst. In „Vermögen“ will Druyen mehr als akkumuliertes Kapital sehen, es ist für ihn eine Geisteshaltung, die materiellen Reichtum mit eigenen

Werten und Fähigkeiten verbindet. Das Ergebnis dieser Verbindung ist für ihn eine „Vermögenskultur“, eine Verpflichtung der Vermögenden der Gesellschaft gegenüber. Der Forscher ist überzeugt, dass ohne eine solche Vermögenskultur und ohne den gemeinnützigen Einsatz der Vermögenden die Probleme der Zukunft nicht gelöst werden können.

Der Umgang mit dem eigenen Vermögen und das Verhältnis zum Vermögen anderer ist weitgehend durch die historische und kulturelle Entwicklung der jeweiligen Gesellschaft geprägt. So hat sich das persönliche Engagement der amerikanischen Bürger für ihre Gesellschaft tief in die Kultur eingegraben. Die ersten Siedler waren im 17. Jahrhundert vor der religiösen und politischen Unterdrückung in Europa geflohen und mussten sich in ihrer neuen Heimat fernab eines funktionierenden Staatswesens eine Existenz aufbauen. Beides begründete die Überzeugung, dass nicht der Staat, sondern seine Bürger für ihr Gemeinwesen verantwortlich sind. Viele große amerikanische Vermögen entstanden aus diesem Geist der Eigenverantwortlichkeit. Weil die traditionellen Standesunterschiede Europas fehlten, spielten ökonomische Gründe eine größere Rolle bei der Definition der eigenen gesellschaftlichen Stellung. Die Überzeugung, dass jeder seines eigenen Glückes Schmied ist, der Glaube an die Aufstiegschancen jedes Amerikaners und die neidlose Anerkennung des Erfolgs prägten auch die Herausbildung der ersten großen Vermögen. Der materielle Reichtum der Vanderbilts und Rockefellers, der Morgans und Carnegies war Vorbild für eine ganze Gesellschaft.

Das alles hatte und hat bis heute Auswirkungen auf die Vermögenskultur. Die Gesellschaft in den Vereinigten Staaten mit ihrem unverrückbaren Glauben an die Marktkräfte hält es mit dem Ökonomen Milton Friedman und seinem Postulat, die moralische Pflicht von Unternehmern bestehe allein darin, Gewinne zu machen. Ein echter „Self Made Man“ baut in jungen und mittleren Jahren aus eigener Kraft möglichst unbehindert von gesellschaftlichen Verpflichtungen sein Vermögen auf. Oft erst anschließend und quasi unabhängig davon tritt er in eine Lebensphase ein, in der er durch philanthropisches Tun der Gesellschaft „zurückgibt“, was sie ihm vorher geschenkt (oder er sich genommen) hatte. Dass diese Haltung auch religiös bedingt war, hat Max Weber bereits Anfang des vergangenen Jahrhunderts in seinen berühmt gewordenen Studien über die protestantische Ethik und den Geist des Kapitalismus herausgearbeitet.

Die deutsche Gesellschaft hat einen anderen Weg genommen. Hier sind Unternehmen, Staat und Gesellschaft enger verflochten. Die Anfänge des Sozialstaats gehen auf die Sozialgesetze (Renten-, Kranken- und Unfallversicherung) Ende der achtziger Jahre des 19. Jahrhunderts zurück. Eingeführt hatte sie Reichskanzler Bismarck, der damit die wachsende Bedeutung der Sozialdemokratie einzudämmen versuchte. Die Verwaltung dieser Kassen lag paritätisch – mit Ausnahme der Unfallversicherung – bei Arbeitgebern und Arbeitnehmern, die auch jeweils die Hälfte der Versicherungsbeiträge zahlten. Mit der Zeit wurde dieses Sozialsystem immer weiter ausgebaut. So gesehen war es keine leere Geste, als die Väter unseres Grundgesetzes nach dem Zweiten Weltkrieg im Artikel 14 postulierten: „Eigentum verpflichtet. Sein Gebrauch soll zugleich dem Wohle der Allgemeinheit dienen."

Die auf Ausgleich angelegte „soziale Marktwirtschaft" hat wesentlich zur Stabilisierung Deutschlands beigetragen. Sie ist heute unabdingbar für die Funktionsfähigkeit unserer Demokratie. Das zeigte sich besonders in Krisenzeiten, zuletzt im Jahr 2009. Nachfragerückgang und Gewinneinbruch haben längst nicht zu so dramatischen Verwerfungen wie in anderen Ländern, beispielsweise in den Vereinigten Staaten, geführt. Dieser Aspekt wird in der Diskussion um den im Vergleich zu den Vereinigten Staaten vermeintlich schwächeren Zustand der Bürgergesellschaft in Deutschland oft verkannt. Hinzu kommt, dass der Aufbau großer Vermögen in den letzten Jahrzehnten auch die Widerstandsfähigkeit unserer Volkswirtschaft insgesamt gestärkt hat. Viele Vermögende fühlen sich für die Gemeinschaft verantwortlich. Auch das wirkt ausgleichend und gehört mit zur Funktionsfähigkeit einer sozialen Marktwirtschaft.

II. Nachhaltige Vermögensverwaltung

In Deutschland haben nach sechs Jahrzehnten ohne Werte vernichtende Katastrophen zahlreiche Unternehmer hohe Vermögen geschaffen. Sie sind allerdings nicht immer stabil, vielmehr wachsendem Druck ausgesetzt. Dass in Deutschland nur wenige Familienunternehmen drei Generationen überdauern, ist oft gezeigt und beklagt worden. Vermögen, und seien sie noch so groß, lassen sich schwer zusammenhalten, das gilt nicht nur in Deutschland. In der Finanzkrise sank die Zahl der Milliardäre weltweit fast um die Hälfte. Zugleich hat die Zeit nach der Lehman-Insolvenz gezeigt, welch dramatische Folgen es haben kann, wenn große Kapitalsummen in Panik umgeschichtet werden. Das teilweise übertriebene und programmgesteuerte Handeln einiger Investoren war einer der Auslöser für einen rasanten wirtschaftlichen Abschwung in allen Märkten. Die grundsätzliche Frage nach der gesellschaftlichen Verantwortung großer Unternehmen und deren Erhalt erhält somit eine zusätzliche aktuelle Relevanz.

Vom 1999 verstorbenen Investor und Börsenkommentator André Kostolany stammt das Bonmot: „Wer arm ist, muss spekulieren, wer etwas Geld hat, kann spekulieren, aber wer reich ist, darf nicht spekulieren." Die Geldanlagestrategien der Eigentümer großer Vermögen bestätigen das. Es geht um langfristiges Wachstum, aber im Zentrum ihrer Entscheidungen stehen auch hier Vermögen und Verantwortung. Für die Vermögensverwaltung hat dies Konsequenzen. Eine effiziente Kapitalallokation muss einerseits mit den erratischer werdenden Entwicklungen an den Kapitalmärkten mithalten. Dem hohen Sicherheitsempfinden wird dabei zunehmend durch die Entwicklung marktunabhängiger Anlagekonzepte Rechnung getragen. Entscheidend für den Werterhalt ist eine strategische Vermögensallokation, in der Rendite und Risiko in einem angemessenen Verhältnis stehen. Es ist kein Geheimnis, dass gerade vermögende Anleger einen konservativen, stark risikobewussten Anlagestil verfolgen. Ein weiterer Aspekt ist die Kapitalanlage in nachhaltige und ethische Anlagen. Noch sind entsprechende Anlagemöglichkeiten im Markt nicht sehr häufig zu finden.

Mittelfristig wird sich hier möglicherweise ein Wandel vollziehen, zumal Nachhaltigkeitsindizes hinsichtlich ihrer Performance oft nicht schlechter abschneiden als der übrige Markt.

III. Vermögen schafft Identität

Trotz der historischen Verwerfungen sind gerade in Deutschland die Vermögen oft sehr viel älter als die Vermögenden, die aktuell hinter ihnen stehen. Je größer dieser Altersunterschied ist, je mehr Generationen ein Vermögen untereinander weitergegeben haben, desto größer ist die damit verbundene Identitätsstiftung. Dass große Vermögen nicht allein nach Rendite-Gesichtspunkten geführt werden, hängt deshalb nicht nur mit dem Wunsch nach langfristigem Erhalt, sondern auch mit dem Wunsch nach einer nachhaltigen Sinnstiftung zusammen. Die Vermögen verleihen ihren Eigentümern beachtlichen Handlungsspielraum, der die gesellschaftliche Entwicklung positiv beeinflussen kann. Oft sind es sehr individuelle Beweggründe, die diese Eigentümer motivieren, sich mit einem Teil oder sogar einem Großteil ihres Vermögens für die Gesellschaft zu engagieren.

Aus der Vielzahl möglicher Faktoren lassen sich einige immer wiederkehrende Motive ableiten: Viele Unternehmer möchten zum Beispiel etwas schaffen, das über das rein Unternehmerische hinausweist. Es sind Menschen, die zu Recht stolz sind auf ihr unternehmerisches Lebenswerk. Gleichzeitig streben sie danach, sich für die Gesellschaft einzusetzen. Vielen von ihnen ist bewusst, dass sie ihren Erfolg nicht zuletzt einem günstigen gesellschaftlichen Umfeld verdanken. Mit ihrer Arbeit und ihren Ideen wohlhabend geworden, wissen sie auch, dass es bei allem eigenen Erfolg nicht immer gerecht zugeht. Sie wollen daher auch der Gesellschaft, die sie so erfolgreich gemacht hat, etwas zurückgeben. In anderen Fällen geben persönliche Erfahrungen oder Schicksalsschläge den Ausschlag für eine bestimmte Richtung des gesellschaftlichen Engagements. In Deutschland gibt es eine Reihe namhafter Stiftungen, die vor einem solchen Hintergrund entstanden sind. Nicht selten sind es auch die Erben großer Vermögen, die sich über eine sinnvolle Verwendung ihres Kapitals Gedanken machen. Einige von ihnen geben an, so viel Geld schlicht nicht zu brauchen. Sie wollen „Maß halten", die Bodenhaftung bewahren und diese Einstellung auch ihren Kindern vermitteln. Denn sie wissen um die Verführungskraft des großen Geldes.

IV. Wirtschaft braucht Reichtum

Für den Wohlstand eines Landes sind gerade privater Reichtum und seine Inanspruchnahme unverzichtbar. Dazu gehört nicht zuletzt, dass die oberen zehn Prozent der Wohlhabenden in Deutschland auch ohne eine dezidierte „Reichensteuer" für mehr als die Hälfte der Einnahmen aus der Einkommensteuer sorgen. Als Betriebsstoff unserer Wirtschaft erfüllen Vermögen eine elementare makroökonomische Funktion. Ohne Spareinlagen und Anleihen gäbe es keine Unternehmenskredite, ohne Aktionäre keine Kapitalgesellschaften. Zudem würden zahlreiche gesellschaftlich relevante Projekte ohne Privatinvestoren einfach nicht realisiert. Ein Großteil des Vermögens steckt in Unternehmen, die der Gesellschaft Arbeitsplätze stellen, Steuern entrichten und eine wesentliche Grundlage für den privaten Konsum legen. Auf diese Weise stabilisieren und fördern Vermögen als Kapitalquellen Land und Wirtschaft. Das ist ihre erste und wichtigste Funktion.

Als Teil der Gesellschaft haben die Eigentümer großer Vermögen auch eine wichtige Allokationsfunktion. Als Unternehmer fühlen sie sich ihrem eigenen lokalen Umfeld verpflichtet. Allein in Deutschland werden von den Vermögenden fast sechs Milliarden Euro jährlich gespendet. Diese Verwurzelung und Identifikation mit dem eigenen Umfeld prägt die Eigentümer großer Vermögen in Deutschland nicht erst seit heute. Familienunternehmer beispielsweise engagieren sich häufig dort, wo die staatlichen Kapazitäten erschöpft sind, oder bei Themen, die bisher nicht ausreichend in der Öffentlichkeit wahrgenommen werden. Typisch ist, dass gesellschaftliches Engagement aus dem direkten

Umfeld der Unternehmer geboren wird. Entsprechend groß ist die Vielfalt der Maßnahmen. Obwohl viele Unternehmen international tätig sind, sind ihre Aktivitäten primär regional und national ausgerichtet. Die Maßnahmen sind vielfältig, angefangen von der Förderung eines Technikmuseums über die Einrichtung eines Betriebskindergartens bis hin zum Neubau eines Gemeindehauses.

Nähere Auskunft über Maßnahmen und Motive des Engagements gibt eine Studie der „Stiftung Familienunternehmen". So sehen sich Familienunternehmen in der gesellschaftlichen Verantwortung. Die enge Beziehung zu ihren Mitarbeitern, die Ausrichtung ihres gesellschaftlichen Engagements auf die Region sowie die persönliche Wertorientierung der Eigner bei gleichzeitigem hohen Interesse an nachhaltigem Wirtschaften machen Familienunternehmer zu Repräsentanten einer gelebten sozialen Marktwirtschaft. In der Kommunikation ihres gesellschaftlichen Engagements sind sie jedoch eher zurückhaltend. Rund 95 Prozent der befragten Familienunternehmer geben die eigenen Überzeugungen als Hauptantriebsfeder an, gefolgt von ethischen Aspekten (82 Prozent) sowie dem Ziel, die Mitarbeiter zu motivieren oder die Arbeitsatmosphäre zu verbessern (80 Prozent). Bemerkenswert ist die Nennung persönlich prägender Erlebnisse des Unternehmers selbst als Anstoß zu Initiativen und Aktivitäten. Die Hälfte der Befragten will ihr Engagement ausweiten. Auffallend ist dabei, dass man sich vor allem im Bildungssektor engagiert. Konkret gefördert wurden Kooperationen mit Schulen, Universitäten und Museen sowie Aus- und Weiterbildungsangebote für Mitarbeiter. An zweiter Stelle rangieren soziale Leistungen wie der Ausbau eines Betriebskindergartens, gefolgt vom Umweltbereich und dem Tätigkeitsfeld „Gesundheit".

V. Eine neue „Stiftungswelle" in Deutschland

Viele Unternehmer engagieren sich auch in Stiftungen. Seit dem Gesetz zur weiteren Stärkung des bürgerschaftlichen Engagements von 2007 werden jährlich rund 1000 neu gegründete selbstständige Stiftungen gezählt. Über die Zahl der Stiftungen in Deutschland insgesamt gibt es keine exakten Zahlen. Man schätzt die Zahl der selbstständigen Stiftungen auf rund 19.000, wobei die „Gründungswelle" seit Jahren hauptsächlich von Privatpersonen ausgeht. Ihr Anteil beträgt zwischen 60 und 65 %. Der Rest verteilt sich auf Stiftungsgründungen durch Unternehmen und die öffentliche Hand. Hinter vielen Stiftungsgründungen stehen auch keine Großvermögen, sondern ganz normale Bürger, die sich aus den unterschiedlichsten Motiven gemeinnützig engagieren wollen. Die offiziellen Statistiken zeigen, dass knapp die Hälfte der neu errichteten Stiftungen ein Anfangsvermögen von weniger als 250.000 Euro hat. Zumeist handelt es sich um Bürger in ihrer zweiten Lebenshälfte, die Stiftungen gründen, nachdem sie sich beruflich etabliert haben und die Kinder aus dem Haus sind. Bei der Errichtung einer selbstständigen Stiftung ist natürlich auch Voraussetzung, dass die Stifter über ein gewisses Privatvermögen verfügen, das sie nicht zur eigenen Altersabsicherung benötigen.

Der Grund für diese Stiftungswelle ist vor allem auf die massive Aufstockung des Gründungsfreibetrags im Jahr 2007 von 307.000 Euro auf eine Million Euro zurückzuführen. Das Motiv des Steuersparens wird bei Neugründungen hingegen meist überschätzt. Die Gründung einer Stiftung ist nie eine spontane, sondern eine wohl überlegte und weitreichende Entscheidung, die ja auch zahlreiche administrative Pflichten nach sich zieht. Einer solchen Entscheidung liegt immer ein Bündel unterschiedlicher Motive zugrunde, wobei der Wunsch, sich sozial oder gemeinnützig zu betätigen, eigentlich immer im Vordergrund steht. Oftmals spielt noch ein anderes Motiv eine Rolle: die Frage der Nachfolge. Dies gilt etwa dann, wenn Unternehmer keine Kinder haben oder diesen die Nachfolge im Unternehmen nicht zutrauen. Immer häufiger werden Stiftungen aber auch als Instrument zur Sicherung der Kontinuität in Familienunternehmen eingesetzt. In anderen Fällen werden von Unternehmerfamilien Stiftungen gegründet, um deren sozialer und gesellschaftlicher Verantwortung gerecht zu werden.

Denn viele Bürger spüren heute, dass der Staat an die Grenzen seiner Handlungsfähigkeit gekommen ist. Viele Aufgaben in sozialen oder kulturellen Bereichen können durch den Staat allein nicht mehr bewältigt werden. Insoweit ist die Ausweitung des bürgerschaftlichen Engagements eine Entwicklung, auf die unsere Gesellschaft zwingend angewiesen ist. Hinzu kommt, dass Organisationen wie etwa Parteien oder Verbände stark an Anziehungskraft verloren haben. Die Bürger sind heute weniger bereit, sich in solchen Organisationen lebenslang zu engagieren, sondern tun dies viel stärker situativ, einzelfallbezogen und zeitlich begrenzt. Dies führt dazu, dass die Formen des bürgerschaftlichen Engagements heute bunter und vielfältiger sind als früher.

VI. Die drei Typen der Stiftung bürgerlichen Rechts

Noch einige Worte zu der rechtlichen Konstruktion einer Stiftung: Eine Stiftung bürgerlichen Rechts verfügt über eine eigene Rechtspersönlichkeit. Sie hat jedoch weder Gesellschafter noch Mitglieder, sondern lediglich Begünstigte. Sie besitzt ein eigenes Vermögen, das quasi sich selbst gehört. Die Stiftung bürgerlichen Rechts tritt vor allem in drei unterschiedlichen Typen auf, die noch kurz skizziert werden sollen:

Wichtigster Zweck der Familienstiftung ist die Begünstigung der Stifterfamilie. Sie spielt – wie bereits erwähnt – vor allem bei der Frage der Nachfolge eine zunehmend wichtige Rolle. Anders als gemeinnützige Stiftungen genießen Familienstiftungen keine steuerliche Privilegierung. Ihre laufenden Einkünfte unterliegen der regulären Körperschaftssteuer. Bis zur Neuregelung im Jahr 1974 war das in einer Familienstiftung befindliche Vermögen auf Dauer der Erbschaftsteuer entzogen. Das entsprach der Tatsache, dass eine Familienstiftung niemals sterben kann. Doch wer bei der Stiftungsgründung hierauf vertraut hatte, wurde durch die Kreativität des Gesetzgebers beim Aufspüren neuer Steuerquellen eines Besseren belehrt. Mit Wirkung zum 1. Januar 1984 führte der Gesetzgeber eine alle dreißig Jahre fällige fiktive Erbschaftsteuer ein, die sogenannte Erbersatzsteuer. Ob diese Regelung im Vergleich zum normalen Erbgang günstiger ist, hängt naturgemäß vom Zufall ab. Auf jeden Fall hat die Erbersatzsteuer den

Vorteil, dass der Zeitpunkt ihres Anfalls genau bestimmbar ist. Zudem kann ihre Zahlung auf dreißig Jahre gestreckt werden, sodass sie liquiditätsmäßig Vorteile bietet.

Der Zahl nach stellen gemeinnützige Stiftungen den Großteil (95 Prozent) aller deutschen Stiftungen dar. Bei der Einbringung eines Familienvermögens in eine gemeinnützige Stiftung gibt die Unternehmerfamilie ihr Vermögen unwiderruflich aus der Hand, um damit gemeinnützige, mildtätige oder kirchliche Zwecke zu verfolgen. Wegen dieser Zwecksetzung genießen gemeinnützige Stiftungen zu Recht (fast) vollständige Steuerfreiheit. Einschränkungen gibt es etwa bei der Grunderwerbsteuer und insoweit, als die Stiftung sich am allgemeinen wirtschaftlichen Geschäftsverkehr beteiligt. Die Motive, die zur Errichtung einer gemeinnützigen Stiftung führen, sind naturgemäß grundverschieden von denen einer Familienstiftung. Diese Unterscheidung wird häufig verkannt. Während die Gründung von Familienstiftungen die Sicherung des Familienvermögens für den Unternehmer und seine Nachkommen zum Ziel hat, »verschenkt« der Gründer einer gemeinnützigen Stiftung das eingebrachte Vermögen an das Gemeinwohl. Der Stifter betätigt sich als Mäzen. Diese »Selbstenteignung« wird der Unternehmerfamilie allerdings durch die von der Finanzverwaltung großzügig interpretierte Möglichkeit »versüßt«, wonach die Einkünfte der Stiftung bis zu einem Drittel zur Sicherung des Lebensunterhalts der Stifterfamilie verwendet werden dürfen. Die in diesem Zusammenhang der Stifterfamilie zufließenden Beträge sind allerdings von den Empfängern voll nach dem individuellen Steuersatz zu versteuern. Besondere Einschränkungen bestehen für gemeinnützige Stiftungen auch im Bereich der Verwendung der Einkünfte. Gemeinnützige Stiftungen müssen ihre Einkünfte ganz überwiegend »zeitnah« für die in der Satzung definierten gemeinnützigen Zwecke verwenden.

Einen Sonderfall der Stiftung stellt die Beteiligung einer Familienstiftung als Komplementärgesellschaft an einer Kommanditgesellschaft (Stiftung & Co. KG) dar. Die Stiftung & Co. KG als Rechtsform kommt insbesondere für größere Familienunternehmen in Betracht. Einer der Vorteile dieser Gestaltung liegt darin, dass die

Stiftung als dem Familieneinfluss vorbehaltenes Führungsinstrument benutzt werden kann. Nur die von der Familie eingesetzten Stiftungsorgane entscheiden darüber, was im Unternehmen geschieht.

Die Ausschaltung jeglicher Einflussnahme der Stiftungsorgane auf die Geschäftsführung des Familienunternehmens, wie sie das Gemeinnützigkeitsrecht erfordert, ist wirtschaftlich dann kaum zu verantworten, wenn neben der gemeinnützigen Stiftung keine anderen Gesellschafter vorhanden sind, welche die Geschäftsleitung kontrollieren und überwachen können. Hier drohen, insbesondere nach dem Tod des Gründers, gefährliche Kontrolldefizite. Gerade Familienunternehmen, die durch das Vorbild starker Unternehmerpersönlichkeiten geprägt sind, können schnell in ein erhebliches Führungs- und Steuerungsvakuum geraten. Dieses Manko wird durch die zusätzliche Einbindung einer Familienstiftung im Rahmen eines „Doppelstiftungsmodells“ beseitigt.

VII. Die Verantwortung der Vermögenden

Vom Stiftungsboom in Deutschland kehren wir noch einmal ganz an den Anfang zurück, zum Kommentar Warren Buffetts in der New York Times. Während in Deutschland für eine Spendenkultur nach amerikanischem Vorbild geworben wird, fordert Buffett – der auch einer der größten Spender in den Vereinigten Staaten ist – stattdessen höhere Steuern. Argumente dafür gibt es viele: Ein Sozialsystem nach deutschem Muster zum Beispiel lässt sich kaum durch private Spenden erhalten. Und viele Entscheidungen, welche Leistungen die Allgemeinheit braucht oder nicht, sollten von den Bürgern und ihren demokratisch legitimierten Vertretern in den Parlamenten getroffen werden. Aber wir brauchen beides: ein Staatswesen, das seiner Aufgabe gerecht wird und dafür sowohl auf Steuerbeiträge wie auch die Mitarbeit von Unternehmen und vermögenden Persönlichkeiten angewiesen ist – und ebenso eine Vermögenskultur des privaten Engagements, die fest in der Gesellschaft verankert ist. Die Verwerfungen der letzten Jahre zeigen den schrumpfenden Handlungsspielraum der Politik. So geraten viele Staaten an die Grenzen ihrer Leistungsfähigkeit, Sozial- und Bildungssysteme erodieren unter dem Druck leerer öffentlicher Kassen. Die Verantwortung vermögender Menschen steigt mit dem Vermögen und wird weiter steigen.

Dieser Verantwortung gerecht zu werden, ist die Aufgabe aller derjenigen, die über große Vermögen verfügen. So erfreulich die Zunahme privater Stiftungen in Deutschland auch ist, von der Selbstverständlichkeit, mit der viele reiche US-Amerikaner ihr Vermögen für das Gemeinwohl einsetzen, sind wir noch weit entfernt. Letztlich ist es auch eine Gewissensentscheidung, die jeder für sich treffen muss. Die Tendenz der letzten Jahre lässt hoffen, dass hier ein weiterer Einstellungs- und Wertewandel bevorsteht und Menschen mit großem Vermögen dieses so einsetzen werden, dass wir die Herausforderungen der Zukunft – und die werden erheblich sein – meistern können.

Uwe H. Schneider

Ethik und Moral im Kapitalmarkt

Ist es rechtlich zu verantworten und moralisch vertretbar, Kunden Finanzprodukte aufzuschwatzen, die weder der Sparer noch der Kundenberater verstehen, die mit einem hohen Verlustrisiko verbunden sind und die offenkundig den Interessen der Anleger widersprechen? Was muss man von Finanzdienstleistern halten, die alle Möglichkeiten ausschöpfen, um die gesetzlichen Regeln des Aufsichtsrechts, des Bilanzrechts und des Steuerrechts zu umgehen, die außerhalb der Bilanz Gesellschaften gründen, diesen Gesellschaften Forderungen übertragen und den Preis für diese Forderungen mit hochriskanten Anleihen finanzieren?

Ist es vertretbar, Anleger, die ihr Geld wegen hoher Zinsen nach Island tragen und dort verlieren, mit Steuergeldern zu entschädigen, obwohl doch jeder weiß, was hohe Einlagenzinsen bedeuten, nämlich ein hohes Risiko? Soll wirklich der Steuerzahler den spekulativen Sparer entschädigen? Und ist es ethisch zu verantworten, zum Kauf wertloser Länderanleihen mit der Begründung aufzurufen, die Bundesregierung werde einschlägige Rettungsmaßnahmen mitfinanzieren?

Nein, neu sind diese Fragen nicht. Aber stets aufs Neue muss man die Frage nach den Maßstäben für verantwortliches Handeln im Markt stellen. Und unbeantwortet ist bisher, ob nach den schlimmen Erfahrungen der letzten Jahre, ob im Blick auf die Folgen alles getan wurde, um künftige Banken- und Finanzkrisen zu verhindern. Zweifel bestehen, wenn man etwa an die Neuverschuldung mancher Bundesländer denkt und wenn man die ungezügelte Nachfrage nach hochspekulativen Wertpapieren beobachtet. Ist jemand, der sich so verhält, nicht „wie ein Tier auf dürrer Heide“? Unbelehrbar, was die eigenen Interessen angeht, blind für das Allgemeininteresse und gierig, weil der Markt es erlaubt?

Was kann man tun, um einen blühenden Garten vor Kühen zu schützen, die ohne Zaun die Blumen auffressen? Ist es mit rechtlichen Regeln im nationalen und internationalen Bereich getan – oder wird man dabei immer wieder an Grenzen stoßen? Hilft nur die Rückbesinnung auf und das Bekenntnis zu ethischen Regeln? Oder ist der Markt, vor allem der Kapitalmarkt, eine moral- und ethikfreie Zone, die allein und allenfalls durch rechtliche Regeln und drakonische Sanktionen befriedet werden kann? Dazu folgende zehn Thesen:

1. *These*: Es gibt reichlich Anlass, über Ethik im Kapitalmarkt nachzudenken. Es gibt reichlich Anlass, öffentlich mehr ethisches Verhalten mancher Marktteilnehmer einzufordern. Allerdings wird der Vorwurf, ein bestimmtes Verhalten sei nicht ethisch, gelegentlich zur Keule.

Alle reden von Ethik. Es gibt einen Deutschen Ethikrat und zahlreiche regionale Ethikkommissionen. Nahezu jede Berufsgruppe und nahezu jede Branche hat ihre berufstypischen Ethikrichtlinien entwickelt. Es gibt Ethik-Richtlinien der Deutschen Gesellschaft für systemische Therapie, es gibt Ethik-Rahmenrichtlinien für Heilpraktiker und es gibt Ethik-Richtlinien der Arbeitsgemeinschaft für integrative Psychoanalyse – um nur ein paar Beispiele zu nennen. Auch Anwälte sind im „Ethikfieber“. Der 62. Deutsche Anwaltstag 2011 hat nicht nur über die Anpassung der Gebührenordnung und die Haftungsbeschränkung bei fehlerhafter Beratung, sondern auch über anwaltliche Berufsethik diskutiert. Weitsichtig fordert Hans Küng gar eine Weltethik und eine internationale Arbeitsgruppe arbeitet an einem globalen Ethikkodex.

Für Ethik besteht auch im Kapitalmarkt reichlich Angebot und Nachfrage. Eine Ethikbank bietet ethische und ökologische Bankprodukte – was auch immer dies sein mag. Das führt dann zu der Frage, ob Vorstandsmitglieder auch dann schadensersatzpflichtig sind, wenn sie die ethischen Regeln nicht beachten. Der neugierige Leser findet eine Zeitschrift für Wirtschafts- und Unternehmensethik. Es gibt Lehrstühle für Wirtschaftsethik und es gibt entsprechende universitäre

Forschungsinstitute. Akademische Seminare zu einschlägigen Themen begeistern die Teilnehmer. Die Aus- und Einwirkungen auf die Praxis sind aber – vorsichtig formuliert – eher bescheiden.

Allerdings: Der Vorwurf, ein bestimmtes Verhalten sei nicht ethisch, wird gelegentlich auch zur Keule für Gut- und Schlechtmenschen. Dabei sind die Fälle ganz unterschiedlich. Was ist etwa von dem spekulationserfahrenen Gewerbelehrer zu halten, der in Knock-Out-Zertifikate investiert ist? Heute schaut er zornig seinem Geld hinterher. Er wird zunächst sagen, er sei mangelhaft aufgeklärt oder fehlerhaft beraten worden. Mit dieser Begründung wendet er sich an die Gerichte. Die Anlegeranwälte verdienen – und das ist gut so. Gleichwohl, er verliert seinen Prozess – und das ist auch gut so. Sodann wird er bei den sattsam bekannten Talkshows vorstellig. Er jammert, durch den Bankberater seien ethische Regeln verletzt worden. Die „Empörung“ der Talkmaster und der Zuschauer ist gewiss.

In der Beurteilung dieses Falles sollte man sich einig sein; denn unsere Gesellschafts- und Wirtschaftsordnung achtet auch die individuelle Freiheit zu Fehlentscheidungen. Und im vorliegenden Fall sind weder rechtliche noch ethische Regeln verletzt und deshalb sind auch staatliche Entschädigungen aus den ohnehin leeren Taschen der Steuerzahler nicht gerechtfertigt, wenn gierige Sparer ihren Spargroschen zu Instituten bringen, deren Fragwürdigkeit jeder erkennen kann.

Es gibt aber auch andere Fälle: So könnte man zweifeln, ob es vertretbar ist, mit der fünfundachtzigjährigen Rentnerin einen Bausparvertrag abzuschließen, wenn die Auszahlung erst in 15 Jahren erfolgen soll. Und diskutieren kann man auch über die Anlagevermittlung bei der Witwe, die von ihrem verstorbenen Ehemann ein wohlgeordnetes Depot übernommen hat mit nichts als Bundesschatzbriefen und einem Festgeldkonto. Nach aktiver Beratung ist sie plötzlich in Turbo- und Hebelzertifikaten sowie in „naked warrants“ engagiert. Alles Anlagen mit hohem Komplexitätsrisiko! Die Witwe war gut informiert und aufgeklärt. Das wird auch ausführlich dokumentiert. Freilich, sie hat nichts, sie hat gar nichts verstanden. Und daran ändert auch eine umfangreiche Dokumentation nichts. Rechtlich ist höchst zweifelhaft, ob der Berater seine Pflichten verletzt hat. Aber wenn die alte Dame nun nicht mehr ihr Altersheim und die kleinen Geschenke für die Enkel bezahlen kann, so kommt man doch ins Grübeln. Ist das Verhalten dieser und anderer Banken, die aktive Anlageberatung betreiben, unethisch? Oder ist die Forderung nach Ethik im Kapitalmarkt nur eine Leerformel? Ist das nur unverbindliches Marketing, wenn sich jemand auf ethische Maßstäbe beruft? Gibt es jenseits der Rechtsordnung eine weitergehende Ordnung, die man als Ethik und Moral bezeichnen könnte?

Wenn es aber über die rechtlichen Verhaltensregeln hinaus eigenständige ethische Verhaltensgebote gibt, dann muss man weiter fragen: Woher kommen eigentlich diese ethischen Regeln, die Werte, die Prinzipien und die Leitbilder? Sind sie zeitlos – oder kulturabhängig? Und weiter: Wie lauten diese ethischen Regeln und wie werden sie durchgesetzt? Könnte man sich auch einen Nationalen Ethikrat für den Banken- und Kapitalmarkt vorstellen? Schließlich: Was ist von einem Max-Weber-Eid für Studenten der Betriebswirtschaftslehre und für praktizierende Banker ähnlich dem Hippokratischen Eid für Ärzte zu halten? Und dabei fragt sich: Wie werden ethische Regeln durchgesetzt? Gibt es Sanktionen jenseits der Vollstreckung durch den Gerichtsvollzieher? Oder erweist sich spätestens bei der Durchsetzung jede Forderung nach mehr ethischem Verhalten als heiße Luft?

2. *These*: Das Recht ist heute zur verbindenden Kraft in unserer Gesellschaft geworden.

Weitergehende rechtliche Regelungen machen Sinn – in vielen Fällen. Exemplarisch sind die aufsichtsrechtlichen Anforderungen an die Anlageberatung durch Wertpapierdienstleister, die zivilrechtlichen Beratungspflichten der Banken und die Haftung bei fehlerhafter Beratung. Die Gestaltungskraft des Rechts endet aber, wenn die Marktteilnehmer alles daran setzen, die Normen zu umgehen, und wenn sie im Rahmen des unternehmerischen Ermessens ihr schädliches Verhalten fortsetzen. Hier hilft nur die gemeinsame Überzeugung, dass alle aufgefordert sind, sich auch ethisch zu verhalten.

Bei den rechtlichen Regeln handelt es sich um Normen von Menschen für Menschen. Und diese Normen werden im Zweifel durch die staatlichen Institutionen durchgesetzt. Das gilt auch für den Kapitalmarkt und das bedeutet: Jeder, natürlich auch die Finanzdienstleister, darf im Markt seine Interessen verfolgen – aber nur im Rahmen der Rechtsordnung.

Dabei erleben wir heute eine Renaissance des deutschen, europäischen und internationalen Rechts. Das gilt gerade auch für den Finanzmarkt. Das Vertrauen in die gestaltende Kraft des Rechts ist ungebrochen. Es gibt künftig aufgrund gesetzlicher Regelungen mehr Aufsicht, mehr Pflichten, mehr Haftung. Darin spiegelt sich das Vertrauen der Gesellschaft, dass man durch mehr Aufsicht, durch höhere Anforderungen an das aufsichtsrechtliche Eigenkapital, durch besondere Vorschriften zur Sicherung der Liquidität, durch eigenständige Regeln zur Corporate Governance bei Finanzinstituten, durch mehr Pflichten, mehr Haftung, also mehr Regulierung die bestehende Krise bewältigen und künftige Krisen vermeiden kann.

Die Frage heißt nur: Werden die richtigen Fragen aufgegriffen? Haben die Beteiligten hinreichend Mut und Phantasie? Mut, um sich durchzusetzen, und Phantasie, um die Ursachen künftiger Krisen zu erkennen?

3. These: Mit Ethik bezeichnet man die Lehre vom sittlichen Verständnis und vom richtigen Verhalten aufgrund bestimmter Wert- und Moralvorstellungen.

Zugleich wächst aber auch die Erkenntnis, dass nur begrenzte Möglichkeiten bestehen, durch rechtliche Regeln die entsprechenden Strukturen zu schaffen und das Verhalten der Marktteilnehmer zu steuern. Und das hat viele Gründe.

Vor allem: Bei den ethischen Regeln geht es um ein von Prinzipien geleitetes Verhalten, das sich an Werten orientiert, konsensfähige Prinzipien beachtet und das einer inneren Einstellung entsprechen sollte. Ethische Regeln sind geprägt von einem bestimmten Menschenbild, von gemeinsamen Werten und von einer gesellschaftlichen Moral. Ethische Normen lassen sich also nicht in Fallgruppen aufteilen.

Dabei besteht zwischen Recht und Ethik ein enger innerer Zusammenhang.

4. *These*: Das geltende Recht enthält einerseits wertfreie Normen. Aber es enthält andererseits auch ein ethisches Minimum.

Recht und Ethik stehen nicht wie zwei sich wechselseitig fremde Gestaltungsordnungen nebeneinander. Sie sind vielmehr verzahnt. Unsere Rechtsordnung ist eine wertgebundene Ordnung. Und hinzu kommt: Durch die Generalklauseln wie etwa § 138 BGB, § 242 BGB und § 826 BGB schlüpfen ethische Vorstellungen in unser Recht. Andererseits, es gibt auch Rechtsregeln ohne ethischen Bezug, wie z. B. das Rechtsfahrgebot im Straßenverkehr, die Höhe des Hebesatzes bei der Gewerbesteuer und die Artikel im Grundgesetz, wie die Fahne der Bundesrepublik Deutschland aussehen soll.

5. *These*: Der Kapitalmarkt ist keine ethikfreie Zone. Vielmehr erwartet der Kapitalmarkt von den Marktteilnehmern ein von Prinzipien geleitetes Verhalten.

Wer sein Verhalten nur von Anreizen gesteuert an der Effizienz der eingesetzten Mittel ausrichtet und sich am wirtschaftlichen Ergebnis orientiert, wird das Bestehen ethischer Normen in Ergänzung der rechtlichen Rahmenvereinbarungen ablehnen. Auch hörte man in den vergangenen Jahren vielerorts, Markt und Ethik seien unverträglich. Die Befolgung ethischer Prinzipien würde die Unternehmen aus dem Markt drängen. Das Wirtschaftlichkeitsprinzip der Betriebswirtschaftslehre, die Effizienz im Markt rechtfertigten jedes Verhalten. In dieses Bild passt die etwas abgehobene Äußerung von Lloyd Blankfein, dem CEO von Goldman Sachs: „I am doing God's work."

Unter dem Eindruck der jüngsten Krisen ist das ganz gewiss nicht mehr konsensfähig. Erinnert sei nur an die allgemeine Zustimmung zu der Rede des vormaligen Bundespräsidenten Köhler anlässlich der Verleihung des Max-Weber-Preises für Wirtschaftsethik am 27. Mai 2008. Der Bundespräsident rief dazu auf, zu den Grundsätzen des ehrbaren Kaufmanns zurückzukehren. Im Saal sah man überall Kopfnicken. Offen geblieben ist, wie denn diese Ethik aussieht.

6. *These*: Ethische Regeln sind zeit-, orts- und kulturabhängig.

Zu ihrem Inhalt irgendetwas Konkretes zu finden, ist schwer. Hilft da die vielzitierte Versammlung eines Ehrbaren Kaufmanns zu Hamburg? Nein! In Artikel 2 der Satzung heißt es nur: „Der Verein tritt dafür ein, dass im Rahmen der jeweils gültigen Gesetze die im Geschäftsverkehr allgemein anerkannten ethischen Grundsätze und das Prinzip von Treu und Glauben beachtet sowie Handlungen unterlassen werden, die mit dem Anspruch auf kaufmännisches Vertrauen nicht vereinbar sind." Mehr findet man in der Satzung nicht. Woraus bestehen denn nun diese allgemein anerkannten ethischen Grundsätze im Geschäftsverkehr? Ethisches Verhalten orientiert sich an Prinzipien. Es besteht aus Grundwerten und allgemeinen Verhaltensregeln. Zu diesen Grundwerten gehören nach unserer Vorstellung Humanität und Solidarität, Wahrhaftigkeit und Transparenz, Anerkennung der persönlichen Entscheidungsfreiheit der Marktteilnehmer, Ehrlichkeit und Fairness.

Bei der Individualethik geht es um die praktische Anwendung der genannten Prinzipien beim persönlichen Umgang miteinander, also auch bei Bankgeschäften. Und Teil der Individualethik sind auch die Grundregeln der Verantwortungsethik. Man könnte das auch so formulieren: Man soll bei seinen unternehmerischen Entscheidungen auch fragen, welche Folgen sie haben. Wenn der heilige Martin seinen Mantel teilt und die Hälfte einem Bettler gibt, so ist dies gesinnungsethisch hoch einzuschätzen. Die Folge ist nur, dass anschließend beide frieren, sowohl Sankt Martin als auch der Bettler. Besser wäre es, darauf hinzuwirken, dass man mehr Mäntel herstellt, dass man fragt, wie diese Mäntel hergestellt werden, ob dabei die Regeln des Arbeitsschutzes eingehalten werden, ob sie auf Kinderarbeit beruhen und wie man dafür sorgen kann, dass der Bettler sich einen Mantel kaufen kann. Das ist beides, Gesinnungsethik und Verantwortungsethik! Sie schließen sich nicht gegenseitig aus.

7. *These*: Ethische Regeln lassen sich meist einfach und verständlich formulieren.

Die bisherigen Überlegungen zur Wirtschaftsethik verlieren sich häufig in abstrakten Höhen. Einfach und verständlich lassen sich der Kategorische Imperativ, die Werte und Prinzipien auch in zwei Regeln, nämlich der Bärenfellregel und der Medienregel zusammenfassen.

Die Bärenfellregel lautet: „Man soll niemand über den Tisch ziehen und ihm dann auch noch das Fell abziehen." Verletzt ist diese Regel, wenn man die jüngsten Geschäfte einer großen US-Bank besieht. Da wurde zunächst institutionellen Anlegern eine bestimmte Form von „Collateralized Debt Obligations" empfohlen, also Fonds, in denen Kredite unterschiedlicher Qualität gebündelt worden sind. Gleichzeitig wurden durch das Institut aber auch Verträge abgeschlossen, weil man mit einem massiven Verlust rechnete. Das ist ein widersprüchliches Verhalten des Instituts, was zumindest unethisch, wenn nicht zugleich rechtswidrig war.

Die Medienregel zeigt, dass ethisches Verhalten auch einen gesellschaftlichen Bezug hat, soll heißen, dass es – auch – um gesellschaftliche Anerkennung geht. Die Medienregel lautet: „Man soll sich nicht in einer Art und Weise verhalten, dass man sich schämen würde, damit in den Medien zitiert zu werden." Den hartleibigen Marktteilnehmer würde vielleicht manches nicht stören, was heute sozial geächtet ist. Aber auch dieser weiß um die Folgen.

8. *These*: Die Individualethik wird durch die Systemethik ergänzt.

Ethisches Verhalten geht nicht nur weiter als rechtmäßiges Verhalten – wie es im Übrigen auch rechtmäßiges Verhalten gibt, das unethisch sein kann. So kann man streiten, ob Babyklappen rechtmäßig sind, aber sie sind ethisch geboten. Heute gibt es ein neues Problem. Es gibt nämlich in zunehmendem Maße Sachverhalte, die sich nicht mehr rechtlich einfangen lassen. Dazu gehört etwa die bereits erwähnte Umgehungsproblematik. Die Umgehung der Vorschriften des Aufsichtsrechts und des Bilanzrechts war eine der Ursachen der Finanzkrise. Nur rechtlich lässt sich das nicht einfangen, wenn es den Beteiligten an dem Verständnis dafür fehlt, dass ein solches Verhalten systemgefährdend ist.

Die Umgehungsproblematik ist aber nur ein Beispiel dafür, dass es Verhaltensweisen gibt, die sich nicht im Verhältnis zu den einzelnen Bürgern als unethisch erweisen, sondern die das gesamte System gefährden, die gesellschaftliche und soziale Ordnung, das Wirtschaftssystem und die politischen Strukturen. Im Kapitalmarkt gehören dazu etwa die Spekulation gegen eine Währung oder einen Staat, Leerverkäufe und Transaktionen, die ein systemisches Institut gefährden. Ob man hingegen mit rechtlichen Geboten und Verboten vorgehen kann, ist im Einzelfall zweifelhaft. Hier hilft nur ein systemethisches Verhalten aller Marktteilnehmer – und die Achtung, wenn die Grundregeln solchen Verhaltens verletzt werden. Unethisches Verhalten destabilisiert. Es erschüttert das Vertrauen in unsere Gesellschafts- und Wirtschaftsordnung.

9. *These*: Ethische Regeln werden nicht durch die Gerichte exekutiert. Aber ihre Verletzung führt zu gesellschaftlichen Sanktionen. Sie führt zur Rufschädigung und zum Verlust von Kundenvertrauen.

Im Einzelnen: Der hartleibige Marktbürger wird sagen, dass er zwar *rechtliche* Folgen fürchtet, denn sie werden durch die Gerichte exekutiert. Aber er wird sich – vielleicht mit einer abweisenden Geste – über ethische Regeln deshalb leichtfüßig hinwegsetzen, weil sie nicht gerichtlich durchgesetzt werden. Der amerikanische Gesetzgeber hat dies gesehen. Er hat daher im Jahr 2002 im Sarbanes-Oxley-Act vorgeschrieben, dass jedes börsennotierte Unternehmen einen „Code of Ethics“ anzunehmen und zur Überwachung einen „Ethics Administrator“, also einen Ethik-Beauftragten zu bestellen hat.

In Deutschland wurden bisher entsprechende zwingende Regeln nicht ernsthaft diskutiert. Das hat viele Gründe. Vor allem sollte man nicht übersehen, dass Sanktionen nicht nur durch die Gerichte drohen. Vielmehr gibt es daneben zahlreiche gesellschaftliche Sanktionen, angefangen bei der kleinen Rufschädigung über den mittleren Kundenboykott bis hin zur existenzbedrohenden Anschwärzung in den Medien:

Der moderne Galgen steht in den Redaktionsräumen unserer Massenmedien. Und der Strick des Henkers ist durch Tinte und Kamera ersetzt.

10. These: Der Vorschlag, einen Nationalen Ethikrat für den Kapitalmarkt zu berufen, ist abzulehnen.

Die Aufgabe eines solchen Rates wäre es, Grundsätze für ethisches Verhalten im Geschäftsverkehr zu überwachen. Auf den ersten Blick klingt das überzeugend. Aber der Gedanke erschreckt aus vielen Gründen; denn die Dinge würden schnell eine Eigendynamik entwickeln. Es käme zu weiteren Beschränkungen und zu einem unsäglichen Streit über die Zusammensetzung dieses Gremiums, über den Inhalt der Normen und die Ausgestaltung des Prangers. Nein, alle Erfahrungen zeigen, wie es Kurt Tucholsky formuliert hat: „Das Gegenteil von Gut ist nicht Böse, sondern gut gemeint."

Das Ergebnis dieser Überlegungen lässt sich kurz zusammenfassen: Ein Prinzip: Markt geht vor Recht und Ethik darf es nicht geben. Richtig ist vielmehr: Ja, auch im Kapitalmarkt gilt es, ethische Regeln zu beachten. Ja, wir werden das Vertrauen im Markt nur wiedergewinnen, wenn sich die Marktteilnehmer ethisch verhalten. Und nochmals ja: Ethisches Verhalten trägt zur Stabilität der Gesellschaft bei.

Reinfried Pohl

Private Vorsorge als gesellschaftspolitische Aufgabe

Die Deutschen haben zur Wirtschaft ein gespaltenes Verhältnis. Wie alle Umfragen zeigen, schätzen die Menschen das breite Angebot an Gütern und Dienstleistungen. Sie wissen auch, dass es in unserem Land mehr anspruchsvolle und gut bezahlte Arbeitsplätze gibt als in den meisten anderen Volkswirtschaften. Zugleich misstrauen die Deutschen denen, die letztlich für dieses Angebot verantwortlich sind – den Unternehmern und Managern. Das sind zweifellos Spätfolgen aus der Zeit der „Achtundsechziger", als die Verteufelung von Markt und Wettbewerb gesellschaftsfähig wurde. Das hat auch damit zu tun, dass das Thema Wirtschaft in unseren Bildungseinrichtungen einen viel zu geringen Stellenwert einnimmt und dass nicht zuletzt viele Menschen in den neuen Bundesländern einer Wirtschaftsordnung ohne lenkende staatliche Hand noch immer misstrauen.

Der Zweck der Wirtschaft ist klar: Es geht darum, die Menschen mit Gütern und Dienstleistungen zu versorgen. Das ist nicht schnöder Materialismus, sondern Dienst am Menschen. Nur materiell versorgte und abgesicherte Menschen können sich frei entfalten und ihre Bürgerrechte wahrnehmen.

Eine zentrale Rolle in diesem Prozess nehmen die Unternehmen ein. Sie leisten sogar einen Beitrag jenseits von Angebot und Nachfrage. Die beiden großen Kirchen haben das in ihrem „Gemeinsamen Wort zur wirtschaftlichen und sozialen Lage in Deutschland" treffend beschrieben: „Unternehmer, die sich mit ihrem Kapitaleinsatz und ihrer Entscheidungsfreudigkeit den Risiken des Wettbewerbs aussetzen und dabei Arbeitsplätze und Güter schaffen, verdienen auch unter moralischen Gesichtspunkten hohe Anerkennung."

Kein Unternehmen kann seinen Beitrag leisten, wenn es auf Dauer nur Verluste erwirtschaftet. Gewinne zeigen an, ob das Unternehmen das richtige Angebot hat und dieses auf wirtschaftliche Weise herstellt. Dass es auch übertriebenes, exzessives Gewinnstreben gibt, ist unbestritten und schädlich. Gleichwohl ist und bleibt der Gewinn ein unverzichtbarer Indikator für Erfolg am Markt. Würde ein Unternehmen ganz auf Gewinn verzichten, gefährdete es seinen Bestand sowie seine Arbeitsplätze. Das wäre ein höchst unmoralisches Verhalten.

I. „Jenseits des Marktes“

So wichtig und notwendig der Markt als zentraler Mechanismus zur Versorgung der Menschen auch ist: Der Markt kann nicht alles. Wilhelm Röpke, einer der geistigen Väter der sozialen Marktwirtschaft, hat zu Recht darauf hingewiesen, dass es Aufgabe der Politik ist, „jenseits des Marktes“ unter anderem denjenigen zu helfen, die sich aus eigener Kraft im Wettbewerb nicht behaupten können.

Zu den wesentlichen Aufgaben des Staates gehört es, die Menschen bei ihrer Absicherung gegen die Wechselfälle des Lebens zu unterstützen. Dazu zählen vor allem die Hilfe bei Krankheit und Not sowie die finanzielle Versorgung bei Arbeitslosigkeit und im Alter. Es sind ja nicht zuletzt diese staatlichen Eingriffe, deretwegen unsere marktwirtschaftliche Ordnung zu Recht das Adjektiv „sozial“ verdient.

Über den Umfang der staatlichen Sozialpolitik wird in Politik, Wirtschaft und Wissenschaft seit dem Aufkommen der „sozialen Frage“ im 19. Jahrhundert höchst kontrovers diskutiert. Die Basis des deutschen Sozialstaats bilden bis heute jene Sozialversicherungsgesetze, mit denen Reichskanzler Otto von Bismarck in den achtziger Jahren des 19. Jahrhunderts politisches Neuland beschritten hatte: Unfallversicherung, Alters- und Invaliditätsversicherung, Krankenversicherung.

Mit dieser Neuorientierung staatlicher Sozialpolitik wollte Bismarck existenzielle Not in der Arbeiterschaft lindern. Er sprach ausdrücklich von „schwachen und hilfsbedürftigen Mitgliedern des Staates". Zugleich verband Bismarck diese Politik mit politischen Zielen: Die Arbeiterschaft sollte mit dem Kaiserreich versöhnt und den Sozialdemokraten das Wasser abgegraben werden.

Auch wenn Bismarcks politisches Kalkül nicht aufging: Die Struktur seiner Sozialversicherung hat alle politischen Veränderungen der vergangenen 130 Jahre überdauert. Und doch hat sich etwas Entscheidendes verändert: Was als Fürsorge für Bedürftige begann, erfasst heute rund 90 Prozent der Bevölkerung.

II. Abschied vom Vollkasko-Versorgungsstaat

Wie schon Bismarck, so versuchten auch in der Bundesrepublik die Sozialpolitiker jeder Couleur, politisches Kapital aus dem Ausbau des Systems der sozialen Sicherung zu schlagen. Auch deshalb sind immer neue staatliche Sozialleistungen angeboten und ist im Gegenzug der Kreis der Anspruchsberechtigten ständig ausgeweitet worden. Die Folge: Die Sozialversicherung ist heute eine Volksversicherung. Sie ist nicht für eine Minderheit da, sondern für nahezu alle Deutschen.

Der sich sehr großzügig gebende „Vater Staat" hat freilich nur eine einzige Quelle für seine sozialen Wohltaten: Steuern und Abgaben. Diese lassen sich nicht beliebig erhöhen, wenn die Leistungsbereitschaft der Menschen und die Leistungsfähigkeit der Unternehmen nicht überstrapaziert werden sollen. Deshalb lässt sich die vom Staat einst versprochene Rundumversorgung seit langem nicht mehr finanzieren. Seit den achtziger Jahren des 20. Jahrhunderts wird das System der sozialen Sicherung ständig so genannten Reformen unterzogen. Dabei gibt es – von der Einführung der Pflegeversicherung abgesehen – einen eindeutigen Trend: Die Beitragssätze steigen und die Leistungen werden gekürzt.

So ist der Sozialstaat längst an seine Grenzen gestoßen. Er kann, selbst wenn er wollte, den Bürgern die Vollkasko-Absicherung früherer Zeiten nicht mehr bieten, es sei denn um den Preis weiterer Verschuldung samt einer zusätzlichen Belastung künftiger Generationen. Was wiederum bedeutet, dass die Bürger sich nicht mehr allein auf die staatliche Absicherung verlassen können und dürfen. Sie müssen deshalb privat vorsorgen, wenn sie zum Beispiel im Alter ihren gewohnten Lebensstandard beibehalten wollen.

III. Private Finanzvertriebe als Mittler zwischen Bürger und Staat

Noch in den siebziger Jahren des vorigen Jahrhunderts war der Gedanke der privaten Vorsorge längst nicht so weit verbreitet wie heute. Die meisten Menschen gingen davon aus, der staatliche Schutz reiche aus und private Vorsorge sei vielleicht vorteilhaft, aber nicht unbedingt notwendig. Die Lebensversicherung, schon damals eine der Lieblings-Policen der Deutschen, galt als zusätzliches Ruhekissen für das Alter, als Luxusprodukt, nicht als unverzichtbare Absicherung.

Das hat sich inzwischen dramatisch geändert. Nichts symbolisiert das so gut wie die Einführung der „Riester-Rente" durch die Regierung Schröder/Fischer. Die implizite politische Botschaft lautete damals: Der Staat kann das bisherige Rentenniveau nicht halten. Wer Altersarmut vermeiden will, muss privat vorsorgen. Das gilt heute noch mehr als vor zehn Jahren.

Am Beispiel der privaten Altersvorsorge zeigt sich, wie wertvoll der Beitrag privater Unternehmen für die Gesellschaft sein kann. Der Staat als Anbieter einer privaten Zusatzversorgung, das wäre ein Widerspruch in sich. Deshalb ist der Staat auf Banken und Versicherungen angewiesen. Sie bieten die entsprechenden Produkte an, gedeckt durch Kapitaleinlagen und nicht durch staatliche Zusagen. Die privaten Finanzvertriebe tun das ihre, damit Angebote wie Rentensparpläne an den Mann und an die Frau kommen. Der Staat fördert das durch stattliche Zulagen und Steuervorteile.

Bundeskanzlerin Merkel hat diese gesellschaftspolitische Leistung der Finanzvertriebe und Vermögensberater einmal so skizziert: „Deshalb wird es so wichtig sein, dass Sie das, was Sie über Jahrzehnte aufgebaut haben, nämlich Vertrauen, nutzen, um den Menschen im Lande zu sagen: Natürlich müssen wir Geldanlagen haben, natürlich müssen wir Vorsorge treffen, natürlich wollen wir auch die staatlichen Anreize dafür nutzen und natürlich ist die Alterssicherung ganz wichtig für die Lebensqualität."

IV. Ein neues Konzept revolutioniert den Markt: „Allfinanz"

Auch als noch niemand an die „Riester-Rente" dachte, versuchte die Politik den Menschen bei der finanziellen Absicherung zu helfen. Die steuerliche Begünstigung der Kapitallebensversicherung diente diesem Zweck. Auch wurde vom Staat ganz gezielt das Wohnungseigentum gefördert. Nicht nur die Besserverdienenden sollten in den eigenen vier Wänden leben können. Das eigene Haus, die eigene Wohnung – dieses Stück Sicherheit sollten sich auch die „kleinen Leute" leisten können.

Dazu kam als weiteres Ziel die „Vermögensbildung in Arbeitnehmerhand". Die Politik wollte Arbeitnehmer dazu ermuntern, Geldvermögen zu bilden oder sich am Produktivvermögen zu beteiligen, um ihnen – zusätzlich zu Lohn und Gehalt – eine zweite Einkommensquelle zu erschließen. Das förderte der Staat mit attraktiven Prämien, zunächst im Rahmen des 312-Mark-Gesetzes, das später auf 624 beziehungsweise 936 DM aufgestockt wurde. Natürlich spielte auch dabei der Vorsorge-Gedanke eine gewichtige Rolle. Wer nämlich über Vermögen verfügt, der stellt sich grundsätzlich besser – ganz gleich, wie umfangreich die staatliche Absicherung ist.

Diese politischen Bemühungen um eine Vermögensbildung der Arbeitnehmer waren – wie schon bei Bismarcks sozialpolitischem Aufbruch – nicht frei von politischen Nebenabsichten. Mit jedem neuen „Häuslebauer" und jedem neuen Aktionär, so lautete die naheliegende Überlegung, gewinne die soziale Marktwirtschaft einen neuen Befürworter und Verteidiger. Eine Rechnung, die aber nicht so recht aufging.

Arbeitnehmer mit kleinen und mittleren Einkommen hatten es freilich damals schwer, Vermögen aufzubauen. Die Materie war kompliziert. Und jeder, der um Rat fragte, erhielt von den Anbietern der Finanzbranche ein anderes Angebot – je nachdem, was sie selbst im Angebot hatten: Der Versicherungsvertreter riet zu einer Kapitallebensversicherung, der Bankmitarbeiter zu einem Ratensparplan, der Berater von der Bausparkasse zu einem Bausparvertrag, der Vertreter einer Kapitalanlagegesellschaft zu Aktienfonds. So kam es, dass jemand einen Sparvertrag abschloss, obwohl in seinem Fall die Absicherung seiner Familie mit Hilfe einer Risikolebensversicherung für den Fall seines Todes viel wichtiger gewesen wäre. Oder dass jemand drei Lebensversicherungen hatte, obwohl sein Einkommen allenfalls für eine Prämie reichte.

Das alles gibt es auch heute noch – aber immer weniger. Dafür haben zwei neue Ideen, zwei grundlegende Veränderungen auf dem Markt der privaten Vorsorge gesorgt: das „Allfinanz"-Konzept und der neue Beruf des „Vermögensberaters". Beides hatte es vorher nicht gegeben. Beides war aber essentiell, um dem Ziel „Vermögensaufbau für jeden" näher zu kommen.

„Allfinanz" bedeutet, Schluss mit dem Verkauf einzelner Produkte und Dienstleistungen, wie das manche Finanzinstitute heute noch machen: Aktien, Fonds, Festgelder, Girokonten oder Kredite. „Allfinanz" ist nicht das Angebot von Produkten, sondern von Konzepten. Einfache, maßgeschneiderte Vorsorgepakete, die alle Eventualitäten des Lebens abdecken – den Aufbau eines Vermögens wie seine Absicherung.

Bei „Allfinanz" geht es also um eine ganzheitliche Lösung für den einzelnen Bürger; diese umfasst den Vermögensaufbau, die private Altersvorsorge und die Absicherung gegen Risiken. Das setzt eine optimale Auswahl und Kombination von Produkten aus den Bereichen Bank, Versicherung, Investmentfonds und Bausparen voraus. Für die Bürger bedeutet das mehr Arbeit und mehr Verantwortung als früher. Aber zugleich geht die Verantwortung für die private Vorsorge vom Staat oder Arbeitgeber zu einem Teil auf den Einzelnen über. Dieser Wandel hat eine nicht zu unterschätzende gesellschaftspolitische Dimension.

V. Der Vermögensberater als „Hausarzt“ in Finanzfragen

Natürlich können Sparkassen und Banken ebenfalls unterschiedliche Finanzprodukte anbieten, aber allenfalls „unter einem Dach“. Der entscheidende Unterschied beim „Allfinanz“-Konzept ist der: Hier kommt alles „aus einem Kopf“, nämlich aus dem eines Vermögensberaters. Dieses Konzept will die Masse der Bürger ansprechen und nicht in erster Linie solche, die sich bereits ein Vermögen aufgebaut haben. Es soll zudem Menschen in ländlichen Regionen ohne ein dichtes Netz von Banken und Sparkassen den Zugang zu seriösen Vorsorgeprodukten und Finanzdienstleistungen erleichtern.

Die „Allfinanz“-Konzeption kann selbstverständlich nur dann funktionieren, wenn es qualifizierte Fachkräfte für ihre Umsetzung gibt. Ein solches Berufsbild gab es vor 40 Jahren noch nicht. So musste ein neues geschaffen werden – das des Vermögensberaters. Jeder Vermögensberater, der „Allfinanz“-Lösungen anbietet, ist mit einem guten Hausarzt vergleichbar. Er ist ein Generalist, der auf den ersten Blick erkennt, wo die Probleme liegen, der sich aber auch nicht scheut, in besonders schwierigen Fällen oder für spezielle Anliegen einen Spezialisten zu empfehlen.

Der Vermögensberater muss die Fähigkeit besitzen, branchenübergreifend zu denken und Lösungen für den Aufbau wie die Absicherung eines Vermögens zu entwickeln. Bei der Umsetzung soll er seine Kunden möglichst lange begleiten. Dies tut er, indem er seine Kunden zu Hause aufsucht. Denn die „Allfinanz“-Beratung schließt auch die Familie des Kunden mit ein. Die Versicherung gegen Berufsunfähigkeit oder Tod, der Aufbau eines Vermögens wie seine Absicherung betrifft meistens nicht nur eine Person, sondern auch deren Angehörige. Deshalb gehört zum „Allfinanz“-Konzept auch die Beratung der Kunden in der eigenen Wohnung. So ist die Einbeziehung des Partners oder gar der ganzen Familie am besten möglich.

Noch eines ist ganz wichtig: So wie der gute Hausarzt von angeblichen Wundermitteln abrät, so rät der gute Vermögensberater von Finanzprodukten ab, die – angeblich – ganz schnelle, ganz hohe und ganz sichere Gewinne versprechen und dabei – angeblich – ohne jedes Risiko sind. Wer so agiert, schadet nicht nur seinen Kunden. Ein solcher Vermögensberater und der Finanzvertrieb, für den er arbeitet, würden auch ihrer gesellschaftspolitischen Verantwortung nicht gerecht.

Das Allfinanz-Konzept hat deshalb vom ersten Tag an auf solche Produkte verzichtet, die mit unverantwortbaren Risiken verbunden sind. So wird der graue Kapitalmarkt gemieden. Es werden keine geschlossenen Fonds für Immobilien oder Schiffe angeboten, keine Steuersparmodelle und grundsätzlich keine Produkte, hinter denen nicht Versicherungen und Banken stehen und die nicht der Aufsicht der Finanzmärkte unterliegen.

Indem der Vermögensberater seine Kunden gut berät, hilft er nicht nur ihnen. Zugleich bringt er – sozusagen nebenbei – den Menschen den volkswirtschaftlich so wichtigen Gedanken der privaten Altersvorsorge nahe und motiviert sie zum Sparen. Dabei erfüllt der Vermögensberater eine zweifache gesellschaftspolitische Aufgabe als Mittler zwischen Bürger und Staat: Zum einen zeigt er seinem Kunden, mit welchen Zulagen oder Steuererleichterungen der Staat ihn beim Aufbau eines Vermögens oder der privaten Altersvorsorge unterstützt. Er hilft also dem Staat bei der Erreichung seiner Ziele. Zugleich trägt ein erfolgreicher Vermögensberater dazu bei, dass weniger Bürger im Falle eines Falles auf staatliche Transferleistungen angewiesen sind. Seine Arbeit führt indirekt zur Entlastung des Staates und damit der Steuerzahler. Denn mehr privater Vermögensaufbau heißt weniger Abhängigkeit von staatlichen Transferleistungen.

VI. Selbständige sind Grundpfeiler der Marktwirtschaft

Das „Allfinanz“-Konzept steht und fällt mit kompetenten Vermögensberatern. Diese sind dem Unternehmen eng verbunden, werden von ihm gut ausgebildet, weitergebildet und vielfältig unterstützt. Gleichwohl sind sie selbständige Unternehmer, die ihrerseits Mitarbeiter beschäftigen. Mit der Etablierung des selbständigen Vermögensberaters leisten Unternehmen wie die Deutsche Vermögensberatung AG indirekt ihren gesellschafts- und wirtschaftspolitischen Beitrag.

Selbstverständlich leisten auch Angestellte Hervorragendes. Aber jeder Selbständige ist mit seinem Einsatz und seinen Ideen, mit seiner Bereitschaft zum Risiko wie zur Verantwortung, ein unverzichtbares Element einer freiheitlichen Wirtschaftsordnung. Selbständige wie Eigentümerunternehmer „leben" Marktwirtschaft mehr als andere und sorgen so für einen wirtschaftlichen und gesellschaftlichen „Mehrwert".

Die Vermögensberater sind nicht ehrenamtlich tätig; ebenso sind Finanzdienstleister auf Gewinnerzielung ausgerichtete Unternehmen. Dieses Gewinnstreben steht allerdings nicht, wie manche Kritiker behaupten, im Gegensatz zu einer am Kunden orientierten Beratung. Im Gegenteil: Vermögensberater, die ihren Kunden die falschen Produkte empfehlen, werden sich nicht lange am Markt behaupten, Finanzvertriebe, die solche Berater beschäftigen, ebenso wenig. So zeigt sich auch hier die List der marktwirtschaftlichen Ordnung: Wer letztlich nicht den Menschen dient, wird auf Dauer keinen Erfolg haben.

VII. Selbständiger Bürger versus Sozialstaats-Untertan

Objektiv kann kein Zweifel daran bestehen, dass die Notwendigkeit zur privaten Vorsorge heute größer ist denn je. Der staatliche Beitrag tendiert immer mehr in Richtung Grundabsicherung, bei der Alters- wie bei der Gesundheitsvorsorge. Das hatte Ludwig Erhard schon 1963 vorausgesehen. Seine Beschreibung des bereits damals reichlich Fett ansetzenden Sozialstaats war zugleich eine eindringliche, unverändert aktuelle Warnung: „Kein Staat kann seinen Bürgern mehr geben, als er ihnen vorher abgenommen hat – und das auch noch abzüglich der Kosten einer immer mehr zum Selbstzweck ausartenden Sozialbürokratie. Es gibt keine Leistungen des Staates, die sich nicht auf Verzichte des Volkes gründen."

Der Vater des Wirtschaftswunders weist hier auf einen ganz wichtigen Aspekt hin: Der Staat, der seine Bürger aus durchaus ehrenwerten

Motiven gegen alle möglichen Risiken absichern will, tut dies in der Regel auf bürokratische Weise – und damit zwangsläufig weniger effizient und zu deutlich höheren Kosten, als im Wettbewerb stehende Unternehmen dies können.

Ludwig Erhard sorgte sich indes nicht nur um die wechselseitige Abhängigkeit von staatlichen Gaben und Abgaben. Er sah auch mit großer Sorge, wie überbordende staatliche Vorsorge die Eigeninitiative zu ersticken drohte. In seinem Bestseller „Wohlstand für alle" warnte er bereits 1957: „Die wachsende Sozialisierung der Einkommensverwendung, die um sich greifende Kollektivierung der Lebensplanung, die weitgehende Entmündigung des Einzelnen und die zunehmende Abhängigkeit vom Kollektiv oder vom Staat müssen die Folge dieses gefährlichen Weges hin zum Versorgungsstaat sein, an dessen Ende der soziale Untertan und die bevormundende Garantierung der materiellen Sicherheit durch einen allmächtigen Staat, aber in gleicher Weise auch die Lähmung des wirtschaftlichen Fortschritts in Freiheit stehen wird."

Zweifellos gibt es viele, die aus ideologischen Gründen bedauern, dass private Vorsorge überhaupt notwendig ist. Sie agitieren gegen die private Vorsorge als eine Säule der Absicherung, polemisieren gegen private Vermögensberatung und diskreditieren alle, die die Bürger auf vorhandene Versorgungslücken hinweisen und ihnen Hilfe bei deren Schließung anbieten. Ein solches Verhalten ist jedoch in höchstem Maße unethisch und verantwortungslos. Wer den Bürgern einredet, er brauche selber keine Vorsorge zu treffen, weil der Staat eines Tages ohnehin wieder zu den alten Versorgungs-Standards zurückkehren werde, der macht sich mitschuldig an späteren Versorgungslücken, ja an der Ausbreitung der ohnehin drohenden Altersarmut bei Teilen der Bevölkerung.

VIII. Vermögensaufbau für alle

Der Staat ist sozialpolitisch längst an seine Grenzen gestoßen. Diese Tatsache bietet eine gesellschaftspolitische Chance: nämlich die Menschen nachdrücklich darauf hinzuweisen, dass der betreute Mensch gegenüber dem selbständigen Menschen nur scheinbar im Vorteil ist. Der betreute Mensch ist nämlich abhängig vom Betreuer. Und zugleich hilflos, wenn der Betreuer einseitig die Bedingungen der Betreuung ändert.

Das wird am Beispiel der Rentenversicherung besonders anschaulich. Wer vor etwa 30 Jahren Mitglied der Solidargemeinschaft wurde, musste erleben, dass seine Beiträge ständig gestiegen, seine Ansprüche aber im Gefolge zahlreicher Rentenreformen immer stärker gesunken sind. Seit die Rentenformel mehr oder weniger durch die wahlpolitisch motivierte An- und Nichtanwendung verschiedener Anpassungsfaktoren außer Kraft gesetzt worden ist, ist der Sozialstaats-Bürger bei seiner Altersversorgung politischen Entscheidungen ausgeliefert. Rentenpolitik wird aber nicht einmal „nach Kassenlage" betrieben; seit der Großen Koalition haben wir es vielmehr mit einer „Rentenpolitik nach Wahlkalender" zu tun.

Leider ist im öffentlichen Bewusstsein weitgehend verloren gegangen, dass Selbständigkeit und Betreuung oder Mündigkeit und Gängelung einander weitgehend ausschließen. Je stärker das eine Prinzip wirkt, desto weniger Wirkung entfaltet zwangsläufig das andere. Je umfassender der Sozialstaat, desto abhängiger, ja unfreier werden seine „Untertanen". Oder um es abermals mit Ludwig Erhard zu sagen: „Wir können so reich werden, wie wir wollen; wir werden im Grunde genommen immer ärmer, immer unsicherer, immer abhängiger. Zuletzt werden wir dann alle Sozialrentner."

Jeder Bürger dagegen, der sich um seinen Vermögensaufbau kümmert und private Vorsorge betreibt, tut nicht nur etwas für sich; er senkt auch die Wahrscheinlichkeit, in naher oder ferner Zukunft zum Sozialfall zu werden. Das ist gut für ihn – und nicht zuletzt für Staat und Gesellschaft.

Stellen wir uns vor, jeder Deutsche wäre eines Tages in der Lage, sich durch geschickten Vermögensaufbau zusätzlich zur Berufstätigkeit ein zweites regelmäßiges Kapitaleinkommen zu verschaffen und sich ergänzend zur gesetzlichen Sozialpolitik so abzusichern, dass sein Lebensstandard selbst bei schweren Schicksalsschlägen und im Alter gesichert ist. Eine solche Gesellschaft selbstverantwortlicher Menschen wäre eine ganz andere als eine Gesellschaft von Transferempfängern – freier, selbstbewusster, unabhängiger und nicht zuletzt weniger staatsgläubig.

Eine utopische Vorstellung, gewiss. Aber unser Land stünde besser da, wenn es mehr und mehr Menschen gäbe, die dieses Ziel anstrebten und es auch erreichten. Möglichst vielen dabei zu helfen, ist jede Anstrengung wert.

Bruno S. Frey

Macht Geld allein glücklich?

Alle Menschen wollen glücklich werden. Diese Auffassung wurde schon von Aristoteles vertreten und danach von vielen andern Philosophen und Schriftstellern aufgenommen; so ist etwa Blaise Pascal vollkommen überzeugt, dass das Ziel jedes Menschen ist, glücklich zu werden. Man könnte sogar argumentieren, dass Menschen, die behaupten, sie wollten niedergeschlagen, traurig oder frustriert sein, dies eher als Provokation als aus voller Überzeugung sagen.

In dieser Hinsicht gibt es sicherlich keinen Wertewandel: Junge wie Alte, d. h. Angehörige jeder Generation, empfinden Glück als das höchste Gut. Die zunehmende Individualisierung und das Streben nach Selbstverwirklichung ändern daran nichts – im Gegenteil, das individuelle Streben nach Glück verstärkt sich dadurch noch.

Es gibt wohl wenige Menschen, die ernsthaft glauben, Geld allein mache glücklich. Dafür sind sie doch zu aufgeklärt und verfallen nicht dem Irrglauben, mit Geld ließe sich alles erreichen. Die Situation ändert sich hingegen, wenn die Frage etwas abgeändert wird. Stellt man die Frage, ob ein höheres Einkommen glücklicher mache, erhält man völlig gegensätzliche Antworten. Die einen sagen überzeugt „Ja“: Natürlich macht ein höheres Einkommen glücklich, denn wie ließe sich sonst erklären, dass die meisten Menschen ein höheres Einkommen anstreben. Andere Leute sind weniger überzeugt, und schließlich gibt es auch viele, die dezidiert „Nein“ sagen: Glücklich kann ein Mensch nur von innen heraus sein. Ein höheres Einkommen trägt dazu nichts bei und kann sogar schaden.

In den letzten Jahren hat sich die moderne Glücksforschung intensiv mit der Frage beschäftigt, ob ein höheres Einkommen glücklich mache.

Diese Glücksforschung wird multidisziplinär von Sozialpsychologen, Ökonomen und anderen Sozialwissenschaftlern betrieben. Sie ist stark empirisch orientiert und unterscheidet sich in dieser Hinsicht fundamental von der Philosophie, die sich seit jeher analytisch und normativ mit dem Phänomen des Glücks auseinandergesetzt hat. Ökonomen haben seit einiger Zeit auch Bereiche zu analysieren begonnen, die auf den ersten Blick als nicht zur Wirtschaft gehörig betrachtet werden. Als Beispiele seien die natürliche Umwelt (Umweltökonomie) oder die Gesundheit (Gesundheitsökonomie) genannt. In der ökonomischen Glücksforschung wird ein „außerökonomischer" Betrachtungsgegenstand – das Glück – mit Hilfe von ökonomischen und statistischen Methoden untersucht.

I. Ist Glück denn überhaupt messbar?

Wie lässt sich Glück messen? Kann man das überhaupt? Noch vor kurzem wurde diese Frage in der Wirtschaftswissenschaft klar verneint. Heute sehen wir das anders. Die Psychologen haben uns gelehrt, wie Glück gemessen werden kann, und damit ermöglicht, das Nutzenkonzept der Ökonomen mit Leben zu füllen. Auch wenn diese Glücksmessungen nicht perfekt sind, sind sie doch für ökonomische, politische und soziale Fragestellungen nützlich. Gleichzeitig werden die Methoden zu Messungen des Glücks laufend verbessert.

Das Messen des subjektiven Wohlbefindens (der Fachausdruck für Glück) ist durch drei Aspekte charakterisiert. Erstens erheben die Messungen bewusst keinen Anspruch auf Objektivität: Glück wird als etwas Subjektives angesehen. Zweitens werden sowohl positive als auch negative Einflüsse auf das Glück betrachtet. Und drittens wird das Glück ganzheitlich gemessen, das heißt, die Messungen sind nicht auf bestimmte Bereiche beschränkt (wie z. B. Arbeitszufriedenheit oder Gesundheit).

Die gemessenen Werte für das subjektive Wohlbefinden entsprechen objektiven und allgemein geteilten Auffassungen, wie glücklich

Menschen sind. Leute, die sich selbst in Befragungen als überdurchschnittlich glücklich bezeichnen, werden auch von anderen Personen als überdurchschnittlich glücklich eingeschätzt. Ihr Umfeld (Partner, Familie, Freunde) stuft sie als überdurchschnittlich glücklich ein. Darüber hinaus lächeln sie öfters, sind kontaktfreudiger, gesünder und brauchen weniger psychologische Unterstützung. Außerdem begehen sie weniger häufig Selbstmord.

II. Welche Messmethoden gibt es?

In der ökonomischen Glücksforschung wird eine subjektive Anschauung von Glück vertreten; jeder Einzelne muss selbst definieren, was Glück für ihn bedeutet. Es gibt verschiedene Konzepte, wie man Glück im Rahmen einer solchen subjektiven Auffassung erfassen kann. Die verschiedenen Messmethoden erfassen in unterschiedlicher Weise die beiden grundsätzlichen Glückskomponenten: Affekt und Kognition. Mit Affekt werden Stimmungen und Gefühle bezeichnet. Die kognitiven Aspekte beziehen sich auf das Rationale und Intellektuelle des subjektiven Wohlbefindens.

1. Befragungen

Das Glück wird durch eine groß angelegte Befragung einer repräsentativen Auswahl von Personen über die Gesamtzufriedenheit mit ihrem Leben erfasst. Mit Hilfe von sorgfältigen Fragen wird die Selbsteinschätzung des Einzelnen betreffend seiner Lebenszufriedenheit ermittelt. Dahinter steht ein kognitiver Prozess, in dem die Befragten Vergleiche mit anderen Personen, Erfahrungen aus der Vergangenheit und Erwartungen für die Zukunft zur Einschätzung ihrer Lebenszufriedenheit hinzuziehen und verwerten.

Die wichtigste Frage nach der Lebenszufriedenheit lautet:

„Wie zufrieden sind Sie insgesamt mit dem Leben, das Sie führen, auf einer Skala von 1 (‚völlig unzufrieden‘) bis 10 (‚völlig zufrieden‘)?“

Diese Frage nach der Lebenszufriedenheit ist langfristig orientiert und vermeidet kurzfristige emotionale Einflüsse. Entsprechend unterscheiden sich die Antworten bei einer mehrmaligen Befragung nur wenig. Außerdem sind die Unterschiede in der Lebenszufriedenheit zwischen Personen stabil. Fragt man hingegen unmittelbar nach dem „Glück", werden die Antworten erheblich durch kurzfristige Emotionen und vorübergehende äußere Einflüsse beeinflusst. So bezeichnen sich Personen bei schönem Wetter als glücklicher als bei miesem Wetter. Da sich solche Emotionen und äußeren Ereignisse meist ausgleichen, ist es in der ökonomische Glücksforschung sinnvoller, die Frage nach der Lebenszufriedenheit zu verwenden, weil sie aussagekräftiger ist. (Zur Vereinfachung sprechen wir der wissenschaftlichen Literatur folgend aber im Folgenden auch von Glück, wenn genau genommen die Lebenszufriedenheit gemeint ist.)

Die Verteilung der Antworten nach der Lebenszufriedenheit ist bemerkenswert:

Die allermeisten Personen stufen sich selbst als überraschend glücklich ein. Sie ordnen sich nahe dem oberen Ende der Glücksskala ein. Die am häufigsten gegebene Antwort ist 8, was bei einer Skala, in der das höchstmögliche Glück bei 10 liegt, hoch ist. Häufig wird sogar 9 angegeben, gefolgt von denjenigen, die 10 angeben und finden, sie seien mit ihrem Leben „völlig zufrieden". Umgekehrt findet sich im unteren Bereich der Skala fast niemand. Nur ganz wenige Personen geben an, sie seien unglücklich (Bereich 1 bis 4).

2. Andere Messansätze: „Erfassen subjektiver Erfahrungen" und „Nachträgliche Rekonstruktion"

Die Methode der Erfahrungsstichprobe („Experience Sampling Method") erfasst Informationen über die subjektiven Erfahrungen der Menschen. Diese befinden sich in ihrem natürlichen Umfeld und werden in zufällig verstreuten Zeitpunkten über einen Beeper oder Computer aufgerufen mitzuteilen, wie glücklich sie in diesem Moment gerade sind. Dieses elektronische Tagebuch ist eine Art „Hedonimeter", das die unmittelbaren affektiven, also gefühlsbezogenen Erfahrungen misst. Diese Methode wurde bis jetzt nicht im großen Stil angewendet, da sie kostenintensiver als repräsentative Befragungen ist.

Bei der nachträglichen Rekonstruktion werden rückblickend die verschiedenen Phasen des Tages aufgezählt und bewertet, wie glücklich man in der jeweiligen Phase war. Die Methode basiert auf Zeitbudgets, die aufzeigen, wie viel Zeit jemand mit welchen Aktivitäten verbringt. Es handelt sich um eine Annäherung an die Methode der Erfahrungsstichprobe. Die nachträgliche Rekonstruktion der täglichen Erfahrungen erlaubt eine feinere Glücksmessung als die repräsentativen Befragungen mittels einer einzigen Frage. Diese Methode ist neu und kam bisher nur versuchsweise zum Einsatz.

III. Höheres Einkommen macht eindeutig glücklicher

Personen mit höherem Einkommen verfügen über einen größeren Spielraum, sich ihre persönlichen materiellen Wünsche zu erfüllen. Sie können sich mehr Güter und Dienstleistungen leisten. Zusätzlich haben sie einen höheren gesellschaftlichen Status inne. Die Beziehung zwischen Einkommen und Glück – zu einem bestimmten Zeitpunkt und in einem bestimmten Land – war und ist das Thema von umfangreicher empirischer Forschung. Die Ergebnisse sind eindeutig: Personen mit höherem Einkommen bewerten ihr subjektives Wohlbefinden eindeutig höher als ärmere Personen. Diese positive Korrelation zwischen Einkommen und Glück ist statistisch gut gesichert.

Der positive Zusammenhang zwischen Einkommen und Lebenszufriedenheit lässt sich anhand der Daten des Deutschen Sozio-ökonomischen Panels über die Periode 1985–2003 quantitativ ermitteln: Das Haushaltseinkommen korreliert positiv mit der geäußerten Lebenszufriedenheit. (Alle anderen Einflussfaktoren werden konstant gehalten.) Bei einer Verdoppelung des Haushaltseinkommens steigt die Lebenszufriedenheit auf der 10 Punkte-Skala um 0,55 Punkte. Wer seine Lebenszufriedenheit zuvor beispielsweise mit 8 angab, gibt nach einer Einkommensverdoppelung etwa 8,5 an, was einen recht deutlichen Anstieg des Glücks darstellt.

Eine Einkommens- und Vermögenszunahme erhöht tendenziell die Lebenszufriedenheit. Einkommensunterschiede tragen aber nur zu einem Teil zur Erklärung der Unterschiede im subjektiven Wohlbefinden bei. Für die Vereinigten Staaten beträgt der einfache Korrelationswert 0,20. Manchmal wird dieser niedrige Wert in dem Sinne falsch interpretiert, dass das Einkommen nicht relevant für das subjektive Wohlbefinden sei. Da die Lebenszufriedenheit aber nicht nur vom Einkommen abhängt, sagt dieser Korrelationswert lediglich aus, dass andere Faktoren ebenfalls wichtig sind, wenn es darum geht zu erklären, weshalb gewisse Menschen glücklicher sind als andere. Im Einzelnen sind es weitere ökonomische Faktoren wie die Arbeitslosigkeit sowie nichtwirtschaftliche Faktoren wie insbesondere Gesundheit und Persönlichkeit. Menschen, die aufgrund ihrer Persönlichkeitsstruktur intrinsische, also aus dem Inneren kommende Ziele haben, sind tendenziell glücklicher als solche, die extrinsische Ziele verfolgen, die also nach finanziellem Erfolg und sozialer Anerkennung streben.

Der Zusammenhang zwischen individuellem Einkommen und Glück wurde hauptsächlich für entwickelte Industrieländer erforscht. Die Resultate lassen sich jedoch im Wesentlichen auch auf Entwicklungs- und Schwellenländer übertragen: Erlangt eine Person in einem Entwicklungsland mehr Einkommen, nimmt ihre Lebenszufriedenheit deutlich zu.

IV. Begrenzte Wirkung höheren Einkommens auf das Glück

Zusätzliches Einkommen und Vermögen erhöht die Lebenszufriedenheit allerdings nicht unbegrenzt. Die Beziehung zwischen Einkommen und Glück ist nicht linear; es besteht vielmehr ein abnehmender Grenznutzen. Wir kennen das ökonomische Gesetz des abnehmenden Grenznutzens auch aus anderen Bereichen: Das erste Stück Pizza stiftet einen hohen Nutzen, das zweite Stück ist auch noch willkommen, macht aber schon weniger zufrieden usw. Mit dem fünften Stück ist allerdings im Normalfall der Hunger definitiv gestillt. Gleich verhält es sich mit dem Einkommen: Der gern zitierte amerikanische Tellerwäscher war bestimmt überglücklich, als er die ersten finanziellen Erfolge erzielte. Einmal zum Millionär avanciert, tragen aber weitere 1000 Dollar Einkommen kaum mehr zu einer signifikanten Zunahme seiner Lebenszufriedenheit bei.

Die empirischen Untersuchungen zeigen einen positiven, aber abnehmenden Zusammenhang zwischen Einkommen und individueller Lebenszufriedenheit. Es gibt sogar Situationen, in denen zusätzliches Einkommen als Last empfunden wird. Betrachten wir einen Lotteriegewinner: Die anfängliche Freude ist sicher hoch und die Lebenszufriedenheit nimmt sicherlich zu. Vermutlich kündigt der Lotteriegewinner nun seinen alten Job. Dadurch verliert er aber wichtige Beziehungen und Anerkennung. Zudem können Spannungen entstehen, weil von ihm erwartet wird, seine Verwandten und Freunde finanziell zu unterstützen. Studien zufolge ist die durchschnittliche Lebenszufriedenheit der Lotteriegewinner nach einer Zeit der Anpassung nicht signifikant höher als vor dem Gewinn. Ein hohes Einkommen hat in diesem Fall zwei Gesichter: Zum einen garantiert es anhaltende Behaglichkeit. Zum anderen raubt es die Notwendigkeit, sich etwas erarbeiten zu müssen und daraus Freude zu schöpfen.

V. Wer in einem armen Land lebt ist unglücklicher

Was für einzelne Einkommensklassen gilt, trifft auch auf ein ganzes Land zu: Das individuelle Wohlbefinden steigt mit steigendem Einkommen. Leute, die in reichen Ländern leben, sind im Durchschnitt glücklicher als solche, die in armen Ländern leben. Die Unterschiede in den Lebenshaltungskosten werden selbstverständlich berücksichtigt.

Die zuweilen anzutreffende Verherrlichung des Armseins (zum Beispiel in Form eines naturbezogenen und stressfreien Lebens) ist ein Mythos, der stark durch romantische Vorstellungen geprägt ist. Auf niedrigen Entwicklungsstufen sorgt zusätzliches Einkommen eindeutig für mehr Lebenszufriedenheit. Ist aber ein gewisses Wohlstandsniveau einmal erreicht, hat das länderspezifische Durchschnittseinkommen nur noch einen geringfügigen Einfluss auf die durchschnittliche Lebenszufriedenheit in besagtem Land.

Abbildung 1 zeigt für den Anfang des 21. Jahrhundert den Zusammenhang von Pro-Kopf-Einkommen und durchschnittlicher Lebenszufriedenheit in 63 Ländern.

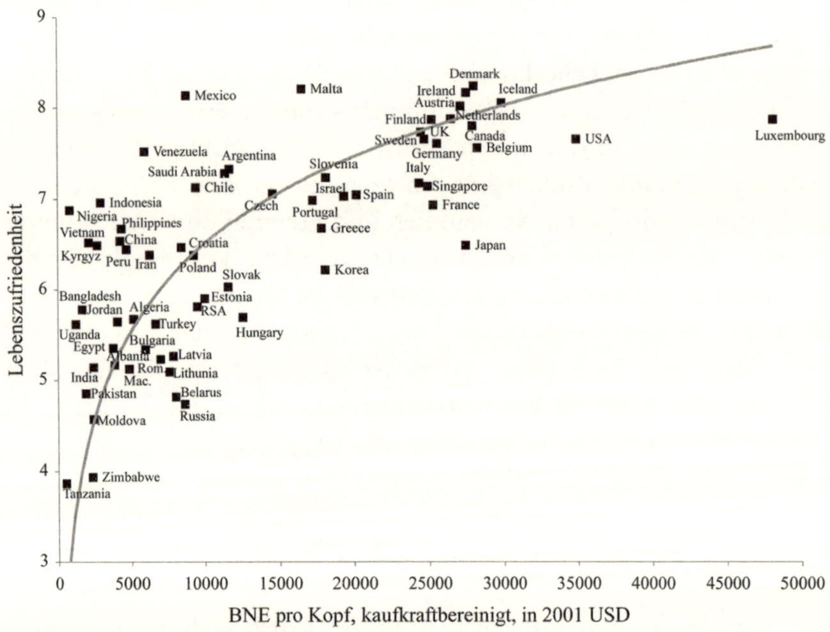

Abbildung 1: Ländervergleich: Wie hängen Lebenszufriedenheit und Einkommensniveau in 63 Ländern zusammen? (Daten aus World Values Survey 1999–2004)

VI. Es gibt auch viele andere wichtige Einflüsse auf das Glück

Die obige Abbildung darf nicht überinterpretiert werden. Der positive Zusammenhang zwischen Einkommen und Glück kann auch auf andere Faktoren zurückzuführen sein. Insbesondere elementare Grundrechte und Gesundheit erhöhen die Lebenszufriedenheit – ebenso wie das Einkommen: Länder mit höherem Pro-Kopf-Einkommen haben meist stabilere Demokratien als ärmere Länder. Der beobachtete positive Zusammenhang zwischen Einkommen und Glück kann somit auch auf die stärker ausgebauten demokratischen Rechte zurückzuführen sein. Auch andere Bedingungen können in positivem Zusammenhang mit dem Einkommen stehen und damit glücksstiftend wirken: Je höher zum Beispiel das durchschnittliche Einkommen ist, desto besser ist die durchschnittliche Gesundheit der Bevölkerung und damit auch das Wohlbefinden.

VII. Erstaunlich: Die heutige Generation ist vermutlich nicht viel glücklicher als ihre Vorfahren

In vielen Ländern kann ein überraschendes Phänomen beobachtet werden: Obwohl das durchschnittliche Pro-Kopf-Einkommen in den vergangenen Jahrzehnten stark angestiegen ist, ist das durchschnittliche Glücksniveau konstant geblieben oder sogar gesunken. Die Leute können sich viel mehr Güter und Dienstleistungen leisten, sind damit jedoch nicht wesentlich glücklicher geworden.

Dieser Zusammenhang ist in Abbildung 2 für Deutschland dargestellt. Ähnliche Beobachtungen können auch für andere Länder gemacht werden.

Zwischen 1970 und 2000 hat sich das um Preissteigerungen bereinigte Pro-Kopf-Einkommen in Deutschland beinahe verdoppelt. Die offene Schere der Abbildung zeigt jedoch auch, dass diese Steigerung beim materiellen Wohlergehen nicht mit einem Anstieg der durchschnittlichen Lebenszufriedenheit einherging. Im Jahr 1973 lag die durchschnittliche Lebenszufriedenheit, gemessen auf einer 4-Punkte-Skala, bei 2,97. 1998, nach 25 Jahren Wohlstandszuwachs, liegt dieser Wert noch immer bei 2,92.

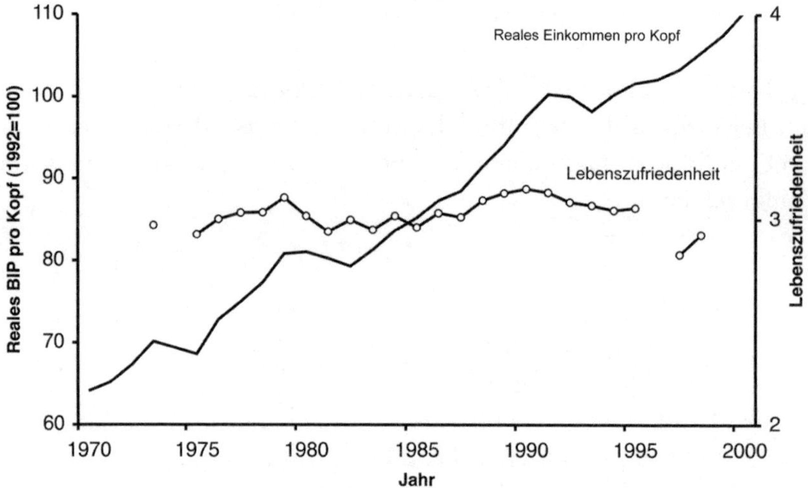

Abbildung 2: Pro-Kopf-Einkommen und Lebenszufriedenheit in Deutschland 1973 bis 1998 (Quellen: Eurobarometer, Penn World Tables und OECD)

Die Lebenszufriedenheit hängt somit nicht ausschließlich vom Einkommensniveau ab. Wichtig sind zwei psychologische Prozesse beziehungsweise Mechanismen, die noch ausführlicher behandelt werden:

- Wir vergleichen unsere eigene Situation mit derjenigen der Anderen. Wenn ich 5000 Franken mehr verdiene, mein Kollege aber 7000 Franken mehr, ärgere ich mich, anstatt mich über meine Gehaltserhöhung zu freuen.

- Wir gewöhnen uns rasch an ein höheres Einkommen und an den höheren materiellen Wohlstand. Die Waschmaschine und der Farbfernseher gehören zu unserem heutigen Leben und werden nicht mehr als glückssteigernd empfunden. Studien zeigen, dass zwei Drittel bis drei Viertel des Glückseffektes einer Einkommenserhöhung im Laufe des ersten Jahres verschwinden.

VIII. Glück ist relativ: die Rolle der Einkommenserwartungen

Das Einkommen hat zwar einen Einfluss auf die Lebenszufriedenheit. Dieser ist aber nur gering. Verschiedene psychologische Prozesse erklären, weshalb ein höheres Einkommen nicht einen stärkeren positiven Effekt auf die Lebenszufriedenheit hat. Menschen können und wollen keine absoluten Urteile fällen. Vielmehr führen sie immer wieder Vergleiche durch: mit ihrer Umwelt, mit der Vergangenheit oder mit den Erwartungen für die Zukunft. Abweichungen werden registriert, und es wird darauf reagiert.

1. Vergleiche mit Anderen

Für uns Menschen ist die Position auf der Einkommensleiter maßgebend. Uns interessiert nicht die absolute Höhe unseres Einkommens, sondern vielmehr unsere Position auf der Einkommensleiter im Vergleich zu den Anderen, also das relative Einkommen. Wie viel verdienen wir im Vergleich zu den Anderen? Dabei schauen wird die Leiter aufwärts, nicht abwärts. Wir vergleichen uns also mit Personen, die ein höheres Einkommen haben als wir selbst. Unsere ärmeren Mitmenschen schließen wir hingegen nicht in unsere Betrachtung mit ein. Als Referenzgruppen dienen vor allem die Arbeitskollegen und die Familienangehörigen, aber auch Freunde und Bekannte.

2. Wir gewöhnen uns rasch an ein höheres Einkommen

Zusätzliche Güter und Dienstleistungen stiften Zufriedenheit – zumindest vorübergehend. Ein anhaltend, unverändert hohes Konsumniveau oder wiederholter Konsum lassen die Befriedigung allerdings recht schnell verschwinden. Wir gewöhnen uns rasch an ein höheres Einkommen, das uns eine bessere materielle Versorgung mit Gütern erlaubt.

Betrachten wir zum Beispiel das Fernsehen: Vor noch nicht allzu langer Zeit waren wir glücklich, wenn wir ein oder zwei Fernsehkanäle in Schwarz-Weiß empfangen konnten. Heute erwarten wir, Dutzende von Sendern empfangen zu können, selbstverständlich farbig. Wir haben unsere Erwartungen schnell an den technischen Fortschritt angepasst und uns an die neuen Möglichkeiten gewöhnt.

Das Ausmaß sowie die Art und Weise der Anpassung ist von Mensch zu Mensch und von Situation zu Situation verschieden. Beim Einkommen scheint der Gewöhnungseffekt vollständiger zu sein als in anderen Lebensbereichen, wie beispielsweise Heirat, Freizeit oder Invalidität. Die persönlichen Einkommenserwartungen nehmen mit zunehmendem individuellem Einkommensniveau zu: Steigt das persönliche Einkommen, werden 60 bis 80 Prozent der erwarteten Zunahme des individuellen Wohlbefindens „zerstört", da man sich an das höhere Einkommen gewöhnt und die Einkommenserwartungen (weiter) nach oben anpasst. Im Extremfall nimmt die Lebenszufriedenheit letztendlich überhaupt nicht zu – trotz Einkommenszunahme.

IX. Macht Geld glücklich, oder werden glückliche Leute reicher?

Die erwähnten Korrelationen zwischen Einkommen und Glück sagen noch nichts über die Ursache-Wirkungs-Zusammenhänge, also die Kausalitäten, aus. Bis jetzt sind wir davon ausgegangen, dass die Kausalität vom Einkommen in Richtung Lebenszufriedenheit geht: Ein höheres Einkommen macht die Menschen glücklicher. In dieser Argumentationslinie ist das Einkommen die Ursache, die Lebenszufriedenheit die Auswirkung.

Eine umgekehrte Kausalität ist ebenfalls vorstellbar. Je glücklicher der Einzelne oder die Bevölkerung eines Landes mit dem Leben ist, desto stärker ist der Wille, hart zu arbeiten. Die Leute arbeiten intensiver, engagierter und unternehmerischer und erreichen damit ein größeres Pro-Kopf-Einkommen. In anderen Worten: Glückliche Leute sind leistungswilliger und kreativer, was wiederum zu höherem Einkommen führt.

In welche Richtung verläuft nun die Kausalität? Zur Beantwortung dieser Frage ist es hilfreich, den Gewinner einer Lotterie oder den Erben eines großen Vermögens zu betrachten. Der Lotteriegewinner oder auch der Erbe gibt im Folgejahr ein höheres subjektives Wohlbefinden an. Daraus kann der Schluss gezogen werden, dass höheres Einkommen und Vermögen – zumindest kurzfristig – glücklich macht. Einkommen produziert also subjektives Wohlbefinden, insbesondere in Ländern unterhalb einer gewissen Wohlstandsschwelle.

X. Was wissen wir?

Materieller Wohlstand und Erwartungen der Zukunft sind für die meisten Menschen zwei wichtige Bedingungen für ihre Lebenszufriedenheit. Personen mit höherem Einkommen geben eine höhere Lebenszufriedenheit an als ärmere. Zusätzliches Einkommen erhöht das subjektive Wohlbefinden aber nicht endlos. Die materiellen Werte dürfen nicht überinterpretiert werden. Menschen streben auch immaterielle Ziele an. Glück lässt sich nicht einfach mit Geld kaufen.

Auf der anderen Seite ist die zuweilen anzutreffende Verherrlichung des Armseins nur eine romantische Vorstellung. Höheres Einkommen führt gerade auch in armen Ländern zu einer Zunahme der durchschnittlichen Lebenszufriedenheit. Die Effekte sind aber klein und abnehmend. Andere Faktoren sind wichtiger, wenn es darum geht, Unterschiede in der Lebenszufriedenheit verschiedener Länder zu erklären.

Mit zunehmendem Durchschnittseinkommen sind die Demokratien stabiler, die Menschenrechte sicherer, die durchschnittliche Gesundheit höher und die Einkommensverteilung gleichmäßiger. Damit steigt auch die Lebenszufriedenheit.

In vielen Ländern kann ein erstaunliches Phänomen beobachtet werden: Obwohl das durchschnittliche Pro-Kopf-Einkommen in den vergangenen Jahrzehnten stark angestiegen ist, ist das durchschnittliche Glücksniveau konstant geblieben oder sogar gefallen. Wir Menschen fällen keine absoluten Urteile. Wir vergleichen uns mit unserem sozialen Umfeld, mit der Vergangenheit oder mit den Erwartungen für die Zukunft. Der Vergleich mit anderen Personen und der Gewöhnungseffekt formen die individuellen Erwartungen und lassen die (unersättlichen) Menschen nach immer mehr streben. Die Erwartungen nehmen laufend zu. Damit entsteht eine Lücke zwischen dem, was man erreicht hat, und dem, was man gerne erreichen würde. Auf Grund dieser Diskrepanz nimmt die Lebenszufriedenheit im Zeitablauf kaum zu – trotz der Einkommenszunahme.

Die moderne Forschung zeigt somit, dass Glück durch viele verschiedene Faktoren beeinflusst wird. Sicherlich ist der materielle Wohlstand nur einer der wichtigen Faktoren, aber er ist für das Erreichen des Glücks unerlässlich. Sich das Glück mit Hilfe von rein materiellen Gütern erkaufen zu wollen, ist verfehlt. Auch die allgemeinen gesellschaftlichen Bedingungen spielen eine große Rolle, allen voran die Möglichkeit der Menschen, sich politisch zu betätigen. Überdies sind gute soziale Beziehungen, insbesondere Freundschaften, und ein gutes Familienleben von zentraler Bedeutung für das Glück.

Literatur

Bruno S. Frey und Claudia Frey Marti, Glück. Die Sicht der Ökonomie. Rüegger Verlag. Zürich/Chur 2011.

VIII.

Werte und Wertewandel in den Medien

Anton Hunger

Die manipulierte Aufklärung

Von der schleichenden Relativierung der Wahrheit durch Personalisierung und Skandalisierung

Als hätte man es nicht schon immer irgendwie gewusst: Eine verfassungsrechtlich garantierte Pressefreiheit erfordert offensichtlich auch eine gewisse grenzgängige Energie derjenigen, die sie gewerbsmäßig nutzen. Und manchmal ist der Grat zwischen grenzgängig und kriminell ziemlich schmal.

Journalisten des britischen Boulevardblattes „News of the World" haben jahrelang die Telefone von Prominenten, Angehörigen von Verbrechensopfern und Hinterbliebenen getöteter Soldaten angezapft. Der frühere Premierminister Gordon Brown war genauso Opfer wie die Eltern der kaltblütig umgebrachten Milly Dowler. Die Nachricht, dass die Mailbox des 2002 entführten Kindes noch während seiner Entführung und späteren Ermordung von den Journalisten abgehört wurde – aufgedeckt vom „Guardian" –, brachte den Skandal ins Rollen und ganz Britannien vor Empörung auf die Barrikaden. Rupert Murdoch, Chef des mächtigen Medienkonzerns News Corp., der auch die Sonntagszeitung „News of the World" herausgab, musste am 19. Juli 2011 vor dem Parlament Rede und Antwort stehen und wurde von den Abgeordneten regelrecht „gegrillt", seine britische Statthalterin, die Ex-Chefin seines britischen Tochterunternehmens News International, Rebekah Brooks, wurde zwei Tage vorher verhaftet, der Londoner Polizeichef von Scotland Yard, Paul Stephensen, trat am gleichen Tag zurück und Premier David Cameron, der den Ex-Chefredakteur von „News of the World", Andy Coulson, zu seinem Regierungssprecher beförderte, kam im Parlament und in der Öffentlichkeit mächtig unter Druck. Die Affäre weitete sich zu einem der größten Medienskandale auf der britischen Insel aus. Murdochs Macht, basierend auf aggressivem, arrogantem und ekelerregendem Journalismus, verflüchtigte sich binnen Tagen. „News of the World" hat sich aus der Presselandschaft im wahrsten Sinne des Wortes selbst ausgeschlossen. Der einst übermächtige Verleger hatte keine Chance mehr: Er machte das Blatt dicht.

Dabei waren die Journalisten des Skandalblattes noch nicht einmal die einzigen, die sich illegal Informationen beschafften. In einer vom „Information Commissioner's Office" 2005 veröffentlichten Studie ist vielmehr zu erfahren, dass „News of the World" bei der Anzahl der Verstöße gegen die Privatsphäre von Menschen erst an fünfter Stelle unter allen britischen Zeitungen auftaucht. Den unrühmlichen ersten Platz belegt die „Daily Mail" – eine Zeitung, die nicht zum Murdoch-Reich gehört. Eine Zeitung aber auch, die sich wie „News of the World" oder „Sun" ohne jegliche Schamgrenzen in der Boulevard-Szene tummelt.

Schnell war man in den meinungsbildenden Medien in Europa und Amerika mit dem Urteil fertig: Es sind die bunten Blätter, die Boulevardjournalisten, die Handys abhören und Polizisten bestechen, um die Lufthoheit im brutalen Wettbewerb der exklusiven Nachrichten zu gewinnen. Und unausgesprochen wird suggeriert: Die seriöse Presse ist nicht von diesem widerlichen Geist infiziert. Schließlich rief auch sie laut nach dem Staatsanwalt. Und schließlich hat der „Guardian" den Skandal öffentlich gemacht.

Auch wenn der Boulevard ein besonderes Pflaster des Journalismus abbildet und selbst vor kriminellen Methoden nicht zurückschreckt, so bleibt die Ehre des sogenannten seriösen Qualitätsjournalismus keineswegs unbefleckt. Auch in diesem Metier der Edelfedern, der investigativen Reporter und der scheinbar aufrechten Helden der vierten Gewalt gefällt man sich durchaus in fragwürdigen Aktionen und Methoden. Und nicht jede ist von vornherein als solche zu erkennen.

Es war der Wahlabend 2005. Gerhard Schröder fühlte sich als Sieger und gebärdete sich in der sogenannten TV-Elefantenrunde auch so; Angela Merkel hingegen wirkte wie eine Verliererin, was sie über die gesamte Sendezeit nicht abstreifen konnte. Am Ende konnten Schröders Attacken und seine offen zur Schau getragene Häme über das klägliche Wahlergebnis der Union nicht verhindern, dass Deutschland zum ersten Mal in der Geschichte eine Kanzlerin bekam. Sie hatte verloren, wenn auch das Amt gewonnen.

Merkel war nicht der einzige Verlierer des Abends, versagt hat auch die deutsche Politikpresse. In geradezu anmaßender Weise haben Journalisten versucht, eine Regierung wegzuschreiben und aus berechtigter Kritik eine Kampagne gemacht. Beinahe gleichgeschaltet hoben die Meinungsmacher Merkel als neue Heilsbringerin auf den Schild, kaum dass sie im Mai zur Kanzlerkandidatin gekürt wurde, und machten Schröder zum Buhmann der Nation. Sie waren auf den sich selbst beschleunigenden Zug der Meinungsumfragen aufgesprungen, hatten den Vorsprung Merkels für bare Münze genommen und in ihren Kommentaren und ihrer Berichterstattung den Machtwechsel vorweggenommen, sich gegenseitig auf die Schenkel geklopft und in ihren Fehleinschätzungen bestärkt. Am Wahlabend trennten nur ein paar tausend Stimmen den Sieger vom Verlierer, ein Abstand, der allenfalls in homöopathischen Dosen zu messen war. Schröder hatte in einer fulminanten Aufholjagd bis zum Wahltag völlig unerwartet gleichgezogen.

Es war eines der weniger ruhmreichen Kapitel in der deutschen Mediengeschichte.

Belegt ist jedenfalls die Aussage eines „Spiegel"-Redakteurs, den der frühere n-tv-Kommentator Gerhard Hofmann in seinem Buch über diesen legendären Wahlkampf und seine medialen Begleiterscheinungen zitiert: „Wir haben beschlossen, dass Rot-Grün weg muss." Den Namen des plaudernden Redakteurs gibt der Buchautor allerdings nicht preis. Gabor Steingart, der damalige „Spiegel"-Büroleiter in Berlin und heutige „Handelsblatt"-Chefredakteur, soll es genau so auch bei einer Veranstaltung Angela Merkel direkt gesagt haben. Und letzte Zweifel an dieser fragwürdigen Aktion räumen die reuigen Selbsterkenntnisse aus der Medien-Prominenz beiseite, wie beispielsweise die von Giovanni di Lorenzo von der „Zeit", der von einer „Blamage" sprach, weil die Glaubwürdigkeit der Journalisten gelitten hätte.

Worin liegt nun das Versagen der deutschen Presse? Dass man Merkel für einen besseren Regierungschef als Schröder halten mag, ist schiere Meinung und kann ganz selbstverständlich in jeder Kommentierung geäußert werden. Meinungsmacher haben auch die Aufgabe, Meinung zu machen. Dass aber in einer vermeintlich konzertierten Aktion beinahe alle meinungsbildenden Blätter, von „Bild" über „FAZ" bis „Spiegel", ein halbes Jahr lang nur für Merkel trommelten und im gleichen Atemzug Schröder jegliche Kompetenz absprachen, war auffallend. Die führende Presse hat monatelang missioniert und nicht informiert. Und sie hat vergessen, was ihre ureigenste Aufgabe ist: Recherchieren, die wahre Stimmung im Wahlvolk zu erfassen, hinter die Kulissen zu schauen und aufzuklären.

Die freiwillige Gleichschaltung gilt nach der offensichtlichen „Blamage" wohl als singulärer Vorgang, die Missionierung keineswegs. Als Verteidigungsminister Karl-Theodor zu Guttenberg wegen seiner Plagiatsaffäre immer stärker den öffentlichen Druck spürte, sprang ihm in einer beispiellosen Berichterstattung die „Bild"-Zeitung bei und verniedlichte den Täuschungsversuch. Je belastender die Vorwürfe wurden, desto mehr fühlte sich das Boulevardblatt berufen, die Schwere seines Delikts zu relativieren. „Ja, wir stehen zu Guttenberg", titelte das Blatt. Und als der Karriereknick schon greifbar war: „Gut! Guttenberg bleibt." Selbst vor der Ehre der akademischen Weihe schreckten die „Bild"-Macher nicht zurück: „Macht keinen guten Mann kaputt. Scheiß auf den Doktor."

Selbst weniger feingeistigen Beobachtern gefriert bei dieser Lektüre das Blut in den Adern. Aufgabe der Presse kann es jedenfalls nicht sein, den gesellschaftlichen Konsens über Werteorientierung in so fahrlässiger Weise zu diskreditieren. Man kann ja Guttenberg bewundern, man kann ihn mögen und dies auch ausdrücken, aber man kann sein gesellschaftlich inakzeptables Handeln nicht auf fragwürdige Art und Weise legalisieren, nur weil man ihn mag. In einer demokratisch organisierten Gesellschaft haben die Medien den Auftrag, die Institutionen und die Regierenden zu kontrollieren. Und Guttenberg war Teil der Regierung, ist eine Person der Zeitgeschichte und muss sich –

wie jeder andere Bürger auch – an gesetzlichen Vorschriften und gesellschaftlichen Werten messen lassen. Mag sein Täuschungsmanöver nicht unbedingt und überall auf Ablehnung stoßen, der kaum nachvollziehbare Beistand eines Boulevardblattes steht auf einem anderen Blatt. Sogar der „Spiegel" ignorierte in seltener Aufrichtigkeit die eherne Branchenregel, wonach keine Krähe einer anderen das Auge auskratze, und widmete dieser seltsamen Missionars-Tätigkeit eine Titelgeschichte: das „Bild"-Logo aus Zündhölzern, überschrieben mit „Die Brandstifter".

Wenn man über den Zustand der Medien Bescheid wissen will, lohnt es sich bisweilen, die gefühlte Temperatur der Leser zu erfassen. Nicht, dass Leserbriefschreiber mit dem Volk verwechselt werden dürfen – diese Spontan-Autoren machen nur einen winzigen Bruchteil des Publikums aus. Aber sie drücken aus, was Menschen auch bewegt, die nicht in Redaktionen arbeiten.

Bewegt hat Menschen die Guttenberg-Affäre und den anschließenden Rücktritt des Ministers, wenn auch zwiespältig. Noch mehr hat aber die Menschen der Rücktritt von Bundespräsident Horst Köhler bewegt, weil sich dieser ja gerade nichts zuschulden hat kommen lassen. Er war einfach mal weg – und ließ das auf dem linken Fuß erwischte Publikum ratlos zurück. Warum?

> „Wer den tieferen Grund sucht, warum Horst Köhler von seinem Amt als Bundespräsident zurückgetreten ist, der findet ihn in einem winzigen Moment im Blick seiner Gattin beim Weggang von der Pressekonferenz: Ein Blick beherrschter Verachtung für die mediokre Meute intellektueller Flachheit und menschlicher Unredlichkeit, als die sich die Berliner politische Klasse einschließlich vieler ihrer medialen Analysten präsentiert" (Leserbriefschreiber Markus Ewald in der „Süddeutschen Zeitung").

Ein weithin respektierter Bundespräsident tritt von seinem Amt zurück und macht den Vorgang zum historischen Ereignis. Ein ganzes Jahr lang hat er geschwiegen, hat sich nicht erklärt, weil er befürchtete, dass seine Begründung sofort wieder Gegenstand einer medialen Überzeichnung werden würde. Es hat sich ganz offensichtlich bei ihm etwas zusammengebraut, Zumutungen und Demütigungen haben eben ein Fass zum Überlaufen gebracht. Als „Horst Lübke" wurde er verspottet, als „Sparkassenpräsident" verhöhnt. Solche Schläge unter die Gürtellinie müssen auch andere ertragen, die im Showgeschäft des Polit-Business unterwegs sind. Vielleicht war er ja etwas zarter besaitet, vielleicht mochte er diese Art von Politikbetrieb wirklich nicht, vielleicht belastete es ihn auch zu stark.

Am 9. Juni 2011 konnte er seine Verletzungen dann in einem Interview mit der „Zeit" nicht mehr länger verbergen: „Die Angriffe auf mich im Zusammenhang mit meinen Äußerungen über sicherheitspolitische Interessen Deutschlands waren ungeheuerlich und durch nichts gerechtfertigt. Es war die Rede von der Befürwortung von Wirtschaftskriegen und möglichem Verfassungsbruch." Das ahnte man als Begründung, die Debatte über die Verlängerung des Afghanistan-Mandats der Bundeswehr kochte noch auf heißer Flamme. Aber war es das? Die „Zeit" entdeckte in einem Kommentar zu dem Interview immerhin so etwas wie des Pudels Kern: „Wahrhaftigkeit: Nichts hat er im Berliner Politikbetrieb mehr vermisst. Verlogen ist ihm dieser Betrieb vorgekommen. Ein Leben lang hatte er für das Land, so empfand er es, Aufgaben übernommen und Lasten getragen. Dafür sich beschimpfen und demütigen lassen? Nicht mit ihm!"

Gründe für Köhlers Rücktritt mag es mehrere geben, angemessene und weniger angemessene, nachvollziehbare und weniger nachvollziehbare. Aber Köhler ist am Ende zurückgetreten, weil er mit der ganzen Kraft seiner Worte und dem Amt im Rücken in der medialen Welt nicht mehr durchgedrungen ist. Diese Welt hatte ihr Urteil gesprochen. Und diese Welt war nicht seine Welt.

Die Medien erfahren schon seit einiger Zeit eine gewisse Distanziertheit der Menschen, auch und insbesondere von prominenten Zeitgenossen, die sich nicht vereinnahmen lassen wollen. Als Hans Magnus Enzensberger von der „Süddeutschen Zeitung" einmal gefragt wurde, warum er denn keine Interviews gäbe, entgegnete er mit den Worten seines Schriftstellerkollegen Robert Musil: „Was habe ich davon?", und lieferte seine Antwort gleich hinterher: „Wir haben hier eine nette Unterhaltung. Da ist keine Zensur, und ich kann offen sagen, was mir durch den Kopf schießt. Wenn ihr daraus ein Interview machen wollt, und ich sage einen blöden Satz, dann nagelt ihr mich darauf fest und alle reiten darauf rum. Das ist doch blöd. Warum? Was soll das? Ich möchte frei reden, frei."

Frei reden, Enzensberger will nicht mehr und nicht weniger. Nur frei reden. Und das, glaubt er, kann er mit der Presse, der selbsternannten Hüterin des freien Wortes, nicht mehr. Gäbe er ein Interview, dann „muss ich das alles umschreiben, in Ordnung bringen, da bin ich dann der Idiot. Die Zeitungen haben keine Arbeit, ich bin aber der Idiot."

Enzensberger will kein „Idiot" sein, er will sich nicht als Objekt vereinnahmen lassen, er will Subjekt bleiben, sich an den Schreibtisch setzen und Bücher verfassen. Enzensberger hat seine eigene Form, sich auszudrücken und Aufmerksamkeit zu erzielen. Aber das haben die meisten Menschen nicht, gerade dann, wenn sie zu plötzlicher Berühmtheit kommen.

So schaffte es beispielsweise das Entführungsopfer Natascha Kampusch erstaunlich gut, sich nicht nur die Boulevardjournalisten, sondern auch die sogenannte seriöse Presse vom Leib zu halten. Als sie ihre selbstauferlegte Zurückhaltung einmal aufgab, um „bis zu einem gewissen Grad für Aufklärung zu sorgen", ist sie prompt hereingefallen: „Anfangs habe ich gedacht, dass es eine gewisse Logik der Berichterstattung gibt und dass ich darauf durch Klarstellungen Einfluss nehmen kann. Mittlerweile bin ich desillusioniert, denn mir ist klar geworden, dass es diese Logik nicht gibt ... Jeder Mensch hat seine eigene Interpretationsweise und versteht meine Geschichte anders" (Bergmann/Pörksen, Die Macht öffentlicher Empörung).

Logik der Berichterstattung? Längst haben Personalisierung und Instrumentalisierung die sachliche Analyse verdrängt. Ethische Standards und journalistische Sorgfaltspflicht weichen zunehmend dem Druck, Auflage und Quote zu machen, egal um welchen Preis. Noch schlimmer wird es dort, wo Rücksichtnahme auf Anzeigenkunden kritische Berichterstattung verhindert. Und verheerend wirkt es sich dort aus, wo aus dem legitimen Bemühen, Auflage zu machen, die Sucht nach Enthüllung zur fragwürdigen Kumpanei zwischen Medien und Informant führt.

Wie kann es sein, dass sich in aller Herrgottsfrühe Fotografen und Kameraleute vor dem Wohnhaus des damaligen Postchefs Klaus Zumwinkel in Stellung bringen, kurz bevor dieser von der Polizei abgeführt wird? Wie kann es sein, dass die No-Angels-Sängerin Nadja Benaissa vor ihrem Auftritt in einer Frankfurter Diskothek vor laufenden Kameras festgenommen wird? Wie kann es sein, dass der ARD-Meteorologe Jörg Kachelmann den jeweiligen Stand der Ermittlungen zunächst aus den einschlägigen Gazetten entnehmen kann, bevor sein Anwalt informiert wird?

Wir leben in einem Rechtsstaat und vertrauen darauf, dass der Staat jeden ohne Ansehen der Person schützt, auch wenn gegen ihn ermittelt wird. Und dass gegen jemanden ermittelt werden kann, passiert täglich und kann auch jeden treffen. Der Staatsanwalt braucht nur einen Anfangsverdacht. Sicherlich gilt die Unschuldsvermutung für jeden, der nicht rechtskräftig verurteilt ist. Aber wer so vorgeführt wird wie Zumwinkel, Benaissa oder Kachelmann ist vorverurteilt und, schlimmer noch, gesellschaftlich geächtet, lange bevor ein Urteil fällt.

Für Staatsanwälte gibt es keine Vorschriften, wie sie kommunizieren dürfen. Sie sollen, so eine Richtlinie, eben alles vermeiden, „was zu einer nicht durch den Zweck der Ermittlungen bedingten Bloßstellung des Beschuldigten führen kann“. Bei Zeitungen und Fernsehsendern weiß man längst, dass sich viele Staatsanwälte nicht daran halten, weil sie wissen, dass sie keine Sanktionen erwarten. Sie spielen mit dem Instrument Medien und die Medien spielen mit, weil deren Universum steigende Auflagen und höhere Einschaltquoten verlangt. Überdies hilft es der Karriere des Journalisten, wenn er einen Knüller landet. Da ist es dann nebensächlich, dass diese fragwürdige Zusammenarbeit von Justiz und Medien die Unschuldsvermutung des Betroffenen ad absurdum führt und ihn dem empörungsbereiten Publikum zum Fraß ausliefert.

Köhler, Guttenberg, Kampusch, aber auch Zumwinkel, Benaissa und Kachelmann – so unterschiedlich deren Erfahrungen mit der Presse sind, gemeinsam haben sie die Erkenntnis des Ausgeliefertseins. Hat die Presse deshalb Macht? Macht ja, wenn es gilt Helden zu formen und sie hinterher fallen zu lassen. Ob sie gesellschaftliche Veränderungen herbeiführen kann, ist eher fraglich. Sie kann Entwicklungen beschleunigen oder entschleunigen, aber nicht verhindern. Und sie kann sich für einen Regierungswechsel einsetzen, ihn aber nicht wirklich herbeischreiben. Die Presse macht Menschen – und sie macht Menschen nieder. Oder in den Worten von Springer-Chef Mathias Döpfner in Bezug auf seine „Bild"-Zeitung: „Wer mit ihr im Aufzug nach oben fährt, der fährt auch mit ihr im Aufzug nach unten." So einfach ist das.

Dabei ist der Ehrenkodex unter den Journalisten nicht selten eine zu vernachlässigende Einrichtung, insbesondere wenn es um Informantenschutz geht. So hat beispielsweise der Enthüllungsjournalist Hans Leyendecker nicht nur Magenkrümmen mit dem einen oder anderen Informanten („ich lasse mich mit Leuten ein, mit denen man nicht am Mittagstisch sitzen möchte"), sondern auch mit der Geschwätzigkeit seiner Kollegen: „Sie müssen sich nur mal in die Kantine einer Zeitung setzen, wenn dort gerade jemand einen Scoop gelandet hat. In der Regel weiß nach einer halben Stunde der halbe Saal, woher die Informationen stammen." Und um fortzufahren: „In unserer Branche tummeln sich viele kaputte Typen" (Bergmann/Pörksen, Die Macht öffentlicher Empörung).

Auch wenn das Phänomen der „kaputten Typen" in anderen Branchen ebenfalls vorzufinden ist, so ist es doch bei der Presse, die ja durch einen Verfassungsartikel geschützt ist, für die Wahrheitsfindung hinderlich. Dass beispielsweise Politiker oder Bankmanager ein Problem mit der Enthüllungsplattform WikiLeaks haben, ist ja nachvollziehbar, dass es Journalisten zum Teil genauso geht, schon weniger und hat wohl mehr mit der neuen Konkurrenz im Enthüllungsgeschäft zu tun als mit dem aufrechten Bemühen um Transparenz. Als „kriminelle Vereinigung" verunglimpfte die enthüllungsfreudige „Washington Post" (Watergate-Affäre) den berüchtigten Online-Dienst von Julian Assange.

Andere Blätter bemühten die Gefahr des existentiellen Ruins der enthüllten und offen präsentierten Missetäter. Und ein amerikanischer Rundfunkkommentator brachte es zu zweifelhafter Berühmtheit, weil er Assange „an einer Bleivergiftung" sterben sehen will, „und zwar durch eine Kugel in den Kopf".

Sicherlich hilft Transparenz gegen Ungerechtigkeit und Missbrauch, gegen Korruption und Rechtsbruch, weil die Veröffentlichung eine gesellschaftliche Ächtung mit allen Konsequenzen unvermeidlich nach sich zieht. Transparenz ist aber kein Wert an sich. Es muss immer auch gefragt werden, wozu sie dienen soll. Und vor dieser Frage werden nicht nur die Transparenz-Jünger von WikiLeaks eines Tages stehen, sondern auch die Journalisten. Totale Transparenz enthüllt nämlich in ihrer ganzen Logik am Ende auch die geheimen Quellen. Bei WikiLeaks ist es schon passiert, als im Sommer 2011 die geheimen Dokumente der US-Ministerien, die bei WikiLeaks eingespeist wurden, durch Fehlverhalten oder Stümperhaftigkeit „unredigiert" und unkontrolliert im Netz herumschwirrten – mit den Namen der Informanten. Die Scoops, die WikiLeaks mit den vertraulichen Papieren platzieren wollte, mutierten so zum Skandal der Enthüllungsplattform. Als „unerhört" galt von da an nicht mehr die fragwürdige Veröffentlichung vertraulicher Papiere, sondern die Preisgabe der Informanten.

Die betroffenen Informanten waren jedenfalls geschockt, einige mussten sogar um ihr Leben fürchten, vor allem diejenigen, die in diktatorischen, die Menschenrechte ignorierenden Ländern leben. Der öffentliche Aufschrei war gewaltig, der Vorgang in der Tat „unerhört", die Konsequenzen für alle nicht absehbar. Das Schiff lief aus dem Ruder. Das Problem ist nur: Solange Missbrauchstatbestände oder Fehlverhalten in der öffentlichen Wahrnehmung als „unerhört" gelten, können sie nicht mehr objektiv beurteilt werden. Ohrfeigt eine überforderte Mutter öffentlich ihr Kind, so widerspricht das zwar den weitgehend akzeptierten Wertmaßstäben und Erziehungsgrundsätzen und ist zu verurteilen, das öffentliche Erregungspotential bleibt aber in aller Regel gering. Ohrfeigt Beate Klarsfeld den damaligen Bundeskanzler Kurt-Georg Kiesinger, so ist dies genauso zu verurteilen, lässt aber das

Erregungspotential im Gegensatz zur Kindszüchtigung dramatisch ansteigen. Obwohl es von der Sache her keinen Unterschied macht – man schlägt weder Kinder noch Kanzler –, ist die subjektive Empfindung bei der Kanzlerattacke spürbar erregter, verselbständigt sich und verschafft sich so den Freiraum für eine Skandalisierung. Bei einem geohrfeigten Kind funktioniert dieser Prozess nicht – oder jedenfalls nicht so leicht. Und bei WikiLeaks hat sich die propagierte Skandalisierung gegen die Enthüllungsplattform selbst gerichtet.

An den Beispielen WikiLeaks und Klarsfeld kann man jedenfalls erkennen, dass Skandale in aller Regel nicht nur einfach entstehen, sondern gemacht, initiiert oder auch provoziert werden. Aber ein Skandal schafft nur dann Aufmerksamkeit, wenn das Publikum aufschreit. Und für diesen Aufschrei braucht der Skandal einen Beschleuniger, den die Medien allzu gerne spielen. Nur wenn ein Skandal für die notwendige Aufmerksamkeit sorgt, steigen Auflage und Quote. Längst wissen Journalisten, wie sie am besten Karriere machen können: Mit Enthüllungen, die eine Welle der Empörung auslösen. Und nicht selten machen sie sich mit der Sache gemein.

Wie selbstverständlich haben sich jedenfalls die Reporter und Kameraleute in die von Greenpeace gecharterten Hubschrauber gesetzt, um die Ölplattform Brent Spar, die in der Nordsee versenkt werden sollte, zu beobachten und zu filmen. Und ganz selbstverständlich haben sie auch die falschen Zahlen über die Giftmenge der Plattform veröffentlicht, um dem vermeintlichen Umweltfrevel Nachdruck zu verleihen. Das Unternehmen Shell, das im Fokus der Attacken stand, obgleich Exxon ebenso mit 50 Prozent an der Plattform beteiligt war, hatte dieser Inszenierung nichts entgegenzusetzen. Die Konzentration auf einen Schuldigen war Teil der Kommunikations-Strategie, was der damalige Greenpeace-Chef Thilo Bode freimütig zugibt: „Eine Kampagne funktioniert nur, wenn man sich auf einen Gegner konzentriert.“ Nachdem Autofahrer schließlich Shell-Tankstellen mieden, ging der Ölgigant in die Knie und verzichtete auf die Versenkung der Plattform.

Die Kommunikation von Greenpeace war ein Lehrstück für eine erfolgreiche Skandalisierung. Die Umweltschutzorganisation hatte eine sauber ausgearbeitete Dramaturgie, wie der Skandal in Szene zu setzen ist. Die Medien spielten mit, auch deshalb, weil Shell ziemlich hilflos agierte und keine Gegenstrategie erkennen ließ.

Und als erkennbar wurde, dass Greenpeace mit überhöhten Giftwerten argumentierte, reichte es nicht mehr zur öffentlichen Empörung. Das Publikum liebt den Skandal, kostet ihn aus und interessiert sich dann nicht mehr für die offenkundige Fehlleistung des Angreifers. Meistens jedenfalls.

Bei Uwe Barschel lag die Sache für den Kontrahenten anders. Sein Ehrenwort, nicht in die Machenschaften gegen seinen politischen Gegner Björn Engholm eingeweiht gewesen zu sein, war eine Falschaussage und ließ ihm am Ende auf tragische Weise nur noch den Freitod. Erst als enthüllt wurde, dass Engholm entgegen seinen Aussagen schon früh von den Intrigen gegen ihn wusste, war auch sein Schicksal besiegelt. Der eine Skandal hat also einen weiteren Skandal nachgezogen. Ohne den ersten wäre der zweite nicht denkbar gewesen. Die Betroffenheit des Publikums über den skrupellosen Versuch der schleswig-holsteinischen Staatskanzlei, den politischen Gegner auf unzulässige Weise zu diskreditieren, erreichte auch den Betroffenen, nachdem sein doppeltes Spiel offenkundig wurde. Für die Medien so etwas wie eine Sternstunde: Ein Skandal greift in den anderen, wie eine Fortsetzungsgeschichte.

Ob Shell oder Barschel, ob Guttenberg oder Kachelmann, die Medien brauchen Opfer. „Ritualschlachtung“ nannte dies einmal der Publizist Johannes Gross. Und wer diese Rolle von den Medien umgestülpt bekommt, wird sie so leicht auch nicht wieder los. Er ist der Sündenbock, der eine, auf den man sich ohne weiteres Nachdenken konzentrieren kann. Eine Gruppe von Sündern eignet sich dafür kaum: die Banker, die Manager, die Politiker beispielsweise. Ohne Personalisierung bleiben sie unangreifbar. Nur der Einzelne zieht die Aufmerksamkeit auf sich, selbst wenn bestimmte Gruppen Normen überschreiten und Grenzverletzungen begehen.

Diese Erkenntnis ist der wesentliche Grund, weshalb Medien beinahe jeden Vorgang personalisieren. Systemschwächen oder Fehlkonstrukte werden als Missbrauchstatbestände kaum mehr akzeptiert, geschweige denn als solche wahrgenommen. Hilmar Kopper hat so geredet, wie er als Banker immer redet, als ihm vor laufender Kamera die „Peanuts" herausrutschten. Und 50 Millionen sind in seinem Geschäft tatsächlich Peanuts, aber die Öffentlichkeit empfindet eine solche Vokabel als Hohn. Die Empörungsmaschine darf angeworfen werden. Kaum ein Leitartikler, der Kopper nicht des Wahns, des Abgehobenseins bezichtigte, ihn nicht als Sozialschädling darstellte. Der eigentliche Sachverhalt rückte völlig in den Hintergrund, seine Wortwahl hat ihn „verraten". Und an seiner Wortwahl delektierten sich die Geiferer.

Sobald zu erwarten ist, dass die Öffentlichkeit einen Vorgang als „unerhört" einschätzt, ist er für die Medien relevant. Und wenn es zum Skandal nicht reicht, helfen die Medien schon mal nach. So haben nach der Blaupause von TV-Reporter Christoph Lütgert, der eine kritische Reportage über die von Carsten Maschmeyer gegründete Versicherungsagentur AWD machte, die Monitor-Journalisten Monika Wagener und Ralph Hötte den angesehenen Hamburger Unternehmer Michael Otto und seinen Paketversender Hermes ins Visier genommen. Das „Doku-Drama" ging am 3. August 2011 über den Sender und sollte beweisen, dass Hermes über ein übles Subunternehmersystem die Zusteller ausbeutet. Drei Einzelfälle wurden aufgelistet, der Rest waren Andeutungen und inszenierte Fälle. Das Ziel war klar: Es sollte der Eindruck entstehen, Otto scheffle seine Milliarden mit Niedrigstlöhnen seiner Leute – mit entsprechender Reaktion des Publikums. Es zeigte sich – wie erwartet – empört. Die ARD machte den Vorgang also zum „unerhörten Ereignis". Von diesem Moment an ist Objektivität Fehlanzeige, weil die Objektivierung ja in aller Regel eine Skandalisierung verhindert.

„Das unerhörte Ereignis als Freiheitsberaubung der Urteilskraft", nennt Klaus Kocks, Public Relations-Berater, Spin Doctor und ehemaliger Kommunikations-Vorstand bei Volkswagen, dieses Phänomen. Kocks wurde angegriffen, weil er offen ausgesprochen hat, was gängige Meinung ist: „PR-Berater lügen." Man mag darüber streiten, was „Lüge" ist und was einfach tägliche, normale Konversation. Wer seinem

Gegenüber wahrheitsgetreu sagt, dass es ihn nicht interessiere, wie es ihm gehe, oder dass er schlecht aussehe, gilt in aller Regel als unhöflich, im schlimmsten Fall als asozial. Diese Grauzone zwischen der reinen Wahrheit und dem offensichtlichen „falschen Zeugnis wider Deinen Nächsten“ nutzen logischerweise auch die Journalisten. Für Kocks ist es Doppelmoral: „Redlichkeit besteht darin, es zuzugeben.“ Der Publizist Roger Willemsen geht noch weiter: „Eine Gesellschaft, die allein auf Wahrheit bauen würde, wäre kaum denkbar. Wesentliche Teile unserer Kultur basieren auf Lügen. In der Oper singt der Sterbende noch mit dem Dolch im Herzen.“

Und trotzdem: Allein die Qualität der Lüge entscheidet, ob einer als Lügner abgestempelt wird oder nicht. Schließlich bleibt es ohne Konsequenz, wenn man seinem Gegenüber wahrheitswidrig attestiert, dass er gut aussehe. Anders verhält es sich bei Lügen, die erst bestimmte Verhaltensweisen bewirken oder Entscheidungen beeinflussen. Und auch hier gilt: Die Lüge muss eine öffentliche Empörung auslösen, um mediale Aufmerksamkeit zu erlangen und Journalisten die Moralwächter spielen zu lassen. George W. Bush hat gelogen, um den Irak-Krieg anzetteln zu können. Sein Außenminister Powell hat angebliche „Beweise“ auf einer Pressekonferenz an die Wand projiziert, um Saddam Husseins Massenvernichtungswaffen, die nie gefunden wurden, zu belegen. Man braucht nicht über den Atlantik schielen: Uwe Barschel hat gelogen, Björn Engholm nichts gesagt, als er etwas hätte sagen sollen, Roland Koch wusste angeblich nichts über die parteiinterne Geldverschiebeaktion nach Liechtenstein und Helmut Kohl schweigt bei den Parteispenden. Bush behauptete schließlich, dass ihm Gerhard Schröder die militärische Unterstützung für den Irak-Krieg zugesagt hätte, was dieser weit von sich weist. Selbst wenn es stimmen würde: Bush gilt allemal als der größere Lügner.

Der frühere amerikanische Verteidigungsminister Robert Gates musste sich einmal in einem Hearing vor einem Kongressausschuss über die hohe US-Militärhilfe, mit der die Regierung ihre Beziehungen zu Pakistan fördert, rechtfertigen. Es bestand der Verdacht, dass pakistanische Generäle jahrelang den Topterroristen Osama bin Laden in ihrem Land versteckt hielten, bis US-Soldaten ihn in seinem Haus in der Nähe der Hauptstadt Islamabad erschossen. Wie lange wolle Washington „noch eine Regierung unterstützen, die uns belügt“, wollte deshalb ein Senator von Gates wissen. Die Antwort des Politik-erfahrenen Ministers war auf eine erstaunliche Art ehrlich: „Naja, auf der Basis von 27 Jahren CIA und viereinhalb Jahren in diesem Job würde ich sagen: Die meisten Regierungen belügen einander. So erledigen wir unsere Arbeit.“

Ausgerechnet in dieser „verlogenen“ Welt beklagen Menschen einen Werteverfall der Medien. Sie haben ein diffuses Gefühl, dass eine gelernte Ordnung nicht mehr gilt. Sie suchen Halt auf dem Boden einer Gesellschaft, der tektonischen Erschütterungen ausgesetzt ist, und wanken gleichsam mit. Ihr Koordinatensystem verrutscht. In dieser Wahrnehmung erkennen sie bei den Medien nicht den Versuch, „ordnungspolitisch“ zu wirken, wie man in der Nationalökonomie sagen würde, sondern sehen – im Gegenteil – die Medien als Beschleuniger des Prozesses.

Werte, also gesellschaftlich akzeptierte und erwünschte Vorstellungen für das Handeln und das Verhalten, bleiben dennoch unabdingbar. Ohne einen Wertekanon, auf den sich eine zivilisierte Gesellschaft geeinigt hat, geht eine Kultur zugrunde.

Die Menschen wollen einen Kompass, der ihnen das Oben und das Unten anzeigt, der ihnen anzeigt, was falsch ist und was richtig, so schwierig das in einer komplexen und vernetzten Welt ist. Wahrheitsliebe, Verlässlichkeit, Vertrauen, Treue, Zuverlässigkeit, Respekt, Menschlichkeit und Würde sind eben Tugenden, die Menschen nicht nur wichtig sind, sondern ein Zusammenleben erst möglich machen.

Ohne Werte wird das Leben beliebig. Wenn wir nicht wissen, ob ein Handeln besser ist als ein anderes Handeln, ist nur noch Achselzucken angesagt. Und populistische Haltungen führen direkt ins Banale.

Journalisten haben sich einst als Verbündete der Machtlosen gegen die Mächtigen gesehen. Heute spielen sie selbst die Rolle von Mächtigen, ohne dass sie sich in die Karten schauen lassen. Man kennt sich, interviewt sich gegenseitig und gefällt sich in Talkshows, zu denen man wieder von Berufskollegen eingeladen wird. Und dann fällt auf, dass bestimmte gesellschaftliche Entwicklungen von den meinungsmachenden Medien ziemlich ähnlich interpretiert werden, so als ob eine Differenzierung für die Wahrheitssuche schädlich wäre. Der Realität kann dieses Erscheinungsbild nicht entsprechen – und entspricht ihr auch nicht. Wo bleibt da der journalistische Pluralismus? Die Reaktion ähnelt auf verblüffende Weise der von Mineralölgesellschaften, wenn sie beinahe gleichzeitig auf ein geheimes Kommando ihre Preise an den Tankstellen erhöhen: Man könne doch nicht von abgestimmtem Verhalten sprechen, wenn bei Regen die Leute gleichzeitig die Regenschirme aufspannten.

In die Karten schauen lassen sich Journalisten auch dann nicht, wenn sie sich gegenseitig mit hehren Preisen auszeichnen oder auszeichnen lassen. Oftmals ist schon der Preis für einen Verband oder eine Branche nichts anderes als verkappte PR unter dem Deckmantel des Journalismus. Aber ausgerechnet auch diejenigen, die sich für unempfänglich für Verlockungen und Annehmlichkeiten halten, machen dieses Spiel mit. So hat beispielsweise der Verein „Netzwerk Recherche", der sich dem investigativen Journalismus in seiner edelsten Form verschrieben hat und jedes Jahr Gleichgesinnte für gut dotierte Auszeichnungen und Stipendien sucht, ganz offensichtlich kein Problem, Unternehmen oder gesellschaftliche Institutionen mangels eigenem Geld als Sponsor zu akzeptieren. Selbstverständlich entscheiden nicht die Spender, wer den Preis des „Netzwerkes" erhält, sind doch so honorige Schreiber wie Heribert Prantl (Süddeutsche Zeitung), Sonia Seymour Mikich (Monitor), Harald Schumann (Tagesspiegel) und Volker Lilienthal (Rudolf-Augstein-Stiftungsprofessor für Praxis des Qualitätsjournalismus) mit in der Jury. Aber beim „Netzwerk Recherche" geht es um nichts Geringeres, als „unbequeme Fragen aufzugreifen und Missstände in Politik, Wirtschaft und Gesellschaft klar zu benennen". Die Frage muss erlaubt sein, warum sich das hehre „Netzwerk" mit bis zu fünfstelligen Euro-Beträgen von Unternehmen und Verbänden überhaupt sponsern lässt.

Was aber auf jeden Fall penetrant riecht, ist die Tatsache, dass mindestens einmal ein Teil der Fördersumme als Preisgeld an ein Vorstandsmitglied von „Netzwerk Recherche" ausgeschüttet wurde. Gewiss, der Preis galt einem auszeichnungswürdigen Journalisten. Aber wie hätten diese edlen Hüter der Gerechtigkeit reagiert, wenn sich ein Unternehmen oder eine politische Institution Vergleichbares geleistet hätte?

Sicher, der Vorwurf an die Medien, sie seien der Katalysator für den Werteverfall, den Verfall von Anstand und Sitte, verwechselt Symptom und Ursache.

Hannah Arendt äußerte in ihrem 1961 erschienenen Beitrag „Kultur und Politik" die Befürchtung, dass die Medien „mittels der Macht des Marktes die Kultur verdrängen und sie dem Diktat der Unterhaltung unterwerfen". Das ist nur zum Teil richtig, wenn auch die Neigung zum Banalen und Seichten durchaus wächst – und nicht nur bei den Fernsehanstalten. Auch eine Unzahl an Zeitschriften lebt offensichtlich ganz gut mit Geschichten und Bildern, die die Grenzen des guten Geschmacks meilenweit hinter sich gelassen haben. Was schrill und schräg daherkommt, wird gekauft, bleibt aber suspekt.

Auch wenn es müßig ist, die Medien in die Pflicht zu nehmen, so bleibt Aufklärung im besten humanistischen Sinne auf der Tagesordnung. Aufklärung hat etwas mit lustvollem Debattieren zu tun, mit einer Debattenkultur, die das Für und Wider, die These und die Antithese hochhält. Aufklärung löckt den Stachel gegen die Herrschenden, gegen die Obrigkeit und gegen jede falsche Autorität. Aufklärung soll aus unmündigen Bürgern mündige machen. Und so weltfremd es klingen mag für die Medien im digitalen Zeitalter, die systembedingt jeder noch so trivialen Nachricht hinterherrennen müssen: Sie müssen sich entschleunigen, um wieder als Orientierungsmarken wirken zu können. Das ist leicht dahergesagt, wenn Verleger dazu übergehen, Online-Journalisten nach der Menge der Klicks, die ihre Beiträge erbringen, zu bezahlen. Die Konsequenz ist so naheliegend wie deprimierend: Je reißerischer die Story, umso höher das Salär der Journalisten.

Bundestagspräsident Norbert Lammert, der konsequent alle Einladungen zu Talkshows ausschlägt, offenbarte dem „Spiegel" mit seltener Deutlichkeit die Ausnahme, die er als „Talk-Gast" akzeptieren könnte, wenn es sie noch gäbe: die Sendung „Zur Person" von Günter Gaus. „Da bestand die Möglichkeit, mit einem Gesprächspartner eine ordentliche Zeit ausführlich zu reden. Ihn, wenn es sein musste, inquisitorisch zu befragen, und der hatte wiederum eine hinreichende Zeit, in mehreren aufeinanderfolgenden Sätzen darauf auch zu antworten."

Frei reden will Lammert einfach, wie Enzensberger. Frei reden und einen Gedanken zu Ende formulieren. Und nicht ständig unterbrochen werden von Moderatoren, die nach zwei Sätzen schon feststellen wollen, dass die Ausführungen das Publikum langweilen. Die heutigen Talkshows seien, so zitiert Lammert Frank-Walter Steinmeier in dem „Spiegel"-Interview, „dadurch gekennzeichnet, dass drei Politiker mit dem Ziel eingeladen werden, sich untereinander zu streiten, um dann von zwei weiteren Gästen bescheinigt zu bekommen, dass die gesamte Veranstaltung völlig neben der Sache liege und es der Politik offenkundig an Ernsthaftigkeit wie an Kompetenz fehle." Aufklärung? Fehlanzeige.

Es ist ein gängiges Bonmot, dass jede Gesellschaft die Medien hat, die sie verdient. Medien sind ein Spiegel des Zeitgeistes. So weit, so wahr. Aber Medien, auch wenn sie marktwirtschaftlich organisiert sind, haben einen Auftrag und eine gesellschaftliche Verantwortung. Und ihre Legitimation beziehen sie aus Artikel 5 des Grundgesetzes. Sie müssen das, was täglich an Nachrichten und Informationen auf ihre Redaktionstische hereinströmt, sortieren, filtern, gewichten und kommentieren. Dazu brauchen sie einen Kompass, um das Wichtige vom Unwichtigen, das Interessante vom Uninteressanten, das Banale vom Wissenswerten und das Falsche vom Richtigen zu trennen. Das funktioniert nur, wenn auch die Medienkonsumenten mitspielen. Sie sind es nämlich, die offensichtlich auch den miesesten Schund kaufen und die unterirdischsten Kanäle auf ihren Fernsehschirm zappen.

„Der Leser oder Fernseh-Zuschauer will das so", ist eine gängige Ausrede für die bewusst organisierte geistige Verflachung von Zeitungen und Programmen. Es ist natürlich eine Ausrede, eine billige noch dazu. Die Wahrheit ist nüchterner: Guter Journalismus erfordert nicht nur Aufrichtigkeit, Engagement und Charakterstärke bei Reportern und Redakteuren, sondern kostet auch Geld. Deshalb braucht guter Journalismus auch Verleger, die diesen Namen verdienen, und nicht etwa smarte Verlagsmanager, die nur ein Rezept kennen: sparen, schließen, streichen. Guter Journalismus braucht also auch Verleger, die ein gutes journalistisches Produkt machen wollen und die nicht schon zufrieden sind, wenn nur die Kasse stimmt. Dann hätte man nicht schon per se eine gute Zeitung oder ein gutes Programm, aber es wäre schon viel erreicht.

In der gegenwärtigen Situation gibt es kaum Anzeichen, die eine Umkehrung dieses Trends belegen könnten. Auf die Journalisten als Gestaltungsakteure zu setzen, dürfte ins Leere laufen. Sie beweisen zwar Heldenmut, wenn es um Meinungsäußerungen über Gott und die Welt geht oder um messerscharfe Kritik an Schwächen und Verfehlungen anderer, aber nicht, wenn Verleger mit fragwürdigen Entscheidungen am journalistischen Ethos rütteln und skandalträchtige Storys zur vermeintlichen Auflagensteigerung verlangen. Sie sind Idealisten, freischwebende Einzelgänger und merken nicht, dass sie in einer Abwärtsspirale gefangen sind. Und wenn sie einmal streiken, wie im Sommer 2011, dann in erster Linie, weil ihnen ihre Arbeitgeber das ohnehin bescheidene Gehalt kürzen wollten.

Möglicherweise war es noch nicht einmal die geplante Gehaltskürzung, die zum Streik führte. Einige Beobachter vermuten denn auch, dass es die offenkundige Verachtung war, die Verleger gegenüber Journalisten an den Tag legen. Gegenüber Menschen also, die sie selbst beschäftigen. Erbärmlicher und demütigender kann man jedenfalls nicht demonstrieren, was man von seinen Mitarbeitern hält.

Das Ergebnis kann man mit den Händen greifen: Die schreibende Mittelmäßigkeit übernimmt die Macht über die veröffentlichte Meinung. Mit dem ausdrücklichen Segen der Verleger.

Dieter Stolte

Fernsehen – Allgegenwart eines Mediums

Wertevermittler oder Wertevernichter?

„Die moderne Menschheit hat zwei Arten von Moral: die eine, die sie predigt, aber nicht anwendet, eine andere, die sie anwendet, aber nicht predigt." (Georg Bernhard Shaw)

Von Jean Paul, dem Dichter der deutschen Romantik, ist die Antwort auf die Frage überliefert, „ob Bücher den Menschen besser oder schlechter machen würden": „Besser oder schlechter machen sie ihn wohl doch!" Diese zweideutige Antwort gilt auch für das Fernsehen: Es ist Wertevermittler und Wertevernichter zugleich.

Über das Fernsehen sind so viele Vorurteile und Gemeinplätze in der Welt, dass es notwendig ist, vor einer Beantwortung der Frage „Wertevermittler oder Wertevernichter?" seine gegenwärtige Verfassung zu beschreiben. Es kommt immer auf die Rahmenbedingungen an, unter denen Fernsehen produziert und empfangen wird. Produzenten und Rezipienten sind aufeinander bezogen, sie stehen in einer dialektischen Beziehung zueinander. Die Verantwortung der einen ist ohne die Moral der anderen blind. Dabei bewegen sie sich gemeinsam auf einem Markt, der einerseits ohne Wertmaßstäbe undenkbar ist, andererseits als Gütermarkt den Gesetzlichkeiten von Angebot und Nachfrage unterliegt. Daraus ergibt sich ein Spannungsfeld, das in der durch die Technik geprägten Medienwelt nur ordnungspolitisch geregelt werden kann. Nichts geschieht aus sich heraus, außer dass es sich verselbstständigt. Kollateralschäden sind häufig die Folge.

Gesetzgeber und Gesellschaft sind über einen langen Zeitraum gut damit ausgekommen, einer privatwirtschaftlich organisierten Presse einen öffentlich-rechtlichen Rundfunk gegenüberzustellen. Während die einen vor allem ihrem Eigentümer verantwortlich waren und es verstanden, journalistische Standards mit kommerziellen Interessen zu verbinden, waren die anderen dank ihrer Gebührenfinanzierung gemeinwohlorientiert und allein dem gesellschaftlichen Nutzen verpflichtet. Diese Markt- und Machtbalance hat wesentlich dazu beigetragen, dass sich nach dem Zweiten Weltkrieg in Deutschland eine demokratische Gesellschaft entwickelte, in der ethische Standards einen hohen Rang hatten. Mechanismen der freiwilligen Selbstkontrolle sorgten bei Presse (und Film) mit Erfolg dafür, dass Verstöße gegen Recht und Moral geahndet wurden. Vom Presserat oder der freiwilligen Selbstkontrolle gerügt zu werden, war schmachvoll und zeigte gesellschaftliche Wirkung. Im öffentlich-rechtlichen Bereich achteten pluralistisch zusammengesetzte Aufsichtsgremien auf die Einhaltung von Rundfunkgesetzen und Programmrichtlinien. Sie waren normativ verfasst. Der Zeitraum von 1950–1980 kann, sieht man von den Spätfolgen der Vertreibung und der Teilung Deutschlands ab, als eine heile Welt verstanden werden. Diese Welt verstand sich (noch) nicht global und die Deutschen waren mit ihrer Rolle zufrieden: wirtschaftlich ein Riese, politisch ein Zwerg und moralisch sich selbst und anderen gegenüber anspruchsvoll. Den meisten Menschen ging es gut, jedenfalls besser als je zuvor.

Die Entwicklung der Technik führte zu einer Entfesselung der menschlichen Möglichkeiten: Alles sollte größer, schneller, höher, kurzum besser sein. Die Landung auf dem Mond war das Symbol für eine entgrenzte Welt. An diesem Prozess waren die Medien als Vermittler allen Geschehens beteiligt. Vor allem das Fernsehen wurde im Guten wie im Bösen Beschleuniger und Vergröberer dieser Entwicklung. Es akzelerierte ein äußeres Wachstum, das mit den seelischen und geistigen Voraussetzungen nicht mehr im Einklang stand. „Die Mitte verlassen heißt, den Menschen verlassen“, hat der große französische Universaldenker der Barockzeit, Blaise Pascal, formuliert. Er wollte damit zum Ausdruck bringen, dass der Verlust der Mitte einem Orientierungsverlust gleichkommt. Ohne Orientierung kein Weg, allenfalls ein Irrgarten.

Die Einführung des kommerziellen Fernsehens im Jahre 1984 war der mediale Wendepunkt in der deutschen Nachkriegsgeschichte. Bernhard Vogel charakterisierte ihn als Urknall. Die Medienpolitik war von Anfang an redlich darum bemüht, ein geordnetes Nebeneinander von öffentlichem und privatem Rundfunk zu gewährleisten. Dennoch sind die Folgen für das Programm bis heute unabsehbar geblieben. Dem konzeptionellen Ansatzpunkt, dass die einen – durch Gebühren finanziert – weiterhin dem Gemeinwohl verpflichtet sind und die anderen sich durch Werbeeinnahmen selbst finanzieren, lag ein fataler Irrtum zu Grunde: Es gibt für erfolgreiches unternehmerisches Handeln auf Dauer keine subventionierten Märkte. Märkte neigen dazu, sich zu verselbstständigen. Sie leben aus ihrer Eigendynamik heraus. So gibt es auch nur einen Fernsehmarkt. Auf ihm tummeln sich Produzenten und Rezipienten, Veranstalter und Verleiher. Sie tragen auf ihm einen Wettbewerb aus, immer mit dem Ziel, ein möglichst großes Markt- beziehungsweise Nutzersegment für sich zu gewinnen, sei es der Zahl, sei es den Altersgruppen nach. Der Kampf um Einschaltquoten wurde somit zum bestimmenden Signum einer Zeit, in der Erfolg zum alles überragenden Qualitätskriterium wurde. „Erlaubt ist, was gefällt“ oder wie es Helmut Thoma formulierte: „Der Wurm muss dem Fisch schmecken, nicht dem Angler.“ Mit diesen Parolen wurden Schleusen für Emotionen geöffnet und Barrieren des Anstands eingerissen, die über dreißig Jahre der Gesellschaft Schutz gewährt hatten.

Man kann einwenden, dass dieses Bild eine Übertreibung ist, dass jede Rückschau nostalgischen Charakter hat und von „Erinnerungsoptimismus“ (Philipp Lersch) geprägt wird. Das ist richtig, denn zu allen Zeiten hat es Produkte menschlichen Geistes gegeben, die als Buch, Film, Theaterstück oder Gemälde gegen Werte und Normen verstießen. Das Neue war nicht die individuelle Regelwidrigkeit – erinnert sei an Gustave Courbets Werk „L'origine du monde“ –, sondern ihre massenmediale Verbreitung und grenzenlose Reproduktion.

Das Fernsehen ist ein Menschenmedium, von Menschen für Menschen gemacht. Das Fernsehen ist seinem Wesen nach technikgetrieben und marktabhängig. Die eine Qualität zielt auf die Nähe, die andere auf die Ferne. Zu keinem Zeitpunkt der Menschheitsgeschichte waren die Kontinente der Welt so eng miteinander verbunden, wussten die Menschen so gut übereinander Bescheid. Naturkatastrophen, Genozide an Völkergruppen, religiös motivierter Terrorismus und politische Gewalt laufen als Nachricht im Nu rund um die Welt und lösen Anteilnahme und Protest aus. Die internationale Weltgemeinschaft verhält sich solidarisch und hilft, wo sie kann. Die Deutschen gehen meist voran, wenn es um Spenden, Hilfsgüter oder medizinische Betreuung geht. Das Fernsehen zeigt dabei eine seiner herausragenden Qualitäten. Es schafft keine Werte, sondern es fordert den Menschen auf dem Wege der Information zu Werthaltungen, wie zum Beispiel Karitas und Solidarität, heraus. Beides sind zentrale Begriffe jeder Ethik. Häufig wird dieses Verhalten spontan ausgelöst. Das ist kein kognitiver Vorgang, so wie im tatsächlichen Leben das Einhalten der Zehn Gebote meist ohne weiteres Nachdenken, sondern intuitiv erfolgt. Das hat etwas mit Erziehung und Bildung zu tun, auch mit der Macht der Bilder, die hier zum Positiven wirkt. Sie kann auch das Gegenteil auslösen. Dieser Prozess ist vor allem im fiktionalen Bereich zu beobachten, wo Bilder, habituelle Verhaltensweisen, Stimmungen und Gefühle unmittelbarer wirken als bei der Wiedergabe der gegenständlichen Wirklichkeit. Sie können zum Vorbild werden, aber auch zur Beschädigung des Menschenbildes führen.

Es sind nicht die Inhalte (Botschaften), die sich neue Ausdrucks- und Gestaltungsformen suchen, sondern sie werden durch die Technik hervorgebracht. So wie das Satellitenfernsehen die Bilderwelt internationalisierte, so hat das Internet zu globalen Interaktionen geführt, die von einer Hegel'schen Dialektik geprägt sind. Man spricht heute von Social Media und meint damit Facebook, Twitter, Youtube u. a. Keine Volkswirtschaft kommt im Wettbewerb der Systeme ohne die moderne Technik, zum Beispiel die Elektronik, aus. Sie ist ein zentrales Steuerungselement. Der Umgang mit Computern erfordert nicht nur personale Intelligenz auf der Anwender- und Nutzerseite, diese Intelligenz hat auch das Potential, sich zu verselbstständigen. Sie führt zu Verhaltensweisen, die im Produktionsprozess weder vorgesehen noch erwünscht sind. Im Gegenteil, sie sind Ausdruck der Freiheit. Das World Wide Web hat eine Kommunikationsplattform geschaffen, die Diktaturen ins Wanken bringen kann. Die Befreiungsbewegungen in Nordafrika und Asien sind ohne die durch Computer (Handy, Internet) miteinander verbundenen, also vernetzten Individuen einer Gesellschaft nicht denkbar. Keine Diktatur kann den Wirkungszusammenhang von Technik und Intelligenz auf Dauer ignorieren, es sei denn, sie würde sich für den Rückfall in die Steinzeit entscheiden. Die Abschaltung des gesamten Stromnetzes einer Region, wie kürzlich in Syrien geschehen, ist daher eine Ohnmachtsgeste, kein Ausdruck von Stärke.

Mit der modernen Medienentwicklung geht zugleich eine große Beschleunigung einher. Während in den früheren Jahrhunderten der Leser von Texten prinzipiell in der Lage war, sich durch räumliche und zeitliche Distanz selbst eine Meinung zu bilden, wird es durch die Temposteigerung im Informationsfluss der elektronischen Medien für den Leser, Hörer und Zuschauer immer schwerer, Distanz zu halten. Die sich immer schneller entwickelnden Ereignisse (siehe Asien und Nordafrika) zwingen den Journalisten, Informationen zum Zwecke der Temposteigerung immer stärker zu verkürzen und zu verdichten. Die Gefahr der Fehleinschätzung, auch der Missverständnisse, wächst. Damit wachsen die Anforderungen an Medienschaffende wie Rezipienten. Da eine Entschleunigung aus Wettbewerbsgründen nicht möglich ist, wird nur eine gezielte Medienpädagogik Abhilfe schaffen können. So wie auf der Autobahn Verkehrsregeln den unfallfreien Verkehr sicherstellen können, müssen auch auf der Datenbahn normative Vorgaben für eine Schadensbegrenzung sorgen. Hier von Freiheitsbeschränkung zu sprechen, wäre töricht.

Vor dieser Folie zeigt das eingangs zitierte Wort von Jean Paul keine weltfremde Unentschlossenheit, sondern es trifft den Kern der Sache. Es nimmt den Menschen mit in den Blick, macht ihn zum Mittelpunkt der Überlegungen, zeigt, in welcher Medien-Ambivalenz er sich ständig befindet. Jeweils zehn Thesen und Antithesen sollen offenlegen, in welcher Situation er sich befindet.

Fernsehen als Leitmedium

1. Das Fernsehen ist mit seinen Nachrichtensendungen, Reportagen und Dokumentationen das Leitmedium der Gesellschaft. Alle Ereignisse werden schnell berichtet, analysiert und kommentiert. Der Zuschauer ist informiert und kann sich selbst eine Meinung bilden.
2. Das Fernsehen ist das moderne Forum der Gesellschaft. Alle wichtigen und strittigen Themen werden in zeitkritischen Magazinen („Report", „Monitor", „Panorama", „Frontal 21") dargestellt und hinterfragt. In Diskussionssendungen („Anne Will", „Maybrit Illner", „Hart aber fair") und in Talkshows („Johannes B. Kerner", „Beckmann", „3 nach 9") werden Sorgen und Erwartungen der Menschen kontrovers erörtert. Ziel dieser Diskussionen ist es, die am besten begründete Meinung – sprich Position – herauszufinden.
3. Das Fernsehen ist ein Kulturmedium. Mit Fernsehfilmen, Kulturreportagen und Wissenschaftssendungen trägt es zum Wissen der Zuschauer bei, erweitert ihren geistigen Horizont und ermöglicht allen Menschen die Teilhabe an kulturellen Ereignissen, gleichgültig, wo die Menschen wohnen und über welches Einkommen sie verfügen. Es gibt keine Barrieren des Zutritts. Damit kommt es zu einer Demokratisierung der Kultur, vielleicht sogar des Luxus, wenn man an die Festspiele in Bayreuth und Salzburg denkt.
4. Das Fernsehen hat das Interesse der Zuschauer an Büchern, Filmen und klassischer Musik gestärkt. Dazu haben Literaturverfilmungen und Fachmagazine einen Beitrag geleistet.
5. Das Fernsehen ist ein emanzipatorisches Medium. In allen Fernsehformen, vor allem denen des Films und der Reportagen, hat es überholte Tabus der Gesellschaft aufgebrochen (Homosexualität, Aids, Altersdemenz, Sterbehilfe, Managergehälter) und eine aktive Öffentlichkeit hergestellt. Dies führt zu mehr Offenheit und Verständnis der Menschen untereinander.
6. Das Fernsehen leistet einen entscheidenden Beitrag bei der Demokratisierung unserer Gesellschaft. Am öffentlichen Diskurs über die Gefahren des Antisemitismus, dem Wirken neonazistischer Ideen

und terroristischer Gruppen, bei Genoziden an Volksgruppen hat es sich engagiert beteiligt. Sein Anteil an der Entstehung und Weiterentwicklung der Demokratie in Deutschland nach der NS-Zeit ist unverkennbar.

7. Das Fernsehen hat ein Forum geschaffen, das aus Wutbürgern Mutbürger gemacht hat. Mit der Übertragung von Demonstrationen und Diskussionsrunden, beziehungsweise Anhörungen (siehe Stuttgart 21, Flughafen Berlin Schönefeld) zwingt es die Politik, öffentlich Farbe zu bekennen.
8. Das Fernsehen ist ein Medium der Teilhabe. Wann und wo auch immer auf der Welt eine Naturkatastrophe oder ein sozialer Konflikt eintritt, die Zuschauer lassen sich anrühren und zur Mithilfe und Solidarität einladen. Die Hilfe für die Tsunami-Opfer zur Jahreswende 2004/2005 und die jährliche „Bild"-Aktion „Ein Herz für Kinder" sind hierfür eindrucksvolle Beispiele. Die Ferne wird nah. Es entsteht – zumindest für eine kurze Zeit – „Fernverantwortung" (Hans Jonas) für das, was in einer anderen Region der Erde geschieht.
9. Das Fernsehen hat den Bürgerwillen gestärkt und das verkrustete Parteiensystem aufgebrochen. Es gibt heute keine traditionellen Wählerschichten mehr, die sich an religiösen oder sozialen Grundbefindlichkeiten der Gesellschaft orientieren.
10. Das Fernsehen hat eine integrative Wirkung. Es vermittelt Wertehaltungen und Lebensstile unterschiedlicher Gruppen und Kulturen, weckt Verständnis füreinander und führt insgesamt zu einer toleranteren Gesellschaft. Dass die multikulturelle Gesellschaft von heute im Wesentlichen funktioniert, ist auch den Medien zu verdanken.

Das Fernsehen als Verführer

1. Das Fernsehen hat mit seinen Sendungen – hier vor allem im Privatfernsehen – den Raum des Privaten und Intimen der Öffentlichkeit bedenkenlos geöffnet. Alles und jedes wird zu jeder Zeit der Neugier

und dem Voyeurismus der Gesellschaft preisgegeben. Was die Menschen sehen wollen, bekommen sie zu sehen. Die Rückwirkung auf die Betroffenen wird missachtet.

2. Mit den Talkshows wird das Zeitgespräch zum Gesellschaftsgeschwätz. Es sind nicht sachliche Kompetenz und Lebenserfahrung, die zu einer Teilnahme berechtigen, sondern vor allem äußerliche Merkmale wie exzentrische Lebensweise und stilwidriges Verhalten. Das Abwegige und Abnormale gewinnt damit immer stärker den Charakter des Normalen und damit Akzeptierten. Wertmaßstäbe und Lebensstile verschieben sich und werden nivelliert. Das Normative geht verloren.
3. Das Fernsehen fördert den Bilderwahn unserer Zeit. Das Fernsehbild gaukelt den Menschen eine authentische Wirklichkeit vor. Es verschiebt die subjektive Perspektive zu einer Zentralperspektive, die keine nachweisbare Objektivität mehr hat. Die Macht der Bilder bestimmt das Bewusstsein der Menschen. Der Überfluss an Bildern von Kriegsgeschehen, Katastrophen, kommerzieller Werbung und Menschen in allen Situationen und Lebenslagen überlagert das Wort und verringert das Nachdenken.
4. Die Vielzahl der Gewaltdarstellungen, bedingt durch Kriege und regionale Konflikte, aber auch durch Action-Filme mit dramaturgisch unmotivierten Gewalthandlungen, führt zu einer Mentalität der „Kalten Herzen“ (Peter Winterhoff-Spurk), die den Charakter der Menschen deformiert. Hinzu treten Darstellungen von seelischer Grausamkeit, die häufig noch schlimmer sind als körperliche Gewalt.
5. Der Marktplatz der Meinungen hat sich durch das Fernsehen zu einem Warenmarkt entwickelt, auf dem nur noch Schnäppchen zählen und Geiz geil ist. Es zählen keine Werte, sondern nur der Mehrwert, der sich aus dem Güterverkehr ergibt.
6. Das Fernsehen ist ein Medium der Unterhaltung und Freizeitgestaltung. Es verbraucht kostbare Lebenszeit. Täglich sehen die Menschen durchschnittlich 3 ¾ Stunden fern. In Regionen mit hoher Arbeitslosigkeit steigt der Fernsehkonsum auf 5 ½ Stunden an. Das

Leben spielt sich zwischen Kneipe und Fernsehgerät ab. Passivität ist die Folge. Man spricht bereits von „Unterschichtenfernsehen“ (Paul Nolte).
7. Das Fernsehen ist ein Medium der Passivität, das die Menschen zur Trägheit und Gedankenlosigkeit verführt. Der Zuschauer von heute ist ein „Masseneremit“ (Günther Anders), der keine soziale Bindung mehr hat.
8. Das Fernsehen hat mit seiner Omnipräsenz und Omnipotenz die Vorstellung von einer Vierten Gewalt der Medien gefördert und damit die demokratisch legitimierten Institutionen – Legislative, Exekutive, Judikative – ausgehöhlt.
9. Das Fernsehen hat das Freizeitverhalten der Menschen verändert: Statt ins Kino zu gehen, schauen sie Fernsehen. Statt Bücher zu lesen, sehen sie Krimis. An manchen Fernsehabenden drei hintereinander.
10. Durch die Fernsehangebote findet keine geistige Weiterentwicklung der Menschen statt: Die Klugen werden klüger, die Wissenden wissender. Die Dummen bleiben dumm. Das gilt für Erwachsene und Kinder gleichermaßen.

Angesichts dieser Gegenüberstellung mag man sich in die Situation von Buridans Esel versetzt fühlen, der sich, zwischen zwei gleich duftende Heuhaufen gestellt, nicht für einen der beiden entscheiden konnte. Willenlos verhungerte er in der Mitte. So weit muss die Dialektik der Mediensituation nicht führen. Der Mensch bleibt, wenn er nur will, Herr des Geschehens und seines Verhaltens. Er ist, wie es der Philosoph Jean-Paul Sartre formulierte, „zur Freiheit verdammt“, das heißt, er muss von seinen Prüfungskriterien und Entscheidungsmöglichkeiten Gebrauch machen. Auch keine Entscheidung ist eine Entscheidung und sie drückt sich – bezogen auf das Fernsehen – in der souveränen Handhabung der Programmwahl und des Abschaltknopfes aus.

Gefragt ist der eigenverantwortliche Mensch. Grundlage jedes moralischen (werteorientierten) Verhaltens sind weder Staat noch Gesellschaft, noch „juristische Personen“ wie Fernsehveranstalter, sondern immer konkrete Menschen, die über Wissen und Gewissen verfügen. Nicht nur etymologisch hängt das eine mit dem anderen zusammen: kein Gewissen ohne Wissen. Dementsprechend richtet sich jede Medienethik auch nicht an anonyme Träger von Rechten und Pflichten, sondern an einzelne Menschen: an Intendanten, Programmdirektoren, Chefredakteure, also an konkrete Funktionsträger des medialen Systems. Welche Verantwortung entsteht daraus?

Vitali Klitschko beklagte sich im Jahre 2003 nach dem Abbruch eines Boxkampfes gegen Lennox Lewis mit blutüberströmtem Auge über Arzt und Ringrichter: „Ich hätte gewonnen, ihn k. o. geschlagen. Ich konnte besser sehen, jeden Schlag. Ich bin bestürzt und kann nicht begreifen, warum abgebrochen wurde.“ Die Verantwortlichen sahen den Fall anders – nicht nur wegen der klaffenden Wunde, die die Sicht des Boxers beeinträchtigte. Welche Sichtweise ist die richtige? Die des Kämpfers oder die des Arztes? Die Binnen- oder die Außenperspektive? Wer handelte hier verantwortlich?

In einer Karl Holzamer gewidmeten Festschrift aus dem Jahre 1976 heißt es im Vorwort: „Das vielsinnige Wort ‚Fernsehen‘ bedeutet ja nicht nur, dass eine Einrichtung, ‚Television‘ genannt, selbst – aktivisch – Fernes sieht oder dass das Gezeigte – passivisch – vom Fernsehen gesehen wird. Das ‚Fernsehen‘ sieht nicht nur selbst, und es wird nicht nur von anderen gesehen. Es sollte – medial – sich selbst sehen lernen.“ In der Grammatik der alten Griechen gab es – anders als im Deutschen – neben „Aktiv“ und „Passiv“ das „Medium“ als drittes Genus eines Verbs. Es bezeichnete wörtlich eine „Mitte“ zwischen aktivem Handeln und passivem Erleben: Es bezeichnete die rückbezügliche Handlung eines Subjektes auf sich selbst. Nicht: „Ich sehe etwas“; auch nicht: „Ich werde gesehen“, sondern: „Ich sehe mich“. Das Fernsehen sieht vieles, fast alles, aber in den seltensten Fällen sich selbst.

Diese Triade ist keine philosophische Gedankenspielerei, sondern eine eminent praktische und auch folgenreiche Konstellation. Indem der für das Fernsehen Handelnde sich selbst in den Blick nimmt, wird ihm – muss ihm! – bewusst werden, ob er Werte vermittelt oder Werte vernichtet. Das ist nicht nur ein objektiver Prozess des Abwägens und

Entscheidens, sondern auch ein subjektiver Vorgang der Selbstvergewisserung einschließlich der darin eingeschlossenen Folgen. In Anbetracht eines vornehmlich quotenausgerichteten TV-Wettbewerbs ist daran zu zweifeln, dass der kluge, aus der mittelalterlichen Legendensammlung „Gesta Romanorum“ stammende Grundsatz „Quidquid agis, prudenter agas et respice finem“ („Was du auch tust, handle klug und denke an das Ende“) heute noch Gültigkeit hat. Zyniker wie der wohl erfolgreichste Manager des Kommerzfernsehens, Helmut Thoma, haben auch da schnell einen flotten Spruch zur Hand: „Im Seichten kann man nicht ertrinken.“ Sie übersehen dabei, wie viel Poren im seichten und verschlammten Wasser verstopft werden, die zum Atmen gebraucht werden. Was für den Einzelnen gilt, gilt auch für die Gesamtgesellschaft, gilt für das Fernsehen, das sich in einem symbiotischen Verhältnis zur Gesellschaft befindet.

Das Fernsehen ist seinem Wesen und Ursprung nach, das sei hier nochmals gesagt, ein Menschenmedium, das von Menschen für Menschen geschaffen wurde. Heute hat es häufig den Anschein, als sei es um seiner selbst willen geschaffen und nehme dabei in Kauf, sich auch gegen den Menschen zu verhalten. Im Konkurrenzkampf der Medien gibt es jedoch keinen Ringrichter, der einen ungleich gewordenen, die Würde des Menschen verletzenden Kampf abbrechen würde. Auch die Möglichkeiten eines Eingriffs durch Medienkontrolleure sind begrenzt. Umso mehr muss man an die Einsicht und Verantwortung der Beteiligten appellieren, ob und in welcher Form, beziehungsweise mit welchen Blessuren und Spätfolgen, sie den Kampf weiterlaufen lassen wollen.

Das Ergebnis erscheint unbefriedigend. Und doch neige ich dazu, es als ein großes Glück anzusehen. Wie bei der Atomenergie, in der wir unter dem Eindruck der Ereignisse von Fukushima Zeugen einer Wende von 180 Grad geworden sind, haben wir für den Zukunftsweg des Fernsehens noch alle Optionen. Auch beim Fernsehen ist eine Wende noch möglich, die die Beachtung der Menschenwürde wieder in den Mittelpunkt aller Programme rückt. Es wäre zu hoffen, dass es dafür nicht eines existenzgefährdenden GAUs bedarf.

Jörg Eigendorf

Achtung Hochspannung: Neue journalistische Arbeitswelt und alte Werte

Manche Sätze verlieren nie an Stärke. So wie dieser, den der 1995 verstorbene Fernsehmoderator Hanns Joachim Friedrichs formulierte: „Einen guten Journalisten erkennt man daran, dass er Distanz zum Gegenstand seiner Betrachtung hält; dass er sich nicht gemein macht mit einer Sache, auch nicht mit einer guten Sache; dass er immer dabei ist, aber nie dazugehört."

Über diesen Satz lässt sich streiten. Warum soll ein Journalist sich nicht mit einer guten Sache gemein machen dürfen? Gibt es nicht Dinge, für die es sich lohnt, sich einzusetzen oder dagegen zu kämpfen? Was ist mit Korruption, Diskriminierung, Armut, Gewalt?

Als drei meiner Kollegen und ich im vergangenen Jahr eine Reportage über ein afrikanisches Mädchen machten, das Opfer von Menschenhändlern geworden und in einem deutschen Bordell zur Prostitution gezwungen worden war, erfüllte es uns mit Stolz. Denn durch unsere Berichterstattung hat das Mädchen ein dauerhaftes Bleiberecht erhalten und die drohende Abschiebung konnte verhindert werden. Warum sollte man sich mit dieser guten Sache nicht gemein machen?

Zweifelsohne hat Friedrichs Satz aber eine Stärke: Er spricht viele Werte an, die für den Journalisten auch heute noch gelten sollten und gelten – ohne sie direkt zu nennen. Friedrichs fordert von einem Journalisten die größtmögliche Neutralität und Objektivität ein – auch wenn ein Berichterstatter nie ganz objektiv sein kann. Er fordert Wahrhaftigkeit ein, denn ein Journalist, der sich an Friedrichs Grundsatz hält, wird sich der Wahrheit verpflichtet fühlen und unbestechlich sein. Letztendlich sagte Friedrichs nichts anderes, als dass der gute Journalist wissbegierig und den Fakten verpflichtet sein sollte. Das galt vor 16 Jahren genauso wie es heute gilt.

Doch hat sich seither die Medienwelt radikal verändert. Schreibmaschine, Computer und Internet sind für den Journalismus das, was für die Logistik Pferd, Bahn und Auto einst waren. Wir erleben eine Revolution, die diesen Beruf von Grund auf verändert. Und es wäre träumerisch zu behaupten, dass diese Veränderungen nicht auch all jene Journalisten auf eine harte Probe stellen würden, die sich den oben genannten Werten verpflichtet fühlen. Der Wettbewerb um die Aufmerksamkeit des Lesers hat wie die Zahl der Medien drastisch zugenommen. Es wird immer schwieriger, sich mit informationsorientierten, sachlichen Inhalten durchzusetzen, wenn sie nicht entsprechend unterhaltsam verpackt sind.

Wie aber wirken die Trends in den Medien auf den Journalismus und damit auf das Wertegerüst von Journalisten? Hat der technische Fortschritt es schwerer gemacht, ein guter, tugendhafter Journalist zu sein?

I. Die neue journalistische Realität

1. Neue Geschwindigkeit

Die Rahmenbedingungen im Journalismus sind grundsätzlich andere geworden – ganz gleich, ob in den Print- oder den digitalen Medien. Die Zeit zwischen der Recherche und der Veröffentlichung hat sich drastisch verkürzt. Peinliche Auftritte wie nach dem Amoklauf in Winnenden im März 2009 werden häufiger. Damals wollten Reporter im Fernsehen und auf Websites schneller sein, als sich die Realität erfassen ließ – und mussten dann ihre Ahnungslosigkeit offen eingestehen.

Gleiches ließ sich im Sommer 2011 beobachten, direkt im Anschluss an die Osloer Attentate eines faschistoiden Einzelgängers: Selbst renommierte Journalisten – ob im Fernsehen, Hörfunk oder online – konnten dem Reflex nicht widerstehen, in den Attentaten die Anschläge islamistischer Extremisten zu sehen. Keine Ahnung, aber immer eine Meinung – das war der Eindruck, den manche Medien in den Stunden nach dem Attentat vermittelten. Das Beispiel zeigt: Selbst erfahrenen Kolleginnen und Kollegen fällt es schwer, sich dem Zeit- und Konkurrenzdruck, der heute die Produktionsbedingungen prägt, zu entziehen.

2. Neue Produktionsrealität

Die Fernsehsender haben diesen Wandel früher zu spüren bekommen als die Printmedien. Das „Direkt-auf-den-Kanal"-Phänomen etablierte sich schon in den Achtzigerjahren, als die Satellitentechnik die Studios im In- und Ausland eroberte.

Was die Satellitentechnik fürs Fernsehen war, ist das Internet für die Printmedien. Diese Entwicklung habe ich persönlich hautnah miterlebt. Als ich 1999 von der Wochenzeitung „Die Zeit" zur Tageszeitung „Die Welt" wechselte, schien es mir als großer Sprung, vom wöchentlichen zum täglichen Erscheinungsrhythmus zu wechseln. Das war aber nur der Anfang. Damals war der Arbeitsrhythmus überschaubar: Wir waren eine Redaktion, die an einer Zeitung arbeitete, die um 17.30 Uhr erstmals in den Druck ging. Anschließend konnten noch einmal drei Seiten im Wirtschaftsteil geöffnet werden für die 19.00-Uhr-Ausgabe, die gut 90 Prozent der Leser erreichte. Anschließend konzentrierten wir uns auf die Ausgabe am nächsten Tag. Online bediente sich der Artikel der Printausgabe. Die Inhalte wurden relativ unkreativ auf die Website gestellt, was damals revolutionär erschien.

Heute, zwölf Jahre später, hat sich die Produktionsrealität um ein gefühltes Lichtjahr weiterentwickelt. Die „Welt" ist Teil einer viel größeren Mediengruppe, die parallel vier Tageszeitungen, zwei Wochenzeitungen, ein Magazin, zwei Websites und etliche Applikationen für iPads und andere Endgeräte produziert. Zwar gibt es immer noch den Zeitungsandruck: aber den eben mehrfach an einem Tag. Am frühen Nachmittag geht die „Welt aktuell" in den Druck, am frühen Abend die „Welt" und anschließend die „Berliner Morgenpost" und die „Welt kompakt". Parallel dazu entstehen über die Woche hinweg die Texte für die „Welt am Sonntag". Und zu guter Letzt erscheint „online" zwischen sechs und 24 Uhr eigentlich immer. Dabei bedienen sich die „Channelmanager" (nicht Blattmacher) nicht nur auf geschickte Weise der Printartikel, sondern viel öfter entstehen Beiträge für online, die dann den Weg in eine der Printausgaben finden.

Das alles geschieht aus einer vollintegrierten Redaktion heraus. Ein Reporter der „Welt"-Gruppe kann für all diese Medien schreiben: Der Text, der ursprünglich für eine Zeitung gedacht war, wird in manchen Fällen (bei weitem nicht allen) auf vielfache Art und Weise verwendet. Nur so lassen sich auf Dauer wirtschaftlich Zeitungen produzieren. Die Kunst besteht darin, Inhalte mehrfach zu nutzen und dennoch den Charakter der einzelnen Zeitungen zu erhalten. So schließt es sich beispielsweise aus, dass Artikel in der Tageszeitung „Welt" und der Wochenzeitung „Welt am Sonntag" identisch sind. Die Stärke der „Welt"-Redaktion liegt darin, diese Kunst immer besser zu beherrschen – auch wenn sich die Produktionsbedingungen immer noch verbessern lassen.

Diese neue Produktionsrealität erfordert eine große Gewissenhaftigkeit des Schreibers. Nicht nur hat sich die Zeit verkürzt, in denen Sachen „live" geschaltet werden, sondern sie oder er muss sehr genau verfolgen, was aus den verfassten Inhalten im Produktionsprozess wird. Ansonsten vergrößert sich die Gefahr substanziell, dass es zu Überschriften oder Änderungen kommt, die der Autor so nicht beabsichtigt hatte.

3. Neue Konkurrenz

Eine zusätzliche Beschleunigung und Komplexität ergibt sich daraus, dass es heute nicht mehr nur Journalisten als ihre Aufgabe sehen, Informationen zu sammeln und an ein großes Publikum zu verbreiten. Die arabische Revolution in Frühjahr 2011 und auch die Ereignisse in Syrien im Sommer des Jahres haben allzu deutlich aufgezeigt, wie sehr westliche Medien bei ihrer Informationsbeschaffung davon abhängig sind, dass Laien Videos drehen oder über soziale Netzwerke wie Facebook oder Twitter Meldungen schreiben. Die ägyptische Bloggerin Gigi Ibrahim ist ein Beispiel dafür. Ihre Fangemeinde umfasste im Sommer 2011 bei Twitter bereits 17.000 sogenannte Followers.

Das wiederum setzt die klassischen Journalisten erheblich unter Druck. Einerseits sind die Blogger ein Korrektiv, weil die Berufsreporter ihre Quasi-Monopolstellung auf öffentliche Informationsvermittlung verloren haben. Andererseits ist für Journalisten die Informationsgewinnung weitaus vielseitiger, die Verlässlichkeit der Informationen aber geringer geworden. Journalisten werden praktisch dazu gezwungen, schnell Informationen einzuschätzen, deren Wahrheitsgehalt sie kaum mehr, vor allem nicht in den Zeitrestriktionen, überprüfen können, was wiederum zwangsläufig zu Grenzüberschreitungen führt.

Das gilt auch für die neuen Möglichkeiten, die das Internet und Social Media bieten. Es ist heute kein Problem mehr herauszufinden, ob ein deutscher Politiker eine Immobilie in den Vereinigten Staaten besitzt und ob er dort auch pünktlich seine Steuern bezahlt. Doch ist das relevante Information oder Privatsache? Darf man die Fotos eines jungen Terroropfers, die noch auf Facebook stehen und damit quasi öffentlich sind, in einer Zeitung abdrucken und ihre Geschichte dazu erzählen?

All diese Entwicklungen zeigen, wie wichtig es für einen Journalisten ist, einen Wertekanon zu haben. Dieser hilft, auf immer neue schwierige Fragen Antworten zu finden. Diese sind selten so schwarzweiß, wie auch Journalisten das manchmal vorgeben. Oft bewegen sich Reporter in einer Grauzone. Ein Wertekanon hilft, sein eigenes Handeln immer wieder zu überprüfen.

Wer behauptet, dass Journalisten im heutigen Medienwettbewerb es sich nicht mehr leisten können zu reflektieren, liegt falsch. Das Gegenteil ist der Fall: Das Phänomen, dass heutzutage jeder, der sich die Ausrüstung leisten kann und ein paar technische Grundsätze beherrscht, direkt „auf den Kanal“ gehen und unmittelbar seine Erkenntnisse mit einer großen Öffentlichkeit teilen kann, macht den Beruf des Journalisten keinesfalls überflüssig. Im Gegenteil: Er wird wertvoller. Denn in einer Welt, in der Menschen mit Informationen geradezu überflutet werden, steigt der Wert verlässlicher Einschätzung und Einordnung. Verständlich vermittelte Expertise wird auf Dauer gefragter sein denn je. Dabei spielen Werte eine entscheidende Rolle: Wahrheit, Integrität, Zuverlässigkeit und Neutralität sind wichtiger geworden, weil sie eine Art Qualitätssiegel in einer Welt geworden sind, die vielen Menschen zu komplex geworden ist.

II. Die Gefahr: Die Boulevardisierung der Qualitätsmedien

Die Frage ist allerdings, wie groß der Markt für eine von Werten getriebene Berichterstattung in einer Welt ist, in der es immer mehr um Inszenierung und die schnelle Aufmerksamkeit geht. Das Medienverhalten der nachwachsenden Generationen unterscheidet sich grundlegend von dem der heute über Fünfzigjährigen. Vorbei sind die Zeiten, in denen Familien abends gemeinsam die „Tagesschau“ oder das „heute journal“ sahen, als regionale oder überregionale Tageszeitungen Pflichtlektüre waren. Junge Menschen informieren sich heute vor allem über das Internet und folglich viel punktueller. Der vollständige Nachrichtenüberblick ist nicht mehr so wichtig. Gelesen wird alles zu bestimmten Großereignissen oder zu Themen, die in den Social Media gerade diskutiert werden.

Das hat gravierende Folgen für die Medienwelt. Was die Quote für Fernsehsender ist, werden die Besuche pro Artikel für die Zeitungen. Wir können in Echtzeit im Internet ablesen, welche Themen gerade aktuell sind und welche nicht. Da stellt man dann fest, dass die Revolte von Deutschlands nächstem Topmodel gegen Heidi Klums Vater eben zehn Mal oder gar 50 Mal so oft abgerufen wird wie die neueste Wendung in der Nachfolgeschlacht um Deutsche-Bank-Chef Josef Ackermann. Es wäre freilich ein Fehler, das auf die Zeitung zu übertragen, da die Leser andere Bedürfnisse haben und eine Qualitätszeitung auf Dauer keine Chance hat, wenn sie mit dem Boulevard konkurriert. Aber es wäre eine Illusion zu glauben, dass die Klickraten im Netz nicht auch Rückwirkungen auf den Zeitungsinhalt hätten.

Das alles mag man bedauern. Doch eigentlich vollzieht sich hier nur das, was einst die Privatisierung des Fernsehens mit sich gebracht hatte. Die neue Konkurrenz sorgt dafür, dass die alten Angebote einen schwereren Stand haben und sich neu erfinden müssen. Denn mal ganz ehrlich: Wer möchte heutzutage noch zurück zum Drei-Kanal-Fernsehen der siebziger Jahre, in denen man auf Gedeih und Verderb den öffentlich-rechtlichen Programmmachern ausgeliefert war, die sich nicht selten als Moralapostel der Nation verstanden – und das, obwohl so mancher Auslandskorrespondent von seinem Berichterstattungsgebiet nicht viel mehr mitbekommen hatte als ein wissbegieriger Tourist. Wer sich dahinter zurückzieht, dass man mit seriösem, verantwortungsvollem Journalismus beim Zuschauer nicht landen kann, lenkt nicht selten von der Tatsache ab, dass sein Produkt einfach schlecht ist.

Gleiches gilt auch für die Printmedien. Wer Leser hinzugewinnen will, darf nicht nur auf Inhalte achten, sondern muss großen Wert auf die Form legen. Geschichten müssen gut erzählt sein, die Vermittlungsleistung muss heute größer sein als früher, da die Aufmerksamkeitsspanne der Leser in der Regel geringer ist. Die Informationsflut ist so groß, dass sich kaum mehr jemand durch einen Beitrag quälen will. Journalismus ist also nicht nur Aufklärung, sondern muss zunehmend auch unterhalten. Das kann man mögen oder nicht: Tatsache ist aber, dass eine faktisch noch so wertvolle Geschichte wertlos ist, wenn sie niemand mehr liest. Wer nicht gelesen wird, ist irrelevant.

Das lässt sich inzwischen auch in der klassischen Wirtschaftspresse erkennen. Ursprünglich hatte vor allem die „Financial Times Deutschland“ versucht, Geschichten auf der Titelseite so zu präsentieren, dass sie das Interesse des Kioskkäufers wecken. Inzwischen ist das „Handelsblatt“ auf dem gleichen Weg. Manche Titelseiten stoßen gerade bei der traditionellen Klientel auf Unverständnis, sie wirken überdreht, verfälschend. Wird aber geschickt eine Agenda gesetzt, dann kann das auch auf großen Zuspruch treffen.

Die Herausforderung liegt darin, sich diesen Rahmenbedingungen zu stellen, ohne gegen die eigenen Werte zu verstoßen. Der redaktionelle Druck und Zwang zur Unterhaltung kann so groß werden, dass Journalisten nicht mehr sorgfältig arbeiten oder Grenzen überschreiten. Der Abhörskandal um die „News of the World“ des britischen Medienmoguls Rupert Murdoch ist ein solcher, sehr eindeutiger Fall. Es gibt aber auch Beispiele, die nicht derartig skandalös sind, aber die Arbeitsmethoden des modernen Journalismus in Frage stellen: Ob Jörg Kachelmann oder Dominique Strauss-Kahn – viele Journalisten waren schnell in ihrem Urteil, es hagelte Abmahnungen und Unterlassungen und oft musste einmal Berichtetes nachträglich korrigiert werden. Wenn aber die Wirkung einer Geschichte eine solche Bedeutung erhält, dass es mit der Wahrheit nicht mehr so genau genommen wird, dann ist genau jene Grenze überschritten, die ein Journalist und ein Qualitätsmedium nicht überschreiten dürfen. Hier liegt nicht nur die Verantwortung des einzelnen Journalisten, sondern eben auch der Verlage und Sender. Es ist Aufgabe der Arbeitgeber, Arbeitsbedingungen zu schaffen, die es ermöglichen, einem zuvor festgelegten Wertekanon zu folgen. Mehr noch: Ein aktives Wertemanagement der Häuser ist wichtiger denn je (dazu später mehr). Wer das negiert, riskiert die Glaubwürdigkeit des Journalisten und damit auch des eigenen Mediums. Und damit auf Dauer die wirtschaftliche Existenz. Es ist zu hoffen, dass Leser Qualitätsmedien dafür bestrafen, wenn sie der Unterhaltung wegen Geschichten verfälschen.

III. Die Konstante: Das tägliche Wertemanagement

Es wäre falsch, die Frage der Werte im Journalismus auf die Veränderungen im Arbeitsumfeld zu reduzieren. Wer seinen Beruf ernst nimmt, ist seit jeher tagtäglich mit Wertefragen konfrontiert, die nichts mit Informationsflut und dem schnellen Redaktionsschluss zu tun haben. Das Fachmagazin „Journalist“, herausgegeben vom Deutschen Journalistenverband, konfrontierte kürzlich fünf Journalisten mit der Frage: „Welches Thema hat Sie zuletzt in einen Gewissenskonflikt gestürzt?“ Das Ergebnis waren Sätze wie: „Journalistische Sorgfalt heißt für mich, nicht nur auf korrekte Fakten zu achten, sondern auch auf diejenigen, über die ich berichte.“ Oder: „Wer nicht versteht, wie Medien funktionieren, muss geschützt werden." Oder: „Wir wollen denen, über die wir berichtet haben, in die Augen sehen können."

All diese Sätze zeigen, wie schwierig es für einen verantwortlichen Journalisten ist, den eingangs zitierten Satz Friedrichs zu leben. Wahrt ein Journalist noch die Distanz, wenn er auch auf diejenigen achtet, über die er berichtet? Was heißt es, ihnen am nächsten Tag noch in die Augen schauen zu wollen? Ist dann wirklich kritische Berichterstattung überhaupt noch möglich? Und was ist, wenn die Berichterstattung das Geschehen verändert? Muss ein Journalist dann möglicherweise seine Informationen zurückhalten – aus Verantwortung für das Objekt der Berichterstattung?

1. Das Heisenberg'sche Phänomen: Darf ein Journalist das Geschehen verändern?

Auf keine dieser Fragen gibt es eine klare, eindeutige Antwort. Das genau macht den Journalistenberuf so schwierig – und so reizvoll. Hier kommen Werte ins Spiel. Sie sind die Leitplanken, die in schwierigen Situationen helfen, die richtige Entscheidung zu treffen. Wer sein eigenes Handeln Grundsätzen unterordnet und diese für so wichtig erachtet, dass mit diesen Prinzipien auf keinen Fall gebrochen werden darf, wird die eigenen Grenzüberschreitungen zumindest substanziell minimieren, wenn auch nie ganz ausschließen können. Denn Wertemanagement ist nicht binär, es gibt meist kein Schwarz oder Weiß.

Wie schwierig es ist, Werte zu leben, zeigt ein fiktives, aber durchaus realitätsnahes Beispiel: Ein Journalist erfährt von einer anstehenden Fusion zweier Unternehmen. Ein zweiter, von der ersten Quelle unabhängiger Informant bestätigt diese. Von beiden Quellen weiß der Journalist, dass die Informanten nur ein Interesse haben: Indem die Nachricht, die zu diesem Zeitpunkt richtig ist, an die Öffentlichkeit gerät, wird frühzeitig eine so breite Opposition gegen den Plan entstehen, dass die Realisierung unmöglich wird.

Was soll der Journalist tun? Nimmt man Hanns Joachim Friedrich beim Wort, dann kann es dem guten Journalisten gleichgültig sein. Er hat eine Information, also kann er sie veröffentlichen – solange sie oder er die Distanz wahrt, macht er sich mit keiner Seite gemein, gehört er nicht dazu.

Doch so einfach ist es eben nicht. Angesichts des anfangs erwähnten Aktualitätsdrucks wäre schon viel gewonnen, wenn der Journalist erst einmal innehielte, die Nachricht nicht sofort veröffentlichte und sich dann dafür feiern ließe, einen Scoop gelandet zu haben (wobei das Berichtete dann freilich nicht mehr eintritt). Dann wäre es wichtig, sich der Motive seiner Quellen klar zu werden. Oft höre ich als Reporter die Warnung, ich solle mich nicht instrumentalisieren lassen. Meine Antwort darauf ist simpel: Ich gehe nicht davon aus, dass es eine Quelle gibt, die ohne Interessen mit mir redet. Aus purer Sympathie sprechen nur die wenigsten Menschen mit einem Journalisten. Fast jede Quelle hat ein konkretes Interesse. Wichtig ist nur, dass sich der Journalist des Interesses der Quelle bewusst ist.

Dann stellt sich eine weitere, sehr entscheidende Frage, die jeder Journalist in einer solchen Situation für sich beantworten muss: Inwieweit ist es zu rechtfertigen, das Geschehen durch Berichterstattung so weit zu beeinflussen, dass es vielleicht sogar unmöglich wird? Es ist quasi das Heisenberg'sche Phänomen aus der Physik auf den Journalismus übertragen: Das beobachtete Objekt verändert seine Erscheinung durch die Beobachtung.

Friedrichs gibt in seiner eingangs zitierten Aussage darauf keine eindeutige Antwort. Denn berichtet der Journalist, lässt er sich eigentlich von seinen Quellen instrumentalisieren. Und er macht sich damit der Sache gemein. Berichtet er nicht, tut er es ebenfalls. Denn dann unterstützt er de facto die Gegenseite, die ein Interesse daran hat, dass die Information nicht an die Öffentlichkeit gerät. Am Ende kann die Erkenntnis ausschlaggebend sein, dass die Informanten einen anderen Journalisten ins Bild setzen werden. Ist sich der Journalist sicher, dass dem nicht so ist, dann hat er eine besondere Verantwortung, die er nicht alleine tragen sollte, sondern gemeinsam mit Kollegen und der Chefredaktion.

Weiß der Reporter hingegen, dass die Konkurrenz für die Geschichte eingespannt wird, hat er eigentlich keine andere Wahl als zu berichten. Es ist dann die Pflicht des Journalisten, frühzeitig die Haltung der Fusions-Befürworter einzuholen und gebührend zu Wort kommen zu lassen. Sträflich wäre es hingegen, die Informanten noch mit einem positiven Kommentar zu belohnen. Das wäre unaufrichtig und käme einer milden Form der Bestechung gleich. Der Zugang würde de facto mit Hofberichterstattung bezahlt – was für einen Journalisten, der sich Werten wie Neutralität und Fairness verschrieben hat, ausgeschlossen sein muss.

2. Vor oder hinter der Bühne

Nimmt man Hanns Joachim Friedrichs beim Wort, so begibt sich ein Journalist immer dann in eine schwierige Lage, wenn er sich quasi auf das Spielfeld begibt. Oder um ein noch besseres Bild zu benutzen: Sollte der Journalist im Zuschauerraum sitzen oder alles daran setzen, hinter die Bühne zu kommen? Die Antwort darauf kann nur heißen: Ein Journalist, der das Geschehen stets nur aus dem Zuschauerraum beobachtet, wird nie begreifen, was wirklich geschieht. Denn er bekommt nur das zu sehen, was die Spieler auch tatsächlich öffentlich sichtbar machen wollen. Gerade in Politik und Wirtschaft ist es aber ganz entscheidend für einen journalistischen Beobachter zu erkennen, was sich hinter der Bühne abspielt: Wer spielt welche Rolle? Wer verkleidet sich wie mit welcher Intention? Wer schüttet möglicherweise einem Konkurrenten um die Hauptrolle gerade K.o.-Tropfen ins Glas und reicht das Getränk dem Widersacher sogar noch galant?

Wiewohl es wichtig für einen Journalisten ist, hinter der Bühne zu stehen, darf er diese nicht betreten. Genau darin besteht die Herausforderung eines kompetenten, gut vernetzten, aber gleichzeitig auch wertorientiert handelnden Journalisten: Einerseits geht es darum, ein Maximum an Nähe aufzubauen, andererseits aber auch darum, nie die Distanz zu verlieren. Wer hinter der Bühne steht, wird irgendwann eine enorme Nähe zu bestimmten Schauspielern aufbauen, zu anderen nicht. Der Journalist wird sehen, wer seine Profession sauber spielt und wer nicht. Der Berichterstatter, der den Zugang hinter die Bühne hat (und selbstverständlich immer fürchten muss, dass ihm irgendwann der Zugang verwehrt wird), wird Sympathien und Antipathien entwickeln. Ansonsten wäre er kein Mensch. Genau hier, wo es kein Schwarz oder Weiß mehr gibt, wo der Journalist Erkenntnisse erlangt, die er eigentlich nicht erlangen sollte, genau hier gewinnen Werte eine enorme Bedeutung. Ist man als Journalist noch imstande, wieder die nötige Distanz zum Objekt der Beobachtung aufzubauen? Ist es stets klar, dass man als Journalist agiert? Und hat man selbst auf einmal eine Agenda außer der, den besten Job für seinen Arbeitgeber zu machen? Nur wer sein Handeln nach einem bestimmten Werteraster überprüft, ist ehrlich mit sich selbst. Ehrlichkeit gegenüber sich selbst und gegenüber seinem Arbeitgeber sollte aber das wichtigste Grundprinzip eines Journalisten sein.

3. Die Rolle der Arbeitgeber

Bei der Frage der Werte, die den heutigen Journalismus prägen, kommt die Bedeutung des Arbeitgebers meist zu kurz. Dem einzelnen Journalisten wird quasi ins Gewissen geredet, er solle neutral, unparteiisch, aufrichtig und integer sein. Doch wie führende Unternehmen zeigen, müssen Werte vermittelt werden. Es ist eben nicht nur Sache des Einzelnen, der es in der Kinderstube mitbekommen haben sollte, sich korrekt zu verhalten. Es kommt vielmehr darauf an, welche Anreize ein Arbeitgeber setzt.

Das gilt für einen Industriebetrieb genauso wie für ein Medienunternehmen. Genau hier gibt es aber große Defizite: Das Wertemanagement wird in den meisten Fällen den Journalistenschulen überlassen, die ihren Schülern eintrichtern, wie wichtig faktische Richtigkeit ist, ohne die wirklichen Herausforderungen des Arbeitsalltags simulieren zu können; zudem wird die Wertediskussion nicht selten auf einen Einzelfall beschränkt oder gar zur Sache der Rechtsabteilung erklärt. Es gilt ja schon als Erfolg, wenn ein Nachrichtenmagazin wie der „Spiegel" eine feste Rubrik eingeführt hat, in der die Fehler der vergangenen Woche richtiggestellt werden.

Doch Wertemanagement im journalistischen Bereich müsste viel weiter gehen. Wer nur für die große Nachricht belohnt, nicht aber für den Widerruf bestraft wird, muss schon eine sehr starke Persönlichkeit sein, um auf Dauer nicht Grenzen zu überschreiten.

Die richtigen Anreize allein reichen freilich nicht. Es bräuchte eine Art Supervision, mit der unter strenger Vertraulichkeit und Quellenschutz über besonders schwierige Situationen diskutiert werden kann. Eben jene Situationen, die einen werteorientierten Journalisten in einen Gewissenskonflikt bringen, Situationen, die sich nicht eindeutig beantworten lassen. Jene Situationen, in denen es der Journalist geschafft hat, hinter die Bühne zu kommen, aber Gefahr läuft, diese zu betreten.

IV. Resümee

Ohne einen Wertekanon wird ein Journalist auf Dauer keine gute Arbeit leisten können. Die wenigsten Fälle liegen so simpel wie der Skandal um die britische Wochenzeitung „News of the World“, wo Journalisten die Grenze des moralisch Vertretbaren eindeutig sehr weit überschritten haben. Umso wichtiger ist es, den ständigen Dialog über die Grenzsituationen zu führen und diese richtig zu analysieren.

Die technologischen Entwicklungen haben die Gefahr von Grenzüberschreitungen noch erhöht. Mehr denn je ist es deshalb für Journalisten wie für die Medienunternehmen unabdingbar, klare Werte zu definieren, die Leitplanken für die Berichterstattung bilden. Die gehören nicht nur ins Schaufenster gestellt, wie es leider oft geschieht, sondern müssen mit Leben gefüllt werden.

Wertemanagement ist für Medienunternehmen mindestens genauso wichtig wie für Banken oder Versicherungen. Qualitätsmedien, die das negieren und die Entwicklung des Wertekanons einzelnen Journalisten oder dem Zufall überlassen, werden auf Dauer ihre Glaubwürdigkeit verlieren. Und damit ihren geschäftlichen Erfolg riskieren.

Norbert Bolz

Beschleunigung des Wertekarussells und Opportunismus im Umgang mit Werten

Wir haben es in der Geschichte der modernen Gesellschaft mit einem Wertewandel zu tun, der sich in drei Phasen darstellen lässt. Der Kapitalismus in seiner heroischen Phase beruhte auf christlichen Werten und ordnete das Leben um die bürgerlichen Tugenden. Mit der Romantik (um 1800), spätestens aber mit der Pariser Bohème (um 1850) begann dann die Konjunktur der antibürgerlichen Werte: der Hass auf den Bourgeois und der Kult des Nonkonformismus. Diese Phase endet mit dem Altern der 68er, also heute. Wir treten nun in ein Zeitalter der postökonomischen Werte ein.

Erfolg ist ein bürgerlicher Wert. Das muss man deshalb betonen, weil die westliche Kultur nach dem Zweiten Weltkrieg vor allem von Bohème-Werten geprägt wurde. Und der erfolgreiche Bourgeois ist der natürliche Feind der Bohème. In den sechziger und siebziger Jahren gab es geradezu einen Kult des Anti-Erfolgs. Die Verlierer beherrschten die Szene. Aber in den letzten Jahrzehnten haben sich die Jugendlichen wieder mit dem Leistungsprinzip versöhnt. Der Bohemien verträgt sich mit dem Bourgeois. Der politische Journalist David Brooks hat deshalb von der Eliteherrschaft der „Bobos“ (= Bohemien + Bourgeois) gesprochen.

Das Ressentiment gegen den Erfolg führt heute nur noch ein Nischendasein. Gerade die emanzipierten Frauen drängen ja auf Karriere. Doch beides, Erfolg wie Karriere, gibt es heute nur noch in gebrochener Form. Die Metapher von der Karriereleiter ist endgültig veraltet. Eine moderne Karriere ist nicht mehr linear, sondern mosaikartig. Und der Erfolg wird nicht mehr protzend zur Schau gestellt, sondern elegant verdeckt.

Wie gibt man viel Geld aus, ohne zu protzen? Man investiert es in den eigenen Körper, in Küche und Bad, in kleine Dinge. Man trinkt

Wasser, das so teuer ist wie ein Wochenendeinkauf bei Aldi; man trägt Kleider, die lässig und nach Freizeit aussehen, aber aus unglaublich kostbarem Stoff gemacht sind; man macht Öko-Urlaub in garantiert touristenfreien Naturschutzgebieten. Statusinversion hat David Brooks das genannt. Die Erfolgreichen geben für die einfachsten Dinge des Lebens wie Kaffee, Nudeln und Seife ungeheuer viel Geld aus. Über dem Leben der Reichen liegt heute eine Patina der Einfachheit.

Das zeigt sehr deutlich, dass wir in ein Zeitalter der postökonomischen Werte eingetreten sind. Die Leute interessieren sich immer mehr für das gute Leben, öffentliche Güter, gerechte Verfahren, ethisches Einkaufen, freiwilliges Engagement und die soziale Dynamik der Non-Profit- und Non-Governmental-Organizations. Je mehr sich der Kapitalismus als der große Gleichmacher der materiellen Lebensbedingungen bewährt, umso mehr drängen sich die nichtmateriellen Aspekte des guten Lebens in den Vordergrund der Aufmerksamkeit: Prestige und Privileg.

Das hat unmittelbare Auswirkungen auf das Verhältnis von Einkommen und Status. Der Ökonom und Mathematiker Vilfredo Pareto hat als erster gesehen, dass überall da, wo die Einkommensunterschiede reduziert werden, die Menschen nach Ungleichheit in Macht und Status streben. Es geht dann primär um den Wunsch, anders zu sein und die Ungleichheit zu genießen, also um die Aneignung differenzierender Merkmale, auf die das eigene Selbstwertgefühl gestützt werden kann.

Deshalb gibt es auch immer mehr Menschen in der Wohlstandswelt, denen es nicht mehr genügt, sich konsumistisch selbst zu verwirklichen, sondern die ihr Leben an Werten und sozialen Ideen orientieren wollen. Man kann diesen Trend mit dem Psychologen Abraham Maslow „Selbsttranszendierung“ nennen. Dieser geradezu religiös klingende Begriff ist natürlich erläuterungsbedürftig. Sehen wir näher zu.

Jeder, der mit Psychologie oder Marketing zu tun hat, kennt Maslows Pyramide der Bedürfnisse, die nach einem einfachen Prinzip gebaut ist. Sobald die fundamentalen Bedürfnisse des Menschen wie etwa die nach Nahrung und Sicherheit dauerhaft befriedigt sind, entwickelt er höhere Bedürfnisse, zum Beispiel nach Liebe und Anerkennung. An der Spitze der Pyramide steht dann der Wert der Selbstverwirklichung, der ja bis zum heutigen Tag von vielen Menschen in der westlichen Wohlstandswelt als unbezweifelbarer Spitzenwert verstanden wird.

Schaut man sich die Schriften von Abraham Maslow aber etwas genauer an, dann macht man eine verblüffende Entdeckung. In seinen letzten Lebensjahren hat Maslow an seinem Spitzenwert gezweifelt und gefragt, was jenseits der Selbstverwirklichung kommt. Die Antwort, die er tastend gefunden hat, lautet Selbsttranszendierung.

Das klingt religiös und ist auch tatsächlich als eine Art Sakralisierung des Alltags gemeint. Maslow hat nämlich beobachtet, dass es Menschen gibt, für die die Pflicht zur Lust und die Arbeit zum Spiel wird. Und das ist sehr viel mehr als bloß Gesundheit, oder wie man heute gerne amerikanisch sagt: Well-being. Das richtig verstandene Projekt der Selbstverwirklichung ist eine Leiter, die man wegwirft, wenn man das Ziel erreicht hat. Der wichtigste Gedanke Maslows führt uns also zu der Paradoxie einer gelungenen Selbstverwirklichung als Selbstüberschreitung.

Das Selbst wird wirklich, indem es sich übersteigt. Konkret heißt das: Wir müssen den Anderen oder einer Sache dienen – und das kann die Umwelt sein, aber auch die soziale Gerechtigkeit. „Es drängt uns, zu opfern“, hat der Philosoph Max Scheler einmal gesagt. Und das ist genau die Erfahrung, die wir an der Spitze der Bedürfnispyramide machen. Es genügt uns dann nicht mehr, einen Job, Geld und Freizeit zu haben. Der Beruf soll wieder nach Berufung schmecken, so wie das die Puritaner in der Gründungsphase des Kapitalismus mit ihrem Begriff „Calling“ ausgedrückt haben. Und so heißt es dann bei Maslow: Die Berufung ist der Altar, auf dem man sich darbringt.

Tatsächlich haben wir in der westlichen Wohlstandswelt seit dem Zweiten Weltkrieg alle Stufen der Bedürfnispyramide durchlaufen. Und natürlich wollen wir immer noch bekommen, was wir uns wünschen, aber mehr noch wollen wir herausfinden, was wir wirklich wollen. So können wir das Leben heute als Erforschung eines Wertefeldes betrachten. Mit dem Sieg des Kapitalismus wurde der Blick wieder frei auf die nicht-ökonomischen Kräfte, also die sozialen und moralischen Werte, das Begehren nach Anerkennung. Unser Blick wurde aber auch wieder frei für die andere Seite der Vernunft, also für Gefühle und Geschichten. Man muss kein Psychologe oder Philosoph sein, um zu wissen: Geschichten stellen einen Gefühlszusammenhang her, und Werte verknüpfen Geschichten miteinander.

Noch wichtiger als zu bekommen, was wir uns wünschen, ist es also, herauszufinden, was wir uns wirklich wünschen. Die Kunden erwarten heute vom Markt, was sie sich früher von der Kunst und der Religion erhofft haben. Shopping ist die Erziehung des Gefühls für die Welt des 21. Jahrhunderts. Man lernt, was „in“ ist, und erkundet ein Wertefeld. Wir gehen einkaufen, um herauszufinden, was wir wollen. Und wenn man wählt, entdeckt man ein Ziel.

Der gute Sinn des Begriffs der Selbstverwirklichung liegt darin, dass er unterscheidet zwischen Menschen, die einfach nur leben, und Menschen, die ihr Leben führen. Für eine bewusste Lebensführung ist aber wesentlich, was man wollen muss. Erkenne dich selbst! Diese klassische Forderung stellt mich vor die Frage, an welchen Ideen und Werten ich mein Leben orientieren soll. Ich habe die Pflicht, mein besseres Selbst zu kultivieren. Das, was ich liebe, stellt Ansprüche an mich, denen ich entsprechen muss.

Der moderne Kunde will nicht nur befriedigt und verführt, sondern auch verändert werden. Abraham Maslows Bedürfnishierarchie hat ja, wie wir gesehen haben, eine sechste Stufe: Selbsttranszendenz. Dem geilen Geiz und dem Kult des Saubilligen zum Trotz entscheiden in der westlichen Welt des Wohlstands nicht die Preise, sondern die Werte. Je reicher, desto ethischer! Das ist die erstaunliche Lektion, die uns der Sozialkapitalismus in den letzten Jahren erteilt hat.

Werte statt Preise – so lautet das Konsumverständnis der Generation „We“. Sie will sorgen und teilen. Neben das Tauschinteresse und die christliche Nächstenliebe tritt das Geschenk aus Sympathie. Ich teile, also bin ich. Der Wertewandel entspricht präzise dem Generationenwechsel. Erst gab es die Gründergeneration, die ganz auf Produktion ausgerichtet war und ein Ethos der Pflichterfüllung lebte. Dann kamen die Babyboomer, die ganz auf Konsum und Protest ausgerichtet waren und den Anspruch auf Selbstverwirklichung anmeldeten. Diese revolutionär bewegten Studenten der 68er-Generation haben den zur Schau getragenen Konsum ihrer Eltern durch zur Schau getragenes Mitleid ersetzt. Heute wird die Sorge zur Schau getragen. Die Generation „We“ ist ganz auf Kommunikation ausgerichtet und formuliert ein Ethos der sozialen Gerechtigkeit.

Immer mehr Menschen, denen es gut geht und die ein gutes Leben führen möchten, orientieren sich also an Werten statt an Preisen. Und diese Werte sind in einer ganz neuen Weise zweideutig. Man könnte auch von Wertparadoxien sprechen: mitfühlender Konservativismus, sorgender Kapitalismus, libertärer Paternalismus, ökologische Ökonomie. Auf der Ebene des Konsums sind wir es ja schon gewohnt, dass Kunden „Ethik-Marken“ konsumieren und mit gutem Gewissen genießen wollen. Heute sehen wir, dass auch die Unternehmen und großen Organisationen Profitorientierung und moralisches Handeln nicht mehr als Gegensatz, sondern als wechselseitiges Steigerungsverhältnis verstehen.

Offenbar haben es die Unternehmen von traditionellen Institutionen wie der Kirche und erfolgreichen Organisationen wie Greenpeace gelernt, wie man soziale Werte glaubwürdig verkörpert. Es geht heute vor allem um Werte wie Authentizität, Vertrauenswürdigkeit, Reputation, Transparenz, soziale Verantwortlichkeit, Nachhaltigkeit, Teamgeist, Fairness, Respekt, Sorge, Bürgerlichkeit. Ob die organisatorische Verkörperung dieser Werte gelingt oder nur die Werbe-Rhetorik einer ethischen Plakatwelt geboten wird, entscheiden die Kunden als Bürger, die gerade auch im Akt des Konsums zu Werte-Wählern geworden sind.

Die intelligentesten Unternehmen arbeiten heute an einem Kapitalismus mit gutem Gewissen. Idealismus verkauft sich nämlich gut. Das ist die kulturelle Bedingung dafür, dass sich ein neues Unternehmer-Ethos entwickelt: „Make a better world!“ Dieser Sozialkapitalismus ist ein rot-grüner Kapitalismus. Waschmittel sollen ethischen Standards entsprechen. An die Stelle von Ausbeutung soll der Fair Trade mit Entwicklungsländern treten. „Made in Dignity" wiegt heute schwerer als unser altvertrautes „Made in Germany". Grüner Punkt und das Siegel „umweltfreundlich" genügen nicht mehr – es entstehen „Ethik-Marken" wie Body Shop. Ein erfolgreiches Produkt ist deshalb heute nicht nur technisch-sachlich von hervorragender Qualität, sondern vermittelt auch einen spirituellen Mehrwert.

Wenn aber Ideen, Werte und Heilsversprechen auf den modernen Konsumgütermärkten eine Schlüsselrolle spielen, kann es nicht mehr überraschen, dass es heute eben auch Ansätze zu einem guten Kapitalismus gibt, der ethisches Einkaufen ermöglicht. Es sind noch nie so viele gute Menschen auf der Bühne unserer Gesellschaft aufgetreten: Politiker als Friedensnobelpreisträger; Militärs, die abrüsten wollen; Bürger gegen Rassismus; Chemiefirmen, die den Rhein, und Möbelfirmen, die Tropenhölzer retten; Geschäftsleute, die ihre Visitenkarte auf Recyclingpapier drucken lassen, und Familienväter, die den Hausmüll sortieren. Umwelt- und Benutzerfreundlichkeit, Fair Trade und Kundendialog, purer Stil und neue Natürlichkeit sind Labels für Produkte und Dienstleistungen, die einen moralischen Mehrwert signalisieren. „Bio" und „Öko" verheißen das Heil als Freikauf. Nun kann man sich von den Sünden der Zivilisation reinwaschen, indem man bestimmte Produkte erwirbt. Das Geschäft mit der Ethik ist der moderne Ablasshandel.

Auf diese schöne neue Wertewelt hat sich die Wirtschaft also schon recht gut eingestellt. Aber wie steht es mit der Politik? Fast alle Probleme, die wir mit der Politik heute haben, hängen daran, dass sich der Staat in seiner Arbeit am Problem des Sozialen nicht mehr an einer verbindlichen Wertehierarchie orientieren kann. Wert heißt immer: das eine aufgeben, um das andere zu bekommen. Man kann also keine Werte verwirklichen, ohne andere Werte zu verwirken. Regulierung der Finanzmärkte, War on Terror, Road Map, Windkraft, Gen Food, Arbeitslosigkeit, EU-Erweiterung – was ist wirklich wichtig? Karriere, Kinder, Gesundheit, Weltreise, Weiterbildung, neue Wohnung – was ist wirklich wichtig? Hier hilft keine Logik weiter. Man kann immer nur von einem Spitzenwert zum anderen wechseln, und dazu braucht man die Gefühle als Unterbrechungsmechanismus.

Wir haben ja schon darauf hingewiesen, dass Geschichten einen Gefühlszusammenhang herstellen und dass Werte Geschichten miteinander verknüpfen. Und ein Weiteres kommt hinzu: Nur Gefühle ermöglichen das Umschalten von einem Wert zum anderen. Das erklärt sehr gut, warum sich die politische Öffentlichkeit fortschreitend emotionalisiert. Die Aufladung der Themen mit Gefühlen ermöglicht rasche Drehungen des Wertekarussells. Und das steigert die Fähigkeit unserer Gesellschaft, sich an Unvorhergesehenes anzupassen.

Der Begriff Wertekarussell soll zunächst einmal zum Ausdruck bringen, dass unsere Gesellschaft keine verbindliche Wertetafel mehr hat. Aber gerade deshalb wächst ihre moralische Produktivität, nämlich durch eine Art Arbeitsteilung der Werte. Das gilt für den Staat genauso wie für den Einzelnen. Der Einzelne trägt zur Produktion des sozialmoralischen Reichtums durch seine „Commitments“ bei, also durch seine freiwilligen Wertbindungen. Und die zeigen sich vor allen Dingen auf dem Markt. Natürlich haben wir Bedürfnisse. Aber wichtiger als die Bedürfnisse sind unsere Wünsche. Und wichtiger noch als unsere Wünsche sind die Werte, mit denen wir definieren, was „das gute Leben“ ist. Was ist wirklich wichtig? Auf diese Frage kann kein Wissen antworten. Hier zählt nur die freiwillige Wertbindung, die man eben neudeutsch „Commitment“ nennt.

Zwar dominieren in der gesellschaftlichen Kommunikation seit einigen Jahrzehnten Spitzenwerte wie Gesundheit, soziale Gerechtigkeit und ökologische Nachhaltigkeit, aber es gibt schon längst keine für alle verbindliche Werteordnung mehr. Wertorientierung ist heute Sache des Individuums, und das moderne Individuum ist in sich selbst wertepluralistisch. Dabei spielt der Konsum eine entscheidende Rolle. Mit Bedürfnisbefriedigung hat das natürlich nichts mehr zu tun. Konsum ist heute die Erforschung eines Wertefeldes. Man kann es auch so sagen: Lebensstile sind Formen, die in das Medium des Konsums eingeprägt werden; die Elemente dieses Mediums sind Waren, Informationen und Dienstleistungen.

Der Staat produziert sozialmoralischen Reichtum durch zwei Techniken: durch Reformismus und durch Opportunismus. Die prinzipielle Reformbereitschaft des Staates ist für den Bürger längst zur Selbstverständlichkeit geworden. Ein Wort wie „Reformstau" macht sehr schön deutlich, dass wir Reformen für das Normale halten und sofort bereit sind, jeden Widerstand dagegen zu skandalisieren. Ich schlage deshalb für unser Thema eine andere Leitmetapher vor: Es gibt keine Wertetafel mehr, sondern einen dynamischen Werteraum. Die Werte werden nicht mehr „angeschrieben", sondern bilden sich als Netzwerkeffekte der gesellschaftlichen Kommunikation.

So sehr wir uns an die Reformbereitschaft des modernen Staates gewöhnt haben, so ungewohnt ist noch die Zumutung, seinen Opportunismus in der Werteverfolgung zu akzeptieren. Deshalb sind die Talkshows im Fernsehen ein Schlüsselphänomen unserer Zeit. Ihr großes Geschwätz schirmt den politischen Opportunismus der Werteverwirklichung ab: heute für, morgen gegen Atomkraft; heute für, morgen gegen Steuererleichterungen; heute für, morgen gegen Wehrpflicht usf. Niemand beherrscht das eindrucksvoller als unsere Kanzlerin.

Frau Merkel ist die modernste Politikerin der Welt. Im Ausland wird das neidlos anerkannt. Nur hierzulande hat man Probleme, die Modernität ihrer Politik zu verstehen. Das entscheidende Stichwort lautet eben Opportunismus. Das klingt in den meisten Ohren wie ein Schimpfwort und wird auch so gebraucht. Aber eigentlich bedeutet Opportunismus lediglich: Sinn für die günstige Gelegenheit. Wer es als Schimpfwort benutzt, beklagt Prinzipienlosigkeit. Aber leben wir überhaupt noch in einer Welt, die mit Prinzipien regiert werden kann?

Vielleicht müssen wir ja lernen, dass der „Polytheismus der Werte", von dem der große Soziologe Max Weber schon vor hundert Jahren gesprochen hat, die Politik zu einem leistungsfähigen Opportunismus zwingt. Wer einen Wert verwirklicht, verwirkt einen anderen – der dann später verwirklicht werden kann. Ein Wert imponiert immer nur auf Kosten eines anderen, und die Präferenzen wechseln immer rascher. Es wäre deshalb die Aufgabe eines Philosophen, der seine Zeit in Gedanken fassen will, diese Kontingenz der Werte bewusst zu machen. Aber für ein provokantes Lob des Opportunismus als ethischen Kontingenzbewusstseins scheint unseren Meisterdenkern noch der Mut zu fehlen.

Dabei spricht nicht nur die Evolution der modernen Gesellschaft, sondern auch das liberale Interesse an der Freiheit des Einzelnen für eine Strategie der opportunistischen Werteverfolgung. Betrachten wir zunächst die Evolution der modernen Gesellschaft. Hier zeigt sich, dass erfolgreiche Trends adaptiv sind, d. h., sie können stoppen und die Richtung ändern. Um es mit einem Beispiel zu verdeutlichen: Ökologie ist bekanntlich ein Mega-Trend unserer Kultur; bisher war er düster eingefärbt. Doch wir können heute beobachten, wie dieser Trend seinen Erfolg stabilisiert, indem er die Richtung bzw. die Farbe ändert und sich als Öko-Optimismus neu formuliert. Das ist evolutionärer Opportunismus.

Aber auch für den Einzelnen und seine Freiheit ist Opportunismus die beste Überlebensstrategie. In einer unübersichtlichen Situation braucht man nämlich den Sinn für die günstige Gelegenheit und die Wahlfreiheit aus einem Menü verschiedener Optionen; und genau das besagt der Begriff Opportunismus. Er meint also nicht Beliebigkeit, sondern besonnene Bürgerlichkeit, nämlich die Einsicht darein, dass die höchsten Werte, an denen ich mein Leben orientiere, nicht auch deine höchsten Werte sein müssen. Es geht nicht ohne Scheuklappen, aber wir können sie beweglich gestalten. In der modernen Gesellschaft machen wir jedenfalls die Erfahrung, dass Freiheit der Wert ist, der gerade durch dogmatische Werte gefährdet wird.

Die Selbstbeschränkung des klassischen Liberalismus auf eine Lehre von der materiellen Wohlfahrt und sein Verzicht auf ein Glücksversprechen ist immer als Ignoranz gegenüber den höheren Werten missverstanden worden. Aber gerade diese liberalistische Beschränkung auf das materielle Wohlleben eröffnet die Perspektive auf ein Jenseits von Angebot und Nachfrage. Bürgerlichkeit ist die sittliche Reserve, die moralische Ressource, von der die freie Marktwirtschaft und der soziale Rechtsstaat zehren.

Deshalb darf das Verhältnis von Staat und freiem Einzelnen aber auch nicht als Widerspruch gesehen, sondern muss als Steigerungsverhältnis verstanden werden. Staat und Persönlichkeit bilden die Pole der Institutionen. Nur in Institutionen werden Gesinnungen wirklich und wirksam. Es reicht also nicht, den Staat zu begrenzen. Hegels Grundgedanke, mit dem er den angelsächsischen Liberalismus überboten hat, präsentiert deshalb den Staat als „Handhabe" der Freiheit. Dieser Gedanke ist aktueller denn je: Werte müssen institutionalisiert werden. Aber das geht in einer modernen Gesellschaft nicht mehr dogmatisch, sondern nur noch opportunistisch.

Unsere Politiker handeln entsprechend; sie sind besser als ihr Ruf. Dass das nicht anerkannt wird, liegt daran, dass niemand den Mut hat, die beiden fundamentalen Wahrheiten über unsere moderne Gesellschaft auszusprechen: Wir sitzen nicht mehr vor den Tafeln allgemeinverbindlicher Werte, sondern in einem sich zunehmend beschleunigenden Wertekarussell. Und die Politik kann dem nur gerecht werden, indem sie eine Strategie der opportunistischen Werteverfolgung einschlägt. Eine solche Politik ist weder „links" noch „rechts"; die Konservativen finden sich in ihr genauso wenig zurecht wie die Sozialisten. Darauf reagieren die Wähler – opportunistisch! Der Wähler, der „seiner Partei" treu bleibt, stirbt aus. Und wir können jetzt sehen: Das ist ein gutes Zeichen.

Autorenregister

Augustin, George, Dr. theol., Professor für Dogmatik und Fundamentaltheologie an der Philosophisch-Theologischen Hochschule Vallendar; Priesterseelsorger in der Diözese Rottenburg-Stuttgart; Vorstand der Kardinal-Walter-Kasper-Stiftung, Stuttgart

Bach, Thomas, Dr. jur., Präsident des Deutschen Olympischen Sportbundes und Vizepräsident des Internationalen Olympischen Komitees; Tauberbischofsheim

Birg, Herwig, Dr. rer. pol., emeritierter ordentlicher Professor und geschäftsführender Direktor des Instituts für Bevölkerungsforschung und Sozialpolitik an der Universität Bielefeld; Berlin

Bodenheimer, Alfred, Dr. phil., ordentlicher Professor für Religionsgeschichte und Literatur des Judentums an der Universität Basel

Bolz, Norbert, Dr. phil., ordentlicher Professor für Medienwissenschaft und Medienberatung an der Technischen Universität Berlin

Christ, Harald, Inhaber sowie geschäftsführender Gesellschafter der Conomus Treuhand GmbH, Berlin

Deichmann, Heinrich, Inhaber sowie Vorsitzender des Verwaltungsrats und der geschäftsführenden Direktoren der Deichmann SE, Essen

Eigendorf, Jörg, Chefreporter und Mitglied der Chefredaktion, Welt-Gruppe, Frankfurt am Main

Fehrenbach, Franz, Vorsitzender der Geschäftsführung der Robert Bosch GmbH, Gerlingen

Fitschen, Jürgen, Mitglied des Vorstands Deutsche Bank AG, Frankfurt am Main

Frey, Bruno S., Dr. rer. pol., Dr. h.c. mult., ordentlicher Professor für Volkswirtschaftslehre an der Universität Zürich und Distinguished Professor of Behavioural Science an der Warwick University in England

Gauweiler, Peter, Dr. jur., Mitglied des Deutschen Bundestages, Bayerischer Staatsminister a.D., Rechtsanwalt, München

Gross, Norbert, Dr. jur., Docteur en Droit, Honorarprofessor an der Universität Karlsruhe, Rechtsanwalt beim Bundesgerichtshof und ehem. Präsident der Rechtsanwaltskammer beim Bundesgerichtshof, Karlsruhe

Haasis, Heinrich, Präsident des Deutschen Sparkassen- und Giroverbandes, Berlin (Mai 2006 bis Mai 2012)

Haberfellner, Eva Marie, Dr. rer. pol., Dr. phil., Professorin, vormals Gesamtleiterin der Schule Schloss Salem, Mitglied des Vorstands der Studienstiftung des deutschen Volkes, Bonn

Haller, Wilhelm Freiherr von, Vorsitzender des Vorstands Sal. Oppenheim jr. & Cie. AG & Co. KGaA, Köln

Havel, Václav (1936–2011), vormals Präsident der Tschechischen Republik, Prag

Heidbreder, Stefan, Geschäftsführer der Stiftung Familienunternehmen, München

Hennerkes, Brun-Hagen, Dr. jur., Dr. h.c., Honorarprofessor an der Universität Stuttgart, Seniorpartner der Sozietät Hennerkes, Kirchdörfer & Lorz und Gründungsvorstand der Stiftung Familienunternehmen, Stuttgart

Hillgruber, Christian, Dr. jur., ordentlicher Professor für Öffentliches Recht an der Rheinischen Friedrich-Wilhelms-Universität, Bonn

Huber, Berthold, Erster Vorsitzender der Industriegewerkschaft Metall, Frankfurt am Main

Hund, Thomas, Rechtsanwalt in der Sozietät Hennerkes, Kirchdörfer & Lorz, Stuttgart

Hunger, Anton, Publizist, Inhaber der Firma publicita, Starnberg, vormals Pressesprecher der Porsche AG, Stuttgart

Kannegiesser, Martin, Inhaber der Kannegiesser GmbH, Vlotho und Präsident des Arbeitgeberverbandes Gesamtmetall, Berlin

Kasper, Kardinal Walter, Dr. theol. Dr. h.c. mult., vormals Präsident des Päpstlichen Rates zur Förderung der Einheit der Christen, Rom; zuvor Professor für Dogmatik an der Universität Tübingen und Bischof der Diözese Rottenburg-Stuttgart

Kauder, Volker, Mitglied des Deutschen Bundestages und Vorsitzender der CDU/CSU-Fraktion im Deutschen Bundestag, Berlin

Kelek, Necla, Dr. phil. Publizistin und Sozialwissenschaftlerin, Mitglied der Deutschen Islamkonferenz, Berlin

Koch, Kardinal Kurt, Dr. theol. Dr. h.c. mult., Präsident des Päpstlichen Rates zur Förderung der Einheit der Christen, Rom; vormals Professor für Dogmatik und Liturgiewissenschaften an der Universität Luzern und Bischof von Basel

Kornblum, John C., vormals Botschafter der Vereinigten Staaten von Amerika in der Bundesrepublik Deutschland, Senior Councellor der Sozietät Noerr LLP, Berlin

Kretschmann, Winfried, Ministerpräsident des Landes Baden-Württemberg und Mitglied des Landtags, Stuttgart/Sigmaringen

Lehr, Ursula, Dr. phil. Dr. h.c. mult., emeritierte Professorin an der Universität Heidelberg, Bundesministerin a.D., Bonn

Leibinger-Kammüller, Nicola, Dr. phil., Mitinhaberin und Vorsitzende der Geschäftsführung der TRUMPF GmbH + Co. KG, Ditzingen

Loh, Friedhelm, Inhaber und Vorstandsvorsitzender der Unternehmensgruppe Friedhelm Loh Stiftung & Co. KG, Haiger

Lübbe, Hermann, Dr. phil. Dr. theol. h.c., emeritierter ordentlicher Professor für Philosophie und politische Theorie an den Universitäten Bochum, Bielefeld und Zürich, Staatssekretär a.D.

Marx, Kardinal Reinhard, Dr. theol., Erzbischof von München und Freising, zuvor Bischof von Trier; vormals Professor für Christliche Gesellschaftslehre an der Universität Paderborn

Metzler, Friedrich von, persönlich haftender Gesellschafter B. Metzler seel. Sohn & Co. KGaA, Frankfurt am Main

Mißfelder, Philipp, Mitglied des Deutschen Bundestages, Bundesvorsitzender der Jungen Union und außenpolitischer Sprecher der CDU/CSU-Bundestagsfraktion, Berlin

Müller, Theo, Inhaber der Unternehmensgruppe Müller, Zürich

Pohl, Reinfried, Dr. jur. Dr. h.c. mult., Professor, Gründer und Vorstandsvorsitzender der Deutsche Vermögensberatung AG, Frankfurt am Main

Prinz, Detlef, Verleger, Berlin

Reich, Jens, Dr. med., emeritierter Professor am Max-Delbrück-Centrum und der Humboldt-Universität, Berlin

Spaemann, Robert, Dr. phil., Dr. h.c. mult., emeritierter ordentlicher Professor für Philosophie an den Universitäten Stuttgart, Heidelberg und München

Schäuble, Wolfgang, Dr. jur., Bundesminister der Finanzen, Mitglied des Deutschen Bundestages, Berlin

Schlippe, Arist von, Dr. phil., ordentlicher Professor an der Privaten Universität Witten/Herdecke gGmbH und akademischer Direktor des Wittener Instituts für Familienunternehmen

Schneider, Nikolaus, Dr. h.c., Präses, Vorsitzender des Rates der Evangelischen Kirche in Deutschland, Hannover

Schneider, Uwe H., Dr. jur. Dr. h.c., ordentlicher Professor und Direktor des Instituts für deutsches und internationales Recht des Spar-, Giro- und Kreditwesens an der Johannes Gutenberg-Universität Mainz, Of Counsel Schmitz & Partner Rechtsanwälte, Frankfurt am Main

Schröder, Kristina, Dr. phil., Bundesministerin für Familie, Senioren, Frauen und Jugend, Berlin

Steinmeier, Frank-Walter, Dr. jur., Mitglied des Deutschen Bundestages, Bundesminister a.D. und Vorsitzender der SPD-Bundestagsfraktion, Berlin

Stolte, Dieter, Dr. h.c., Professor und Publizist, vormals Intendant des Zweiten Deutschen Fernsehens, Berlin

Ucar, Bülent, Dr. phil., ordentlicher Professor für Islamische Religionspädagogik an der Universität Osnabrück

Weidenfeld, Werner, Dr. phil., Dr. h.c., ordentlicher Professor und Direktor des Centrums für angewandte Politikforschung C.A.P an der Universität München

Winkler, Heinrich August, Dr. phil., emeritierter ordentlicher Professor für Neueste Geschichte an der Humboldt-Universität Berlin

Danksagung

Wir danken unseren Autorinnen und Autoren herzlich. Herrn Dr. Axel Schnorbus gilt unser Dank für die redaktionelle Unterstützung, Frau Christine Schmid, Frau Elke Schweizer und Frau Theresa Kohlhäufl für die Betreuung des Manuskripts, dem Verlag Herder und dem Lektor, Herrn Lukas Trabert, für die stets gute Zusammenarbeit.